KB156452

Strategy in the Contemporary World

An Introduction to Strategic Studies

FIFTH EDITION

Edited by

John Baylis,

James J. Wirtz,

Colin S. Gray

STRATEGY IN THE CONTEMPORARY WORLD

An Introduction to Strategic Studies

제5판

국제정치와 전략

John Baylis · James J. Wirtz · Colin S. Gray 지음

김일수 · 김관옥 · 김진영 · 안병억 · 허태회 옮김

옮긴이

김일수 (muilsukim@chungbuk.ac.kr)
충북대학교 정치외교학과

김관옥 (ejth@kmu.ac.kr)
계명대학교 정치외교학과

김진영 (jinygkim@pusan.ac.kr)
부산대학교 정치외교학과

안병억 (anpye9@gmail.com)
대구대학교 국제관계학과

허태회 (Taehoihuh@hanmail.net)
선문대학교 국제관계학과

국제정치와 전략 제5판
STRATEGY IN THE CONTEMPORARY WORLD

발행일 2016년 8월 30일 초판 1쇄
지은이 John Baylis · James J. Wirtz · Colin S. Gray
옮긴이 김일수 · 김관옥 · 김진영 · 안병억 · 허태회
펴낸이 김준호
펴낸곳 한티미디어 | **주 소** 서울시 마포구 연남동 570-20
등 록 제 15-571호 2006년 5월 15일
전 화 02)332-7993~4 | **팩 스** 02)332-7995
ISBN 978-89-6421-267-7 (93340)
정 가 27,000원

마케팅 박재인 최상욱 김원국 | **관 리** 김지영
편 집 이소영 박새롬 김현경 | **표 지** 박새롬
인 쇄 갑우문화사

이 책에 대한 의견이나 잘못된 내용에 대한 수정정보는 한티미디어 홈페이지나 이메일로 알려주십시오.
독자님의 의견을 충분히 반영하도록 늘 노력하겠습니다.
홈페이지 www.hanteemedia.co.kr | **이메일** hantee@empal.com

이 책, 『Strategy in the Contemporary World』는 존 베일리스John Baylis, 제임스 위츠James J. Wirtz, 콜린 그레이Colin S. Gray가 엮은 것으로 2002년부터 옥스퍼드 대학교 출판부가 발행해왔으며, 우리가 번역한 것은 가장 최근에 출간된 다섯 번째 개정판이다.

이 책은 현 시대의 국제정치에서 전략이 어떻게 작동하는지를 잘 보여주는 교재로서 국제정치학을 전공하는 학부생 및 대학원생들이나 전략에 관심 있는 독자들이 전략을 쉽게 이해할 수 있도록 구성되어 있다. 또한 다섯 번의 개정이 보여주듯이 국제 정세 변화에 따른 전략의 최신 흐름을 잘 반영하고 있다.

사실 전략은 주류 국제 정치학에서 그리 크게 주목받는 분야는 아니었다. 전략은 그 자체보다는 안보 연구의 일부로 주로 다루어져왔다. 그로 인해 전략이 하나의 독립된 학문 분야 혹은 하위 학문 분야로 존재해야 하는가에 대해서는 많은 논쟁이 있어왔다. 저자들은 이러한 논쟁을 충분히 인지하면서, 전략 연구의 중요성을 강조함과 더불어 어떻게 하면 전략 연구가 유효한 학문으로서 존재할 수 있을 것인가에 대한 끊임없는 고민과 성찰을 이 책에 담아냈다. 이 책은 전략을 주제로 한 전공 교재가 그리 많지 않은 실정에서 전략에 관한 전반적이고 이해하기 쉬우면서도 심도 있는 분석을 다루고 있다는 점에서 중요성을 지니고 있으며, 따라서 이 책에 대한 우리의 한국어 번역 출간 역시 의미 있고 가치 있는 작업이라고 생각한다.

이 책의 전반적인 내용을 요약하면 다음과 같다. 1부는 1장부터 9장까지로 주로 전략의 개념·역사·이론·문화·법 등의 규범적 측면, 군사 기술·정보·국방 계획 등 군사적 측면의 발전에 대해 다루고 있다. 구체적으로 1장에서는 전략에 대한 기본 개념을 비롯하여 고대부터 나폴레옹 전쟁까지의 전략의 역사를 살펴보고 있으며, 2장에서는 근대 전쟁의 발전 과정을 고찰하고 있다. 3장은 전략이 체계적인 학문이 될 수 있음을 강조하면서 전쟁 논리의 보편성을 주장하는 전략이론에 대해 설명하고 있다. 4장은 전쟁의 원인과 평화를 위한 조건을 생물학, 심리학, 사회학 등 다양한 학문을 통해 검토하고 있으며, 5장은 안보 정책에 있어서 전략 문화가 지닌 영향력에 대해 살펴보고 있다. 6장은 국제법이 국가의 정치적·전략적 결정과 무력 사용에 있어서 중요한 역할을 하고 있음을 강조하고 있으며, 7장은 전쟁에서 군사 기술이 미친 영향력에 대해 다루고 있다. 8장은 정보가 전략의 성공에 일정 부분 기여함을 밝히고 있으며, 9장은 국방 계획의 전략적 접근을 위한 방안을 검토하면서 철저한 역사적 이해와 활용을 강조하고 있다.

10장에서 17장까지 해당하는 2부는 현재 대두되고 있는 전략에 관한 문제들을 주로 다루고 있다. 10장은 테러·반란과 같은 비정규전의 이론과 실제를 설명하고 있으며, 11장은 핵무기 시대 구분에 따른 국제정치에서의 핵무기 역할과 최근 부상하는 여러 핵문제들을 검토하고 있다. 12장은 군비 통제의 유용성을 분석하면서 불량국가 및 테러 집단의 핵무기 통제 방안을 분석하고 있으며, 13장은 현대전에서 재래식 군사력의 역할을 평가하고 있다. 14장은 육상전의 이론과 실제를 몇 가지 실제 사례들을 통해 고찰하고 있으며, 15장은 인도적 개입과 평화 유지 활동에 관한 이슈들을 탐구하고 있다. 16장은 최근 전략 연구에 새롭게 등장한 사이버파워 문제에 관해, 그리고 17장은 대전략 수립에 있어서 지정학이 미치는 영향력에 관해 논의하고 있다.

마지막으로 3부는 전략 연구에 관한 비판, 미래의 전략 이슈, 향후 방향 등을 제시함으로써 전략의 미래에 관해 다루고 있다. 18장은 전략 연구에 대한 비판적 평가와 이에 대한 전략 연구자들의 반박을 살펴보고 이러한 비판이 향후 전략 연구의 발전에 기여해야 함을 강조하고 있으며, 19장은 비전통적 안보 이슈가 국가의 전략과 핵심 안보에 미치는 영향력에 대해 논의하고 있다. 20장은 이상적인 전략 수립과 실행을 위해 전략 교육의 문제 개선과 전략의 일반이론 및 전략의 정기적 재평가가 필요함을 강조하고 있다. 이 저서의 결론에 해당하는 21장은 전략 연구가 나아가야 할 방향을 제시하면서, 전략 연구가 미래에도 발전 가능성이 있으며 가치 있는 학문으로 남을 것임을 시사하고 있다.

전략 연구에 관한 많은 논쟁에도 불구하고 저자들은 이 책을 통해 전략 연구의 과거와 현재 그리고 미래를 관통하면서, 이 학문 분야가 과거와 현재를 넘어 미래에도 유용한 수단으로 존재할 것이라고 주장하고 있다. 그러나 그들은 전략 연구가 현재까지 걸어온 길에 단순히 안주하는 것을 경계하면서, 비판을 적극적으로 수용하는 동시에 세계 정세의 변화 추세에 맞추어 전략 연구의 발전을 모색하는 모습을 보여주고 있다. 특히 강대국의 논리로 흘러갈 수밖에 없는 국제성치의 현실에서, 전략 연구의 미국 중심적 시각을 과감하게 비판하고 이것의 극복을 강조하면서 전략 연구의 발전을 꾀한 점은 주목할 만한 부분이다. 이처럼 이 책은 지금까지의 전략 연구가 지닌 현실적 함의를 도출함과 동시에, 전략 연구의 학문적 지평 확대를 꾀하고 있다고 평가할 수 있다.

아울러 이 책은 구성적인 측면에서도 여러 장점을 지니고 있다. '비판적으로 사고하기'는 각 장의 주요 이슈에 대한 찬성과 반대 의견을 제시함으로써 이를 처음 접하고 공부하는 학생들에게 균형 잡힌 시각을 제공해주고 있다. 또한 '독자 안내'를 비롯하여 각 절의 내용 후에 나오는 '요점 정리'는 해당 주제의 핵심 내용을 파악하는 데 상당히 도움을 줄 것이라 예상된다. 이 외에도 본문 중간에 나오는 Box, 그림, 도표 등은 본문 내용에 대한 구체적인 배경 지식을 제공함으로써 독자들의 이해도를 높이고 있다. 각 장의 마지막에 나오는 '생각해볼 문제' 역시 학생들이 단순히 이 책을 읽고 이해하는 데 그치지 않고 자신만의 새롭고 창조적인 사고를 할 수 있도록 도와준다.

그러나 이 책에도 단점으로 지적할 만한 부분들은 존재한다. 저자들은 전략 연구가 안보 연구의 일부라는 것은 인정하지만 별도로 연구되어야 할 필요가 있는 학문으로서 존재함을 계속해서 강조하고 있다. 그럼에도 이 책은 전략 연구와 안보 연구라는 용어 및 개념 사용에 있어서 혼란스러운 모습을 보이고 있다. 두 분야 사이의 경계선이나 기준점이 명확하지 않은 상태에서 전략 연구에 대한 논의를 전개한 점은 아쉬운 부분이라 할 수 있다. 또한 이 책은 영국 학자들에 의해 주로 작성되었기 때문에 전략 연구를 구성주의적 시각에서 바라보는 경향을 종종 볼 수 있다. 전략의 특성상 현실주의적 측면이 강한 것을 부정할 수 없는데, 저자들이 전략 연구의 중요성을 구성주의 시각을 통해 강조하고자 하는 모습들은 다소 작위적이라는 느낌을 받을 수 있다.

이 책의 머리말 및 18·19·20·21장은 김일수 교수, 3·7·8·16장은 허태회 교수, 1·2·4·5·15장은 김진영 교수, 6·9·10·17장은 안병억 교수, 11·12·13·14장은 김관옥 교수가 번역했다. 총 5명의 옮긴이가 전공별로 나누어 번역하였고, 몇 차례에 걸쳐 수정 보완 작업을 수행하여 보다 세심한 번역이 이루어질 수 있도록 노력하였다. 그럼에도 추후 혹시라도 번역상의 오류가 나타난다면, 그것은 번역진 공동의 책임이라 할 수 있다. 마지막으로 번역과 교정 작업을 도와준 충북대학교 정치외교학과 박사과정의 김필수, 오지혜에게 고마움을 전하고 싶다. 끝으로 이 책의 출판을 맡아 주신 한티미디어 김준호 사장을 비롯하여 직원 및 관계자분들께 감사의 뜻을 전한다.

2016년 여름
번역진을 대표하여
김일수

| 이번 판에서 새로워진 점 |

이번 제5판에서 업데이트된 중요한 특징은 아래의 몇몇 새로운 장을 포함한다.

- '지정학과 대전략', 지정학의 현대적 개념과 이것의 중요성을 살펴볼 수 있다.
- '전략실천의 역사', 저자인 베아트리스 호이저 교수는 고대 아테네 전쟁부터 나폴레옹 전쟁까지 당신을 안내할 것이다.
- '전략과 국방 계획', 전략과 운영상의 문제들에 대한 관계를 자세히 보여주고 있다.
- '대륙 전쟁의 이론과 실제', 네 가지 사례 연구를 통해 이론과 실제의 관계를 탐색하고 있다.

이 책의 길라잡이

이 책은 당신이 텍스트를 찾고 당신의 전략 연구에 대한 지식을 강화시켜주는 데 도움을 주는 다양한 배움의 도구들을 제공한다.

이 장은 지난 200년 동안 전쟁의 이론과 실천이 어떻게 변화하
국가의 발전이 전쟁의 수행 방법을 어떻게 변화시켰는지를 살펴
기획과 수행에 미친 영향을 개관한다. 그리고 지난 2세기 동안
들의 영향을 살펴본다. 전쟁은 사회적 실천행위이며 전쟁의 수

독자 안내

독자 안내는 모든 장을 시작하는 데 있어 이 장에서 논의하는 주제와 문제들을 다루고 있다. 그리고 각 장의 주제가 포함하는 범위를 보여준다.

주요국 간의 전쟁은 낡은 것이 되었나?

그렇다:

- **전쟁비용:** 전쟁비용이 현저하게 올라가고 잠재적 이익은 떨어
  가가 입을 파괴의 정도가 어떤 정책 목표도 초월할 만큼 크다는
- **가능한 다른 수단:** 국가는 UN의 제재를 포함하여 경쟁자에게

비판적으로 사고하기

각 장의 핵심 주제를 토의하는 것으로, 이 부분에서는 당신이 핵심 질문을 논쟁의 측면에서 비판적으로 평가하거나 설명할 수 있도록 도움을 주어 논리정연하고 사실에 정통한 결론을 구성할 수 있게 한다.

Box

> **Box 11.5 군비 통제조약과 국제 환경**
>
> 역사는 군비 통제조약이 국제 환경에서 위험 수준을 줄이는 데 거
> 약 있었다면, 1928년 켈로그-브라앤드 합의(Kellogg-Briand pac
> 계대전 이후부터 2차 대전까지가 군비 통제의 '황금시대'라고 할
> 핵탄두 수의 급격한 축소도 교훈적인 것이다. 일부는 전략무기 김
> 격감축조약(SORT) 그리고 New START 합의가 전체적인 지정학

책 전체에 걸쳐, 이 Box들은 특정한 주제에 대한 추가적인 정보를 제공하여 해당 장의 내용에 대한 이해를 보완해줄 것이다.

요점 정리

> **요점 정리**
>
> - 1차 대전은 대규모 군대들 간의 전투였고, 기술만으로 결정적으
> - 화학무기와 탱크와 같은 신기술이 작전과 결정을 회복하려는 시
> - 국가의 모든 경제적, 인적 자원들이 점차 합법적 타겟으로 간주
> - 2차 대전 발발까지 공군력이 전장에서의 전투력을 지원하고 전

각 장의 주요 섹션은 요점의 집합으로 끝을 맺는데, 여기에서는 각 장의 주제 내에서 발전된 가장 중요한 논쟁들이 요약되어 있다.

생각해볼 문제

> **생각해볼 문제**
>
> 1. 냉전기에는 왜 인도적 개입이 드물었나?
> 2. 1990년대에 평화 유지는 어떻게 변화하였나? 200
> 3. 평화 활동의 지역화는 좋은 생각인가?
> 4. 평화 유지 활동에서 공평성이 가능한가? 왜 그런가

조심스럽게 고안한 질문들의 모음으로 핵심 주제에 대한 이해력을 가늠해보는 데 도움을 준다. 그리고 또한 수업 활동과 토론의 근거로 사용할 수 있다.

더 읽을거리

> **더 읽을거리**
>
> A. J. Bellamy, P. Williams, and S. Griffin, *Un*
> edn(Cambridge: Polity, 2010)
> 뛰어난 최신 입문서다.
>
> V. P. Fortna and L. M. Howard, 'Pitfalls and Prospe
> *Annual Review of Political Science* 11 (2008): 283–

추가적으로 더 학습하려는 사람들을 위해, 독서 목록은 각 장의 주제 내에서 제기된 문제에 대한 더 많은 것을 찾을 수 있게 안내해주며 그 분야의 주요 학술 문헌을 찾을 수 있도록 도움을 준다.

웹사이트

> **웹사이트**
>
> 유엔 평화유지활동국(http://www.un.org/en/peacekeepir
> 평화유지에 관한 짧은 역사, 원칙과 과정에 대한 논의,
> 활동에 대한 보고들을 포함하고 있다. DPKO의 '미래의
> 을 현대화하기 위해 혁신과 기술을 포함하여 유엔의 노

각 장의 끝에 가장 중요한 전략 연구의 주해되고 요약된 유용한 웹사이트를 발견하게 될 것이며, 이것은 추가적인 연구 수단이 될 것이다.

| 간추린 차례 |

옮긴이 서문 — v
이번 판에서 새로워진 점 — ix
간추린 차례 — xi

머리말: 현대국제정치와 전략: 9·11 테러 이후의 전략 ························· 1

제1부 현재진행형 전략 이슈

1장 고대부터 나폴레옹까지 전략실천의 역사 ···················· 23

2장 근대 전쟁의 진화 ·· 43

3장 전략이론 ·· 65

4장 전쟁의 원인과 평화의 조건 ·································· 85

5장 전략 문화 ·· 107

6장 법, 정치, 무력행사 ·· 129

7장 기술과 전쟁 ·· 151

8장 정보와 전략 ·· 173

9장 전략과 국방 계획 ·· 199

제2부 당대의 문제들

10장 비정규전: 테러와 반란 ······································ 219

11장 2차 핵시대: 21세기 핵무기 ·································· 243

12장 대량 살상 무기의 통제 ······································ 261

13장 전통적 군사력과 현대전 ················· 281

14장 대륙 전쟁의 이론과 실제 ················· 301

15장 인도적 개입과 평화 유지 활동 ··········· 321

16장 사이버파워의 등장 ····················· 343

17장 지정학과 대전략 ······················· 365

제3부   전략의 미래

18장 전략 연구와 이에 대한 비판 ············· 387

19장 안보와 전략에 대한 새로운 아젠다 ········ 411

20장 전략의 실행 ·························· 435

21장 전략 연구에는 미래가 있는가? ··········· 459

주 — 479

참고문헌 — 481

찾아보기 — 505

| 차례 |

옮긴이 서문 — v

이번 판에서 새로워진 점 — ix

간추린 차례 — xi

머리말: 현대국제정치와 전략: 9·11 테러 이후의 전략 ················· 1

머리말 — 1

전략 연구란 무엇인가? — 4

전략 연구와 고전적 현실주의 전통 — 8

전략 연구에 대한 비판에는 어떤 것들이 있는가? — 10

전략 연구와 안보 연구는 어떠한 관계에 있는가? — 15

제1부   현재진행형 전략 이슈

1 고대부터 나폴레옹까지 전략실천의 역사 ····························· 23

전략의 정의 — 23

그리스, 로마, 콘스탄티노플 — 24

서유럽 중세시대 — 29

근대 초기 유럽 — 31

미국 독립전쟁에서 나폴레옹 전쟁까지 — 36

맺음말 — 38

2 근대 전쟁의 진화 ·· 43

머리말 — 43

나폴레옹의 유산 — 44

전쟁의 산업화 — 47

해군 전쟁 — 51

전면전 — 53

핵무기와 혁명적인 전쟁 — 59

맺음말: 포스트모던(탈근대) 전쟁 — 61

3   전략이론 65

머리말 — 65

전략의 논리 — 66

클라우제비츠의 『전쟁론』 — 71

손자, 마오쩌둥, 지하디스트 — 78

맺음말 — 82

4   전쟁의 원인과 평화의 조건 85

머리말 — 85

전쟁의 연구 — 86

전쟁에 대한 인간성의 설명 — 91

국가 '안'의 전쟁과 국가를 '넘어선' 전쟁 — 98

맺음말 — 102

5   전략 문화 107

머리말 — 107

문화와 전략에 대한 사고 — 108

전략 문화의 원천 — 112

구성주의와 전략 문화 — 115

지속되는 이슈: 변화인가 지속인가? — 118

비국가, 국가, 복수국가 전략 문화 — 121

전략 문화와 대량 살상 무기 — 123

맺음말 — 125

6 법, 정치, 무력행사 ···························· 129

머리말: 국제법의 효용성 — 129

국가의 국제법 준수 이유 — 131

국제법과 무력 사용 — 135

정전법(*Jus ad Bellum*) — 139

전투법(*Jus in Bello*) — 142

맺음말 — 147

7 기술과 전쟁 ································· 151

머리말: 기술애호가와 기술회의론자 — 151

군사 기술에 대한 몇 가지 사고방식 — 152

군사 기술의 변천 과정 — 156

군사혁신 논쟁 — 159

신기술의 도전 — 165

맺음말: 군사 기술의 미래 — 168

8 정보와 전략 ································· 173

머리말 — 173

정보란 무엇인가? — 175

미국 전략의 성공 요인으로서 정보 — 180

전략적 기습: 원인과 예방 — 184

9 · 11 이후 정보의 세계 — 190

맺음말 — 196

9 전략과 국방 계획 ························· 199

머리말 — 199

전략, 정치, 그리고 국방 계획 — 200

미래라는 골칫거리 — 202

국방 계획에의 접근법 — 206

국방 계획의 지침 — 210

맺음말 — 212

제2부 당대의 문제들

10 비정규전: 테러와 반란 ·· 219

머리말 — 219

기존 체제의 전복: 비정규전의 이론과 실제 — 222

기존 체제의 보호: 대(對)반란과 대(對)테러리즘의 이론과 실제 — 229

비정규전의 현재와 미래 — 235

맺음말 — 238

11 2차 핵시대: 21세기 핵무기 ·· 243

머리말 — 243

1차 핵시대 — 245

2차 핵시대의 위험 — 247

2차 핵시대의 적응 — 252

맺음말: 3차 핵시대 전망 — 257

12 대량 살상 무기의 통제 ·· 261

머리말 — 261

냉전기 군비 통제 — 262

탈냉전기 군비 통제의 잔여 역할 — 266

군비 통제에서 반확산까지 — 268

반확산에 대한 도전 — 271

외교적 선택: 군사적 대응 보류? — 271

군비 통제로의 회귀? — 273

맺음말 — 277

13 전통적 군사력과 현대전 ································· 281

머리말: 힘과 전쟁―역사 ― 281

새로운 국제질서: 1945, 1989, 2001년 ― 283

강대국과 초강대국 ― 285

군사: 혁명과 반혁명 ― 286

전술 ― 288

군사 균형 ― 290

규모의 세계 ― 292

전쟁, 무엇을 위해 좋은 것인가? ― 295

맺음말 ― 297

14 대륙 전쟁의 이론과 실제 ································· 301

제1차 세계대전: 근대 전쟁의 등장 ― 301

제2차 세계대전: 기계화에 대한 대응 ― 305

1973년 아랍-이스라엘 전쟁: 합동군 중요성의 재학습 ― 308

1991년 걸프 전쟁: 혁명인가 지속인가? ― 311

맺음말 ― 316

15 인도적 개입과 평화 유지 활동 ··························· 321

머리말 ― 321

평화 유지의 변화하는 얼굴 ― 322

인도주의적 개입의 정치학 ― 327

평화 활동의 군사적 성격 ― 332

맺음말: 문제와 전망 ― 337

16 사이버파워의 등장 ····································· 343

머리말 ― 343

용어 및 개념 정의 ― 344

사이버 공간과 사이버파워, 정보공간 ― 350

분쟁의 새로운 차원 ― 353

21세기 군사혁신인가? — 358
맺음말 — 362

17 **지정학과 대전략** ·· 365

머리말 — 365
2차 대전과 냉전, 그리고 대전략의 전개 — 371
현재의 지정학과 대전략 — 373
복잡한 세계에서의 대전략 — 376
지정학을 다시 생각하기 — 379
맺음말 — 382

제3부 전략의 미래

18 **전략 연구와 이에 대한 비판** ························· 387

황금기 전략 연구와 그에 대한 비판 — 388
전략 연구 비판에 대한 재반박 — 392
전략 연구에 대한 비판적 접근 — 396
끝나지 않는 논쟁? — 404
맺음말 — 406

19 **안보와 전략에 대한 새로운 아젠다** ················ 411

머리말 — 411
개념적 틀의 필요성 — 413
인구: 세계 정치의 인구학 — 416
공동의 이슈들 — 420
직접적인 환경 피해 — 422
질병 — 425
민감성과 취약성 — 430
맺음말 — 431

20 **전략의 실행** ···································· 435

머리말: 전략의 전문성 — 435

전략 교육의 개선 — 436

전략의 일반이론 — 443

(재)평가의 필요성 — 454

맺음말 — 455

21 **전략 연구에는 미래가 있는가?** ···································· 459

머리말: 전략 연구의 발전 — 460

냉전 전후 — 461

전략, 그리고 사회과학의 위기 — 465

학계 및 정치계 — 467

현실주의의 과거와 현재 — 471

군대에 관한 연구 — 473

맺음말: 전략 연구에는 미래가 있는가? — 475

주 — 479

참고문헌 — 481

찾아보기 — 505

머리말: 현대국제정치와 전략: 9·11 테러 이후의 전략

존 베일리스(John Baylis) · 제임스 위츠(James J. Wirtz)

머리말

책이란 무릇 여러 저자들과 정책 결정자들을 매료시켰던 희망과 공포, 문제들로 탄생하며, 동시에 당시의 특정한 역사적 맥락을 반영하기 마련이다. 이러한 특징은 전략, 안보 연구, 공공 정책 분야에서 특히 뚜렷하게 나타난다. 해당 분야의 학자들에게 현대 사회의 문제들은 매우 중요하기 때문이다. 우리 저자들 또한 현대 사회의 여러 문제들과 기회를 이 책에 담기 위해 갖은 노력을 기울였다. 이 책의 초판 차례를 선보이기 위해 2000년 9월 모두가 다 같이 모였을 때, 우리 저자들은 전략의 고전 저서에서 얻은 통찰력을 통해 현대 사회의 문제들을 분석하고, 이를 통해 전략과 전략 연구가 아직 현대에도 유효하다는 것을 보여줄 수 있는 저서를 집필하고자 했다. 당시 일부에서는 전략이 이미 시대에 뒤떨어진 어두운 과거의 유산이며, 앞으로 우리가 맞이할 밝은 미래에서는 잊히게 될 것이라는 목소리가 나오기도 했다. 그러나 불과 1년 후, 알카에다al-Qaeda가 펜타곤과 세계 무역 센터에 저지른 테러로 인해 소위 '새로운 세계 질서the New World Order'가 붕괴되리라는 것은 당시 그 누구도 예상하지 못했다. 아프가니스탄과 이라크에서의 전쟁, 2004년 마드리드와 2005년 런던에서의 폭탄 테러, 북한의 핵 개발로 인한 핵 확산 등 여러 사건이 잇따라 일어났고, 이로 인해 이 책의 2판과 3판을 낼 무렵에는 전략이 과연 현대에도 유효한지 의문을 제기하는 목소리가 확실히 잦아들게 되었다. 2011년 9월 우리 저자들이 4판을 내기 위해 이야기를 나눌 시기엔 알카에다의 시대는 끝을 맞이하는 듯했다. 하지만 전략적 입장을 통해 미래를 예측한 결과, 우리는 여러 가지 사실을 발견할 수 있었다. 우리 저자들은 환태평양 연안국들 간 세력 균형 정치의 재개, 핵무기 프로그램을 둘러싼 서구 국가들과 이란 사이의 갈등, 사이버전으로 인한 잠재적 위협 가능성 등을 전략적 고려 대상에 넣게 되었다. 우리에게 직면한 도전과 이슈의 여러 문제들은 5판을 작업하기 위해 모였을 때에도 계속 늘어나고 있었다. 오사마 빈라덴Osama bin Laden의 죽음은 초국가적 테러리즘의 종식을 가져오지도, ISIS의 창설을 막지도 못했다. 또한 새로운 형태의 전쟁 발발 및 무기 사용은

이제 흔한 일이 되어버렸고, 아시아뿐 아니라 유럽에서 열강들의 경쟁이 재점화될 가능성
도 높아졌다.

전략 연구에 대한 관심은 주기적으로 되풀이될 뿐만 아니라, 당시의 시대 분위기를 반
영한다는 특성도 가진다. 전략 연구는 자칫 모두가 멸망할 가능성이 있는 핵무기 시대에
어떻게 하면 살아남을 수 있는가에 대한 안보 이슈적 물음에서 시작되었으며, 대전쟁이 코
앞에 닥쳤던 냉전 초기에 등장했다. 1930년대의 유화 정책과 집단 안보에 대한 유토피아적
생각이 평화를 보장하는 데 실패했기 때문에, 자연스럽게 현실주의는 냉전 당시의 기본적
인 사고방식으로 자리 잡게 되었다. 무정부와 끊임없는 경쟁이라는 특징을 보이는 세계에
서, 국가들은 자국의 이익을 지키기 위해 필연적으로 힘을 행사해야 한다고 믿었다. 하지
만 핵무기 시대의 현실주의자들은 국익을 위해 무력이 행사되어야 한다는 입장을 견지하
는 동시에, 한 국가는 물론 나아가 인류 전체를 멸망시킬 수 있는 분쟁은 피해야만 한다는
입장 또한 가지고 있었다. 이러한 현실주의적 입장은 1950년대부터 1980년대에 전략 연구
와 국제 관계에 관한 저서의 대부분을 차지한 핵 억지, 국지전, 군비 통제에 관한 이론 등을
만들어내는 바탕이 되었다. 당시 허먼 칸Herman Kahn, 버나드 브로디Bernard Brodie, 헨리 키신
저Henry Kissinger, 앨버트 월스테터Albert Wohlstetter, 토머스 셸링Thomas Schelling의 저서들은 이 분
야의 고전으로 자리 잡게 되었다.

전략 연구 저서에서 쓰이는 기본 가정으로 인해 특정 정책이 도입되었는가, 아니면 특
정 정책으로 인해 해당 분야에 대한 저서가 쓰이게 되었는가? 이에 대한 답은 아직도 논의
중이다. 일부에서는 저서가 현실을 반영하는 것이라고 주장하는 반면, 다른 사람들은 전략
연구 저서 자체가 세계를 보는 특정 시각을 만들어낸 동시에 군사력 행사를 정당화시키는
데 일조했다고 주장한다. 하지만 이론과 실전이 서로를 바로잡고 보강하듯, 전략 연구 저
서와 현실의 상호보완의 과정 또한 마찬가지로 반복적인 과정을 겪을 것이다.

전략 연구 저서는 군사력이 국가 정책의 도구라는 냉혹한 현실을 반영하고 있다. 그러
나 이것의 약점은 '현재의 세계가 모든 가능한 세계들 중 최상의 형태'라고 시사하는 보수
적인 현실주의적 사고를 담고 있다는 것이다. 현실주의자들은 이러한 이론적·실천적 이
유를 들어, 미국과 소련 간 대치 상태인 냉전이 영원해야 한다고 주장했다. 대규모 변화는
핵으로 인한 인류 멸망이라는 악령을 부추기게 만들 수 있는 만큼, 현실주의자들은 이러
한 변화가 불안과 공포를 일으킬 수 있으며 또한 실행에 옮기기에는 너무 위험하다고 생
각했다.

그러나 소련이 비교적 큰 사건 없이 붕괴되면서 현실주의가 과연 유효한가에 대한 의
문이 제기되었고, 이에 따라 군비 축소나 유토피아적인 계획을 옹호하는 사람들이 정책 분
야를 잠식해가기 시작했다. 1990년대에는 정보 혁명이 소비자들과 기업 문화에 퍼지면서

이른바 평화 배당금 시대와 닷컴 시대가 열리게 되었다. 유토피아적인 시각을 가진 신세대 학자들의 눈에 국가와 군사력 사용에 집착하는 전략 연구자들의 모습은 해결책이 아닌 오히려 국제 문제를 만드는 일로 비칠 뿐이었다. 당시 전략 연구자들의 이미지는 구시대적인 생각에 사로잡혀 있으며, 세계 정치에서 무력이 발붙일 곳이 없어지고 있다는 현실을 부정하는 사람들에 불과했다. 안보의 군사적 측면을 중요시하는 기존의 관점은, 그보다 더 넓고 심도 있는 관점의 필요성을 역설하는 학자들에 의해 도전을 받게 되었다. 이들 학자들은 기존의 안보 관점에는 정치, 경제, 사회 및 환경 부분의 요소들이 결여되어 있다고 주장했다. 심지어 몇몇 학자들은 안보라는 개념이 일부 사안에 정치적 중요성을 부여하거나 혹은 특정 정책, 정부 기관, 군사 계획을 유지하기 위해 엘리트들이 사용한 말일 뿐이라고 주장했다. 즉, 정부 정책을 추진하는 원동력은 군수 하청업자 및 제조사, 공무원, 직장과 생계를 위해 전쟁을 계속해서 일으키려는 군 관련 인물들이라는 것이다.

1990년 중반 무렵 전통적 현실주의자들에 대한 이러한 비판은 학계의 주류 입장으로 올라서게 되었다. 동시에 전략 연구는 점차 퇴색해갔으며 안보 연구가 새로운 지적 탐구의 영역으로 등장하게 되었다. 연구자들은 냉전 시대, 군사 용어, 국가 안보에 대한 집착으로 점철된 전략 연구 대신, 안보 그 자체의 성격은 물론 개인, 사회 및 세계적 차원에서 어떻게 더 큰 안보를 확립할 수 있는가를 탐구하는 안보 연구에 더 관심을 보이기 시작했다. 비록 안보 연구가 과거의 특정 전략 연구보다는 더 넓은 이론적 범위를 포함하고 있었으나, 대부분의 안보 저서에는 (현실주의자들이 유토피아적이라고 말하는) 강한 규범적 측면이 많이 나타난다. 냉전의 종식은 현실주의의 보수적 경향과 전략 연구 저서들의 타당성 그 자체에 의문을 품게 되는 계기가 되었다. 전쟁을 하지 않고도 평화적 변혁이 가능하다는 것이 증명되었고, 또한 군대가 안보에 필수적이라는 인식도 사라지게 된 것이다. 동서양 간 공포의 균형balance of terror은 여러 전략 연구 저서에서 주장한 대로 쉽사리 진정 국면에 접어들지 않았지만, 현재는 이 문제도 진정 국면에 접어들면서 평화로운 지구촌을 만들 수 있는 가능성은 더욱 높아지게 되었다.

탈냉전의 행복감과 이러한 깨달음에 뒤따른 저서들은 그 당시 시대를 반영한 산물이지만, 유감스럽게도 프랜시스 후쿠야마Francis Fukuyama가 선언한 '역사의 종말', 즉 대규모 분쟁이 앞으로는 일어나지 않을 것이라는 전망은 현대의 여러 사건들을 고려해본다면 시기상조였다. 제1차 걸프전, 유고슬라비아 붕괴와 관련된 갈등들, 아프리카의 내전들은 군사력이 현대 사회에서도 여전히 중요하다는 사실을 명확하게 보여주었다. 본 저서의 초판이 발행될 당시에 9·11 테러가 일어났고, 이에 따라 초판에서는 당시의 전략 연구 저서들이 비군사적 안보에만 너무 치중했다는 위기감을 반영했다. 지금도 그렇지만, 당시 본 저서는 앞으로도 군사력이 여전히 세계 정치에서 중요한 부분이라는 비극적인 사실을 다루는 저서와 학문이 늘어날 것이라는 예측을 담고 있었다.

초판에는 당시 정황에 대한 설명에 집중한 반면, 2판과 3판, 4판, 그리고 이번 5판에서는 현대 사회에서의 군대의 역할에 대한 더욱 성숙한 고찰은 물론 지난 10년 동안 일어났던 여러 변화들에 대해 다루고 있다. 이번 5판은 아프가니스탄, 이라크, 리비아, 그루지야, 레바논, 가자에서 일어난 분쟁에 대한 분석은 물론, 전략의 핵심 측면에 대해서도 폭넓게 다루고 있다. 또한 군사 분야에서 큰 변혁이 있어왔는지에 대해, 그리고 전자 기기와 컴퓨터 체계의 놀라운 혁신으로 인해 미래의 전쟁 양상이 될 가능성이 커지고 있는 사이버전에 대해서도 다룰 것이다. 세계 정치 구조의 변화로 인한 전략적 시사점과 그에 따른 각국 내에서 미군의 역할 변화에 대해서도 이야기할 것이다. 더불어 지금과는 판이하게 달랐던 평화와 안보에 대한 냉전 당시의 개념은 물론, 이러한 관점이 현재에도 유효하다는 점에 대해서도 언급할 것이다. 21세기에 접어들던 5판 출시 당시, 사람들이 거의 관심을 가지지 않았던 사이버전, 초국가적인 테러, 하이브리드 전쟁hybrid warfare 등이 현재는 전략가들의 주요 고려 대상이 되었다는 점도 눈여겨볼 만하다. 이전에는 과거의 흔적 정도로 취급되었던 강대국 간의 경쟁이 앞으로는 더 늘어나게 될 것이다.

본격적인 논의를 전개하기에 앞서, 머리말에서 세 가지 질문에 대한 답을 먼저 하고자 한다. 첫째, 전략 연구란 무엇인가? 둘째, 전략 연구에 대한 비판에는 어떤 것들이 있는가? 셋째, 전략 연구와 안보 연구는 어떠한 관계에 있는가?

전략 연구란 무엇인가?

Box 0.1에 있는 전략에 대한 여러 정의에는 공통점도 있는 반면, 중요한 차이점 또한 존재한다. 카를 폰 클라우제비츠Carl von Clausewitz, 육군 원수 카운트 폰 몰트케Count H. Von Moltke, 리들 하트B. H. Liddell Hart, 앙드레 보프르André Beaufre가 내린 전략의 정의는 모두 군대와 전쟁의 목적을 연관 짓는 상당히 좁은 의미의 정의에 주목하고 있다. 이는 고대 그리스어의 전투 지휘에서 유래된 전략의 어원을 반영한다고 볼 수 있다. 그러나 그레고리 포스터Gregory Foster와 로버트 오스굿Robert Osgood의 정의는 모두 무력의 폭넓은 측면을 강조하는 반면, 윌리엄슨 머리Williamson Murray와 마크 그림슬리Mark Grimslay는 전략 형성 과정의 역동적 측면을 강조하고 있다. 최근 저술가들, 특히나 핵무기 시대의 저술가들은 전략이 전시뿐 아니라 평시에도 적용된다는 측면을 강조해왔다. 전략은 단순한 전쟁과 군사 작전에 대한 연구 그 이상을 포괄한다. 전략이란 정치적 목적 달성을 위한 군사력의 활용이며, 더 자세하게는 정치적 목적을 달성하기 위해 조직적인 무력을 행사하거나 혹은 행사할 것이라는 위협에 관한 이론 및 실행을 뜻한다(Gray 1999a). 더 넓은 정의로는 대전략Grand Strategy의 개념이

들어가 있는데, 이것은 "추구하는 정치적 목적 달성을 위한 국가 내의 자원 및 나라 간의 관계"의 조정 및 통솔을 포함한다고 할 수 있다(Hart 1967).

전략은 군사적 수단과 정치적 목적 간의 가교 역할을 하므로, 전략을 공부하는 학생들은 정치와 군사 작전에 관한 지식 모두를 배워야 한다. 전략이 담당하는 분야는 정치, 경제, 심리, 군사적 요소들이 중첩되어 있는 국가 정책 문제들이다. 순수하게 군사 영역에만 국한되는 전략 문제는 없다고 봐도 좋다. 헨리 키신저는 이 점에 대해 다음과 같이 설명하기도 했다.

◉ Box 0.1 전략의 정의

전략은 전쟁의 목적 달성을 위한 교전의 운용이다.

-카를 폰 클라우제비츠

전략이란 곧 지휘관의 재량에 주어진 수단의 실제적 적용을 통한 목적 달성이다.

-폰 몰트케

전략은 정책의 목적 성취를 위한 군사적 수단의 분배 및 활용에 대한 기술이다.

-리들 하트

전략은 무력에 대한 변증법이며, 더 정확하게는 분쟁 해결을 위해 무력을 사용하는 두 대립적 의지 간의 변증법이라고 할 수 있다.

-앙드레 보프르

전략은 궁극적으로 효과적인 무력행사에 관한 것이다.

-그레고리 포스터

전략은 목적 달성을 위해 고안된 행위에 대한 계획이며, 그 목적은 목표 달성을 위한 일련의 수단 체계와 결부된다.

-J. C. 와일리(J. C. Wylie)

전략은 기회와 불확실성, 모호성이 지배하는 세계의 변화하는 환경과 상황에 계속적으로 적응하는 과정이다.

-W. 머리·M. 그림슬리

전략은 권력의 경제, 외교, 심리적 도구와 결부된 군사력을 활용하기 위해 수립된 전반적 계획으로 이해되어야 하며, 그 목적은 이러한 일련의 과정을 거쳐 명시적이면서도 은밀하고 암묵적인 방법을 통해 가장 효과적인 방식으로 외교정책을 뒷받침하는 것이다.

-로버트 오스굿

전략의 범위는 합의와 설득, 협박과 강압, 심리 및 물리적 효과는 물론 언어와 행위까지를 포함한다. 전략이 정치술(political art)의 핵심인 것은 바로 이 때문이다. 전략은 본래 알력이 시작된 시점에서 얻을 수 있는 것보다 더 얻어내는 것을 목표로 하기 때문이다. 전략은 권력을 만들어내는 기술이다.

-로렌스 프리드먼(Lawrence Freedman)

전략과 정책을 온전하게 둘로 떼어놓는 것은 불가능하다. 만약 이 둘을 떼어놓게 된다면 군사력은 전적으로 무력행사 그 자체가 되어버릴 것이고, 외교는 단지 교묘한 기교를 부리는 분야로 전락할 것이다.

–Kissinger(1957)

전략을 연구하는 가장 이상적인 방법은 학제 간 연구라고 할 수 있다. 전략의 여러 측면을 이해하기 위해서는 정치, 경제, 심리, 사회, 지리, 기술, 군사 구조, 책략에 대한 지식이 필수적이기 때문이다.

또한 전략은 실용적인 동시에 실제적인 활동이다. 버나드 브로디는 이에 대해 "전략 이론은 실행에 대한 이론이다"라고 간결하게 표현한 바 있다. 전략은 어떻게 행동을 취할 것인가에 관해 연구하는 학문이며, 어떻게 하면 효율적으로 목표를 달성하느냐에 관한 지침서 역할을 한다. 여느 정치 부서도 마찬가지지만, 전략에서 중요한 질문은 '이 계획이 과연 효과적일 것인가?'이다. 따라서 어떤 면에서는 전략 연구는 정책과 연관이 있다고 할 수 있다. 전략은 정부 활동에 지적인 도움을 줄 수 있다. 그러나 동시에 전략은 "단지 전략 분야의 이익만을 위한 나태한 학문적 추구"(Brodie 1973)로 전락할 수도 있다.

그럼에도 불구하고 전략 연구 그 자체만으로는 독자적인 학문 영역으로서의 입지를 확보할 수 없다. 전략 연구는 군사력의 역할을 예리하게 주시해야 하는 학문임에도 그 명확한 경계가 존재하지 않으며, 또한 예술, 과학, 사회과학 분야의 발상과 개념에 상당 부분 의존하는 분야이기 때문이다. 전략 연구에 대해 저술한 학자들은 다양한 분야를 전공한 경우가 많다. 허먼 칸은 물리학자였으며, 토머스 셸링은 경제학자, 앨버트 월스테터는 수학자였고, 헨리 키신저와 버나드 브로디는 각각 역사학자와 정치학자였다.

전략 연구자들이 여러 다른 분야를 전공했다는 점을 생각해보면, 전략 연구의 방법론에 대한 논의가 아직도 진행형이라는 점은 어쩌면 당연하다고 볼 수 있다. 제2차 세계대전 이후 전략 연구가 학문으로 자리 잡는 데 누구보다 큰 공을 세운 버나드 브로디는 처음에 전략이 과학적으로 연구되어야 한다고 주장했다. 그는 군사 분야나 혹은 그 외 분야에서도 전략이 응당 과학으로서 취급되어야 하는데, 그렇지 않은 현실에 우려를 표했다. 1949년 논문 「과학으로서의 전략Strategy as Science」에서 브로디는 경제학에 도입된 방법론적 접근법을 전략 연구에도 도입하자는 주장을 했다. 즉 전략이 '실제 문제들을 해결할 수 있는 도구적 과학'이 되어야 한다는 것이 그의 주장이었다. 그는 전략과 전술에 치우쳐 있는 군의 안보 문제를 향한 좁은 접근법이 아닌, 더 엄격하고 철저한 방식의 전략 문제 분석을 원했다.

비록 브로디는 나중에 가서 인정받게 되었으나, 1950년대 당시 사람들은 브로디가 진흥을 이끈 과학 분야에 더 관심을 보였고, 전략 연구는 오히려 여기에 잡음을 초래하거나

도를 넘는다고 비판했다. 1960년대까지 브로디는 다른 학문의 개념을 전략에 적용하는 중간 수정mid-course correction에 대한 필요성을 역설했지만, 경제학의 방식과 이론을 사용해 전략을 개념화하는 일은 그가 생각했던 것보다 더 복잡했다. 그는 전략 분야에 정치 관련 지식이 부족한 것은 물론이고, 전략 저서 전반에도 외교와 군사 역사에 대한 무지가 만연하다는 사실을 크게 우려했다. 이러한 우려는 이후 학자들의 공감을 얻게 되었고, 이에 따라 1970년대 이후 역사 비교 분석이 전략 연구에 도입되는 계기가 되었다(9장 참고).

일각에서는 전략 연구에 대한 학문적 접근 과정으로 인해 군사 운용 문제에 대해 소홀한 것이 아니냐는 우려의 목소리도 있었다. 클레망소Clemenceau와 마찬가지로, 브로디는 전략이 지휘관들에게만 맡겨져서는 안 된다는 생각을 가지고 있었다. 1940년 후반 전략 연구가 발전할 당시에는 민간 전략 분석가들이 전략 분야에 대거 포진해 있었다. 그러나 1980년대부터 대학과 학문 싱크 탱크에 있는 민간 전략 분석가들이 군대의 역량과 한계를 등한시하고 군대에 관한 연구 및 이론화 작업을 소홀히 하고 있다는 인식이 확산되기 시작했다. 여기에 당시의 군사학military science은 학문적인 방향성을 잃고 있었으며, 이에 따라 신세대 전략 연구자들은 군대에 관한 운용상 문제들이 전략 연구에 다시 포함되어야 한다고 보았다. 리처드 베츠Richard K. Betts는 1997년 저서에서 "전략이 정책과 군사 운용 분야를 통합시킨다면, 정치적으로 민감한 군인들뿐 아니라 민간 전략가들 또한 통합 과정에 영향을 줄 것이다"라고 말했다. 과거 브로디가 지나치게 좁은 군대식 관점에 우려를 표했듯이, 베츠도 한쪽으로 지나치게 치우친 이론을 경계했다. 스티븐 비들Stephen Biddle이 그의 저서 『군사력Military Power』에서 말했듯이, 결국 현대전에서의 변화를 이해하는 일은 민간 전략 연구자들의 과제로 남겨지게 되었다(Biddle 2004).

군대의 운용 문제에 관한 우려는 전략가들이 전략의 다른 요소에 다시금 관심을 기울이게 만드는 계기가 되었다. 클라우제비츠는 그의 저서 『전쟁론On War』에서 "전략의 모든 요소들은 매우 간단하지만, 그렇다고 이들이 쉽다는 뜻은 아니다"라고 말했다. 클라우제비츠는 전략에는 도덕적·물리적·수학적·지리학적·통계학적 요소들이 포함되어 있다고 지적한 바 있다. 마찬가지로 마이클 하워드Michael Howard는 전략에는 사회·군수·작전·기술적 측면이 있다고 언급했다. 전략의 광의성, 복잡성, 편재성, 상호 보완적인 면을 강조한 이러한 개념은 콜린 그레이Colin Gray의 『현대전략론Modern Strategy』에서도 이미 언급한 바 있다. 그레이는 전략을 크게 사람과 정치, 전쟁 준비, 적합한 전쟁이라는 세 범주로 나누고 전략의 17가지 측면을 규정했다. 그는 '사람과 정치'라는 주제에서 사람, 사회, 문화, 정치, 윤리에 초점을 맞추었다. '전쟁 준비' 주제에서는 경제학, 군수, 조직, 군사 행정, 정보 및 기밀, 전략 이론과 독트린, 기술을 다룬다. '적합한 전쟁'에서는 군사 작전, 명령, 지형학, 알력, 적, 시간을 다룬다. 클라우제비츠와 마찬가지로, 그레이는 이러한 측면들은 상호 연관성을 가지며, 이 중 하나라도 빠진다면 전략 연구는 불완전해질 수밖에 없다고 주장했다.

전략 연구와 고전적 현실주의 전통

전략에 대해 저술한 학자들, 군인들, 정책 결정자들이 가지고 있는 기존의 철학적 토대나 가정에는 어떤 것들이 있을까? 서구 국가에 있는 현대의 전략가들은 대부분 같은 이론적 기반을 가지고 있다. 이들은 국제 정치 본질에 대해 같은 가설을 내세우며, 정치 군사적 문제에 최적화된 추론 방식을 사용한다. 이들이 가진 가설을 통칭 '현실주의realism'라고 부른다.

현실주의자들도 물론 각각 입장이 다른 부분도 있지만, 대부분 공통적으로 동의하는 입장과 가설이 있다. 이에 대해 첫 번째로는 인간 본성, 두 번째는 무정부 상태와 무력, 마지막으로는 국제법과 도덕, 국제기구라는 소제목으로 설명하고자 한다.

인간 본성

전통적 현실주의자들 대부분은 인간 본성에 회의적인 시각을 가지고 있다. 즉 이들은 토머스 홉스Thomas Hobbes와 같은 철학자들과 마찬가지로 '인간은 선천적으로 파괴적이며 이기적이고, 경쟁을 추구하며 호전적인 속성을 가지고 있다'고 생각한다. 홉스는 인간이 관대함과 친절함, 그리고 서로 협동할 수 있는 능력이 있다고 인정했으나, 동시에 본성에 내재되어 있는 오만과 이기주의로 인해 갈등과 폭력, 악을 저지를 능력 또한 존재한다고 주장했다. 현실주의론자들이 생각하는 인간의 비극 중 하나는 바로 이 인간의 파괴적인 본성이 완벽하게 제거될 수 없다는 점이다. 같은 맥락에서 허버트 버터필드Herbert Butterfield는 "인류 역사에서의 끔찍한 사건들에는 예외 없이 이러한 인간 본성의 문제가 존재해왔다"고 주장했다(Butterfield and Wight 1966). 즉 현실주의는 폭력을 완전히 없애기 위한 방법을 제시하는 이론이 아니다. 현실주의란 전략을 통해 세계 곳곳에서 벌어지는 폭력 사태의 발발 가능성과 심각성을 최소화함으로써, 필연적으로 존재할 수밖에 없는 갈등에 대처하는 방향을 제공하는 이론이다. 현실주의자들은 자신들의 관점으로 보는 세계가 곧 냉혹한 세계 정치의 현실이며, 영원한 평화에 대한 가능성을 강조하는 칸트적 입장에 동의하지 않는다. 이에 대해 고든 할랜드Gordon Harland는 이렇게 말한다.

> 현실주의는 정치 내 이성적 면의 한계에 대한 인식의 산물이다. 즉 무력에서 나온 현실이 곧 정치 현실이란 사실은 물론, 무력은 무력으로 대항해야 한다는 점, 또한 이익은 모든 집단 및 국가 행동의 원동력이라는 점을 인정하는 것이다.

—Herzog(1963)

무정부주의적인 세계에서, 안보가 위협받을 때 유일하게 가치 있는 수단은 무력뿐이다.

무정부 상태와 무력

현실주의자들은 인간 본성뿐만 아니라 국제 관계에도 회의적인 시각을 견지하고 있다. 즉, 분쟁과 전쟁은 세계 정치의 고유한 특성이며, 이전과 마찬가지로 앞으로도 분쟁은 영속적일 것이라는 시각이다. 국가들은 끊임없이 분쟁에 휘말리지만, 국내 정치의 갈등 해결과는 달리 국가 간 충돌은 정의를 구현하거나 법규를 만들 권위적인 세계 정부가 없기 때문에 해결하기가 더 까다롭다. 현실주의자들은 국가들이 세계 정부의 부재로 인해 각자의 국익과 안보를 위해서 이른바 '자력구제self-help' 방식을 채택해왔다고 강조한다. 즉 국가들은 목적 달성을 위해 무력을 쓸 권리가 있으며, 이는 개개인이 국가에 양도한 권리라는 주장이다. 국제 관계에서의 승자는 도덕이나 법을 준수했는지의 여부와는 별 상관이 없을 수도 있다. 투키디데스Thucydides가 그의 저서 『펠로폰네소스 전쟁사』에서 보여주었듯이, 권력을 가진 사람만이 자신이 원하는 것을 얻을 수 있다. 국제 관계에서는 권력만이 정당한 것으로 여겨진다.

국제법, 도덕, 그리고 국제기구

현실주의자들은 세계 정치에서 이성, 법, 도덕, 제도가 미처 할 수 없는 역할이 무엇인지에 관심을 기울인다. 한 국가 내에서라면, 법은 상충되는 개개인의 이익을 해결하는 데 유용한 방법일 수 있다. 그러나 초국가적 정부가 없는 국제 체제에서라면 각 국가들은 자신들에게 맞는 법은 받아들이지만, 자신들의 이익을 침해하는 법은 수용하지 않을 것이다. 국가들이 국제적인 규칙을 어기고자 할 때, 국제 사회는 이를 막을 만한 장치를 갖고 있지 않다.

마찬가지로, 현실주의자들은 도덕이 국가 행위를 크게 제한한다고 생각하지 않는다. 심지어 일부 현실주의자들은 세계 정치의 현 상태를 도덕적으로 바꾸는 일에 관심을 기울일 필요가 없다고 주장한다. 이들은 세계 정치에 보편적인 도덕적 규범이 없다는 점, 그리고 정책 결정자들이 자신들의 핵심 이익이 위협받는다고 느낄 때 이에 관련된 도덕적 원칙을 강요할 수 없다는 점을 지적한다. 그러나 모든 현실주의자들이 도덕적인 면에 무관심하다는 것은 아니다. 라인홀드 니부어Reinhold Niebuhr와 한스 모겐소Hans Morgenthau와 같은 위대한 현실주의 사상가들은 모두 인간의 조건human condition에 대해 고뇌했던 사람들이다. 하지만 대부분의 현실주의자들은 현재의 세계가 특정 방향으로 나아가야 한다고 제시하는 도덕적 측면보다는, 작금의 상황이 어떠한지를 설명하는 것이 더 중요하다고 생각했다. 현실주의자들은 유엔the United Nations이나 핵 확산 금지 조약the Nuclear Nonproliferation Treaty과 같은 국제기구나 조약이 법이나 도덕과 별반 다르지 않다는 시각을 가지고 있다. 중요한 국가 이익이 침해당할 위기에서 법규나 도덕이 국가 행위에 별 제약을 가할 수 없듯이, 이런 요소들 또한 국제 갈등 방지에서 제한적 역할만을 수행할 수 있다는 것이다. 현실주의자들은 국제기구가 더 큰 협력을 도모할 수 있다는 가능성을 완전히 배제하지는 않는다. 하지만 동시에 현실주의자들은 이 기구들이 완전히 독립된 객체가 아니라, 국익 추구를 위해 여러 나라들이 만든 중개상 역할을 한다는 입장 또한 견지한다. 국제기구가 이러한 역할을 잘해 낸다면 가입국들은 계속해서 해당 기구를 지원하겠지만, 만약 자국의 이익이 침해된다면 그 기구는 무시되거나 버림받을 것이다. 현실주의자들은 1, 2차 대전 사이에 국제 연맹the League of Nations이 군사 침략을 막지 못했다는 점과 유엔이 냉전 시기에 어떻게 휘둘렸는가를 지적하며 이를 국제기구의 한계를 보여주는 증거로 내세운다. 국제기구가 정말 필요한 시기가 오더라도, 이들은 가입국들의 이익에 반하는 행동을 할 수 없다.

전략 연구에 대한 비판에는 어떤 것들이 있는가?

전략가들이 공통으로 가지고 있는 현실주의라는 철학적 근간은 전략 연구가 학문적인 일관성을 확보하도록 만들었지만, 동시에 많은 현실주의적 가정들은 비판의 대상이 되었다. 이러한 비판은 다른 곳에서 상세하게 설명한 바 있으나(Gray 1982와 18장), 이 장에서는 전략 연구 비평가들이 주장한 것들 중 일부만 소개하도록 하겠다.

- 전략이 갈등과 무력에만 치중한다는 비판
- 전략이 도덕적 문제에 충분한 관심을 두지 않는다는 비판
- 전략적 접근법이 학문적이지 않다는 비판
- 전략이 해결책이 아니라 오히려 문제를 일으킨다는 비판
- 전략이 국가 중심적이라는 비판
- 전략이 좁은 이론적 방법을 적용한다는 비판

많은 비평가들은 전략 연구자들이 군사력에만 중점을 두었고, 이로 인해 폭력과 전쟁에만 치중하는 경향이 있다고 주장한다. 전략 연구자들은 세계를 갈등 지향적으로 보기 때문에, 이들이 세계 정치의 협력적이거나 평화적인 측면을 간과하는 경향이 있다는 것이다. 이로 인해 비평가들은 전략 연구자들이 비현실적이며 뒤틀린 세계관을 가졌다고 주장한다. 심지어 일부 비평가들은 전략 연구자들이 폭력에 매료되어서 인간 환경의 어두운 면만을 묘사하는 데 희열을 느낀다는 주장까지 서슴지 않는다.

전략 연구자들은 자신들이 폭력과 분쟁에 관심을 기울인다는 점을 인정한다. 그러나 심

장 전문의가 모든 종류의 질병을 다룰 수 없듯이, 전략 연구자들 또한 국제 관계의 모든 측면에 관심을 동등하게 기울일 수는 없다고 반론한다. 또한 자신들이 뒤틀린 세계관을 가짐으로 인해 폭력의 유해한 측면에 매료되었다는 주장 또한 부정한다.

전략 연구자들이 때때로 주장하는 도덕적 중립성 또한 비판의 근거가 된다. 분명 전략가들은 핵무기 시대의 전략적 정책 결정 과정에서 수백만 명의 목숨을 매우 중요하게 생각했음에도, 이들은 전쟁 연구를 할 때 냉담하고 차가우며 감정이 없는 사람들로 묘사되기 일쑤다. 뉴먼J. R. Newman이 허먼 칸의 저서『열핵전쟁On Thermonuclear War』을 "대량 학살에 대한 묘사는 물론, 어떻게 저지르는지, 어떻게 하면 그 죗값을 치르지 않는지, 어떻게 정당화하는지를 알려주는 지침서"라고 묘사한 점은 전략가들에 대한 분노가 어떠했는지를 잘 보여주고 있다. 필립 그린Philip Green은 자신의 연구서『치명적 논리Deadly Logic』(1966)에서 핵 억지에 대해 저술 활동을 하는 전략 연구자들을 "도덕적 문제를 신경 쓰지 않거나 혹은 곡해하는 사람들"이라고 표현했다.

물론 많은 전략 연구자들이 학문적 객관성이라는 명목하에 전략 연구 과정에 있는 도덕적 중립성을 정당화해왔다. 그러나 일부 전략가들은 이러한 비판에 귀를 기울였고, 그 결과 도덕적 문제에 대해 다룬 전략 저서가 여럿 쓰이게 되었다. 여기에는 조지프 나이Joseph Nye의 저서『핵 윤리Nuclear Ethics』, 마이클 왈저Michael Walzer의『정당한 전쟁과 부당한 전쟁Just and Unjust Wars』, 스티븐 리Steven P. Lee의『도덕성, 신중함, 핵무기Morality, Prudence and Nuclear Weapons』등이 있다. 그린 등 여러 저자들의 비평 연구를 포함한 이러한 저서들은 현재 전략 연구에서 매우 중요한 부분을 차지하고 있다.

또 다른 비판으로, 전략 연구가 대학 존립의 취지와 학문적 가치를 훼손한다는 주장이 있다. 여기에는 전략이 학문 주제가 될 수 없으며 학교에서 전략을 가르치면 안 된다는 기본 가정이 내포해 있다. 이와 궤를 같이하는 비판은 상당수 존재한다. 첫 번째로, 필립 그린은 전략이 유사 과학이며, 전략가들은 여기에 그럴듯한 합리성을 부여하기 위해 과학적인 방법을 사용할 뿐이라고 주장했다. 두 번째로, 전략가들은 돈을 받고 정부에 조언을 하기 때문에 전략이 학문의 품위와 정면으로 배치된다는 비판이 있다. 손턴E. P. Thornton은 전략가들과 정부의 가까운 관계를 "의심스럽고 부패한 관계일 뿐만 아니라, 인도적 학문의 보편적 원칙에도 어긋나 있다"라고 묘사한 바 있다. 세 번째로, 전략가들은 정부에 조언을 할 뿐 아니라 정책 옹호에도 연관되어 있는데, 이러한 정책 옹호는 학문의 영역이 아니라는 비판이다. 비평가들은 전략가들이 정부의 잔재에 불과하며, 이들이 하는 일은 모호한 국제적 목표를 어떻게 성취하고 정당화하는지 조언하는 것이라고 말한다.

전략 연구자들은 정책 옹호 문제는 물론이고, 전략을 대학에서 가르치면 안 된다는 이러한 주장에 동의하지 않는다(Box 0.2). 전략 연구자들은 단순히 문제를 회피한다고 해서 전쟁이 사라지지 않는다고 주장할 것이다. 이에 대해 볼셰비키 혁명Bolshevik revolution에서 핵심적 역할을 한 혁명가 레온 트로츠키Leon Trotsky는 "당신이 전쟁에 관심을 가지지 않을지라도 전쟁은 당신에게 관심을 가진다"라는 명언을 남긴 바 있다. 전략 연구자들은 전쟁과 평화에 대한 이슈가 학문적으로 연구될 수 있으며, 동시에 연구해야만 하는 매우 중요한 문제들이 포함되어 있다고 말한다. 전략에 과학적인 방법을 추가하려는 시도는 여러 번 있었지만(브로디가 인정했듯이, 일부에서는 극단적인 영역까지 문제를 끌고 갔다), 방법론에 대한 논쟁은 전략 연구 한 분야에만 국한되는 문제는 아니다. 사회과학적 맥락에서 과학의 본질이 무엇인가는 아직도 활발히 논의되는 주제이기도 하다.

⊙ Box 0.2 대학에서의 전략 연구

기원은 다르지만 상호 보완적인 여러 학문적 근거를 통해, 대학에서의 전략 연구에도 충분히 정당성을 부여할 수 있다. 매우 엄정한 학문적 측면에서 보자면, 전략은 여러 지적인 과제를 던져준다는 점, 동시에 지적인 원천을 늘려준다는 사실만으로도 학문적 가치가 충분하다. 이러한 주장으로 본다면 전략 연구를 대학 과목에 포함시키기에 충분해 보일 수도 있다. 하지만 여기에 더해 전략이 사회적으로 가치 있는 학문이라는 점을 계속 주장할 수 있는 사람들이 있어야 하며, 또한 그래야만 할 것이다. (중략) 온당하면서도 타당한 대학의 의무라는 관점에서 본다면, 여러 이견들은 모두 옹호받을 수 있는 입장들이다. 이 저자는 상당히 진보적이고 관대한 입장을 취하고 있다. 그는 전략이 진실을 추구할 수 있으며, 또한 전략이 현대의 정책에서 유효하거나 공공선에 부합할 때 그에 따른 학문적인 가치를 지니고 있다고 여긴다.

-C. S. 그레이

하지만 이보다 더 중요한 것은 한 개인이 분석 결과를 평가하게 만들고, 이러한 논의가 더 넓은 정치적 틀 내에 포함시키게끔 만드는 미묘하면서도 설명하기 힘든 정치적 판단 능력이라고 할 수 있다.

-J. C. 가넷

대부분의 전략 연구자들은 돈을 받고 국가에 조언을 할 때 필요 이상의 친밀한 관계를 형성하는 일이 위험하다는 것을 잘 알고 있다. 그러나 경제학자들과 같은 다른 전문가들과 마찬가지로, 전략 연구자들 또한 그들이 돈을 받은 만큼 조언을 하는 사람들일 뿐이다. 전략은 실용적인 학문이므로, 정부와 가까이하며 전략적인 문제들을 분석하면 상대적으로 비주류적인 방법을 도입할 수 있는 등의 장점이 있다. 하지만 정책 옹호는 이와는 다른 문제. 일부 전략 연구자들이 특정 정책을 지지하는 쪽으로 돌아선다면, 이런 사람들은 결국 서서히, 그러나 확실하게 신용을 잃게 된다. 이와는 반대로 특정 정책이나 무기 체제 도입에 대한 의견을 피력하고 이를 통해 경력을 쌓는 전략가들은 어떤 문제든 답을 제시할 수 있다는 평판을 얻기 마련이다.

또 다른 비판으로는 전략 연구가 해결 방안을 제시하는 것이 아니라 오히려 문제를 일으킨다는 주장이 있다. 즉 군대가 정책 달성을 위한 적법한 도구라는 클라우제비츠식 관점은, 국가 수뇌부와 대중이 무력 사용을 장려하는 사고방식을 갖도록 부추긴다는 주장이다. 비평가들은 이것이 현실주의자들의 사고방식이며, 이로 인해 냉전 당시 핵 억지, 국지전, 위기관리에 대한 이론이 발전할 수 있었다고 주장한다. 아나톨 라포포트Anatol Rapoport는 군비 축소가 국제 사회 내 갈등을 해결할 수 있다고 여기면서, 이에 반하는 안보 사고 체계를 만든 전략가들은 그에 따른 책임을 져야 한다고 주장했다. 그는 다음과 같이 신랄하게 비판의 목소리를 높였다.

> 군비 축소를 막는 가장 큰 걸림돌은 인류 전체의 중요성보다 전략적 고려 사항들을 우선적으로 고려한 전략 연구자들이 만들어냈다. 이들은 군비 축소가 비현실적으로 보이게끔 만드는 학문적인 풍토를 만들거나 혹은 유지하도록 돕는다.
>
> –Rapoport(1965)

비평가들은 전략 연구자들이 어떻게 대량 학살을 정당화하고 원활히 수행할 수 있을까에 대한 고민은 그만두고, 대신 군비 축소 전략이나 협력 안보에 대한 합의, 폭력 규탄을 위한 범국가적 캠페인에 시간을 들여야 한다고 말한다.

이와 일맥상통하는 주장으로, 전략 연구자들이 인간 본성과 국제 정치 내에서의 변혁 가능성에 대해 극도로 회의적인 시각을 견지하기 때문에 이들이 평화적인 변화의 가능성을 묵살하고 있다는 비판이 있다. 역사를 끊임없는 갈등의 집합체로 보고, 미래도 다르지 않을 것이라고 주장하는 것은 인류의 진보를 도모하려는 모든 계획이 무조건 실패할 것이라는 운명론적 주장처럼 비칠 수 있다. 이 비판은 전략 연구자들이 무정부적인 국제 정치에서의 불신과 자조성, 군사력의 중요성만을 강조함으로써 전략의 중요성에 설득력을 부여한다는 주장을 골자로 하고 있다. 즉 정책 결정자들이 전략가들의 조언을 신뢰하고 받아들인다면 이는 곧 핵 억지 전략에 대한 위협이나 국방력 강화라는 결과를 낳을 것이고, 각국이 이에 대응하게 된다면 결국 반목과 불신의 소용돌이로 빠지는 지름길이 될 것이라는 비판이다. 이러한 '사회적 구성주의' 시각으로 세계를 보면, 각국이 계속해서 갈등의 소지를 찾는 것도 당연한 것처럼 보일 수 있다.

다시 한번, 전략 연구자들은 이러한 비판을 적극적으로 반박했다. 그들은 자신들의 시각이 세계 정치를 특정 방향으로 바꾸는 역할을 하는 것이 아니라, 단지 현재의 세계 정치를 반영하는 것뿐이라고 말한다. 대부분의 정책 결정자들과 관료들이 전략 연구자들의 이러한 현실주의적 시각을 받아들이는 이유는 국제 관계에서 발생하는 여러 문제와 위협에 대처하고자 함이지, 학계의 전략가들에 의해 '사회적으로 구성된' 지적 풍토 때문이 아니다. 따라서 전략이라는 분야가 대중이 아닌 자신들만을 생각하는 전략가들이 만들어낸 범죄라고 주장하는 것은 어불성설이라고 할 수 있다. 물론 과거에는 전쟁을 국정 운영의 도구로 선호한 사람들이 많았다. 이런 사람들은 전쟁을 낭만적이거나 혹은 영웅적으로 묘사하기 마련이다. 오늘날 영화나 비디오 게임에서 볼 수 있는 이러한 전쟁의 낭만적인 이미지는 전쟁의 진짜 모습이 아니며, 단지 컴퓨터 그래픽을 통해서 만들어낸 미화된 모습에 불과하다. 이러한 낭만적인 전쟁의 지지자들은 진보된 기술과 장비를 통해 상대편의 군사 체계를 마비시키고, 상대적으로 적은 피를 흘리면서도 빠르고 인간적으로 전쟁에서 승리를 거머쥘 수 있다고 주장한다. 그러나 전략 연구는 이러한 주장에 큰 허점이 있다고 지적한다. 전략가들은 실제 전쟁이 어떤지를 잘 알고 있으므로, 이들은 대부분의 군사적 분쟁이 비극인 것은 물론이거니와, 인류에게 적합하지 않은 전쟁이라는 행위를 최대한 배격해야 한다는 점에 동의한다.

또한 소위 '평화적 변혁'의 문제에 관해서, 전략 연구자들은 각국이 평화적으로 공존하는 것이 불가능하다고 단정 짓지는 않는다. 하지만 이들은 세계 정치에서의 급격한 변화가 영원한 평화를 불러올 수 있다는 주장에 매우 부정적인 입장을 취하고 있다. 전략 연구자들은 효과적인 전략을 통해 분쟁을 줄일 수는 있지만, 이를 완전히 없애는 것은 불가능하다고 생각한다. 이러한 맥락에서 본다면, 앞으로도 전략 연구를 완전히 폐지해버리는 것은 불가능하다.

전략 연구자들이 효과적인 국정 전략이나 국제 정책 수립에 주안점을 둔다는 사실은 또 다른 비판을 낳는다. 전략 연구는 세계 정치에 대한 국가 중심적 관점을 만들어내기 때문에, 국익의 위협에만 지나치게 집착해서 국내 안보 문제나 초국가적인 테러 네트워크와 같은 새로운 현상을 놓치고 있다는 것이 이러한 비판의 요지다. 많은 사람들은 국가가 안보 연구에서 중요한 대상이 아니며, 오히려 국가가 보호해주지 못하고 침해당하는 개인의 안전을 더 신경 써야 한다고 주장한다. 혹은 국가 역할의 쇠퇴를 인정하는 일부 저자들은 국익보다는 사회 안보나 국제 안보 문제에 더 중점을 두기도 한다.

전략 연구자들은 비록 자신들이 국가의 역할을 계속 강조해왔지만, 그렇다고 국가 내의 분쟁에 관심을 가지지 않은 것은 아니라고 반박한다. 클라우제비츠는 그 자신이 직접 시민전쟁을 겪은 사람이다. 이 외에도 상당수의 전략 연구 저서들은 급진적인 비정규전에 대한 해결책을 내놓은 바 있다. 보스니아, 코소보, 체첸 공화국과 같은 국가 분열과 ISIS와 같은 단체가 형성되는 사건들이 늘어나면서, 민족과 국가 정체성 갈등을 다룬 저서들에 대한 관심이 점차 높아지고 있다. 알카에다의 부상은 무력을 수반하는 비국가 단체들의 발생과 목적, 전략, 전술에 대한 연구와 저술이 폭발적으로 증가하는 원인이 되었으며, 또한 사람들이 국제 테러범 및 다른 범죄 조직의 연락망 차단에 관심을 기울이게 하는 계기가 되었다.

비록 국경을 넘어서는 폭력 사태가 만연하고 비국가적 단체들이 득세하는 등 여러 문제가 산적해 있지만, 전략 연구자들은 그럼에도 불구하고 국가들이 세계 정치에서 주요 행위자로 계속 나서야 한다고 주장한다. 사실 국가의 중요성은 물론, 국가가 가진 수많은 통제 및 감시 도구의 중요성은 일부 개인에게 막대한 권력이 집중되거나 혹은 초국가적 테러가 발생했을 때만 강조되어온 경향이 있다. 전략가들은 자신들이 국가 안보 문제에 대부분의 관심을 기울였다는 사실에 별다른 죄책감을 느끼지 않는다.

전략 연구에 대한 또 다른 비판으로는, 전통적으로 지배적이었던 현실주의 관점의 편협한 이론적 배경이 다른 이론에서 얻을 수 있는 평화 및 안보 관련 혜안을 차단해버리는 역할을 한다는 주장이다. 브래들리 클라인Bradley S. Klein은 1994년 연구서인 『전략 연구와 세계 질서Strategic Studies and World Order』를 통해 "국제 문제에서 권력의 중요성을 강조했던 현실주의자들의 기존 관점은 당시 중요했으며, 그 태동이 되는 원전과의 연관성을 없애는 일은 불가능하다"라고 말한 바 있다. 그러나 저자는 "기존 현실주의자들의 입장을 따르는 것이 반드시 근대 현실주의나 신현실주의에 대한 혜안을 제공해주지는 않는다는 생각이야말로 현실주의라는 기존의 전통을 끊어내는 역할을 해왔다"라고 언급한다. 또한 부잔Buzan과 한센Hansen은 『국제 안보론Evolution of International Security Studies』에서 현실주의 사고방식의 한계를 지적하면서, 1990년대에 구성주의, 비판적 안보 연구, 페미니즘, 후기 구조주의와 같은 안보 연구에 대한 새로운 이론적 접근법이 나타났음을 강조했다(2009).

이러한 비판들은 모두 그만한 가치가 있다. 브래들리 클라인의 연구와 피터 카첸슈타인Peter J. Katzenstein의 연구서인 『국가 안보 연구의 문화The Culture of National Security Studies』도 전략 연구의 이론적 기반을 넓히려고 시도한 것이다. 또한 이 책의 5장과 18장에서는 전략 연구의 대안적 접근법에는 어떤 것이 있는지에 대해 자세하게 소개한다. 현실주의는 전략 연구에서 여전히 중요한 접근법이며, 이는 전략 연구를 더 넓은 분야인 안보 연구와 구별 짓는 중요한 요소다(19장 참고).

전략 연구와 안보 연구는 어떠한 관계에 있는가?

냉전 종식 이후, 전략 연구가 아닌 안보 연구에 주목해야 한다는 주장이 등장하면서 전략 연구에 의문을 제기하는 목소리가 나오기 시작했다. 즉 국가의 핵심 가치에 위협을 가하는 것들로부터 자유로운 상태를 안보로 규정한다면, 안보라는 개념을 연구하는 것이 더 적합하다는 주장이다. 또한 이는 대규모 전쟁이 부재한 상태에서 정치, 경제, 사회, 환경에 대한 관심이 높아지는 때에, 전략은 너무 제한적이고 관련성이 없는 주제라는 주장이다. 이러한 현상은 "넓으면서도 깊어지는 논의"라고 불린다(Buzan and Hansen 2009: 187-211 참고). 안보의 정의가 갈수록 확대됨에 따라, 전략보다는 안보가 오늘날의 복잡하고 다면적인 위험 요소들에 대한 이해 체계 수립에 더 좋은 주제로 꼽히곤 한다.

그러나 리처드 베츠가 1997년 논문 「전략 연구는 살아남을 것인가?Should strategic studies survive?」에서 언급했듯이, 안보를 새롭게 규정하면 두 가지 문제점이 발생한다. 먼저, 베츠는 전략과 안보 연구를 구분하는 일이 타당하지만, 안보 정책은 항상 전쟁과 전략에 세심한 주의를 기울이면서 수립되어야 한다고 말한 바 있다. 다시 말해 군사력은 여전히 안보의 중요한 요소이며, 안보에 위협이 되는 비군사적 요소에 집중하느라 전쟁 발발 가능성을 무시한다면, 그에 따른 대가를 치를 수 있다는 것이다. 두 번째로, 베츠는 "포괄적인 안보에 대한 정의는 곧 이익이나 복지와 동의어가 되어버리며, 이러한 넓은 의미의 정의는 국제 관계나 외교정책에서 모든 영역을 포함하게 되므로 결국 전략을 다른 분야 혹은 하위 분야와 구분하는 일이 불가능해질 것이다"라고 주장한다. 즉, 인간사에 부정적인 영향을 끼칠 수 있는 것들을 모두 포함하게 된다면 안보 연구의 범위는 너무나 넓어지게 되고, 이로 인해 안보 연구의 실제 가치가 퇴색될 수 있다는 것이다.

본 저서의 저자들은 전략 연구의 중요성을 잘 알고 있음은 물론, 학문 분야로서의 전략 연구의 일관성에 대한 우려 또한 견지하고 있다. 전략은 학문 연구에서 확실하면서도 중요한 영역으로 자리매김하고 있다. 국제 관계는 정치학의 일부이고, 안보 연구가 국제 관계의 일부인 것처럼, 전략 연구는 안보 연구의 일부다. 이러한 관계는 그림 0.1에 잘 나타나 있다(19장 참고).

1980년대 후반 이후 세계 정치에는 여러 변화가 일어났지만, 그럼에도 여전히 세계 정치는 과거와 근본적으로 공통된 점이 다수 존재한다. 국제 관계에 근본적인 변화가 일어나고 있다는 낙관적인 견해가 사실무근이라는 것은 이미 수차례 증명된 바 있다. 1차 및 2차 걸프전은 물론, 이라크 반란, 보스니아, 코소보, 체첸 공화국, 리비아, 시리아에서의 문제, 알카에다와 ISIS가 자행한 테러, 러시아의 크림 반도 합병 사태에서 분명히 알 수 있듯이, 무력과 군사력은 아직도 현대의 국제 관계에서 중요한 위치를 차지하고 있다. 이 책을 쓰고 있는 현재 특히 우려스러운 일은 우크라이나 동부에서 벌어지는 소위 '하이브리드 전쟁 hybrid warfare'의 대두이며, 이를 해결하기 위해서는 더 넓으면서 동시에 유연한 전략 및 장기적 목표가 필요할 것이다. 또한 현대의 국제정치에서는 세계화 및 분리화와 관련된 중요한 지정학적인 변화가 계속해서 일어나고 있다. 강대국 간의 전쟁은 사라졌을지 모르지만, 유일한 초강대국으로 올라서기 위한 미국, 러시아, 중국 간의 경쟁은 더 이상 먼 미래의 이야기가 아니다. 또한 군사력이 아직도 정치적 목적의 도구로 사용되고 있으며, 이로 인해 전략 연구가 과거와 마찬가지로 아직도 중요하다는 사실 또한 유효하다.

현대에서의 전략에 대해 알아보기 위해 본 저서는 전체 장을 세 부로 나누어 설명할 것

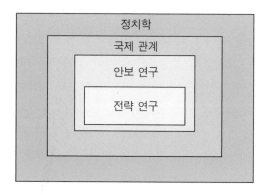

그림 0.1 전략 연구, 안보 연구, 국제 관계, 정치학의 관계

이다. 먼저 1부에서는 전략 연구를 촉진시키며, 동시에 전략의 역사 및 이론을 간략하게 보여주는 사안들에 대해 다룰 것이다. 여기서는 고대에서부터 제1차 세계대전까지 전략적 사고의 역사에 대해 다루는 논문과 함께, 다음 장의 이해를 돕기 위한 배경 지식에 대해 설명하게 될 것이다. 2장에서는 나폴레옹 시대 이후로 전쟁이 어떠한 양상으로 변했는지와 함께 전략 사상가들에 대해서 알아볼 것이다. 3, 4, 5, 6장에서는 전쟁이 발발하는 이유, 그리고 국가 내 폭력 사태를 줄이는 접근법에 영향을 끼치는 여러 복잡한 쟁점 사항들에 대해 이야기할 것이다. 문화, 도덕, 전쟁에 관한 문제 또한 여기에서 다룰 것이며, 이는 전략 연구의 방법론이 어떻게 변화했는가를 반영한다고 볼 수 있다. 비록 군사 무기에 대한 이미지가 상당히 긍정적이라고 하지만, 문화, 법, 도덕적인 고려 사항들은 전쟁 물자 확보 및 전쟁 실행에 큰 영향을 미친다. 이 네 장은 전략의 규범적 근간을 제시한다는 점에서 아주 중요하다. 1부의 마지막인 7, 8, 9장에서는 소위 군사 문제에서의 혁명이라고 불리는 면에 초점을 맞출 것이다. 이는 전쟁의 발전에 계속해서 영향을 미치는 것은 물론, 현대 사회의 분쟁에서 여러 중요한 사안들을 만들어내는 동시에 전략과 국방 계획 간의 관계를 형성하는 역할을 한다는 점에서 중요하다고 할 수 있다.

2부에서는 오늘날 뉴스에 오르내리는 문제들, 그리고 전략 토론의 주제가 되는 문제들에는 어떤 것들이 있는지 알아볼 것이다. 10장에서는 국제 안보의 핵심 문제로 떠오른 IS의 부상, 테러, 비정규전에 대해 다룰 것이며, 11장에서는 한때는 주춤했지만 현재 다시 안보 사상가들의 주목을 끌고 있는 현대전에서의 핵무기 역할에 대해 다룰 것이다. 군축 협정, 북한과 이란의 핵무기 개발은 물론 테러리스트들이 핵무기를 얻었을 때의 대량 살상 위협에 대한 문제 또한 알아보게 될 것이다. 이 모든 점들을 종합해보면 이제는 핵, 방사능, 화학, 생물학 무기로 인한 위협에 대한 평가가 바뀌어야 한다는 점을 시사하고 있음을 알 수

있다. 대량 살상 무기는 물론, 육상전을 포함하여 기존의 군사력을 둘러싼 논쟁거리가 되
는 문제들 또한 2부에서 다룰 것이다. 15장에서는 평화 유지 및 인도주의적 개입에 대해 알
아볼 것이다. 이 장에서는 당시 정책 결정자들이 관련 문제들을 테러와의 전쟁이나 중동
지역에 민주주의를 촉발시키기 위해 만들어낸 미봉책 정도로 치부했던 점에 대해, 그리고
당시의 시대적 배경과 이 사안들로 인해 현재까지도 군대에서 발생하는 특정 문제는 무엇
인지에 대해 탐구할 것이다. 2부의 마지막 부분에서는 현대 사회에서 특히나 위험한 문제
로 부상하고 있는 사이버전과 변화무쌍한 권력 관계, 특히 강대국들의 권력 관계를 포함하
는 지정학에 대해 탐구할 것이다.

3부에서는 각 저자들의 연구 결과에 대한 요약과 함께 전략 연구의 새로운 지평을 연
최근의 새로운 안보 연구 접근법을 종합하여 우리 저자들이 내린 결론을 간략하게 설명할
것이다. 3부의 18장에서는 전략 저서에 대한 비평가들의 의견과 평가를 통해 전략에 대한
비판적 접근에는 어떠한 것들이 있는지 알아볼 것이다.

📖 더 읽을거리

A. Beaufre, *An Introduction to Strategy* (London: Faber & Faber, 1965) and *Deterrence and Strategy* (London: Faber & Faber 1965)
두 저서를 통해 냉전 시기의 전략 연구에 대한 대안적 접근법 및 프랑스에서 차용하는 접근법이
어떠한지에 대해 알 수 있다.

B. Brodie, *War and Politics* (London: Cassell, 1973)
저자는 전략 연구의 황금기에 뛰어난 전략 사상가 중 한 명으로, 이 저서는 전략 연구에서 매우
중요한 위치를 차지하고 있다.

L. Freedman, *Strategy: A History* (Oxford: Oxford University Press, 2013)
전략의 변천사를 잘 보여주는 저서다.

J. C. Garnett, 'Strategic Studies and its Assumptions' in J. Baylis, K. Booth, J. Garnett, and P. Williams, *Contemporary Strategy: Theories and Policies* (London: Croom Helm, 1975)
이 저서는 고전적 현실주의 이면에 숨겨진 철학과 초기 전략 연구 문헌에 대한 훌륭한 분석을 보
여준다.

Colin S. Gray, *The Future of Strategy* (Cambridge, UK: Polity, 2015)
현대 사회에서도 여전히 유효한 전략의 기본 원칙들에 대해 통찰력 있는 현대적 해석을 보여주
고 있다.

B. Heuser, *The Evolution of Strategy* (Cambridge, UK: Cambridge University Press, 2010)
전략의 변천사를 잘 보여주는 저서다.

M. Howard, *War In European History* (Oxford: Oxford University Press, 1976)
   명망 있는 영국의 역사학자이자 전략 분석가로서, 저자는 근대 유럽 역사 내에서 전쟁에 대한 뛰어난 역사적 분석을 보여준다.

H. Kahn, *On Thermonuclear War* (Princeton, NJ: Princeton University Press, 1960)
   저자는 당시 미국에서 가장 중요한 위치를 차지한 동시에 논란의 중심이 된 미국의 전략이론가 중 한 명으로, 냉철하면서도 감정을 배제한 시각을 통해 핵전쟁이 일어날 경우 어떻게 대처할지를 다루고 있다.

P. J. Katzenstein (ed), *The Culture of National Security: Norms and Identity in World Politics* (New York: Columbia University Press, 1996)
   이 저서에서 저자는 전략 연구에 대한 현실주의 및 신현실주의적인 시각에 의문을 제기하는 한편, '사회 구성주의' 접근법적 대안을 다루고 있다.

W. Murray, M. Knox, A. Bernstein (eds), *The Making of strategy: Rulers, States, and War* (Cambridge: Cambridge University Press, 1994)
   핵전략에서의 전략 및 작전에 대한 수준 높은 분석이 실려 있는 저서다.

R. Niebuhr, *Moral Man and Immoral Society* (London: Charles Scribner's Sons, 1932)
   복잡한 현실주의적 시각에서 쓰인 전략 연구의 윤리적 문제를 다루고 있다.

제**1**부

현재진행형 전략 이슈

1. 고대부터 나폴레옹까지 전략실천의 역사 ——————— 23

2. 근대 전쟁의 진화 ——————— 43

3. 전략이론 ——————— 65

4. 전쟁의 원인과 평화의 조건 ——————— 85

5. 전략 문화 ——————— 107

6. 법, 정치, 무력행사 ——————— 129

7. 기술과 전쟁 ——————— 151

8. 정보와 전략 ——————— 173

9. 전략과 국방 계획 ——————— 199

고대부터 나폴레옹까지 전략실천의 역사

베아트리스 호이저(Beatrice Heuser)

 독자 안내

이 장은 전략이란 용어가 도입되기 전부터 전략실천의 역사를 개괄한다. 이 장은 역사가들이 전략실천의 증거를 찾았다고 주장하는 고대시대 이래 유럽의 역사적 에피소드에 주로 전념한다. 킴벌리 케이건(Kimberly Kagan)은 전략을 '국가의 목표를 설정하고 목표 달성을 위한 자원 배분과 최선의 수단 선택을 위해 목표들 가운데 우선순위를 체계화하는 것'이라고 규정했다. 이 장은 유럽에만 초점을 맞추어 2,500년간의 사례 연구를 다루는데, 고대 그리스 전쟁, 로마와 중세 전쟁(영국의 역사에 초점을 맞추어), 스페인 펠리페 2세의 전쟁, 프랑스의 루이 14세, 프러시아의 프리드리히 2세, 프랑스 대혁명, 나폴레옹까지 망라한다.

전략의 정의

전략strategy이란 말은 고대 그리스의 'strategia', 또는 'strategike'에서 나왔다. 이 말은 특히 비잔틴의 동로마제국에서의 정의에 따르면 '전략', 또는 '전투지휘의 기술' 등을 의미하는 것으로 사용되었다. 서유럽에서 전략이란 용어는 18세기에 번역된 동로마 황제 레오 6세의 저작에 힘입은 바 크다. 이 책은 군사 활동을 기획하고 수행하기 위해 장군이 마스터해야 할 기술을 여러 가지로 탐구하였는데, 전술 · 요새 구축 · 포위술을 포함하여 지리 · 인체와 의술, 그리고 정치에 관한 지식을 망라하였다.

그 이후 여러 저자들이 레오 황제의 '전략' 개념을 개선하려고 노력하였다. 요약하면 전략이란 정치적 목적을 추구하기 위한 포괄적 방법을 의미하는데, 거기에는 힘을 통한 위협, 또는 힘의 실제적 사용을 포함한다(Heuser 2010: 27). 그 이후 이 용어는 삶의 많은 다른 영역에도 적용되었는데 특히 비즈니스 영역에서 두드러진다(Freedman 2013).

킴벌리 케이건의 정의는 서구에서 '전략'이란 단어를 사용하기 전부터 전략적 행위가 실현되고 있었는지에 대한 질문을 탐구하는 데 유용한 도구가 된다. 최고의 수준에서 전략이란 가장 넓은 의미의 정치적 목적(보통 거대 전략이라 지칭)과 중복되는데, 전략은 국가가 일련의 목표들을 세우고, 자원의 제한이 없다는 전제하에 그 목표 달성을 위해 자원 배분의 우선순위를 정하고, 그것을 추구하기 위해 최고의 군사적·비군사적 수단을 선택하는 것들을 포함한다(Kagan 2006: 348). 이 정의에 따르면, 국가 지도자가 전투에서 침략 세력을 격퇴하기 위해 힘쓰고 다른 한편으로 침략 저지를 위해 방어 체계를 구축하는 등의 대규모 목표를 설정하고, 그를 위해 병사와 전함 확보를 위한 증세 등의 방법으로 자원 배분을 하려고 한다는 것을 우리가 발견했을 때, 우리는 그것을 전략으로 볼 수 있다.

'거대 전략'이란 용어는 20세기 초에 널리 사용되기 시작하였는데 영국의 전략가 리들 하트가 다음과 같이 정의한 바에 힘입은 바 크다. '거대 전략—고위 전략—의 역할이란 보다 근본적인 정책에 의해 정의된 전쟁의 정치적 목적을 향하여 국가의 모든 자원을 지휘하고 조정하는 것이다.'(Liddell Hart 1929: 150f)

우리도 다음에서 이 용어가 어디서, 언제 사용되었는지 알아볼 것이다.

🔑 요점 정리

- 전략은 '국가 목표의 체계'와 '그 목표들 간의 우선순위 규정의 체계'로 정의될 수 있다.
- 자원이 제한되면 전략은 목표 달성을 추구하기 위해 자원의 배분에 관한 결정을 포함한다.
- 다수의 수단이 존재하는 곳에서 전략은 목표의 추구를 위해 최선의 수단을 선택하는 것을 포함한다.

그리스, 로마, 콘스탄티노플

고대의 자료들은 전쟁에 대해 많은 것을 말해주는데, 이들 중 어떤 것들은 고전 역사가들이 매우 잘 기술해놓아서 후대인들이 전쟁과 전술을 이해하는 데 큰 영향을 미쳤다. 페르시아 전쟁(BC 499-449)은 처음에는 팽창주의인 페르시아 제국이 그리스 도시국가들을 병합하려는 단순한 시나리오였다. 그러나 페르시아는 그리스의 동맹국을 가졌으므로, 이 전쟁은 전적으로 문명의 충돌이 아니라 헬레니즘 세계 안의 갈등을 의미하기도 한다. 아테네가 페르시아 격퇴의 선두에 섰는데, 오랜 전투로 페르시아가 아크로폴리스를 불태우는 일이 생기기도 했지만, 페르시아는 결국 아시아로 철수하였다. 페르시아의 팽창주의는 다음 천 년 동안 정기적으로 전쟁을 불러오곤 하였다.

기원전 5세기에 페르시아 전쟁에 이어 일어난 펠로폰네소스 전쟁(BC 431-404)은 원래 스파르타(그 동맹들 포함)와 아테네(그 동맹들 포함) 사이의 전쟁이었지만 훨씬 복잡한 양상을 띠었다. 페르시아가 배후에서 양쪽의 잠재적 동맹으로 어른거리고 있었고, 다른 그리스 국가들은 아테네와 스파르타 사이에서 편을—때로는 한 번 이상—바꾸었다. 투키디데스의 역사서에 가장 자주 인용되는 구절의 하나가 의미하는 바는, 스파르타가 앞선 페르시아와의 전쟁의 결과로 아테네의 힘이 성장한 것을 위협으로 인식하여 이를 경계하기 위해 아테네와 전쟁을 시작했다는 것이다(Thucydides I. 1.23).

이어진 스파르타와 아테네의 전쟁은 개와 물고기의 싸움으로 불린다. 스파르타는 거의 전적으로 육군에 의지하는 육상 세력이었고, 이에 비해 아테네의 힘은 해군에 있었기 때문이다. 이런 전략적 비대칭으로 양측은 상대방에게 유리한 접전은 피하려고 하였고 그래서 전쟁은 오래 지속되었다. 양측은 소모 전략에 의존했는데, 스파르타는 아티카Attica를 초토화시켜 아테네를 기아에 빠뜨려 항복시키려 했지만, 아테네는 긴 육로 장벽으로 아테네와 연결된 피레우스Piraeus항港을 통해 바다로부터 식량을 공급받았다. 아테네의 해군 원정대는 펠로폰네소스를 공격했지만, 스파르타의 주 농업지대까지 깊숙이 들어가 스파르타의 목을 죄는 데는 실패하였다. 마침내 스파르타는 '간접적 접근 전략'(Box 1.1)을 결정하였는데, 아테네를 보스포루스Bosporus와 다르다넬스Dardanelles 해협을 건너 흑해 너머 지역으로부터 오는 식량 공급에서 단절시키기 위해, 브라시다스Brasidas의 지휘로 트레이스Thrace 연안을 따라 있는 아테네의 동맹지역들을 공격하였다. 이것으로 마침내 아테네가 BC 421년에 절충안을 받아들이게 되었고, 펠로폰네소스 전쟁 중 '아키다무스' 전쟁Archidamian War 국면이 끝났다. 그러나 평화는 깨지고 다시 긴 소모전이 시작되었는데, 아테네는 시칠리의 도시국가 시라큐스로부터 시칠리의 동맹들을 방어하고 그 섬에서 자신의 입지를 세우려 하였지만(BC 415-412), 그 원정은 아테네에게 재앙으로 끝났다. 마침내 데셀리안Decelian 전쟁, 또는 이오니아Ionian 전쟁으로 불리는 전쟁(BC 412-404)이 일어났고 스파르타와 그 동맹국들이 큰 희생을 치르고 승리하였다.

다음 세기에, 젊은 알렉산더 3세(알렉산더 대왕)의 휘하에 아웃사이더인 마케도니아가 그리스 세계의 주도권을 잡았을 때, 스파르타는 비켜섰다. 알렉산더는 페르시아 제국이 그리스 국가들을 침공한 것을 복수하고 페르시아의 지배에 있는 그리스 도시국가들을 해방시키기 위해 페르시아 제국에 전쟁을 개시했다. 그러나 성공과 함께 더욱 크게 구미가 당기게 되었다. 알렉산더는 자신을 제2의 아킬레우스로 여겼고, 제우스 신의 입양된 아들로 표현하였으며, 제우스의 가장 유명한 자식인 초영웅 헤라클레스를 초월하고자 하여, 헤라클레스가 갔던 모든 지역을 정복하려 하였다. 따라서 페르시아 제국을 정복하는 것만으로는 충분하지 않았다. 그래서 그는 인도까지 진격하였고, 때 이른 죽음이 그를 멈추게 하지 않았다면, 아마도 모든 가능성으로 볼 때 틀림없이 지중해 연안을 정복하러 나아갔을 것이다. 이런 전략적 목적을 추구하기 위해, 알렉산더는 처음에 마케도니아와 주변 지역의 젊은이들을, 다음에는 모든 그리스 도시국가의 젊은이들을 페르시아에 대항하자는 명분으로 소집하였다. 페르시아 군대에 승리하고 패배한 지역의 사람들을 학살·노예화한 후, 알렉산더는 세 번째 전략적 단계로 그리스와 페르시아인을 결혼을 통해 통합하고 그가 정복한 영토에서 문화를 융합하는 시도를 통해 그의 정복을 공고히 하고자 하는 목표를 세웠다. 그의 놀라운 정복전쟁의 기적들은 그의 나이 22세에서 31세 사이에 이루어졌는데, 위에서 말한 두 가지 전쟁 목표, 그의 개인적 카리스마와 특히 젊은이들에 대한 그의 매력, 그리고 새로 얻은 자까지 포함한 동맹들에 대한 그의 충성, 그리고 그의 전술과 연이은 전장에서의 승리 등에 기인한다.

🔘 Box 1.1   **전략의 이항선택(Binary Options in Strategy)**

기본적으로 전략은 방어 대 공격의 두 가지 선택을 제시하지만, 전술적으로 공격을 개시하면서 전략적으로는 방어적일 수도 있다. 그러나 전략과 전술적 차원에서 더 많은 선택도 있다. 포에니 전쟁에서 한니발은 시실리에서 로마인들을 공격하여 놀라게 했지만, 알프스를 넘어 이탈리아 반도를 침공하였다. 그리고 이때 로마의 군대를 포위하고 기습적인 방향에서부터 진격해왔는데, 이것은 칸네 전투에서도 실행한 전술이었다. 그 이후 기습, 포위, 그리고 다른 형태의 간접 접근이 전술과 전략의 일부를 이루었다. 한스 델브뤽(1848-1929)은 소모 전략과 짧은 시간에 적을 괴멸하는 전략을 대조하였다. 바실 헨리 리들 하트(1895-1970)는 '직접 접근'과 '간접 접근'의 형태로 유사한 비교를 하였다.

한편, 서쪽에서는 다른 도시국가가 지중해를 지배하기 시작하였는데, 바로 로마였다. 로마는 이웃들을 하나씩 정복하였는데—그들은 전에 로마를 공격하거나 위협하였기 때문에—로마의 정복은 대체로 항구적 위험요소를 제거하고 패배한 적장들의 피난처를 제거하기 위한 방어전쟁으로 그려질 수 있었다. 더 멀리 떨어져 있는 국가들도 로마에 정복되었는데, 로마 부근의 적국에 그들이 원조를 못 하게 하기 위해서였다. 로마는 실제 침략자들의 손에 괴로움을 당했는데 특히 켈트족이나 갈리아Gauls족들이었고, 북부 이탈리아와 오늘날의 프랑스와 영국 땅에 살고 있던 주민들을 정복하고 평정하는 이유를 제공하였다.

로마는 이어 기원전 2세기와 3세기에 카르타고에 중심을 두고 지중해 주변에 도시의 네트워크를 확장했던 페니키아인들과 계속적으로 충돌하였다. 특히 그들의 리더였던 한니발 바르카Hannibal Barca는 로마인들에게 큰 전략적 도전이 되었다. 2차 포에니 전쟁(BC 218-201)기에는 이베리아 반도 남부가 페니키아인들의 지배하에 있어 로마의 영역과 접경을 이루고 있었는데 양측은 각자 이 두 영역에 대한 지배권을 주장하였다. 한니발의 가장 유명한 전투는 '간접 접근' 전략과 전략적 기습 작전의 위대한 모델을 후대에 제공했다. 기원전 219년, 한니발은 먼저 이베리아 반도의 발렌시아 부근에 있는 로마의 동맹이었던 사군툼Saguntum을 공격하여 로마 군대를 이탈리아 반도에서 멀리 유인하고, 한니발과 그의 주력 부대는 이베리아 반도에서 위로 올라가 갈리아의 연안 지방을 통과하여 알프스 산맥을 넘어, 북쪽에서부터 이탈리아를 침공하였다. 그의 부대는 그 유명한 전투 코끼리를 포함하고 있었다. 로마군의 상당수가 남쪽과 이베리아로 파견되었으므로, 한니발은 북부 이탈리아에서 세 번의 전투에 걸쳐 남아 있는 로마의 파견 부대를 쳐부수었다.

한편 로마는 퀸투스 파비우스 막시무스Quintus Fabius Maximus 장군이 '파비안Fabian' 대응 전략이란 것으로 그의 이름을 후대에 남겼는데, 그 전략은 고조된 전투를 피하고 소규모 단위로 '치고 빠지는hit-and-run' 전술로 적군을 괴롭히는 것이었다. 그러나 파비우스의 의도적으로 질질 끄는 지연 전략도 페니키아인들을 이탈리아에서 쫓아내지는 못했다. 마침내 로마는 기원전 216년 칸네Cannae에서 전투를 벌였는데, 한니발은 다시 한번 간접적 접근 전략과 전략적 기습으로 로마 군대를 압도하였다. 페니키아의 기병이 로마의 보병을 포위하여 반대편에서 공격하였던 것이다. 칸네 전투는 역사적으로 유명한 전략 모델로 이름을 남겼고 1차, 2차 세계대전 초기에 독일군의 프랑스 군에 대한 작전에 영감을 주었다.

한니발이 세력을 키워 로마의 속국들을 동맹으로 돌려세우는 동안, 그의 전쟁 목적은 로마 자체를 정복하는 데까지 이르지는 않았다. 로마인들은 한니발을 지척에 두는 것이 공포스러웠다. 그들의 영향권이 대폭 감소하는 것도 받아들일 수 없었다. 충돌은 지중해 전역에 확산되어, 몇몇 국가들은 한 번 이상 편을 바꾸었다. 한니발의 눈부신 전략적 성공에도 불구하고 그는 마침내 이탈리아와 시칠리아에서 축출되었다. 다음 세기 세 번째 포에니 전쟁에서 로마인들은 완전 전멸 전략을 채택하였다. 페니키아인들을 결정적으로 패퇴시킨 후 카르타고를 완전히 파괴하고 남아 있는 인구들을 끌고 가 노예로 만들었다. 남자들은 죽이고 여자와 아이들은 노예로 만드는 것은 고대 전략에서 중요한 대량 살상 방법이었다.

로마인들이 '전략'이란 용어를 가지지 않았음에도 불구하고 전략을 개발하고 적용했느냐에 관한 논란이 수십 년간 있어왔다. 에드워드 러트웍Edward Luttwak(1976)과 쥐스토 트레이너Giusto Traina(2014)는 그렇다고 주장한다. 트레이너는 시저Caesar가 켈트족을 굴복시키고 이집트와 연합하기 위해서만 정복전을 시작한 것이 아니라—그의 죽음으로 갑자기 끝나기는 했지만—파르티아와 페르시아 제국에 대항하는 전쟁을 계획하여 정복전을 시작했다고 한다. 안토니우스와 옥타비아누스(후일 황제 아우구스투스)는 시저의 계획을 승계하려 했지만 둘 다 성공하지 못했고, 후일 아우구스투스는 공고화consolidation 전략을 채택하였다. 황제 아우구스투스의 바로 다음 후계자로부터 네로 황제(AD 68년 사망)에 이르는 로마의 팽창기 이후에, 로마는 공고화 전략과 함께 캠프와 요새 건설 등을 포함하는 한계적 방어 전략을 채택하였고 이는 셉티무스 세베루스 황제가 죽기까지(AD 68-211) 유지되었다고 러트웍은 주장한다. 다음 세기에 로마제국은 한층 심화된 방어 전략으로 전환하여 축소된 군대로 로마의 국경을 방어하고 이동부대를 국경 어느 지역에나 배치할 수 있게 했다.

비평가들은 아우구스투스의 전체적 전략이 무엇이었는지, 그의 국경 강화에 대한 생각이 무엇이었는지, 그리고 3세기의 위기를 어떻게 해석했는지를 두고 논란을 벌였다. 그럼에도 불구하고 케이건Kagan의 정의에 따르면 로마 황제들이 전략적 결정을 하였다는 증거가 충분히 남아 있다. 그들은 군단을 빼서 위협이 더 큰 다른 지역으로 이동 배치하기도 하고, 소소하게 침략해오는 유목민들을 다루기 위해 그들을 로마 육군에 편입시키기도 하고, 정복민의 지도자들에게 시민권을 부여하여 그들이 로마의 문화적 혜택을 공유하게 함으로써 정복민들을 동화시키고 유화하기도 하였다. 로마의 군단을 먹이기 위해 제국의 한쪽 끝에서 다른 쪽에 이르는 식량 수송로를 조직한 것이나, 제국 내에서 군대를 소집하고 순환근무를 시킨 것이나, 로마의 두 해군 부대를 건설하고 유지한 것 등은 임시방편의 수단이었다고 볼 수는 없으며 일종의 전략적 기획을 전제하지 않고는 안 되는 것이다. 비록 이런 조치들의 저변에 정립된 개념이 있었다는 증거가 없다 할지라도 전문가들은 그것을 '거대전략'이라기보다 '소전략'이라고 부른다.

로마의 후계인 동로마제국에 이르러 '전략'이라 불릴 수 있었던 것 중에서 국가 운영의 모든 수단을 발견하고 주목했던 사람은 역시 러트웍이었다. 유스티니아누스 1세(527-565)와 헤라클리우스 황제(610-645)는 분명 거대 전략적 목표를 가졌는데, 게르만 부족의 손에 넘어간 서쪽에 있는 로마제국의 전 소유지들을 수복하는 것이었다. 둘은 놀랍지만 오래 지속되지 못한 성공을 거두었는데, 팽창주의자였던 페르시아의 사산 왕조와 동쪽과 서쪽의 두 전선에서 끊임없이 싸워야 했다.

마침내 페르시아가 헤라클리우스 황제의 주도로 결정적으로 패배하자마자 새로운 위협 세력이 떠올랐다. 중동 지역과 지중해의 남부와 서부 해안에서 예언자의 녹색 깃발 아래 위대한 아랍의 정복전쟁이 일어났고 이슬람의 열정이 폭발하였다. 4세기 후 아랍은 유목민인 터키 부족에게 멸망하였고, 터키 부족은 이슬람으로 개종하고 정복전쟁을 개시하여 중앙아시아와 중동으로 물밀듯이 들어갔다. 한 세기 안에 그들은 소아시아, 페르시아, 그리고 중동의 대부분을 정복하였고 1453년 동로마제국이 멸망할 때까지 그 남은 영토를 뭉텅이 뭉텅이 난도질하였다.

그때까지 로마는 티베르 강의 영원한 도시 로마가 멸망한 이후에도 놀랍게도 천 년 이상을 동쪽에서 생존하였던 것이다. 영토와 인구가 줄어들고 동로마제국은 곧 외부 침입자들에게 압도당하게 되어 그들을 격퇴할 새로운 방법을 고안해야 했다. 콘스탄티노플 군대로 제국 전역을 감당하기에 힘이 부쳤다는 것을 고려할 때, 가능한 것은 터키 침략자들이 노획물을 가지고 자기 영토로 돌아가는 길을 기습하는 소규모 기습조를 구성하는 것이었다. 이것은 전략이기보다 전술이었다. 비잔틴제국은 그들의 문화적 매력을 미끼로 유연 외교를 구사하거나, 적을 매수하거나(그들은 불행히도 뇌물을 좋아하게 되어 돌아와 더 많은 뇌물을 요구하였지만), 이웃의 야만 부족들을 동화시키기 위해 기독교를 전파하거나 하여 그들의 군사적 목적을 다양한 방법으로 보완하였다(Luttwak 2009).

🔒 요점 정리

● 헤로도토스와 투키디데스의 저술은 전쟁에서의 복잡한 사고가 있었다는 증거를 보여주는데 이들은 케이건의 전략에 대한 정의를 만족시키는 것이다.

● 고대 그리스인들은 페르시아와 싸우고, 스파르타가 아테네와 싸운 것처럼 그리스인들끼리도 싸웠는데 여러 비대칭적인 양식으로 충돌하였다.

● 로마의 팽창과 이후의 방어는 전략이라고 볼 수 있는 것의 다른 국면을 구성한다.

● 동로마/비잔틴은 군사적 수단에 더하여 국가 운영의 모든 수단을 사용하여 '전략'이란 개념을 정의하였다.

서유럽 중세시대

서쪽에서도 이런 수표책 외교에 병행하는 것이 있었다. '데인겔트Danegeld'라는 조세로, 10세기 후기와 11세기에 영국인들이 덴마크 침략자들에게 바치기 위해 거두었다. 그 이후에는 정치 지도자들의 문자 해득률도 낮아 앞에서 우리가 본 케이건이 말한 의미의 전략이란 것을 찾아보기 힘들다. 3세기부터 계속하여 유럽을 휩쓸었던 민족 대이동이 주로 동에서 서로, 또는 북동에서 서쪽과 남쪽으로 진행되었고, 1066년 노르만족의 영국 정복으로 끝났다. 이 대이동으로 전쟁은 침략/공격과 방어의 양상으로 축소되었다. 오파의 방벽Offa's Dyke이나 덴마크와 스웨덴에 남아 있는 방벽Danevirke, Götavirke들과 같은 큰 공사가 있어 노동력이 소집되어 부양되기는 했지만, 공동체에서 이 정도의 조직은 선사시대 이전으로 거슬러 올라갈 수 있으며 전략적 개념을 요했다고 보기 어렵다. 더구나 생존 수준이 매우 낮고 경제가 기본 수준이라 서기 1000년 이전에는 돌로 만든 성城조차 찾아보기 어려워, 로마제국 시대의 정교함보다 훨씬 수준이 낮았다.

　1000년부터 중세 말까지 사정이 변하여 곳곳에 산재한 영토의 지배권을 주장하는 왕조가 통치하는 나라들이 등장하였다. 그들의 영토는 여러 적으로부터 방어해야 했고 이런 상황은 긴급 상황에 대처하기 위해 군대가 여러 장소에 이동 배치되어야 함을 의미하였다.

지역 민병대로는 그런 임무를 충분히 충족시킬 수 없었으므로, 병사를 모집하고 그들에게 식량과 무기를 제공하였으며, 농노가 봉건제에서 영주에게 의무 봉사해야 하는 기간을 넘겨 병역에 복무해야 하는 경우에는 그들에게 봉급을 지불하기 위한 조치들이 취해졌다. 더구나 영국을 통치하는 왕조는 병사들이 (도버) 해협을 무사히 건너게 해야 했으므로, 해군이 필요하였다. 유럽에 공국公國의 수가 많았으므로 그들은 서로 여러 이웃들과 영토의 소유권을 놓고 다투거나 일종의 동맹을 맺거나 하였다. 이런 것은 속국만을 가졌던 로마제국에게는 생소한 것이었지만, 고대 그리스에는 잘 알려졌던 것으로, 적의 힘과 영향력에 대응하기 위한 외교 게임과 함께 다시 한번 전면에 등장하게 되었다. 새로운 요소로 등장한 것은 전쟁과 조공 시스템을 보완하는 왕조 간의 결혼이었다. 그것은 비잔틴제국에서 개발된 제도였지만, 서유럽에서 더욱 제 모습을 갖추게 되었는데, 서유럽에서는 왕조 간 결혼으로 많은 나라들이 동맹 관계로 맺어지거나 또는 영토 상속에 관한 많은 전쟁이 유발되기도 하였다. 국가 간 국경선이 점차적으로 확정되거나 그렇지 않으면 분쟁이 일어나거나 하였다. 경계선 지역―경계선 분쟁 지역이나 또는 지리적 특징으로 통제가 어려운 지역―의 통치자들은 흔히 힘을 키워 그들보다 상위의 왕실 지배자에게 위협이 되었는데, 그 지역을 가지고 이웃 나라에 투항하거나 자신이 왕이 되거나 하였다. 그들은 군왕이 군사적 조치를 자기들과 상담하는 것을 원치 않았는데 그런 경계 지역에서의 성의 축성이나 유지 보수 임무가 그들에게 떨어졌기 때문이고, 그러면 흔히 누가 무엇을 지불하며, 주둔군에게 누가 장비를 제공하고 먹이고 봉급을 주나 하는 문제로 다툼이 벌어지곤 했기 때문이다. 이것은 그들 나라 안이나 국경 너머의 권력 다툼으로 귀결되었다. 그것은 또 자원과 그것의 배분에 관한 다툼, 방위와 전쟁 비용을 조달하기 위한 조세 문제에 관한 다툼으로 이어졌는데, 이는 군주와 그의 중신들 사이에, 그리고 곧 공식적인 의회 안에서 일어났다. 이런 일로 군주와 그의 자문들은 왜 용병을 고용하고 선박을 만드는 대신 어떤 곳에 성을 보수하기 위해 희소한 자원을 투자해야 하는지 이유를 표명해야 했다.

중세시대 전략 세우기의 한 예는 영국 왕이었던 에드워드 3세를 통해 볼 수 있는데, 그는 어머니를 통해 프랑스 왕위를 주장하였고 그의 어머니는 또한 스코틀랜드의 지배권을 추구하였다. 14세기에 스코틀랜드와 프랑스의 왕은 연합 군사 작전으로 호전적인 에드워드 왕에게 대항하는 것이 그들의 왕위를 보존하기에 낫겠다고 인식하였다. 에드워드는 스코틀랜드가 그의 영토를 기습하여 국경 지역을 초토화시킨 것을 보고, 자기도 똑같이 프랑스에 보복하였다. 이런 패턴의 대항적 세력 균형 동맹은 근대에도 전해졌다.

중세 군주의 전략은 사고방식이나 그 시대의 지배적인 문화로 인해 후대의 전략과 달랐다. 중세 군주들은 전투를 부인하지는 않았지만 일반적으로 전투를 개시하기를 꺼렸는데, 순수하게 방어적 자세를 취하거나 적의 도시나 요새를 포위하거나 또는 기병으로 적의 영토를 기습chevauchée하는 전략을 취하였다. 필립 컨테이민Phillippe Containine은 중세의 전략은 다음의 두 가지 원칙―고조된 전투 회피, 요새에서 피난처를 구하는 경향―이 지배적이었다고 주장한다(Contamine 1986: 365). 중세의 전성기나 말기에는 사실 전투가 드물었다. 얀 호니그Jan Willem Honig(2012)가 지지하는 주장은 전투는 대체로 신의 시련으로 간주되었고 그런 특별한 문화적 규범이 전쟁의 패턴에도 지배적이었음이 수 세기 동안 발견된다는 것이다. 대조적으로, 길링험John Gillingham(1992)은 비문화적·상황적 요소로 인해 전투가 더 위험하고 소기의 목적을 달성할 가능성이 적었기 때문에 중세의 지도자들은 전투를 개시하기를 꺼렸다는 설명을 더 선호한다. 클리포드 로저스Clifford Rogers(2000, 2002)는 왕위를 경쟁하는 군주들에게 전투에서의 승리가 필요하였지만, 상대방이 잃을 것이 더 많을 경우 쌍방이 동시에 전투를 개시하려는 우연이 후대에서 보다 적게 일어났다고 한다. 백년전쟁에서 에드워드 3세의 전략은 기병으로 기습하는 전술을 거듭 사용하여 프랑스 군주가 먼저 전투를 개시하게 하는 것이었다. 경제적·사회적 지표들을 고려하여, 가르시아 피츠Francisco Garcia Fitz(1998)는 중세 군주들이 정치적·경제적뿐 아니라 군사적 도구를 선별적으로 사용하여 적에게 그들의 의지를 관철시키고자 했다는 것을 설득력 있게 보여준다. 그는 중세인들이 그의 선조나 후손들보다 결코 덜 '전략적'이지 않았다고 결론짓는다.

🛈 요점 정리

- 복수의 수단을 포함하는 복잡한 정책 결정―전략―의 증거가 중세가 진행됨에 따라 증가하였다.
- 어떤 역사가들은 중세의 전쟁이 다른 문화적 전제에 의해 조건 지워졌다고 주장한다.
- 또 다른 사람들은 가능한 수단이 보다 원시적이었으므로 전 시대나 후대보다 원시적인 추론이 작용했다고 주장한다.

근대 초기 유럽

두 종류의 점진적인 변화가 전쟁과 전략의 변모를 궁극적으로 인도하게 되었다. 하나는 유럽에서 일어난 국가의 성장, 국가 구조의 다양화와 중앙 집중화인데, 찰스 틸리Charles Tilly(1975)의 주장처럼 이것은 부분적으로 전쟁에 의해 일어난 변화이며 전쟁의 원인이 되기도 하였다. 전문적인 공직 계층의 증가―단순히 성직자나 지역 치안판사의 역할이 배가되었다는 것뿐 아니라―로 국가 기구가 인구의 동향을 보다 효율적으로 기록하게 되고, 조세의 보다 효율적인 징수와 전쟁 비용의 조달이 가능하게 되었으며, 영주를 위해 연중 일정 기간 병역에 종사할 의무를 지녔던 농민병으로 이루어진 군대에서 새로운 무기 사용을 위해 군사 훈련을 받는 전문 군인으로 이루어진 상비군을 가지게 되었다. 다른 하나는 기술 혁신이었는데 13세기에 시작되어 점점 화약을 어떻게 사용하느냐, 그것을 어떻게 방어하느냐 하는 문제를 중심으로 발전하게 되었다. 그 결과 2-3세기에 걸친 실험으로 대포를 사용하게 되었는데 처음에는 포위할 때, 다음에는 배위에서와 전투 시에 사용하다, 마침내는 손으로 드는 화기火器로 발전하게 되었다. 전투와 요새의 건축양식에도 점차 변화를 가져오게 되어, 요새는 집중 방어와 포탄의 충격을 피하기 위해 몇 배나 더 커지고 복잡해지고 결과적으로 더 돈이 많이 들게 되었다(Roberts 1956; Parker 1988).

한편, 나침반의 발명과 항해술과 해상 운송의 진보는 공해와 글로벌 항행으로의 모험시대가 도래함을 예고하였다. 군함이 군대를 운반하고 단거리 상업을 보호하는 임무 이상을 할 수 있게 되고, 새로운 사고와 발견에 대해 열린 사고방식을 가지면서 보다 복잡한 전략적 사고가 등장하게 되었다. 16세기 후반에 이르러 근대적 국가 안보전략에 해당하는 복합적 전략 개념으로 볼 수 있는 것이 최초로 등장하였는데, 실제로 수행되었던 영국 안보전략의 전략적 선택지를 명료하게 기술하였다. 전략가와 실천가들은 다른 전략적 선택지를 놓고 경중을 비교하였는데, 예컨대 영국이 해협 건너 다른 편에서 스페인에 대항하여 싸우고 있는 네덜란드 폭도들을 지원하기 위해 계속 병사를 파견하여 스페인을 방어해야 하는가? 혹은 스페인 해군을 자국 항구에 봉쇄하는 데 자원을 집중하는 것이 나은가? 혹은 스페인의 부와 전쟁 비용의 주된 원천인 카리브 해에서 스페인으로의 은의 유입을 차단하는 것이 나은가? 하는 것 등이다(Heuser 2012). 엘리자베스 여왕 후기 시대의 영국에서 '거대 전략'의 모든 증거들이 이론과 실천 면에서 존재하였다.

전략은 성공과 실패의 가능성, 조달 가능하고 필요한 자원의 존재 여부, 지리적 조건, 동맹, 그리고 왕조 간의 연계 등의 계산에 근거해서만 세워지는 것은 아니었다. 전략은 중세 이전에서와 마찬가지로 고도로 이념적인 종교적 요소에 의해서도 영향을 받았다. 기독교 반대자들이 후기 로마의 황제들을 괴롭혔고, 기독교 교리의 도그마를 두고 분쟁을 벌이다가 이슬람 정복자의 손에 떨어져 마침내 콘스탄티노플(동로마제국)의 북아프리카와 중동 지역의 영토를 상실하게 되는 동안, 근대 초기 서유럽에서 종교전쟁이 국경을 넘어 광범위하게 일어났고 반복적으로 서로 전쟁을 하는 두 개의 반대 진영이 생겨났다. 그 두 진영—구교와 프로테스탄트—도 그들 내부의 갈등이 없는 것이 아니었고, 니콜라스 로저 Nicholas Rodger는 로마 교황청이 도그마 생성 중심이며 그 촉수들이 라틴아메리카의 포르투갈과 스페인의 속령을 지나 동아시아의 필리핀에 이르기까지 뻗어 있는 것을 전 세계적 '가톨릭 인터내셔널'이라고 꼬집었다. 적어도 개신교 적수들은 그렇게 인식하였다고 그는 강조하였다.

파커Geoffrey Parker(998)는 스페인의 펠리페 2세의 야망에서 '거대 전략'을 발견하였다. 그가 상속받은 제국은 최초의 해가 지지 않는 제국이었다. 그의 거대 전략은 독립을 추구하여 준동하는 프로테스탄트 네덜란드의 위협에 방어하여 자기의 상속 제국을 보존하는 것이었다. 두 번째는 자기 생애에 획득한 것들을 지키는 것으로, 영국 튜더 왕실의 메리 튜더 여왕과 결혼하여 얻으려던 영국 왕위와 포르투갈 왕위였는데 영국 왕위는 메리가 직계 자녀 없이 먼저 죽음으로써 상실하였다. 셋째는 보편적 군주제의 부활이란 궁극적인 야심으로 전 세계적으로 가톨릭의 맹주가 되려는 것이었다. 펠리페 2세의 자산은 이베리아 반도의 그의 연합 왕국에서 거두어들이는 조세와 해외 제국에서 오는 수입을 합하여 영국 엘리자베스 여왕의 것보다 수배나 많았지만, 그가 할 수 있는 일에는 재정적인 것뿐 아니라 기술적인 한계가 존재하였다. 영국인들도 누리고 있었던 해군력 사용에 대한 그의 야심에도 불구하고, 항해 시대의 선박들은 역풍에는 속수무책이었다. 스페인의 무적함대가 1588년 영국에 격파된 후 펠리페가 추가 진수시킨 두 개 함대도 역시 강풍에 밀려 되돌아왔는데 증기 엔진이 발명되기 전까지 이 문제는 사라지지 않을 것이었다. 궁극적으로 펠리페는 그의 두 개의 보수적 목표를 추구하는 데 사로잡혀 세 번째 목표에는 적극적으로 행동할 수 없었다. 오늘날의 정부와 마찬가지로 펠리페도 그의 거대 제국 경영의 시시콜콜한 일들에 과도하게 사로잡혀 정책 결정에 반동적이 되었고, 그의 야심을 좇거나 거대 전략을 일관성 있게 실현할 수 없었다고 파커는 결론짓는다.

이 시대의 가장 큰 불길은 30년 전쟁이었는데, 일부는 보편적 군주제를 위한 보이지 않는 경쟁, 일부는 신성로마제국 안에서의 수직적 힘의 분배, 일부는 종교적 충성심 등에 의해 싸운 전쟁이었다. 그것은 영국의 세 왕국 간의 전쟁과 동시에 진행되었는데 두 가지 요소를 공유하였다. 영국의 세 왕국 간의 전쟁은 내전으로 볼 수 있었지만, 프랑스에서 폴란드까지 그리고 스웨덴에서 지중해 연안까지 전 유럽 대륙을 휩쓴 대전쟁은 오래 계속되었는데, 국익의 요소였던 취약한 동맹이 종교적 충성을 상쇄해버렸고, 다수의 전략적 실험들이 앞에 것들을 무효화하였기 때문이다. 이 시대는 위대한 지적 생산성의 시대였던 한편(홉스나 그로티우스만 보더라도), 이상하게도 17세기에 전쟁에 대해 기술하는 것에는 독창적인 것이 거의 없다.

뒤이은 전쟁에서 루이 14세의 프랑스와 프리드리히 2세의 프러시아는 그들의 전략적 목표에 상응하는 국가 기구를 가졌다. 프랑스의 루이 14세는 분명한 전반적 전략을 옹호하였는데, 첫째 단계(1661-1675)에서는 지리적 한계 지점까지 국가의 경계를 확장하여 영광을 추구하려 하였고, 둘째 단계(1676-1697)에서는 승리를 공고히 하기 위해 스트라스부르나 룩셈부르크 점령과 같은 소규모 공격을 통해 프랑스의 국경을 정비하려 하였는데, 그의 적국(그들 중 가장 으뜸은 합스부르크 스페인과 신성로마제국)과의 직접적 전쟁을 보완하는 지상 초토화 전략으로 분쟁 지역을 완전히 파괴하는 것이었다. 한편 그의 건축가이며 장관이었던 보방Vauban의 도움으로 루이 14세는 변경 지역을 강화하였다. 루이왕의 세 번째 시기(1697-1714)의 정점에 스페인 왕위 계승 전쟁이 있었는데, 그의 손자와후손들에게 스페인의 왕위를 확보해주었다. 방어적 목적이기는 했지만 루이 왕의 후자의두 시기의 전쟁은 이웃 국가들을 심히 두렵게 하였고 합스부르크 왕가와 네덜란드가 프랑스의 패권적 야심에 대해 더욱 깊이 의심하게 하여 이 전쟁에서 흘린 피와 소모된 재화의 비용이 더욱 증가하였다. 루이의 전쟁은 전쟁이 벌어진 땅에 큰 고통을 초래했는데 특히 그가 탐내던 플랑드르Flanders 지방(스페인령 네덜란드), 팔라티네Palatinate, 그리고 오늘날의 남부 헤세Hesse 지방에서 마을과 도시들이 불타고 초토화 작전으로 대량의 기아 사태를 불러왔다. 그러나 꽤 분명한 것은 그의 영토적 야심이 왕실의 혈연적 이유로 그가 주장할 수 있었던 지역 또는 프랑스와 신성로마제국 사이에 오랜 분쟁이 있었던 지역에 한정되었다는 것이다.

　　1754/1756부터 1763년까지, 7년 전쟁(미국에서는 프렌치 인디언 전쟁으로 알려진)은 지구상 여러 전쟁터에서 다수의 세력들이 복잡한 동맹전략으로 연루되었다. 주요 참가국은 영국, 프랑스, 프러시아, 신성로마제국, 그리고 여러 동맹과 식민지들이었다. 이 전쟁은 글로벌 수송 전략도 포함했는데 예컨대 영국이 독일의 소국에서 병사를 징집하여 북미에서 싸우도록 선박으로 수송하여 보냈다. 관련국들의 전쟁 노력의 조정은 때로 차선이었지만, 리들 하트의 정의대로 '거대 전략'이 실현된 것이다. 프리드리히 2세는 그의 계속적인 증언에서 그의 시대 국가 간 관계에 대해 섬세하고 복잡한 견해를 표명하였고, 그의 상속자에게 다른 나라들을 어떻게 다루어야 하는지, 어떤 요소들—지정학부터 경제학, 금융, 그리고 인구학까지 망라하여—을 고려하여 전략을 세워야 하는지 등에 대해 처방을 내렸다. 그는 추상적 개념을 사용하지 않았는데(프리드리히 왕은 A국, B국, C국 등과 같은 추정을 원치 않았고, 신성로마제국, 프랑스, 그리고 다른 유럽 국가 등과 같이 구체적인 용어로 지목하였다), 그가 전략적으로 긴요한 것으로 간주하는 것에 대해 상술하였다. 군주의 첫째 임무는 그가 가진 것을 지키는 것이 되어야 하고, 두 번째는 확장하는 것이어야 한다. 그리고 사실 후자의 전략적 목적이 그가 이웃 국가를 희생하여 자기의 영역을 확장하려 했던 전쟁에서 나타난다.

　　루이 14세와 프리드리히 2세는 때로 전 유럽이 그들에게 대항했음에도, 이후의 나폴레옹도 궁극적으로는 그렇게 하지 못했는데 어떻게 지배적일 수 있었는가? 한 가지 대답은 그들이 '레짐 교체regime change'를 추구하지 않았다는 것이다. 그들은 유럽과 그 너머에서 세력 균형을 뒤엎었고 이것 때문에 다른 나라들이 연합하여 그들에 대항하였다. 하지만 그들의 적들의 전쟁 목적도 제한적이었다. 루이 왕과 프리드리히 왕은 이웃 나라들을 희생하여 자기들의 영토를 확장하기 위해 모든 수단을 다했지만, 그들이 정복 지역의 사회구조를 바꾸려고(루이 왕의 경우는 가톨릭을 강요하고 프리드리히의 경우는 종교적 자유를 부여한 것 빼고는) 시도하지는 않았다. 그들은 멀리 떨어진 나라의 인민들이 자기들의 정부를 전복시켜 루이 왕이나 프리드리히 왕의 정치체제와 같은 것으로 교체하려고 일어나도록 전염시키고 고무할 수도 있는 혁명적 개혁 아젠다를 소개하지는 않았다. 그들 둘 중 누구도 사회질서와 그 기반 위에 건설된 세계관에 대해 도전하지 않았다. 그런 의미에서 루이 왕의 전쟁이 플랑드르와 팔라티네 지역에 가한 끔찍한 두려움에도 불구하고 그들의 전쟁은 제한적이었다.

프러시아의 프리드리히 2세의 전쟁은 특히 전쟁의 과학, 또는 전쟁의 기술에 대해 증가하는 저작물들을 위해 자료와 주장을 제공하는 것이었다. 이성의 시대에 전쟁과 국가에 대해 저술한 가장 유명한 저자는 프랑스의 기베르 백작Count Guibert으로, 그의 저술은 국민개병제와 프랑스 혁명의 시민병citizen-soldier의 이상을 예언하였다. 전에는 전쟁의 주제가 대부분 기독교적 가치의 용어로, 위법의 경우에는 신의 응징과 같은 개념으로 다루어진 것에 비해, 기베르는 자위自衛를 위한 정전正戰의 새롭고 세속적인 합리성을 제공하였다. 그것은 많은 유럽의 군주들이 단지 립서비스를 하는 데 그치기는 했지만, 이전 세기에 전쟁에 관한 유럽의 저작물에서 보편적으로 존재하는 도덕적 요구였다(Guibert 1772). 기베르는 구체제(앙시앙레짐)—프랑스, 프러시아, 오스트리아—의 전쟁이 전쟁에서 싸운 왕의 신하들에게, 특히 후대의 전쟁에 비하면, 매우 제한적인 피해만을 입혔다는 의미에서, 그들의 전쟁이 제한적이었다는 일종의 신화를 만드는 데 기여했다. 그러나 절대적인 의미에서, 전쟁은 비전투원에게뿐만 아니라 전쟁터의 민간인들에게도 파괴적인 효과를 가져왔다. 그러나 국민개병제가 없었고, 군주의 모국이 황폐화되지는 않았고, 혁명적이거나 무제한적인 영토 확장 목표가 없었다는 점에서 그리고 후대의 나폴레옹 전쟁과 비교해서, 그들의 전쟁은 그 범위가 제한적이었다고 볼 수 있었다(Box 1.3).

ⓘ 요점 정리

- 복잡한 전략 수립의 작업은 17세기까지도 국가 조직의 한계로 인해 여전히 제약을 받았다.
- 따라서 루이 4세의 프랑스와 프리드리히 2세의 프러시아는 국가 조직이 그들의 전략적 야심에 부합하게 만들었다.
- 구체제(앙시앙레짐)의 전쟁은 외국 전쟁터의 사람들이 심한 고통을 겪어도 자국의 시민들에 대한 영향과 목적 면에서는 제한적으로 보였다. 여기에서 18세기에 전쟁을 제한적으로 보는 편파적인 신화가 발생하였다.

미국 독립전쟁에서 나폴레옹 전쟁까지

프랑스 혁명전쟁은 당초 혁명의 세계에 대한 의미에 공포심을 가진 신성로마제국과 다른 군주국들이 프랑스를 공격하여 시작되었는데, 인도주의적 개념의 틀이 작용하게 되었다.

　미국독립전쟁 또는 미국 혁명전쟁(1775-1783)은 몇 가지 의미로 핵심적인 전례를 제공하였다. 바꾸어 말하자면, 미국 편에서 그것은 인민의, 인민을 위한, 인민의 전쟁이었다. (전문적) 정규군의 충돌 외에도 미국 편에서는 민병대와 비정규적 전투가 광범위하게 사용되었다. 이 비대칭은 프랑스 혁명전쟁의 양상을 예고하였다. 율리우스 본 포스Julius von Voß는 1809년에 프랑스 혁명전쟁은 대규모로 싸운 소규모 전쟁들과 같다고 하였다. 이것은 전술에서 혁명적 변화를 반영한다. 미국 독립전쟁과 프랑스 혁명전쟁이 싸웠던 이슈는 물론 거의 동일하다. 인민의 자결이냐 군주제냐 하는 것이다. 두 전쟁은 거의 방어적이었다. 정복전쟁이 아니었는데, 프랑스 국경 너머의 억압받는 민중들을 해방하려는 혁명전쟁조차도 프랑스 군주제를 회복시키려는 유럽의 군주들에 대항하여 촉발된 것이었다.

　변화에 대한 저항도 있었다는 것은 부정할 수 없다. 1793년 최고에 달했던 방데Vendée에서의 반혁명 봉기는 10년 후에도 지워질 수 없는 것으로 프랑스에서의 이전의 종교전쟁과 유사했고, '게릴라전', 즉 소규모 전쟁이라 알려진 스페인의 나폴레옹에 대한 저항과도 공통점이 있었다. 방데인들과 스페인인들은 프랑스 혁명주의자들과 마찬가지로 흥분했고, 열정은 한쪽에만 있는 것이 아니었다. 이것은 나폴레옹의 대육군 및 그의 동맹들에게 점령된 유럽의 다른 지역에서도 마찬가지였는데, 이들은 자급자족해서 살던 지역이었으나 머잖아 자기들을 증오의 대상으로 만들었다. '소전쟁'이란 용어는 전에는 특별 단위 부대의 특수 활동, 또는 파견 활동을 지칭하던 것이었으나 이후로 '인민의 전쟁', 봉기, 또는 체제나 점령군에 대항한 민중의 전쟁이란 의미를 획득하게 되었다. 이런 식으로 정의하면 프랑스 혁명전은 체제에 저항한 인민들의 전쟁이라 할 수 있는데, 모순적이게도, 다른 나라의 인민들을 자극하여 그들이 이 전쟁에 대항하여 또 다른 인민의 전쟁을 하게 하였다.

　프랑스 혁명과 나폴레옹 전쟁은 기베르가 예언한 것처럼 프랑스의 열정을 방출하였다. 기술의 혁신이 아니라 사회의 변화와 전쟁의 목적이 기억의 저편에 사라진 종교전쟁 이후로 알려지지 않았던 새로운 매력으로 프랑스 인민들과 이웃 지역의 사람들을 매료시키며 1790년대 혁명전쟁의 저변에 놓여 있었다. 장군에서 황제로 변신한 나폴레옹은 그의 카리스마로 프랑스 병사들을 매료시켰고 시저리즘Caesarism의 정수를 보이며 모스크바에서 이집트까지 맹목적으로 그를 따랐던 군대는 그 자신의 창조물이었다.

　프랑스 혁명과 나폴레옹 전쟁의 대비는 전략적 목적에서 가장 크게 나타났다. 프랑스인들은 식욕은 먹는 데서 나온다고 하는데, 나폴레옹의 식욕은 성공할 때마다 커졌다(Esdalie

2008). 전술 면에서 그는 혁명전쟁의 기술적 혁신에 의거했지만, 그의 전쟁의 목적과 범위, 그리고 전략적 야심은 극적으로 달랐다. 프랑스의 영토와 혁명으로 획득한 것을 지키는 것에서부터 그는 모든 이웃 국가들을 정복하는 것(영국 침략만은 성공하지 못했지만)으로 나아갔고, 이집트와 러시아까지 그의 군대를 끌고 진격하였다. 그의 전략은 유럽 국가들을 한 번에 하나씩 다루는 것이었는데, 쌍무적 평화협정을 맺어 상황이 허락할 때는 그를 무시하였고, 그의 침략전쟁의 다음 희생자에게로 나아갔다. 국민들 가운데 자유주의적인 사람들의 지지를 확보하기 위해 취한 자유주의적 조치들의 혼합—예컨대 유대인의 해방과 같은 것을 포함한 자유주의적 입법—이 수년간 시행된 결과 그의 침략에 대한 저항이 희석되었고, 현지 조달로 자급자족하는 대규모 군대의 장기 점령 경험이 당초의 자유주의적 열정이 전 유럽에서 시들하게 될 때까지 지속되었다. 따라서 나폴레옹에 대항한 연합의 생성은 자기가 자초한 것이었는데, 유럽의 다른 국가들은 중립을 지키는 것이 가능한 선택일 수 없으며 전 유럽이 함께 그에 대항하지 않으면 나폴레옹을 멈추게 할 수 없다는 것을 깨달았다. '민족국가들의 전쟁'이라 칭송되는 1813년의 라이프치히 전투는 무엇보다도 나폴레옹의 멈추지 않는 팽창주의를 중단시키기 위해 다른 국가들이 연합한 대항 세력 균형이었다. 워털루 전쟁은 그의 반복에 불과하다.

　기이하게도, 나폴레옹의 전략적 실패, 즉 그의 정복을 지속적 제국으로 만드는 데 실패한 것, 이 나폴레옹의 전술을 해석하고 그를 후대에 전수한 두 명의 유명한 전략가—앙투안 바론 드 조미니Antoine Baron de Jomini와 카를 폰 클라우제비츠—에게 그다지 큰 인상을 주지는 않았다. 그들은 나폴레옹의 승리에만 초점을 맞춘 나머지, 그전부터 유럽에서 전쟁의 목적으로 받아들여진 유일한 명분이었던 항구적 평화를 가져오는 데 그가 실패했다는 것에 대해서는 논평하지 않았다. 그들의 저술은 나폴레옹 패러다임이 지배적이었던 시대로 도입되었는데, 전략의 목적이 전쟁의 이유가 되었던 이슈의 항구적 해결을 추구하는 것이 아니라 군사적 승리 그 자체의 추구에 있었다.

🔘 Box 1.2 **나폴레옹 패러다임**

전쟁에 대한 나폴레옹 패러다임은 앙투안 앙리 바론 드 조미니와 카를 폰 클라우제비츠의 나폴레옹 전쟁에 대한 해석에 기초한다. 나폴레옹이 그의 정복지를 확보하여 영원한 제국을 세우는 데 실패했다는 것을 지적하지 않고, 그들은 협소하게 그의 단기적 성공과 군사적 승리에만 초점을 맞춘다. 호전성이 끝난 후 어떻게 항구적 평화를 획득할까에 대한 문제의식은 상실한 채 이런 단기적인 군사적 승리에 대한 집착이 1차 대전과 그 이후까지 전략 수행에 관한 저작들을 지배하였다. 이 시기 전후로 군사적 승리가 전쟁의 궁극적 목적이 될 수 없으며 항구적이고 견딜 만한 평화가 전쟁의 목적이 되어야 한다는 깨달음이 더 커지게 되었다.

ⓘ 요점 정리

● 기베르가 미국 독립전쟁과 프랑스 혁명에 대해 예언한 대로, 전쟁은 인민(국민)들의 업무가 되었으며 크게 변모하였다.

● 나폴레옹의 시스템은 가장 무자비한 기회주의의 하나였으며 평화적 공생의 모든 규칙을 깨뜨렸고, 전 유럽이 그에 대항하여 연합하는 결과를 가져왔다. 그의 전략은 그의 무제한적 팽창주의로 스스로 창출한 반대 세력에 부딪혀 침몰하였다.

● 프랑스 혁명과 나폴레옹 전쟁으로 '게릴라전'(소전쟁)이란 용어가 인민의 전쟁 또는 반란이란 의미를 획득하였다.

➕ 맺음말

나폴레옹이 비록 유럽을 의도하지 않게 변모시켰지만, 역사가 그와 함께 시작된 것은 아니다. 시간이 흐르면서 전략의 수행은 여러 가지 양상을 띠었고 그에 영향을 준 많은 변수들이 있다. 크기나 지리적 위치, 가능한 기술, 정치체(도시국가, 왕국, 근대국가)의 자원(인간적 그리고 물리적)과 같은 명백한 것들 외에도, 전략에 영향을 주는 것은 정치 지도자들의 세계관, 야심, 전략적 목표, 국민의 헌신의 정도, 그리고 지도자가 국민을 그 목적에 맞게 사용하는 능력 등을 포함한다.

전략의 수행은 비전투원은 죽이지 말 것, 교회 재산은 파괴하지 말 것과 같은 규칙에 제한을 받은 유럽의 역사 전개를 위한 것이었다. 그런 제한은 언제나 지켜지는 것은 아니었고, 적이 폭도나 이단자와 같이 비합법적이거나, 훈족이나 오스만튀르크족처럼 그들 자신이 그런 제약을 무시하는 상대일 때는, 일반적으로 버려졌다. 나폴레옹이 나타나기 전까지는 팽창주의를 위해서는 정당한 명분이 필요하다는 것이 일반적인 전제였다. 그런 가정은 아직까지 여러 문화에 남아 있는 나폴레옹 패러다임에 무너져버렸다. 나폴레옹 패러다임은 힘이 정의며, '국가 이익'—전에 국가 이성raison d'Etat이라 불렸던—이 무엇이든 정당화할 수 있다는 것이다. 그러나 유럽의 역사에서 규범이 아니라 예외였던 시기는 나폴레옹 패러다임이 지배하던 시기다. 어떤 군사적 행동을 정당화하고 전략의 목적을 규정하는 정당한 명분이 필요하다는 인식이 1918년 이래, 특히 냉전의 종식 이래, 적어도 유럽에서는 힘을 얻기 시작했다. 신기하게도, 전쟁에서의 행동 그리고 취할 수 있는 전략에 대해서 제한이 필요하다는 주장은 19세기 유럽에서도 사라지지 않았고, 여러 가지 다자적 협약의 채택에 이르렀다. 이 장에서 다룬 시기에는 대조적으로 유럽인들이 기독교에 의해 강요된 규칙에 제약을 받았으며 합법적인 적을 상대할 때는 자기 부정적인 법령을 채택하기도 하였다. 다시 말하지만, 서구 국가들은 자신들을 이런 의미에서 20세기 초기 1차 대전의 지나침보다는 나폴레옹 이전 시대의 관행에 더 가깝게 여긴다. 가장 근접한 과거 역사뿐 아니라 모든 시대와 문화에서 행해진 전략의 수행은 현재에 많은 교훈을 준다.

◉ Box 1.3 '절대전'은 '전면전'이 아니다

클라우제비츠는 정치적 이유로 제한적인 전쟁과 무제한적인 폭력으로 구성되는 전쟁을 구분하였다. 후자의 개념은 이후 '제한전'과 반대되는 '절대전'으로 지칭되었다. 클라우제비츠에게 절대적은 추상적이었지만 나폴레옹 전쟁이 여기에 가까웠다. 그는 그의 『전쟁론』에서 다음과 같이 썼다. '우리가 우리 시대에 절대적 완벽성을 가진 전쟁을 실제로 보지 못했다면, 전쟁의 절대적 성격이 현실성이 있는지 의심스러울 것이다. 프랑스 대혁명이 있고 난 후 거침없는 보나파르트는 전쟁을 완벽의 지점으로 가져갔다.'

'전면전'은 '절대전'과 전혀 같은 것이 아니다. 전면전이란 용어는 20세기에 만들어졌다. 1918년 프랑스 정치가 레옹 도데(Léon Daudet)는 전면전을 전 인구의 동원전으로 규정하였다. 1935년 독일의 장군 에리히 루덴도르프(Erich Ludendorff)는 적국의 모든 구성원을 죽여야 할 대상으로 취급하는 대량 학살의 측면을 여기에 더했다. 이 후자의 정의는 독일 국가사회주의가 슬라브족이나 유대인은 죽이거나 적어도 우월한 주인 인종인 아리안족에게 이용당하는 노예로 전락해야 한다는 생각을 한 것과 일치한다. 이런 함축된 의미는 19세기 인종주의적 사고가 발전하기 전에는, 특히 클라우제비츠의 '절대전'의 개념에는, 존재하지 않았다. 물론 학살하고 노예화하는 잔인한 전략은 실제 '전면전'으로 개념화될 수 있고 고대로 거슬러 올라간다. 그러나 그때는 20세기의 대량 학살보다 작은 규모로 일어났는데, 단지 그때는 인구가 적었기 때문만은 아니었다.

⚠ **비판적으로 사고하기**

전략은 고대부터 나폴레옹 시대까지 시행되었나?

그렇다:

- **최근의 개념 사용**: 근대적 의미의 전략이란 단어는 18세기 후반 서유럽에서 사용하게 되었다. 900년경 쓰인 동로마 황제 레오 6세의 문헌에서부터 서구의 언어에 소개되었다.

- **로마시대에는 전략이 없었다**: 라틴어에는 전략이란 단어가 없다. 따라서 로마인들은 이런 용어나 범주로 사고할 수 없었을 것이다.

- **근대국가와 전략과 자원의 연계**: 세금제도와 중앙정부의 세수를 가진 근대국가가 창설되기 전에 유럽 국가들은 상비군을 가질 수 없었다. 따라서 전략을 지탱할 수단이 존재하지 않았다.

- **핵심적 전략 사고가로서 클라우제비츠**: 클라우제비츠 이전에는 목적, 수단, 방법에 대해 일반적으로 고

려하는 저술이 거의 없었다.

그렇지 않다:

- **전쟁은 반복된다:** 역사를 통하여 전쟁을 수행 중인 핵심 정책 결정자는 자원 분배에 관해 선택을 해왔다.

- **전쟁 기획자는 언제나 목적과 수단을 연결시켜야 했다:** 그들은 가능한 여러 수단들 가운데 선택을 해야 했는데, 예컨대 배를 건조하는 데 돈을 더 써야 하는지 또는 군대를 더 모으고 용병을 고용하는 데 돈을 써야 하는지, 징병제를 실시해야 하는지, 세금을 더 걷어야 하는지, 외부 세력과 동맹을 형성해야 하는지 등이다.

- **역사적으로 '전략'은 규정된 개념이 아니었을지라도, 현실이었다:** 16세기 전에는 추상적으로 전략적 사고를 개진한 정책 결정자는 별로 없었지만, 목적, 수단, 방법에 관한 결정은 고대 이래로 문서화되어왔다.

- **전략적 사고는 오랜 역사를 가진다:** 클라우제비츠 이전에도 크리스틴 드 피잔(Christine de Pizan), 마키아벨리(Machiavelli)부터 매튜 서트클리프(Matthew Sutcliffe), 산타 크루즈 드 마르세나도(Santa Cruz de Marcenado), 그리고 기베르 백작(Count Guibert)까지 전쟁을 분석한 많은 저자들이 있었다. 클라우제비츠는 그들 여러 사람에게서 아이디어를 빌려왔다.

❓ 생각해볼 문제

1. 어떤 기준에 의해 '전략'이 시행되었다고 말할 수 있나?

2. 현대의 전략가들은 이전 시대의 전쟁에서 교훈을 얻을 수 있나?

3. 우리의 전략 개념 이해에 가장 큰 기여를 한 것은 고대 그리스, 고대 로마, 동로마제국 중 어디인가?

4. 전략을 이항 선택으로 축소하는 것이 유용한가?

5. 중세에도 전략이 시행되었다고 주장할 수 있는가?

6. 16세기의 전략 시행은 고대 그리스와 어떻게 달랐나?

7. 군대의 소집 패턴이 시대를 통하여 전략에 어떻게 영향을 미쳤나?

8. 전쟁을 더 추동하는 것은 종교인가 민족주의인가?

9. 소모전이 간접 접근 전략과 어떻게 다른가?

10. 프랑스의 루이 14세, 프러시아의 프리드리히 2세, 그리고 나폴레옹의 전략의 목적들을 비교하고 대조하라.

📖 더 읽을거리

L. Freedman, *Strategy: A History* (Oxford: Oxford University Press, 2013)
군사에서 비즈니스에 이르기까지 모든 영역에서의 전략을 논하고 있다.

A. Hartmann and B. Heuser (eds), *War, Peace and World Orders from Antiquity until the 20th Century* (London: Routledge, 2001)
다른 시대를 각각 커버하는 전문적 장들을 가지고 있다.

B. Heuser, *The Evolution of Strategy: Thinking War from Antiquity to the Present* (Cambridge: Cambridge University Press, 2010a)
실천에 반대되는 전략적 사고의 역사를 논하고 있다.

B. Heuser, *The Strategy-Makers: Thoughts on War and Society from Machiavelli to Clausewitz* (Santa Barbara, CA: ABC-Clio,2010b)
16세기에서 19세기 초까지 이르며 영어 번역본의 발췌 또는 현대화된 텍스트를 포함하고 있다.

Small Wars and Insurgencies (2014) Special Issue: *The Origins and Diversity of Small Wars* 25(4)
'소규모 전쟁'이란 용어가 17세기에 널리 사용되게 되었을 때 원래의 의미가 무엇이었는지, 그리고 이것이 어떻게 이념적으로 동기화된 내란이라는 의미로 발전했는지 설명한다.

R. F. Weigley, *The American Way of War: A History of United States Military Strategy and Policy* (New York: Macmillan, 1976)
널리 인용되는 참고문헌이다.

🖥 웹사이트

http://wih.sagepub.com
전략 연구를 다루는 가장 중요한 저널이며 역사적 차원도 역시 담고 있다.

전략연구저널(http://www.tandfonline.com/toc/fjss20/current)
전략 연구의 귀중한 참고 사이트다.

소규모 전쟁과 내란(http://www.tandfonline.com/toc/fswi20/current)
내란과 역내란에 특히 집중하고 있다. 주요 논쟁을 여기서 볼 수 있다.

https://www.rusi.org/publications/journal
Royal United Services Institute가 출판하였으며 전략의 이론과 실천에 대한 현재의 논의를 보여준다. 미국 육군에 대해서는 Military Review http://www.usacac.army.mil/cac2/militaryreview/index.asp를 볼 것. 미국 육해공 사이의 논쟁에 대해서는 미 국방대학이 출간한 *Joint Force Quarterly*(http://www.dtic.mil/doctrine/jfq/jfq.htm)를 볼 것.

영국군사역사저널(http://bjmh.org.uk/index.php/bjmh)
　　전략의 실천에 한 섹션을 할애하고 있는 상당히 새롭고 야심 찬 저널이다.

근대 전쟁의 진화

마이클 쉬한(Michael Sheehan)

 독자 안내

이 장은 지난 200년 동안 전쟁의 이론과 실천이 어떻게 변화해왔는지를 개관한다. 근대 국가의 발전이 전쟁의 수행 방법을 어떻게 변화시켰는지를 살펴보고, 산업혁명이 전쟁의 기획과 수행에 미친 영향을 개관한다. 그리고 지난 2세기 동안 전쟁에 대한 주요 사상가 들의 영향을 살펴본다. 전쟁은 사회적 실천행위이며 전쟁의 수행은 군사이론의 변화, 새 로운 기술의 발전에 있어서의 변화에 의해 영향을 받고, 그리고 핵심적으로 사회의 진보 자체에 의해 영향을 받는다.

머리말

전쟁은 인간 역사의 항구적인 한 단면이다. 그것은 인간이 목적을 달성하기 위해 폭력을 사용하여 서로 죽임으로써 인간성의 어두운 측면을 보여주는 악한 행동이라고 비난받는 다. 그러나 동시에 전쟁은 특별히 '사회적' 행위이며 효율적 수행을 위해 충성과 복종, 결속 에 의존하며 고도의 조직성을 필요로 한다.

근대 시대에 발전된 국가들 간의 전쟁은 특별한 형태를 띠었는데, 점점 더 잘 조직화된 국가, 전쟁의 산업화, 그리고 전쟁이 수행되는 방식에 있어서의 전체성 등의 공생적 관계 에 의해 특징지어졌다. 그러나 20세기 말에 이르면 이런 '근대' 산업전쟁은 끝나고 새로운 것이 시작되었다는 증거가 있다.

'근대전'이란 무슨 의미일까? 그것은 '근대' 시대의 인간 역사에 의해 형태 지워지고 그것 을 반영하는 전쟁의 형태를 말한다. 그러나 근대성과 근대전이란 단순히 기술적 진보와 점 점 정교해지고 대량생산된 무기를 가지고 싸우는 전쟁이라는 의미 이상의 훨씬 많은 것을 포함한다. 19세기 군사 이론가 카를 폰 클라우제비츠는 지배적인 전쟁의 형태는 항상 그것 이 일어난 시대를 반영한다고 했는데 이것은 근대전에도 확실히 해당된다. 그러나 어느 시대에도 한 가지 특징적 형태의 전쟁 이상의 것들이 존재하였다는 것에 주목해야 한다.

근대 국가는 중앙집권화, 관료주의화, 그리고 어느 정도는 민주주의화 등의 과정을 통해 힘이 증가하였는데, 사회 전체를 특징짓는 광범위한 이런 주제들의 면에서 근대 전쟁은 발전하였다. 그것은 민족주의와 같은 강력한 이데올로기의 부상에 의해 영향을 받았다. 또 다른 중요한 발전 요소들은 빠른 기술적 진보와 과학적 방법에 의해 도출된 산업화, 국가 인구의 빠른 증가, 그리고 시민은 국가 방위의 의무를 진다는 주장의 증가들이다.

이런 힘들은 19세기와 20세기 초기 시민병 징집제도에 주로 초점을 둔 군대 혁명 과정에서 생성되었는데, 이들 시민병은 놀라운 살상력을 가진 대량생산된 장사정 무기로 무장하고, 원거리 전선에서도 군대를 무한정 유지할 수 있는 산업화된 경제력의 보급 능력에 의해 유지될 수 있었다. 이런 것들이 적의 전멸을 목표로 하며 적국의 전 인구가 가상 목표가 되는 형태의 전쟁을 낳았다.

나폴레옹의 유산

18세기 후반 유럽은 상대적으로 '제한'적 전쟁으로 특징된다. 계몽주의 시대의 합리적 가치의 전파 그리고 17세기 종교전쟁의 공포의 기억의 잔존과 같은 것들이 전쟁의 수행을 온건화하는 데 영향을 미쳤다. 사회경제적 요소도 역시 중요하였다. 그 시대 왕조국가들은 조세와 징발의 기반이 제한되어 있었다.

모든 국가들이 병사를 모집하고 유지하는 데 어려움에 직면했다. 병역은 인기가 없었고 대부분의 군대는 장기 복무 직업군인들과 외국 용병들의 혼합에 의지하였다. 그런 직업군인들은 징집하여 훈련시키는 데 돈이 많이 들었고 정부는 장군들에게 고조된 전투에서 그런 비싼 자원들을 위험에 처하게 하지 말도록 권고하였다.

군사 요소들도 역시 제한적 전쟁으로 기울었다. 그 시대의 선형전투는 병사들에게 많은 훈련과 규율을 요했으므로, 그렇게 훈련된 군대는 가볍게 던져버리기에는 너무 귀중하였다. 선형이나 사각 모양의 대열로 싸우는 것은 보병이 매우 천천히 전진하는 것을 의미했는데, 적을 기습하거나 적을 전멸시킬 때까지 쫓아가기가 어려웠다. 군대의 과격한 규율은 병사들의 탈영으로 이어질 수 있었으므로, 장군들은 전투에서의 제한적 성공을 절대적 승리로 바꿀 수 있도록 사정없이 끝까지 진격하라고 병사들에게 명령을 내리기를 주저했다.

이전 세기의 전쟁의 공포는 역시 지휘관들에게 병사들의 약탈을 허락하기를 주저하게 했다. 이것은 군대가 필요한 모든 보급품을 휴대해야 한다는 것을 의미하거나, 또는 그들이 연계되어 있는 전방의 보급소에서 다량의 보급품을 수집해야 한다는 것을 의미했다. 보급의 제한과 도로망의 부실함이 국가들이 전장에 내보낼 수 있는 군대의 규모를 제한하였다.

변화의 기초는 1792년에 프랑스 공화국의 창설과 함께 시작되었다. 많은 적들로부터 방어하기 위해 혁명 정권은 전쟁을 위한 급진적인 새로운 접근법을 도입했는데, 징병제로 모집한 시민군의 창설, 경제적 조직화와 대규모 전쟁 물자 생산, 그리고 이념 전쟁과 이념의 주입 같은 것을 포함한다.

18세기의 제한적 전쟁과 달리, 적의 완전한 전복이 이념 전쟁의 목표가 되었다. 사소한 영토적 이익보다 대량의 이익 또는 노골적인 병합이 전쟁의 목표가 되었다. 혁명 시대와 나폴레옹 시대에 프랑스 군대는 고의적으로 전투를 벌였고, 프랑스 군대의 기동력은 신속하게 적이 싸우거나 퇴각하게 만들었다.

프랑스 혁명은 프랑스가 대중 군대를 징집할 수 있게 했고 이것이 나폴레옹 제국의 초기에는 결정적이었다. 철도와 대량생산이 도입되기 전 시대에는 그렇게 많은 수의 병사를 보급하는 것이 어려웠으므로 그 전에는 군대의 규모가 제한적이었다. 그러나 1812년 무렵 나폴레옹은 거의 60만의 군대로 러시아를 침공할 수 있었다.

이렇게 큰 군대는 장군과 전략가들에게 새로운 문제를 야기하였다. 그들은 한 길을 따라가기에는 너무 컸고, 그렇다고 몇 개의 평행로로 분산시켜 이동하는 것은 적의 공격에 패배할 취약성이 있었다. 군단 시스템의 창설로 이런 위험을 극복할 수 있었는데, 각 군단은 5만 정도까지의 작은 부대였다. 보병대, 기병대, 그리고 포병대를 갖추어 나머지 프랑스군이 집결할 때까지 자신을 방어할 수 있을 만큼 충분히 강했고, 동시에 신속히 이동할 수 있을 만큼 충분히 작았다.

새로운 대중 군대는 또 다른 문제를 야기했다. 그들을 먹이고 보급하기가 어려웠다는 점이다. 17세기에 사용하던 전통적인 보급소는 신속하게 이동하는 군단들이 곧 지나쳤고, 필요한 보급품이 많았으므로 군대가 그것을 운반하는 동안 전진 속도가 현저하게 떨어졌다. 해결책은 18세기 이전의 관습으로 돌아가는 것이었다. 그것은 군대가 현지에서 자급자족하는 것이었는데, 즉 그들이 행군하는 영토에서 사정없이 먹을 것을 찾아 조달하는 것이다.

이것은 전쟁이 공격적 전쟁이 되어야 함을 의미했다. 그렇게 식량을 조달하는 것은 경제적·정치적 재앙을 초래하지 않고는 자국에서는 시행하기 불가능했으므로 전비를 조달할 수 있는 외국에서 시행되었다. 그러나 이것은 약탈당하는 현지 주민들의 고통에 냉담한 무관심의 태도를 낳았으므로, 결과적으로 프랑스에 대한 게릴라전을 유발하였다.

막대한 수의 군사들을 마음대로 할 수 있었으므로, 나폴레옹 보나파르트와 같은 장군들은 군사적·정치적 야심을 추구하기 위해 방만하게 그들의 목숨을 낭비할 수 있다고 느꼈다. 혁명의 열기가 퇴조하고 사상자의 명단이 늘어갈수록, 방대한 프랑스 군대는 점점 새로운 근대국가가 소유한 전체주의적 힘을 통해 유지해야 했는데, 그 전체주의적인 힘은 구시대 군주제의 힘보다 훨씬 컸다. 나폴레옹 시대에 프랑스가 방대한 군대로 승리함으로써 오직 숫자가 결정적이라는 잘못된 가정을 부추겼다(Box 2.1).

　18세기의 전임자들과 달리 나폴레옹은 군대를 지휘하여 신속히 진군하게 함으로써 적이 전쟁을 개시하게 만들었다. 그는 이런 능력을 충분히 활용하여 적군을 패배시키기 위해 고의적으로 전투를 걸었고 그리고 나서 무자비하게 쫓아 파괴하였다. 이런 식으로 한 국가를 파괴하면 그는 적의 자원을 점령하고 통제할 수 있었고 그들이 프랑스의 어떤 정치적 요구에도 속수무책으로 저항할 수 없게 만들었다(Jones 1987: 350). 그런 전쟁의 고전적 예가 1806년 프러시아에 대한 전투였다. 프러시아 군대는 예나-아우어슈테트의 양대 전투에서 괴멸되었고 격렬하고 지속적인 프랑스 군의 추격으로 파괴되었다.

⊙ Box 2.1 **나폴레옹 전쟁**

전성기 시대에 나폴레옹의 전쟁은 전례 없는 규모의 군대를 한 나라에 퍼부어, 결정적인 기동과 전투를 통해 박살 내는 정복전이었다. 그런 영웅적 과업을 달성하기 위해 고용된 군대는 직업군인, 꽤 애국적인 프랑스 징집병들, 그리고 (점점 꺼리는) 외국 용병들의 조합이었다. 병사들은 자율적 군단에 소속되어 근대전의 제우스 신 코르시카 출신의 지휘자(나폴레옹)의 다양한 작전 기술에 따라 인도되었다. 지휘자(나폴레옹)는 그의 측근 장군들로 구성된 제국 본부와 특히 1804년 이후는 그의 원수(元帥)로부터 다양하게 도움을 받거나 종종 사주를 받았다. 1805-1807년인 그의 전성기에는 나폴레옹 스타일은 적어도 신속한 결정의 힘을 외교정책의 도구로 회복시킨 듯 보였다.

클라우제비츠

카를 폰 클라우제비츠(1780-1831)는 프러시아의 경력 군인으로 모든 레벨의 전쟁을 수행한 광범위한 경험을 가졌다. 그는 실러와 괴테의 독일 민족주의 그리고 '전쟁은 자연적인 사회적 현상이며 분석이 가능하다'고 주장한 베렌호스트^{Berenhorst}와 같은 여러 군사 작가들에 의해 영향을 받았다(Nofi 1982: 16).

　클라우제비츠는 전쟁을 합리적 결정에 의해 인도된 정치적 도구로 보았고 폭력을 가하고 사상자를 감내할 자발성에 달려 있다는 것을 강조하였다. 전쟁의 목적은 전투를 하는 것이며 자기의 의지를 폭력을 통해 상대에게 강요하는 것이다.

　클라우제비츠는 승리는 적의 무게중심, 또는 힘의 초점이 점령되거나 파괴되었을 때 온다는 것을 강조하였다. 적의 무력의 파괴는 정치적 승리의 관건이지만 이런 파괴는 정신적인 것이며 반드시 물리적인 것은 아니다. 그것은 적의 저항 능력을 파괴하는 것인데, 클라우제비츠에게는 결정적 전투가 이런 목적을 달성하는 가장 확실한 방법이었고, 적군의 심장(마음)이 보통 결정적 무게중심이었다. 전장에서 결정적인 우위를 만들어낼 수 있도록 고안된 전술이나 전략이 사용될 수 있지만, 클라우제비츠에게는 숫자란 모든 다른 것들이 동일할 때라야 궁극적으로 결정적이었다. 많은 이에게 이런 논리는 프러시아가 1866년 오스트리아에 승리한 것, 1879년 프랑스에 승리한 것에서 결정적으로 증명되었다.

클라우제비츠의 많은 제자들이 그의 주장에 숨어 있는 경고를 인식하는 데 실패하고, 그가 강조한 전쟁에서의 방어의 힘을 과소평가하기는 했지만, 그의 생각은 결정적으로 영향력을 가지게 되었다. 나폴레옹 전쟁의 교훈을 반영하기는 했지만, 클라우제비츠의 생각은 산업화된 대량전쟁 시대를 지나 핵무기와 제한전의 시대에 이르기까지 적실성이 있을 만큼 섬세하고 창조적이다(Box 2.2).

🔘 **Box 2.2 클라우제비츠의 주요 아이디어**

- 전쟁은 수단만 다를 뿐 정치의 정상적인 한 부분이다.
- 전쟁은 그렇지 않으면 얻을 수 없는 목적을 성취하기 위해 고안된 폭력 행위다.
- 각 시대는 고유한 전쟁의 형식을 창조한다.
- 전쟁은 사람들이 개입되므로, 불가피하게 예측 불허다.
- 승리는 정치적 목적을 얻는 수단이 아니라면 가치가 없다.
- 다른 것들이 똑같다면, 숫자가 궁극적으로 결정적이다.

ℹ️ **요점 정리**

- 나폴레옹 시대에 징병제에 의해 창출된 대중군대가 등장하였다.
- 나폴레옹 전쟁은 적의 군대와 저항 능력을 파괴하기 위해 결정적 전투를 추구하였다.
- 이념과 민족주의는 보다 잔인한 형태의 전쟁을 만드는 데 일조했고 많은 나라에서 게릴라전에 의한 저항을 낳게 되었다.

전쟁의 산업화

19세기 동안 전쟁은 두 가지 중요한 의미에서 산업화되었다. 근대기술이 보다 정교한 무기 생산에 적용되었지만, 기본적으로 민간 기술에 있어서의 다양한 발전도 미래의 전쟁 수행에서 막대하게 중요한 것으로 드러났다. 무기, 탄약, 그리고 모든 다른 종류의 전쟁 물자가 대량생산이 가능해졌다. 훨씬 큰 규모의 군대를 전투에서 유지할 수 있게 되었다. 통조림 음식을 만드는 것과 같은 작은 발전도 전쟁 중, 혹독한 겨울에도, 식량 공급을 용이하게 했다. 새로운 철도를 사용하여 보급품이 대량으로 전선으로 수송될 수 있었다. 첫 번째 철도 여행은 1825년이었다. 1846년까지 프러시아는 군단과 그 모든 보급품을 가지고 이틀 만에 250마일을 이동시킬 수 있었는데 행군으로는 2주일이 걸렸을 것이다(Preston and Wise 1970: 244).

철도의 사용은 병사들이 신속히 이동할 수 있다는 것을 의미할 뿐 아니라, 여행이 끝나도 비교적 적절하고 피곤하지 않은 상태였다는 것인데, 이는 대부분 예비군으로 이루어진 군대에게는 중요한 고려 사항이었다. 철도는 부상병을 후방 지역 병원으로 이송하는 데 사용되었는데 그럼으로써 그들의 생존 가능성이 높아졌다. 철도로 보다 정기적으로 대체 인력과 증강 병력을 가져올 수 있었다. 1870년에 프러시아는 나폴레옹이 60년 전에 러시아에 데리고 갔던 역사적인 대규모 군대보다 두 배 더 큰 군대로 프랑스를 침공하였다. 훨씬 작은 프랑스 군은 충분히 신속히 동원될 수 없었고, 수적으로 압도되었다. 1914년에 고용된 군대는 다시 두 배가 되었다. 철도의 전략적 가치는 곧 드러났다. 프랑스는 1859년 오스트리아와의 전쟁 기간 동안 120,000명의 군대를 이탈리아로 보냈다. 2년 후 전략적 우위를 가져오기 위한 철도의 유용성은 미국 남북전쟁의 개시전에서 확실히 증명되었다. 1861년 7월 존슨 밸리 부대가 퍼스트 머내서스First Manassas 전투를 이기고 머내서스로 진격함으로써 남부연합이 수적 균형을 획득하였는데, 이때 패배했으면 거의 즉시 남북전쟁이 끝났을 것이었다. 미국은 곧 군사철도부를 조직하여 북부가 궁극적으로 승리하는 데 중요한 역할을 하였다. 그러나 이것은 남부연합이 1862년 켄터키 전투Kentucky campaign와 1863년 치카모가 전투Chickamauga campaign에서 전략적 우위를 얻기 위해 철도를 사용하기 전의 일은 아니다. 북부는 채터누가Chattanooga의 포위를 풀기 위해 철도로 증강 병력을 대량 수송하여 치카모가에서의 후퇴에 대응하였다. 1870년 보불전쟁(프랑스-프러시아 전쟁) 동안 프러시아는 철도 사용의 우위로 반대편 프랑스 군대를 수적으로 누르고 압도하였다.

즉각적인 군사적 중요성을 가진 민간 기술은 전신이었는데, 정치 지도자와 전장의 지휘자가 부대의 리더와 원거리에서 통신을 유지할 수 있게 하였다. 그전에는 명령을 전달하는 데 수일 또는 수 주가 걸렸을 것이다.

19세기가 지나는 동안 무기 기술에 있어서의 일련의 중요한 발전이 전략과 전술을 변모시켰다. 보병의 무기는 나선형 그루브를 새긴 총신(라이플총), 연기가 나지 않는 탄약통, 탄약을 총신의 뒤쪽에서 장전하도록 한 총(후장총), 그리고 마침내 탄창이 달린 무기의 도입으로 혁명적으로 변모했다. 라이플 무기는 훨씬 정확해서, 보병대는 목표물을 수백 야드

범위 안에서 반대 사격에 노출될 필요도 없이 맞출 수 있었다. 라이플총은 미국 남북전쟁의 초기에 그 우위성을 입증했고, 후장총은 프러시아가 1866년 보오전쟁(프러시아-오스트리아)에서 사용하여 성공한 후 유럽군대에 보편화되었다. 그러나 1884년에 이르러 맥심 기관총의 발달이 전술을 혁명화한 효과적인 무기를 창출했다.

1860년대 동안은 라이플 대포가 표준이 되었고 전장총도 2마일의 사정거리를 가졌다. 1870년에 이르러 프러시아는 효율적인 후장식 라이플 대포를 생산했는데 적인 프랑스의 대포를 능가해서 막대한 전술적 우위를 가져왔다. 1890년대에 신속 발사 기술이 대포의 효율성을 더욱 증가시켰다.

미국 남북전쟁(1861-1865)의 경험과 보불전쟁(1870-1871)은 이런 신무기들로 보병이 적과 성공적으로 접전하는 것이 극도로 어렵고, 상황에 따라 그런 접전을 벌여야 하는 경우에는 다수의 사상자를 낸다는 것을 보여주었다. 남북전쟁 중 맬번힐Malvern Hill, 프레데릭스버그Fredericksburg, 그리고 게티즈버그Gettysburg 전투, 보불전쟁에서 그레이브롯트Gravelotte 전투는 준비된 수비군과 싸운 보병이 다수의 사상자를 냈다는 특징이 있다. 기동성이 상실되고 적이 참호에서 방어할 때 공격자의 곤란함은 더욱 커졌는데, 남북전쟁의 마지막 수개월간 미국 동부에서 입증되었다. 결정적 승리를 추구하면 민간인을 공격하려는 생각이 커지게 되었다(Box 2.3).

◉ Box 2.3 식민 전쟁

전쟁의 역사는 19세기에 강대국 간의 충돌에 초점을 맞추는 경향이 있지만 많은 국가들—특히 영국, 프랑스, 그리고 스페인—에게는 비유럽 적들과의 식민 제국주의 전쟁에 많은 군사력과 주의가 소모되었다. 그런 갈등은 종종 극단적인 잔인함으로 특징지어진다. 유럽국들에게 절대적인 승리는 드물었고, 변함없이 수년간에 걸친 게릴라전이 뒤를 이었다. 식민지 사령관은 종종 적의 게릴라 작전을 잠식시키기 위해 대량 학살과 지역 주민의 집과 식량 공급에 대한 의도적 파괴를 시행하였다. 현대의 군사작가 콜웰(C. E. Callwell)은 '소규모 전쟁에서는 때로는 정규전의 규칙이 제재하지 않는 대파괴를 저지르도록 강요된다'고 주장한다(Porch 2001). 유럽의 장군들이 유럽전쟁을 위한 교훈을 별로 추출하지 못한 그런 형태의 전쟁이었고, 20세기 전반의 전면전의 전초였다. 그리고 냉전 이후 나타난 소위 '신전쟁'에서 되풀이되는 형태의 전쟁이다.

1866년과 1870년의 프러시아 전쟁의 증거에 입각하여 유럽의 전략가들은 대량의 군대가 열차로 전장에 신속히 수송되어 신속히 기동전을 실시하면 공격자 쪽에 신속한 승리를 보장한다고 믿게 되었다. 간과된 것은 수비군 역시 신속히 소집되고 철도를 이용해서 공격군이 오는 길에 대량의 수비군을 효과적으로 수송했을 때 발생되는 위험이다(Quester 1977:

80). 19세기 중반의 전쟁은 혼합된 교훈을 제공한다. 크림전쟁과 보오전쟁은 라이플총과 철도 사용의 초창기에 벌어졌는데, 아직 많은 의미에서 나폴레옹식 전쟁이었다. 1866년 보오전쟁은 대량 군대의 사용과 기술적 우위의 중요성을 보여주었지만 전면전의 요소는 보이지 않았다. 보불전쟁은 이와 달랐는데, 여기서는 참모들의 업무, 철도와 전신의 효율적 사용뿐 아니라 새로운 장거리 라이플총으로 다량의 사상자가 났다는 것을 보여준다. 불길하게도 프랑스의 패배는 정치혁명과 프랑스의 레짐 교체, 프러시아에 대한 게릴라전투, 그리고 독일 점령군에 의한 야만적인 복수 등을 불러왔다.

유럽의 관찰자들은 유럽 외부로부터의 경고를 고려하지 않았다. 식민지 전쟁은 종종 매우 야만적이지만 승패가 분명치 않았다. 이에 더해 19세기 후반 유럽 외부에서 싸운 대규모 전쟁은 많은 면에서 20세기 전면전의 특징을 보여주었다. 미국 남북전쟁은 양립할 수 없는 두 개의 민족주의가 죽도록 싸운 이념투쟁이었는데, 대량 징집과 라이플총, 증기선, 지뢰, 철조망, 그리고 탐사용 풍선과 같은 광범위한 신기술을 사용하였다. 남부 인구의 20퍼센트 이상이 전쟁에서 싸웠고, 남부연합은 가능한 군사력 맨파워의 90퍼센트 가까이를 징발했다. 양측 모두 사상자가 극도로 많았고 북부군은 1864년 애틀랜타와 셰넌도어 전투에서 의도적으로 남부의 민간인을 목표로 했다. 이때 셔먼 장군은 '우리는 단지 호전적인 군대와 싸울 뿐 아니라 호전적인 사람들과도 싸운다. 젊은이나 늙은이나 부자나 가난한 자나 모두 전쟁의 가혹함을 느끼게 해야 한다'고 선언하였다(Janda 1995: 15). 그러나 대부분 목표가 된 것은 민간인의 생명보다는 재산이었다(O'Connell 1989: 201). 보다 야만적이었던 것은 대大파라과이 전쟁the Great Paraguayan War이었는데 브라질, 아르헨티나가 파라과이와 싸운 전쟁이었다. 이 전쟁의 결과 파라과이 남자의 반 이상이 죽었다. 이런 교훈들은 러일 전쟁에서도 반복되었는데 대량의 군대, 참혹한 사상자, 광대한 전선, 밤낮으로 수 주일이나 계속된 전투와 같은 것들로 특징지어졌다.

🔒 요점 정리

- 19세기에 산업혁명은 전쟁의 수행을 드라마틱하게 바꾸었다.
- 철도, 증기선, 전신, 그리고 대량생산 같은 민간 기술은 대규모 군대를 징발하고 장비를 갖추고 통솔하는 것을 가능하게 했다.
- 라이플총, 후장총, 기관총, 장갑 군함, 지뢰, 그리고 잠수함 같은 신무기들이 등장하였다.
- 정부는 전쟁을 지지하도록 국민을 동원하기 시작하였다.
- 전술의 변화는 느리기 때문에, 대량의 사상자가 나오는 것이 일반적이었다.

해군 전쟁

해군 전쟁은 19세기에 동일하게 극적인 혁명적 변화를 겪었다. 나폴레옹 전쟁 기간에 전함은 나무로 만들었고 바람을 동력으로 사용했다. 19세기가 지나면서 전함은 점차로 금속으로 무장하고 장거리 라이플총을 갖추었으며, 가장 중요하게는 바람의 힘에 관계없이 갈 수 있는 엔진을 장착하게 되었다. 1822년 펙상 장군General Paixans이 출간한 『해상의 새로운 힘 Nouvelle force maritime』이란 저서에서 포탄으로 무장하고 철판을 두른 장갑 전함은 당시 존재하는 대포로 무장한 목제 전함을 무력화시킬 수 있다고 주장하였다(McNeil 1982: 226). 유럽해군은 1830년대에 그런 해군 포병대를 채택하기 시작했고 증기엔진이 1840년대에 도입되었다. 장갑裝甲도 곧 뒤따라 도입되었다.

19세기 중반 해군 디자인을 선도한 것은 프랑스였고, 영국은 자국의 해상에서의 우월성에 도전할 발전들을 장려하기를 꺼렸다. 수 세기 동안 전함은 돛과 증기 추진력을 혼합하여 사용했으나 총이 강력해짐에 따라 회전 포대 위에 자리 잡을 필요가 있었고, 돛대와 돛이 방해물이 되었다. 영국은 1873년 돛대를 달지 않은 최초의 전함을 진수시켰다.

비록 전함 디자인이 빠르게 진화했지만, 해군 전쟁에 대한 전략적 사고는 진화가 느렸다. 세기 말에 근접해서야 중요한 발전이 일어났다. 1890년에 앨프리드 머핸Alfred Mahan은 『역사상 해상파워의 영향력, 1660-1783』을 출간하였다. 머핸은 해군력은 역사상 언제나 중요하였고, 강대국의 해군력의 목적은 해상 지휘권을 획득하는 것이었으며, 이것을 성취하는 방법은 강력한 전투함대에 해군력을 집중하여 적의 주력 전투함대나 함대들을 격파하는 것이라고 주장하였다.

해군력에 관한 새로운 학파가 등장하고 있었는데, 전통적인 해군 지휘자들을 불안하게 만드는 것이었다. 예를 들어 프랑스의 '소장학파Jeune École'는 어뢰정과 같은 새로운 시스템으로 교역을 타격하는 것(commerce raiding, 통상 파괴)이 미래 해전의 첫째 형태가 될 것이라고 주장하였다. 신기술의 지지자들은 영국과 같은 나라의 대량 전투함대가 쓸모없는 것이 될 것이라고 주장했다.

이런 생각들이 영국, 독일, 일본 등에 있는 전통적 해군력의 지지자들에게 경종을 울렸다. 영국의 콜럼Colomb, 독일의 폰 말첸Von Maltzen, 일본의 사네유키 같은 대해군주의자들은 해상파워가 그 고유한 이동성과 유연성으로 인해 세계를 계속 지배할 것이라 주장했다. 콜럼 제독의 『해군 전쟁: 역사적으로 다룬 주된 원칙과 시행』이란 저서가 머핸의 저서와 동시에 출간되었는데, 머핸이 전투함대가 바다를 지배하고 따라서 세계를 지배할 것이라 주장한 것처럼, 그는 이 책에서 해군력의 우위가 효과적으로 힘을 발휘하는 데 핵심적이라고 주장하였다.

머핸의 생각은 해퍼드 매킨더 경Sir Halford Mackinder의 지정학에 내포된 생각과 대조적이 었는데, 매킨더 경은 세계 지배는 철도시대에 유라시아 대륙을 통제하는 육지 세력의 손에 들어갈 것이라 주장하였다. 그의 이론은 현 세계의 해군파워의 중요성을 과소평가하였다. 해군력의 주장자들은 해상에서의 전쟁을 나폴레옹의 육지전투의 특징에 비추어 조망하였다. 적의 주요 전투함대를 발견하여 격파하면 자국의 무역 보호, 통상 파괴, 그리고 해안에 군사력 배치 등을 통해 해상 제해권이 개발될 수 있다.

영국의 해군 이론가인 줄리언 코벳 경Sir Julian Corbett은 다른 견해를 제시하였다. 코벳은 해상파워는 정치적 목적의 수단에 불과하다고 주장하였다. 그러므로 국가가 그의 정치적 야심과 일치하는 해상전략을 가지는 것이 중요하였다. 그러나 코벳은 해상파워가 그 자체로는 강력하고 단호한 의지를 가진 육지파워를 압도할 수 없다는 것을 잘 인식하고 있었다. 해상 파워는 그 한계가 있었고 영국 같은 주요 해상파워 국가는 역사적으로 항상 그들의 뜻에 따르는 육지파워와의 동맹을 필요로 하였다. 그는 단순히 결정적인 전투의 승리를 추구하는 것 이상으로 더 많은 해상전략이 필요하다고 주장하였는데, (자국) 무역 보호, (적의) 통상 파괴, 수륙 양면 전쟁, 그리고 해상으로 군대를 수송하는 것 등의 중요성을 강조하였다.

실전에서 장갑 함대의 활약이 역사적으로 결정적인 것으로 입증되지는 않았다. 1905년 쓰시마에서 일본의 대러시아 승전에서나 그런 일이 있었다. 1차 세계대전 동안 대부분의 신기술은 결정적인 요소가 아니었고 단지 함대 지휘관들을 더 주의 깊게 만들 뿐이었다. 영국은 독일에 해상봉쇄를 단행하여 연합군이 승리하는 데 결정적으로 기여하였다. 영국은 또한 독일의 주력함대를 전투로 불러내려고 했는데, 1915년의 도거뱅크Dogger Bank와 1916년의 유틀란트Jutland에서의 전투는 즉각적으로 결정적인 것은 아니었다. 유틀란트는 독일 함대의 전술적 승리였지만, 독일 함대가 다시는 영국에 도전하지 않았고 따라서 연합군의 해상봉쇄에 대응할 수 없었으므로 궁극적으로 전략적인 면에서는 영국의 승리였다. 사실 유틀란트는 역사상 최후의 함대 간의 전투가 될 것이었다.

독일은 대신 잠수함 전투로 전환하였고, 잠수함 작전이 양차 세계대전에서 핵심이 되었다. 1917년 후기에 영국 상선의 손실은 거의 지속 불가능할 정도가 되었고, 연합군은 2차 대전에서와 같이, 보다 나은 전술 및 장비와 함께 호송 시스템을 도입하여 독일의 잠수함 작전을 격파할 수 있었다. 결과적으로 대해군주의자도 '소장학파'도 해상 전쟁의 결과에 의해 그 타당성이 입증되지 않았다. 전투함대는 대개 무력했고, 어뢰정은 핵심 역할을 했지만 전쟁을 승리로 이끄는 무기는 아니었다.

그럼에도 불구하고 코벳이 이해한 의미의 해상파워는 1차 세계대전의 결과에 중요하였다. 연합군이 지닌 해군력의 우수성으로 독일의 해외 식민지를 포위할 수 있었고 위력적인 봉쇄를 단행할 수 있었다. 또한 연합군은 100만 명의 프랑스 병사와 200만 명의 미국 군대를 포함하여 막대한 양의 물자와 사람을 유럽 바깥에서부터 전쟁 지역으로 수송할 수 있었다.

🔑 요점 정리

● 해군 기술은 19세기 동안 혁명적으로 발전하였다.

● 증기엔진은 해군에게 더 큰 유연성과 기동성을 부여하였다.

● 회전 포대 위에 중포와 장갑 전함을 갖춤으로써 철갑으로 두르고 전방위 포로 무장한 새 세대의 전함이 만들어졌다.

● 머핸은 그런 전함이 바다를 지배할 것이라 주장하였는데, 이에 반해 소장학파는 잠수함과 어뢰정이 결정적일 것이라 주장했다.

전면전

20세기가 시작될 무렵 주요 강대국들은 산업화 시대에 전쟁의 위협과 실제 실행이 정치적 목적을 위한 적절한 도구라는 클라우제비츠의 생각을 받아들이게 되었다. 1864년, 1866년, 1870년 유럽전쟁의 경험으로 강대국들은 미래 주요국 간의 어떤 전쟁도 짧고 결정적인 것이 될 것이라 믿게 되었다.

1914년 무렵 19세기의 정치적·경제적·사회적·기술적·이념적 경향이 모두 집결하여 재앙의 원천이 되었다. 이념적으로, 군대들은 나폴레옹 전쟁의 미덕—대량의 군대, 적의 군대를 찾아내기, 포위하기, 파괴하기, 그리고 정치적 요구에 저항할 힘이 완전 분쇄될 때까지 적의 나머지를 추격하기—을 납득하게 되었다. 징집제도와 민족주의로 대규모 군대가 조성되고 이 군대는 철도와 대량생산의 산업화된 경제로 수송되고 보급되었다. 신속한 이동력은 진보된 무기체계의 살상력과 합하여 가장 효율적인 이동과 기동력을 가진 군대에게 신속한 승리를 가져다주었다.

현실은 1914년까지 전장은 나폴레옹 시대에 비해 막대한 규모로 커졌고 군대의 규모도 그랬다는 것이다. 1914년 겨울 무렵 서부전선에서 참호는 스위스에서 영국해협까지 뻗어 있었다. 측면으로 돌아가거나 적군을 포위할 수도 없었고, 이 시기 군대는 양쪽에 각 300만 명 정도 되었다. 군대가 철도나 항공기 시대만큼 신속하게 이동할 수도 없었다. 1914년 전쟁은 아직 완전히 기계화되지는 않았다. 독일군은 1914년 7,000대보다 적은 차량과 726,000마리의 말, 그리고 150,000대의 수레로 벨기에와 프랑스로 진격하였다(Addington 1994: 104).

기관총과 장거리 대포 같은 강력한 방어용 무기로 무장하고 참호와 철조망으로 보호되며, 동원된 산업경제로부터 철도를 통해 모든 자원을 보급받으면서 방어하는 군대는 나폴레옹 전쟁식으로 신속하게 괴멸될 수 없었다. 수비군은 유례없이 여유 있게 간격을 벌릴 수 있는 힘을 지녔고, 교착 상태가 사실상 불가피하게 뒤따랐다. 일단 이 교착 상태가 조성되면, 전쟁은 신속한 공격전이 아니라 경제적인 그리고 인간적인 인내전이 되었다(Quester 1977: 114).

대신 적은 막대한 부상자를 내는 잔인한 전면 공격으로 지치게 해야 했고, 한편으로 전장에서의 교착 상태를 타개할 기술적 발전 방안을 모색하였다. 독일은 1915년 이프레스Ypres에서 독가스로 공격하였고, 영국은 1916년 솜Somme 전투의 마지막 단계에서 최초의 탱크를 사용하였다.

갈등이 지속되고 전쟁은 공군력이 점차 중요해지는 새로운 단계로 이동하였다. 항공기는 전쟁의 처음부터 정찰용으로 사용되었고 전투기가 정찰기를 파괴하기 위해 개발되었다. 전쟁이 계속됨에 따라 항공기는 점차 전술적 사격과 지상군에 대한 지원 폭격용으로 사용되기 시작했다. 정찰과 타격 역할에서 1차 대전의 항공기들은 나폴레옹 시대의 경기병의 역할을 맡았고, 탱크가 중기병의 역할을 맡은 것과 같았다.

점차로 전쟁은 범위와 적용에 있어 전면전이 되어갔다. 주 전쟁터에서 타개책을 찾기 어려웠으므로, 전투국들이 적에게 추가적 압력을 넣기 위해 이탈리아, 발칸, 그리고 중동 같은 새로운 전선을 열어서 전쟁의 지리적 범위는 확장되었다.

전쟁의 지리적 범위 확장은 의도적으로 비전투원을 목표로 하려는 의도를 동반하였다. 1차 대전에서 무제한 잠수함 작전으로 독일이 프랑스와 영국의 해상 공급을 차단하기 위해 선원에게 구명정을 탈 기회도 주지 않고 상선을 격침하였다. 그것은 독일의 봉쇄에서도 나타났는데 이는 1918년 가을 독일의 군사적 몰락에 결정적으로 기여하였을 뿐만 아니라 막대한 민간인의 고통과 죽음을 초래하였다. 독일과 영국은 모두 항공기로 도시에 대한 장거리 폭격을 시작하였다.

주요 전쟁은 점점 많은 국가의 인력, 물자, 그리고 정신적 자원을 개입시키게 되었다. 그것을 파괴시키면 적의 전쟁 노력을 약화시킬 것으로 보이는 대상은 합법적인 목표로 인식되게 되었다. 전쟁은 점점 실제 무기를 사용하는 병사들을 겨냥하는 것만큼 전쟁무기를 생산하는 민간인과 산업을 겨냥하는 것이 되었다. 비합법적인 목적 또는 타깃, 정당함과 형평 등에 대한 생각은 점차 근대전의 수행에서 적절하지 않은 것으로 인식되었고, 주요 강대국들은 전면전으로 이동해갔다.

전쟁에서 전면성은 다음과 같은 여러 요소들에 의해 평가된다. 사용된 무기의 종류, 사용된 전략과 전술, 전쟁에 할당된 국가 자원의 비중, 적의 인적 그리고 물적 자원이 적법한 타깃으로 인식되는 정도, 무제한 전쟁에 대해 사회적 그리고 문화적 압력이 존재하는 정도 등이다.

1차 대전 중 전쟁에서의 전면성의 요소로서 현저하게 등장한 것이 2차 대전에서 더욱 만개하였다. 다시 한번 전투국들은 그들의 군사적·경제적, 그리고 인적 자원들을 가능한 한 최대로 동원하였다. 징집제는 1차 대전에서 소집된 남자의 범위를 넘어 확장되었고 여성인구까지 포함하였다. 여성은 농업과 산업에서 남성의 자리를 대신하였고 많은 숫자가 군대에서 비전투원의 역할을 맡아 복무하였다. 어떤 경우에는 소련의 공군에서와 같이 여성이 전투원으로 복무하기도 하였다. 산업과 상업해군은 정부의 통제하에 들어갔고 전쟁 수행에 종속되었다. 식량과 석유 같은 핵심적 상품의 보급을 보존하기 위해 배급제가 도입되었다. 독일은 자국민 병사들뿐 아니라 징집제와 노예노동제로 적국의 인구까지 병사로 차출하였다. 전쟁의 사회적 전면성은 감시와 선전의 체계적 사용으로 더욱 널리 확산되었는데, 민족주의 고양, 적의 악마화, 양심적 반대자와 외국인 출신 시민과 같이 충성심이 의심스러운 집단의 제한 또는 투옥 등과 같은 것들이 시행되었다(Box 2.4).

전략적 그리고 전술적 차원에서, 2차 세계대전 중에는 1차 대전 중에는 없었던 기동성과 공격력을 회복시키도록 고안된 군사 정책의 수행이 눈에 띄었다. 독일은 1939-1941년 사이 전격전술blitzkrieg로 놀라운 성공을 기록했는데, 탱크, 보병대, 급강하 폭격기 등을 포함한 혼합전술로 적의 저항을 전면 공격으로 파괴하기보다 우회하거나 방해하였다(Box 2.5).

전격전술의 효율성은 적군인 영국과 프랑스 군의 보다 열등한 정책에 기인한 바 크다. 연합군은 1940년 전투에서 탱크의 숫자와 질 면에서 독일을 능가하였다. 그러나 프랑스 군은 1918년에 그랬던 것처럼, 탱크를 보병대의 지원 무기로 간주하였는데, 이에 비해 독일군은 신속 기계화 공격을 위해 탱크를 기갑사단에 집중시켰다. 독일 공군은 육군의 전술적 지원용으로 고안되었는데 1940-1941년 사이 영국에 대한 폭격전략에서는 불리하게 작용했지만, 1939-1941년 육지의 전격 캠페인에서는 매우 효과적이었다.

1차 대전에서와 같이, 전쟁 전과 전쟁 중의 기술적 발전이 이전의 전쟁에서와 달리 매우 중요하였다. 레이더는 영국 공군이 1940년에 영국전투Battle of Britain에 승리하는 것을 도왔고, 대잠수함 탐지 기술인 ASDIC(수중탐지기)와 항공모함은 대서양 전투에서 대잠수함 색출전에 결정적으로 중요하였다. 핵무기는 일본의 무조건적 항복을 가져오는 데 중심적 역할을 했다. 독일의 기술적 돌파구인 ME262 제트전투기, V-1 크루즈 미사일, V-2 탄도 미사일 등은 너무 늦게 가동되어 전쟁의 결과에 영향을 미치지 못했다. 유럽전쟁에서 대량의 군대와 산업력이 궁극적으로 보아 결정적 요인이었고, 독일이 미국과 소련의 두 초강대국과 두 개의 전선에서 싸워야 했다는 문제도 독일에게 불리했다.

⊙ Box 2.4 **전면전**

전쟁의 오랜 역사에서 자연스럽게 어떤 전쟁은 다른 전쟁보다 덜 제한적일 것이다. 전쟁의 원인, 교전국들의 목표, 그전까지의 상호작용의 문화와 역사, 그 시대의 믿음과 가치관, 승리에 대한 기대, 외부의 개입 가능성 등, 이런 그리고 다른 많은 요소들이 전쟁을 수행하는 방식과 수단에 영향을 미친다.

전쟁에서의 전면성은 절대적인 개념이라기보다 상대적이다. 절대적 의미에서 전면전은 어떤 제약도 받지 않고 싸우는 것을 의미할 것이다. 1차 대전에서 독일의 패배 경험 이후 서부전선에서 독일군의 참모총장이었던 에리히 루덴도르프(Erich Ludendorff)는 특수한 기술, 즉 탱크, 항공기 또는 독가스 같은 것들이 미래의 전쟁에서 신속한 승리를 가져다줄 것이라 주장하는 사람들의 말에 설득되지 않았다. 그는 전격전술 같은 전술적 또는 전략적 정책이 그런 결과를 가져올 것이라고 믿지도 않았다.

루덴도르프에게는 산업화된 국가들 간의 전쟁에서 승리의 관건은 잔인하게 논리적인 결론을 따르는 것이다. 전쟁의 특징은 따라서 국가의 모든 군사적·경제적, 그리고 인간적 자원을 총동원하는 것이다. 적의 민간인들도 의도적으로 목표가 되어야 하며, 자국의 민간인들도 같은 공격에 노출될 것이다. 인구의 동원은 전쟁 노력을 계속하기 위한 이념적 특성 그리고 전쟁에 이기기 위해 국가의 모든 에너지를 집중시킬 정치적 독재를 포함한다.

전면전에서 정부는 적에게 무자비한 것만큼 자국의 시민들에게도 많은 것을 요구한다. 국가는 성공적으로 동원할 수 있는 모든 자연자원에 의지하고 적의 모든 요소를 적법한 타깃으로 취급하며 사용할 수 있는 모든 무기를 사용한다. 국가의 시민들은 군에 복무하거나 전쟁 물자의 생산에 참여할 의무가 있다. 시민적·정치적 권리는 제한된다. 경제는 전쟁 목적에 종속된다. 모든 무기는, 무차별적이거나 끔찍한 것이라도 상관없이, 사용된다. 그리고 적의 군대나 산업시설, 그리고 비무장 시민까지도 적법한 타깃으로 간주된다. 왜냐하면 그들은 적의 전쟁 노력에 가시적으로 또는 심리적으로 기여하기 때문이다. 이런 논리는 2차 대전에서 민간인에 대한 체계적인 지역 폭격을 실시한 것, 냉전 시대 보복 핵 타격으로 대량 학살의 '확증 파괴'를 계획한 것 등에서 그 정점에 달한다.

실제에서는 전쟁이 언제나 한 개 또는 그 이상의 차원에서 부족하여 전면성에 이르지는 못한다. 예컨대 지리적 범위, 사용된 무기, 인구와 자원의 동원, 중립자에 대한 태도, 목표전략 등과 같은 것이다.

1차 대전에서는 민간인 폭격이 통상적인 지상전을 지원하기 위한 부차적 전술이었던 데 비해, 2차 대전에서는 그것이 우선적인 전략의 하나가 되었다. 적의 도시나 민간인들이 저항의지를 꺾어놓기 위해 의도적인 타깃이 되었다. 그런 공격의 목표는 적의 생산 능력을 파괴하여 군대가 효과적으로 기동할 능력을 약화시키는 것이다. 이런 논리는 민간인을 의도적으로 대량 살상하여 태평양 전선에서 일본 정부가 더 이상 저항하지 못하도록 강제하기 위해 1945년 일본에 대한 핵공격을 감행한 것에서 정점에 이르렀다.

전쟁 기간의 대부분 동안 전략적 폭격이 전전戰前에 이를 주장한 두에Douhet가 예측한 것처럼 드라마틱한 결과를 내지는 못했다. 폭격기의 항공승무원들의 인명 손실이 극도로 컸으므로 독일과 영국은 야간 공격을 수행했는데, 정밀 타격이 사실상 불가능했다. 유럽전

Box 2.5 전격전술

전격전술은 2차 대전 개시 단계에서 있었던 독일의 성공적인 기갑공격을 말한다. 그것은 1차 대전의 대부분을 특징지은 방어적 우세와 정적인 전쟁을 극복하기 위한 노력이다. 그것은 나폴레옹 전쟁과 같이 기술적 우위보다 우월한 정책에 기초한 승리다. 그 이론은 전간기에 리들 하트(Basil Liddel Hart), 드골(Charles de Gaulle), 구데리안(Heinz Guderian) 등이 지지하였다.

대(對)탱크, 대(對)항공기 기관총, 정찰용 장갑차, 그리고 보병의 엄호와 함께 동원할 수 있는 탱크들을 제한된 수의 기갑사단에 결집시켰다. 강조점은 재빠르게 진격하여 적의 후미를 깨뜨리고 균형을 상실하게 하여 적을 혼란에 빠뜨리는 것이다. 목표는 협소한 전선에서 깊이 적진에 진입하는 것이다. 특정 지원 기술도 중요하였는데, 예컨대 통신과 조정을 위해 탱크 안에 라디오를 갖추는 것이다. 진격 속도가 빨라서 중포병대가 쫓아가기 어려웠고 전술 항공기가 돌파를 돕는 포병대의 역할을 했다. Ju-87 급강하 폭격기가 Panzer 사단이 진격하기 앞서 혼란과 공포 상황을 만들기 위해 수비군의 위치를 공격하고 후미의 지휘와 보급소, 증원부대 그리고 피난민 대열까지 공격했다. 성공적인 전격작전의 핵심 요건은 공격자가 전장에서 공군력의 우위를 가져야 한다는 것이다.

쟁이 끝나갈 무렵 독일의 항공방어가 진압되었으므로 연합군은 공격 목표를 정유시설과 같은 생산의 '병목' 지대로 옮겼다. 그런 공격은 그 이전의 전반적인 경제 능력에 대한 공격보다 독일의 전쟁 수행 능력을 약화시키는 데 훨씬 효과적이었다.

2차 대전은 범위에 있어서 세계적이다. 또한 1차 대전 때보다 해군력이 전쟁 결과에 더 중요한 역할을 했다. 섬나라로서 영국과 일본은 해상으로 수입되는 물자에 의존했다. 대서양 전투에서 독일은 보급품, 무기, 병사를 대서양을 통해 영국과 지중해로 운송하는 상선을 파괴함으로써 미-영의 전쟁 노력을 무력화시키려 했다. 비록 궁극적으로는 성공하지 못했지만 독일의 U보트 작전은 거의 성공할 뻔했다. 태평양에서 이와 비슷한 미국의 잠수함 작전은 1945년 여름 무렵 일본의 전쟁 노력을 마비시켰다.

독일은 전쟁 초기에 해군의 취약성을 지상에 기초한 공군력의 보완으로 성공했다. 크레테 작전the Crete campaign에서 독일 공군의 공격으로 영국 해군이 입은 손실은 주요 함대의 작전에 갈음하는 것이었다. 그러나 연합군 함대가 효과적인 대항공무기와 항공모함 전투기의 엄호를 성취한 후 해군은 다시 그 공격적인 역할을 재개할 수 있었다. 2차 대전 초기에는 지상과 바다에서 공군의 우월성을 획득하는 것, 또는 적어도 적이 그것을 갖지 못하게 하는 것이 성공적인 군사 작전의 필수적인 전제조건이라는 것이 증명되었다. 공군력은 그 자체만으로 승리를 보장할 수는 없지만, 공군이 없으면 실패가 확실했다. 전쟁이 끝날 무렵 모든 주요국들은 근대 산업전에서 '제병諸兵 연합부대'와 '공동' 작전이 성공의 관건임을 깨닫게 되었다.

육해공동 작전은 1차 대전에서는 중요하지 않았고, 가장 큰 육해공동 작전이었던 1915년의 갈리폴리Gallipoli 상륙은 전략적·전술적 실패였다. 대조적으로 2차 대전에서는 육해공동 작전이 유럽과 태평양 전장에서 최종 결과를 내는 데 핵심적이었다. 북부 아프리카, 시실리, 이탈리아, 그리고 프랑스에서 주요 육해공동 작전은 연합군이 전략적 주도권을 잡게 했다. 그리고 미국의 태평양에서의 징검다리 작전은 일본의 힘을 측면에서 포위하여 미군이 일본에 최대한 근접함으로써 일본 본토에 파괴적인 재래식 공격과 핵공격을 가능하게 했다.

대잠수함 작전과 육해공동 작전에서 항공기의 역할이 무엇보다 중요했다. 항공모함은 해군 작전 플랫폼으로 전함을 대치했고 2차 대전 중에는 다섯 대의 항공모함이 태평양전쟁에서 작전을 했으며 22개의 다른 주요 해군 전투에 참가했다. 유럽전에서는 해군이 중요했지만 연합군이 승리하는 데 충분한 이유는 아니었고, 소련군의 육군 공격력이 결정적이었다. 그러나 태평양전에서는 해군이 연합군의 최종 승리를 가져오는 데 결정적이었다.

2차 대전에서 대규모 낙하산 부대 공격도 있었다. 이 작전들은 1941년 독일이 크레테를 점령하는 데 핵심적 역할을 했으며 연합군의 1944년 노르망디 상륙작전, 그리고 1945년의 라인 강 도하작전에서도 그러하였다. 그러나 1944년의 아른험Arnhem 작전의 실패는 그런 힘의 한계를 보여주었다. 중무장한 보충부대가 신속히 도착하지 않으면 낙하산 부대는 적의 기갑부대에 오래 대항하기에는 너무 경輕무장 부대였고, 따라서 1956년 영-불 대對이집트의 수에즈 전쟁 때를 제외하고는 1945년 이후에는 대규모 낙하산 부대 작전이 그다지 사용되지 않았다.

🔑 요점 정리

- 1차 대전은 대규모 군대들 간의 전투였고, 기술만으로 결정적으로 패배시키기는 어려웠다.
- 화학무기와 탱크와 같은 신기술이 작전과 결정을 회복하려는 시도에 사용되었다.
- 국가의 모든 경제적, 인적 자원들이 점차 합법적 타겟으로 간주되기 시작했다.
- 2차 대전 발발까지 공군력이 전장에서의 전투력을 지원하고 적국 본토에 대한 전략적 공습을 개시하는 수단으로 중요해졌다. 항공기는 결정적인 해군 무기로 등장하였다.
- 기술, 해병대 합동 상륙, 그리고 낙하산 작전으로 1차 대전의 교착 상태를 회피하려 하였다.

핵무기와 혁명적인 전쟁

전면전은 2차 대전과 함께 정점에 다다랐다. 궁극적인 예가 1945년 일본의 히로시마와 나가사키 폭격이었다. 그러나 역설적으로 핵무기는 제한전 시대로 돌입하게 했다. 1950년대에 미국과 소련이 정확성과 파괴력이 증대되어가는 핵무기를 점점 더 많이 비축하게 되자 양국이 총력전을 하게 되면 상호 자멸할 것이 분명해졌다.

결과적으로 양국은 무슨 수를 써서라도 총력전을 피해야 한다고 생각하였다. 따라서 그들은 상호관계에 있어서 자제하고, 핵전쟁이 될 총력전으로 비화될 위험이 있는 군사 행동은 피했다. 같은 이유로 양국은 다른 곳에서 발생한 갈등에 끌려들어가는 것을 피하기 위해 그들이 영향력을 가진 동맹국이나 다른 나라의 전쟁 전략과 정책을 규제하였다.

총력 핵전쟁은 상호 확증 파괴mutual assured destruction—클라우제비츠와 그의 후계자들이 이해한 바대로 정치적 수단으로서의 전쟁이라는 개념과는 아무 관계도 없는 동시적 대량 살상—를 의미하였다.

전략적 핵무기는 전투에서 의미 있는 역할을 할 수 없다는 것을 알면서도 상대방에게 일방적인 군사적·정치적 우위를 주지 않기 위해, 핵무기를 대량 보유하는 것이 필요하다고 생각하였다. 핵무기는 전략적 억제deterrence에 중심적인 것이 되었다.

그러나 전술핵, 그리고 어느 정도의 전역 핵무기는 전쟁에서 일정한 기능을 하는 것으로 간주되었다. 제한된 핵 위력을 가졌고 대량으로 사용되지 않는다는 전제하에, 총력 핵전쟁으로 비화되는 것을 피하기면 하면 전술핵은 강대국 간의 전쟁에서 역할을 할 수 있는 것으로 간주되었다. 그런 모호한 전략에 내포된 위험은 분명했는데, 냉전 시대에 시행되었던 군사 훈련의 증거들이 말해주는 것은 핵 한계치를 일단 초과하면 총력전으로의 비화는 피할 수 없다는 것이다.

따라서 냉전 시대의 갈등은 핵을 가진 초강대국들 간에 그들이 싸울 수 있는 전쟁의 종류에 관해 서로 자제했다는 특징이 있다. 예컨대 한국전과 베트남전에서 미국의 전쟁 노력은 사용 무기와 전쟁의 지리적 범위, 그리고 추구하는 목적의 측면에서 제한적이었다. 전면전이기보다는 제한전의 특징적 자제自制를 보였다. 1973년 아랍-이스라엘 전쟁 동안 미국과 소련은 동맹국들이 싸움을 중단하도록 압력을 넣었는데, 싸움이 비화하여 그들이 상대편과의 갈등에 끌려들어가는 것을 우려해서였다.

최강대국들이 전면전의 기술을 사용하기를 꺼렸기 때문에 그들의 적이 비대칭 전술과 전략을 성공적으로 구사할 기회를 얻었다. 한국전에서 미국이 자제했으므로 훨씬 군비가 열악한 중국군이 군사적 교착 상태를 얻어내고 공산주의 북한의 독립을 보존할 수 있었다. 베트남전에서 북베트남과 미국 간의 전력상의 현저한 불균형에도 불구하고 북베트남은 미국이 승리하지 못하게 했다. 북베트남은 미국을 남베트남에서 철수하게 한 후 공산당 정부가 베트남의 통일이란 목표를 성취하였다. 소련도 아프가니스탄 전쟁에서 유사한 문제를 겪었다.

냉전 시대는 따라서 소규모 재래식 전쟁 그리고 반란과 대對게릴라전 같은 것으로 특징지어진다. 재래식 전쟁은 결과와 지속성에서 제한적인 경향이 있고, 냉전의 지정학적 맥락이 본질적으로 영향을 미쳤다. 이스라엘과 그 이웃들과의 전쟁, 인디아-파키스탄 전쟁, 에티오피아-소말리아 전쟁이 전형적으로 이런 패턴이었다. 그러나 이 전쟁들은 국가 간 갈등이었다는 점에서 이례적이다. 보다 전형적으로는 국제전보다 내란이 우세했다는 것이다. 20세기 후반기의 대부분의 전쟁은 특히 아프리카와 동남아시아에서의 내란과 반란이었다.

🔒 요점 정리

- 핵무기로 전면전의 시대는 끝났다.
- 주요국들은 제한전에서만 교전했다.
- 반란과 대게릴라전은 20세기 후반의 전형적인 전쟁 형태였다.

⚠ 비판적으로 사고하기

주요국 간의 전쟁은 낡은 것이 되었나?

그렇다:

- *전쟁비용*: 전쟁비용이 현저하게 올라가고 잠재적 이익은 떨어졌다. 대량 살상 무기는 잠재적 사상자와 국가가 입을 파괴의 정도가 어떤 정책 목표도 초월할 만큼 크다는 것을 의미한다.
- *가능한 다른 수단*: 국가는 UN의 제재를 포함하여 경쟁자에게 영향을 미칠 다양한 다른 외교적 수단을 가지고 있다.
- *결정적 승리 부재*: 최근 수십 년간 강대국들은 결정적인 군사적 승리를 획득하는 것이 점점 어렵다는 것을 깨달았다. 베트남, 아프가니스탄, 그리고 이라크에서 훨씬 약한 적에게 승리하는 것도 달성하기 어렵다는 것을 보여주었다.

그렇지 않다:

- *전쟁을 발생시키는 이슈는 아직 존재한다*: 강대국 간의 전쟁은 가능성이 줄었지만 여전히 가능하다. 그런 전쟁의 경향은 국제질서에서 지배력을 위한 갈등이다. 강대국들은 그런 갈등에서 빠져나올 수 없다. 핵

무기가 확실히 조심성을 불러왔지만, 이는 전쟁의 발생 가능성보다는 전쟁의 형태에 영향을 미칠 것이다.

- *비이성적 결정*: 전쟁은 언제나 합리적 정책 결정의 결과가 아니다. 전쟁 결정은 감정과 비합리적 요소에 의해 영향을 받는다. 전쟁은 도구적 측면뿐 아니라 형이상학적 측면도 갖는다.

- *역사적 전례*: 역사상 전쟁의 종말이 예언된 것은 이번이 처음이 아니다. 예컨대 20세기 초 저자들은 기술과 민주주의가 상황을 변화시켰다고 주장했다. 그들이 틀렸음이 입증되었다.

✚ 맺음말: 포스트모던(탈근대) 전쟁

냉전의 종식으로 핵 억지의 고전적 시대도 역시 끝나고 동시에 동유럽과 아프리카에서 비교적 저급 기술의 무기를 사용한, 그러나 매우 많은 사망자를 내는 전쟁들이 잇따랐다. 이 갈등 중 어떤 것은 심각한 야만성을 띠었는데, 어떤 논평가들은 이것을 산업화된 강대국 간의 전쟁 시대가 끝나고 탈냉전, 탈근대 시대를 특징짓는 새로운 형태의 전쟁이라고 하기에 이르렀다.

지구촌 사회는 근대에서 탈근대로 전환하는 와중에 있다고 주장할 수 있다. 세계 질서의 구조는 장기적 과정의 일부로 변화하고 있고, 그와 함께 17세기에 근대로의 전환이 일어났던 것처럼 전쟁의 제도도 변화시키고 있다. 세계화에 직면하여 '근대적' 국가들이 진화하고 있는데 군사적 책임을 비롯하여 많은 국가의 책임들을 사적 주체들에게 양도하고 있다.

이런 탈근대로의 전환은 정치-문화제도로서의 전쟁에도 영향을 미칠 것으로 기대할 수 있다. '근대전'은 국가가 수행하였다. 탈근대 시대에는 여러 형태의 비국가 행위자들에게 조직화된 폭력의 통제권이 분산되고 있다. 근대 전쟁은 공식적으로 조직화되고 위계적으로 구조화된 국가의 특별한 무력에 의해 수행되었다. 탈근대 전쟁은 다양한 이질적인 전투부대들—그들 중 상당수는 비공식적 또는 사적인—에 의해 수행되고 있다. 이들은 게릴라 부대, 범죄 조직, 외국 용병, 부족 기반의 비정규 부대, 지역 군벌이 키운 준군사 조직, 국제 평화 유지군, 민족 군대, 탈영토화된 테러리스트 조직 등이다. 이들 중 어떤 것들은 클라우제비츠가 의미한 결정적 전투를 추구하지 않는다. 반대로 그것을 회피하고 질질 끄는 비대칭 갈등을 선호한다. 그런 집단들의 전쟁 목표는 보통 국가와 마찬가지로 정치적이어서 클라우제비츠적 성격을 잃지는 않는다. 사실 그런 정치적 합리성이 존재하지 않으면 우리가 그런 갈등을 '전쟁'이라 부를 수 있을 것인지 논란거리가 될 것이다.

동시에 보다 저급 기술 전쟁low-tech war으로 하향 이동하면서, 소위 '군사 혁신'이란 면에

⊙ Box 2.6 군사 혁신(軍事革新, RMA)

그런 혁신의 성격과 빈도는 아직 논쟁거리다. 앤드루 마셜(Andrew Marshall)은 기술, 이론, 힘의 구조와의 관계에서 그를 정의했고, 군사 혁신(Revolution in Military Affairs: RMA)이란 군사이론, 작전과 조직 개념의 혁신적 변화와 융합한 혁신적 신기술의 적용으로 전쟁의 성격에 주된 변화를 일으키며, 군사 작전의 성격과 수행을 근본적으로 변화시킨다고 선언하였다.

-Robertson(2000: 64)

카필 덱(Kapil Dek)은 둘째와 셋째 요소를 핵심적인 것으로 보아, '역사적 기록을 보면 기술의 변화는 비교적 작은 부분이며 군사 혁신에서 가장 핵심적인 요소는 본질상 개념적인 것임을 보여준다'고 주장하였다.

군사 혁신보다 광범위한 개념은 '군사 혁명(military revolution)'이다. 군사 혁신은 역사상 많이 보이지만 진정한 군사 혁명은 드물다. 군사 혁명은 동적인 사회적 상호작용 과정인데, 윌리엄 머리(William Murray)에 따르면, 군사조직뿐 아니라 사회와 국가의 성격을 재구성한다.

-Murray(1977: 71)

서 미국이 기술에 기반한 재래식 군사력의 향상으로 최첨단에 서게 되었다(Box 2.6).

무장 갈등의 목적과 목표도 변화하고 있다. 근대전은 국가 이익의 추구에서 비롯되었다. 전쟁은 지정학적 가정, 예컨대 힘의 균형의 수호와 같은 것에 의해 추동되었다. 탈근대 전쟁은 종종 '정체성의 정치identity politics'에 초점이 맞추어져 있다. 이 전쟁들은 인종 청소 또는 종교적 성전을 추구하는 데서 발생한다. 그런 갈등은 흔히 매우 격렬하고 분명하게 정의된 시작과 끝이 없지만, 덜 정치적인 것은 아니다. 이런 전쟁도 귀중한 자원에 대한 통제권의 획득이나 국가 정책의 결정권과 같은 전략적 목적을 위해 수행된다.

전쟁 수행의 정치경제도 역시 변화하고 있다. 근대 시대에는 군사력이 국가에 기반한 생산과(국가 단위로 조직된 것이 더 선호되는) 금융 시스템에 의해 유지되었다. 탈근대의 비국가 폭력 조직들은 그런 공식적이고 중앙집중된 국가의 경제와 방위산업에서가 아니라 사적 생산과 지역적 혹은 글로벌 스케일로 조직화된 금융 네트워크에서 전쟁 물자를 조달한다. 그런 수단은 약탈과 훔치기, 몸값을 위해 인질 잡기, 강탈, 마약 밀거래, 무기 거래, 돈세탁, 해외동포 조직으로부터의 송금과 물질적 후원, 외국의 원조, 인도주의적 원조의 빼돌리기 등을 포함한다. 많은 전투원들에게 전쟁은 그 자체가 목적이다. 그들은 새로운 형태의 '전쟁경제'를 우려먹는 '군사기업가'들이다.

탈근대성은 '근대전'이 지난 두 세기 동안 꽉 쥐고 있던 고삐 풀기를 계속할 것이다. 핵무기의 등장은 강대국이 소유한 가장 강력한 무기를 중립화하고 안보 정책의 규제를 시행하게 함으로써 이 과정을 이미 시작했다. 탈근대성은 아마 이 과정을 강화할 것이다. 중세와 근대가 그 시대의 독특한 전쟁의 형식을 낳았듯이 탈근대로의 전환도, 전쟁의 본성은 불변이라도, 조직화된 폭력의 독특한 정치-문화적 형태를 낳을 것이다.

전쟁은 비록 결정적 승리를 얻기가 더 어렵게 되었더라도, 세계의 많은 지역에서 정치적 폭력의 의도적 수단으로 남아 있다. 모든 시대에서 과거 형태의 전쟁과 폭력은 새로운 형태의 것으로 대치되고 있어도 완전히 사라지지는 않는다.

❓ 생각해볼 문제

1. 프랑스 대혁명이 무제한 전쟁의 시대를 열었다고 주장하는 것은 얼마나 타당한가?
2. 클라우제비츠는 현대에도 전쟁학도들에게 가르칠 가치 있는 무언가를 가졌다는 주장에 대해 평가하라.
3. 19세기의 전쟁은 기술의 진보에 의해 어떻게 중요하게 영향을 받는가?
4. 전쟁은 중요한 사회적·정치적 변화의 촉매인가 또는 변화의 반영인가?
5. '전면전'이란 용어를 어떻게 이해하는가? 근대 역사는 그런 갈등의 예를 제공하는가?
6. '제한전'을 어떻게 정의하는가? '제한적 핵전쟁'이란 용어상 모순인가?
7. '해양세력' 또는 '항공세력'이란 개념으로 무엇을 이해할 수 있는가?
8. 냉전 후 세계에서 전쟁 목적이 어느 정도 변화했는가?
9. 근대 전쟁의 진화를 이해하는 데 '군사 혁신(군사업무의 혁신)'과 '군사 혁명' 간의 구별이 어떻게 유용한가?
10. 소위 탈냉전 시대 '신전쟁'이라 불리는 것은 이전의 전쟁들과 어떻게 다른가?

📖 더 읽을거리

G. Best, *War and Society in Revolutionary Europe, 1770–1870* (London: Fontana, 1982)
격변의 형성기에 정치, 기술, 그리고 전쟁 간의 상호관계를 효과적으로 잡아내고 있다.

J. Black, *War* (London: Continuum, 2001)
현대에서 전쟁의 성격에 관해 재미있고 도발적으로 설명하며, 다음 수십 년간에 있을 진보에 대해서도 탐구하고 있다.

A. Gat, *Clausewitz and the Enlightenment: The Origins of Modern Military Thought* (Oxford: Oxford University Press, 1993)
19세기 혁명적인 군사적 사고의 지적 기원을 탐구하고 있다.

A. Jones, *The Art of War in the Western World* (Chicago, IL: University of Illinois Press, 1987)

수 세기에 걸친 군사 기술의 발전과 진보를 한 권에 다루고 있는 책으로 인상적이며 읽기 쉽다.

C. Messenger, *The Art of Blitzkrieg* (London: Ian Allan Ltd, 1976)
숫자와 기술을 능가하는 우월한 사고의 효율성을 생생하게 분석하고, 군사적 진보의 영향력에 대한 유용한 사례 연구다.

H. Munkler, *The New Wars* (Cambridge: Polity Press, 2005)
이 분야의 대부분의 연구가 결여하고 있는 역사적 깊이를 가지고 있으며, 포스트모던 전쟁에 관해 통찰력 있고 생각을 유발하는 분석을 제공한다.

D. Porch, *Wars of Empire* (London: Cassell, 2001)
19세기의 '작은 전쟁'에 대한 매우 접근 가능하고 읽기 쉬운 책이며, 식민지 전쟁과 특히 프랑스의 군사 경험에 대해 알려진 전문가가 저술하였다.

M. Waltzer, *Just and Unjust Wars* (London: Allen Lane, 1978)
윤리 분야에서의 연구이며, 도덕성과 전쟁의 문제에 관한 전통적이고 현대적인 접근의 이해를 위해 매우 유용하다.

G. Wright, *The Ordeal of Total War 1939-1945* (New York: Harper & Row, 1968)
2차 대전의 전면성과 범위, 그리고 군대뿐 아니라 민간인에게 미친 영향에 대해 다루고 있다.

웹사이트

클라우제비츠 홈페이지(http://www.clausewitz.com/index.htm)
클라우제비츠 연구를 위한 복합적인 사이트다.

미육군군사역사센터(http://www.history.army.mil)
미국 군사 역사에 관해 매우 유용한 소스다.

해전 블로그(http://navalwarfare.blogspot.co.uk)
해군 전쟁에 관한 광범위한 소스에 링크할 수 있다.

3

전략이론

토마스 만켄(Thomas G. Mahnken)

 독자 안내

이 장에서는 전쟁의 성격에 대한 개념적 이해를 하는 데 필요한 전략이론에 대하여 살펴본다. 전략이론은 전쟁의 논리가 세계 어디서든 통용되는 보편적인 것이라고 주장한다. 전략이 어떤 기술(art)적인 요소이긴 하지만 하나의 학문으로서 체계적으로 연구될 수 있기 때문이다. 이어서 카를 폰 클라우제비츠(Karl von Claudius)의 『전쟁론』에 나오는 전략이론의 가장 핵심적인 개념들을 살펴본다. 그리고 이들과 손자병법, 마오쩌둥, 지하디스트(Jihadist, 이슬람 성전주의자)의 군사교리에 나온 내용들을 비교하면서 고전 전략이론들을 진부하다고 폄하하는 주장들의 타당성을 살펴본다.

머리말

전쟁이나 전략이 작동하는 원리는 전 세계적으로 보편적이다. 어느 곳, 어느 때이든 똑같이 적용된다. 그 이유는 전쟁이 인간의 행위이며 인간의 본성이 현대 문명의 물질적인 발전에도 불구하고 근본적으로 변하지 않았기 때문이다. 수천 년 전에 살았던 사람들의 마음을 움직였던 흥분된 격정이 오늘날 우리에게도 똑같이 작용한다. 19세기 프로이센의 군인이자 유명한 사상가인 클라우제비츠와 고대 중국의 병법가인 손자는 서로 전혀 다른 시대적·문화적 배경에서 살았음에도 불구하고 그들이 기술한 전쟁이라는 현상은 동일하다. 다만 그동안 시간이 지나면서 변한 것이 있다면 그것은 전쟁의 수행 방식과 전쟁의 성격이라고 할 것이다.

전략이론은 전쟁을 이해하는 데 있어 가장 기본이 되는 개념적 토대다. 그것은 전쟁과 평화의 문제를 분석하는 데 유용한 수단이 된다. 이론의 이해는 연구자가 심층적인 분석을 하는 데 지침이 되는 개념들과 문제의식을 갖게 해준다. 한때 클라우제비츠가 말한 것처럼 이론의 목적은 확고한 법칙이나 원리의 발견에 있다기보다는 분석적 사고를 할 수 있게 훈련하는 것이다.

　　이론이란 주제를 잘 알도록 도와주는 분석적 조사 과정이다. 경험에 적용될 때—이 경우 군사 역사—이론은 주제에 대해 철저하게 알도록 해준다. 즉 이론을 통해 전쟁의 구성요소를 분석하고 전쟁에 사용된 수단의 속성과 잠재적 효과를 충분히 설명하며 전쟁의 단계를 비판적으로 조명하게 되면 그때 이론의 주요 목적은 충분히 달성된 것으로 볼 수 있다. 만약에 그렇게 된다면 이론은 책을 통해 전쟁을 배우려고 하는 사람들에게 좋은 길라잡이가 되어 연구를 도와줄 것이며 발전하는 데 도움이 되고 판단력을 향상시켜주고 자칫 함정에 빠지지 않게 도와줄 것이다. 현명한 스승은 젊은 제자에게 손수 하나씩 모든 것을 다 가르치기보다는 제자 스스로 지적으로 성장하고 발전하도록 깨우쳐주듯이 이론은 미래의 지휘관이 될 젊은 인재들이 스스로 성장하고 발전할 수 있도록 사고력을 키우는 데 좋은 지침인 것이다.

−Clausewitz(1989: 141)

　　즉 클라우제비츠가 시사한 것처럼 우리는 전략적 사고 능력을 함양하기 위하여 전략이론을 공부하는 것이다. 전쟁의 승패에 따라 좌우되는 이해관계가 너무나 막대한 것이기 때문에 전략은 지극히 실용적인 노력의 과정이다. 아무리 뛰어난 이론이라고 하더라도 현실 문제에 적용이 잘 안 된다면 아무런 소용이 없다. 전략이론은 정책 결정자가 전쟁과 평화의 문제를 잘 이해하여 훌륭한 전략을 구상하는 데 도움이 될 때 비로소 성공적인 것으로 평가받을 수 있다. 20세기 미국의 유명한 전략가인 버나드 브로디Bernard Brodie가 말한 것처럼 "전략은 실행 가능한 해결책의 모색 과정에서 진리가 탐구되는 분야"(1973: 452-3)인 것이다.

전략의 논리

전략은 궁극적으로 전쟁을 이기는 방법에 대한 것이다. 따라서 전략에 대한 토론은 전쟁에 대한 이해로부터 시작된다고 하겠다. 클라우제비츠가 정의하였듯이, "전쟁은 적으로 하여금 우리의 뜻에 따르도록 물리적 힘을 행사하는 행위"다. 이러한 전쟁에 대한 정의는 두 가지 측면에 주목해야 한다. 첫째는 전쟁은 물리력의 사용과 관련된다는 것으로서 이것은 다른 행태의 정치, 경제, 군사적 경쟁 행위와 구분된다. 둘째 전쟁이란 무자비한 학살 행위가 아니라 정치적 목적을 달성하기 위한 수단이라는 것이다. 이것이 범죄행위와 같은 폭력 행위와 전쟁이 다르다는 것이다. 이처럼 먼저 전쟁과 비전쟁non-war을 구분 짓는 것은 매우 중요하다. 이에 따라 전략론이 전쟁 문제에 대한 통찰력을 제공할 수 있는지의 여부가 결정되기 때문이다.

여기에서 가장 중요한 특징이 되는 것은 전쟁을 수행하는 사람들이 누구인가 하는 정체성의 문제가 중요한 것이 아니라 전쟁을 일으키는 그 전쟁 동기의 정치적 배경이 중요하다는 것이다(Box 3.1). 역사적으로 제국이 되었든 도시국가가 되었든 또는 부족국가이건 모두 자신들의 이익을 유지하거나 확장하기 위해 무력을 사용하였다. 1993년 소말리아 내전에 참여한 유엔군들이 공식국가가 아닌 모하멧 아이디드가 이끄는 하브르 지드 부족과 싸웠다고 해서 그것이 그들이 정치적 목적을 가진 전략적 행위자들로서 상대를 축출하기 위해 무력을 사용한 전쟁의 행태가 아니라고 말할 수는 없다. 또한 이와 마찬가지로 알카에다와 ISIS(이슬람 국가 단체) 같은 이슬람 극단주의 단체들과의 적대적 행위도 이들이 모두 정치적 목적을 달성하기 위해 군사적 수단을 사용하고 있기 때문에 전쟁의 고전적 정의에 맞지 않는 것으로 간주할 수 없는 것이다. 어떻게 보면 이들이 비정규군의 형태로서 비전통적 수단을 사용하고 있기 때문에 이상한 전쟁Strange War처럼 비칠지 모르지만 양측의 의지가 폭력적으로 충돌하고 있다는 점에서 전략 연구의 대상인 전쟁 행위라고 볼 수 있는 것이다. 반면에 바다에서 노략질을 일삼는 해적들을 소탕하기 위하여 무력을 사용하는 행

◉ Box 3.1　정치적 수단으로서의 전쟁

전쟁은 국가의 존망이 달린 사활적인 일이다.

-Sun Tzu(1963: 63)

전쟁은 단순한 정책행위가 아니다. 그것은 진정한 정치적 수단이며 다른 수단을 사용하여서라도 정치적 행위를 지속하려는 것이다.

-Clausewitz(1989: 87)

전쟁은 단지 정치적 행위의 일부분이다. 결코 자발적인 것이 아니다.

-Clausewitz(1989: 606)

전쟁의 정치적 요소를 모르고는 전쟁에 필요한 어떤 중요 제안도 만들 수 없다. 사람들은 전쟁관리에 대하여 해로운 정치적 영향력에 대하여 떠들어대지만 실제로 그런 것을 의미하는 것은 아니다. 그들은 영향력에 대해서보다는 정책 자체에 대해서 싸워야 한다.

-Clausewitz(1989: 608)

전쟁의 목적은 보다 평화로운 상태의 추구다.

-Liddell Hart(1967: 351)

비정규전이라는 것은 자국 주민들에 대한 정통성과 영향력 확보를 위해 국가와 비국가 행위자들 간에 전개되는 폭력적 투쟁 행위다.

-미 국방성 명령서(Department Defense Directive 3000.07, 2008: 1)

위는 전쟁 행태라고 볼 수 없다. 왜냐하면 해적들은 정치적 목적을 추구하기보다는 물질적 이득을 추구하기 때문이다.

전략은 기본적으로 정치적 목적 달성을 위하여 물리적 힘을 사용하는 행위와 관련이 된다. 만약에 작전이 전투를 수행하는 방식과 관련이 되고 전술이 전장에 군대를 배치하는 것이라고 한다면 전략은 정책 목표를 달성하기 위하여 군사적 수단을 사용하는 것과 관련이 있다. 그것은 목표와 수단의 관점에서 볼 때 정치적 목적과 군사적 수단 사이의 본질적인 관계가 존재함을 의미한다. 과거 독일이 두 차례의 세계대전에서 보여주었듯이 전술과 작전을 완벽하게 숙달하였다고 하더라도 일관된 실행 가능한 전략이 없다면 그야말로 아무 소용이 없는 무용지물인 것이다.

전략의 논리는 전시에만 적용되는 것이 아니라 평시에도 적용된다. 2차 대전 동안 저술 활동을 한 에드워드 얼Edward Earle은 전략이 근본적으로 국정 운영의 필수적인 요소라고 주장하였다(Earle 1943: 8). 오랜 역사를 통해 볼 때 국가들은 평상시에도 적대국과 경쟁하는데 전략을 마련하고 대응해왔다. 예를 들면 BC 3세기경 아테네와 스파르타, 18세기에서 19세기까지 경합을 한 프랑스와 영국, 19세기와 20세기에 독일과 영국의 대립, 20세기 전반기에 미국과 일본, 20세기 후반기에 미국과 소련. 이들 사례 중에 일부는 영국과 미국의 경우처럼 평화롭고 우호적으로 해결된 사례가 있으며 또 반대로 독일과 영국의 경우처럼 전쟁으로 내달린 사례도 있다. 그리고 미국과 소련의 경우처럼 자신들은 정작 불안한 평화를 유지하면서 대리전 양상을 띠고 경합했던 사례도 있다.

전략은 어떻게 보면 합리적인 과정이다. 클라우제비츠가 지적한 것처럼 "그 누구도 전쟁을 통해 무엇을 얻고 또 그것을 어떻게 달성할 것인지에 대한 분명한 구상이 없이 무작정 전쟁을 하지는 않는다"(1989: 579). 즉 성공적인 전략은 정치적 목적을 명확하게 알고 적에 대한 자신의 상대적 우위를 판단하며 치밀한 손익계산을 통해 다른 전략을 취할 경우에 얻을 수 있는 이득과 위험성에 대한 충분한 검토를 근거로 하는 것이다.

클라우제비츠의 이러한 충고는 역설적으로 국가들이 명확한 목적도 없이 전쟁을 나서는 경우가 많다는 것을 시사한다. 역사적으로 정치인들은 분명한 목적 없이 전쟁에 돌입하거나 정치적 목적 달성이 가능한 전략도 없이 전쟁에 나서는 경우가 많았다. 일관된 정책의 방향이 없이 전략을 추진할 경우에 명확한 방향 제시가 없어서 전략은 그다지 효과적이지 못하다.

확고한 전략의 수립은 일반 개인이 하는 것이지만 그 전략의 실행은 항상 관료 조직들이 하게 되어 있다. 결과적으로 아무리 합리적인 전략이라고 하더라도 실행 과정에서 실패할 가능성이 있다. 따라서 가끔 보게 되면 그런 전략 실패가 확실한 전략인데 실행이 잘못된 탓인지 아니면 처음부터 잘못된 전략 때문인지 판단하기가 어려운 때가 있다. 일례로 역사가들은 아직도 2003년 이라크 침공 후에 미국이 이라크 군대를 해체시키고 바트당 Ba'ath Party을 금지시킨 결정이 잘못된 전략 때문인 것인지 전략은 좋았지만 실행 단계에서 잘못되어 후세인 정권의 붕괴 후에 내부 반란이 불가피하게 나타난 때문인지 논쟁을 벌이고 있다.

전략은 과학이라기보다는 기술에 가깝다. 확실성의 세계라기보다는 가능성의 영역이기 때문이다. 확실한 전략은 성공 확률을 높이기는 하지만 승리를 장담하지는 못한다. 더구나 전략적 선택의 범위는 물질적 자원과 정치적 현실에 의해 불가피하게 제약을 받는다. 여기에 적국의 상대적 대응이 상황을 더 복잡하게 만든다. 게다가 전쟁은 운과 오해와 부정확한 정보, 격정으로 가득 차 있게 마련이다.

전쟁의 수행에 대하여 원칙이나 규칙을 찾거나 심지어는 체계화시키려는 노력이 많이 있어왔다. 이런 것이 긍정적인 목표를 제공하는 것이긴 하지만 사람들은 전쟁이 끝이 없는 복잡성과 관련된다는 것을 잘 설명하지 못한다. 우리가 지금까지 보았던 것처럼 그 어떤 다른 체계나 모델은 모두 유한한 성격을 갖고 있지만 전쟁의 수행은 모든 방향으로 확장되고 무한정으로 내달린다. 이런 유형의 이론과 실행은 서로 양립할 수 없이 상충되는 것이다.

-Clausewitz(1989: 134)

손자의 말은 이런 것을 훨씬 더 간결하게 설명한다. "병법에 있어서 어떤 고정된 법칙은 존재하지 않는다"(Sun Tzu 1963: 93). 결과적으로 군사 문제는 어떤 최선의 방책이 존재하기보다는 여러 가지 다양한 해결책이 가능하다는 것이다.

전략이 과학이라기보다는 기술에 가깝다고 해서 전략이 체계적으로 연구될 수 없다는 것은 아니다. 오히려 전략이론은 불변의 법칙들로 이루어지기보다는 다양한 개념과 구상들로 이루어져 있다.

군사적 성공 자체만으로는 승리를 달성하는 것이 불충분하다. 역사적으로 볼 때 모든 전투를 이겼지만 잘못된 전략 때문에 전쟁에서 패배한 군대들은 많이 있다. 예를 들면, 베트남 전쟁에서 미국은 거의 모든 전투에서 베트콩을 격퇴시켰지만 당시 정치 지도자들과 군부가 그들이 싸우는 전쟁의 복잡성을 이해하지 못함으로써 그 전쟁에서 졌다. 반대로 미국이 독립전쟁 당시에 영국과 싸웠을 때 미국의 식민지 방위군이 이긴 전투는 손꼽을 정도로 몇 번에 지나지 않지만 결국은 그 전쟁에서 이겨 독립을 쟁취할 수 있었다.

정책이 전략에 영향을 미친다는 것은 누구나 다 잘 아는 자명한 원리다. 정책 결정자와 고위 장교들은 그럼에도 불구하고 가끔 이런 관계를 잘못 이해하는 경향이 있다. 예를 들면, 1999년 코소보 전쟁 당시에 미국 국무부장관 매들린 올브라이트 Madelein Albright는 "그 분쟁이 시작할 때까지 군대가 우리의 외교를 지원했지만 이제 우리 외교가 군대를 뒤에서 지원하고 있다"(Isaason 1999: 27)라고 말한 적이 있다. 이와 마찬가지로 걸프전 당시 사우디아라비아 주둔 미 사령관인 공군중장 찰스 호너Charles Horner는 "어떤 정책적 목적을 달성하기 위한 노력의 일환으로 전쟁을 질질 끄는 것은 바람직하지 않다"(Gordon 1990: 1)라고 말한 적이 있는데 이런 발언들은 모두 잘못된 것이다. 정치가 최우선이라는 논리는 국가들에게만 적용되는 것이 아니라 다른 전략 행위자들에게도 똑같이 적용된다. 알카에다의 지도자이자 이론가인 아이만 알자와히리Ayman al-Zawahiri는 그의 저서 『예언자의 깃발 아래 뭉친 전사들』에서 다음과 같이 기술하고 있다.

> 이슬람의 적들에 대하여 작전이 성공하고 막대한 위해를 가했다고 하더라도 이슬람 세계의 심장부에 무슬림 국가를 건설하는 최종 목표를 이루지 못한다면 그것은 단지 언젠가 역사에 흔적도 없이 스러져갈 골치 아픈 행위 정도에 지나지 않는다.

클라우제비츠가 만약에 알자와히리의 이런 말을 들었다면 알자와히리의 정치적 목표에는 동의하지 않았겠지만 전략에 대한 그의 이해에는 맞장구를 쳤을 것이다.

전쟁의 정치적 배경은 가끔 전쟁의 성격을 바꿀 수 있는 잠재적 가능성을 가질 때 전술적 행동에까지 확장되어 영향을 미친다. 예를 들면 1999년 코소보 문제에 대한 나토NATO의 전쟁 기간 동안에 미국의 B-2 폭격기가 잘못해서 벨그라드 주재 중국 대사관에 정밀폭탄 세 발을 투하하여 네 명이 죽는 사건이 발생하였다. 이 사건은 실수였지만 중국 정부는 이것을 완전히 고의적인 행위라고 인식하였다. 이것은 전략적 파장을 야기한 전술적 실수지만 미국과 중국 간에 외교 위기를 초래하였으며 나아가 이로 인해서 미국의 전쟁 종식을 위한 협상 시도가 좌절되고 2주 동안 벨그라드의 공격 목표에 대한 폭격이 중지되도록 하였다. 마찬가지로 이라크의 아부 그라이브 감옥에서 발생한 미군 교도관들의 이라크 포로 학대 행위는 이라크 국민들에게 점령의 정통성을 확립하려던 미군의 노력을 한순간에 좌절시킨 대표적인 전략 실패의 사례라고 할 수 있다.

비록 정책이 전략을 주도하기는 하지만 군사적 수단의 역량과 한계 또한 정책 결정에 영향을 미친다. 클라우제비츠가 말한 것처럼 정치적 목적은 선택할 수 있는 수단의 범위를 고려하여 조정될 필요가 있다. 하나의 우스운 사례를 보기로 들자면 2008년 러시아가 그루지아를 침공한 것에 대한 보복으로 그루지아의 작은 군대가 러시아를 점령하려고 시도한다는 것은 말이 안 된다는 것이다.

전쟁을 단순한 살육 행위라고 단정하는 것이 잘못된 것처럼 정교하게 계산된 효과를 달성하기 위하여 그에 걸맞은 정도의 무력을 사용할 수 있다고 믿는다면, 그것 또한 잘못된 생각이다. 전쟁이란 예리한 칼날처럼 정교하게 작용하기보다는 마구잡이로 휘두르는 곤봉처럼 현명하지 못한 수단으로 전락하기 쉬운 스스로의 동력이 작용된다. 역사적으로 정치 지도자들과 군인들은 그들의 적에 대해 신속하고 결정적인 승리를 추구하였지만 그럼에도 불구하고 실제로 그렇지 못한 경우가 허다하다.

적과의 상호작용이 전쟁을 통해 가장 단순한 목적을 달성하는 것조차 어렵게 만드는 경우가 많다. 클라우제비츠는 우리에게 "전쟁은 힘없는 민중에 대한 생생한 힘의 사용이 아니라 생생한 무력들 둘이 서로 충돌하는 것"이라는 점을 상기시킨다. 즉 우리가 적으로 하여금 우리의 뜻에 따르도록 무력을 사용하려고 하지만 이는 적에게도 마찬가지여서 적들 또한 우리를 강압하려고 무력을 사용하는 것이다. 따라서 전쟁의 효과성은 우리가 하려는 것에만 달려 있는 것이 아니라 적이 무엇을 하려는지에 의해서도 좌우된다. 이러한 적과의 상호작용이 군사력 사용을 제어할 수 있는 능력을 상당히 제약한다.

🔒 요점 정리

- 전쟁이란 적으로 하여금 우리의 뜻에 따르도록 하기 위해 무력을 사용하는 행위다.
- 전략이란 전쟁을 이기는 방법에 대한 것이다. 목표와 수단의 관계처럼 정치적 목적과 군사력 사이에는 본질적인 연관성이 있다.
- 전략이란 합리적인 과정이며 또 그렇게 합리적인 과정이어야 한다.
- 전략은 과학이라기보다는 기술에 가깝다.
- 전쟁에 있어서 적과의 상호작용이 가장 단순한 목적을 달성하는 것조차 어렵게 한다.

클라우제비츠의 『전쟁론』

카를 폰 클라우제비츠의 『전쟁론』은 전략이론을 이해하는 데 있어서 가장 중요한 기초다. 불행하게도 이 책은 너무나 잘못 이해되고 있다. 이 『전쟁론』은 1831년 클라우제비츠가 콜레라에 걸려 사망하면서 미완성의 형태로 남아 있다. 그중에 1권 1장이 저자가 가장 완성적인 형태라고 생각하는 부분이다. 성경책처럼 『전쟁론』은 사람들이 읽기보다는 인용하여 사용하는 경우가 많아서 그 내용을 완전하게 이해하기보다는 그냥 참고로 일독하는 경우가 많다. 그러나 사실 이 『전쟁론』은 한번 일독하여 이해될 수 있는 가벼운 성격의 책이 아니다. 조심스럽게 읽어나가면서 내용에 대해 깊이 생각하고 저자가 제시한 개념들을 이해하기 위해 여러 가지 질문을 숙고해보아야만 한다.

클라우제비츠의 서술방식은 "이론으로서의 전쟁", 즉 "이상적 형태의 전쟁"과 "현실 전쟁"과의 차이를 구분하여 "현실 전쟁"에 대해 설명하려는 것인데 이것을 많은 사람들이 오해하여 클라우제비츠를 마치 전쟁광으로 취급하는 것은 잘못된 것이다. 사실 그는 현실 전쟁을 구성하는 여러 가지 측면을 이해하기 위한 방법으로 이상적 형태의 전쟁, 즉 전쟁 본연의 형태를 정의하려고 하였다. 이것은 마치 마찰이 없는 공간에서 응용역학을 검증하려는 물리학자와 유사한 방식이며 수요와 공급의 법칙으로 작동하는 이상적인 시장의 세계를 상상하는 경제학자의 입장과 유사한 것이다. 이러한 경우에 관찰자는 실제 현실이 아닌 이론적인 이상세계를 가정하게 된다. 클라우제비츠는 전쟁이 제한적인 형태로 싸우거나 무제한적으로 싸울 수 있으며 모든 수단을 다 사용하거나 일부 수단만을 사용하는 식으로 싸울 수 있다고 주장한다.

휴 스미스Hugh Smith가 말한 것처럼 클라우제비츠는 전쟁을 네 가지 맥락에서 바라본다 (Smith 2005: chapter 7-10). 먼저 가장 중요한 것으로서 클라우제비츠는 전쟁이란 결국 죽고 죽이는 것이라고 보았다. 피를 흘리지 않고 전쟁을 할 수 있다는 생각을 한마디로 일축해버린 것이다.

> 따뜻한 마음씨의 사람들은 피를 흘리지 않고 적을 격퇴시키거나 물리칠 수 있는 기묘한 방법이 있을지 모른다고 생각하고 이것이야말로 진정한 전쟁기술의 목적이라고 생각할지 모른다. 그러나 이런 생각이 얼핏 듣기에는 좋을지 모르지만 그것은 완전히 궤변이다. 전쟁은 친절함 때문에 빚어진 실수가 최악의 결과로 나타나는 위험한 일이기 때문이다.
>
> −Clausewitz(1989: 75)

둘째, 전쟁은 군대, 지휘관, 그리고 국가들 간의 경쟁이다. 클라우제비츠는 전쟁을 힘과 정신적인 경쟁으로 묘사하기 위하여 레슬링에 비유한다. 각자 서로가 서로에게 제압당하지 않으려고 노력하면서 동시에 상대방을 제압하려고 하는 레슬링과 많이 닮았기 때문이다.

셋째, 전쟁은 정책의 수단이다. 전쟁 자체를 위해서 전쟁을 수행하지는 않으며 국가의 어떤 목적 달성을 위하여 전쟁을 수행하는 것이기 때문이다.

마지막으로 전쟁은 사회적 행위라는 것이다. 프랑스 혁명을 겪었으며 나폴레옹 전쟁을 경험했던 군인으로서 클라우제비츠는 당시의 사회적 여건이 전쟁의 성격과 전쟁 수행 방식을 결정한다는 사실을 예리하게 간파하였다.

클라우제비츠가 『전쟁론』에서 소개한 많은 개념들은 전략 연구의 핵심을 이룬다. 이런 중요한 개념들로는 전쟁 삼위일체론, 전쟁의 성격 이해 필요성, 제한전과 무제한전의 구분, 전쟁의 합리적 손익계산, 마찰 등이 있다.

전쟁 삼위일체론(The Trinity)

클라우제비츠의 전쟁에 대한 묘사는 그의 말 중에서 가장 오랫동안 회자되는 명언이다. 그는 전쟁을 "모순된 삼위일체 즉 폭력과 증오, 적대감으로 이루어지면서 (중략) 우연과 확률이 작용하고 (중략) 굴복의 세 가지 요소로 구성되는 행위"로 묘사한다. 그런데 클라우제비츠에 따르면 이러한 세 가지 성향은 대체로 사회를 구성하는 세 집단의 성격—즉 민중, 군대, 정부—과 부합된다는 것이다. 그중에서 흥분된 격정이 민중과 관련이 되어 민중들의 적개심이 국가로 하여금 전쟁에 나서게 촉발한다는 것이다. 우연과 확률은 군대의 영역에 속하여 군인들은 항상 전쟁의 불확실성과 갈등을 다루어야만 한다. 이성은 보통 정부의 특성에 속하는 것으로 정부가 전쟁의 목적과 수단을 결정해야 하기 때문이다.

클라우제비츠는 이러한 성향들의 관계와 상대적 집중성이 전쟁 배경이 변하면서 바뀌어버린다고 주장한다.

> 이 세 가지 서로 다른 법칙은 그 자체로 서로의 관계에 영향을 미치는 변수로 작용하게 된다. 그런데 이들 관계를 임의적인 관계로 고정시키려 하거나 무시해버리는 이론은 현실과 맞지 않아 무용지물이 될 것이다. 따라서 우리의 임무는 마치 세 개의 자석 사이에 갇혀 팽팽하게 균형을 맞추고 있는 물체처럼 이들 세 가지 성향이 균형을 유지하는 그런 이론을 개발하는 데 있다.

이러한 세 가지 성향이 서로 상호작용하면서 전쟁의 성격을 규정한다.

전쟁의 성격에 대한 이해

클라우제비츠는 전쟁의 성격을 이해하는 것이야말로 전략을 개발하는 데 가장 필수적인 선결조건이라고 한다.

> 국가 지도자들이나 지휘관들이 판단해야 할 최우선적인 결정은 그들이 시작하려는 전쟁의 유형이 어떤 것인지를 확실하게 규정하는 것이다. 그 전쟁의 성격을 잘못 이해하거나 그 전쟁의 성격에 맞지 않는 다른 형태로 변질되지 않도록 전쟁의 성격을 명확하게 규정하는 것이다. 이것이야말로 모든 전략 문제 중에서 가장 포괄적이며 최우선적으로 중요한 것이다.
>
> –Clausewitz(1989: 88-89)

클라우제비츠의 견해에 따르면 전쟁의 성격은 양측의 목표가 서로 작용한 결과에 의해 결정된다. 즉 전쟁 당사국 국민, 정부, 군대와 동맹국 및 중립국의 태도 등이 복합적으로 작용한 결과라는 것이다.

이런 것들이 상호작용하여 나타나는 결과와 그 파장을 분석해내는 것이야말로 큰 과제다. 그런 것을 신속하고 정확하게 분석하고 예측하는 것은 그야말로 거의 천재적인 직관력을 필요로 한다. 이런 모든 복잡한 문제들을 단지 방법론적인 검토를 통해 완전히 이해한다는 것은 불가능에 가까운 일이다.

-Clausewitz(1989: 585-6)

이런 것이 바로 전략이 과학이라기보다는 기술art에 가깝다는 것을 보여주는 사례다. 전쟁의 성격은 교전국들의 상호작용이 나타나는 결과의 산물이기 때문에 모든 전쟁은 각자 나름대로 특색이 있게 마련이다. 전쟁은 전쟁의 요소 중에서 변화가 일어나게 되면 전쟁의 성격 자체가 변화되기 때문에 그 자체로 매우 동적인dynamic 경향이 있다. 예를 들면 참전국 중에 어느 하나의 목적이 바뀌면 그 전쟁의 성격 자체가 바뀌게 된다. 또 새로운 참전국이 전쟁에 참여하게 되면 이것 또한 그 전쟁의 성격을 변화시킨다. 일례로 한국전쟁에 중국이 개입하면서 전쟁의 양상은 완전히 다르게 변하였다.

전쟁의 성격을 이해하는 것이 필요하긴 하지만 이는 동시에 쉽지 않은 일이기도 하다. 예를 들어 베트남 전쟁을 생각해보자. 당시에 전쟁 참전국이나 이후의 역사학자들은 아직도 베트남 전쟁이 남베트남에 대한 국제공산주의자들의 전쟁인지, 아니면 남베트남과 북베트남 간에 벌어진 일종의 내란 형태인 것인지, 북베트남의 지원을 받고 남베트남을 전복시키려는 반란의 형태인 것인지 논란을 벌이고 있다. 마찬가지로 미국 지도자들과 군인들도 이라크 전쟁에서 사담 후세인 정권의 신속한 궤멸이 계속된 내분을 초래할 것이라고는 전혀 예상하지 못하였다. 심지어 이라크 내에서 폭동이 계속 증가하고 있을 때조차도 미국의 지도자들은 그런 상황을 인지하기가 어려웠던 것으로 나타났다. 린다 로빈슨Linda Robinson은 이에 대해 다음과 같이 지적한다.

이라크 전쟁 중의 가장 이상스러운 점 가운데 하나는 미국에 그렇게 많은 똑똑한 장교들이 분석과 대책 마련에 초인적인 노력을 기울이고 전력을 기울였음에도 불구하고 그런 것이 상대적으로 아무 효과가 없었다는 것이다. 오랜 전투와 심리적 압박감, 그리고 사소한 일상적인 업무들이 이들로 하여금 나무 때문에 숲을 보지 못하는 잘못을 저지르게 하였다.

-Robinson(2008: 13)

전쟁의 성격을 이해하는 데 무엇보다 중요한 것은 상대와 비교하여 자신의 상대적 우위가 무엇인지 정확하게 파악하는 것이다. 이것이 확실한 전략의 기본이다. 클라우제비츠의 견해에 따르면 그렇게 하는 데 가장 중요한 핵심은 적국의 무게중심이 어디인지를 간파해내는 것이다.

> 전쟁에 참여하는 국가들의 각자 두드러지는 특징을 파악해야 한다. 이러한 특징들로부터 적의 무게중심, 즉 모든 힘이 집중되는 중심축이 무엇인지 나타나기 때문이다. 그곳이 바로 우리의 모든 힘을 집중하여 무너뜨려야 할 핵심이기 때문이다.
>
> —Clausewitz(1989: 595-6)

클라우제비츠는 국가가 적의 무게중심을 찾아 공격함으로써 전쟁에서 승리를 달성할 수 있다고 한다. 이 무게중심은 적의 군대가 될 수도 있고 수도가 될 수도 있으며 동맹국이나 지도자, 국민여론 등이 될 수도 있다. 그러나 실제로 적의 무게중심이 어디인지를 정확하게 판단한다는 것은 그리 쉬운 일이 아니다. 1991년 걸프전 당시에 미국의 정책 결정자들은 이라크의 군부, 특히 공화국 수비대가 이라크의 무게중심일 것으로 생각하였으나 나중에 보니 실제로 이라크의 모든 힘의 중심축은 사담 후세인 정부로 판명되었던 것이 한 예다.

제한전과 무제한전

전쟁은 다양한 목적을 쟁취하기 위해 싸울 수 있다. 예를 들면 영토나 자원을 획득하기 위해서 싸울 수 있으며 때로는 적의 완전한 궤멸을 위해 싸울 수도 있다. 클라우제비츠는『전쟁론』의 개정판에서 제한된 목적의 전쟁과 무제한적 목적의 전쟁을 구분한다.

> 전쟁에는 두 가지 종류가 있을 수 있다. 그 전쟁의 목적이 적군을 정치적 · 군사적으로 무력화시켜 자국이 원하는 조건으로 평화협상안에 서명하도록 강압하기 위한 것, 또 하나는 국경 지역의 일부를 할양받아 그 땅을 병합하거나 나중에 평화협상 시에 저렴하게 구입할 목적의 전쟁이 있다. 한쪽의 전쟁 형태에서 다른 형태의 전쟁으로 바뀔 수는 있겠지만 어쨌든 두 가지 형태의 목적이 전혀 다르며 서로가 양립될 수 없다는 사실은 분명히 인지해야 한다.
>
> —Clausewitz(1989: 69)

이러한 차이가 전쟁의 수행 방식과 종결하는 방식에 영향을 미친다. 제한된 목적의 전쟁에 있어서는 군인과 국가 지도자들이 전장에서의 성공을 적국에 대한 정치적 영향력으로 전환해야 한다. 결과적으로 그들은 군사적으로 얼마나 더 진격해야 하는지 또는 정치적으로 무엇을 요구해야 하는지를 계속해서 재검토해야 한다. 따라서 이러한 전쟁은 전쟁 당사국 사이에 공식적 협상이나 협정을 통해 종결된다. 반면 무제한적 목적의 전쟁은 적국의 정권을 궤멸시키거나 무조건 항복을 요구하기 위해 싸우는 전쟁이다. 이 경우 전쟁은 협상을 통해 종식되기보다는 강압된 평화협정의 수용을 통해서 종식된다.

1991년 걸프전과 2003년 이라크 전쟁은 이런 두 가지 유형의 전쟁 차이를 극명하게 보여준다. 1991년 미국이 주도한 연합국 군대는 쿠웨이트를 이라크의 점령으로부터 해방시키고 쿠웨이트 정부를 다시 복구하고 그 지역 내 미국 시민의 안전을 확보하며 걸프 지역의 안정과 안보를 위해 싸웠다.

제한 전쟁의 종식은 장기적인 군사적 투입 사태를 초래함은 물론 양편 어느 한쪽의 불만을 야기할 수 있다. 이에 대한 명백한 사례로는 1991년 걸프전 당시 사담 후세인이 패배를 인정하기도 전에 미국 주도의 연합군이 전쟁을 조기에 종결시키면서 발생한 사태를 들 수 있다. 전쟁을 일찍 종결한 결과로 인하여 미국은 걸프 지역 내 군사 주둔을 계속 연장해야 했는데 결국 이것이 사우디아라비아에 미군 주둔을 초래하면서 이슬람교도를 분노하게 만들었던 것이다. 무제한적 목적의 전쟁 또한 다른 형태의 장기적 군사 투입 사태를 초래할 수 있다. 승전국으로서 현지 지역에 새 정부의 수립을 계속 도와야 하기 때문에 군사 주둔을 계속할 필요가 있는 것이다. 2003년 후세인 정권을 전복시킨 후에 미국과 동맹국들은 갖은 비난을 받으면서 이라크의 국가 재건을 도와야 하는 어려운 일을 감당해야만 했다. 현지에 만연한 잦은 폭동을 진압해가면서 이라크 국민들의 안보와 정치적 정통성을 확보하기 위하여 새로운 정치 · 경제 · 군사 기구들을 수립해야 했던 것이다.

전쟁의 합리적 손익계산법

클라우제비츠의 저작으로부터 나온 또 하나의 중요한 개념은 국가가 자신의 목적에 부과한 가치와 목적 달성을 위해 사용하는 수단과의 사이에 서로 일치성이 있어야 한다는 것이다.

> 전쟁은 무자비한 흥분 행위가 아니라 정치적 목적에 의해 제어되는 행위이기 때문에 이러한 정치적 목적의 가치가 희생을 감수할 정도의 노력과 시간의 투입 정도를 결정해야 한다. 일단 그 노력에 드는 비용이 정치적 목적의 효용가치를 초과하게 된다면 그 목적은 포기되어야 하고 평화를 모색해야 한다.
>
> – Clausewitz(1989: 92)

국가들은 사소한 이익을 위해서보다는 사활적인 이익을 위해 더 열심히 싸워야 한다. 이것이 왜 미국이 18명의 병사가 죽었음에도 불구하고 소말리아에서는 군대를 철수했으며 33,000여 명의 병력이 희생되었음에도 불구하고 한국에는 그냥 주둔하기로 결정했는지를 설명해준다.

전쟁의 합리적 손익계산 개념은 전략이 과학을 가장 많이 닮은 영역이기 때문이기도 하다. 그러나 이 개념은 이론상으로는 그럴듯하지만 실제로 적용하는 데는 문제가 많다. 예를 들어 정책 결정자가 군사적 행동의 손익에 대한 판단을 미리 하는 것이 어렵기 때문이다. 더구나 전쟁이 진행되면서 정치·사회·경제적 비용에 대한 평가가 변한다.

클라우제비츠가 주목하였던 것처럼 처음의 정치적 목적은 전쟁이 진행되는 과정에서 바뀔 수가 있으며 대부분의 경우에 사건들의 발생과 그 파장에 의해 영향을 받아 나중에는 완전히 다른 형태로 바뀐다. 국가들은 정치 지도자의 위신이 전쟁의 결과에 달려 있거나 국민들의 전쟁에 대한 열망이 극도로 고조된 경우에는 항복을 해야 함에도 불구하고 계속 싸우려고 들지 모른다. 때로는 오히려 막대한 대량 인명 살상이 났을 경우에 전쟁의 성격이 바뀌면서 분쟁이 더 고조되는 경우도 있다. 예를 들면 1990년대 동안 서방을 대상으로 한 알카에다의 공격은 제한된 보복 조치만을 이끌었다. 1998년 나이로비 주미 대사관 폭파 사건에 대한 보복 조치의 일환으로 수단과 아프간에 크루즈 미사일을 공격한 것이 대표적인 사례다. 그러나 이후 2001년 9월 11일 미국에 대한 알카에다의 테러 공격은 3,000여 명에 달하는 무고한 인명을 살상시켰는데 이로 인해 미국 내 테러 전쟁에 대한 관심은 급증하였다. 9·11 테러에 격분한 미국은 아프가니스탄을 침공하여 알카에다의 탈레반 거주 지역을 초토화하였으며 전 세계적인 테러 움직임에 대한 대응 조치로 일련의 장기적인 대테러 전쟁을 지속하였던 것이다.

마찰

클라우제비츠의 『전쟁론』에서 또 하나의 유용한 개념은 마찰friction이다. 이 마찰 개념은 클라우제비츠가 현실 전쟁과 이론상의 전쟁을 구분하는 요인과 일치되는 유일한 개념이라고 정의한 것이다. 클라우제비츠는 이 마찰이라는 개념을 물리학에서 인용해왔다. 『전쟁의 원칙The Principles of War』이라는 저서에서 그는 "전쟁의 수행 방식은 마치 거대한 마찰력을 갖고 움직이는 복잡한 기계의 작동과 유사하다. 그 기계적 결합들이 도면상에서는 쉽게 기획될 수 있는 것이지만 실행 단계에서는 엄청난 노력이 뒤따라야 한다"라고 기술한 적이 있다. 마찰의 원인에는 적군에 의해 제기되는 위험, 자신의 병력 통제에 드는 노력, 물리적 환경에 의해 제기되는 어려움 등이 포함되어 있다.

마찰의 사례는 최근의 전쟁에서도 많이 나타난다. 예를 들면 2003년 이라크 전쟁에서 이라크가 감행한 최대 반격으로서 당시 바그다드의 유프라테스 강 남서쪽에서 이라크 군이 미군을 기습한 적이 있다. 미군이 보유한 고성능 첨단 감시 장비들이 70대의 탱크와 장갑차의 지원을 받으며 쳐들어오는 8,000명에 달하는 이라크 군 3개 여단의 기습을 탐지하지 못했던 것이다.

> ### 🛈 요점 정리
>
> ● 클라우제비츠는 전쟁을 모순된 삼위일체로 보고 있다. 즉 격정과 확률, 이성의 세 가지로 구성된 삼위일체
> 라는 것으로 이 세 가지 성향은 대체로 민중, 군대, 정부와 일치한다.
>
> ● 전쟁의 성격을 이해하는 것이 효과적인 전략의 수립에 필수적인 선결 요건이지만 이 또한 쉽지 않다.
>
> ● 전쟁에 있어서 적의 무게중심이 무엇인지 간파하여 공격하는 것은 매우 중요한데 클라우제비츠의 설명에
> 따르면 이는 적의 군대가 될 수도 있고 수도, 동맹국, 지도자, 국민여론 등이 될 수 있다.
>
> ● 클라우제비츠는 제한된 목적의 전쟁과 무제한적 목적의 전쟁을 구분하는데, 전자는 영토의 점령을 목적으
> 로 싸우는 전쟁이 될 수 있으며 후자는 적의 정권을 붕괴시키거나 무조건적인 항복을 요구하기 위해 싸우
> 는 전쟁의 형태가 될 수 있다.
>
> ● 클라우제비츠는 국가가 추구하는 목적에 부여한 가치와 그것을 달성하기 위해 사용하는 수단이 어느 정도
> 일치성이 있어야 한다고 주장하는데, 실제로 그것을 판별하는 것은 쉽지 않다.

손자, 마오쩌둥, 지하디스트

얼핏 보면 클라우제비츠와 손자 사이에는 큰 시대적 격차가 있는 것처럼 보인다. 클라우제
비츠는 19세기 초엽 유럽의 관점에서 글을 썼다면 손자는 고대 중국의 관점에서 글을 썼
기 때문이다. 그들이 저술한 책들 역시 매우 다르다. 『전쟁론』이 복잡한 산문으로 쓰였다면
『손자병법』은 어려운 경구들로 쓰였고, 『전쟁론』이 600쪽이 넘는 방대한 저서라고 한다면
『손자병법』은 영어로 40쪽, 중국어로 6,100자밖에 되지 않는 소책자다. 그러나 영국 전략가
바실 하트Basil Hart가 지적한 것처럼 클라우제비츠의 『전쟁론』 내용은 『손자병법』의 그것과
그리 크게 다르지 않다(Handel 2001: 20).

다만 손자는 전략의 몇 개 부분에서 클라우제비츠와 대조적인 관점을 보여준다. 예를
들어 이 두 전략가는 전략적 선호 부문에서 매우 다른 관점을 보이고 있으며 정보와 기만
전술에 있어서도 대조적인 시각을 견지한다. 손자의 접근 방식은 이후 마오쩌둥과 이슬람
이론가들 같은 후세의 전략가들에게 지대한 영향을 미쳤다.

전략적 선호

손자의 전략적인 선호는 클라우제비츠와는 매우 다르다. 손자는 유혈이 없이 승리하는 것
을 이상적인 것으로 생각하여 싸우지 않고 상대를 굴복시키는 것이야말로 최고의 기술이
라고 하였다(Sun Tzu 1963: 77). 그러나 클라우제비츠는 이와 대조적으로 전투에서 그런 식
의 접근 방식은 옳지 않으며 피를 흘리지 않고 전쟁을 하려고 하면 자칫 적의 기만술에 넘

어갈 수 있음을 경계하였다.

손자는 전쟁을 비교우위를 찾으려는 것으로 보았으며 전쟁에서의 진정한 승리는 적의 군대를 격퇴시키는 것이 아니라 적의 싸우려는 의지를 꺾는 것으로 생각하였다. 손자의 견해에 따르면 가장 성공적인 전략은 상대의 심리적 요소와 기만전술을 활용하는 것에 있다는 것이다.

또한 손자에게 있어서 정보는 전쟁의 승리를 결정짓는 결정적인 열쇠로서 '지피지기 백전불태(적을 알고 자신을 알면 백 번 싸워 백 번 다 위태롭지 않다)'는 것이다. 하지만 이런 예리한 통찰력의 경구도 불완전한 정보, 자민족-중심적인 생각, 거울 이미지와 같은 것들로 인하여 실제로는 자신과 적을 아는 것이 쉽지 않다는 사실을 감추고 있다.

클라우제비츠에게는 적의 군대를 섬멸하는 것이 전쟁 승리의 최우선인 것이라면 손자에게 있어서 최선의 방법은 상대의 전략을 무력화하는 것이다. 그다음이 상대의 동맹국을 격파하는 것이며 적의 군대를 격퇴시키는 것은 전략적 순위에 있어서 제일 하수의 방법이다.

정보(Intelligence)

손자와 클라우제비츠 사이에 또 다른 차이점은 정보에 대한 견해차다. 손자는 정보 옹호론자로서 만약에 지도자가 그 상황을 완전히 파악하고 평가할 수 있으면 전쟁의 결과는 미리 알 수 있게 된다는 것이다.

> 전쟁의 결과를 분석해내기 위해서는 우리는 양측의 상대적 힘을 객관적으로 비교해보아야 한다. 이것은 다음과 같은 질문에 대한 답변을 통해 알아낼 수 있다. 어느 통치자가 더 바르게 통치하고 있는가? 어느 쪽 군 지휘관이 더 탁월한 능력을 갖추었는가? 어느 편이 기후와 지형에서 우위를 점하고 있는가? 어느 편의 군대가 더 군기가 있으며 명령에 잘 복종하는가? 어느 군대가 더 우월한 병력을 보유하고 있는가? 어느 쪽의 장교와 병사들이 더 잘 훈련되어 있으며 어느 편이 더 공평하고 엄격한가? 이러한 것들의 비교를 토대로 나는 누가 이기고 질 것인지를 알 수 있다.
>
> –Sun Tzu(1993: 103-4)

이 구절에서 우리는 두 가지 측면에 주목할 필요가 있다. 첫째 손자는 절대적 힘이 아닌 상대적 힘을 강조하였다는 것이다. 즉 자신의 힘이 상대방의 힘과 비교될 때 문제가 된다는 것이다. 둘째 손자가 중요하게 생각하는 요인들 대부분이 양적인 것이 아니라 질적인 것과 관련된다는 것이다.

반면 클라우제비츠는 손자와 달리 정보회의론자다.

전쟁에서 대부분의 정보는 모순덩어리다. 심지어 어떤 것들은 거짓인 것도 많으며 불확실한 것이 대부분이다. 정보 보고서들은 재빨리 결정을 내려야 함에도 불구하고 대조되고 확인되며 또는 과장되거나 덧칠된다. 그리고 곧이어 그 정보가 거짓이나 과장된 것으로 판명이 나면 잘못되었다는 것을 깨닫게 되는 것이다. 대부분의 정보는 거짓이며 두려움 때문에 거짓과 부정확한 것들을 자꾸 양산하는 것이다.

-Clausewitz(1989: 117)

미국 정보기관들의 총합인 정보공동체가 2003년 이라크 전쟁에 앞서서 이라크가 대량살상 무기WMD를 갖고 있지 않은 것을 판별해내지 못한 것은 정보 수집을 위한 첨단 수단이 발전되었음에도 불구하고 정보가 여전히 불확실한 업무의 영역이라는 것을 반증하는 것이다.

손자는 기만전술을 옹호하기도 한다. 그는 되풀이해서 장군이 어떻게 기습을 성공적으로 할 수 있으며 어떻게 적을 속여 뛰어난 정보를 입수하고 적군의 사기를 저하시켜야 하는지에 대해 상세하게 기술하고 있다. 그러나 손자는 적군도 아군에게 마찬가지로 그렇게 할 수 있다는 사실은 언급하지 않는다.

그런데 손자의 영향력이 미친 흔적은 마오쩌둥의 여러 저술에서 나타난다. 마오쩌둥이 자신의 전쟁이론을 단일 서적에 정리해놓지 않아서 여러 어록에 흩어져 있긴 하지만 전체적으로 보면 마오쩌둥의 전쟁이론은 약자가 강자를 이기는 방법에 대한 것이다. 즉 먼저 농촌에 정치적 거점을 만든 뒤에 농부들을 동원하여 싸우되 세력이 약한 상황에서는 싸움을 가능한 한 지연시켜서 병력이 충분할 때까지 기다려 점진적으로 확대해나가는 고도의 정치·군사적 전략이다. 마오쩌둥은 정치·사회·경제적 배경의 변화가 그러한 싸움의 결과에 결정적인 영향을 미친다고 강조한다. 그의 사상이 가장 구체적으로 드러난 것은 전쟁의 3단계 방법이라고 할 수 있는데 그에 따르면 먼저 전략적 수세 상태에서 혁명운동을 시작한 다음에 게릴라전을 통하여 전략적 교착 상태를 구축하고 이어서 기회를 틈타 전략적 역공을 시도, 적에게 결정타를 먹여서 전쟁을 끝낸다는 것이다(Mao Tse-Tung 1967).

비록 원어가 중국어인 한자로 되어 있지만 마오쩌둥의 전쟁이론은 전 세계로 번역되어 개발도상국 지역에서 혁명운동을 하는 게릴라들에게 하나의 모델로 작용하였다. 그리고 이후 마오쩌둥 이론이 장기적인 폭동을 통하여 현지 정부를 전복시키는 대표적인 모범 사례라고 생각한 이슬람 지하디스트(성전주의자) 전략가들에게 큰 영향을 미쳤다.

요점 정리

- 손자는 전쟁의 성공은 반드시 적군을 격퇴시키는 데 있다기보다는 적군의 전투 의지를 꺾는 것이라고 한다.
- 손자는 적의 전략을 무력화하는 것이 최선의 방법이라고 제안한다.
- 손자는 만약에 지도자가 당시 상황을 완벽하게 파악할 수만 있다면 전쟁의 결과는 싸우지 않고도 미리 알 수 있다고 주장한다.
- 마오쩌둥은 장기적인 혁명전쟁을 통해 힘이 약한 반란군이 자신보다 강한 적을 패퇴시키는 방법에 대해 제시한다.

비판적으로 사고하기

고전 전략이론은 이제 구식이 되었는가?

그렇다:

- **정보화시대의 전쟁**: 정보화시대의 등장은 전쟁에 대한 고전적 이론들을 무용지물로 만들고 있다. 기술의 발전이 역사적으로 전투라고 정의한 마찰의 많은 부분을 극복하도록 하였다. 어떤 이들은 심지어 새로운 전략이론이 필요하다고 주장하기도 한다. 즉 새로운 물리학의 탄생처럼 경제학과 경영학이론으로부터 영감을 얻은 전략이론이 필요하다는 것이다.

- **비국가 행위자의 고려**: 고전 전략이론의 유용성은 단지 과거의 군대나 과거의 국가들에게만 적용된다. 반면에 오늘날의 전쟁은 초국가적 행위자와 비국가 행위자들 간에 벌어지는 경향이 있다. 존 키건(John Keegan)의 말에 따르면 클라우제비츠식의 사고는 오늘날 많이 발생하고 있는 비국가 행위자들만의 고유한 전쟁의 특성을 담아내지 못하는 문제가 있다(Keegan 1993: 5). 이런 비판의 배경에는 그러한 비국가 행위자들의 전쟁이 국가들 간의 전쟁 양상과는 전혀 다른 논리에 따른다는 가정이 깔려 있다.

- **전략은 환상이다**: 이 견해에 따르면 전략 개념은 잘못된 것이며 심지어 해롭기까지 하다는 것이다. 군사학자인 러셀 위글리(Russell Weigley)의 주장에 따르면,

  전쟁은 결코 다른 수단을 통해 정치를 계속하려는 행위가 아니다. 전쟁이 정치의 또 다른 연장이라고 단언하는 말이 과연 맞는 것인지 의심스럽다.

  −Weigley(1988: 341)

그렇지 않다:

- **전쟁의 지속적인 속성**: 비록 정보기술의 확산이 최근의 전쟁 양태에 대단한 영향을 미친 것은 사실이지만 그것이 전쟁의 근본적인 성격 자체를 완전히 변모시켰다는 증거는 없다. 코소보, 아프가니스탄, 이라크에서 발생한 현대 전쟁의 복잡성은 마찰과 같은 개념들이 여전히 효용 가치가 있음을 입증하고 있다. 사실

전략이론과 주요 개념들, 이를테면 제한전과 무제한전, 전쟁의 합리적 손익계산과 같은 개념들은 사이버 전쟁과 같은 새로운 전쟁 방식을 평가하는 기준을 제시하기도 한다.

● *비국가 행위자도 전략적 행위자다*: 비국가 행위자들이 개입된 전쟁 양태가 국가 간의 전쟁과 현저히 다른 지는 불분명하다. 이슬람 테러 세력에 대한 전략 문제가 전통적인 국가 간의 전쟁과 관련된 전략 문제와 별로 다를 게 없다. 비록 알카에다 조직이 전통적인 국가 적보다 매우 다르게 움직이긴 하지만 그럼에도 불구하고 이들도 전략적인 행위자라는 사실은 다를 바가 없다. 하산 알바나(Hasan al-Banna), 아부 바카르 나지(Abu Bakr Naji), 아부 우바이드 알콰라시(Abu' Ubayd al-Quarashi), 아부 무삽 알수리(Abu Musab al-Suri) 등 유명한 이슬람 전쟁이론가들은 클라우제비츠나 손자 또는 마오쩌둥을 인용하여 전략에 대한 글을 썼다.

● *전략이 어려운 개념이긴 하지만 사활적으로 중요한 것이다*: 전략이 환상이라고 주장하는 사람들은 기본적인 전략 논리에 따라 전략을 실행하는 어려움과 혼동을 하고 있다. 일부 전략 개념은 실제로 실행하는 데 효용가치가 제한적일지 모른다. 예를 들어 지도자들은 확실한 사실을 보기 전에는 어떤 목적의 가치를 미리 예상할 수 없을지 모른다. 그러나 이러한 중요 개념과 지침을 무시하는 것은 성공의 가능성을 줄일 뿐이다.

➕ 맺음말

전략이론은 새로운 기술 발전으로 인하여 전쟁의 성격과 수행 방식에 큰 변화가 있었음에도 불구하고 전쟁의 기본 성격 자체는 크게 변하지 않았다는 사실을 상기시켜준다. 정치적 목적을 추구하는 집단이 국가든 또는 테러 집단이든 상관없이 전쟁은 여전히 정치적 목적을 달성하기 위해 무력을 사용하는 것과 관련되기 때문이다. 마찬가지로 적군과 상호작용 과정이 전략을 과학이 되지 못하게 하는 핵심 역학의 하나인 이유이기도 하다.

　클라우제비츠의 『전쟁론』과 『손자병법』에 나오는 중요한 개념들은 오늘날에도 여전히 유용한 가치를 지니고 있다. 클라우제비츠의 전쟁 삼위일체론이나 전쟁의 성격 이해하기, 제한전과 무제한전의 차이점, 전쟁의 합리적 손익계산법, 마찰력과 같은 것들은 모두 다 유용한 개념들이다. 손자 또한 우리에게 승리란 반드시 적에 대한 완전한 파멸을 요구하는 것이 아니라 적의 싸움 의지를 꺾는 것이 중요하다는 사실을 상기시켜준다. 손자는 정보의 중요성도 강조한다. 이런 개념들은 모두 우리가 현대 전쟁을 이해하는 데 도움을 준다.

❓ 생각해볼 문제

　1. 전략이론을 공부하는 것이 왜 중요한가?

　2. 어떤 면에서 전략이 과학이 아니라 기술에 가까운 것인가?

3. 클라우제비츠와 손자의 전략에 대한 관점에서 중요한 차이는 무엇인가?

4. 정책 결정자들이 무력 사용을 검토할 때 염두에 두어야 할 중요 사항은 무엇인가?

5. 실제 행동에 대한 지침으로서 전략이론의 효용성을 제한하는 것은 무엇인가?

6. 전쟁과 다른 형태의 폭력을 구분 짓게 하는 것은 무엇인가?

7. 클라우제비츠가 전략이론의 발전에 가장 크게 기여한 점은 무엇인가?

8. 『손자병법』이 전략이론의 발전에 가장 크게 기여한 점은 무엇인가?

9. 클라우제비츠와 손자 중에 누가 더 정보에 대해 현실적인 견해를 갖고 있는가?

10. 전략이론의 구성 요소 중에 어떤 부분이 21세기의 현재 세계에 가장 적실성을 가지며 어떤 요소가 가장 관련성이 없다고 생각하는가?

더 읽을거리

C. von Clausewitz, *On War*, edited and translated by M. Howard and p. Paret(Princeton, NJ: Princeton University Press, 1989)
완전히 정독해야만 하는 책이다.

J. F. C. Fuller, *Armament and History* (New York: Scribner's, 1945)
전쟁에 있어서 기술의 역할에 대해 가장 명확한 이해를 제공하는 책이다.

C. S. Gray, *Modern Strategy* (Oxford: Oxford University Press, 1999)
전쟁의 성격에 핵심적인 어떤 것도 결코 변하지 않았기 때문에 모든 전략적 경험을 하나로 묶는 것이 중요하다고 주장하는 책으로, 여기서 저자는 클라우제비츠가 그 어떤 전략가들보다 한참 위에 우뚝 선 탁월한 전략가임을 설득력 있게 설명한다.

M. I. Handel, *Masters of War*, 3rd edn(London: Frank Cass, 2001)
클라우제비츠나 손자, 마오쩌둥이 모두 공통된 전략 논리를 채택하고 있다고 설득력 있게 주장하는 책이다. 얼핏 보면 다양하고 서로 모순된 것처럼 보이지만 자세히 살펴보면 방법론이나 개념 정의, 또는 관점에서의 차이일 뿐이라고 설명한다.

B. H. Liddell Hart, *Strategy* (New York: Praeger, 1967)
전쟁의 결정적인 승리는 보통 적의 심리적 이탈을 미리 간파했기 때문이라고 주장하는 책으로 지휘관은 자신의 부대에 집중하기보다는 적이 스스로의 군대를 분열시키도록 하는 것이 중요하다고 주장한다. 클라우제비츠와 몇몇 역사적 사례에 대한 편협한 해석이 거슬리기는 하지만 그럼에도 매우 중요한 책이다.

E. Luttwak, *Strategy: The Logic of War and Peace*, revised and enlarged edition (Cambridge, MA: Belknap Press, 2001)
전략이 갖는 역설적인 특성에 대해 설명하는 책으로 전략에 있어서 모순적인 요소를 다룬 대표적인 고전이다.

T. G. Mahnken, *Competitive Strategies for the 21st Century: Theory, History and Practice* (Palo Alto: Stanford University Press, 2012)
평화 시에 전략을 개발하고 실행하는 데 있어서의 이론과 실무를 다루고 있다.

T. G. Mahnken and J. A. Maiolo, *Strategic Studies: A Reader, Second Edition* (Abingdon: Routledge, 2014)
전략 연구에 있어서 가장 귀중한 가치가 있는 글들을 하나로 묶어낸 유용한 책이다.

P. Paret (ed), *Makers of Modern Strategy: From Machiavelli to the Nuclear Age* (Princeton, NJ: Princeton University Press, 1986)
마키아벨리에서 현대에 이르기까지 전략적 사고의 변천 과정을 조명한 역사서다.

Sun Tzu, *The Art of War*
최고의 번역서로 사뮤엘 그리피스가 번역한 책과 로저 에임스가 번역한 책을 꼽을 수 있지만, 진지하게 이 책을 이해하기 위해서는 여러 권의 번역서를 읽어보아야 한다.

J. C. Wylie, *Military Strategy: A General Theory of Power Control* (Annapolis, MD: Naval Institute Press, 1989)
군 전략에 대한 귀중한 가치가 있는 책이다.

🙂 웹사이트

클라우제비츠 홈페이지(http://www.clausewitz.com/index.htm)
지표와 참고문헌을 포함하여 여러 가지 유용한 리서치 자료들을 제공한다.

손자병법 사이트(http://www.sonshi.com)
『손자병법』 번역서를 제공하며 다른 번역서와 비교한다.

미군사관학교 테러대응센터(http://www.ctc.usma.edu)
지하디스들의 전략론과 실제에 대한 통찰력 있는 분석을 포함하여 이 센터가 제공하는 귀중한 정보를 보유하고 있다.

군사역사 온라인 사이트(http://www.militaryhistoryonline.com/18thcentury/articles/)
많은 사례들과 함께 전략이론과 관련된 다량의 유용한 이슈들을 논의하고 있다.

전략 연구저널(http://www.tandfonline.com/loi/fjss20)
이 저널은 전략 연구에 있어서 최고의 저널로서 자주 전략이론에 대한 논문들을 발간한다.

전쟁의 원인과 평화의 조건

존 가넷(John Garnett)·존 베일리스(John Baylis)

 독자 안내

전쟁의 원인을 다루는 학문적 연구는 방대하고 학제적이다. 이 장은 생물학자, 철학자, 정치학자와 사회학자들이 전쟁이 왜 일어나는가에 관해 연구한 이론들을 기술하고 설명한다. 이 장은 그들의 아이디어를 범주별로 구분하고, 서로 다른 전쟁에 관한 설명들이 평화에 관해서 어떻게 다른 요구와 조건을 처방하는지를 보여준다. 전쟁에 관한 직접적 원인과 저변의 원인을 구분하는 것이 중요하다고 주장한다. 이 장은 인간의 본성과 본능에 기초한 전쟁의 설명에 특별히 주의를 기울이지만, 공격성의 원인으로서 오인과 좌절을 강조하는 심리학 이론들도 역시 고려한다. 인간 집단—국가, 부족, 인종 집단 같은—에서 전쟁의 원인을 찾는 사람들과 '단위' 설명보다 '체제적' 설명을 선호하는 사람들의 생각도 역시 설명하였다. 이 장은 내란의 원인으로 '탐욕'과 '불만'에 대해서도 들여다본다.

머리말

오늘날 '전략' 개념은 전쟁의 수행에 관한 것만큼 평화의 추구에도 관련이 많지만, 전쟁 현상이 아직 중심적 관심으로 남아 있다. 이전 세대들은 변화의 수단이나 영웅적 가치를 장려하는 견인차로 전쟁의 미덕을 발견했을지 모르지만, 이런 생각들은 근대전의 파괴성에 의해 낡은 것이 되었다. 20세기에는 전쟁을 소멸시키는 것이 제일 우선순위가 되었다. 그러나 전쟁을 종식시키는 첫걸음은 그 원인을 밝히는 것이다.

역사가들은 때때로 전쟁은 독특한 사건이며 전쟁의 원인은 전쟁의 수만큼 다양해서 전쟁에서 일반적인 것은 아무것도 없다고 주장한다. 이 장은 다른 견해를 가진다. 전쟁의 원인들 간의 유사성과 유형을 밝혀, 전쟁의 원인을 인간의 본성, 오인誤認, 국가의 성격, 국제체제의 구조와 같은 범주로 분류할 수 있다. 목적은 두 가지다. 첫째는, 생물학, 정치학, 철학, 그리고 역사학과 같이 다양한 범위에 걸쳐 있는 현대 학문을 전쟁의 원인이란 문제에 연결시키는 것이고, 둘째는, 다른 종류의 원인(예컨대 저변의 원인과 직접적 원인)을 정의하는 데 도움이 되는 여러 차이를 상세히 설명하는 것이다. 이 장을 통해 이 차이를 적용하여 전쟁의 다양한 원인을 밝히고 그들을 서로 구별할 것이다.

무엇이 전쟁을 일으키는가에 관해 별로 학문적인 합의가 없으므로, 이 장은 그 질문에 결정적으로 대답하기보다는 그에 관한 토론들을 설명하는 쪽을 지향한다. 이 주장들은 단지 학문적인 것 이상인데, 왜냐하면 전쟁의 치료가 그 원인과 관계있다면, 다른 원인은 다른 정책의 권고에 이를 것이기 때문이다. 만일 전쟁이 무기 경쟁에 의해 일어난다면, 군비 축소와 무기 통제가 전쟁 문제에 대한 적절한 해결이 될 것이다. 다른 한편, 만일 전쟁이 폭군이나 권위주의 국가에 의해 선동된다면, 평화로 가는 길은 민주주의를 확산하는 데 있다. 만일 전쟁의 기본 원인이 '국제적 무정부 상태'인 것으로 보이면 세계에서 전쟁을 없애는 길은 국제체제의 변화를 촉진하는 것, 즉 국제법을 강화하거나 집단안보 체제나 세계 정부 등의 방향으로 맞춰질 것이다. 전쟁에 대한 어떤 설명은 무력 갈등을 종식시킬 길을 발견하는 데 큰 희망을 주지 못한다. 예를 들어, 전쟁의 원인을 근본적으로 결함이 있는 인간의 본성에서 찾는다면 학습된 행동에서 전쟁의 원인을 찾는 다른 설명보다 인류에게 더 암울한 미래를 제시한다. 만일 전쟁이 본능적인 것이기보다 학습된 것이라면 사회 공학을 통해 제거될 수 있는 가능성이 있다.

이 분석에서 세 가지 결론이 도출된다. 첫째, 모든 전쟁에 알맞은 단일 원인을 찾는 것은 헛된 일이다. 둘째, 전쟁은 여러 가지 형태로 발생하며 여러 원인을 갖고 있으므로 그것의 제거를 위해서는 국내적이고 국제적인 정치적 행동이 동시에 행해져야 한다는 것이 거의 확실하다. 셋째, 전 세계에 걸친 '정당한' 평화란 얻을 수 없다.

전쟁의 연구

국제 관계 분야에서 '왜 전쟁이 일어나는가?'보다 더 주의를 끄는 질문은 없다. 이런 관심의 이유는 전쟁이 거의 보편적으로 인간의 재앙, 파국적 규모의 비참함의 원천으로, 그리고 핵무기 시대에는 인류 전체에 대한 위협으로 간주되기 때문이다. 그러나 전쟁을 항상 그렇게 부정적으로만 본 것은 아니다. 예컨대, 19세기에 여러 작가들이 전쟁의 미덕을 정의했다. 철학자 헤겔G. W. F. Hegel은 전쟁이 민족의 윤리적 건강성을 보존한다고 믿었고, 유사한 맥락에서 트라이치케H. von Treitschke는 전쟁을 '병든 민족의 유일한 치료'라고 간주했다 (Gowans 1914: 23). 트라이치케에게 전쟁은 진보의 한 조건이고, 한 나라가 잠드는 것을 방지하는 채찍질이며, 만족한 범재凡才가 무관심에서 떠나게 강요하는 것이었다. 이런 종류의 생각은 우리에게 전쟁이 목적적이고 기능적인 것으로 생각될 수도 있다는 것을 경고한다.

카E. H. Carr는 그것을 '변화의 산파'(1942: 3)라 보았는데, '전쟁은 낡은 사회, 정치 질서의 반쯤 썩은 부분을 잘라서 던져버린다'고 했다. 이런 저자들은 전쟁이 빠른 기술적 진보, 영토 변화를 예고하고 집단의식과 경제 발전을 강화한다고 암시한다. 그러나 전쟁을 목적적이고 기능적인 것으로 보는 생각은 전쟁을 우리 모두를 위협하는 비정상적이고 병적인 상태로 해석하는 시대와는 잘 맞지 않는다.

　게으른 호기심이나 목적 없는 탐구정신이 전쟁의 원인에 대한 대부분의 조사를 추동한 것은 아니다. 이론가들은 전쟁을 소멸시키기 위해 전쟁을 연구하였다. 그들은 전쟁을 소멸시키는 첫걸음이 그 원인을 밝히는 것이라 믿었는데, 왜냐하면 질병의 치료가 질병의 원인과 관계가 있는 것처럼 전쟁의 치료도 그 원인 속에서 발견되기 때문이다. 전쟁학도가 처방을 내리고자 하는 그의 열망이 분석기술에 영향을 미치는 것을 허용하지 않는 한, 해害는 없다. 그러나 연구자가 인간의 갈등에 대한 해결책이 쉽게 발견될 수 있다는 가능성을 선호하여, 전쟁의 보다 다루기 힘든 원인에 대해서는 얼버무려 넘기고 싶은 유혹을 느낄 위험성은 있다.

　많은 사회과학자들은 특정한 전쟁은 피할 수 있었을지라도 전쟁이 인간 조건에 고질적이란 생각에는 움찔한다. 전쟁이 불가피하다는 생각은 심리적으로 말해 상당히 받아들이기 어려우며, 왜 전쟁의 원인에 대한 비관적 해석이 저항에 부딪히는지를 설명해준다. 예컨대 전쟁의 뿌리가 되는 원인은 인간의 본성에서 발견되며, 다시 말해 공격과 폭력이 유전적으로 인간성에 내재되어 있으며 우리는 생긴 대로 행동한다는 견해를 받아들여보라. 이를 지지하는 어떤 과학적 증거에도 불구하고, 그 견해에 대해서 많은 저항이 있다. 왜 그런가? 만일 인간성이 유전자에 의해 고정되어 있다면 우리는 우리 자신을 직면하여 아무것도 할 수가 없다. 많은 관찰자들에게 전쟁이 우리의 본성에 내재되어 있다는 결론은 참을 수 없는 절망적 조언이다. 비록 전쟁을 제거하는 것이 바람직하다는 것이 반드시 그것이 가능하다는 것을 의미하는 것은 아니라고 일깨워주어도 말이다.

　인간성에 대한 우울한 해석과 그것의 다루기 힘듦에 대한 인정이 자동적으로 세계에서 전쟁을 없애는 것이 불가능하다는 절망에 이르게 하는 것은 아니다. 어떤 이들은 전쟁이 인간 본성에 의해 야기되는 것이 아니라 인간의 행동에 의해 야기된다고 주장한다. 인간의 본성을 바꾸는 것은 가능하지 않을지라도, 인간의 행동을 보상의 제공, 위협, 교육 프로그램 또는 선전 등에 의해 수정하는 것은 확실히 가능하다.

　문명사회들은 사람들이 본성에도 불구하고 스스로 자제하게 만드는 데 많은 에너지를 소모하였다. 법, 경찰, 학교, 그리고 교회는 모두 국내적 환경에서 인간의 행동을 수정하는 데 역할을 했다. 국가의 행동을 수정하는 가능성도 역시 널리 인정되고 있다. 외교, 힘, 무역, 원조, 그리고 선전 등이 지도자들이 자기가 상대하는 나라의 행동을 수정하기 위해 사용하는 수단들이다. 억제 전략가들은 주장하기를, 예컨대 인간 본성이 치명적 결함이 있다 할지라도(대부분이 그렇게 생각한다), 많은 잠재적 범죄자들이 투옥의 두려움 때문에 은행 강도짓을 억제하는 것처럼, 국가들도 감내할 수 없는 처벌의 두려움 때문에 침략을 억제할 수 있다는 것이다(11장).

전쟁의 원인을 제거함으로써 평화가 가장 잘 추구될 수 있다고 믿는 사람들과는 달리 핵억제 전략가들은 왜 전쟁이 일어나는가에 대해 거의 신경을 쓰지 않는다. 그들의 정책은 전쟁의 결과를 심히 나쁘게 만들어 누구도 감히 싸우고 싶어도 싸우지 못하게 만드는 것이다. 다시 말하면, 핵억제 전략은 독특한데, 왜냐하면 그것은 왜 전쟁이 일어나는가에 대한 특정의 해석에 의존하지 않고, 또는 사람이나 국가가 싸우게 만드는 저변의 병적인 측면을 다루는 것에 의존하지 않기 때문이다. 억제이론가들이 인간 본성에 대해 가지는 유일한 가정은 비교적 논란의 여지가 없는 것인데, 전반적으로 인간은 죽기보다 살기를 원하며 따라서 전멸의 두려움 때문에 침략을 억제할 것이라는 것이다.

전쟁 연구의 어려움

'왜 전쟁이 일어나는가'라는 질문에 대해서 어떤 분명한 권위 있는 대답도 등장하지 않았고, 아마 앞으로도 그럴 것이다. 그 이유 중 하나는 '전쟁'이라는 단어가 다양한 활동을 포괄하는 용어이기 때문이다. 전면전과 제한전이 있고, 지역전과 세계전쟁이 있고, 재래식 전쟁과 핵전쟁, 고기술 전쟁과 저기술 전쟁, 국가 간 전쟁과 내란, 반란과 인종분쟁 등이 있다. 최근에는 국제공동체를 위한 연합에 의해 전쟁이 수행되기도 하였다. 이런 광범위하게 다른 활동들이 단지 조직된 군사폭력을 포함한다는 공통점만으로 똑같은 방법으로 설명될 수 있다면 매우 놀랍기도 하다.

권위 있는 대답이 부재하는 또 다른 이유는 '전쟁의 원인이 무엇인가'라는 질문이 복잡한, 군집群集 질문이기 때문이다. 히데미 수가나미Hidemi Suganami가 지적한 것처럼 이 우산 아래 우리는 많은 다른 질문들을 할 수가 있다. 우리는 예컨대 '전쟁이 일어나기 위해 존재해야 하는 조건이 무엇인가?' 하고 물을 수도 있고, 또는 '어떤 환경에서 전쟁이 가장 빈번하게 발생했는가?'라고 물을 수도 있으며, 특정 전쟁이 어떻게 발생했는가를 물을 수도 있다(1996: 4). 이런 질문들을 함께 뭉뚱그린다면 복잡하고 불만족스러운 답이 나올 수밖에 없다.

추가적으로, 전쟁의 원인에 대한 질문에 복잡한 대답이 나오는 또 다른 이유는 원인 그 자체가 철학적 어려움으로 차 있기 때문이다. X가 종종 Y보다 먼저 나오는 것을 발견했을지라도, 그것이 X가 Y의 원인임을 증명하는 것과 같지는 않다. 예컨대 여러 저자들은 전쟁이 일어나기 전에 종종 교전국 간에 군비 경쟁이 먼저 있었다는 것을 발견하고 군비 경쟁이 전쟁을 야기했다고 주장했다. 군비 경쟁은 때로 전쟁을 야기한다. 그러나 자동적인 연계가 결론적으로 증명된 것은 아니다. 인간이 무기를 가지고 있기 때문에 싸우는 것은 아니다. 인간은 이미 싸우기를 원하기 때문에 무기를 획득하는 것이다. 더 나아가 모든 군비 경쟁이 전쟁으로 치달은 것은 아니라는 것을 지적해둘 필요가 있다. 19세기 영국과 프랑스의 해군경쟁은 영불협상으로 귀결되었고, 한편으로 미국과 소련의 냉전기의 군비 경쟁은 억제적 교착 상태로 이어지고 유럽 역사에서 가장 오래 지속된 평화시대의 하나가 되었다.

인과 문제에 내재한 어려움을 고려하면, 어떤 저자들(특히 역사학자들)은 전쟁의 '원인'보다는 '기원'에 대해 이야기하기를 선호한다. 그들은 왜 전쟁이 일어나는가를 설명하는 최선의 방법은 전쟁이 발생한 사회적 맥락과 사건의 차원에서 어떻게 전쟁이 발생했나를 기술하는 것이라 믿는다. 우리가 2차 대전의 원인을 조사하려면 베르사유 조약과 세계대공황, 히틀러의 부상, 독일의 재무장, 그리고 영국과 프랑스의 외교정책 등을 볼 필요가 있다는 것이다. 우리가 이것을 다 보았을 때 2차 대전으로 이어진 상황을 이해하는 길에 잘 들어서 있다는 것이다. 전쟁의 기원을 강조하는 사람들은 어떻게 전쟁이 발생하는지를 이야기하는 것이 왜 전쟁이 발생하는지를 이해하는 데 가장 근접하다는 견해를 가지고 있다.

전쟁 원인의 규명에 대한 이런 매우 특별한 '사례 연구'적 접근법을 선호하는 역사학자들은 모든 전쟁이 독특한 원인을 가진 독특한 케이스이므로 전쟁의 원인은 전쟁의 수만큼 많다고 믿는다. 따라서 '전쟁의 원인이 무엇인가?'라는 질문에 권위 있는 답을 제공하는 것은 일어났던 모든 전쟁에 대해 자세하게 관찰해야 함을 의미한다. 모든 전쟁의 독특성이란 전쟁에 대해 말할 수 있는 일반적인 것은 아무것도 없다는 것을 의미한다. 개별 전쟁의 원인에 관심이 있는 조사라면 이런 점은 정당하다. 그럼에도 개별 전쟁의 독특성을 인정하면서도, 대부분의 정치학자들은 분석의 레벨을 특정한 것에서 일반적인 것으로 이동하는 것이 장점이 있다고 생각하는데, 한 전쟁과 다른 전쟁의 원인 간의 유사성과 패턴을 볼 수 있기 때문이다. 이러한 보다 일반적 레벨의 분석에서 우리는 다는 아니더라도 많은 전쟁의 공통적인 원인을 규명할 수 있다.

직접적 원인과 저변의 원인

전쟁의 여러 원인 가운데 가장 유용한 구분은 '직접적·근접적' 원인과 '저변'의 보다 근본적 원인이다. 직접적 원인, 즉 전쟁을 촉발한 사건은 사소한 것, 심지어 사고일 수도 있다. 예컨대, 1차 대전을 발화시킨 것은 오스트리아의 프란츠 페르디난트Franz Ferdinand 대공이 무개차를 타고 사라예보를 방문하던 중 저격된 사건이다. 대공의 죽음은 비극이지만, 기본적으로 사소한 사건이었고, 아무도 그 사건이 다음에 이어지는 중대한 사건들에 대한 적절한 설명이 된다고 믿지 않는다. 더구나 그것은 일어나지 않을 수도 있던 사고였다. 만일 대공의 운전기사가 계획된 노정에서 벗어나 그의 실수를 교정하려고 차를 세우지 않았다면 암살자는 대공과 그의 부인을 저격할 기회가 없었을 것이다. 그 암살 사건은 의심할 바 없이 1차 대전의 직접적인 원인이고, 그 일이 일어나지 않았다면 1914년 발발한 전쟁은 일어나지 않았을 것이라 말할 수 있다. 그러나 조만간 전쟁이 일어났을 것이라고 암시하는 증거가 충분히 있다. 유럽은 적대적인 동맹체제로 나뉘어 있었다. 긴장이 고조되고 있었고 동원의 시간표가 정책 결정자들을 압박하고 있었다. 그리고 군비 경쟁이 진행되고 있었다. 간단히 말해, 배경적 상황은 충분히 인화성이 높았고, 프란츠 페르디난트의 암살이 탄약통에 불을 붙이지 않았다 해도, 조만간 뭔가 다른 것이 불씨를 제공했을 것이다. 논평가들 대부분은 1차 대전의 원인에 대한 유용한 검토를 위해서는 직접적인 촉발 사건보다 그러한 저변의 원인들에 좀 더 주의를 기울여야 한다고 믿는다.

저변의 원인들을 강조하는 것은 전쟁을 발생시킨 국가들의 의도적인 정책보다 국제적 상황의 중요성을 강조하는 의미에서 구조적 해석이다. 그것은 정치가들이 언제나 사건을 통제하지는 않는다고 주장한다. 정치가들 자신도 때로 자기들의 선의에도 불구하고 자신들을 전쟁으로 밀어 넣는 과정에 사로잡혀 있음을 발견한다. 물론 배경적 조건이 언제나 전쟁 발발 위험을 알리는 믿을 만한 바로미터가 되는 것은 아니다. 어떤 상황에서는 배경은 비교적 우호적인데 관련된 정부들이 추구한 특정의 정책에 더 많은 전쟁의 책임이 있는 경우도 있다. 전쟁은 종종 공격적이고, 무모하고, 생각이 없는 지도자의 고의적 행동의 결과로 발생하기도 한다. 예를 들어, 2차 대전의 원인을 설명할 때 히틀러Hitler의 지속적으로 공격적인 행동과 체임벌린Chamberlain의 유약한 유화정책에 주의를 기울이지 않고는 안 될 것이다. 유사하게 1956년 수에즈 운하를 점령할 때 나세르Nasser의 행동과 이든Eden의 군사적 대응은 수에즈 전쟁의 중요한 원인이 되었다.

🔒 요점 정리

● 전쟁이 인간 조건에서 고질적인 것이란 생각은 심리학적으로 달갑지 않지만, 사실일지 모른다. 인간 본성이 변할 수 없다 하여도, 인간의 행동을 수정하여 전쟁이 덜 일어나게 하는 것은 가능할지 모른다.

● 많은 종류의 전쟁이 있으므로, 전쟁의 원인을 단 한 가지로 규명할 수 없다는 것은 놀랍지 않다.

● 전쟁의 저변 원인과 전쟁을 촉발한 사건을 구별하는 것은 종종 유익하다.

전쟁에 대한 인간성의 설명

인간이 동물과 구별되는 특징의 하나로 인간 대부분의 행동이 본능적이기보다 학습된 것이라는 것에 대해서는 광범위한 합의가 있다. 상대적 비중이 어떻게 되는지는 아무도 모르며, 인간 행동의 결정인자로서 '자연' 대 '양육'(유전 대 환경)의 상대적 중요성에 관해서 아직도 논쟁이 계속되고 있다. 이 논쟁은 자연히 전쟁이 본능적 행동인지 학습된 행동인지에 관한 질문을 야기한다. 만일 그것이 타고난 것이라면 우리는 받아들이지 않을 수 없다. 생물학적 진화는 너무 느려서 수정하기 어렵기 때문이다. 그러나 만일 그것이 학습된 것이라면, 배우지 않으면 되므로 우리에게 희망이 있다. 자유주의적 사상가들은 양육의 중요성을 강조하고 자연히 침략과 전쟁이 순화될 수 있다는 생각에 끌린다. 보수적 사상가들은 자연에 더 무게를 두며 따라서 세계에서 전쟁을 없앨 가능성에 대해 회의적이다.

비록 그 중요성을 최소화하려고 하지만, 헌신적 자유주의자도 인간의 행동에 유전적인, 본능적 요소가 있다는 것을 인정한다. 우리는 깨끗한 석판으로 출발해서 그 위에 기록된 인생의 경험들이 우리를 만들어가는 것이 아니다. 우리는 생물학적으로 프로그램화된 유전적 짐, 내재적 욕구와 본능을 가지고 태어나는데, 그 본능과 욕구 중 하나는 침략과 폭력을 좋아하는 것이다. 1932년 유명한 서신 교환에서 알베르트 아인슈타인Albert Einstein과 지그문트 프로이트Sigmund Freud는 전쟁의 근원이 공격과 파괴의 기본적 본능에서 발견된다는 데 동의했다. 아인슈타인은 '인간이 그 속에 증오와 파괴의 능동적인 본능을 가지고 있다'고 생각했고, 프로이트는 살인과 자살에서 드러나는 '죽음의 본능'을 발견했다고 믿었다(Freud 1932). 1960년대에 행동학적 사회생물학적 연구는 공격의 '본능' 이론을 새로이 부각시켰다. 콘라트 로렌츠Konrad Lorenz는 새와 물고기의 행태에 관한 관찰에 기초하여 공격적 본능이 (인간을 포함한) 모든 동물의 유전적 구조에 내재되어 있으며 이 본능이 생존의 필수조건이라고 주장했다(1976). 로버트 아드리Robert Ardrey는 그의 『영토 의식』이란 저서에서 유사한 결론에 도달했는데, 로렌츠의 네 가지 본능—굶주림, 공포, 성욕, 공격—과 함께 '영토(세력권)' 본능이 있다고 주장했다(Ardrey 1966). 에드워드 윌슨Edward O. Wilson은 『인간 본성에 관하여』란 저서에서 인간은 그들의 안전과 소유물에 대한 위협이 감지되면 비이성적인 증오로 반응하는 경향이 있다는 데 주목하고, '우리는 낯선 사람의 행동에 대해 깊은 두려움을 가지고 공격으로 갈등을 해결하려는 경향이 있다'라고 주장했다(Wilson 1978: 119).

리처드 도킨스Richard Dawkins는 그의 저서 『이기적 유전자』에서 분석의 수준을 개인에서 유전자로 옮기기는 했으나, 그 역시 인간의 본성에 관해 환상을 품지 않았다. 그는 다음과 같이 주장했다.

성공적인 유전자에서 기대되는 지배적인 형질은 무자비한 이기심이다. 이 유전적 이기심은 개인의 행동에서 이기심을 낳는다. (중략) 그렇지 않으면 우리가 믿고 싶어 하는 것이지만, 보편적 사랑과 종種 전체의 복지와 같은 것은 진화적으로는 이치에 맞지 않는 개념들이다.

－Dawkins(1976: 2–3)

이 분석으로 도킨스는 암울한 결론에 도달했는데, 즉 '개인들이 공동의 선을 향하여 관대하게 그리고 이기적이지 않게 협력하는 사회를 건설하기 원한다면 생물학적 본성에서는 기대할 것이 별로 없다'(1976: 3)는 것이다(Box 4.1).

⊙ Box 4.1 **전쟁의 원인**

'전쟁의 주된 원인은 어디서 찾을 수 있을까?' 하는 질문에 대한 답을 정치철학에서 구할 수도 있다. 답들은 매우 다양하고 서로 모순적이어서 갈피를 못 잡게 만든다. 이 다양성을 정돈하기 위해 그 답들은 다음 세 개의 범주로 순차적으로 정리될 수 있다: 인간 속에, 개별 국가의 구조 속에, 국가 시스템 속에.

기만과 술책이 있고 그것들로부터 전쟁이 발생한다.

－월츠, 『인간, 국가, 전쟁(Man, the State, and War)』

힘의 균형에 대해 우호적으로 무슨 말을 하든지, 이것은 우리가 사악하기 때문이다.

－공자

모든 인간이 항상 평화 가운데 머물러 있는 것이 훨씬 좋다는 것은 진리다. 그러나 이것에 대한 보장이 없는 한, 모든 사람들은 그가 전쟁을 피할 수 있다는 보장이 없기 때문에, 자기 이익에 들어맞는 순간 이웃에게 선수를 치기 위해 먼저 전쟁을 시작하고 싶어 한다. 한편 그 이웃도 마찬가지로 자기에게 유리한 때 언제든지 공격을 방지하기 위해 선수를 치려 할 것이다.

－우드로 윌슨(Woodrow Wilson)

힘은 국가의 외적 목적을 달성하기 위한 수단이다. 무정부 상태에 놓여 있는 유사한 단위들 간에 불가피하게 발생하는 이익의 갈등을 조정할 수 있는 일관적이고 믿을 수 있는 과정이 없기 때문이다.

－루소

전쟁에 대한 인간 본성의 설명은 설득력 있지만, 적어도 두 가지 조건이 만족되어야 한다. 첫째, 동물 연구에서 얻어진 증거가 인간의 행동에 정말 적절한 것인가. 동물행태학자들은 그렇다고 한다. 왜냐하면 인간은 진화에 의해 동물계에 연결된 단순히 가장 상위의 동물이기 때문이다. 인간이 동물과 똑같이 본능을 가진다는 것을 부인하는 것은 지구상의 모든 생물을 연결하며 거의 보편적으로 인정되는 진화의 법칙을 부인하는 것이다. 그렇다고 해도, 우리는 생물학자가 연구한 종種 간의 일반화가 타당한 것인지 의문을 품지 않을

수 없다. 어쨌든 인간은 동물과 매우 다르다. 인간은 더 지적이다. 인간은 도덕적 판단력을 갖고 있다. 인간은 그들의 행동에 대해 사고하고, 앞서 계획한다. 어떤 이들은 이런 차이들이 매우 중요하므로 인간을 동물세계에서 구별되게 하며 그의 본능이란 것은 흔적으로 남아 있는 것에 불과하다고 주장한다. 월츠는 그의 저서 『인간, 국가, 전쟁』에서 인간의 본성이 전쟁을 야기한다는 주장은 별로 유용하지 않은데, 왜냐하면 인간 본성이 전쟁을 야기한다면 논리적으로 인간이 하는 다른 모든 것도 본성이 야기하기 때문이라고 했다. 그의 말에 따르면, '인간의 본성은 어떤 의미에서 1914년 전쟁의 원인이라 할 수 있다. 그러나 똑같은 논리로 그것이 1910년의 평화의 원인이기도 했다'(1959: 28). 바꿔 말하면 인간의 본성은 상수常數이고 인간이 보여준 광범위한 여러 행동들을 설명할 수는 없다.

좌절론

사회심리학자들은, 여전히 인간 속에서 전쟁의 원인을 찾기는 하지만, 본성보다는 사회적으로 훈련된 인간의 행동에 더욱 의거하는 설명을 제공한다. 전형적으로 그들은 공격은 좌절의 결과라고 주장한다. 인간이 욕망, 목표, 그리고 목적 등의 성취에서 좌절을 겪으면, 좌절감이 생기고 이는 출구가 필요한 억눌린 분노를 생성한다. 이는 종종 공격적 행동으로 나타나는데, 긴장을 배출하고 그 배출자가 기분이 좋아지게 하는 카타르시스적 효과를 갖는다. 공격은 보통 좌절을 야기한 사람에게 겨누어지는데, 때로는 희생양이 되는 무고한 사람에게 배출되기도 한다. 공격이 이차 집단에게 이전되는 이런 심리적 과정은 '감정전이'라고 불린다. 때로 개인은 그들의 억눌린 욕구와 야망을 자기가 속한 부족이나 국가에 투사한다. 라인홀드 니부어Reinhold Niebuhr의 말에 따르면, 권력과 명예에 대한 강렬한 욕망이 자신의 한계와 사회생활의 필요 때문에 좌절된 보통 사람은 자신의 에고ego를 민족에 투사하여 대리로 그 무정부적 욕망을 마음껏 탐닉한다(1932: 93).

폭력과 인간의 목적 추구 실패와의 상관관계를 강조하는 '좌절/공격' 가설은 공격에 대한 본능 이론보다는 훨씬 낙관적이다. 인생에 좌절은 피할 수 없다 하여도, 공격을 스포츠와 같이 무해한 활동으로 전환시키는 것(이를 심리학자들은 승화라 한다), 또는 좌절을 최소화하도록 사회를 조직하는 것(사회학자들은 이를 사회적 엔지니어링이라 한다)은 가능할 것이다.

오인론

전쟁은 정치가가 결정하지 않으면 발생할 수 없다는 것을 받아들이면서, 많은 사람들은 전쟁 결정이 종종 오인, 오해, 계산 착오, 판단 착오의 결과라고 믿는다. 기본적으로 이런 식으로 생각하는 사람은 전쟁을 '실수', 즉 사물을 사실대로 보지 못한 비극적 결과로 간주한다. 이것이 사실이라면, 전쟁은 악의에 의해서라기보다는 인간이 취약하고 오류를 범하기 쉽기 때문에 발생한다. 로버트 저비스Robert Jervis(1976)는 케네스 보울딩Kenneth Boulding의 아이디어에 기초하여 전쟁의 심리학적 원인을 이해하는 데 크게 기여하였다. 그는 다음과 같이 주장하였는데, 우리는 우리 주변의 세계를 이해하기 위해 우리 감각에 쏟아져 들어오는 엄청난 양의 정보를 걸러내는 현실의 '이미지'를 발전시킨다. 이러한 현실의 '이미지'들은 우리의 행동을 결정할 때 현실 그 자체보다 더 중요하다. 그것들은 우리가 현실을 있는 그대로 보는 것을 방해하는 왜곡된 렌즈로 작용하여 우리의 기존 선입견을 재확인하는 식으로 세계를 판단하도록 유도한다.

전쟁으로 이끄는 치명적으로 중요한 오인은 적의 의도와 능력에 대한 오판, 적수들 간의 군사적 균형에 대한 부정확한 평가, 그리고 전쟁의 위험과 결과를 정확하게 판단하지 못한 실수 등을 포함한다. 이런 종류의 오인은 갈등에 연루된 양측이 매우 자주 범하는 것이다. 예컨대, 그레그 캐쉬만Greg Cashman은 걸프전에서 사담 후세인이 쿠웨이트가 이라크의 빚을 탕감해주는 것을 꺼리고 기꺼이 석유 생산을 줄이려 하지 않은 것에 위협을 느꼈을지 모른다고 주장한다. 그는 이라크에게 정교한 무기를 허락하지 않으려는 미국-이스라엘-영국의 공동 음모를 감지했을지도 모른다. 다른 한편, 거의 모든 중동국가의 지도자들은 이라크의 위협을 과소평가했고 쿠웨이트가 침공당했을 때 놀랐다. 따라서 이라크의 지도자들은 그들의 이익에 미치는 위협을 과대평가한 반면, 이라크의 적수들은 이라크의 호전성을 과소평가했다(Cashman 1993: 63). 그러나 아마도 그중 가장 중대한 오인은 사담 후세인이 서구의 결연한 의지와 그에 대한 강력한 군사연대의 창출을 예측하지 못했다는 점일 것이다. 2003년의 이라크 전쟁에 있어서도 적어도 그 정도로 많은 오인이 있었다. 분명한 경고가 있었음에도 불구하고 사담은 미국과 영국이 침공하지 않을 것이라 생각했다. 미국과 영국 편에서는 사담이 대량 살상 무기를 소유하고 핵 능력을 획득하는 과정에 있다고 믿었다. 그들은 또 이라크 침공이 널리 환영받을 것이라 믿었고 이라크가 테러리스트의 천국이며 민주주의가 비교적 쉽게 건설될 수 있을 것이라 믿었다. 이 믿음의 어느 것도 사실이 아니었지만, 참여자들에게는 그들이 결정을 하는 데 있어 심리적인 현실이었다.

2차 대전 전에 히틀러는 영국이 싸우지 않을 것이라 잘못 믿었고 체임벌린은 독일을 양보로 달랠 수 있다고 잘못 믿었다. 1939년 전쟁의 발발을 가져온 다른 망상과 오인들은 테일러A. J. P. Taylor에 의해 규명되었다. 무솔리니는 이탈리아의 힘에 대해 망상을 품었고, 프랑스는 프랑스가 난공불락이라고 믿었다. 처칠은 영국이 전쟁에도 불구하고 강대국으로 남을 것이라 믿었고, 히틀러는 독일이 소련 및 미국과 함께 세계 지배를 놓고 경쟁할 것이라고 가정했다(Nelson and Olin 1979: 153-4). 영국에서는 독일의 전격전술blitzkrieg이 수 주 내로 프랑스를 패배시킬 것이라고 아무도 기대하지 않았고, 유럽 전역에서 사람들은 전략적 폭격의 위력을 지나치게 과대평가했다. 이런 많은 오해, 오판, 그리고 오인들을 고려할 때, 정치가들이 현실로부터 유리되었으므로 전쟁으로 돌입했다고 쉽게 주장할 수 있다.

1981년의 포클랜드 전쟁Falklands War에 대해서도 똑같은 점들을 지적할 수 있다. 많은 오인들이 있었다. 영국은 침략에 대한 아르헨티나의 의도를 심각하게 오해했고, 아르헨티나는 영국의 저항의지를 심히 오판하였다. 수년간 두 정부는 별 진전이 없기는 했지만, 주권의 양도를 놓고 부단히 협상을 지속하였는데, 보수당 정부는 아르헨티나의 군부가 협상 가능성이 소진되기 전에 사우스조지아South Georgia를 점령할 것이라고는 믿을 수 없었다. 영국 정부가 인지하지 못한 것은 아르헨티나인의 심리에 말비나스Malvinas 제도가 가지는 중요성, 그리고 행동하지 않을 수 없는 국내적 압력이 갈티에리Galtieri 대통령과 닥터 코스타 멘데스Dr Costa Mendez에게 부과되었다는 점이다. 한편 아르헨티나 정부 편에서는 20세기 말에 유럽 중심, 탈식민의 영국이 1만 마일 밖에 떨어져 있는 황무지의 제국주의 유물을 위해 피를 흘릴 각오가 되어 있다는 것을 믿을 수 없었다.

2차 대전 전에 독일에 팽배했던 오인과 포클랜드 전쟁 전에 아르헨티나에 있었던 오해는 이해할 만하다. 유화정책으로 전해진 시그널은 히틀러에게 그가 1936년에 라인란트를, 1938년에는 오스트리아와 수데텐을 무사히 삼켰으므로, 아마도 1939년 폴란드에 대한 공격도 무사히 해치울 수 있을 것이라고 암시했을 것이다. 포클랜드의 경우, 영국 외교가 일상적인 행보를 유지하고 그 지역에 특별히 신경 쓸 만한 군사력을 갖추지 않는다는 사실이 아르헨티나에게 영국은 포클랜드 섬의 운명에 그다지 관심이 없고 그 섬을 방위하지 않을 가능성이 높다고 암시했을 것이다. 아마도, 이 두 경우에는 시그널이 잘못 인식되었다기보다는 잘못된 시그널이 전해졌을 것이다. 어느 쪽이든, 영국의 적은 영국의 의도에 대해 중대한 오판을 하였고 그 결과 전쟁이 일어났다.

전쟁이 인지적 편견에 의해 생성된 오인과 오해에 의해 발생한다면 평화의 조건은 훨씬 분명한 사고, 보다 나은 국가 간 소통, 그리고 교육을 포함한다. 이런 생각이 유엔의 유네스코와 그곳의 모토인 '이해를 통한 평화'와 유네스코가 행하는 여러 가지 평화를 위한 교육 프로그램, 그리고 잠재적 적대국들을 컨퍼런스 테이블에 불러 모아 상호 더 잘 이해하게 만들려는 여러 시도들의 배경에 놓여 있다. 기본적 생각은 적대적 국가들을 불러 모아 상대의 관점을 인정하게 한다면 그것이 환상에 불과하거나 전쟁을 정당화할 만큼 심각하지 않게 보여, 이 국가들을 대립시킨 분쟁이 해결될 것이라는 것이다. 우리는 여기서 오해가 불식되기만 하면 자연적인 '이해의 조화'가 지배할 것이라는 사고의 잔재를 발견할 수 있을 것이다.

오인과 오해를 제거하면 전쟁이 예방될 수 있을 것이란 생각에 설득되기 전에, 한마디의 적절한 경고가 필요하다. 인간 심리에 내재된 인지적 취약성을 고려할 때 인간사에서 오인을 제거하는 것은 불가능할지 모른다. 단순화의 필요, 공감 능력 부족, 인종주의의 경향, 편견을 버리거나 인정하기를 꺼리는 경향, 이 모든 것들이 인간의 익숙한 약점인데, 이것들이 어느 정도의 오인을 불가피하게 만든다. 허버트 버터필드Herbert Butterfield는 인간 갈등의 기하학에 놓인 '환원할 수 없는 딜레마'를 규명하면서 이 점을 인정했다. 버터필드는 두 개의 잠재적 적국이 모두 무장하고 서로 마주 보고 있는 상황을 상상했다. 누구도 어떤 적대감을 품지는 않았지만 누구도 상대방의 의도를 확신할 수 없다.

> 너는 다른 사람이 가진 상대적 공포 속에 들어갈 수 없다. 그리고 그가 네 마음속을 볼 수 없기 때문에 너와 똑같이 네 의도에 대한 확신을 결코 가질 수 없다는 것을 네가 깨닫거나 기억하는 것은 결코 가능하지 않다.
>
> −Butterfield(1952: 21)

버터필드는 역사상 가장 큰 전쟁이 평화를 절실하게 원하지만 그의 인지적 한계가 상대방을 오해하게 만든 정치가들에 의해 발생하였다는 점을 밝혔다(Butterfield 1952: 19). (우수한 학생들은 버터필드가 말한 '궁극적 곤란ultimate predicament'이 최근에 '안보 딜레마'와 같은 전략 연구서에서 등장했다는 것을 깨달을 것이다.)

덧붙여, 모든 전쟁이 오인과 오해에 의해 발생한 것은 아니다. 비록 그것들에 둘러싸여 있기는 하여도. 어떤 전쟁은—아마도 대부분의 전쟁은—진정한 의견 차이와 이해관계의 충돌에서 연원하는데, 이런 경우 적국 간의 토론은 그들을 갈라놓은 분쟁의 성격을 더 잘 이해하게 할 뿐이다. 사실 이해의 증진이 어떤 경우에는 적국 간의 갈등을 더욱 악화시키기도 한다. 국가들이 서로 더 잘 이해하게 함으로써 국제적 증오와 의심이 줄어들 것이라는 주장이 제기되었을 때, 1883-1907년 영국의 이집트 총독이었던 에벌린 베링 경Sir Evelyn Baring은 '그들이 서로 더 잘 이해했을 때, 서로 더 증오할 것이다'라고 답했다(Waltz 1959: 50).

아마도 1930년대 대부분 시기에 영국이 독일과 평화 상태에 있었던 것은 영국이 히틀러를 이해하지 못했기 때문이라고 주장할 수 있을 것이다. 1939년 9월, 마침내 알아차리게 되었을 때 영국은 독일에 전쟁을 선포했다.

집단론

전쟁은 비록 개인이 시작하더라도, 정의상, 집단행동이다. 그것은 당파, 집단, 민족, 국가, 때로는 문명과 같은 인간 집단에 의해 수행된다. 이 때문에 어떤 이는 전쟁의 책임을 인간으로부터 그들이 속한 다양한 정도의 충성심을 가진 집단에 돌리기도 한다. 이런 주장을 하는 사람은 인간 그 자체에게는 그다지 크게 잘못이 없는데 그들이 살고 있는 사회구조에 의해 부패한다고 믿는다. 프리드리히 니체Friedrich Nietzsche의 말에 의하면, '광기는 개인에게 는 예외이지만 집단에는 규칙이다'(1966: 15). 인간 집단에는 무언가 폭력을 부추기는 것이 있다는 주장이다.

아마도 문제는 우리가 '우리'와 '그들' 사이에서 느끼는 차이에서 시작할 것이다. 인간이 부족, 국가 또는 민족과 같은 자기가 속한 집단과 자기가 잘 모르는 집단과의 사이를 구분 할 때, 갈등의 기초가 닦일 것이다. 어떤 집단이 자기들이 다른 집단과 다르다고 느끼는 인 식이 곧 자기들이 다른 집단보다 우수하다는 믿음으로 전화하는 것은 매우 쉽다. 따라서 이런 차이 의식은 쉽사리 집단 이기심, 집단 간 갈등, 그리고 궁극적으로 전쟁으로 비화한 다. 니부어Niebuhr가 관찰한 것처럼, '이타적 열정은 매우 쉽게 민족주의의 저수지로 흘러넘 치지만, 그 이상을 넘어 흘러가게 하기는 매우 어렵다'(Niebuhr 1932: 91).

르 봉G. Le Bon은 사회적 집단의 행동이 그를 구성하고 있는 개인의 행동과 다르다— 보통은 더 나쁘다—는 것을 발견한 초기의 사회심리학자 가운데 한 사람이다. 그는 군중 심리 아이디어를 발전시켰는데 군중 속에는 새로운 실체 또는 집단의식이 존재하게 된다 는 것이다. 그는 집단 속에서 개인은 그들의 정상적인 절제를 상실하고, 보다 영향을 받기 쉬우며, 보다 감정적이고 덜 이성적이게 된다고 믿었다. 이보다 더한 것은, 집단은 책임감 이 군중 속에 분산되어 개인에게 부과되는 무게가 경감되므로 책임감을 감소시킨다는 것 이다. 책임이 모두에게 있으므로(따라서 아무 데도 없으므로), 비난을 특별히 누구에게 돌 릴 수 없고, 이것이 인간 집단을 정상적인 도덕적 자제로부터 해방시킨다(Le Bon 1897: 41). 이런 생각이 니부어의 고전『도덕적 인간과 비도덕적 사회』라는 제목에 잘 녹아 있다. 에 릭 호퍼Eric Hoffer는 대중운동의 매력을 논의하면서 이 점을 생생하게 부각시켰다. '우리가 대중운동의 집단성 속에서 개인의 독립을 상실할 때 새로운 자유를 발견하는데, 증오ㆍ협 박ㆍ거짓말ㆍ고문ㆍ암살ㆍ배신 따위를 부끄러움이나 자책감 없이 할 수 있는 자유를 말한 다'(Hoffer 1952: 118).

인간은 언제나 분화된 집단 속에서 살아왔고 예견할 수 있는 미래에 이것은 변하지 않 을 것이다. 흥미 있는 질문은 어떤 집단이 다른 집단보다 전쟁을 하기 쉬운가 하는 것이다. 예를 들어, 국가 간 전쟁이란 맥락에서, 자본주의 국가가 사회주의 국가보다 더 호전적인 가, 그 반대인가? 이 질문에 분명한 답은 없다. 우리는 민주주의 국가들이 권위주의 국가 보다 평화를 사랑한다고 주장할 수 있는가? 이 역시 분명한 답이 없다. 비록 어떤 증거들 은 민주주의 국가들은 자주 싸우지 않는다고 제시하지만, 다른 역사적 증거들은 민주주의 국가들도 다른 유형의 국가들처럼 자주 싸운다는 것을 보여준다. (ISIS에 대한 투쟁뿐 아니 라) 이라크와 아프가니스탄에서의 전쟁이 보여주는 것처럼 민주주의 국가들도 인권을 옹 호하여 전쟁으로 개입하려는 열망을 보여주었다. 자유주의적 가치를 위하여 전쟁을 하려는 현재의 이런 유행은 평화로운 세계를 위한 좋은 전조는 아니다.

여러 관찰자들은 그러나 민주주의 국가들은 자기들 상호 간에는 잘 싸우지 않는다는 데 주목했다. 예컨대 마이클 도일Michael Doyle은 자유주의 국가들은 서로에게 보다 평화적이라고 했는데, 왜냐하면 그들 정부가 민주적 제도에 의해 보다 규제되고, 동일한 민주적 가치를 공유하고 있기 때문이라는 것이다. 자유주의 국가들 간의 상업적 상호의존 역시 그들에게 평화에서 오는 기득권을 가지게 한다(Doyle 1983, 1986). 도일과 그의 이런 견해를 공유하는 사람들이 맞는다면, 평화를 위한 한 조건은 민주주의의 확산일 것이며, 냉전이 종식된 후 이 조류는 더 빨라지고 있다. 처음으로 세계 정부의 거의 절반이 현재 민주주의 국가다. 그러나 민주주의의 확산이 평화를 증진시킬 것이라는 것은 가능성일 뿐이며, 그것을 무비판적으로 수용하는 것은 현명하지 않다.

🔒 요점 정리

- 어떤 사람들은 인간이 폭력적인 것은 유전적으로 폭력성이 내장되어 있기 때문이라고 믿는다. 그러나 전쟁이 본성적인 것인지 학습된 행동인지에 대한 논쟁은 계속 진행 중이다.
- 사회심리학자들은 공격이 좌절의 결과라고 주장한다. 어떤 사람들은 공격의 충동이 스포츠와 같은 무해한 행동으로 전화될 수 있다고 믿는다.
- 정치인의 오인, 오해, 오판 등으로 발생된 전쟁은 소통의 개선과 보다 정확한 정보로 예방될 수 있다.
- 어떤 사람들은 인간 집단에는 폭력을 부추기는 무언가가 있다고 믿는다.
- 민주주의 국가들도 다른 국가들처럼 자주 싸우지만, 그러나 그들 상호 간에는 싸우지 않는다는 증거들이 있다.

국가 '안'의 전쟁과 국가를 '넘어선' 전쟁

아마도 민주주의의 확산으로 인해, 국가 간 폭력은 수년 전보다 문제로 떠오른 경우가 적어지고 있다고 한다. 사실 1970년 이래 무장 충돌의 10퍼센트 이하가 전통적 목적을 위해 싸운 국가 간 전쟁이라는 것이 통계다. 물론 때로 전쟁은 '국가 안'과 '국가 간'의 범주를 넘나들기도 한다. 예컨대, 인도차이나 전쟁이 그 경우다. 식민지 전쟁으로 시작하여 내란으로 비화하고 미국과 그 동맹들이 베트남에 개입하는 국가 간 전쟁이 되었다. 2011년 리비아에서는 카다피 대통령에 대한 저항이 '아랍의 봄'으로 촉발되었으나 반군들을 지원하는 서방 세력의 개입으로 이어졌다. 그 결과 카다피는 전복되었는데 이는 내란과 국가 간 갈등의 경계가 분명치 않게 되었음을 의미했다.

국가 간 전쟁이 사라지고 있다는 이유의 하나는 세계화된 세상에서 정복의 가치는 소멸하고 경제적 및 정치적 비용은 상승하였다는 것이다. 생활의 수준을 개선하는 데 열중하는 국가들은 다른 국가를 정복해서 호전적인 세력들을 눌러놓으려는 시도에 돈을 쓰기보다 교육, 연구, 기술 등에 투자하려고 한다. 현재의 도덕적 분위기는 침략적 전쟁을 정당화하기 어렵게 만들고, 미디어 혁명은 전쟁을 개시함에 따르는 맹비난을 피하기 어렵게 만들었다.

루퍼트 스미스 장군General Sir Rupert Smith은 옛날식 전쟁은 낡은 모자와 같다는 인식에 동조하는 많은 논평가 중 최근의 한 사람일 것이다. 그는 폭력은 존재하지만 '미래에 전쟁은 국가 간에 싸우는 것이 아닐 것이다. 대신 사람들 간에 싸우게 될 것이다'라고 하였다(Smith 2006: 1). 장군의 말이 맞을지 모르지만 조금만 생각해보면 그와 그처럼 생각하는 사람들의 판단이 성급했을지 모른다는 것을 알 수 있다. 2006년 레바논에서 이스라엘과 헤즈볼라의 갈등, 2008년 러시아와 조지아, 그리고 2008년과 2014년 가자 지구에서 이스라엘과 하마스, 2014년 크림 반도를 두고 벌인 러시아와 우크라이나의 갈등, 이 모두가 이웃 간에 국경을 넘어 일어났다. 레비와 톰슨은 국가 간 전쟁이 국내 갈등보다 그 결과에 있어 훨씬 중요하다고 주장하였다(Levy and Thompson 2010). 머잖은 미래에 중요한 광물자원이나 화석연료가 바닥나기 시작하였을 때, 자본주의 국가들이 그들의 낭비가 심한 생활방식을 지탱하기가 점점 어려워진다는 것을 발견하고, 희소자원들을 위한 필사적인 쟁탈전을 벌이는 시나리오를 상상하는 것이 가능하다.

만일 그런 일이 발생하면, 선진 산업국가들은 필수자원의 공급을 확보하기 위해 국가 간 전쟁을 하거나, 아니면 망하거나 둘 중 하나를 선택해야 하는 엄중한 상황에 직면할 수도 있다. 석유를 예로 들어보자. 근대 산업국가에게 석유 공급을 거부하는 것은 생존 수단을 끊는 것과 같다. 어떤 국가도 자살을 한 경우는 없으므로 생존 수단의 파괴에 직면한 국가는 석유의 적절한 공급을 확보하는 데 필요한 모든 수단—국가 간 전쟁을 포함하여—을 동원할 것이다. 간단히 말해 그들이 평화적 의도를 가졌다고 자랑하는 모든 문명국가들에게도 국가 간 전쟁은 아직 내려놓을 수 있는 아젠다가 아니다.

국가 간 전쟁이 줄어들고 있다는 것을 인정하더라도, 이것은 국내전쟁 발생이 증가하고 있다는 것을 설명하지 못한다. 왜 내란이 자주 일어나게 되었는가에 대해 많은 이유가 있지만 가장 기본적인 것은 아마도 자국 영토 안에서 군사력을 독점하고 있던 세계의 많은 주권 국가들이 부족, 인종 집단, 테러리스트, 군벌, 파당집단 또는 무장단체 등과 같은 집단들에게 군사력의 독점을 빼앗겼기 때문일 것이다. 시리아의 갈등이 보여주듯이, 정부가 군사력의 독점을 상실했을 때 그들의 영토 안에 있는 사람들을 더 이상 통제할 수 없다. 국내 환경이 통치되지 않는 국제체제—따라서 전쟁의 구조적 원인이 되기도 하는—를 닮아가게 된다. 홉스적 무정부 상태에서 오래 묵은 갈등과 전에는 통제되었던 증오가 표면으로 분출된다. 우리는 이런 결과를 보스니아, 코소보, 체첸, 아프가니스탄, 시에라리온, 소말리아, 동티모르, 그리고 아이티에서 보았다.

인종전쟁에서 특히 끔찍한 것은 사람들이 그들의 행위나 그들의 정치 때문이 아니라 단지 그들이 누구인가 때문에 잔인하게 죽임을 당한다는 것이다. 르완다 투치족의 학살, 스리랑카의 타밀족, 이라크의 쿠르드족, 보스니아의 무슬림, 그리고 코소보의 알바니아인들의 처형이 그래서 끔찍한 것이다. 인종전쟁은 클라우제비츠의 정치적으로 동기화된 갈등과 다른데, 클라우제비츠의 전쟁은 교전국이 무엇인가에 불일치하여 국가 간 전쟁에 의해 불일치를 해결하고자 하는 것이며 도덕적·법적 규칙에 따라 행해지는 행동이다. 보통의 국가 간 전쟁을 합리적이나 문명화된 것이라 기술하는 것은 너무 지나칠지 몰라도 적어도 그 생각에는 약간의 일리가 있다. 인종전쟁은 아주 다르다. 그것은 보통 이해하는 대로 이익의 추구에 관한 것이 아니다. 그것은 악의에서 나오며 법적·도덕적 규칙에 의해 제재되지 않는다. 2014년 ISIS가 보여주듯이, '최종적 해결'과 같이 '종교적' 또는 '인종적 학살'은 20세기의 정치 어휘에 들어가는 가장 음험한 구절의 하나임이 틀림없다.

국가 간 전쟁으로 가장 비난받는 권위주의 정부들이 소련과 유고슬라비아와 같은 나라에서 내란을 예방하는 데 효과적 도구였다는 것은 아이러니다. 만일 대안이 대량 살상적 폭력이라면 오히려 홉스의 '리바이어던'이 더 매력 있을 것이다. 지구상에 존재하는 수천 개의 인종 집단이 더 이상 민족국가에 갇혀 있지 않는다면, 우리는 국제 사회가 수천 개의 소그룹으로 쪼개지는 현상에 직면할 것이다. 이런 규모의 '발칸화'는 더 평화로운 세계로 연결되지 않을 것이다. 그러나 내란의 기원에 대해 일반화하는 것이 가능할까?

내란의 원인을 다룬 중요하고 재미있는 문헌이 있다. 가장 활발한 학문 연구 분야의 하나가 '탐욕 대對 불만 논쟁'이다. 폴 콜리어Paul Collier와 안크 회플러Anke Hoeffler는 2000년 중요한 논문을 저술했는데 내란이 왜 발생했는지, 왜 상당 기간 지속되는지 등을 이해하는 데 '탐욕'이 '불만'보다 훨씬 더 중요하다고 주장했다. 그들은 원인의 경제적 설명에 초점을 맞추어 무장 갈등에 연관된 사람들은 대개 인종, 종교, 사회적 계급과 같은 그들의 정체성과 관련된 '불만'보다는 그들 자신의 재정적 상황을 개선하려는 욕구(탐욕)에 의해 추동된다고 주장하였다. 그들에 의하면 내란은 다이아몬드, 마약, 목재와 같이 약탈할 수 있는 자연자원이 있는 곳에서 더 일어나기 쉽다고 한다. 이 이론을 정당화하기 위해 종종 인용되는 예는 시에라리온·앙골라·콩고공화국의 갈등에서 다이아몬드, 캄보디아에서 목재, 아프가니스탄 갈등에서 반란군이 통제하는 아편 무역 등이다. 이런 견해에 따르면 반란군들은 종종 그들이나 그들 집단의 재정 상태를 개선하기 위해 내전을 계속하려는 동기를 가진다.

　'탐욕' 이론을 부정하는 이들은 억압, 불평등 또는 차별과 같은 것에 연관된 '불만'이 내란의 뿌리에 놓여 있기 때문이라고 믿거나 또는 내란은 '탐욕 대 불만' 이론이 제시하는 것보다 훨씬 복잡하다고 생각하기 때문이다. '탐욕'과 '불만'은 상호 연관되어 있거나 또는 다른 요소들이 개입되어 있을 것이다. 데이비드 킨David Keen은 그의 연구 '복잡한 비상사태 Complex Emergencies'에서 특정 갈등의 '구체적인 것'을 보는 것이 중요하다고 주장했다. 다른 종류의 갈등은 다른 원인을 가지며 그 원인들을 이해하기 위해서는 복수의 이론들을 조합하는 것이 필요하다('비판적으로 사고하기' 참조).

 비판적으로 사고하기

'탐욕'은 전쟁의 원인으로 '불만'보다 중요한가?

그렇다:

- **경제적 힘의 중요성**: 세계적으로 인종 갈등과 오래 묵은 정치적 분쟁이 내란을 발생시키지 않는다. 고질적 가난과 자연자원 무역과 같은 경제적 힘이 진정한 범인이다.
- **약탈 가능한 자원의 핵심적 역할**: 약탈 가능한 다이아몬드, 목재, 마약 같은 것에 대한 탐욕이 앙골라, 나이지리아, 콩고공화국, 캄보디아, 라이베리아, 시에라리온 같은 곳의 갈등에서 핵심 요소다.
- **'자원의 저주'의 중요성**: 내란의 중심에는 '자원의 저주'가 있다. 즉 자연자원이 풍부할수록 내란을 겪을 가능성이 높아진다는 것이다.
- **탐욕이 관건이다**: '불만 담론은 쇼윈도 장식에 불과하다.'

그렇지 않다:

- **가난과 정의의 역할**: 탐욕이 존재할 수도 있지만, 상대적 박탈감과 사회적 정의의 추구가 내란의 핵심에 놓여 있다.
- **사례 연구로서 리비아의 경우**: 카다피의 몰락과 함께 리비아는 탐욕에 기초한 폭동이론에 부합하지 않는다. 지역적·인종적 차이를 포함하는 수평적 불평등뿐만 아니라 경제적 불만과 정치적 권리의 부족과 같은 수직적 불평등 같은 여러 불만 요소들이 갈등의 주요 동기가 되었다.
- **부패와 인종성의 역할**: 우크라이나는 부패와 인종에 관련된 불만이 내란에서 중요한 역할을 한다는 것을 잘 보여주는 예다.
- **원인으로서의 종교**: 종교와 관련된 불만은 종종 내란의 근본적 원인이 되기도 한다. 이라크가 강력한 예다.

🔒 **요점 정리**

● 국가 간 전쟁은 하락세이고 국가 안의 갈등이 점점 더 자주 발생한다.

● 인종 갈등은 클라우제비츠의 모델에 잘 부합하지 않는다. 그것은 특히 폭력적이고 사람들은 그들의 행동이나 정치 때문이 아니라 그가 누구인가 하는 이유 때문에 학살당한다.

● '탐욕'과 '불만'이 내란의 주요 원인이라고 믿는 사람들 간에 주요한 논쟁이 있다.

➕ **맺음말**

'질병'에 대한 '치료법'이 부족한 것은 아니다. 어떤 것은 기괴하다. 예컨대, 라이너스 폴링 Linus Pauling은 한때 전쟁은 비타민 부족으로 야기되는 것이므로 적절히 약을 섭취함으로써 거기서 벗어날 수 있을 것이라고 제안했다. 다른 것들도 있는데 인간성 변화에 대한 요구, 국가 시스템을 재건해야 한다는 주장, 세계의 부를 평등하게 재분배해야 한다는 주장, 무기를 소멸시켜야 한다는 주장, 또는 인류를 '재교육'시켜야 한다는 주장 등은 학자들이 규명하는 여러 원인들로부터 논리적으로 흠 없이 도출된 것들이다. 그러나 가능한 장래에 그것들을 실현할 전망이 없으므로 어떤 의미로는 그것들이 전혀 해결책이 될 수 없다. 평화를 위한 똑같이 비현실적인 제안에 대해 말한 헨리 4세의 유명한 논평은 아직도 적절하다. 왕이 말하기를, '그것은 완벽하다. 그 안에서 한 가지만 빼고는 아무런 결점도 찾아볼 수 없는데, 그 한 가지는 어떤 세속 군주도 그것에 찬성하지 않을 것이라는 점이다.' 헤들리 불 Hedley Bull은 그런 해결책이 국제 관계에 대한 사고의 오염이며 적절한 관심으로부터 이탈하는 것이라고 비판하였다(Bull 1961: 26-7).

우리는 가능한 것의 한계를 인정하는 것으로 시작해야 한다. 아마 우리는 외교 · 소통 · 위기 회피 · 위기관리 등의 기술을 개선함으로써, 그리고 타인의 이익에도 민감한 계몽된 자기 이익의 개념을 발전시킴으로써, 또 국제법의 범위를 확장시켜 현재의 도덕적 규제 위에 기초하게 함으로써, 또 책임 있는 민간–군의 관계를 통해 군의 힘을 관리하는 법을 배움으로써, 또 국제기구와 세계무역을 통해 협력을 강화함으로써, 앞으로 나갈 수 있는 길을 만들어낼 수 있을 것이다. 이것들은 전쟁 문제에 대해 대단한, 급진적인 또는 쉽고 간단한 해결책이 아니다. 그것이 바로 현실 외교정책 결정이 정원 만들기보다는 제초 작업과 더 가까운 이유다. 그러나 그것들은 적어도 전쟁의 빈도를 줄이고 아마도 전쟁의 파괴성을 제한할 가능성을 제공하는 현실적인 수단들이다. 비록 전쟁이 소멸될 수 있다 하여도 우리는 평화가 모든 인간의 반목을 해결할 만병통치약은 아니라는 것을 기억할 필요가 있다. 평화는 단지 전쟁이 없는 상태이며 갈등이 없는 것은 아니다. 냉전이 입증하듯이, 전쟁을 수행하듯 평화도 관리할 수 있다. '평화'와 '전쟁'이 보통 반대로 간주되지만 양자는 모두 모든 사회생활에 고질적인 갈등의 측면이라는 데는 일리가 있다. 전쟁은 단지 그 폭력성에 의해서 평화와 구분되는 특별한 종류의 갈등이다. 평화가 만병통치약이 아니라는 사실은 지도자들이 평화냐 전쟁이냐의 엄중한 선택에 직면했을 때 왜 때때로 전쟁을 선택하는지를 설명해준다. 어떤 종류의 평화—예컨대 독재 치하의—는 어떤 종류의 전쟁보다 나쁘다. 바꿔 말하면, 거의 모든 사람이 평화를 원해도(엄격한 평화주의자는 별도로) 거의 누구도 평화만을, 또는 어떤 값을 치르라도 평화만을 원하지는 않는다. 만일 그렇지 않다면 전쟁의 문제는 사라질 것인데, 왜냐하면 국가들은 최후의 수단으로 항복함으로써 전쟁을 피할 수 있을 것이기 때문이다. 항복은 평화를 가져오겠지만 그것은 거의 확실히 국가가 원하는 다른 것들—독립, 정의, 번영, 자유—등의 상실을 동반할 것이다. 결정적 시기가 오면, 지도자들은 어떤 근본적인 가치나 목표를 위해서는 싸울 가치가 있다고 생각할 것이다.

　물론 사람들이 이상적으로 원하는 것은 전 세계적인 정당한 평화다. 불행하게도 이것은 이룰 수 없는 꿈이다. 그것은 누구의 정의가 지배적이 되어야 하느냐에 관한 합의를 요구한다. 그것은 세계의 부를 가진 자로부터 가지지 못한 자에게로 재분배할 것을 요구한다. 정당한 평화는 종교적 정치적 운동—무슬림, 기독교, 유대교, 힌두교, 공산주의, 자본주의—이 서로 관용해야 할 것을 요구한다. 그것은 문화적 제국주의의 종식과 다른 문화적 가치들이 동등하게 타당하다는 합의를 요구한다. 그것은 아마 국경의 소멸과 '그들'과 '우리'라는 사고방식을 가진 분화된 사회의 소멸을 요구한다. 간단히 말해, 그것은 인류가 전에는 결코 행하지 않았던 방식으로 행동할 것을 요구한다. 정의와 평화는 함께 갈 수 없으므로, 정치가들은 양자 사이의 선택을 끊임없이 계속해야 할 것이다. 정의의 추구는 전쟁의 수행을 요구할 것이고 평화의 추구는 부정의를 참을 것을 요구할 것이다. 냉전 기간 동안 서방의 정치가들은 동유럽을 공산주의 치하의 운명에 처하도록 버려두면서 평화가 정의보다 중요하다고 생각했다. 그 생각은 아마도 옳을 것이다. 냉전이 끝나고 나서 그들은 정의를 평화보다 우선시하는 경향을 보이기 시작했다. 인권과 민주적 가치를 옹호하면서 개입전을 벌임으로써 야기된 폭력 분출 사태를 보라. 지금 중요한 질문은 평화와 정의의 우선순위를 갖고 씨름하는 데 있어, 우리가 균형을 바르게 취하고 있는가, 또는 서구의 가치와 인권에 대한 현재의 열광이 전쟁의 문제에 대해서는 약간 무심한 태도를 의미하는 것은 아닌가 하는 것이다. 아마도 평화의 이익을 위해서, 정당한 전쟁이 아니라 필요한 전쟁을 한다는 현실주의 정책을 지지하면서 무언가 할 말이 있을 것이다.

❓ 생각해볼 문제

1. 전쟁의 원인은 각각의 경우가 모두 독특한가 아니면 전쟁의 원인에 대해 일반적인 유사성과 유형을 찾아내는 것이 가능한가?
2. 민주주의의 확산이 전쟁의 문제를 해결할 것이라 생각하는가?
3. 평화의 추구와 정의의 추구 중 어느 편에 우선순위를 두는가?
4. 공격적 행동은 본능적인가 학습된 것인가?
5. 전쟁이 오판과 오인의 결과라는 주장은 얼마나 설득력이 있는가?
6. 전쟁은 불가피한가?
7. 전쟁은 정책의 도구인가 혹은 불합리성의 분출인가?
8. 국가 간 전쟁은 한물가고 있는가?
9. 국제질서가 '불간섭'의 원칙에 근거하고 있다면, 예컨대 리비아 또는 시리아의 경우에, 주권국가의 국내 문제에 군사적으로 개입하는 것이 어떻게 정당화될 수 있는가?
10. 전쟁의 문제가 교육을 통해 해결될 수 있는가?

📖 더 읽을거리

J. S. Levy and W. R. Thompson, *The Causes of War* (Chichester: Wiley-Blackwell, 2010)
　　국가 간 전쟁과 내란에 대한 주도적 이론들에 대해 포괄적인 분석을 제공한다.

R. Niebuhr, *Moral Man and Immoral Society: A Study in Ethics and Politics* (New York and London: Charles Scribner's Sons, 1932)
　　윤리와 갈등에 대한 최고의 연구 중 하나다.

E. Nietzsche, *The Philosophy of Nietzsche* (New York: New American Library, 1966)
　　니체의 견해에 대한 유용한 소스다.

S. P. Rosen, *War and Human Nature* (Princeton, NJ: Princeton University Press, 2005)
　　신경과학과 생물학 연구가 전쟁 연구에 기여하는 바를 분석한다.

S. Van Evera, *The Causes of War* (Cornell: Cornell University Press, 2009)
　　전쟁의 원인에 대한 최신 분석을 제공한다.

K. Waltz, *Man, the State, and War* (New York: Columbia University Press, 1959)
　　전쟁의 원인에 대한 최고의 연구 중 하나다.

🖥 웹사이트

https://ideas.repec.org/p/wbk/wbrwps/2355.html
　　내란의 원인에 대해 '탐욕' 과 '욕구불만'에 대한 폴 콜리어의 견해에 대한 분석이다.

http://www.delmar.edu/socsci/rlong/intro/perspect.htm
　　전쟁의 원인에 대한 재미있는 사회학적 분석을 제공한다.

Robert A. Hinde, *The Psychological Basis of War*(http://www.unc.edu/depts/diplomat/AD_
　　Issues/amdipl_7/hinde.html)
　　전쟁의 심리학적 원인에 대한 또 하나의 유용한 소스다.

데이빗 킨은 '탐욕' 과 '욕구불만' 사의의 연계를 eprints.lse.ac.uk/44901에서 본다.

5 전략 문화

제프리 렌티스(Jeffrey S. Lantis) · 대릴 하울렛(Darryl Howlett)

 독자 안내

이 장은 전략 문화(strategy culture)가 어떻게 국제 영역에서 많은 주체들의 안보 정책에 대한 분석과 학문적 이해를 돕는가를 살펴본다. 이 접근은 세계의 많은 갈등들이 문화적 차원의 특징을 노출하고 있는 것으로 보이기 때문에 특히 돋보인다. 이 장은 세 부분으로 나뉜다. 첫째, 냉전기의 문화와 핵전략과의 관계를 탐구하는 접근들을 개괄한다. 이 부분은 여러 문헌들에 나오는 전략 문화의 원천에 대한 시놉시스를 포함한다. 둘째, 전략 문화에 관련된 여러 이론적 이슈들에 대해 토론한다. 안보 연구에 대한 구성주의적 접근의 기여, 전략 문화 '소유'의 문제, 비국가 · 국가 · 복수-국가의 주체가 고유한 전략 문화를 소유할 수 있는가에 대해 논의한다. 셋째, 전략 문화와 대량 살상 무기의 획득과 사용 위협의 관계에 대해 탐구한 최근의 저작들을 개괄한다.

머리말

이 장에서는 현대세계에서 전략 문화가 학문적 영역과 정책 결정 영역에서 가지는 타당성에 대해 개괄해보려 한다. 전략 문화는 전략과 안보에 관해 지배적인 신현실주의 가설에 도전하고 이를 더욱 풍성하게 할 것이다. 이는 여러 다른 국가들의 현재의 안보 정책 선택을 이해하는 귀중한 시각을 더하여, 국가의 행동에 관한 물질적이고 이념적인 설명 사이를 매개해줄 것이다.

　많은 사람들은 문화가 전략적 정책 결정에 중대한 영향을 미친다고 생각하며 최근에는 국제 안보에서 문화의 역할에 대한 탐구에 새로운 학문적 정책적 관심이 생겨났다(Johnson, Kartchner, and Larsen 2009; FIU-SOUTHCOM 2010; Lantis 2014). 학자들과 현장에서 사람들이 유엔과 중국 · 러시아 · 이란 같은 나라들과의 관계, 유럽의 안보협력, 중동의 갈등, 반테러 정책, 대량 살상 무기 확산과 같은 주제를 전략 문화란 렌즈를 통해 연

구하기 시작했다. 이라크, 시리아, 그리고 아프가니스탄에서 테러리즘의 도전과 반란 등
도 정치적 · 전략적 차원에서 문화적 사고의 중요성을 강조하고 있다.

다양한 전략 문화의 영향을 인정하는 것은 특히 21세기 안보 영역에서 더욱 타당한 것
같다. 이것은 사업에서 자기 민족 중심주의를 인정하고 극복하려고 노력해야 함을 필요로
한다(Booth 1981). 지니 존슨Jeannie Johnson과 케리 카취너Kerry Kartchner, 그리고 제프리 라슨
Jeffrey Larsen은 다음과 같이 기술하였다.

> 모든 문화는 그들의 구성원이 주어진 상황에 대해 정해진 형태의 반응을 보이게 하는 동
> 시에, 그들이 특정한 식으로 생각하도록 조건 짓는다. 따라서 문화는 우리의 인식과 사건
> 에 반응하는 우리의 선택 범위를 제한한다. 그러나 사회가 심한 충격과 재난을 겪을 때
> 문화가 더욱 열린 마음이 되지 않을 수 없게 하며, 그들 앞에 닥친 충격을 완화하고 이해
> 하기 위한 탐구심에서 새로운 설명, 새로운 패러다임, 새로운 사고방식 등에 민감하게 된
> 다. 9 · 11이 미국에게 그렇게 하였다.
>
> -Johnson, Kartchner, and Larsen(2009: 5-6)

따라서 안보 딜레마에 대한 종합적 이해를 위해서는 비서구문화에서는 다른 사고와 다
른 행동을 할지 모른다는 가능성을 받아들이기 위해 자기 자신의 문화적 시각에서 벗어날
필요가 있다. 이런 사업에 참여하는 것이 전략 연구가 전통적으로 너무 서구 중심적이었다
는 비판을 감소시키는 데 도움이 될 것이다. 이것이 안보 정책을 순전히 물질적 기회와 외
부 환경에서의 구속 요인이 결정하는 것으로 해석하는 것에서부터 탈피하게 할 것이며, 대
신 문화적 · 이념적 그리고 규범적 영향이 국가와 리더의 동기에 어떻게 영향을 미치는지
를 인식할 수 있는 길을 제공할 것이다(Glenn 299: 523).

문화와 전략에 대한 사고

문화와 전략에 대한 연구에 세 가지 주된 접근법이 있다. 첫째는 문화를 전략적 행동에 대
해 가치가 부가된 설명으로 보는 것이다. 문화는 국가의 이익과 힘의 분배에 중심을 둔 이
론들을 보완함으로써 설명의 갭을 메꾸는 데 사용된다. 문화는 행동에 영향을 미치는 변수
로 인식되지만 국제체제의 압력에 보조적인 요소로 특징지어진다. 두 번째 접근법은 문화
를 어떤, 전부는 아니라도, 전략적 행동을 설명할 수 있는 개념적 도구로 간주한다. 이 접근
법은 검증 가능한 그리고 누적적인 연구 프로그램에 기여할 전략 문화 이론을 창출하기 위
해 정치심리학과 같은 다른 영역의 지식 분야에 의지한다. 이런 의미에서 전략 문화는 국
제 안보에서 정책 결정을 설명할 독립변수이며 신현실주의나 신자유주의적 제도주의보다

낫다. 세 번째 학문적 접근법은 인간 행동의 측면은 주어진 전략 문화에 침잠해야만 이해될 수 있다고 주장한다. 결과적으로 검증 가능한 이론의 탐구는 성취할 수 없다. 어떤 인류학자와 사회학자는 문화와 전략의 관계가 그것이 말해진 것과 말해지지 않은 것의 복합으로 구성되므로 지나치게 복잡하다고 한다. 따라서 그들은 문화가 전략에 미치는 영향을 측정하는 것은 불가능하다고 주장한다(Box 5.1).

🔘 Box 5.1 문화에 대한 다른 시각

문화는 언어, 가치, 그리고 민주주의와 전쟁의 무용성에 대한 지지와 같은 실질적인 믿음 등을 포함하는 '해석적 코드'로 구성되어 있다.

-Parsons(1951)

문화는 역사적으로 전수된 의미의 패턴인데, 이 의미의 패턴은 상징과 상징적 형태로 표현된 개념의 체계 속에 구현되어 있으며, 우리는 이를 수단으로 우리의 삶에 대한 태도와 지식을 소통하고, 지속하고, 그리고 발전시킨다.

-Geetz(1973)

정치문화는 정치 시스템과 관련된 사회의 믿음과 가치의 하부체계다.

-Almond and Verba(1965)

정치문화

문화가 전략적 결과에 영향을 미칠 수 있다는 생각은 투키디데스Thucydides와 손자孫子 Sun Tzu의 저술을 포함한 고전작품 속에서 처음 발견된다. 19세기에 프러시아의 군사 전략가 카를 폰 클라우제비츠Carl von Clausewitz는 전쟁과 전투전략을 '도덕적·물리적 힘의 테스트'로 규정하였다(Howard 1991c: A23). 그가 주장하기를, 전략의 목표는 전장에서 적을 격파하는 것 이상, 적의 사기를 제거하는 것이라고 하였다.

2차 대전은 국가의 독특한 '민족적 특징'에 대해 새로운 물결의 연구를 촉발시켰는데, 민족적 특징이란 언어, 종교, 관습, 그리고 공동의 기억에 대한 해석 등에 뿌리내리고 있다. 학자들은 국가의 민족적 특징이 어떻게 그들이 전쟁을 하도록 유인하는지에 대해 호기심을 갖게 되었다. 예를 들어 어떤 사람들은 일본 문화가 어떻게 미국 전함에 대한 카미카제 특공대의 공격과 멀리 떨어진 남태평양의 섬에서 목숨을 건 전투처럼 자기희생 정신을 발현시켰는지를 이해하려고 했다(Benedict 1946).

이런 저술이 문화를 물화하고 스테레오 타입을 부추긴다는 비판을 받는 한편, 마거릿 미드Margaret Mead와 클로드 레비스트로스Claude Lévi-Strauss를 포함한 인류학자들은 이런 연구를 정교화하기를 계속했다. 1980년대에 사회학자 앤 스와이들러Ann Swidler는 문화를 광범위하게 '의미의 상징적 전달체'로 구성된다고 하였는데, 여기서 의미의 상징적 전달체란 믿음, 의식儀式적 관행, 예술형태, 의식, 그리고 언어, 가십, 스토리, 일상생활의 의식 같은 비공식적인 문화적 관행을 포함하는 것이다(Swidler 1986: 273). 막스 베버Max Weber와 탤컷 파슨스Talcott Parsons의 주장에 기초하여 그녀는 이익에 주도된, 문화적 '행동의 전략'은 국가의 행동에 대한 중요한 매개조건이라고 주장하였다.

한편 정치학자 가브리엘 앨먼드Gabriel Almond와 시드니 버바Sidney Verba는 정치문화의 비교연구에 대한 관심을 창출하였는데, 정치문화란 '정치 시스템에 관련된 사회의 믿음과 가치의 하위체계'라고 규정하였다. 정치문화는 민주적 원칙과 제도와 같은 가치, 도덕에 대한 생각, 그리고 힘의 사용, 개인과 집단의 권리, 그리고 세계에서 국가의 역할에 대한 방향성 등에 대한 지향성을 포함한다. 앨먼드와 버바의 주장에 따르면 이 정치문화는 적어도 세 가지 레벨에서 나타난다. 첫째는 인식적 레벨로, 이것은 경험적인 인과적 믿음을 포함한다. 둘째는 평가적 레벨로, 이는 가치·규범·도덕적 판단으로 구성된다. 셋째는 표현적이고 감정적 레벨로, 이것은 감정적 애착, 정체성과 충성심의 패턴, 그리고 애정, 혐오, 무관심의 감정을 망라한다(Duffield 1999: 23에서 인용).

그러나 문화에 대한 사회학적 모델이 점점 복잡해졌지만 정치문화에 대한 후속 연구들이 이론적 정교화를 산출하지 못했다. 비평가들은 문화적 접근법이 주관적이며 정치문화의 설명력이 그 주장자들이 주장하는 것보다 훨씬 제한되어 있다고 한다. 이때는 사회과학에서 행태혁명이 중요한 영향을 끼친 때였고, 따라서 주류 국제 관계론 학문계에서 문화적 분석에 대한 관심이 사라지는 데 기여했다.

전략 문화와 핵 억지

1977년 잭 스나이더Jack Snyder는 근대 안보 연구에 소련의 핵 독트린을 해석하기 위해 전략 문화이론을 개발함으로써 근대 안보 연구에 문화를 도입하였다. 그때까지 핵전략에 대한 지배적 접근법은 합리적 효용성의 계량경제학적 처리로 형성되었다. 미국과 소련은 전략핵 영역에서 상대의 움직임에 대해 계산된 방식으로 대응하는 합리적 행동자로 간주되었다.

미-소의 핵 상호작용을 분석하는 스나이더의 대안적 접근법은 두 국가 간의 뚜렷한 전략 문화 차이에 초점을 맞추었다. 스나이더의 연구는 문화적 특성을 강조한 앞선 군사문제 연구들에 의해 깊이 영향을 받았는데, 바실 리들 하트Basil Liddell Hart의 고전인 『영국식 전쟁 The British Way in Warfare』(1932), 러셀 위글리Russell F. Weigley의 『미국식 전쟁The American Way of War』(1973) 등이다. 스나이더는 엘리트들이 전략-군사 문제에 관해 그 사회 특유의 전략 문화를 표명해내는데, 이는 독특한 전략적 사고의 형태로 사회화되어 응집된 공공의 여론이 반영되어 표현된 것이다. 그는 '핵전략에 관해 일련의 일반적 믿음, 태도, 그리고 행동 패턴이 단순히 정책이라기보다 '문화'적 차원으로 자리 잡아 반영구적 지위를 획득하였다'라고 주장했다(Snyder 1977: 8). 스나이더는 소련의 군부가 힘의 선제적·공격적 사용을 선호하는 성향을 보였고, 이것의 기원은 러시아의 불안정과 권위주의적 통치의 역사에서 발견된다고 하였다(Box 5.2).

◉ Box 5.2 **전략 문화의 정의**

전략 문화는 핵전략에 관한 일련의 믿음, 태도, 그리고 행동 패턴이 반영구적 지위를 획득하여 단순히 정책이 아니라 '문화'의 차원으로 자리 잡은 것을 말한다.

-Snyder(1977)

전략 문화는 '행동의 선택을 제한하는 이념적 환경'이며 전략적 선택에 대한 특별한 정향성을 여기서 끌어낸다.

-Johnston(1995)

전략 문화는 힘의 사용에 대한 독특하고 지속적인 일련의 믿음, 가치, 습관을 말하는데, 이것은 지정학적 환경, 역사적·정치적 문화와 같은 근본적인 요소들에 뿌리박고 있다.

-Booth and Trood(1999)

전략문화의 후속 연구들은 미소 관계와 핵전략의 이념적 기초를 탐구하였다. 콜린 그레이Colin Gray는 역사적 경험의 특정한 흐름 안에 깊이 뿌리를 둔 개별적 민족 스타일이 강대국의 전략적 사고의 발전을 특징짓는다는 주장을 제시하였다. 따라서 전략문화는 전략이 논의되는 환경을 제공하고 전략적 정책 패턴의 독립적 결정자로서 기능한다. 스나이더와 같이 그레이는 전략문화가 안보 정책에 반영구적 영향을 줄 것이라 간주하였다(Gray 1981: 35-7). 동시에 켄 부스Ken Booth는 인종 중심주의가 전략의 이론과 실천 모두에서 실수의 원인이 될 수 있다는 점을 우려하였다. 부스에게 인종 중심주의는 전략가가 문화에 구속되어 자기 문화의 태도에서 벗어날 수 없고, 그 세계에 속한 사람의 시각에서 세계를 다르게 재창조한다는 것을 의미하였다(Booth 1981:15).

이런 선구자적 연구들이 이념적 요소들에 대한 주의를 요청하지만, 전략문화 이론가들 중에는 이것을 이성주의와 '이것 아니면 저것'식의 문제로 보는 사람은 별로 없다. 그럼에도 불구하고 회의론자들은 문화이론의 성장을 전통적 전략사고에 대한 도전으로 인식하고, 전략문화이론이 너무 주관적이며 협소한 맥락적 역사학에 의존한다고 주장한다. 문화의 개념을 의미 있게 조작화operationalizing하는 것이 어렵다는 의문에 기초하여, 비판가들은 문화이론의 초기 주창자들이 전략문화의 분석적 그리고 정책 결정적 적실성에 대해 과장하였다고 주장하였다.

🔒 **요점 정리**

● 문화와 전략적 행동을 연계시키는 초기의 연구들은 언어, 종교, 관습, 사회화, 그리고 공통의 역사적 경험에 대한 해석의 산물로서의 '민족적 특징'에 초점을 맞추었다.

● 앨먼드와 버바는 그들이 "정치문화"라고 명명한 것의 특징을 규명함으로써 문화적 접근법을 정치학에 통합시켰는데, 정치문화는 민주주의 원칙과 제도와 같은 가치, 도덕성과 힘의 사용에 대한 관념, 그리고 세계 속에서 국가의 역할에 대한 편향성 등을 포함한다.

● 잭 스나이더는 '전략적 문화'라는 개념을 설정하여 문화와 핵전략 간의 관계에 초점을 맞추었다. 이것은 억지 연구에 전략문화를 적용시키는 데 중요한 기여를 했다.

전략 문화의 원천

물질적이고 이념적인 요소를 포함하여 전략 문화의 몇 개의 원천이 이 책에서 규정된다. 첫째, 지리, 기후, 그리고 자원이 수천 년 동안 전략적 사고의 핵심 요소이며 오늘날에도 전략 문화의 중요한 원천으로 남아 있다. 지리적 환경은 왜 어떤 나라가 특별히 그 전략을 선택했는지를 이해하는 열쇠가 될 수 있다. 예컨대 강대국에 근접해 있다는 것이 중요한 요소로 간주된다. 예를 들면 노르웨이와 핀란드의 경우 양국은 조심스러운 행보를 해왔고 어떤 문제에는 중립을 지켰는데 왜냐하면 냉전기에 그들의 가까운 이웃 국가가 소련이었기 때문이다(Graeger and Leira 2005; Heikka 2005). 오스트레일리아같이 상대적으로 고립된 경우 과거 자기 대륙의 방위에 주로 초점을 맞추게 했다. 더하여, 대부분의 영토적 국경이 협상에 의해 정착되는 데 비해 어떤 것은 갈등을 통해 강요되고 계속 경쟁 상태로 남아 있기도 하다. 어떤 나라는 복수의 국경을 가지고 복수의 안보 딜레마에 직면하기도 한다. 그런 요소들은 이스라엘과 대한민국 같은 나라의 전략적 방향성을 형성하기도 한다. 남한(대한민국)은 지역 경쟁자인 일본과 중국뿐 아니라 북한(조선민주주의인민공화국)과의 지리적 근접성으로 불안을 겪었다(Kim 2014). 핵심 자원에 대한 접근을 확보하는 것이 전략에 중요하기도 한데, 이것과 다른 요소들이 오늘날 변화하는 글로벌 영토와 자원 환경에 특히 중요하다.

역사와 경험은 전략 문화의 진화에 중요한 고려 요인이다. 국제 관계 이론은 국가를 분류하는 몇 가지 방법을 제시하는데, 약소국에서 강대국, 식민에서 탈식민, 그리고 전근대, 근대, 탈근대 등을 망라하는 것이다. 이것은 다른 종류의 국가가 다양한 물질적·이념적 자원을 가지고서 다른 전략적 문제에 직면할 수 있고, 독특한 반응을 보일 수 있다는 관점을 제기한다. 신생국가에게는 민족국가 형성nation-building의 어려움이 불안을 가중시키고 전략 문화의 정체성을 형성하는 데 영향을 미친다. 반대로, 오래된 국가는, 그들의 존재의 장구함이 강대국과 문명의 흥망에 기여하는 요소들에 대해 고려하게 만들고 그에 맞는 정책을 형성하게 할 것이다.

어떤 학자들은 세대의 변화와 기술, 특히 정보와 통신기술이 힘의 강화와 전략적 확대와 같은 이슈에 중요한 영향을 미친다고 주장한다. 정보기술이 사회를 변화시키는 한편, 개인이나 집단이 새로운 방식으로 소통하는 것을 가능케 하고 원거리에서 혼란을 야기하기도 한다. 이런 기술들이 개인과 집단의 정체성을 역사상 이전과는 다른 방식으로 강화시킬 수 있다.

전략 문화의 또 다른 원천은 국가의 정치구조와 방위조직의 속성이다. 어떤 나라들은 광범위하게 서구 자유민주주의 스타일의 정부를 선택하고, 다른 나라들은 그렇지 않다. 어떤 나라들은 성숙한 민주주의인 반면 다른 나라들은 민주주의로 전환해가는 과정을 지나고 있기도 하다. 후자의 경우는 영토의 내부와 국경을 가로질러 부족적·종교적 또는 인종적 충성심이 존재하여 민주주의의 공고화의 속도와 깊이를 결정한다. 유사하게, 많은 사람들은 방위조직을 전략 문화에 중요한 것으로 간주하지만 이 조직들이 가지는 정확한 영향력에 대해서는 의견이 다르다(Scobell 2014; de Castro 2014). 군사 독트린, 민간-군부 관계, 그리고 무기 조달 관행 등도 역시 전략 문화에 영향을 끼칠 수 있다(Adamsky 2010).

신화와 상징들도 모든 문화적 범주의 일부로 간주되면 전략 문화의 정체성의 진화에 안정적 혹은 교란적 요소로 작용할 수 있다. 신화도 근거가 없거나 또는 오류의 무엇인가로 이해되는 전통적인 인식과 다른 의미를 가질 수 있다. 존 칼버트John Calvert는 이것이 '사회의 근본적이고, 대체로 무의식적인 또는 당연히 그렇다고 간주되는 정치적 가치를 표현하는 일련의 믿음'을 지칭할 수 있다고 기술한다(Calvert 2004: 31). 동시에 역사적 이야기들도 국가의 역할에 대한 인식에 영향을 미친다. 마리크 브로우닝Marijke Breuning에 의하면, 역할은 국제 환경과 국가의 관계, 국제 환경의 속성, 그리고 행동규칙의 이해에 대해 가진 문화적인 '공리적 믿음'의 연장이다(1997: 113). 이런 역할은 다른 외교와 안보 정책의 행태에서 표현되어 나타난다.

상징과 연관된 연구들이 제시하기를, 이 상징들은 공통적으로 인식된 사회적 물체로서 행동하며, 전략적 사고와 행동을 위한 안정적 준거점을 가진 문화적 공동체를 제공한다고 한다(Elder and Cobb, Poore 2004: 63에서 인용). 에스토니아에서 2000년 후반 일어난 정치적 불안과 사이버 공격은 상징이 얼마나 강력할 수 있는가를 보여준다. 이 혼란 사태는 에스토니아가 소비에트 전쟁기념관을 수도 탈린에서 군공동묘지로 옮기려고 결정한 것에 의해 촉발되었다. 러시아와 에스토니아의 인종적 러시아계 사람들에게 그 동상은 2차 대전에서의 역사적 희생과 관련된 상징적 가치를 가진다. 대조적으로 에스토니아에게는 그것이 과거 점령의 상징이다. 그 결과 러시아에서 시작된 저항과 사이버 공격은 에스토니아 사람 사이에 깊은 단절을 만들었다.

평화와 갈등에 대한 전통적 분석은 여러 문화적 환경과 역사를 통하여 주요 텍스트가 구성자로서의 영향을 가지고 있다는 것을 지적해왔다. 고대 중국 전국戰國시대에 쓰인 손자의 병법兵法에서부터 고대 인도의 카우틸라 저술, 그리고 투키디데스의 펠로폰네소스 전쟁에 대한 비평과 나폴레옹 전쟁의 관찰에서 나온 클라우제비츠의 전쟁의 속성에 대한 저술들이 이에 해당한다. 동시에 텍스트 간에 사회에 미치는 영향력을 두고 경쟁이 있다. 예를 들어 그리스의 전략 문화에 대한 연구에서 두 개의 양극단을 오가는 전통이 있다. '전통주의자'들은 그들의 지적 자원을 『일리아드』의 영웅인 아킬레우스로부터 얻으며 세계를 무정부 상태로 보고 힘이 안보의 궁극적 보장자라고 믿는 경향이 있다. 반면에, '근대론자'들은 『오디세이』의 영웅인 오디세우스의 추종자들로 그리스의 최선의 전략은 평화와 안보를 위해 다자적 협력의 접근법을 선택하는 것이라 생각한다(Ladis 2003). 전략 문화에서의 이 이원성은 근대의 이야기에서도 계속 공감대를 가지는 오래된 신화와 전설의 영향력을 반영한다.

마지막으로 초국가적 규범, 세대의 변화, 그리고 기술과 전략 문화 사이의 관계는 양방향 통행길일 것이다. 규범은 '행동자와 그들의 상황, 그리고 행동의 가능성을 결정하는 사회와 자연세계에 대한 상호 주관적 믿음'이다(Wendt 1995: 73). 테오 페럴Theo Farrell과 테리 테리프Terry Terriff는 규범이 '군사적 변화의 목적과 가능성'을 규정하고 '힘의 사용에 대한 가이드를 제공'(2001: 7)한다고 생각했다(Box 5.3). 동시에 아미탑 아차리아Amitav Acharya(2004)는 '규범의 로컬화' 과정을 제시하면서, 국제적 규범이 국가 행동에 미치는 영향이 문화적 렌즈를 통해 매개될 수 있다고 주장했다. 문화와 규범 확산에 관한 이런 연구는 학문적 탐구의 풍성한 현대적 영역을 나타낸다.

◉ Box 5.3 전략 문화의 가능한 원천

물리적	정치적	사회/문화적
지리	역사적 경험	신화와 상징
기후	정치체제	결정적 텍스트
자연자원	엘리트의 신념	
세대의 변화	군사적 조직	
기술		

←———————— (전통적 힘/규범적 압력) ————————→

구성주의와 전략 문화

1990년대에 구성주의의 영향은 전략 문화에 새로운 흥미를 불러왔다. 구성주의는 많은 이론적 입장을 포함하지만, 어떤 학자들은 이념, 규범, 그리고 문화적 요소들이 국제 안보에서 물질적 요소들만큼 영향력이 있을 것이라는 데 관심을 갖게 되었다. 이런 전통의 초기 저자들 중 한 사람인 알렉산더 웬트Alexander Wendt는 국가의 정체성과 이익이 '지식에 기초한 실행에 의해 사회적으로 구성된다'고 주장하였다(1992: 392). 밸러리 허드슨Valerie Hudson에게 구성주의는 '인식, 소통, 그리고 행동을 다스리는 공유된 의미의 진화하는 체계'로서의 문화 연구를 포함하는 것이었다(1997: 28-9).

구성주의와 전략 문화를 연결하는 유명한 연구가 곧 나타났다. 앨러스태린 존스턴Alastairlain Johnston의 『문화적 현실주의: 중국 역사에서 전략 문화와 거대 전략』은 구성주의의 영향을 받은 전략 문화 연구의 정수精髓에 있는 저술이다. 그 연구는 중국의 전략 문화의 존재와 특징, 그리고 그것과 외부의 위협에 중국이 군사적 힘을 사용하는 것과의 인과적 관련성을 연구하기 시작했다. 존스턴은 전략 문화를 '행태적 선택을 제한하는 이념적 환경', 따라서 그로부터 '전략적 선택에 대한 특별한 예측을 도출할 수 있는' 것으로 특징지었다. 중국의 명 왕조(1368-1644)에 초점을 맞추어, 그는 중국이 통제되고 정치적으로 주도된 그리고 방어적인 최소한의 힘의 사용이란 전통을 가지고 있는데 이는 고대 전략가들의 국가 통치술과 비교적 평탄한 우월성의 세계관에 깊이 뿌리박혀 있으며 전략에 무시할 수 없는 영향을 가졌다고 결론지었다(Johnston 1995: 1). 또한 전략 문화 개념에 관한 새로운 이론적 관심은 광범위한 비교연구를 발전시켰다(Box 5.4).

이런 학문의 다른 흐름은 군사 그리고 조직의 문화에 초점을 맞추었다. 엘리자베스 키어Elizabeth Kier는 프랑스 군사 독트린의 발전에서 조직문화의 중요성에 대해 기술하였다(1995). 스티븐 로젠Steven Rosen은 인도에서 군사와 조직문화가 전략의 형성에 거듭 영향을 미친 방식을 설명하였다. 제프리 리그로Jeffrey Legro의 2차 대전 중 군사적 자제에 대한 저서, 롤란드 에벨Roland Ebel, 레이먼 타라스Raymond Taras, 그리고 제임스 코크레인James Cochrane(1991)의 라틴아메리카의 문화에 대한 저서는 문화가 차이를 만든다고 결론짓는다. 보다 최근에 플로리다 국제대학Florida International University과 미남부군사령부US Southern Command가 후원하는 전략 문화 비교연구에서 남아메리카의 안보 정책을 형성하는 데 군사조직문화가 중요한 역할을 한다는 것을 발견하였다(FIU-SOUTHCOM 2010). 이런 연구들은 조직문화가 전략적 선택에 영향을 미치는 강력한 요소가 될 수 있음을 암시한다.

● Box 5.4 전략 문화의 사례 연구

중국

문화는 중국에서 전략 행동을 형성하는 데 강력한 역할을 한다. 학자들은 오늘날 중국의 전략 문화에서 두 개의 지배적인 흐름을 정의한다. 전쟁파(rabellum)는 현실정치에 초점을 맞추고 공자-맹자파는 관념론에 사용된 철학적 전통에 초점을 맞춘다. 스코벨(Scobell)은 이 두 흐름이 때로 '방위에 대한 중국의 추종'을 형성하는 데 상호작용을 한다고 주장한다. 중국의 민간 및 군사 지도자들은 '평화가 귀중하다'는 공자의 말씀에 중국이 헌신하고 있음을 되풀이하여 강조한다. 그리고 그들은 중국이 결코 침략적이거나 팽창주의적 국가였던 적이 없다고 주장한다(2014). 회연펭(Huiyun Feng)의 연구는 중국이 힘의 사용에 있어 보다 방어적인 자세를 보이며 전략 문화에서 유교적 요소가 '과소대표'되어왔다고 주장한다(2009: 172). 그러나 모두 여기에 동의하지는 않는데, 스코벨은 중국 지도자들은 그들이 싸운 어떤 전쟁도 정당하며 어떤 군사적 행동도, 비록 그것이 공격적인 경우에도, 방어적이라 가정한다고 결론지었다(2002: 11). 2013년 중국 시진핑 주석은 '중국은 평화 발전의 길을 지킬 것이며 우리의 정당한 권리를 결코 포기하지 않으며 우리의 핵심적 국가 이익을 결코 희생하지 않을 것이다. (중략) 어떤 나라도 우리가 우리의 핵심 이익이 걸린 거래에 참여할 것이라고, 또는 우리가 우리의 주권, 안보 또는 발전 이익에 해를 끼치는 쓴 열매를 삼킬 것이라고, 미리 가정해서는 안 된다'고 말함으로써 이런 주제를 강조하였다(Anderlini 2013에서 인용).

미국

학자들은 몇 개의 핵심 원칙이 미국의 전략 문화를 거듭 결정지었다고 주장한다. 토마스 만켄은 '미국의 전략 문화는 공짜 안보에 의해 형성되고 예외주의에 물들어 있다. (중략) 미국의 소위 미국식 전쟁이라는 군사 문화는 직접적 전략, 전쟁에 대한 산업적 접근, 그리고 전투에 대한 기술 집약적 접근인 화력 등을 강조한다'(Mahnken 2009: 69-70)고 주장한다. 많은 저자들은 미국 전략 문화에 9·11 테러 공격이 끼친 영향도 역시 지적한다. 이것은 조지 부시 행정부의 테러와의 전쟁 선언과 새로운 전략 문화 경향의 시작으로 귀결되었다. 새로운 전략 문화는 국내 안보에 우선을 두고 국제 안보 문제에서 미국의 지배를 재확인하는 것, 안보 목적 성취를 위해 군사력을 사용할 용의를 포함하는 새로운 선제공격 이론, 그리고 국제적인 일방적 행동 선호 등을 포함한다. 동시에 이런 새로운 전략 문화 경향은 민주주의와 자유에 대한 미국의 변함없는 지지를 과시하는 것으로 수사적으로 포장되었다(Lantis 2005; Harris 2014).

일본

냉전을 통해 일본은 '반군사적 정치-군사문화'를 육성했고 그것은 미국과의 안보동맹에 의존하여 평화주의를 유지하는 것으로 특징지어진다. 요시다 독트린(Yoshida Doctrine)은 일본이 미국과의 동맹을 통해 군사안보를 확립하는 한편 경제와 기술 발전에 집중할 것을 강조했다. 토마스 버거(Thomas Berger)가 보기에는 일본의 반군사주의 정서가 합법적인 타협을 포함한 오랜 역사적 과정을 통해 깊이 제도화되었다. 그러나 9 · 11 테러와 북한의 핵실험의 여파로 일본은 안보를 보다 근본적으로 재평가하기 시작했다(Oros 2014). 일본 정부는 아프가니스탄과 이라크에서 싸우는 미국과 다국적 연합군에게 병참 지원을 했고, 2013년 아베 신조 총리의 리더십 아래 중요한 방위 근대화 정책을 추구하기 시작했다. 일본 지도자들은 평화헌법 9조에 각인된 군사행동에 대한 제한을 재고하였고, 일본은 전 세계에서 유엔의 평화 유지군 활동에 대한 기여를 강화하였다(Berger 1998; Hughes 2004).

노르딕 지역

덴마크, 핀란드, 노르웨이, 그리고 스웨덴의 전략 문화는 냉전기(그리고 그 전 시대에도) 강대국에 근접해 있다는 것에 의해 형성되었다. 스웨덴과 덴마크의 분석은 두 형태의 전략 문화를 보여준다. 스웨덴의 경우 첫 번째 형태는 전문적이고 기술적으로 앞선 군사력을 강조하고, 반면 두 번째는 시민들의 민주적 참여와 징병제에 기초한 국민군 개념을 중심으로 한다. 덴마크에 관해서는 두 형태가 코스모폴리타니즘과 방어주의라고 분류된다. 코스모폴리타니즘은 중립성, 비군사적 대안적 갈등 해결 수단, 그리고 국제연맹과 국제연합 같은 국제제도의 중요성을 강조한다. 대조적으로 방어주의는 '평화를 원하면 전쟁을 준비해야 한다'는 격언 속에 표현된 군사적 준비성의 중요성, 그리고 방어와 억지를 위한 북대서양조약기구(NATO) 같은 지역 군사조직의 중요성을 강조한다.

러시아

러시아 전문가들은 전략 문화에서 강한 리더십, 지리, 역사, 그리고 이데올로기의 중요성을 강조한다(Glenn 2004). 러시아의 광대한 영토 안에서의 정치적 안정, 미래에 있을지 모를 군사적 봉쇄에 대한 우려, 과거 역사의 경험에서 나온 영토 공격에 대한 공포와 같은 요소들이 독특한 러시아 전략 문화의 발전 도구였다. 2013년 러시아의 크리미아 점령과 우크라이나 동부 분리주의자들에 대한 지지 등은 역사적 문화적 이익의 연장으로 보일 수 있다. 프리츠 어매스(Fritz Ermath)는 러시아 전략 문화가 전통적으로 어느 국가보다도 가장 군사화된 국가에 속한다고 한다. 최근에 세계는 블라디미르 푸틴의 강력한 리더십과 연결된 새로운 공격성, 그리고 이념적 기초로서 민족주의를 중심으로 하며 러시아의 석유와 천연가스 수입에 의해 부추겨진 전략 문화를 목격하고 있다(Ermath 2009: 93).

> ### 🔒 요점 정리
>
> ● 국제 관계이론에서 구성주의의 등장은 전략 문화에서 이익의 개념이 부활하는 것을 도왔다.
>
> ● 전략 문화 연구는 최근에 번성하였는데, 유럽 · 라틴아메리카 · 동남아 같은 핵심 지역 국가들의 전략 문화를 비교하는 저작들을 포함한다.
>
> ● 이런 학문의 다른 흐름은 군사/조직문화가 어떻게 안보 정책을 형성하는가에 초점을 맞춘다.

지속되는 이슈: 변화인가 지속인가?

전략 문화에 대한 대부분의 연구의 초점은 국가의 행동에서 지속성에 대한 것이거나 적어도 반영구적인 것에 대한 것이다. 해리 엑스타인Harry Eckstein(1998)은 가치와 신념의 사회화가 시간을 두고 일어난다고 한다. 이 견해에 따르면 과거의 학습은 집단의식으로 응집되고 변화에 대해 비교적 회복력이 있다. 과거의 교훈은 일어날지 모르는 어떤 미래의 학습을 위한 필터로 작용한다. 결과적으로 변천의 과정은 종종 느리고 세대의 변화를 포함한다. 역사적 경험, 정치제도, 그리고 다자적 헌신이 전략 문화를 형성한다면, 세계적으로 전략 문화는 지속적인 변천의 과정에 놓여 있다는 것을 받아들이는 것이 가능할 것 같다. 반대로, 다른 학자들은 전략 문화가 보다 극적으로 변할 수 있다고 주장한다.

연구자들은 적어도 두 가지 조건이 전략 문화 딜레마를 야기하고 안보 정책에서 변화를 만들 수 있다고 한다. 첫째, 외부적 쇼크는 근본적으로 기존의 신념에 도전을 가하고 과거 역사의 이야기를 약화시킨다. 이것은 지난 10년간 일본의 경우에서 잘 나타나는데, 엘리트들이 변화하는 위협 환경에서 안보 문제를 다시 보게 되었다. 1990년대의 독일 지도자들에게는 발칸 반도의 인도주의적 비극의 규모가 독일 전략 문화의 전통적 경계선 밖에서 정책 대안을 고려하는 촉매제가 되었다(Lantis 2002). 2006년에 북한이 첫 번째 핵실험을 했을 때 일본과 다른 아시아의 전략 문화들은 그에 적응하도록 움직여야 했다. 중국이 영토 분쟁이 있는 지역과 남중국해의 자원에 대해 주권적 통치를 주장했을 때, 그 이웃들은 군사-안보 정책에서의 경로를 이동시킨 듯했다.

둘째, 전략 사고의 중요한 교리들이 서로 직접 충돌할 때 외교정책 행동은 전략 문화의 전통적 경계선을 허물 수 있다. 앤 스와이들러Ann Swidler는 불안정한 문화적 시기에서 역동성의 가능성을 인지하였다. 불안정한 문화의 시기는 가장 뚜렷한 이데올로기가 행동을 규율하고 행동의 구조적 기회가 경쟁 이데올로기 중 어떤 것이 장기적으로 살아남는지를 결정하는 그런 때이기 때문이다(1986: 274). 예컨대, 민주주의에 대한 지지와 군사력 사용 회피의 해석적 코드를 가진 나라가 군사적 대응을 필요로 하는 민주주의에 대한 도전에 직면했을 때 전략 문화의 딜레마에 봉착한다. 따라서 전략 문화의 딜레마는 외교정책의 새로운 방향을 규정하고 역사적 이야기의 재건설을 요구한다. 안보 정책의 갑작스럽고 꽤 극적인 재설정을 포함한 변화는 가능하며, 전략 문화 분석은 그런 변화를 가져오는 조건을 좀 더 반영해야 한다.

누가 전략 문화의 지킴이인가?

현대 전략 문화 연구의 한 주제는 전략 문화의 '지킴이'를 규정하려는 노력이다. 이 연구들은 개인 혹은 엘리트와 비엘리트 집단이 전략 문화의 결과에 가장 영향력을 가지고 있는지를 결정하는 것과 관련된 미묘함에 대해서도 언급하고 있다.

과거의 저서들이 문화가 단순히 개인들이기보다는 집단의 아이디어임을 반영하여 정치적·전략적 문화를 국가의 속성인 것으로 기술하였던 한편, 엘리트(고위 정책 결정자)들은 전략 문화의 으뜸 지킴이 또는 공통의 역사 이야기의 전달자일 것이다. 전략 문화가 사회에 깊은 뿌리를 가질 수 있는 한편, 정책 담론의 보다 새로운 저서들은 전략 문화가 엘리트 간의 '협의된 현실'로 가장 잘 표현될 수 있다고 제안한다(Swidler 1986). 예를 들어, 자크 하이먼스Jacques Hymans는 정체성이란 상호 주관적인 만큼 주관적이기도 하며, 리더들은 종종 시중에서 유통되는 경쟁적 이념 중에서 자국의 정체성에 대한 그들 자신의 특별한 개념을 선택한다고 주장한다(2006). 사회학자 콘수엘로 크루즈Consuelo Cruz는 엘리트들은 학자들이 허용하는 것보다 더 많은 재량권을 가진다고 주장한다. 엘리트들은 집단에게 가장 적합한 것으로 보이는 특별한 아젠다를 던지기도 하고 또는 가능한 것의 한계를 기술하고 지시하는 식으로 재정의한다(2000: 278). 후기구조주의 구성주의자들도 역시 엘리트들이 상호 주관적 구조적 한계에 예외를 두는 방편으로 문화적 프레임을 조종하여 어떻게 문화의 지킴이이며 전략적 사용자인지를 관찰하고 있다(Miliken 1999; Miskimmon 2004; Mattern 2005).

조직문화에 대한 문헌들은 국가의 행동이 특별한 제도적 경향이나 지배적 문화의 작용이라고 주장한다. 예컨대 1990년대의 일본과 독일의 외교정책에 대한 연구들은 지속적으로 유지되는 전략 문화의 제도적 실현을 규명해 보이지만, 문화 지킴이는 반드시 군사적 권위주의는 아니다. 독일에서는 외무성이 외교와 안보 정책에 대한 통제권을 가진다. 일본에서는 의회로부터 자민당 그리고 일본 자위대에 이르는 정치조직들이 자제의 외교정책에 연관되어 있다(Eden 2004). 마지막으로, 전략 문화에는 중요한 공적 차원이 있다. 찰스 쿱찬Charles Kupchan은 전략 문화의 기반은 '사회적'인 것이라고 주장한다. 그는 전략 문화는 '이미지와 상징'에 근거하여, 집단으로서의 민족이 자기의 복지를 규정하고 자기의 안보를 개념화하는 방식을 형성하는 이미지를 지칭한다고 말한다(Kupchan 1994: 21). 지배적인 역사적 이야기에 대한 광범위한 지지는 전략 문화의 변화 가능성뿐 아니라 안보 정책적 대응에 영향을 미칠 수 있다.

🔒 요점 정리

● 전략 문화에 대한 많은 연구들이 지속성에 초점을 맞추지만, 새로운 학문 경향은 외부적 충격과 내부적 인지 부조화를 포함하여 변화를 가져올 수 있는 조건의 가능한 범주를 제시한다.

● 전략 문화의 딜레마는 외교정책의 새로운 방향을 정의하고 역사적 이야기의 재건설을 촉진할 수 있다.

● 전통적 연구들이 전략 문화는 집단의 소유인 것으로 주장하는 한편, 새 저술들은 문화적 틀 짓기에서 에이전시(행동자)의 가능성을 탐구한다.

● 전략 문화 지킴이는 엘리트, 관료 조직, 그리고 사회 전반을 포함한다.

❗ 비판적으로 사고하기

유럽과 아시아-태평양 지역 국가들이 문화적 차이를 극복하고 진정한 지역 안보 정체성을 창출할 수 있을까?

그렇다:

● **국가들은 지역기구에서 실제로 협력한다**: 국가들은 협력의 혜택이 비용을 능가한다는 것을 인정한다. 기록에 의하면 국가들은 주권 양도를 꺼리는 것을 포함한 협력에 대한 도전을 점진적으로 극복하고, 공동시장, 재정통화 정책, 그리고 정의 문제들을 통해 그들의 정책을 조정하였다. 예컨대, 아시아-태평양은 아시아태평양경제협력체(APEC) 포럼을 창출하였고 새로운 TPP(Trans-Pacific Partnership)도 등장했다.

● **유럽연합은 강력한 지역 안보 정체성을 수립하였다**: 유럽연합은 국가들이 군사-안보 문제뿐 아니라 경제적·정치적 기능의 영역에서도 협력할 수 있다는 것을 보여준다. 2003년 12월 유럽안보전략(ESS)이 공식화되고 공통의 유럽 전략 문화의 등장을 기념하였다(Cornish and Edwards 2001: Meyer 2007). 유럽은 이라크와 아프가니스탄의 재건과 안정화에 대해, 러시아의 침공에 대한 대응과 인권 문제에 대해 꽤 응집력 있는 입장을 유지하였다. 이것은 전략 문화를 정비하려는 노력이 위기를 분산시키는 것을 도울 수 있다는 것을 암시한다.

● **지역 협력은 헤게몬의 참여에 의해 지원을 받는다**: '시혜적 헤게몬'의 지원을 받으면 국가들은 군사-안보 문제에서 더 잘 협력할 수 있을 것이다. 2차 대전 후 미국은 유럽에서 기능적 통합 촉진을 도왔고, 미국의 북대서양조약기구(NATO) 리더십은 유럽 국가들의 전략 문화와 안보 정책의 융합을 지원하였다. 미국은 독일의 전략 문화의 변천과 전후 일본 헌법에서 반군사주의와 평화주의 촉진에 직접 개입하였다. 2013년 오바마 대통령은 미국의 아시아-태평양 회귀정책을 발표하였는데, 그것은 지역 협력을 부흥시킬 의도로 고안된 것이다.

그렇지 않다:

● **국가들은 지역기구에서 잘 협력하지 않는다**: 어떤 정책 결정자와 전문가들의 낙관주의에도 불구하고, 전략 문화적 차이는 종종 통합을 방해한다. 유럽연합은 수십 년간 존재해왔지만 공통의 유럽안보전략(European Security Strategy)을 수립하고 실행하는 것은 느렸다. 수십 년간의 노력에도 불구하고 아직 유럽헌법도 없다. 아시아-태평양 국가들은 어떤 형태의 안보 정책 협력에도 가입하기를 더욱 주저한다.

● **정부들은 지역기구를 통해 안보 정책을 조정하기를 꺼린다**: 세계의 국가들은 자국의 국익을 먼저 고려해야 한다. 국익이란 종종 역사적 경험, 지리, 다자적 행위자와 제도의 견해, 그리고 초국가적 힘 등에 의해 형성된 전략 문화적 정체성의 표현이다. 정부는 종종 기존의 쌍무적 그리고 지역적 관계를 넘어 보다 강력한 군사조직 문화의 기구를 설립하는 것을 주저한다.

● **헤게몬이 지역 협력에 간섭한다**: 헤게몬의 존재와 관련된 힘의 중대한 불균형은 지역 협력에 심각한 도전을 나타낸다. 유럽에서 독일은 지역의 경제 엔진이며 동시에 지역 번영의 기저를 방해하는 자기 자신의 독특한 이해관계를 가진 강력한 정치 행동자다. 아시아-태평양에서 국가들은 미국과 중국 사이의 패권 경쟁이 등장하는 것을 목도하고 있다. 많은 사람들이 미국의 그 지역에 대한 헌신과 미국이 중국을 돕거나 또는 해치거나 하기 위해 정말 힘을 사용할 의도가 있을까에 대해 깊이 생각하고 있다(Nathan and Scobell 2012: 4).

비국가, 국가, 복수국가 전략 문화

고무적인 한 새로운 연구 분야는 비국가와 복수국가 주체multi-state actor가 전략 문화를 소유하고 있다는 정도에 초점을 맞춘다. 이 접근법은 국제정치에서 대對반란활동에서 유럽통합에 이르는 많은 현대 주제의 연구에 대해 중요한 의미를 가진다(Box 5.5). 2003년 12월, 유럽연합은 공통의 유럽안보전략ESS을 역사상 처음으로 공식화했다. 그 문서는 '조기의 신속한 그리고 필요 시 단호한 개입을 조성하는 전략 문화'의 발전을 요청했다(European Union 2003: 11). 이 제안은 유럽 국가들이 테러리즘, 인도주의적 범죄, 그리고 대량 살상 무기의 확산과 같은 지역적이고 글로벌한 도전에 공동의 대응을 발전시킬 수 있을 것이라는 것을 의미한다(Schmitt, Howlett, Müller, Simpson and Tertrais 2005; Vasconcelos 2009). 2009년 리스본 조약은 공동 방위와 안보 정책의 구조를 통해 다자적 대응에 더욱 협력할 것을 약속하고 있다.

그러나 학자들은 정말 새로운 EU의 전략 문화가 등장하고 있는지에 대해 논란을 거듭하고 있다. 폴 코니쉬Paul Cornish와 제프리 에드워드Geoffrey Edwards 같은 낙관주의자들은 '유럽의 전략 문화가 사회화 과정을 통해 이미 발전하고 있다는 신호가 감지된다'고 믿는다. 그들은 EU의 전략 문화를 '제도적 자신감과 합법적이고 효과적인 정책도구의 일부로서 군사력 사용을 관리할 과정'으로 정의한다(Cornish and Edwards 2001: 587). 크리스토프 마이어Christoph

⊡ Box 5.5 문화와 대(對)반란활동

이라크와 아프가니스탄 같은 나라에서 문화적 역학관계에 대한 지식이 대반란활동과 안정을 위한 작전을 강화할까? 이 질문은 지난 10년간 중요한 논쟁을 유발하였다. 어떤 전략가들은 문화적 이해기 대반란활동 작전에 중요하다는 생각을 포용한다. 동시에 사회과학자들은 군사 작전에 지원하는 것이 과연 윤리적인가에 대해 논쟁을 벌였다.

2005년 미국 육군은 인간 영역 체계(Human Terrain System, 이하 HTS)라는 실험적인 대반란활동 프로그램을 수립하였다. 인간 영역이란 '사회적 · 민속학적 · 문화적 · 경제적 · 정치적 요소로서 그들 사이에서 힘이 작용하며 (중략) 사회문화적 · 인류학적 · 인종적 데이터로 특징지어진다'(Kipp et al 2006: 9). 지역연구 전문가, 언어학자, 사회과학자로 구성된 5인의 인간 영역팀이 보다 효과적인 군사 기획을 위해 '문화적 지식'을 제공하도록 여단이나 전투 본부에 배정될 것이었다. 이 그룹들은 이라크와 아프가니스탄의 반란 지역에서 그 지역 인구들과 관련 활동을 하는 것을 포함한 매일의 민간 활동에 배치되어 보다 효과적인 협력을 고무하도록 기획되었다. 대반란활동에서 '중력의 중심지'로서 민간사회에 초점을 맞춤으로써, 군부는 점령군과 현지 민간인들과의 사이에 보다 강한 유대를 만들기를 희망하였다.

그 체계는 '작전과 전술 차원에서 문화적 지식의 부족함을 짚어보도록 의식적으로 기획되었다'(Kipp et at. 2006: 8). 그러나 HTS의 수립 이후 군부는 그 효과에 대해 공식적 성명을 별로 내놓지 않았다. 그 프로그램은 인력 충원과 시행 면에서 많은 문제로 고충을 겪었다. 그리고 정부의 다른 부서들은 그것의 가치에 의문을 제기하였다. 이런 관심에서 미하원군사위원회는 2010년 독립된 평가가 완성될 때까지 예산을 제한하였다.

군사 작전 지원의 문제는 사회과학계에서도 쓴 논의를 유발시켰다. 낙관주의자들이—외국어와 문화 학습의 중요성을 은근히 부추기면서—이것을 민속학적 조사의 수정된 버전으로 간주하는 한편, 비평가들은 이 팀들이 군대가 보다 효과적으로 이들을 공격 목표로 할 수 있도록 현지 부족에 대한 정보를 수집하고 있었다고 비판하였다. 다시 말해, 그 팀들의 일은 민간사회의 재건보다는 오히려 '전투 지원'을 위해 민간인을 통제하는 데 방향이 맞추어진 것이었다. 2007년에 미국인류학회 집행위원회는 그 프로그램을 공식적으로 비난하고 그 활동은 사회를 돕기보다 해롭게 하는 효과를 가져왔다고 주장하였다(Weinberger 2008).

Meyer에게는 2003년 ESS의 창설로 관심과 자원을 쏟아 넣을 '전략적 개념'이 제공되었다고 본다(Meyer 2004).

반대로, 줄리안 린들리-프렌치Julian Lindley-French는 유럽에게는 예측 가능한 장래에 공동의 외교와 안보 정책을 수립할 능력과 의지가 모두 결핍되었다고 간주하였다. 그는 오늘의 유럽을 '하나의 구조물이기보다는 지난 시대를 반영하는 다양한 형태의 국가적 구조의 쇠락해가는 회랑'이라고 보았다(2002: 789). 위협에 대한 인식의 불일치와 테러리즘 및 중동과 북아프리카에서 일어난 아랍의 봄과 같은 도전에 대한 대응에서 일관성 없는 정책들을 볼 때, 유럽연합은 가까운 장래에 일관성 있고 강력한 전략 문화를 발전시킬 가능성이 없다(Rynning 2003: 479).

또 하나의 문제는 전략 문화의 틀이 테러리스트 집단이나 정체성이 물리적이면서 사이버공간적으로 형성되는 초국경적 집단에게도 적용되는가 하는 것이다. 마크 롱Mark Long은 알카에다와 다른 초국가적 테러 조직이 식별할 수 있는 조직문화를 가졌다고 주장한다. 그는 어떤 비국가 주체, 특히 조직화된 테러 집단이나 해방운동 같은 것들에 대한 전략 문화 연구는 국가의 전략 문화 연구보다 실제 더 쉬울 것이라 주장한다(Long 2009). 사이버 혁명은 비국가 주체의 위협에 대한 평가의 복잡성을 심화한다(Rattray 2002; Goldman 2003). 빅터 차Victor Cha는 '세계화가 안보에 가장 널리 미친 효과는 국제 관계에서 '위협'의 개념이 복잡해졌다는 것이다'라고 주장한다(2000: 392).

더하여, 세계화와 연관된 기술이 테러 집단에게 보다 치명적이고 분산되고 싸우기 어려운 활동을 하는 것을 가능하게 했다는 것을 인정하는 한편, 제임스 키라스James Kiras는 이 동일한 기술을 싸울 의지와 자원을 가진 정부가 사용할 때는 테러리즘을 근절시킬 수도 있다고 주장한다(2005: 479). 빅터 차는 하위국가substate 극단주의 집단이나 근본주의 집단이 기술과 정보의 세계화에 의해 초국가적으로 조직되고 가상공간에서 만나며 테러 전술을 사용할 능력이 향상되었으므로, 기술의 발달이 그들의 존재감을 더 현저하게 만들었다고 결론지었다(2000: 392).

🛈 요점 정리

- 여러 세대를 통하여 이어지는 보다 복잡한 질문 가운데 하나는 어떤 종류의 주체가 정의된 전략 문화를 가질 가능성이 가장 높은가 하는 것이다: 국가, 지역기구, 문명, 그리고 테러리스트 네트워크와 같은 비국가 집단?
- 인간영역체계(HTS) 프로그램은 학문 연구와 정책 결정 사이의 간극을 메우는 시도를 대표하지만, 이 대테러활동 이니셔티브는 중대한 논란을 낳았다.
- 세계화와 정보기술의 혁명은 미래의 위협이 보다 확산적이고, 분산적이며 보다 다차원적일 것임을 암시한다.

전략 문화와 대량 살상 무기

전략 문화는 대량 살상 무기의 확산과 억지의 상황deterrent situations의 등장에 대해 무엇을 말해줄 수 있을까? 최근의 연구는 대량 살상 무기를 획득하고 그것을 사용할 수도 있는 상황을 위협하는 결정에서 전략 문화가 어떤 역할을 하는지를 조명하고 있다(Johnson, Kartchner, and Larsen 2009). 어떤 면에서 이 연구들은 전략 문화 연구의 기본을 돌아보게 하지만, 동시에 보다 많은 행동자와 신속한 기술혁신으로 특징지어지는 글로벌화된 세계를 반영한다.

재고되는 질문들에는 다음과 같은 것들이 있다. 억지는 행동을 결정하는 보편적 규범인가 또는 특정 행동자의 문화적 맥락에서 나온 고유한 구성물로서 핵전략에 대한 태도인가? 이 문제에 대한 초기의 학술연구들은 혼합적이다. 예컨대 키스 페인Keith Payne은 과거의 억지deterrence 개념, 유행어, 그리고 기술용어 등은 현재의 힘과 정치관계가 냉전의 상황과 아주 달라졌으므로 그 의미를 잃었다고 한다(2007: 2). 제프리 노프Jeffrey Knopf는 새로운 제4의 억지 관련 문헌의 흐름을 독특한 것으로 규정했는데, 미국과 불량국가들 또는 폭력적인 비국가 주체들과의 억지 관계는 힘의 비대칭 관계이며, 전통적 억지의 기준이 완화되었다는 사실에 주목했다(Knopf 2010).

관련 저술에서 이안 키논Ian Keynon과 존 심슨John Simpson은 억지의 메커니즘과 효과에 관련하여 억지가 보편적 합리성인지 특정한 전략 문화 때문인지에 관해 진행 중인 토론이 중요한 의미를 가진다고 한다(Keynon and Simpson 2006: 202). 이것은 비국가 주체나 '불량국가'들의 대량 살상 무기 공격 위협에 대해 암시하는 바가 있다. 현재의 학문은 맥락적 관계의 중요성을 인정하는 경향이 있다. 문화적 요소가 전략적 결정에서 큰 역할을 할 때 특별한 환경이나 범주적 조건 속에서 일어난다. 예컨대, 스턴 라이닝Sten Rynning은 '강한 전략 문화'를 가진 국가는 군사력을 사용할 용의가 많고 제로섬 갈등에서 승리할 가능성이 높다. 반면 '약한 전략 문화'를 가진 국가는 갈등의 해결에서 보다 외교적인 수단을 추구하는 경향이 높다고 단정한다(Rynning 2003: 484).

카취너Kartchner는 전략 문화의 특별한 조건이 대량 살상 무기 정책에서 보다 지배적인 역할을 할 수 있다는 가설을 세웠다. 이 조건은 다음을 포함한다. 집단의 존재·정체성 또는 자원에 대해 강한 위협이 느껴질 때, 또는 어느 집단이 다른 집단에 비해 심각하게 불리한 상황에 있다고 믿을 때, 집단의 정체성에 대해 강한 문화적 기반이 미리 존재하고 있을 때, 민족 집단의 안보 야심과 프로그램을 위해 지도자들이 자주 문화적 상징에 의지할 때, 집단의 전략 문화 안에 높은 동질성이 있을 때, 그리고 역사적 경험이 집단에게 위협을 감지하도록 방향 지울 때 등이다.

'재단된 억지'에 대한 새로운 연구들은 전통적 접근과 문화적 접근의 교차점에 놓여 있다. 전통적 억지이론은 적의 설득에 대한 논의로 가득 차 있다. 토머스 셸링Thomas Schelling은 억지를 '우리가 어떻게 행동할지에 대한 상대방의 기대에 영향을 미침으로써 상대방의 선택에 영향을 미치는 것'으로 정의했다(1963: 13). 바꿔 말해, 억지이론가들은 그들 정책의 목표의 중요성을 암묵적으로 인정한다. 억지와 설득을 반영한 모든 사려 깊은 시도들은 가치의 서열과 기존의 국익을 고려하는데, 이 가치 서열과 기존의 국익이란 문화적 맥락 속에 내재한 엘리트들의 전략적 계산의 산물이다.

🔒 요점 정리

● 전략 문화는 대량 살상 무기에 관한 국가의 정책에 함의를 가진다.

● 초기의 억지에 관한 이론적 저술에서는 강조되지 않았지만, 문화적 역학관계는 위협과 기회의 인지에 영향을 미치고 설득을 위한 중재의 노력을 도와준다. 예컨대, 제한된 합리성에 대한 이해를 증대시킬 수 있다.

● 전략 문화적 이해는 재단된 억지의 개념과 직접 연관되는데, 잠재적 적에게 보내는 억지의 메시지를 주의 깊게 맥락화하고 그들을 효과적으로 목표화하는 것의 중요성을 인지하기 때문이다.

● 정체성과 전략적 선택은 때로는 문화의 작용일 것이다.

➕ 맺음말

최근의 사건들은 전략 문화에 대한 학문적 그리고 정책 결정적 입장에서의 관심을 재생시켰다. 서구의 지도자들이 러시아의 우크라이나 침공에 대응하려고 했고, NATO의 지도자들이 변화하는 세계에 대하여 그들의 전략 개념을 적응시키고, 아시아-태평양 국가들이 지역 안보에 대한 그들의 헌신을 재평가할 때, 전략 문화에 대한 연구는 정책 권고안을 풍성하게 할 뿐 아니라 지식을 향상시켜 중요한 통찰력을 제공할 수 있다. 문화적으로 해석된 모델이 학계와 정책 결정계에서 증대하는 관심을 얻고 있으며, 모든 징후들이 이런 가치 있는 노력이 더 발전하고 있다는 것을 가리킨다.

비교분석은 정책 결정과 학문 연구에서 문화적 이해의 향상을 위한 더 풍부한 영역을 대표한다. 전략 문화 연구는 종종 이론을 하나의 사례에 적용시키거나 또는 다른 유사한 나라들과 함께 일반적 비교를 한다. 이런 전통은 풍성하고 중요한 저술들을 산출했는데, 앤드류 오로스Andrew Oros의 일본의 변화하는 안보정체성 연구(2014), 에이드 아드피에Ade Adefuye의 나이지리아의 문화와 외교정책에 대한 멋진 연구(1992), 또는 마신 자보로스키Macin Zaborowski의 폴란드의 전략 문화 진화에 대한 연구(2004) 등이다. 그러나 보다 엄격한 국가 간 비교는 그 분야에서 누적적 지식을 촉진한다. 학자들, 전략가, 그리고 방위 기획자들은 국가들 간 특징적인 패턴을 탐구함과 동시에, 특정 종류의 위협을 억지하는 데 관련된 인센티브 구조와 도구의 다양성을 보다 공개적으로 인정해야 한다. 케리 카처너Kerry Kartchner와 같은 국무성 고위 관료에 의하면, '전략 문화는 다른 프레임워크로는 설명되지 않고, 또 우리가 간과하고, 오해하고 또는 잘못 이해할 수 있는 동기와 의도에 대한 통찰력을 제공할 가능성을 제시한다'(2009: 56). 21세기에 억지와 만류에 대한 보다 성찰적인 모델을 구축하기 위해 전략적 선택의 맥락적 이해와 범주적 조건의 식별 등의 주제를 연구해야 하며, 이런 맥락에서 억지와 전략 문화의 연구들에서 중요한 관심의 수렴이 일어나고 있는 듯하다.

마지막으로 문화주의자들은 한 가지 중요한 경고를 우리에게 상기시키는데, 인과관계를 탐구하면서, 사회에 대한 이해를 너무 단순화한 나머지 어떤 한 사례에서 추출된 범주를 다른 사례들에게도 부적절하게 적용할 수 있는 위험이 있다는 것이다. 주어진 전략 문화에 대한 부적절한 지식으로 긍지, 영예, 의무, 그리고 안보와 안정과 같은 특징들을 잘못 해석할 수도 있다. 문화적 해석에 대해 오랫동안 지지해온 사람들도 정책 결정자들이 이 분야의 지식이 줄 수 있는 통찰력에 지나치게 의지함으로써 발생할 수 있는 함정에 대해 경고하고 있다.

❓ 생각해볼 문제

1. 문화의 다른 정의는 무엇이며 이 차이가 안보 정책 연구에 가지는 함의는 무엇인가?
2. 세계 여러 나라에서 전략 문화(또는 역사적 이야기)의 특별한 예는 무엇인가?
3. 이 전략 문화의 원천은 무엇인가? 당신의 의견에서 어떤 것이 가장 중요하며, 그 이유는 무엇인가?
4. 전략 문화의 연구에서 역사적 출발점은 무엇이어야 하는가?
5. 전략 문화의 변화를 야기하는 것은 어떤 조건인가?
6. 어떤 나라의 전략 문화를 규정하는 첫째 주제를 정의해보라. 이 주제들이 서로 충돌하는 시나리오를 상상할 수 있는가?
7. 전략 문화적 프레임워크는 비국가 또는 복수-국가 주체에 적용될 수 있는가?
8. 전략 문화의 이해에 세계화가 가지는 함의는 무엇인가?
9. 전략 문화와 대량 살상 무기 확산의 연계를 연구하는 것이 왜 중요한가?
10. 정책 결정적 관점에서 보아 전략 문화를 끌어들이는 것이 가지는 장점과 함정은 무엇인가?

📖 더 읽을거리

J. Glenn, D. A. Howlett, and S. Poore (eds), *Neorealism Versus Strategic Culture* (Aldershot, UK: Ashgate, 2004)
문화적·이념적 모델 대 보다 간결한 신현실주의의 설명력에 대한 이론적 논쟁을 정면으로 제시하는 최근의 고전이다.

J. L. Johnson, K. M. Kartchner, and J. A. Larsen (eds), *Strategic Culture and Weapons of Mass Destruction: Culturally Based Insights into Comparative National Security Policymaking* (London: Palgrave Macmillan, 2009)
전략적 문화 연구와 수많은 풍부한 사례 비교연구의 이론적 기초를 제시한다.

J. S. Lantis (ed), Strategic Cultures and Security Policies in the Asia-Pacific: Special Issue of *Contemporary Security Policy*, 35(2) (2014)
지역 전문가들이 아시아태평양 지역 안보의 증가하는 긴장을 설명하기 위해 전략 문화 모델의 가치를 고찰하며 저술한 에세이 모음집이다.

E. Lock, 'Refining Strategic Culture: Return of the Second Generation', *Review of International Studies*, 36(1) (2010): 685–708
전략 문화 학문의 진보에 대해 2세대 작품들에는 없는 통찰력에 특히 강조점을 두어 쓴 흥미 있는 자료다.

C. O. Meyer, *The Quest for a European Strategic Culture: Changing Norms on Security and Defence in the European Union* (London: Palgrave-Macmillan, 2007)
유럽의 전략 문화와 안보의 규범에 대한 토론에 대해 풍부한 탐구를 제공한다.

P. Schmidt and B. Zyla (eds), *European Security Policy and Strategic Culture* (London: Routledge, 2013)
전략 문화 렌즈를 사용하여 공동의 안보 정책 정체성을 발전시키기 위한 유럽의 노력을 비판적으로 조사한다. 풍부한 사례 에세이를 보여준다.

웹사이트

플로리다 국제대학-미 남부군 사령부 비교전략문화 프로젝트(http://strategicculture.fiu.edu/Studies.aspx)
라틴아메리카 전역에 걸쳐 멋진 역사적 전통, 문화의 유지, 군사적 조직적 문화의 중요성을 조사하기 위한 프레임워크를 선택하였다.

스톡홀름 국제평화연구소(http://www.sipri.org/)
전 세계적으로 군사비용과 정책에 있어서의 경향을 관찰하였다.

유럽연합(http://europa.eu/pol/cfsp/index_en.htm)
EU의 메인 웹사이트, 현재 EU 외교와 안보정책 기관과 이니셔티브의 설명뿐 아니라 귀중한 아카이브 자료를 포함한다.

워싱턴 극동정책연구소(https://www.washingtoninstitute.org/uploads/Documents/pubs/PolicyFocus72FinalWeb.pdf)
전략문화와 현재의 억지(deterrence) 도전을 연계하는 강력한 저작이며, 제목은 '아야톨라를 저지하기: 냉전 전략을 이란에 작용하는 데 따른 부작용'이다[Patrick Clawson and Michael Eisenstadt (eds), July 2007].

전략적 통찰(http://www.ccc.nps.navy.mil/si/2005/Oct/khan2Oct05.asp)

온라인 저널 '*Strategic Insights*'의 2005년 10월 특별호를 포함하며, 비교전략문화의 주제를 조사한다. 이 저널은 캘리포니아 몬트레이 소재 해군대학원 부설 현대갈등센터가 후원하고 있다.

6 법, 정치, 무력행사

저스틴 모리스(Justin Morris)

 독자 안내

이 장은 국제정치에서 국제법의 효용성을 논의한다. 특히 주권국가의 무력 사용에 대한
국제법적 제약의 효용성에 논의의 초점을 둔다. 무력 사용을 금지하는 관련 국제법 조항
을 간략하게 설명하고 논의하지만 이에 관한 실질적인 법 조항을 상세하게 점검하는 것
은 아니다. 이 장은 무엇보다 이런 국제법 조문이 국가의 정치적·전략적 결정, 그리고
국가의 행동에 영향을 미치는 방식을 점검한다. 국제법은 국가의 행동에 결정적은 아니
지만 중요한 영향을 미친다는 것이 이 장의 핵심 논지다. 국가가 국익이라 간주하고 무력
사용이 이슈가 되는 문제에서도 국제법이 이런 영향을 끼친다.

머리말: 국제법의 효용성

국제법이 국가의 행동에 거의 아무런 영향도 미치지 않는다는 것이 전반적인 인식이다. 국
가들이 정치적 행동을 정당화하기 위해 사용하는 외교정책의 한 도구가 국제법이라는 것
이 이런 견해다. 켄 매슈스Ken Matthews는 다음과 같은 발언에서 이 시각을 잘 표현한다.

> 국제법을 준수하는 것보다 위반하는 게 더 영예롭고 국제법이 너무 자주 위반되기에 거
> 의 존재감이 없어 보이는 것이 국제법을 보는 보통의 시각이다. 게다가 (중략) 국제법이
> 국제체제에서 국가의 국익 추구를 제어한다는 거의 아무런 증거도 없다.
>
> −Matthews(1996: 26)

국제법을 보는 이런 시각은 국제정치의 주도적인 이론인 현실주의에 그대로 반영된다.
현실주의는 국익을 추구하는 국가들이 국제정치를 주도한다고 묘사한다. 국제정치는 국가
들이 상위의 권위를 인정하지 않는다는 의미에서 무정부적인데 국가들은 이런 무정부 상
태에서 서로 투쟁한다. 이런 상황에서 국가들은 힘을 행사하여(결국 무력을 사용하여) 상

호작용한다. 현실주의자들에게는 효과적인 국제법적 조항이 작용할 여지가 거의 없다.

　루이스 헨킨Louis Henkin은 국제정치 및 이 안에서 국제법의 역할에 관한 이런 시각을 비판한다. 헨킨은 "거의 대부분의 국가들이 국제법의 거의 모든 원칙과 의무를 거의 모든 시기에 준수한다"(1968: 47)고 주장한다. 그렇다면 국제법을 보는 전반적인 인식이 왜 헨킨의 견해를 반영하지 못할까? '인식과 현실의 격차'(Box 6.1)에 이 질문의 답이 있다.

◉ Box 6.1 **인식과 현실의 격차 증상**

인식	현실
국제법은 규칙적으로 위반됨	국제법은 주로 준수됨
군사 분쟁이 규범임	군사 분쟁은 예외임
국제법은 무력 사용을 규정	국제법은 거의 모든 국가 간 활동을 규정
법은 금지에 초점을 둠	법은 행동의 촉진에 중점을 둠

인식과 현실의 격차

인식과 현실의 격차는 여러 수준에서 작동한다. 국제법이 그다지 효과가 없다는 인식은 국내 정치와 국제정치를 잘못 비교하는 데서 나온다. 이런 그릇된 비교는 종종 국제법은 진정한 '법'적 지위를 갖추지 못했다는 결론에 이른다. 국제법을 전공하는 학자들조차 종종 이런 회의적인 시각을 드러낸다. 저명한 국제법 학자인 허쉬 라우터파하트Hersch Lauterpacht 는 "국제법은 법의 소실점消失點이다"라는 유명한 말을 했다(1952: 381). 국제 수준에서는 법을 위반하는 것이 규범이고, 국내 정치에서는 법의 준수가 규범이라는 견해가 널리 통용된다. 국내 및 국제정치 모두에서 법의 준수가 규범이다. 물론 국제법은 국내법보다 덜 준수된다.

　이런 점을 깨닫지 못하여 다음과 같은 오류를 범한다. 즉 법적 체계가 효과적으로 운영되기 위해서는 입법부와 효과적이고 중앙집권화된 경찰력, 사법부라는 '법적 세 가지'를 구비해야 한다는 인식이다. 유엔 안전보장이사회(이하 안보리)와 유엔총회, 국제사법재판소와 국제형사재판소 같은 기구가 있지만 국제 수준에서 이런 법적 세 가지는 거의 없다. 따라서 이를 근거로 국제법이 국가의 행동에 효과적인 영향력을 미칠 수 없다는 결론을 이끌어낸다. 그러나 이 결론은 오해를 낳기 십상이다. 국내법이 형사법과 동일하다는 시각을 갖고 체포와 법 집행이라는 법적 세 가지에만 과도하게 매몰된 견해이기 때문이다. 작고한

힐레어 맥쿠브레이Hilaire McCoubrey가 지적했듯이 "법의 집행—특히 형사법 집행 과정—은 법과 법체계의 대외적 준수에서 강조되는 경향이 있다. (중략) 그러나 이런 시각은 초점을 아주 잘못 잡았다"(1998: 271).

물론 국가의 형사법은 시민 모두가 지켜야 하고 국가가 준수를 감독하고 사법부가 내린 선고에 따라 집행되기에 법적 세 가지를 갖추고 있다. 그렇다고 이런 체계가 사회의 모든 구성원들을 효과적으로 통제할 수 있는 것은 아니다. 반면에 이런 특징도 없는 다른 형태의 법 규정도 효과적이다. 예를 들면 계약법은 계약 당사자에게만 적용되고 집행은 자력 구제에 의존하는 계약 당사자에게 달려 있다. 계약법은 또 종종 계약 위반에 대한 징벌 조치를 규정하지 않는다. 이런 '결함'에도 불구하고 계약법은 한 국가 안에서 중요한 부분을 효과적으로 규정한다. 이와 유사한 맥락에서 국제법이 익숙한 형사법에 상응하지 않는다고 해서 유용성이 없는 것이 아니다.

학술서나 언론 보도에서 국제정치가 표현되는 방식에 인식과 현실의 격차 이유가 있다. 국제정치 관련 학술서는 국가 간 협력보다 갈등에 초점을 맞추는 경향이 있다. 이런 글들은 무력 사용에 관한 법과 동일시되는 국제법을 항상 국가가 무시한다고 쓴다. 그러나 국가 간 무력 충돌은 국제법에서 예외다. 국제법은 대부분 군사 충돌과 아무런 연관이 없는 '일상적인' 수준에서 국가 간 질서정연하고 예측 가능한 교류를 다룬다. 언론 보도도 학술서와 마찬가지로 무력 충돌을 주로 싣는다. 언론의 상업성을 감안할 때 주목을 끄는 헤드라인과 기사의 필요성은 이해하지만 구독자나 시청자가 많기에 언론의 영향은 특히 해롭다.

국가의 국제법 준수 이유

국가들이 일반적으로 국제법을 준수한다고 해서 놀랄 필요는 없다. 국제법 그리고 전반적으로 법은 국가나 개인이 일상적으로 하는 행동을 금지하려는 게 아니라 인정된 행동양식을 법 조항으로 만들려고 한다. 좋은 법은 금지하는 것이 아니라 행동을 촉진한다. 법은 사회 질서와 가치를 강화하지 이를 억지로 부과하려 하지 않는다. 그렇지 않다면 법은 효용성이 없고 단명할 것이다. 즉 법은 그 자체로 목적이 아니라 목적 달성을 위한 수단으로 여겨야 한다. 사회가 정치적 목적을 달성하기 위하여 사용하는 메커니즘이 법이다. 물론 일단 이런 목적이 법전에 실리면 법은 인정된 정치적 행동양식을 규정하려 한다(Reus-Smit 2004).

이러한 관찰은 어떤 사회적 가치와 목적을 법전에 포함할 것인가라는 어려운 질문을 추가로 제기한다. 현실주의자들이 보기엔 국제법은 강대국의 기득권을 보장하고 영속화하는 가치들을 포함해야 한다. 그러나 이는 법전이라는 규범적 틀의 발전에 연관된 복잡한 과정을 너무 단순하게 본다(Morris 2005). 최강대국이라도 자국 마음대로 지시를 법전에 포함할 수는 없고 행동 규범—상당히 많은 국가들이 이 규범 준수가 이롭다고 여기고—의 법전화에 기초를 두어야 한다. 헨킨이 지적하듯이 "부유하고 강력한 국가일지라도 (중략) 원하는 것을 무력과 지시로 얻을 수는 없고 쌍무적 혹은 상응하는 의무를 이행해야 한다는 대가를 치러야 한다"(1968: 31). 이런 양보가 정확하게 무엇인지는 끊임없는 토론의 소재이지만 국제질서가 안정되려면 상당히 많은 국가들이 이런 양보가 자국의 국익에 공평하고 도움이 된다고 여겨야 한다. 이게 바로 출발점이다(Box 6.2).

◉ Box 6.2 **국가가 국제법을 준수하는 이유**

● 강압: 비대칭적인 권력관계를 수반하며 한 국가가 무력행사의 대상이 되어 억지로 규정을 따른다.

● 국익의 계산: 국제법 조항을 따르는 것이 유리할지 불리할지를 그때그때 따진다.

● 정당성: 국제법이 본래 중요하다고 여겨 이를 지킨다. 국제법 준수는 국가 정체성의 구성요소다.

강압, 국익, 그리고 정당성

국제법의 준수가 국익이기에 국가들이 이를 지킬 가능성이 높다는 시각은 국제법은 국가의 정치적 행동을 정당화하기 위한 외교 수단의 하나라는 현실주의자들의 입장을 재확인하는 것이 아니다. 이안 허드Ian Hurd는 이 점을 명확하게 설명한다. 허드(1999)는 국가들이 강제나 국익을 따져, 그리고 정당성이라는 이유로 국제법을 준수한다고 설명한다. 강제는 비대칭적인 권력관계로 한 국가가 무력행사의 대상이 되어 억지로 규정을 따른다. 자국에게 이득이 될 듯하다는 국익 셈법에 따라 국가들은 국제법을 지킨다. 이 두 가지 모두 국가는 이해득실을 심사숙고하여 국제법을 준수한다. 두 가지 모두 법 조항이나 연관된 제도가 이해득실 셈법에서 가치 있다거나 실질적인 것은 아니다. 국가가 강압에 못 이겨 국제법을 따를 때 징벌을 피하기 위해 이렇게 한다. 그러나 국가는 결국 국익에 따른 준수와 달리 자국이 억지로 법을 지켰기에 불리해졌음을 깨닫게 된다.

국제법의 준수를 강압에 의존하는 체제는 이를 실행하는 비용이 크기 때문에 유지하기가 어렵다. 국익에 따라 국가가 국제법을 지키는 체제는 위와 비교해 비용이 덜 들지만 예측이 어렵고 불안정하다. 국가들이 이해득실만을 따지기 때문이다. 따라서 국제법 준수를 강압이나 국익에만 의존하는 법적 체제는 효과적이지 못하고 단명할 듯하다. 지속 가능하고 효과적인 법 규정은 널리 퍼진 정당성을 공유할 때 가능하다. 이럴 경우 국가는 징벌이 무서워서 혹은 국익 계산만으로 국제법을 지키지 않는다. 국가는 오히려 국제법이 본래 중요하다고 여겨 이를 지킨다. 이런 상황에서 국제법 준수와 이 법의 위상은 국가의 국익과 정체성의 구성요소다. 국가는 국익을 국제법 준수에 따른 이해득실의 계산에서가 아니라 국제법 자체와 연관시켜 정의한다. 국가는 목표를 추구한다는 점에서 국익에 관심이 있지만 내부에서 유래하는 행동의 틀 안에서 이를 얻으려 한다. 따라서 국제법의 비준수는 예외다.

특정한 경우 국가가 국제법을 따르는 것이 강압에 못 이겨, 국익을 계산하여, 혹은 정당성 때문인지를 명확하게 구분하는 것은 쉽지 않다. 그리고 이런 요인을 명확하게 구분한다 해도 이를 반증할 수는 없다. 국제법을 경시하는 통념을 볼 때 국익 계산이 주요 원인인 듯하다. 그러나 허드는 다음을 강조한다.

> 특정 요인을 증명하기 어렵다고 해서 유사한 증거 없이 다른 요인을 당연하게 여기는 것은 온당치 못하다. (중략) 국가가 국제법을 지키는 이유가 정당성 때문인지 강압(혹은 국익 계산) 때문인지를 구분할 수 없다.
>
> −Hurd(1999: 392)

국제법의 본질을 감안할 때 강압 때문에 법을 지킨다는 것은 가장 설득력이 부족하다. 국가가 국익을 고려하거나 정당성 때문에 국제법을 준수한다는 것이 더 설득력 있는 설명이다. 물론 이 경우에도 두 가지 요인 중 어느 쪽이 더 중요한지를 판단하는 것은 복잡하다. 국가가 국제법을 준수하여 얻는 명성을 생각해보자. 국가는 국제법을 위반하여 '국제법 위반 국가' 혹은 현재 용어로 '불량국가'로 낙인찍히려 하지 않는다. 국가는 믿을 만한 명성이 도움이 된다고 생각한다. 국제법을 지킨 국가는 다른 국가들과 협상할 때 이들도 국제법을 준수하리라 여긴다. 특정 협상에 관련된 조항이나 조약이 아니라 국제법 의무 전반을 지킬 거라고 국제법 준수 국가는 생각한다. 이는 국가가 국익을 냉철하게 따져봤다고 볼 수 있다. 정책 결정자들, 특히 오랫동안 자유민주주의 전통을 지켜온 이들은 법치를 중요한 가치로 인식하기에 국제법 위반 국가라 낙인찍히려 하지 않는다. 이들은 국제법 준수를 가치와 동일하게 생각한다.

국제법 준수의 두 번째 이유는 국제법이 매우 중요한 가치이기에 국제법 조항에 포함된 행동양식을 준수하는 게 필요하다는 것이다. 사회는 법 규정을 수단으로 공동 목표를 추구한다. 국가들이 이런 인식을 더 많이 공유하고 특정 법 규정이 목표 달성을 도울수록 국제법 조항이 수용되고 준수될 가능성은 높아진다(Franck, 1990). 셋째는 국제법이 기능적으로 가치가 있다고 여겨 준수한다. 정치 지도자들은 특정 법 조항이 중요하다는 것에 의문을 제기할 수는 있지만 법 규정 전체가 국제 사회에 기여하는 바를 알고 있다. 국가들이 어떤 조항은 지키고 어떤 조항은 위반한다면 국제법의 권위가 손상되기에 국제법 모두를 준수해야 한다. 따라서 국익 계산과 정당성 요인이 중요하다.

마지막으로 국가들이 국제법을 준수하는 이유는 관성 때문이다. 국가들은 국제법 조문을 따르는 정책을 만들어 채택하는 데 익숙해진다. 중앙집권적인 정부체제에서 국제법 조문이 국내법 체제에 편입된다(Brownlie 1990: 32). 이럴 경우 국제법을 위반하는 국내법은 국내 법원에 제소될 수 있다. 이보다 잘 드러나지 않지만 각국의 통치 엘리트들과 관료들이 국제법 준수를 내재화할 수도 있다. 이 외에도 민주적으로 선출된 정책 결정자들이 여론과 입법 과정에 노출될 때 국제법을 위반하는 정책은 국내 선거에서도 아무런 효용이 없을 수 있다.

국제법 위반의 이해

국가들은 대개 국제법을 지키지만 항상 준수하는 것은 아니다. 이런 위반이 국제정치에서 국제법의 역할과 지위에 대해 무엇을 말해줄까? 이상하게 들릴 수 있지만 국제법 위반이 예외인 한 위반은 국제법이 막강함을 보여준다(Box 6.3). 국가들은 대개 국제법을 지키기에 국제법 체제와 특정 조항을 준수하는 틀 안에서 일부 조항을 위반한다. 국제법 위반이 상당한 국제적 비난을 야기한다는 사실은 국제법의 무용성이 아니라 유용성을 분명하게 보여준다. 이라크의 사담 후세인 정부가 1990년 8월 쿠웨이트를 전격 침공했을 때 이는 너무나 명백한 국제법 위반이었다. 따라서 이 침공은 국제 사회의 격렬한 비난을 받았고 이 사건은 국제 관계에서 무력 사용 금지를 훼손하기보다 오히려 강화했다. 법적 모호성이 있는 경우 국가들이 특정 행위의 합법성을 매우 다르게 해석할 때 국제법을 '위반'할 수 있고 이는 오히려 일부 국가의 국제법 준수를 초래할 수 있다. 예를 들면 무력 사용의 전반적 금지는 금지의 정도와 예외의 허용 정도에 대해 매우 다양한 해석을 가져올 수 있다(예컨대 선제공격과 인도주의적 개입). 마지막으로 이 경우에도 국제법을 위반하는 국가는 이 조문이 평상시에는 유효하고 적용 가능하다고 여기나 예외적 상황이나 경합적인 조문 때문에

⊙ Box 6.3 **국제법 위반**

● 국가가 국제법을 위반한다 해서 국제법이 전반적으로 유용성이 없다는 것은 아니다.

● 국가는 국제법을 전반적으로 준수하고 특정 조문도 지키면서 국제법을 위반하게 된다.

● 국제법 위반에 따른 국제 사회의 광범위한 비난은 국제법을 강화한다.

● 국제법을 위반한 국가는 위반 이후 법적 논리에 따라 이를 해명한다.

이를 위반한다고 항변한다. 특히 후자의 경우에는 신중해야 한다. 분명히 현명하지 못하나 이런 예가 종종 있다. 막강한 초강대국에서 국제법을 자주 위반하는 불량국가에 이르기까지 국제법을 위반할 때 이들은 국제법의 시각에서 합당한 이유를 대려 한다.

🔒 요점 정리

- 국가는 여러 가지 이유 때문에(강압이나 국익의 계산, 그리고 정당성의 근거) 국제법을 지키려 한다.
- 국제법 위반은 이 법의 무력함이 아니라 막강함을 입증한다.
- 국가들이 법을 위반하는 경우에도 이들은 국제법 전반의 유용성을 전적으로 무시하는 경우는 거의 없고 국제법의 시각에서 정당한 근거를 대려 한다.

국제법과 무력 사용

전쟁법은 정전법jus ad bellum과 전투법jus in bello으로 크게 나뉜다(Box 6.4). 정전법은(자구대로 해석하면 전쟁에 대한 법) 국제 관계에서 무력 사용을 회피하거나 제한하려 한다. 전투법 (그대로 해석하면 교전 시 법)은 실제 전투를 다루고 완화하려 한다. 이 두 법은 그 목적과 의미가 매우 다르다는 점을 명확히 해야 한다. 교전 당사국 가운데 어느 한 쪽의 무력 사용 정당성 때문에 교전법이 영향을 받는 것이 아니다. 전쟁이 발발한다면 누가 전쟁을 일으켰는가에 상관없이 전투법이 적용된다.

⊙ Box 6.4 전쟁법

정전법(jus ad bellum)	전투법(jus in bello)
국제 관계에서 무력 사용에 관한 법으로 이를 제어하고자 함.	실제 전투를 다루고 완화하려 함.
출처: 유엔 헌장 제2조 4항 및 7장	출처: 1949년 제정된 제네바 4개 협약 및 1899년과 1907년 헤이그 협약

그러나 교전을 국제법적으로 제약하는 것은 오래전부터 있어왔으나 매우 역설적이다. 두 개의 상이한 주장이 이런 모순을 뒷받침하고 있고 각각은 전쟁법의 두 가지 분류에 해당된다. 정전법은 국제 관계에서 국가들의 무력 사용을 억제하려 한다. '권력정치'의 논리

가 가장 극명하게 드러날 때 국제법 준수를 도와주는 여러 요인들이 침해될 수 있다. 허쉬 라우터파하트 경의 말을 인용하자면 "국제법이 법의 소실점消失點이라면 전쟁법은 더 희미한 선상에 있다"(1952: 391). 테오발트 폰 베트만홀베크Theobald von Bethmann-Hollweg 독일 총리가 1차 대전 발발 당시 제국의회에서 행한 연설은 이런 점을 잘 나타냈다.

> 우리는 현재 필요한 상황에 처해 있고 필요성은 국제법이 필요 없다. 우리처럼 위협을 당했고 생존을 위해 싸우는 이들은 어려움을 헤쳐 나갈 생각뿐이다.
>
> —Wilson(1928: 305)에서 인용

그러나 독일 총리의 발언은 매우 다른 상황을 드러낸다. 현실의 필요성 때문에 국제법을 위반해야 하지만 그가 발언한 (중립국 침략 사실) 내용은 국제법을 부인해서가 아니라 위반을 인식한 후 이런 결정을 내렸다는 점을 말해준다. 당시 독일 정부가 고려하던 행위의 합법성은 정책 결정 과정에서 적절한 이슈였다.

그렇다 하여 정책 결정자들이 무력 사용을 고려할 때 항상 법적 문제가 제일 우선이라는 것은 아니다. 무력을 사용하여 합리적인 비용으로 정책 목표를 달성할 수 있느냐가 정책 결정자들의 최우선 이슈일 것이다. 이럴 경우 정책 결정자들이 보는 정책 목표의 중요성에 달려 있다. 궁극적인 생존을 위한 전쟁에서는 어떤 비용이라도 감수할 테지만 정치적 목표나 외국인의 복지를 확보하기 위한 전쟁이라면 무력 사용을 감내하는 수준이 매우 낮을 것이다. 비용을 다음과 같이 몇 가지 시각에서 볼 수 있다. 비용은 교전에서 잃게 되는 군인 및 민간인의 생명과 재산처럼 직접 비용을 의미한다. 현대 무기의 가공할 위력을 감안하면 이 비용은 거의 무한정일 수 있다. 이럴 때 법적 제한은 매우 부차적인 문제다. 무력을 사용할 때 국내 및 국외의 반응은 어떨까라는 정치적 비용도 있다. 이 경우 전쟁의 결과가 중요한 데 승리했다고 해서 지지를 받지는 못한다. 무력 사용이 국제법에 포함된 행동 규범이 아니라고 간주될 경우 정치적 지원자들도 이를 용인하지 않을 수 있다. 직접 제재를 가하는 것이 유용하지는 않지만 국제법적 고려가 여기에서는 매우 중요하다. 국제법에 따라 국가들은 대응을 고려하고 명확히 하고 행동을 정당화기 때문에 국제법은 정치적 교환의 기초다.

규범에 끼칠 영향도 고려해야 한다. 국제질서에 무력 사용을 금지하는 핵심적인 규정을 위반할 때의 장기적인 결과는 무엇인가? 반복하여 국제법을 위반하면 강대국과 약소국 모두가 기득권을 보유한 기존 질서를 해칠 뿐이다. 강대국의 경우 지극히 자국 중심적인 정책을 선택할 때 국제법 규정이 영향을 미칠 수 있으나 기존 질서를 유지하려는 유인은 명확하다. 약소국에게도 국제법의 무력 사용 금지는 도움이 된다. 많은 국가들이 군사적으로 영토를 지킬 수 없기에 생존은 국제법의 이런 규정을 준수하는 데 달려 있다. 로버트 잭슨

Robert Jackson은 "허약한 국가라 해서 원하지도 않는 외부 간섭을 받을 수 있는 것은 아니다. (중략) 과거에 그랬던 것처럼 이들은 전쟁이나 정복, 분할 혹은 식민주의 때문에 주권을 빼앗길 수는 없다"(1993: 23-4)라고 적절하게 지적한다. 이는 1945년 이후 보다 계몽적인 정치적 관점 때문이기도 하며 또 현재 국제정치에서 영토의 유용성과 관련이 있기도 하다. 그렇지만 많은 국가들에게 주권 독립은 군사적으로 보장되기보다 주로 국제법으로 보장되어 있다.

이 논리에 따르면 국제법은 국제질서를 유지하는 데 핵심 역할을 수행한다. 그러나 무력 충돌은 발생한다. 일단 무력 충돌이 발생하면 국제법은 무슨 역할을 할까? '평상시의' 국제 관계 붕괴를 의미하는 전쟁은 가장 잔혹한 무력 사용이 지배하고 국제법적 제약의 수용은 효과적인 전투를 막는 스스로에게 해를 끼치는 상황인 듯하다. 전투에 참가한 부대의 전투력을 제한하고 약화시키는 것이 국제법 규범의 진정한 목적이라면 이런 비난은 정당할 것이며 이런 상황에 맞게 고안된 규범은 오래 지속될 수 없다. 그러나 국제법 규범은 이런 목적이나 결과를 목표로 한 것이 아니다. 카를 폰 클라우제비츠Carl von Clausewitz의 고전인 『전쟁론』에서 자주 잘못 인용된 이하 문장에서 무력 사용에 대한 국제법적 제약의 원래 목적이 분명하게 드러난다.

> 전쟁에서 흘린 피를 고려하지 않고 무자비하게 무력을 사용하는 사람은 적이 무력 사용을 덜 한다면 압도적인 힘을 확보해야 한다. (중략) 국가의 내부와 다른 국가와의 사회적 관계에서 (중략) 전쟁은 발발하며 이 두 가지 요소에 의해 전쟁은 제어되며 변형된다. 그러나 이 두 가지는 전쟁 자체가 아니라 주어진 조건이다. 전쟁 철학에 자제를 도입하는 것은 불합리할 것이다.
>
> -Clausewitz(1982: 102)

전쟁이 고립된 현상으로 분석된다면 무제한적인 무력 사용이 당연할 듯하다. 그러나 클라우제비츠가 지적했듯이 전쟁과 무력 충돌은 고립되어 발발하는 게 아니라 국제 관계의 맥락에서 발생한다. 따라서 무력 충돌에 대한 반응을 제약하는 기대를 야기할 뿐만 아니라 실제로 정치적·군사적 결과를 지닌다.

우선 전쟁에서 불필요한 야만적 행동은 전쟁 수행과 전쟁의 해결을 그렇지 않을 때보다 더 어렵게 만든다. 클라우스 쿤Klaus Kuhn 대령은 "지속적인 평화를 얻고 유지하는 가장 빠른 방법은 인도주의적으로 전투를 하는 것이다. (중략) 인도주의적 전투 수행은 군사 지도자들의 전략과 유리될 수 없다"(1987: 1)라고 지적한다. 단지 윤리적·인도주의적 이유 때문에 전투에서 불필요한 야만적 행위를 자제하라고 하는 게 아니다. 교전국에 대한 다른 국가들의 반응과 잔혹한 행위가 두려워 궁지에 몰린 교전국은 과격하게 반응할 우려가 있을 때 전투가 더 길어질 수가 있기 때문이다. 전투에서 불필요한 야만적 행위의 자제는 새로운 것이 아니다. 기원전 5세기 중국의 철학자 순자荀子는 "궁지에 몰린 적을 너무 과도하게 몰아치지 말라"고 조언했다. 이 주장을 뒷받침하는 역사상 증거는 많다. 히틀러의 제3제국 군대는 1945년 봄 파죽지세처럼 전진하는 소련군을 저지하려 했다. 당시 소련군의 분노는 나치 독일군의 야만적 행위 때문이었다. 독일군은 이미 전쟁에서 승리가 불가능했고 수많은 병사들이 서둘러 연합군에 항복했지만 계속하여 전투에서 잔혹한 행위를 자행했다. 교전국이 경제적으로 쇠잔해서라는 이유에서라도 모든 전쟁은 결국 종결되어야 한다. 평화적 관계가 다시 복원되어야 한다. 이 과정은 쉽지 않다. 전쟁이 더 잔인했으면 했을수록 전후 복구 과정은 더 어려울 것이다.

전투법에 대한 두 번째 비난은 이 법이 인도주의적인 전투행위를 격려하는 만큼 전쟁을 고무한다는 것이다. 그러나 이 논리에는 큰 결함이 있다. 전쟁이 원래 잔인하다고 해서 발발하지 않는 것은 아니다. 이 논리가 맞는다면 1차 대전 당시 수십만 명이 사망한 대전투였던 베르됭Verdun, 솜Somme, 파스샹달Passchendaele 이후에도 어떻게 다시 정책 수단으로 전쟁을 고려할 수 있을지 상상이 가지 않는다. 전쟁이 계속하여 발발한다는 것은 발발을 부추기는 사람들이 거의 싸울 필요가 없다거나 전쟁의 희생자가 되지 않는다는 사실을 반영한다. 전투 중인 사람들에게 인도주의적 대우를 거부하는 것은 가장 잔혹한 논리가 될 듯하다.

교전에서의 자제 필요성을 주장한 규범을 뒷받침하는 윤리적 · 실제적 이유가 있다. 그러나 전투법은 정전법과 비교하여 원래 전투의 잔혹성을 누그러뜨리는 효과만 지닌다. 윤리나 법이 전투에서의 인간적인 대우를 가능하게 한다면 클라우제비츠가 언급한 불합리성은 바로 분명해질 것이다.

🔑 요점 정리

- 무력 사용을 고려하는 가장 극단적인 상황에서도 국제법이 계속하여 국가의 정책 결정자들에게 영향력을 행사한다.
- 전쟁은 사회적 현상이고 전투를 법으로 규정할 필요가 있다.
- 전투법은 전투의 잔혹성을 누그러뜨린다.

정전법(*Jus ad Bellum*)

정전법은 유엔 헌장의 제2조 3항 및 4항, 그리고 유엔 헌장 7장의 제39-51조에 주로 기초를 두고 있다. 유엔 헌장 제2조 3항 및 4항은 다음과 같다.

> **제2조 3항:** 모든 유엔 회원국들은 국제 평화와 안보, 정의가 위협받지 않게 국제분쟁을 평화적으로 해결해야 한다.

> **제2조 4항:** 모든 유엔 회원국들은 다른 회원국의 영토주권이나 정치적 독립에 대해 무력 사용의 위협이나 무력 사용을 자제해야 한다. 회원국들은 유엔의 목적과 모순되는 다른 방식으로의 행동도 자제해야 한다.

유엔 헌장 제2조 4항의 무력 사용 금지는 강행법규jus cogens이고 이 자체가 1969년 조약법에 관한 비엔나 협약 53조에 포함되어 있다. 제53조는 이를 "일반 국제법의 강행규범이다. (중략) 국제 사회 전체가 규범으로 수용했고 인정했고 어떤 유예도 가능하지 않다"라고 규정한다.

유엔 헌장 제2조 4항은 (1) 유엔 헌장 51조가 보장한 무력 공격이 발생한 경우의 개별적 또는 집단적 자위의 고유한 권리; (2) 유엔 헌장 제42조가 허용한 국제 평화와 안보의 유지 혹은 회복이라는 두 가지 예외에 따라 제한된다. 유엔 헌장 제51조는 다음과 같다.

> 이 헌장의 어떠한 규정도 유엔 회원국에 대하여 무력 공격이 발생한 경우, 안전보장이사회(안보리)가 국제 평화와 안보를 유지하기 위하여 필요한 조치를 취할 때까지 개별적 또는 집단적 자위의 고유한 권리를 침해하지 아니한다.
>
> —United Nations(1945)

유엔 헌장 제2조 4항의 조문과 연관시켜볼 때 제51조는 몇 가지 문제를 제기한다. 제2조 4항의 조문에서 예를 들면 '무력 사용의 위협이나 무력 사용'은 무엇이고 다른 회원국의 영토주권이나 정치적 독립을 위협하지 않는 것은 허용되는가? 제51조에 따르면 개별적 또는 집단적 자위의 고유한 권리는 무엇이고 어떤 시점에서 안보리가 국제 평화와 안보를 유지하기 위하여 필요한 조치를 취했다고 볼 수 있는가?

예방적 자위권, 외국에 있는 자국민 보호를 위한 군사 개입, 그리고 인도주의적 개입과 같은 문제에서 발생하는 국제법적 합법성에 관한 논쟁에서 이런 질문은 핵심 내용이다. 2001년 9·11 테러와 이후 전개된 테러와의 전쟁War on Terror(WoT)은 이런 이슈를 좀 더 부각시켰다. 무력 사용 금지 조항의 완화를 찬성하는 사람들은 국제법의 모든 규정을 거부하는 글로벌 테러 조직이 있고 이들이 생화학 및 핵무기를 사용할 가능성이 있기에 이 조문을 재해석해야 한다고 주장한다. 유엔 헌장이 특정 상황에서는 피격에 대응하는 정도의 선제공격을 허용한다는 주장(Arend and Beck, 1993: 71-9)보다 더 급진적인 안으로 그레이의 견해가 있다(Gray 2008). 이들은 무력 사용이 임박했다는 요건을 폐기하고 선제 군사 공격 권리를 주장했다. 미국(United States White House, 2002: 15) 및 유럽연합(2003: 7)이 발표한 안보전략은 이런 권리를 언급했고 이는 2003년 미국의 이라크 침공을 둘러싼 논쟁에서 핵심 이슈였다. 유럽연합EU 회원국들이 2003년 안보전략을 채택했음에도 이라크 전쟁을 두고 심각하게 분열했다. 다른 유엔 회원국들도 마찬가지다. 2003년 이라크 전쟁의 합법성을 둘러싼 논쟁은 전쟁 개시에 관한 법 규정을 완화하려는 움직임을 국가들이 꺼린다는 것을 보여주었다. 이런 개정 조치는 국제 사회의 궁극적인 목표인 평화 유지에 어긋난다. 따라서 무력 사용 금지에 관한 예외는 매우 제한적으로 해석되어야 한다.

정전법에서 또 하나 중요한 이슈는 유엔 헌장 제2조 제4항과 유엔 헌장에서 규정한 집단 자위권 간의 관계다. 유엔 헌장 초안자들은 무력 사용을 금지할 법적 구조(자위권 행사 이외의) 확립뿐만 아니라 국가의 안보를 보장할 수 있는 집단적 자위권 메커니즘의 설립도 목표로 했다. 유엔 헌장 제39조는 다음과 같다.

> 안보리는 평화에 대한 위협, 평화의 파괴 또는 침략 행위의 존재를 결정하고, 국제 평화와
> 안전을 유지하거나 이를 회복하기 위하여 권고하거나, 또는 제41조 및 제42조에 따라 어
> 떠한 조치를 취할 것인지를 결정한다.

−United Nations(1945)

안보리는 필요할 경우 유엔 헌장 제41조에 따라 비군사적(주로 경제적) 제재나 제42조에 따라 군사적 제재를 가할 수 있다. 이 조항은 반드시 순서를 따라야 하는 것이 아니다. 경우에 따라 유엔 헌장 제39조 이후 곧바로 제42조에 따른 조치를 취할 수 있다. 유엔 헌장 제42조는 안보리가 제41조에 따른 경제적 제재가 충분하지 않다고 여길 경우 바로 이 조항을 적용할 수 있다고 규정했다. 또 군사적 조치 이전에 경제적 제재를 다 부과해봐야 한다는 주장의 근거―경제제재가 군사적 조치보다 더 인간적이라는―는 점차 설득력을 잃어간다. 경제제재는 죄가 있는 해당 국가의 지도층보다 시민들에게 더 많은 피해를 입히기 때문이다. 과학기술이 발달하여 보다 정밀한 군사적 표적 공격이 가능하기에 경제제재는 무차별적인 정책 수단으로 간주된다. 군사 공격의 표적이 되는 국가의 지도자들은 시민들의 복지보다 세계 미디어에 보도되는 공격을 받아 고통을 겪는 시민들의 이미지에서 나오는 정치적 입지에 더 관심이 있다. 현대 기술이 최소한의 '부수적 피해'를 동반한 '깨끗한' 군사적 공격의 가능성을 제공하는 것은 환영할 만한 일이다. 그러나 '수용할 만한', 그리고 궁극적으로 합법적인 전쟁이 '깨끗한' 전쟁과 동일시되는 한 이는 매우 중요한 정치적 함의

를 갖는다. '스마트' 무기는 현재 몇몇 강대국의 전유물이고 앞으로도 수년간 그럴 것이다. 이런 국가들만 무력을 사용할 수 있다면 정전법에 미치는 영향은 상당하다.

유엔 헌장 7장은 평화에 대한 위협, 평화의 파괴 및 침략 행위가 무엇이냐와 같은 많은 모호성을 남긴다. 헌장은 이런 상황이 무엇인지를 규정하지 않았고 헌장 초안자들은 안보리가 이를 결정하는 데 광범위한 재량권을 갖도록 했다는 것은 헌장 협상 기록을 보면 분명해진다(Goodrich and Hambro 1949: 262-72). 유엔 헌장 초안을 만들 때 협상국들은 침략의 정의를 포함하자는 제안을 거부했다. 이들은 안보리의 활동에 족쇄를 채우기를 내켜하지 않았다. 안보리는 사법적이라기보다 정치적 기구로 활동하려 했고 침략의 법적 정의는 따라서 적합하지 않다고 여겨졌다. 그러나 안보리의 권한은 제한되었다. 안보리 업무는 국가 간의 이슈를 다루는 것으로 한정되었으나 이런 상대적으로 제한적 해석은 관례를 거쳐 시간이 지남에 따라 변했다(Bellamy 2009). 안보리가 국제적인 무력 사용만을 다루어야 한다는 이제는 거의 유명무실해진 제한 이외에 유엔 헌장 7장을 제한하는 요소가 또 있다. 안보리 5개 상임이사국('P5'로 중국, 프랑스, 영국, 미국, 러시아)의 활동은 유엔 헌장 제27조 3항에 따라 주어진 거부권 때문에 유엔의 제재에서 면제된다. 원래 5개 상임이사국의 만장일치를 돕기 위해 거부권이 도입되었으나 거부권은 또 이들의 활동을 유엔이 제재하는 것을 막기도 한다(Russell 1958). 거부권은 강대국의 유엔 참여를 보장하기 위해 지불해야 할 대가였지만 다른 유엔 회원국들도 이를 전반적으로 환영했다. 5개 상임이사국 내의 갈등이 결국에는 대규모 무력 충돌로 이어질 수 있기에 거부권 행사에 따른 이들 간의 의사 결정 마비가 이보다는 낫다고 여겼다.

유엔 안보리가 거부권 행사에 따라 의사 결정이 마비된 것은 지난 45년간 이어져왔고 다음과 같은 최종적인 문제를 제기한다. 즉 유엔 헌장 제2조 4항은 유엔 헌장 제7조의 효율적인 운영에 달려 있는가? 이런 주장의 논리는 장점이 없지는 않지만 헌장의 조항이나 회원국의 관례도 이를 뒷받침하지 않는다. 유엔은 거의 60년간 효과적인 집단안전보장 메커니즘이 없었지만 그 어떤 회원국도 제2조 4항의 타당성 혹은 강제법규로서 이 조항의 규범성을 부정하지 않았다. 그러나 20세기가 끝나고 21세기가 시작되자 유엔의 이 중심 체제는 두 가지 도전에 직면했다. 하나는 자위권을 최대한 확대 해석하려는 움직임이다. 또 하나는 안보리가 결의안을 통과시켜 평화의 유지나 회복을 승인하지 않을 때 회원국들이 스스로 조치를 취할 수 있다는 입장이다. 2003년 이라크 침공 당시 미국과 이에 가담한 동맹국들은 1991년 1차 걸프전 당시 유엔 안보리가 부과한 법적 구속력이 있는 의무를 이행하려고 이라크를 침공한다며 이를 핵심 근거로 제시했다(Kritsiotis 2004). 이 주장은 이전의 회원국들의 관례에서 크게 벗어난 것으로 이라크 침공에 대한 상당수 회원국들의 비판을 감안하면 이런 입장을 수용한 회원국은 극소수임을 알 수 있다.

　　이라크 침공 이후 미국 및 영국에서 정부가 교체되면서 유엔의 승인 없이 공격하려는 움직임은 줄어들었고 해당국의 의회도 국제법을 위반한 듯한 군사 공격을 승인하기를 점차 꺼리게 되었다(Strong 2014; Dunne and Vaughan 2014). 미국과 영국은 프랑스 및 다른 아랍 연맹의 회원국들과 함께 2011년 3월 리비아에서 민간인을 보호하고자 비행금지구역을 설정하기에 앞서 유엔 안보리의 승인을 얻었다. 반대로 2011년 10월 그리고 2012년 2월 시리아 정부군에 대해 유엔의 결의안 이행에 필요한 안보리의 승인을 얻지 못했기에 시리아 내전에 국제 사회는 대응할 수 없었다. 국제법 안에서의 무력 사용이라는 맥락에서 볼 때 시리아 내전의 중요성을 과장할 필요는 없다. 당시 중국과 러시아가 거부한 유엔 안보리 2개 결의안 모두 무력 사용이 담겨 있지 않았다. 5개 상임이사국들은 국제법적인 규정보다 시리아 및 중동에 대한 지정학적인 계산 때문에 무력 사용을 꺼렸다. 그러나 중국과 러시아의 거부권 행사를 비판한 글의 내용과 어조를 감안해볼 때 유엔 안보리가 국제 사회의 중요한 정당성 제공자임을 알 수 있다(Morris 2013). 미국과 영국이 이런 점을 강조했기에 이 점은 더욱더 중요하다.

🔒 요점 정리

- 정전법은 국제 관계에서 무력 사용에 관한 법으로 이를 제한하려 한다.
- 무력 사용은 개별 혹은 집단적 자위권 행사나 유엔 안보리에 의해 승인된 국제 평화와 안보의 회복을 위한 경우를 제외하고는 금지된다.
- 무력 사용의 예외는 제한적으로 해석되어야 한다.
- 유엔의 집단안전 보장 체제가 성공적으로 운영되어야 무력 사용의 금지를 준수하는 게 아니다. 2003년 미국과 동맹국들의 이라크 침공은 그렇다고 주장했지만 국제 사회의 지지를 거의 얻지 못했다.
- 유엔의 그 어떤 회원국도 전반적인 무력 사용의 금지를 공개적으로 반박하지 않는다.

전투법(*Jus in Bello*)

전투법은 출발이 된 조약 시리즈의 출처에 따라 크게 '제네바'와 '헤이그' 두 개로 구분된다. '제네바' 관련 조약은 무력 투쟁의 희생자 보호에 역점을 둔다. '헤이그' 관련 조약은 무기 종류와 사용, 전술 및 전투의 일반적 수행을 포함한 전투 방식과 수단에 초점을 맞춘다. 제네바와 헤이그의 구분은 인위적이다. 두 개 모두 전투의 완화라는 인도주의적 관심에 바탕을 두기에 양자 간의 상당한 중복이 있다. 현대 용어에서 '국제인도법international humanitarian law'—역사적으로는 제네바 관련 조약을 의미—은 제네바와 헤이그를 포함한 전투법을 통칭한다.

두 조약 모두 군사적으로 '불필요한 고통' 주기를 금지하는 근본 원칙에 기초한다. 이 원칙은 아래의 1868년 상트페테르부르크 선언에서 명시되었다.

전쟁 중 국가가 달성하려는 정당한 목표는 적의 군사력을 약화시키는 것이다. (중략) 아무 쓸모도 없이 장애인에게 고통을 더 주는 무기를 사용하면 이런 목표 범위를 초과한다. (중략) (그리고) 이런 무기의 사용은 인도법에 위반된다.

-McCoubrey(1998: 212)

'헤이그' 관련 조약의 현대적 토대는 주로 1899년과 1907년의 헤이그 조약과 1977년 제네바 조약의 추가 의정서 I에 있다. 이 조약은 교전의 방식과 폭격 시 구분할 필요가 있다고 규정한다. 현대의 '제네바' 관련 조약은 1949년 제네바 협약에 기초한다. 이 협약은 (1) 육상 전투에서의 부상병과 환자 (2) 해상 전투에서의 부상자, 환자, 그리고 난파자 (3) 전쟁포로 (4) 민간인을 각각 다룬다. 이 협약과 관례 규정에 기반을 둔 국제인도법의 기본 규칙이 잘 확립되어 있다. 그러나 너무 자주 이의 적용은 일관성이 없고 문제가 많다(Box 6.5).

◉ Box 6.5 **전투법**

'제네바' 법	'헤이그' 법
전쟁 희생자 보호에 역점	무력 충돌의 방식과 수단에 초점
주로 1949년 4개 제네바 협약에 근거	주로 1899년 및 1907년 헤이그 협약에 근거

우리 인간은 원래 다른 사람들에게 말할 수 없는 고통을 주는 천성—특히 적이나 위협으로 간주되는 사람들에게 자신이 어렵거나 분쟁 중일 때—때문에 일관성이 없다. 유감스럽게도 역사상 이런 행동의 예가 무수히 많다. 그러나 국제인도법을 준수하지 못하는 것은 적용을 둘러싼 논란—특히 이 규정이 어느 정도까지 쌍무적 의무에 기반을 두었느냐는 점—때문이다. 국제인도법은 일반 인권법과 긴밀하게 연관되어 있고 이에 따른 의무는 본질적으로 일방적이며 쌍무적이 아니라는 논리에 주목할 필요가 있다(McCoubrey 1998: 187). 국제적십자위원회ICRC가 이런 견해를 대표한다. ICRC는 국제인도법을 준수하는 국가는 다른 국가도 자국민을 이렇게 대우할 것으로 바라며 법을 지켜서는 안 되고 "인간을

인간 자체로 존중하기에" 이렇게 해야 한다고 밝혔다(Meron 2006: 11). 2차 대전 종결 후 나치 전범자를 심판한 뉘른베르크 국제군사재판은 결정적으로 이런 입장을 지지했다. 이 재판은 헤이그 협약이 반대되는 규정을 보유하고 있지만 본질상 쌍무적이 아니라고 판단 했다. 헤이그 협약이 작성된 당시에는 새롭고 혁신적인 규정이었지만 "1939년에 이르러 협 약에 포함된 문명국가가 이 조문 모두를 인정하고 전쟁법과 관례의 선언이라고 여겼다"고 군사재판은 해석했다(Meron 2006: 10). 제네바 협약 공통 조문 제1조는 "고위 체약국은 어 떤 상황에서도 이 협약을 존중하고 존중하려 노력한다"라고 규정하면서 이 원칙은 더 강화 되었다(ICRC 1949).

최소한 국가 간 무력 충돌의 경우에는 국제인도법이 쌍무적이 아니라는 규범이 점차 확립되었다. 또 가장 잔혹한 폭력 행위가 일어나지만 전통적으로 국제인도법의 관할권 밖 에 있었던 내란을 관할하려는 데에 상당한 진전이 있었다. 이런 법적 발전에도 불구하고 국가 내부/인종 간 무력 충돌은 무시무시한 야만성을 잘 보여준다. 이런 전투에서 비정규 군들은 전통적인 정규군 간의 전투에서 기대된 법규를 거의 지키지 않았다. 국제 테러리즘 에서도 국제법이 도전받고 있다(Sassòli 2004; Barnes 2005). 부시 행정부가 테러와의 전쟁을 수행한 방식은 이 점을 극명하게 보여준다. 당시 미 정부는 테러와의 전쟁에서 체포된 수 감자들이 국제인도법이나 미국 국내법의 보호도 받지 못한다고 주장했다. 부시 행정부의 주장은 미 정부가 국제법의 관할 밖에서 이들을 다루려 했음을 보여준다. 미 대법원은 이 두 주장 모두가 위법임을 판시했으나 대법원의 이 판결은 너무 늦게 나와 미국이 자초한 외교와 명성 훼손을 만회할 수 없었다(Forsythe 2008; Carvin 2008). 후임자인 오바마 대통령 은 이 상황을 잘 알았고 따라서 취임 초기에 국제인도법이 관타나모 수용소 수감자들에게 적용됨을 확인한 후 수용소 폐쇄를 시사했다. 그러나 수용소 폐쇄는 생각보다 훨씬 어려웠 고 오바마 취임 후 3년이 지났지만 아직도 이 수용소는 그대로 운영 중이다(Yin 2011). 그 러나 오바마 취임 이후 이 문제에 관한 성명서와 태도 변화는 많은 사람들이 보기에 미국 의 이미지를 제고했다. 국제법을 준수한다는 인식과 역할이 끼치는 역할을 보여준다.

이상의 토론을 볼 때 국제인도법의 이론적 적용과 실제 적용은 결코 동일하지 않음을 알 수 있다. 이 둘 사이의 간극이 있는 한 무력 충돌의 희생자들은 더 고통을 겪는다. 그렇 지만 '이론적' 입장은 계속하여 매우 중요하다. 점차 더 많은 국가들이 국제인도법을 위반 하는 국가의 행동을 국제인도법이 제시한 법적 의무사항과 윤리 원칙의 입장에서 바라보 기 때문이다. 국제인도법을 위반했다는 인식의 정치적 함의는 상당하고 이는 매우 실제적 이고 전략적으로 중요한 방식으로 드러난다. 초강대국일지라도 군사적 전쟁 비용을 분담 하면 이득을 얻을 수 있기에 다른 국가들은 국제인도법의 준수를 보고 동맹국으로 남아 무 력 충돌에 따르는 비용을 부담할지를 결정한다(Reus-Smit 2007). 이 또한 단순히 국제적 이슈인 것만은 아니다. 24시간 뉴스 채널의 전쟁 보도, 글로벌 커뮤니케이션의 발달에 따라 시민이 이런 문제를 점차 더 잘 이해하게 되고 앰네스티인터내셔널Amnesty International과 휴 먼라이츠워치Human Rights Watch와 같은 비정부기구의 활동도 이에 기여했다. 인도주의적 이 슈가 이제 많은 주목을 끌고 있기에 정부에 상당한 압력을 줄 수 있고 선거에 미치는 영향 도 상당하다. 비정부 기구건 덜 공식적인 풀뿌리 운동이건 비정부 행위자들은 국가의 행동 판단에 기준이 되는 법적 틀을 형성하는 데 중요한 역할을 수행한다. 대인지뢰 금지 협약 에서 비정부 행위자들의 적극적 역할이 한 예다.

국제인도법상의 이론과 실제의 간극을 메워줄 수 있는 또 하나의 중요한 진전은 2002 년 국제형사재판소International Criminal Court(ICC)의 설립이었다. 이 재판소는 인종 학살죄, 반 인도적 범죄, 전쟁 범죄를 처벌할 수 있는 권한을 보유했고 아마도 차후에 침략죄도 처벌 할 수 있을 것이다. 특정 국가의 시민과 그 국가의 영토 안에서 저질러진 범죄이고 이 국 가가 이를 처벌할 수 없거나 처벌하지 않으려 할 때 ICC의 재판 관할권이 미친다(Schabas 2004). ICC의 중상 비방자가 없지 않지만─특히 미국에서 이런 비방자가 두드러짐(Ralph 2007)─유용성을 보여줄 필요가 있다. 그러나 ICC 설립은 불과 20년 전까지만 해도 현실 적으로 가능하지 않다고 여겼던 일이다. ICC가 업무를 개시한 지 얼마 되지 않았고 전쟁 당사국들─특히 패전국─이 전쟁이 종료된 후 이 재판소에 제소될 가능성이 있어 전쟁이 장기화할 우려도 있다고 일부는 주장한다. 바로 이런 이유가 참전 군인의 기소를 면해주어 야 한다는 주장의 핵심이었다. ICC가 설립된 후에도 이런 상황에서 우리가 '평화' 혹은 '정 의'를 우선할 것인가 하는 논란에 명확한 해답을 주지 못했으나 설립은 정의를 우선하는 방향으로의 진전인 듯하다.

물론 국제인도법(국제형사재판소의 설립을 포함한)이 세운 목표를 달성할 수 있을지는 교전 당사국들이 전투에서 금지된 행위를 피하는 정도에 달려 있다. 앞에서 지적했듯이 전 쟁범죄라는 처벌에만 너무 과도하게 집중하면 문제가 생긴다. 국제인도법의 목표는 무엇 보다도 전쟁범죄를 예방하여 전투에서의 희생자 보호이지, 법을 위반한 사람의 처벌이 아 니라는 사실을 놓친다는 것이다. 전쟁범죄 처벌이나 다른 국제인도법 실행이 이루어지기 전에 전쟁범죄 예방이라는 최우선 노력을 지키지 못했다는 것이 전제되어야 한다. 이런 관 점에서 국제인도법의 실행은 이 법의 효율적인 확산과 훈련 다음의 문제다. 많은 국가들이 국제인도법의 확산과 훈련을 군사 훈련의 기초로 다루고 있어 전망이 밝다. 물론 이런 훈 련이 널리 확산되지 않았고 군사 규율과 지휘 통제의 문제 때문에 이런 문제점이 종종 과 장되는 수도 있다(Robinson, de Lee, and Carrick 2008).

ⓘ 요점 정리

- 전투법은 종종 관련된 '헤이그 협약'과 '제네바 협약'으로 구분되고 보통 국제인도법(IHL)으로 불린다. 이 법은 실제 전투 수행을 완화하려 한다.
- '제네바 협약'은 전투에서의 희생자 보호를 목표로 한다. '헤이그 협약'은 전투의 방식과 수단을 다룬다.
- '제네바'와 '헤이그' 협약의 상당 부분은 강제 법규다.
- 국제인도법은 전쟁범죄를 예방하여 전투에서 희생자 보호를 주요 임무로 규정한다. 전쟁범죄를 처벌하여서가 아니라 군인을 대상으로 이를 교육시키고 훈련시켜야 이 목표를 달성할 수 있다.

ⓘ 비판적으로 사고하기

저명한 법학자 허쉬 라우터파하트는 다음과 같이 주장했다. "국제법이 법의 소실점(消失點)이라면 전쟁법은 더 희미한 선상에 있다." 전쟁이 발발할 경우 전쟁법이 국가와 비국가 행위자들의 행동에 영향을 미칠 것이라 기대하는 게 순진하고 비현실적인가?

그렇다:

- **국제법은 권력의 도구일 뿐이다**: 무정부적인 국제체제에서 국제법은 강대국이 기존 질서를 유지하기 위해 고안한 외교 수단에 불과하다. 이들은 기존 질서의 가장 큰 수혜자다. 그들은 국익에 도움이 될 경우 약소국으로 하여금 국제법을 준수하게 한다. 그러나 강대국의 이익에 배치된다면 거리낌 없이 국제법을 위반한다. 중앙집권적인 강제이행 기제가 없는 한 계속 이럴 것이다.

- **현실의 절박함이 항상 정전법보다 우선할 것이다**: 국가들이 무력 사용을 심사숙고해야만 할 경우 핵심 국익이 걸려 있는 아주 절박한 상황일 것이다. 이런 상황에서 대부분 강제이행되지 않는 법 규정을 준수하는 것보다 현실 정치의 특징인 국가 간 관계의 두려움과 불확실성을 더 고려해 결정할 것이다. 또 현실정치의 정치적·전략적 측면을 우선할 것이다.

- **전투에서 법 규정은 효과가 없고 패배를 자인한다**: 전투 중인 군인들은 생존의 위협을 느낀다. '죽느냐 죽이느냐'의 논리가 우선하고 이런 상황에서 법 규정을 고려하면 효과적인 작전을 어렵게 할 뿐이라 패배하여 죽을 확률이 높아진다. 따라서 군인들은 법 규정에 관계없이 승리하기 위해 수단과 방법을 가리지 않을 것이다.

- **전투 중의 행동은 차후 합리적인 법적 판단을 받기가 쉽지 않다**: 군인들은 종종 상당한 스트레스와 두려움을 겪는 상황에서 제한적이고 불확실한 지식을 갖고 순식간에 판단을 내려야 한다. 안전하고 차분한 법정에서 당시 상황의 결정을 검토하여 군인들의 행동을 재판하는 것은 적합하지 않다. 판사들은 이런 상황을 겪지 못했기에 피고인들의 입장에서 생각할 수가 없다.

그렇지 않다:

- *법의 강제이행에만 집착하면 법을 왜곡하는 것이다*: 강제이행 여부는 법 규정을 준수하기 위한 한 방편일 뿐인데 지나치게 이 부분만 강조하는 경향이 있다. 국익과 정당성이 법 규정을 준수토록 하는 것이 더 중요하다. 따라서 강대국이 국제법을 상당수 제정한다 해도 이 법이 제정되어 효과적으로 제 역할을 한다면 상당수의 국가들은 이를 정당하다고 수용한다.

- *국제법은 기준의 역할을 수행한다*: 국제법은 특히 강대국이 법을 위반해 무력을 행사하는 것을 억제하지 못할 수 있다. 하지만 국제법이 법 위반 여부를 판단하는 기준이다. 국가들이 국제법을 위반해 행동했다고 여겨질 경우 위반국들은 이를 옹호하기가 점점 어려워지고 차후 국가 목표를 추구하면서 무력 사용을 검토할 때 이 점을 심사숙고하게 된다.

- *국가의 일상적인 행동 패턴을 보면 전쟁법이 효율적임을 알 수 있다*: 2003년 미국과 영국의 이라크 침공 이후 각국 의회는 자국의 지도자들이 정전법을 준수하도록 특별히 신경을 썼다. 이럴 경우 지도자들은 국제법 준수 여부를 검토하게 된다. 또 국내법도 점차 전투법 위반 여부를 다룬다. 국제법의 강제이행도 중요하지만 의회와 지도자들, 국내법이 전쟁법과 전투법을 면밀하게 검토한다는 것 또한 중요하다.

- *과도한 전쟁을 최소한으로 제한하려는 것은 도덕적으로 흠잡을 데가 없다*: 전투법은 군사적으로 불필요한 고통을 줄이려 한다. 전투법의 적용과 준수가 완전할 수는 없지만 전투 중에 허용되는 행동이 있다는 사실 자체가 중요하다. 이런 규범이 있기에 교육과 훈련이 가능하다.

➕ 맺음말

국제법이 관례적으로 경시되는 것은 여러 가지 이유 때문이다. 우리가 국제정치학의 틀을 인식하는 방식과 국제정치가 갈등이 특징된 환경으로 우리가 주로 보기 때문에 이런 경시가 관례적인 것이다. 이런 시각에서 여러 국가들이 사회를 형성한다는 게 부적절한 듯하고 국제법도 어울리지 않는 듯하다. 그러나 이런 시각은 매우 잘못되었다. 세계 각지에서 발발하는 무력 충돌에 무기력을 느끼기보다, 이런 전쟁이 야기하는 파괴와 고통을 잊지 않으면서 점차 더 많은 국가들이 서로 협력하고 상생하고 있는 정도에 우리는 놀란다. 이것이 몇몇 위대한 법적 노력의 결과라고 여기는 것은 어리석은 일이다. 반면에 국제법은 국가의 행동에 아무런 영향을 끼치지 않는다고 주장하는 것도 무모하다. 국제정치학에서 대표적인 자유주의자인 로버트 코헤인Robert Keohane의 말을 빌리자면 국제법은 "행동과 역할을 규정하고 활동을 제어하며 기대를 형성한다"(1989: 3).

다른 모든 법과 마찬가지로 국제법도 종종 위반된다. 그러나 이런 위반은 규칙이기보다 예외다. 게다가 국제법 위반 사례의 경우 위반 국가가 이런 위반을 국제법적으로 정당화하지 않는 예를 찾기가 점점 어려워진다. 이런 위반이 더 드러나고 중요할수록 이런 정당화 압력은 더 거세진다. 전투법이 국제법 가운데 위반의 이런 사례다. 전투법을 위반한 국가는 정당화 압력을 가장 크게 받는다. 따라서 이런 경우에도 국제법이 유용하다는 사실을 더 주목할 만하다.

❓ 생각해볼 문제

1. 왜 국제법이 그렇게 경시되는가? 그렇게 경시될 이유가 있는가?
2. 국제법이 진정으로 국가의 행동에 영향을 미치는가? 그렇다면 어떻게, 왜 영향을 끼치는가?
3. 국가의 상대적인 힘의 분포가 국제법이 이들의 행동에 영향을 미칠 능력에 어떻게 영향을 미치는가?
4. 국가들이 국제법을 위반하여 무력을 사용했고 이를 국제법의 관점에서 정당화하지 않는 사례가 있는가?
5. 무력 사용의 금지에 대한 예외—예방적 자위권, 해외 거주 자국민을 보호하기 위한 조치, 국가 지원 테러리스트를 벌하기 위한 조치, 인도주의적 개입—가 정당화될 수 있는가?
6. 무력 사용의 금지는 국가의 안전을 담보할 수 있는 효과적인 메커니즘이 있어야만 가능한가?
7. 전쟁 수단의 제한이 실제로 가능한가?
8. 국제인도법이 쌍무적 원칙에서만 적용되어야 하는가?
9. 국제형사재판소의 설립이 좀 더 정의로운 전후의 문제 해결에 기여할 것인가 아니면 전투를 더 장기화할 가능성이 높은가?
10. '테러와의 전쟁'이 국제인도법에 무슨 영향을 미쳤는가?

📖 더 읽을거리

I. Brownlie, *International Law and the Use of Force by States* (Oxford: Clarendon Press, 1963)
이 책은 정전법의 발전에서 핵심 이슈를 상세하게 논의한다.

H. Bull, *The Anarchical Society: A Study of Order in World Politics* (London: Macmillan, 1977)
이 책은 국가들이 국제 사회를 구성한다는 초기의 논의를 다룬다.

M. Byers (ed), *The Role of Law in International Politics: Essays in International Relations and International Law* (Oxford: Oxford University Press, 2000)

국제법의 국제정치에서의 역할을 다룬 논문집이다.

H. Duffy, *The 'War on Terror' and the Framework of International Law* (Cambridge: Cambridge University Press, 2005)
'테러와의 전쟁'에서 국제인도법을 분석한다.

D. Fleck (ed), *The Handbook of International Humanitarian Law 3rd edn* (Oxford: Oxford University Press, 2013)
전투법을 포괄적으로 논의한다.

W. A. Schabas, *An Introduction to the International Criminal Court* (Cambridge: Cambridge University Press, 2007)
국제형사재판소의 역사와 운영을 다룬다.

M. Weller, *Iraq and the Use of Force in International Law* (Oxford: Oxford University Press, 2010)
2003년 이라크 침공이 제기한 국제법의 핵심 이슈를 논의한다.

웹사이트

유엔 사이트(http://www.un.org)
유엔 결의안과 회의록을 포함한 방대한 유엔 관련 자료를 제공한다.

유엔의 국제사법재판소(http://www.icj-cij.org)
국제사법재판소의 조직과 운영방식, 과거 및 현재 판례를 제공한다.

국제형사재판소(http://www.icc-cpi.int/en_menus/icc/Pages/default.aspx)
국제형사재판소의 조직과 운영방식, 과거 및 현재 판례를 제공한다.

국제적십자위원회(http://ww.icrc.org/eng/index.jsp)
세계 각지의 인권 상황에 초점을 두어 ICRC의 업무를 소개한다.

국제대인지뢰금지캠페인(ICBL)(http://www.icbl.org/en-gb/home.aspx)
대인지뢰의 사용과 이의 금지 운동, 그리고 대인지뢰의 계속되는 사용에 따른 여러 가지 문제점을 상세하게 다룬다.

7 기술과 전쟁

엘리엇 코엔(Eliot A. Cohen)

 독자 안내

전투에서 승리하는 데 훈련이나 군 사기 같은 요인과 비교하여 기술이 더 중요하다는 주장에 대해 학자들 간에 논쟁이 있다. 학자들은 또한 왜 어떤 기술은 군사 분야에 통합되어 사용되고 어떤 기술은 중도 폐기되는지 서로 상반된 설명을 한다. 사실 기술 변화의 속도는 그렇게 일정하지 않다. 어떤 기술은 군사 영역에 확고하게 자리 잡는 반면 어떤 기술은 금방 구식기술이 되어 폐기된다. 이 문제를 한층 더 복잡하게 만드는 것은 오늘날 어떤 사람들은 지금의 세계가 군사혁신 즉, 기술 변화가 전쟁 수행 방식에 있어서 근본적인 변화를 촉진하는 사건을 일으키고 있다고 믿는다는 것이다. 이 장에서는 이러한 문제들을 살펴보고 향후 전쟁에 변화를 가져올 새로운 기술 변화의 추이에 대해 살펴보기로 한다.

머리말: 기술애호가와 기술회의론자

군인들과 군사 역사가들은 군사 기술을 바라보는 관점에 대해 쉽게 판단하지 못한다. 현대의 정책 결정이 주로 기술적 결정 이를테면 구매할 항공기 숫자와 유형 등을 중심으로 이루어지기 때문이다. 일반 대중은 현대기술의 가공할 성능과 화력에 대해 대단히 매료되는 경향이 있지만 군인들과 군사 역사가들은 군사 기술의 중요성을 다소 경시하는 경향이 있다. 이들 눈에는 군사 장비와 무기체계보다는 군사적 유능함과 군 조직의 효율성이 전쟁의 승패에 더 결정적으로 작용한다고 믿기 때문이다.

비록 기술애호가나 회의론자 모두 특정 전쟁을 평가하는 데 있어서 상반된 입장을 보이긴 하지만 그런 논쟁이 이론적인 개념 수준에서는 잘 벌어지지 않는다. 지난 세기의 중요한 인물 즉 영국의 전략가이자 군사 전쟁의 선구자인 풀러 장군은 전략 연구에 있어서 기술의 역할에 대해 이론적으로 접근하려고 하였다(Fuller 1926, 1932, 1942, 1945). 이 장에서는 군사 기술에 대한 몇 개의 중요한 개념들을 소개하고 우리 시대의 핵심적인 군사 기술에 대하여 토론해보기로 한다.

군사 기술에 대한 몇 가지 사고방식

군사 기술의 문제를 대할 때 먼저 우리는 기술이 어디에서 오는가? 라는 문제의식에서 출발할 필요가 있다. 우리는 보통 기술이란 것이 민간 분야에서 개발되어 군부로 넘어가 활용된 것으로 즉, 미리 결정된 것으로 생각하는 경향이 있다. 그러나 기술과 기계공학을 연구하는 사람들은 대부분 기술의 최종 형태가 미리 결정된 것이 아니라고 생각하여 이런 결정론적 시각에 거부감을 느낀다(Mackenzie, 1990). 어떤 사람들은 군사 기술이 특정한 군사적 필요를 충족하기 위해 발전되어왔다고 주장하면서 "형식이 기능을 따른다"는 식의 논리를 편다. 그러나 이에 대해 다른 가능성도 존재한다. 헨리 페트로스키Henry Petroski는 교량연구를 하다가 발견한 개념을 군사 기술의 발전에 적용하여 "형식은 실패에 따라 발전된다"는 논리를 펴기도 한다. 그의 견해에 따르면 새로운 기술 발전은 기존 기술에서 문제가 발생하거나 실패를 겪었을 경우 그 실패를 극복하기 위한 대응 차원에서 나온다는 것이다. 기술 발명과 관련된 또 다른 이론으로 기술이 미적 추구나 조직의 편리성 추구와 같이 비합리적인 고민을 통해 발전되어왔다는 설명도 있다. 이처럼 기술 발전에 대한 여러 가지 다양한 관점들은 기술혁신이 어떻게 가능하며 어떻게 실패하는지에 대해서 다양한 설명을 제공한다.

예를 들면, 베트남전에서 무인항공기UAVs를 이미 성공적으로 실험했던 미군이 왜 이것을 전투용 무기로 전환하는 데 거의 30년이나 걸렸는가? 그 무인항공기 기술이 아직 실전 배치에 미숙한 점이 있었을 것으로 간주한다면 이는 민간산업 성과론의 입장이 될 것이다. 반면에 무인항공기의 사용에 절박한 임무가 없었기 때문에 그러하였을 것이라고 추정한다면 이는 형식이 기능을 따른다는 논리가 된다. 이에 대해 이 기술의 발전에 있어서 아직 괄목할 만한 실패나 문제가 없어서 그러하였을 것이라는 주장을 편다면 이는 형식이 실패에 따른다는 입장이 된다. 마지막으로 조종사의 탑승 없이 항공기를 운용한다는 생각에 기분이 나쁜 비행기 조종사들이 이런 기술 응용을 방해하였다고 한다면 이는 기술 발전에 대한 비합리적 설명과 일맥상통하는 것이다.

이러한 이론들 모두 어느 것도 완벽하게 만족스럽지는 않다. 그러나 이처럼 우리의 사고 폭을 넓게 확대해서 생각해보는 것은 왜 어떻게 해서 군사 기술이 진화해왔는지에 대해 상세하게 살펴보게 한다. 예를 들면 군사 기술의 발전에 국가마다 다른 스타일이 영향을 미칠 수 있는데 이스라엘 군의 메르카바 전차와 미군의 M1A2 에이브람스 전차의 경우가 그렇다. 이 두 전차의 차이점은 양국이 전투를 벌이는 지형에 대한 디자인 철학이 서로 달라 영향을 미친 결과라는 것이다. 이를테면 이스라엘의 느린 탱크는 바위가 많은 골란 고원의 지형에 맞게 설계된 것인 데 비하여 기동성이 빠른 미군의 M1A2 탱크는 사막전에서 최고의 기동성을 추구할 목적으로 설계된 것이다. 이스라엘 군은 속도보다는 이례적으로 탱크의 방호에 신경을 써서 통상 탱크 후면에 설치하는 엔진을 전면에 장착하여 기술적 비효율성의 문제를 감수하려고 하였다. 전차전에서는 보통 대부분의 포격이 탱크 전면을 강타하는 경우가 많은데 그럴 경우를 대비하여 엔진을 앞부분에 장착할 경우 타격의 충격을 엔진이 흡수하면서 안에 타고 있는 탱크병의 안전이 확보될 수 있는 것이다. 반면에 연료소요가 많은 고성능 터빈 엔진을 탱크 뒷부분에 설치한 미군 탱크의 경우에는 전장에서 쉽게 연료를 공급할 수 있어서 탱크의 방호보다 사막전에서의 기동성 확보에 주안점을 두었다(Box 7.1).

⊙ Box 7.1 **미군 탱크(M1A2) 에이브람스 대 이스라엘 군 탱크 메르카바(Mk3) 비교**

	에이브람스(M1A2)	메르카바(Mk3)
중량(tons)	69.54	62.9
전장(meters)	9.8	8.8
전고(meters)	2.9	2.8
전폭(width)	3.7	3.9
작전 거리(miles)	265	311
탑승 인원	4	4
최고 속도(km/hour)	90	55
주포 구경(mm)	120	120
엔진 유형	가스 터빈	디젤

비록 두 탱크가 일부분 유사한 면이 있기는 하지만 이스라엘의 메르카바 탱크는 미국의 M1A2 탱크와 많이 다르다. 이스라엘 탱크는 속도 면에서 미군 탱크보다 훨씬 느리다. 이스라엘 군은 절대 속도보다는 용암 바위로 뒤덮인 골란 고원에서 효과적으로 작전할 수 있는 능력에 초점을 맞추었다. 메르카바 탱크는 공격 중에 옆에서 함께 싸우는 초고속 장갑차가 없다. 메르카바 탱크는 탱크 후면에 해치가 있어서 승무원을 노출시키지 않고도 다친 병사를 후송하거나 탄약 재공급을 받을 수 있게 설계되었다. 이러한 것은 골란 고원의 험준한 지형에서 전투할 경우에 공격 전선을 일렬로 유지해야 할 필요성 때문에 그런 것이었다. 마지막으로 이스라엘 탱크는 엔진이 전면에 달려 있는데 이는 포격을 받았을 경우 충격을 완화시켜 탱크병의 보호를 위한 목적으로 탱크의 기계적 성능을 희생시킨 것이다. 미국 M1A2 탱크는 이와 유사한 방호력을 증강시키기 위해 값비싼 중무장을 선택함으로써 무게가 더 나가도록 만들었다.

기술에서의 국가 스타일은 디자인이 정해지는 당시의 정치적 가정들을 많이 반영하게 된다. 예를 들면 2012년 미국은 단거리 폭격기인 F35 통합군 전투기를 대량으로 구매할 것을 결정하였는데 이런 결정은 당시 미국의 정치적 가정, 즉 향후 미군은 고정기지를 확보하려는 광범위한 접근성으로 수백 마일 떨어진 곳의 적과 전쟁을 치를 것이라는 가정을 반영한 것이다.[1] 그러나 아마도 이런 가정들이 나중에 혹시 잘못된 것으로 판명될 수도 있다.

국가마다 서로 다른 디자인 스타일 문제의 핵심을 꿰뚫는 한 가지 방법으로는 무기 설계자가 과연 어느 정도로 선택에 따른 상충적인 효과를 수용할 것인지 자문하는 것이다. 이를테면 탱크의 설계에 있어서 방호와 화력, 기동성이라는 세 가지 기본적인 특성이 있다. 만약에 탱크 안전을 위해 방호 능력을 향상시키려고 중무장을 하게 되면 탱크의 기동성을 희생해야 하며 반면에 작은 포경의 저반동 주포를 장착하게 되면 기동성은 향상되지만 화력에서는 떨어질 수밖에 없다. 또한 속도 개선을 위해 엔진 출력을 향상시키려고 하면 탱크의 크기와 무장 능력 그리고 장거리 작전 능력이 떨어지게 되는 문제가 있는 것이다.

이미 언급한 것처럼 군사 기술의 발전은 서로 상호작용 과정을 반영하여 나타난 결과이기도 하다. 오늘날 탱크는 엔진이나 주포의 성능을 향상시키다 보니 60톤이 넘는 철갑 괴물이 된 것이 아니다. 방호력의 증강을 위해 몸체를 열화우라늄과 같은 특이한 물질로 만들다 보니 그렇게 되어버린 것이다. 그럼 왜 탱크들은 이처럼 중무장하는 데 신경을 쓰게 된 것일까? 그 이유는 열화우라늄 막대기와 성형작약탄(적중될 경우에 뜨거운 제트기류가 발생하여 고온고열의 에너지로 피격체를 관통해버리는 폭약)과 같은 강력한 대전차 파괴 무기가 계속 개발되었기 때문에 중무장을 하게 된 것이다. 이런 것은 심지어 평상시에도 공격과 대응의 상호작용 방식이 무기 설계자의 선택에 영향을 미친다는 것을 의미한다. 이러한 상호작용이 무기체계의 발전 자체를 하나의 생태계 환경에서 나타나는 일종의 진화 과정을 만들었기 때문이다.

조류와 양서류들은 그들의 상위 포식자에게 먹히지 않기 위해 다양한 방법으로 진화해가지만 포식자 또한 자신들의 먹이를 쉽게 잡아먹을 수 있도록 그에 적응하게 되어 있다. 무기체계의 발전 역시 이러한 진화 과정을 많이 닮아 있다. 따라서 이러한 상호작용은 가끔 아주 이상한 결과를 초래하기도 한다. 즉 어떤 특정한 환경에서는 고도로 발전된 적응 시스템이지만 다른 전장에서는 전혀 맞지 않는 기반체계가 되는 것이다. 예를 들면 처음 개발된 2세대의 스텔스 비행기는 레이다 에너지를 흡수하기 위해 교묘하게 만든 표면을 사용하여 탐지가 어렵도록 개발되었다. 그러나 이렇게 만든 스텔스 비행기의 이상한 모습이 다른 비행기보다 느려지게 만들었으며 조종이 어렵게 했다. 따라서 이들은 주간에 쉽게 탐지될 수 있기 때문에 주로 야간에만 작전을 하도록 되었다.

군사 기술을 평가하는 데 있어서 우리는 잘 주목받지 않는 그런 기술도 유념해 살펴볼 필요가 있다. 2차 대전 동안에 독일 탱크가 프랑스 탱크보다 상대적으로 우월했던 측면은 뛰어난 방호력이나 엔진 출력에 있기보다는 외부인들이 잘 모르는 작은 기술력 즉 무선송신기에 있었다(Stolfi 1970). 가끔 군사 시스템의 가장 중요한 요소는 일반인들이 생각하는 명확한 기술적 요소가 아니라 작은 기술력이지만 그것을 완벽하게 숙달하는 것이 전장에서 더 큰 비중으로 작용하게 된다. 2차 대전 동안에 남태평양에서 미군은 일본군하고만 싸운 것이 아니라 열병과도 싸워야 했다. DDT라는 살충제의 개발이 어떤 폭격이나 전함 이상으로 미군이 뉴기니 전쟁을 이기는 데 기여한 측면이 있다. 우리는 기술 시스템 전체의 역할을 살펴보아야만 한다. 작은 일부분에만 집착해서는 안 된다. 2차 대전을 이런 시스템의 시각에서 묘사한 소설가가 있다.

> 전함에 대해서 생각해볼 만한 한 가지 방식은 이것을 하나의 거대한 수중동물처럼 생각해보는 것이다. 선교는 마치 동물의 두뇌와 같은 곳으로서 선장의 지휘에 따라 일사불란하게 두뇌에서 결정한 것을 신체 각 부분으로 전달하는 곳이다. 엔진실은 꼬리인 프로펠러를 움직이게 하는 근육 역할을 하고 대포들은 이빨이나 발톱처럼 공격적인 기능을 맡는다. 전함 맨 꼭대기에는 까마귀 둥지처럼 돛대 위에서 쌍안경을 통해 수평선 너머를 바라보면서 망을 보는 사람들이 있는데 이들은 동물의 눈과 같은 기능을 하는 것이다. 여기에 배에서 사용하는 신호기와 무선기는 동물의 울음소리처럼 동료들에게 구조 요청을 하거나 경고를 발하는 기능을 하게 되어 있다.
>
> −Forester(1943: 22−3)

전쟁이 진행되면서 함정의 두뇌는 몸통 안으로 숨어버리게 되는데 이것은 오늘날 현대 함정의 기능에 비유하면 전투정보센터가 되는 것이다. 그러나 포레스터Forester의 논지는 전함의 효과성이 단순히 모든 기술 각자가 따로 잘 작동하는 데 있는 것이 아니라 전체 시스템이 유기적인 하나로서 잘 작동하는 효과성에 있다는 것이다. 무기체계라는 용어의 사용 자체가 여러 가지 기술들 하나하나가 갖고 있는 각각의 뛰어난 성능보다는 이런 기술들이 전체 하나를 이루어 유기적으로 작용하게 하는 기술이 중요함을 의미한다. 다른 어떤 사회적 행위보다도 전쟁은 여러 부분의 단순 집합보다 전체가 하나의 시스템으로 잘 작동하는 것이 더 중요하다.

우리의 마지막 중요한 개념은 기술적 우위다. 이것은 결정적으로 작용하는 요소는 아니지만 항상 중요한 문제다. 풀러의 주장에 따르면 나폴레옹도 크림 전쟁에서 특별히 유능하지 않은 장군이었던 라글란Raglan 경의 군대에게 패배한 적이 있는데 그 이유가 나폴레옹의 군대가 구식 장총을 보유한 데 비하여 라글란 장군의 군대는 최신식 소총을 갖고 있었기 때문이라는 것이다(Fuller 1945: 18). 기술이 앞선 선진국이 기술적 우위를 가지고 전장에 나서면 이 기술적 우위가 전쟁에 결정적으로 영향을 미칠 것으로 믿기 시작한 것은 최근의 일이다. 기술적 우위가 반드시 모든 분야에서 다 통용되는 것은 아니다. 이를테면 1991년 걸프전 당시 이라크 대포의 일부는 서방 측 대포보다 대략 6km나 더 멀리 나갔으며 베트남전 당시 러시아제 130mm 자주포는 미군의 155mm 자주포보다 더 멀리 나갔다.[2] 또한 약하고 작은 군대라도 강력한 적군을 맞아 기습할 수 있는 능력을 가질 수 있다. 기술적 우위라는 것이 첨단 소총으로 무장한 영국 장군 키처너Kitchener 경의 영국-이집트 연합부대의 경우처럼 칼리파의 데르비시 군대를 박살 낼 수 있는 극적인 효과도 있긴 하지만 또한 공대공미사일의 항속 시간으로 단지 몇 초의 차이 또는 탱크 주포의 유효 사거리가 단지 몇백 미터의 차이로 그칠 수도 있는 것이다. 기술적 우위는 2차 대전 당시 섬뜩한 사이렌 소리를 내면서 급강하하던 독일 폭격기의 경우나 베트남전 당시 정글 오지에 갑자기 굉음을 내면서 어디선가 나타나는 미군의 헬리콥터 부대처럼 실전보다 심리적 공포 효과를 더 가질지 모른다. 또는 걸프전 당시 이라크 군이 아니라 미군이 구매하여 사용한 GPS 항법 시스템처럼 상업기술에서 금방 차이가 없어져버리는 그런 기술적 측면을 반영할 수도 있는 것이다.

🛈 요점 정리

● 군사 기술이 어떻게 발전되어왔는지에 대해서는 다양한 이론이 있으며 이들은 서로 상반되기도 한다.

● 군사 기술의 발전은 이따금 국가마다 서로 다른 스타일의 차이를 반영하여 나타난다.

● 국가마다 서로 다른 기술적 스타일의 차이는 여러 가지 고려 사항, 이를테면 정치적 가정, 군사 장비의 특장점 간에 상충된 효과의 강조, 상호작용의 과정, 보이지 않는 스텔스 기술, 시스템 통합기술, 그리고 기술적 우위의 추구 등과 같은 요인들에 의해 결정된다.

군사 기술의 변천 과정

19세기 중반 이후 군사 기술에서의 변화는 마틴 크레벨Martin Creveld이 말한 "발명 중의 발명"이라는 것을 통해 하나의 변치 않는 상수로서 계속되어왔다. 옛날 것을 선호하여 최신 기술을 거부하는 듯한 전통적인 군인들의 모습은 사실 조금 과장된 것이다. 예를 들면 1차 대전 전에도 유럽 군대들은 기관총과 항공기 제작을 적극 수용하였다. 다만 문제는 오늘날과 마찬가지로 새 기술이 가져올 변화의 폭이 어느 정도인지 알아채기가 어렵다는 데 있었다. 내부의 강력한 제도적 특성 때문에 군 조직은 대체로 새 기술을 기존의 군사교리와 구식 작전에 맞추려는 경향이 있다.

기술적 변화를 평가하는 데 있어서 한 가지 중요한 질문은 지금 양적인 변화를 목격하고 있는 것인지 질적인 변화를 목격하고 있는지를 파악하는 것이다. 이것은 생각보다 매우 복잡한 문제다. 예를 들어 몇 개의 중요한 변수, 즉 속도와 방호, 기동성에 있어서 약간의 개량만 있더라도 그것은 양적인 변화이며 계속될 경우에 누적 효과를 가질 수 있다. 다만 이러한 변화 정도로는 전쟁에 있어서 급격한 변화를 가져오기가 어렵다. 물론 약간의 개선된 변화가 질적인 변화를 초래할 수 있기도 하다. 예를 들면 초기에 만든 총기류는 긴 활보다 살상 효과가 적었다. 또한 선박의 운행에 있어서 초기 가솔린 엔진이 석탄 엔진에 비해 속도가 크게 개선되지는 않았다. 1세대 공대공미사일의 사정거리도 당시의 장거리포에 비하여 성능이 약간 더 좋았을 뿐이다. 그러나 이런 변화들이 누적되면서 전쟁 수행 방식에 있어서 획기적인 변화의 징조가 나타나기 시작하였다. 긴 활을 능숙하게 다루기 위해서는 오랜 시간이 필요하지만 소총의 사용은 단지 몇 개월 정도의 훈련만 받으면 충분하였던 것이다. 게다가 총을 발사할 때 나는 큰 총성과 연기, 불빛은 직접적인 영향은 아니지만 공포감을 주는 심리적 효과의 무기가 되게 하였다. 가솔린 추진 방식의 함정도 탑승 인원의 숫자를 줄이게 되면서 속도 향상에 기여하였으며 무엇보다 중요한 것은 전 세계 유전을 중요한 전략 자원으로 만들었다는 사실이다. 공대공미사일의 진전 또한 대공포의 사정거리보다 훨씬 멀리 날아가 거의 눈에 보이지 않을 정도의 장거리 목표를 타격할 수 있을 정도로 개량되었다.

오늘날 군사 전문가들이 잘못 오해하고 있는 부분이 있다. 미국 군사조직(특히 미 해군)은 1960년대 초부터 위성 기반 항해 시스템을 실험해왔으나 실제로 군사 무기화된 시기는 1991년 걸프전을 겪으면서 발전된 것이라는 점이다. 걸프전을 경험하면서 조종사와 항해사, 일반 병사들은 GPS 시스템이 항법과 관련된 모든 것을 단순 기술 영역에서 과학의 영역으로 전환할 수 있다는 사실을 깨닫게 되었다. 이와는 대조적으로 1940년대와 1950년대에 핵무기의 출현은 전문가들로 하여금 모든 군대 조직들이 이 가공할 신무기에 맞게 재편될 것으로 예상하였으나 실제로는 단지 몇 개의 선발된 군부대만이 이 새로운 무기체계에 맞게 전술과 구조가 바뀌었을 뿐이다. 군사 조직과 기반 구조는 동일한 비율로 변하지 않는다. 어떤 기술적 변화는 수십 년이 지나도 별로 바뀌지 않는다. 항공모함의 갑판에 올라가 보면 지난 반세기 동안 별로 변화가 없었다는 것을 보고 놀라게 된다. 즉 20세기 기계공학의 산물인 증기식 사출기가 경사진 갑판 위에서 제트비행기를 발사하는데, 이것은 2차 대전 때 개발된 기술방식이다. 또 각양각색의 제복을 입은 승무원들이 옷 색깔에 맞추어 서로 다른 임무를 수행하고 있는데, 이 방식 또한 한국전 당시의 승무원들이 하던 방식과 별로 달라진 것이 없다. 항공모함 내부에서는 비행단 대장이 대형 탁자 위에 모형 비행기를 이용하여 비행기의 위치를 추적하고 갑판 아래에는 반짝이는 유리 격자가 모든 비행기의 상태를 보여주게 되어 있다. 물론 그동안 중요한 기술적 변화가 많이 있었다. 보다 정확하고 보다 강력한 폭탄이 개발되었으며 더 뛰어난 정보와 고성능 전투기들이 개발되었다. 그럼에도 전체적인 군 조직 구조는 크게 바뀌지 않은 채 그대로 지속되고 있다.

어떤 군사 과정은 상당히 변하고 있는 것도 있다. 예를 들면 대규모 사막 전투의 경우 2차 대전 당시에는 싸움이 상당한 유사성을 가지고 있었다. 다수의 육중한 철갑 괴물인 전차들이 개활지에서 움직이면서 연기와 먼지를 일으키고 혼전을 벌일 때 신속하게 포격하면서 조용히 기동하는 쪽이 훨씬 더 유리한 싸움 양식이었다. 그러나 이제는 많은 것이 변하였다. 오늘날의 전차전은 날씨가 맑은 대낮에 탐지할 수 있는 거리보다 야간에 더 정확하게 움직임을 포착할 수 있는 적외선 감지 장치를 이용하여 밤에도 전투를 벌일 수 있게 되었다. 게다가 성능이 좋은 대포가 개발되어 레이저 탐지기와 컴퓨터 장비를 이용하여 전차병들은 5-6km 전방의 목표를 타격할 수 있게 되었으며 야간에는 야간 적외선 투시경을 이용한 공격 능력이 개발되면서 전차전의 양상이 크게 바뀌었다.

어떤 기술적 변화는 더 크게 보인다. 예를 들면 최초의 야간 공습 작전의 효과는 2차 대전이나 한국전쟁 그리고 베트남 전쟁 때와는 달리 매우 크다. 하루 이틀 사이에 유능한 공군은 적의 방공체제를 완전히 무력화시킬 수 있게 되었다. 이것은 과거와 비교하여 공군력이 더 효율적으로 공격할 수 있게 되었다는 것을 말하는 것이 아니다. 그보다는 과거에는 공군이 전혀 할 수 없었던 작전을 이제는 할 수 있게 되었다는 것을 말하려는 것이다. 예를 들면 충분한 정보와 전략을 가지고 공습 작전을 여전히 잘 수행하기만 하면 그것은 이전에는 전혀 가능하지 않았던 정밀 타격과 대량 폭격을 통해 적군의 통신 기반 체계를 완전히 마비시킬 수 있게 되었다는 것이다.

🔒 요점 정리

- 군사 기술의 역할을 이해하는 데 있어서 한 가지 문제점은 이것이 지속적으로 변화가 일어나는 과정에 대한 것이라는 점이다.

- 한 가지 어려운 주제는 군사 기술의 질적인 변화와 양적인 변화 사이에 어떤 변화인 것인지를 알아내는 것이다.

- 군사 기술의 판단에 있어서 또 하나의 어려움은 어떤 기술은 그 효과가 신속하고 급격하게 나타나는 반면 어떤 기술은 그 효과가 나타나는 데 느리고 오래 걸린다는 것이다.

군사혁신 논쟁

여러 가지 군사 기술이 일시에 함께 일어나게 되면 그 결과는 군사학자들이 주장하듯이 군사혁신이 일어나는 것이다. 보통 군사 기술은 점진적으로 천천히 변하지만 이따금 여러 가지 기술 변화가 한 번에 일어나면서 거대한 군사적 변혁을 야기한다.

1970년대 말 이래로 일부 군사 전문가들은 군사혁신이 일어나고 있다고 주장하곤 하였다. 당시에 소련의 합참의장이던 니콜라이 오가코프Nikolai Ogarkov와 같은 소련군 장교들은 현대 재래식 무기의 발전이 곧 핵무기 못지않은 엄청난 효과를 가질 것이라고 주장하였다. 항공기에 장착된 고성능 레이더 장비를 포함한 장거리 탐지 장치와 정밀 타격 무기들이 전차 부대의 탐지와 공격을 용이하게 해줌으로써 전차들이 전장에 접근하기도 전에 모조리 파괴될 것이라고 전망하였다. 또한 소련군 지도자들은 미국이 워낙 유리한 기술적 우위를 점하고 있으므로 이러한 변화를 계속 추구하다 보면 결국 소련군이 훨씬 뒤처지게 될 것이므로 대안적인 방법으로 소련 서쪽의 동원 지역으로부터 유럽 쪽을 향해 장갑부대를 투입하는 방안에 의존하는 것을 검토하기도 하였다.

서방에서는 많은 기술자들이 소련군 장교들과 마찬가지로 정확성, 사정거리, 그리고 정보력이 결합된 무기체계의 발전에 막연한 열망을 가지고 있었다. 그런데 1991년 걸프전의 양상을 통해 다양한 분야의 군인들이 모두 다 이제 전쟁 수행 방식에 있어서 매우 커다란 변화가 일어나고 있다고 확신하게 되었다. 걸프전의 일방적인 승리 결과와 정밀 타격 무기의 성능, 그리고 많은 첨단 군사 기술의 등장을 보면서 사람들은 전쟁의 방식이 근본적으로 변하고 있다고 믿게 되었던 것이다. 그리고 걸프전에서 처음 목격하였던 상황이 그 이후 10여 년간 크고 작은 군사 분쟁에서 재연되었다. 미국과 영국의 이라크 내 목표에 대한 정밀 공습, 1995년 보스니아 내전 결과로 나토가 감행한 유고 공격 작전, 1999년 코소보 연합군 작전 등에서 걸프전과 똑같은 상황이 재연되었던 것이다. 마찬가지로 미국 특수부대와 무인항공기UAVs, 정밀 타격 무기 등이 함께 결합하여 공격한 2001년 아프간 탈레반에 대한 치명적인 공격도 유사한 사례다. 이후 2003년 이라크 전쟁에서는 3주도 채 걸리지 않아 미국 지상군과 공군이 연합작전을 통해 이라크를 진격하여 사담 후세인 정권을 붕괴시키고 곧바로 이라크 전역을 점령해버렸다.

그렇지만 이런 군사 기술의 변화를 한마디로 설명하는 것은 그리 쉽지 않다. 미 합참부의장인 윌리엄 오웬스William Owens 제독은 새로운 기술들의 잠재력을 "다기능, 다기술이 융합된 복합체계"라고 불렀다(Owens and Offley 2000). 그는 이제 미국이 장거리 정밀 타격 무기와 광범위한 정보력과 고성능 정찰기능, 개선된 정보 처리 능력 등을 보유하게 되면서 200평방 마일 면적의 지상에 있는 적을 쉽게 탐지하고 소탕할 수 있을 것이라고 전망하였다. 물론 군부 내에 다른 사람들은 이것을 기술 열광자들이 갖고 있는 판타지라면서 일소에 부쳤다. 클라우제비츠가 말한 전쟁의 안개the Fog of War가 약한 상대에 대한 완벽한 작전에서도 언제든지 나타날 수 있기 때문이다. 오웬스 자신도 1999년 세르비아를 격퇴시킬 때 나토군의 작전이 거대한 관료주의적 장애물, 이를테면 오래된 군대문화와 같은 것에 의해 어려움을 겪은 사례를 실토한 적이 있다.

사실 군사혁신RMA 논쟁은 그리 만족할 만한 것이 못 된다. 지금까지 실행했던 모든 군사실험들이 어떻게 보면 미국이 상대적으로 매우 약한 적에 대해 압도적 우위의 병력을 가지고 수행했던 불공평한 사례들이기 때문이다. 예를 들어 1999년 유고슬라비아의 국민총생산량은 미국 국방 예산의 1/15도 채 되지 않았다. 물론 이런 잘못 편향된 결과도 지표로 사용될 수는 있겠지만 대규모 기술 변화의 증거라고 보기는 어렵다. 그보다 더 중요한 것은 2006년에서 2014년까지 이스라엘 군과 비정규군과의 네 번에 걸친 전쟁 사례다. 이러한 전쟁들은 새로운 정밀 타격 기술과 고도화된 옛날 기술, 정보 관리와 새로운 통신 수단을 통합하면서 전쟁의 새로운 변화를 예고하였기 때문이다. 게다가 중국의 강대국 부상과 첨단군사 기술에 대한 대규모 투자—이를테면 사이버 전쟁, 장거리 고성능 미사일과 어뢰 개발 투자 등—는 전쟁에 있어서 근본적인 변화가 일어나고 있다는 것을 시사하고 있는 것이다. 이런 것을 간략하게 정리하면 우리는 전쟁에 있어서 새로운 기술시대의 중요한 세 가지 특징, 즉 양보다 질의 우위, 군사 장비의 세분화, 상업적 군사 기술의 역할 증대 등을 살펴볼 필요가 있다.

양보다 질의 우위

역사학자들은 프랑스 혁명에서부터 20세기 중반까지를 '대규모 물량전쟁mass warfare'의 시기라고 말한다. 이 시기 동안에는 대규모 병력과 군사역량을 효과적으로 동원할 수 있는 나라가 가장 강력한 군사력을 창출할 수 있었는데 이것은 소련과 같은 대국이든 이스라엘과 같은 소국이든 마찬가지였다. 쉽게 말해서 군 병력이 많으면 많을수록 좋은 시대였다. 그러나 사실 18세기까지만 하더라도 군사 전문가들은 군대 규모가 어느 정도 적정 수준을 넘어가는 것은 그리 바람직하지 않다고 생각하기도 하였다.

이제 대규모 물량전쟁의 시대는 끝이 났다. 1991년 세계에서 네 번째로 병력이 많은 이라크 군대의 궤멸은 구식 부대가 쉽게 첨단무기의 공격 대상이 되어 오히려 취약성이 커지는 새로운 시대의 등장을 알리는 계기였다. 전 세계 국가들은 강제 징병제를 폐지하기 시작하였으며 군 병력 규모를 축소하기 시작하였다. 심지어 국방비를 계속 증액하고 있던 중국과 터키도 이런 감축 대열에 참여하였다. 몇 가지 통합을 유도하는 상황의 전개가 이런 변화를 가져왔는데 첫째 민간 문화와 군대 문화의 이질성, 둘째 병사 훈련비의 부담 증대,

대규모 병력의 상대적 취약성 증대, 그리고 특히 주목할 것으로는 전투에서 기술적 우위의 중요성이다.

2차 대전 시기보다 이제 기술의 질이 양에 비해 우위를 점하게 되었다. 더구나 이 질은 인적 자원과 기술의 결합에 의한 것으로, 이를테면 평범한 보통 장비의 전차에 뛰어난 능력의 부대와 고성능 첨단 장비의 전차에 평범한 자질의 부대가 싸우면 전자가 이길 가능성이 더 커진 것이다. 신문이나 잡지에 실린 어설픈 국가별 병력 비교표가 되었든 아니면 그럴듯하게 과학적 계산에 근거를 두고 도출한 미 국방성 군사력 비교지표가 되었든 이제는 옛날식 군사력 비교 시스템으로는 질을 우선하는 오늘날에 적용하기가 어렵게 되었다.

무기의 세분화

19세기와 20세기 대부분 전 세계 국가들의 군대는 유사한 무기체계를 보유하였다. 물론 20세기 초 독일군이 모제르총을 보유하고 영국군이 레벨 소총을 보유한 것처럼 전혀 차이가 없었던 것은 아니지만 그러나 무기에 있어서 가장 중요한 차이는 1차 대전에서부터 생겨나기 시작하였다. 예를 들면 1차 대전 때 연합국들은 전차 개발에 주력하였던 반면 독일은 그러지 않았다. 2차 대전 이후 미국과 영국이 중폭격기의 개발에 열을 올린 데 반해 소련은 같은 길을 따르지 않았다. 영국은 방호력은 떨어지지만 탑재량을 늘이고 고성능 야간 항법 시스템이 장착된 항공기의 개발에 집중한 반면에 미국은 반대로 산업시설의 공격을 목표로 주간 공습 작전에 중점을 두었다. 그러나 이런 차이에도 불구하고 사실 2차 대전이나 냉전 기간 동안 이들 국가들의 무기체계는 대체로 비슷하였다. 20세기 후반기부터 무기의 세분화가 고도로 발전된 무기 생태계의 진화 과정처럼 급속도로 발전하게 되었다.

그러한 진화 과정의 첫 번째 사례는 1980년대 영국의 활주로 파괴 폭탄의 개발이다. 이 무기체계는 저고도로 비행하는 토나도 폭격기가 30발의 로켓포와 20발의 지뢰를 투하할 수 있는 가공할 성능의 무기다. 따라서 영국 왕실 공군은 이런 공격력에 맞는 적절한 전술 교리와 훈련기술을 같이 개발하였다. 그러나 이 폭격기가 걸프전에 투입되었을 때 이것은 거의 무용지물이 되었으며 오히려 이라크 활주로를 저공으로 비행하는 조종사에게 치명적인 위험을 초래하였다. 사실 이 극도로 비싼 활주로 파괴 폭탄은 유럽 지형에서의 재래전을 가상한 시나리오를 바탕으로 설계된 것으로서 산속의 협소한 동유럽 비행장을 저공비행하면서 폭격하려는 의도로 개발된 것이었다. 따라서 이라크와 같은 광활한 사막전에서 이런 저공 공습을 감행하는 것은 효과가 없으며 조종사에게 치명적인 위험을 초래할 수 있는 것이었다.

어떤 무기들은 부유한 선진국이나 구비가 가능한 것으로 일반적으로 가난한 제3세계 개도국에게는 그림의 떡과 같은 것들이 있다. 이를테면 미국과 같은 선진 강대국만이 B2

스텔스 폭격기와 같은 고성능 장거리 폭격기를 보유할 수 있다. 또한 대형 항공모함을 운용할 수 있는 나라도 상대적으로 그리 많지 않다. 반면에 일반 국가들 대부분이 정확성이 높은 지대지 탄도미사일이나 크루즈 미사일, 무인항공기, 최신형 대전차 미사일 같은 것은 구입할 수 있는 능력이 된다. 이것은 어느 쪽이 다른 쪽에 비해 더 군사적 성공을 보장한다는 식의 말이 아니라 군비 경쟁을 한다면 비대칭적으로 전개될 가능성이 있다는 것을 말하려는 것이다. 그 한 예로 시리아의 경우 1970년대 말과 1980년대 초까지 이스라엘과 재래식 무기의 균형을 맞추기 위해 열심히 노력하였으나 이것이 쉽지 않다는 것을 깨닫고 1990년대 들어서는 이스라엘 공군과 필적할 공군력을 보유하는 것을 그만두고 러시아제 고성능 방공 시스템의 개발에 나서서 수천 개의 지대지 미사일과 다양한 로켓들로 구성된 대공 무기체계를 구축하였다.

군사혁신의 세 번째 형태는 무기체계 자체의 개발과 관련이 되는 것이 아니라 극도의 복잡성으로 이루어지는 메타시스템과 관련이 있다. 걸프전과 유고슬라비아 전쟁 당시 연합국 공군을 지휘했던 공군작전센터와 같이 네트워크화된 센서들과 지휘·통제 시스템들로 구성된 통합지휘 통제 시스템(군사용어로 C4SI를 지칭하는 듯함—옮긴이)이 그 예라고 할 수 있겠다. 또한 미 해군의 '협력전투역량체계'는 작전에 동원된 모든 전함들이 시스템 내의 모든 자료를 공유하면서 협력을 통해 전투역량을 극대화한다는 개념이다. 이런 시스템의 특징은 이제 전통적인 상명하복식의 수직적인 군사지휘 시스템에서 벗어나 점점 더 수평적이고 협력적인 지휘 시스템으로 바뀌어가고 있다는 것이다. 엔지니어들은 특정한 목적을 위해 복잡한 기술들을 하나로 묶는 기술을 "시스템 통합"이라는 용어로 부르고 있지만 모든 국가들이 이런 기술에 다 능숙한 것은 아니다. 재래식 군사력의 발전은 점점 더 센서와 무기체계를 결합하여 유동적인 환경에서도 그것들이 함께 작동할 수 있도록 하나로 통합하는 능력에 달려 있다. 물론 또 다른 군사력의 형태들, 이를테면 테러 전쟁이나 저강도전쟁 그리고 대량 살상 무기와 같은 경우에는 이런 특성을 요구하지 않는다.

상업기술의 부상

군사 기술의 상당 부분은 항상 민간산업 분야에서 나왔다. 예를 들어 2차 대전 동안 연합국 병사 수만 명을 해안에 상륙시킨 히긴스 상륙정은 사실 처음에 플로리다 늪지대 일을 위해 만들어진 작은 선박을 변형시킨 것이다. 2차 대전 이후 선진국 군부는 군사 기술의 우위를 확보하기 위하여 엄청나게 큰 연구시설들을 건립하기 시작하였다. 그 결과로 나온 군사 발명들이 이제는 반대로 민간산업 쪽에 파급효과를 미쳤는데 그중에 대표적인 것이 트랜지스터와 제트엔진이다. 이들은 모두 군사연구의 산물이다.

정보화시대는 그런 면에서 근본적으로 다른 양상을 보여주고 있다. 특히 소프트웨어 개발의 경우 민간기술이 군사 부문보다 훨씬 앞서 나가고 있다. 민간 암호화기술체계와 정보송신을 위한 광섬유 케이블의 등장으로 비국가 행위자들에 대한 통신 감청이 어려워지고 있다. 심지어 민간기술이 군사 기술을 선도하지 못하는 우주기술의 경우에도 민간기술이 군사 기술에 그리 많이 뒤처져 있지 않다. 오늘날 민간 인공위성의 해상도는 10여 년 전에 군사위성이 감히 생각할 수 없을 정도의 고화질 해상도를 구현하고 있다.

이처럼 세 가지 경향 즉, 양보다 질의 중요성, 무기의 세분화, 상업기술의 역할 증대 등은 대체로 선진 개방사회에 더 유리하게 작용한다. 이런 경향은 생산을 위해 발전된 산업기반이 필요하며 장비정비를 위한 숙련공이 필요하고 무엇보다 창조적 활용을 위한 유연한 조직체계가 필요하다. 그런데 이러한 특질은 보통 선진 민주국가에서 더 많이 발견된다. 몇 십 년 전만 하더라도 사람들은 민주국가들이 독재국가나 전체주의국가보다 상대적으로 더 불리할 것으로 생각하였으며 실제로 민주국가에서 많은 취약성들이 드러나기도 하였다. 이를테면 정책 결정의 우유부단, 불안정성, 문란함, 최근에는 희생자 발생에 대한 극도의 민감성과 같은 것이다. 그러나 이런 취약성을 능가하는 장점들, 이를테면 첨단군사장비를 구매할 수 있는 국부國富, 기술 변화에 대한 시민들의 높은 수용성, 정보를 독점하기보다는 공유하는 데 기여하는 유연하고 평등한 사회관계와 같은 것들이 민주사회에는 내재되어 있기 때문이다. 물론 모든 기술들이 자유민주국가들의 장점으로 작용하지는 않는다. 일례로 개방사회에서 특정인을 공격 목표로 하는 데 도움이 되는 정보기술이나 무인비행기 기술의 확산을 들 수 있다.

🛈 요점 정리

- 전쟁의 새로운 시대를 예고하는 세 가지 특징이 있는데 양보다 질의 중요성, 군사무기의 세분화, 상업기술의 역할 증대 등이다.
- 역사에서 이따금 보면 여러 가지 군사 기술이 동시에 발전하면서 소위 군사혁신이 일어나는 경우가 있다.
- 1991년 걸프전 이후 정확성, 유효거리, 정보력 등에서 동시에 나타난 기술적 변화가 많은 이로 하여금 새로운 군사혁신이 일어나고 있다고 믿게 하였다.
- 최근 서로 대등하지 않은 적대 세력 사이에 벌어지는 소위 비대칭 전쟁 양상이 과연 실제로 군사혁신이 일어나고 있는 것인지 판단하기 어렵게 하고 있다.

비대칭 도전

압도적인 기술적 우위를 갖고 있는 선진국들의 정규군대가 비정규군을 패퇴시키지 못하고 어려움을 겪는 전략적으로 모순되는 상황이 나타나고 있다. 이를테면 이스라엘 군은 압도적 우위의 병력과 첨단무기로 무장하였음에도 불구하고 1991년에서 2000년까지 10년 동안 레바논 남쪽 지역에 출몰하는 헤즈볼라 게릴라들을 물리치지 못하였다. 이러한 것이 첨단무기로 무장한 압도적인 병력의 정규군이라고 할지라도 민간인 피해에 예민한 민주국가의 약점을 이용하여 싸우는 교묘한 게릴라들을 상대로 할 경우에 민주국가 정규군이 어려움을 겪게 되는 사례다. 러시아의 경우에도 한때 체첸 반군과 싸울 때 유사한 경험을 하였지만 이러한 비대칭 전쟁의 사례를 보고 어떤 사람들은 게릴라전과 같은 비정규전이 현대 전쟁에서 기술적 우위의 중요성을 감소시킨다고 주장하기도 한다.

그러나 이것은 사실이 아니다. 현대의 비대칭전에서 게릴라들이나 테러범들이 휴대전화와 전기폭발장치, 고성능 폭약을 사용한다고 하지만 사실 그들과 싸우는 테러 진압 부대는 그보다 훨씬 더 고성능의 장비, 즉 전자무력화 장비, 사제폭탄 탐지용 무인항공기, 건물 내 목표를 공격하기 위한 정밀유도탄 등으로 무장되어 있다. 2004년 11월 팔루자 탈환을 위한 시가전에서 미 육군과 해병대는 단지 수십 명 정도의 피해를 입었는데 과거 베트남전의 경우 유사한 형태의 시가전에서 수백 명의 피해를 본 적이 있다. 전에 비하면 그 피해 숫자는 훨씬 많이 감소된 것이다. 이스라엘 군 역시 몇 년 전에 서안과 가자 지역에서 시가전을 벌였는데 과거보다 그 피해 숫자가 훨씬 더 감소하였다. 이처럼 기술은 저강도전에서도 여전히 중요한 역할을 하고 있으며 앞으로도 치열한 기술경쟁은 계속될 것이다. 상업용 암호 기술과 소셜 미디어 형태의 기술이 테러 집단의 통신과 선전에 중요한 수단이 되고 있다.

마찬가지로 기술적으로 열세에 있는 국가들도 비대칭 전략으로 나갈 수 있다. 대량 살상무기로 무장한 미사일 전력에 의존하여 비민주적인 국가들이 부유한 선진국들의 군사적 우월성을 상쇄시킬 수 있는 능력을 보유할 수 있게 된 것이다. 최고의 미사일 방어 시스템을 구축해놓았다고 하더라도 그런 비대칭 위협에 대해서는 국가 안보를 자신할 수 없다. 반면에 선진국과 개도국의 경쟁에 있어서 실제로 핵 우위는 선진국에게 돌아갈 가능성이 크지만 그러나 만약에 전쟁이 교착상태로 빠지게 되면 저강도 형태의 분쟁이 급격히 늘어날 것이다.

결국은 선진 민주국가들이 현대화된 기술을 사용하여 비정규군인 적들과의 싸움에서 승리하게 될 것이다. 이스라엘의 제2차 팔레스타인 봉쇄 작전에서 이스라엘 군은 약간의 피해만 입고 상대방 이슬람 극단주의 조직의 지도층을 박살 내게 된 것은 첨단 기술의 효과성을 증명하는 것이며 또한 사회 전체가 심각한 위협이라고 일치한 것에 모두가 단합한 결과라고 하겠다. 마찬가지로 2012년 기준으로 거의 4,500명에 달하는 많은 인명 피해를 입은 이라크의 폭동 진압 작전에 있어서 미국이 그 나름대로 성공한 배경에는 대단한 일관성을 보이며 전쟁을 지지한 미국 국민들이 있었다. 이 두 사례에서 보듯이 고등기술의 발전은 피해를 줄이고 승리를 거두는 데 중요한 역할을 하였던 것으로 보인다.

> **요점 정리**
>
> - 비록 우월한 재래식 기술을 보유하고 있다고 하더라도 비정규전이나 대량 살상 무기 위협과 같은 일종의 비대칭 전쟁의 대응 방식으로 어느 정도 그 효과를 반감시킬 수 있다.
> - 그렇다고 하더라도 첨단기술이 이런 비대칭 전쟁 분야에서도 계속 중요한 역할을 하게 될 것이다.
> - 정규전이나 비정규전이나 모두 중요한 문제는 그러한 전쟁을 할 경우에 사회 전체가 전쟁을 계속하겠다는 전투 의지다.

신기술의 도전

산업시대에 군대는 민간 기업들과 상당히 쉽게 경쟁을 벌일 수가 있었다. 왜냐하면 이 시대에는 군부조직이나 민간조직이나 똑같이 유사한 형태의 조직구조를 가지고 있었기 때문이다. 군대는 일반 병과 하사관, 장교로 되어 있는 계급제도로 되어 있고 반면에 기업들은 근로자와 주임, 관리자의 계층제도로 되어 있으며 보수제도와 명령 전달 체계도 별 차이가 없었기 때문이다. 다만 군대나 민간이나 전문기술직이 조금 더 우대를 받은 것은 사실이다.

그러나 정보화시대에는 군대조직과 민간조직의 유사성이 거의 다 사라져버렸다. 그리고 군대조직이 민간 기업 조직보다 더 수직적인 계급구조가 많이 남아 있다. 문제는 이런 이유 때문에 군대에서는 필요한 인력 자원을 수급하는 것이 어려워지고 있다는 것이다. 민간에서는 소프트웨어 기술자들이 고액의 보수를 받으면서 위에서의 감독을 받을 일이 없이 상당한 자율성을 가지고 일하고 있다. 그러나 군대에서는 이런 분야에서 숙련된 인력을 모집하는 것이 점점 더 어렵게 되고 있다. 유능한 젊은 장교들은 군대 밖에서 더 좋은 경력과 기회가 보장된다는 것을 알고 있다. 경제적 기회가 가장 중요시되고 있는 시대에 유능한 인력을 군복무에 붙잡아두기가 점점 더 어렵게 되고 있는 것이다. 이것은 단순히 보수에서 오는 차이 때문만이 아니라 민간에서는 빠른 승진과 자율성 그리고 책임 있는 자리의 기회를 기대할 수 있기 때문이다.

정보기술은 전쟁 수행 방식에도 미묘한 영향을 미치고 있다. 대체로 정보의 흐름이 많으면 많을수록 중앙통제의 가능성도 더 높아지게 마련이다. 이를테면 2차 대전 동안에 영국 해군과 미군은 정보 수집에 중요한 기술 발전과 안정된 장거리 무선통신기술을 이용하여 해안선 기지에서 대잠수함 작전을 지휘하였다. 그러나 이러한 상황은 이제 상당히 예외적인 것이 되고 있다. 오늘날에는 영상회의와 신속한 데이터 전송을 통해 작전지역에서 멀리 떨어진 수도에서 사령관이 부하들을 지휘하는 것이 가능해졌다. 영관급 장교들의 최근 어려움은 신임장교들의 문제를 자신들이 떠맡으려는 충동을 제어하는 것이 되고 있다. 이러한 충동은 군대 행동이 정치적으로 민감해질수록 더 커지는 경향이 있다. 즉 실패한 작전의 결과가 CNN이나 웹사이트에 즉각 올라와 비난에 휘말리면 상부에서 기술적으로 이것을 막으려는 경향은 더욱 커지게 된다.

요즘 전쟁은 가끔 비디오카메라와 인공위성 송수신과 같은 기술로 인하여 많은 이들이 목격을 하게 되는 상황이 발생한다. 오늘날 테러범들은 자신들의 공격 사진을 수 시간 내로 온라인에 올린다. 물론 예외적인 경우도 있다. 러시아 군대는 제2차 체첸 전쟁 때 이에 대한 모든 언론 보도를 통제하여 어떤 것도 내보내지 않게 하였으며 르완다 대량 학살 사건도 기자들이 미처 현장에 도착해 보도하기 전에 발생하였다. 그렇지만 아랍과 이스라엘 간의 오랜 분쟁은 이제 일상적인 일이 되어버려 기자들이 보는 데서 돌을 던지고 총격전을 벌이는 모습이 실시간으로 방송에 내보내진다. 항상 전쟁의 부산물인 선전선동이 아랍-이스라엘 전쟁의 핵심적인 요소로 부상하였으며 양측은 이 때문에 군사 활동을 기획할 때도 지형과 전술을 고려하여 편성하는 것이 아니라 전쟁 홍보 측면도 함께 고려하여 편성하는 것이다. 어른들이 팔레스타인 소년으로 하여금 적당한 장소에서 이스라엘 병사에게 돌멩이를 던지도록 시키고 뒤에서 돌을 던지는 14세 소년과 총을 쏘는 19세 군인의 모습이 나오는 최적의 카메라 각도에서 사진을 찍는 것이다. 이에 몇 번의 좌절을 겪은 이스라엘 군은 기자단을 피하여 야간에 저격하거나 납치해버리는 작전으로 바꾸었다.

최근에 양측은 상대방의 웹사이트를 공격하거나 파괴하는 사이버 전쟁도 함께 하고 있다. 이들의 싸움이 이제 사이버 공간에까지 확대되어 현실 전쟁과 사이버상의 전쟁이 혼합되어 둘이 떨어질 수 없는 하나가 되어버렸다. 이러한 사태가 이라크 전쟁에서도 계속되고 있는데 이라크 전쟁의 양태는 이보다 훨씬 끔찍하고 무자비한 형태로 변하고 있다. 이라크 반군들의 전략은 납치와 참수를 이용하는 것으로 이것이 아랍어로 방송되는 텔레비전에 보도되는 것이 아니라 적을 위협하고 지원자를 모집하기 위해 지하드 웹사이트에 동영상 자료로 보내는 것이다. 이런 작전이 상당히 작용하였다.

🔒 요점 정리

- 민간 기업 때문에 군대가 전문성을 보유하는 것이 점점 더 어렵게 되고 있다.
- 정보기술의 발전은 오히려 군대조직을 이전보다 더 중앙통제적인 시스템으로 이끌지 모른다.
- 분쟁에 대한 언론 보도는 군부와 정치 지도자들에게 어려운 도전을 제기한다.

비판적으로 사고하기

선진 군사 기술이 군사적 균형을 깨뜨리는가?

그렇다:

- **성공적인 조직도 구식기술에서 크게 벗어날 수 없다:** 사업에서와 마찬가지로 전쟁에서도 구식기술은 강력한 지지자들이 있어서 그것에 등을 돌리는 것이 불가능에 가깝다. 예를 들면 미국 해군도 항공모함을 포기하는 것을 불가능하다고 생각하고 있는데 사실 항공모함의 경우 중국 군부가 개발하고 있는 둥펑미사일과 같은 장거리 타격기술에 점점 취약해지고 있다.

- **약점은 새로운 혁신의 어머니다:** 레바논의 과격 급진단체인 헤즈볼라와 하마스는 이스라엘 군대에 대항하여 전차전이나 보병전이나 일대일로는 도저히 맞대응할 수가 없었다. 따라서 이들은 최첨단 대전차무기로 무장하고 도청이 힘든 광섬유 케이블로 통신을 하며 정교하게 숨겨진 터널 안에 게릴라와 특공대를 감춘 하이브리드 전력을 창설하였다. 이스라엘 군이 "철갑 지붕(아이언 돔) 요격미사일" 시스템으로 전력을 강화하였음에도 불구하고 2006년 이래로 이들과 벌인 전쟁에서 이스라엘 군은 저들이 로켓포로 주요 도시를 공격하는 것을 막을 수가 없었다.

- **현대 기술은 특성상 약자에게 유리하게 작용한다:** 현재 수만 개의 무인항공기들이 상업적으로 구입이 가능하다. 2015년 1월에는 미국 백악관 비밀 경호원이 창피하게도 무인항공기 한 대가 백악관 정원에 착륙한 적이 있다. 날아다니는 비행물체를 멀리서 조종할 수 있는 전자기술의 경우에는 30여 년 전에 미국과 소련 같은 초강대국들의 군사 장비 능력을 훨씬 능가하는 것이다. 저렴한 상업용 무인장비들, 이를테면 드론이나 로봇 차와 같은 기술들이 확산되면서 군사적 힘의 균형에도 영향을 미치고 있다. 내부에 사람이 없기 때문에 두려움을 모르고 날아다니는 수백 대의 드론 비행단은 투박한 기존 군사 기술에 위험이 될 뿐만 아니라 그런 군사 기술이 의존하고 있는 취약한 민간 인프라 시설에 치명적인 위험을 초래하는 것이다.

그렇지 않다:

- **기술적 우위는 마법과 같은 효과를 갖고 있지 않다:** 기술적 우위는 그 기술이 기반을 갖고 있는 사회로부터 나오게 마련이다. 더구나 군사 역사상 변하지 않는 한 가지 상수(constant)가 있다고 한다면 그것은 모든 수단에 대한 대응 수단으로 군사 기술이 나온다는 것이다. 만약에 드론 비행단이 심각한 위협으로 부상한다면 그들을 격추시키기 위한 레이저 무기와 같은 신기술이 곧 개발될 것이다. 마찬가지로 어떤 집단이 터널 전쟁을 개발하였다면 조만간 바위 속을 탐지하여 지하군대를 공격하는 신기술이 등장하게 될 것이다.

- **성공적인 군대는 기술적으로 발전된 선진사회로부터 나온다:** 이스라엘은 이에 대한 가장 흥미로운 예다. 왜냐하면 최근에 있어서 이스라엘이 가장 전쟁을 많이 치른 근대화된 민주국가이기 때문이다. 웨이즈(Waze)라는 애플사의 아이폰 응용프로그램을 개발한 소프트웨어 산업의 효과성과 불가능할 것으로 여겼던 시스템의 개발 사이에는 밀접한 상관성이 있다. 이스라엘은 데이터베이스와 클라우드 소싱으로 검색 가능한 응용프로그램을 이용하여 단거리 로켓을 탐지, 무인공간을 타격할 수 있는지를 계산하여 한두 번의 공격으로 목표를 파괴하는 새로운 무기체계를 개발하였던 것이다.

시스템 통합이 중요한 열쇠다: 비록 약소국이 드론이나 정밀유도 대전차 미사일과 같은 선진 기술을 사용할 수 있다고 할지라도 현대 군사력의 많은 부분은 그런 모든 것을 하나로 통합할 수 있는 시스템 통합 능력으로부터 나온다. 다양한 정보 출처를 찾아서 대량의 정보를 신속하게 전달하며 여러 가지 상이한 무기체계를 하나로 작동하게 통합시킬 수 있는 능력은 가난한 빈국보다는 부유한 선진국 사회에서 더 많이 발현되게 되어 있다. 따라서 미국과 같은 선진 국가들은 아마도 당분간은 군사적 우위를 계속 유지하게 될 것이다.

✚ 맺음말: 군사 기술의 미래

군사 기술은 과거 어느 때보다도 전쟁에 복잡한 환경으로 작용하고 있다. 기술이 전쟁에 미치는 효과를 일반화하려고 한다면 과거에 있었던 전쟁의 지배적인 형태들이 거의 남아 있지 않다고 해야겠지만 그래도 오늘날 꽤 많이 남아 있는 것이 사실이다. 군대의 무장을 위한 도전 과제는 그만큼 막대한 것이다.

새로운 기술에 의해 초래되는 변화는 끝이 없다. 국가들이 점점 더 통신과 항법, 정보 수집을 위해 우주 이용에 대한 의존도가 커지고 점점 더 우주에 대한 접근이 쉬워지면서 이제 전쟁의 영역이 우주에까지 확장될 기미가 있다. 물론 그렇다고는 해도 당분간은 타국의 인공위성을 쏘아 떨어뜨리거나 지상 위의 목표를 타격하기 위해 우주무기를 사용하거나 하지는 않겠지만 이것도 점점 더 점진적으로 변하게 될 것이다. 또한 우주 기반 시스템에 영향을 미칠 수 있는 지상기술을 개발하기 위해 많은 국가들이 관련된 실험을 하고 있다. 그렇지만 현대기술은 분명히 인공위성을 무력화할 수 있는 레이저 기술의 형태이거나 우주에서 지상으로 수백 마일 아래 목표에 금속 덩어리를 투하하여 엄청난 가속도로 타격하게 할 수 있는 공격이 가능하게 하고 있다. 만약에 우주 공간이 국가 간의 전면전 영역으로까지 확대된다면 이것은 1차 대전 당시 하늘에서 시작된 공중전의 시작만큼이나 군대에 큰 변화를—이를테면 새로운 군사조직, 새로운 작전 환경, 선제공격 동기 등 새로운 전쟁 양태가 퍼져 나가는—초래하게 될 것이다.

전쟁은 사이버 공간에까지 확장되고 있다. 지금까지는 기껏 짓궂은 십대들의 장난이나, 영악한 사이버 범죄자들, 컴퓨터 시스템을 망가뜨리는 악명 높은 해커들에 대한 이야기가 주를 이루면서 사실 사이버 공격에 의한 치명적인 대규모 피해 사례에 대한 증거는 거의 없었다. 그렇지만 이제 그런 것이 이론적으로 가능해지고 있으며 2009년 이란의 핵 프로그램을 지연시킨 스턱스넷 공격과 같은 잠재적인 바이러스의 공격 가능성이 얼마든지 실존한다(사이버파워가 전쟁을 변화시킬 수 있는 강력한 사례를 알아보려면 16장을 참고하라).

세 번째 이미 진행 중인 변화는 나노기술, 로봇기술, 인공지능과 같은 제조업에서 나온 선진기술로 인한 것이다. 인간이 전장을 떠날 가능성은 거의 없다. 다만 사람들이 점점 더 위험한 임무를 작고 영특하며 독자적으로 움직이는 기계 즉, 로봇에게 넘겨줄 가능성은 있다. 지상에서 자유자재로 위치를 바꾸어 위치 추적이 어려운 고성능 첨단 지뢰밭 시스템이 재래식 병사들의 작전을 극도로 어렵게 할 수 있으며 무엇보다 섬뜩한 사실은 인간들이 자꾸 자신들의 정책 결정 능력을 컴퓨터 칩에게 넘겨준다는 것이다. 어떤 분야에서는 이런 과정이 이미 상당히 진행 중인데 이를테면 현대의 항공기들은 사람들이 조종하기보다 자동 항법 시스템이라는 기계장비에 조종간을 맡기고 있다.

이 모든 경우에 기술적 변화가 가져오는 가장 흥미롭고 중요한 결과는 아마도 인간의 전쟁에 대한 생각과 전쟁 수행 방식에 대한 파급 효과라고 하겠다. 구체적으로 그들이 군사 행동을 어떻게 생각하고 책임을 어떻게 나누며 군사적 효과를 어떻게 개선하고 수단과 목적을 어떻게 조화시키려고 할 것인지 등에 대한 것이다. 그러나 그 무엇보다 가장 심층적인 변화는 네 번째 변화로서 생물학적 발전이 인간의 성격을 변화시키는 것을 가능하게 만들고 있다는 것이다(Fukuyama 1999). 그리스 철학자들의 흥미로운 이론적 상상이 우리 시대의 과학자들에게 도전 과제가 되고 있다. 아돌프 히틀러 같은 사람이 나온다면 자신의 목적을 충족시키기 위해 생물학적 기술 발전을 이용하여 두려움도 없고 죽을 때까지 충성스러운 초인간적인 병사를 새로운 인간의 형태로 만들지도 모른다. 우리의 전쟁에 대한 이해는 기본적으로 호머나 투키디데스 이래로 인간의 본성이 변하지 않았다는 생각에 기초한다. 즉 이것은 호모 사피엔스라는 현대 인류가 계속해서 전쟁을 해왔기 때문에 그렇다고 볼 수 있다. 그런데 만약에 인류가 새로운 생물체, 이를테면 반은 인간이고 반은 기계이거나 또는 초인적인 형태로 바뀌어버린다면 전쟁 그 자체도 전통적인 인간의 분쟁 양태와는 전혀 다른 행위가 될 것이다. 마치 개미탑들 간의 싸움이나 또는 한 무리의 늑대들이 사슴을 추적하는 것과 같은 무자비한 살육 행위처럼 전혀 다른 양태의 싸움으로 변할 수 있는 것이다.

❓ 생각해볼 문제

1. 탱크와 같은 대표적인 군사 기술의 발전을 생각해보자. 몇 개의 사례를 가지고 탱크 설계에 영향을 미친 국가 스타일의 특징을 설명할 수 있겠는가?

2. 스텔스 기술이란 무엇인가? 상호작용의 개념이 이 스텔스 기술에 어떻게 적용이 되었는가?

3. 군사 기술이 고도의 기술적 전문성과 교육을 필요로 하는 사례에는 어떤 것들이 있으

며 그런 필요성을 없애버린 사례로는 어떤 것들이 있는가?

4. 미국만이 보유하고 있는 첨단 군사 기술에는 어떤 것들이 있으며 다른 강대국이나 약소국은 그런 기술이 없는가?

5. 기술적 우위의 예시로서는 어떤 것들이 있으며 어떤 한 국가의 기술적 우위가 얼마나 취약하다고 생각하는가?

6. 사이버 전쟁은 진정한 의미에서 전쟁인가?

7. 전쟁이 우주 공간에까지 확대된다면 그것이 시사하는 바는 무엇인가? 또 그것이 상업 기술에 더 영향을 미치는가? 아니면 군사 기술에 더 영향을 미치는가?

8. 게릴라전이나 대테러 작전을 포함하여 비정규전을 수행하는 데 가장 효과적인 기술에는 어떤 것들이 있는가?

9. 기술전쟁의 문제에 더 잘 적응할 수 있는 국가체제는 민주국가인가 아니면 독재 정권인가?

10. 정부로 하여금 군인의 능력을 정상적인 수준보다 훨씬 막강하게 향상시킬 수 있게 하는 생물학적 기술 발전이 시사하는 전략적 의미는 무엇이며 도덕적 의미는 무엇인가?

🅜 더 읽을거리

J. D. Bergen, *Military Communications: A Test for Technology* (Washington, DC: Center of Military History, 1986), chapters 16-17, pp.367-408
　극도로 발전된 국가(미국)와 훨씬 낙후된 국가(북베트남) 간에 전개된 통신기술 경쟁과 전자전쟁에 대해서(비록 선진국이 반드시 더 우세하지는 않았지만) 상세히 기술하고 있다.

A. Beyerchen, 'From Radio to Radar: Interwar Military Adaptation to Technological Change in Germany, the United Kingdom, and the United States'. In W. Murray and A. R. Millett (eds), *Military Innovation in the Interwar Period* (Cambridge: Cambridge University Press, 1996)
　국가마다 다른 스타일의 차이가 전자 부분에서 어떻게 발현되는지를 잘 보여주는 대표적인 좋은 사례 모음집이다.

W. Churchill, *The World Crisis, 1911-1914* (New York: Charles Scribner's Sons, 1926), chapter 6, 'The Romance of Design', pp. 125-149
　정책 결정자의 시각에서 군사 설계의 고충과 과제에 대해 훌륭하게 설명한 책이다.

A. C. Clarke, 'Superiority', in *Expedition to Earth* (New York: Harcourt, Brace and World, 1970)
　지나치게 고도화된 사회로 발전할 때 발생하는 위험성에 대해 기발하면서도 현명한 경고를 하는 소설책이다.

M. van Creveld, *Technology and War from 2000 B. C. to the Present* (New York: Free Press, 1989)

> 1945년에 출간된 풀러의 저서보다 더 최근의 역사까지 포함한 최신판 저작이다.

J. F. C. Fuller, *Armament and History; A Study of the Influence of Armament on History from the Dawn of Classical Warfare to the Second World War* (New York: Charles Scribner's Sons, 1945)

> 기술과 전술, 그리고 조직과 전략 간의 관계에 대해 상세하게 다룬 뛰어난 역사책이다.

W. Hughes, *Fleet Tactics: Theory and Practice* (Annapolis, MD: Naval Institute Press, 1986)

> 전쟁에서 기술의 역할이 갖는 중요성에 대해 치밀하게 분석한 대표적인 책이다.

H. Petroski, *To Engineer is Human: The Role of Failure in Successful Design* (New York: Random House, 1982)

> 공학적 발전이 단지 현재 설계의 실패 결과로서 나온 것이라고 주장하면서 '형식이 실패를 따른다'는 논리를 펴는 책이다.

G. Raudzens, 'War-Winning Weapons: The Measurement of Technological Determinism in Military History', *Journal of Military History*, 54(October 1990): 403-33

> 전쟁에 있어서 기술이 미친 효과와 중요성에 대해 회의적인 견해를 제시한다.

P. W. Singer, *Wired for War: The Robotics Revolution and Conflict in the 21st Century* (New York: Penguin, 2009)

> 전쟁 수행 방식에 있어서 무인기술의 영향과 앞으로 다가올 사물의 징조들을 최초로 포괄적으로 다룬다.

웹사이트

제인정보단(http://www.janes.com)

> 기술과 전쟁의 연계성에 대한 많은 반박성의 논문들이 들어 있다.

항공주간(http://www.aviationweek.com/aw)

> 역시 기술과 전쟁에 대해 부정적인 견해의 사이트다.

글로벌 안보(http://www.globalsecurity.org/military/systems/index.html)

> 역시 이 주제에 대한 최초의 글들을 포함하여 다양한 논문들을 찾아볼 수 있는 곳이다.

군사 기술(http://www.monch.com)

> 군사 기술에 있어서 가장 최근의 발전에 대한 것을 정기적으로 업데이트하는 곳이다.

유선방송 위험 경고 사이트(http://www.wired.com/dangerroom)

> 사이버 관련 주제에 대해 뛰어난 정보를 제공하는 곳이다.

8

정보와 전략

로저 조지(Roger Z. George)

 독자 안내

이 장에서는 정보(Intelligence)가 전략의 성공을 담보한다고까지는 할 수 없지만 어떻게 성공에 기여할 수 있는지에 대해 살펴본다. 먼저 이 장은 정보란 무엇이며 역사적으로 전략가들이 정보의 효용성에 대해 어떤 주장을 펼쳤는지 알아본다. 그리고 이어서 냉전 초기에 미국이 추구한 봉쇄 전략을 지원하기 위해 미국의 국가 정보가 어떤 역할을 하였으며 최근 대테러 전쟁을 수행하기 위한 전략을 지원하는 데 정보가 어떤 노력을 해왔는지를 살펴보기로 한다. 이 장에서는 1941년 진주만 공격, 1962년 쿠바 미사일 위기, 1973년 이스라엘 욤키푸르 전쟁, 2001년 9·11 테러와 같은 역사적 사례를 통하여 소위 "전략적 기습"의 발생 원인과 도전에 대해 간략하게 살펴보기로 한다. 몇 가지 개선 조치를 제안하기는 하지만 필연적인 정보 실패(intelligence failure) 자체를 완벽하게 막을 방법은 없다. 또한 최근의 "빅데이터 문제"를 다루는 것을 포함하여 지난 10여 년간 이라크 전쟁과 아프간 전쟁 이후 정보세계가 직면하고 있는 새로운 도전 과제들을 살펴본다.

머리말

훌륭한 전략의 수립은 전쟁의 성격과 국제체제의 핵심적인 요소, 그리고 적의 의도와 능력을 잘 이해하는 데 있다고 해도 과언이 아니다.[1] 본질적으로 전략은 좋은 정보good intelligence에 근거하여 수립되어야 한다. 전략가들 모두 정보의 중요성에 대해 수긍하지만 그럼에도 불구하고 많은 이들이 정보의 질과 신뢰성에 대해서 불만을 토로하는 것이 사실이다. 정보의 역할에 대하여 어떻게 생각하는지에 따라 전략가들은 낙관주의자와 비관주의자로 나뉜다. 우리가 익히 아는 손자는 낙관주의자라고 볼 수 있는데 그 예로 "지피지기 백전불태"라고 하여 적과 자신을 알면 백 번 싸워서 다 위태롭지 않다고 갈파했기 때문이다. 반면에 유명한 카를 폰 클라우제비츠Carl von Clausewitz는 그의 저서에서 "많은 정보가 모순되고 심지어 대부분이 거짓이거나 불확실하다"라고 단정 짓고 정보의 효용가치에 대해서 크게 인정하지 않았기 때문에 회의론자라고 할 수 있다.

그럼에도 손자나 클라우제비츠 둘 다 전략을 통해 생기는 기회와 도전에 대해 충분한 사전 검토 없이 전략을 수립하거나 추진해서는 안 된다고 하여 정보의 효용에 대해서 인정하는 것은 같다. 오늘날의 정책 결정자들도 이와 별반 다를 게 없다. 미국의 한 고위 관료는 과거 역대 정부의 최고 정책 결정자들을 지켜보면서, "정부 요직을 맡은 많은 사람들이 처음에는 정보에 대해서 회의적이다가 시간이 지나면서 점차 정보에 의존하게 되는 경향이 있다"라고 술회한 적이 있다(Center for the Study of Intelligence 2004).

역사적으로 정보는 국가전략 수립과 추진에 있어서 핵심적인 역할을 수행해왔다. 구약성서에 따르면 모세는 가나안 땅을 미리 알아보기 위하여 스파이를 보냈으며 나폴레옹 시대에 유럽에서는 외교관들이 자신들이 모시는 왕이나 총리의 대표 역할을 수행하면서 일종의 첩자 노릇을 하였다. 어떤 이들은 독립전쟁 시 미국의 애국자로 칭송받는 폴 리비에Paul Revere가 영국 군대의 워싱턴 진격을 식민지 방위군에게 제보한 최초의 정보 제공자라고 하기도 한다. 당시 조지 워싱턴 장군의 경우에는 영국 군대에 대항하는 첩보 요원들을 양성하기 위해 은밀히 자금과 지원을 아끼지 않았으므로 미국 정보조직의 초대 수장이라고 볼 수 있다. 1941년 태평양 전쟁이 발발하기 전에 미국과 일본이 협상하는 과정에서 일본의 군사전문을 해독한 미국은 처음부터 일본이 협상을 파기하고 전쟁을 준비할 것이라는 정보를 미국 협상팀에게 미리 알려준 적이 있다. 물론 이러한 사전 정보의 획득이 진주만 공격을 피할 수 있을 만큼 충분히 활용된 것은 아니었지만 이런 일본 군사 정보의 사전 해독이 1942년 미드웨이 해전에서 미 해군이 일본 함대를 격파하는 데 크게 기여했음은 말할 것도 없다. 1944년 아이젠하워 장군은 노르망디 상륙작전과 관련하여 히틀러의 독일군이 오판하도록 역사상 가장 대담한 기만전략을 구상하여 성공하였는데 이것이 가능하였던 것은 연합군의 의도에 대하여 독일군이 어떤 판단을 하고 있는지 미리 정확한 정보를 갖고 있었기 때문이다. 사실 2차 대전 당시에 아이젠하워 장군이나 영국의 윈스턴 처칠 수상은 연합군의 정보를 효과적으로 사용하는 방법을 꿰뚫고 있었던 예리한 통찰력의 정책 결정자였다.

미국에게 정보는 냉전 당시 봉쇄정책과 억지정책을 지원하는 국가 전략의 중요한 요소라고 할 수 있었다. 오늘날에는 테러리즘과 대량 살상 무기 확산의 저지라는 국가적 과제를 수행하는 데 있어 정보가 중심적인 역할을 수행하고 있다. 반면에 일각에서는 정보 활동이 점점 증대되고 복잡하게 되면서 국가 안보전략을 지원하는 데 있어서 정보가 효과적으로 관리되어야 한다고 주장한다. 1990년대에 일부 사람들은 탈냉전으로 인하여 정보활동이 쇠퇴할 것으로 예상했지만 탈냉전 시대에 정보의 중요성은 오히려 증대되고 있다. 2009년도 미국 국가 안보전략 백서는 국가 정보의 주요 임무가 기존의 전통적인 역할, 즉 전략 경보나 군사 작전의 지원에 그치지 않고 새로운 위해 요소로서 폭력적인 종교적 극단주의, 대량 살상 무기 확산, 사이버 안보상의 위협 등에 대처하는 데 있어서도 매우 중요한 임무를 수행해야 한다고 강조하고 있다(National Security Strategy 2010). 2014년 가장 최신판인 미국 정보전략 보고서는 지속적인 안보 이슈와 점증하는 안보 위협에 대한 전반적인 전략 정보 분석 업무는 물론이거니와 이에 덧붙여서 사이버 위협과 대테러, 확산 방지와 같은 새로운 문제들을 핵심적인 미래 정보 과제로 채택하였다(National Intelligence Strategy 2014).

정보란 무엇인가?

정보intelligence라는 용어는 보통 미국 정부 조직에 있든 아니든 모든 사람들이 일반적으로 쉽게 지득할 수 있는 광범위한 정보information와는 달리 미국 정부 조직이 몇몇 정책 관료들에게만 제공하는 특별한 형태의 정보만을 의미한다. 정보intelligence는 또한 은밀한 수단이나 기술적인 시스템(예를 들면 통신이나 전자신호를 감시하기 위해 지구 궤도를 도는 인공위성과 같은 기술수단)을 통해 수집된 비밀첩보secret information를 의미하기도 한다. 이런 비밀첩보를 수집하기 위하여 사용되는 방법이나 정보원情報源은 매우 위험스럽고 비용이 많이 들며 취약한 경우가 많다. 따라서 이런 것들이 적에게 잘못 노출되거나 발각되면 국가 안보를 심히 약화시킬 수가 있다. 그래서 정보intelligence의 업무 중에 하나는 적의 정보기관을 침투하는 것을 막는 방첩 기능counterespionage과 함께 자국 정보 업무를 보호하는 데 주력하는 대정보활동의 방첩Counterintelligence 업무가 있다. 인텔리전스 정보intelligence information는 또한 정부 관료들의 요구사항과 필요에 맞게 '맞춤형'으로 제공된다. 일반적으로 인텔리전스 정보는 외국 정보의 정책과 의도, 능력에 집중되어 수집되지만 최근에는 미국의 동맹국들을 위협하는 비국가 행위자들(예를 들면, 테러 단체와 같은)의 음모와 활동에 대해서도 수행되는 경향이 있다. 인텔리전스 정보는 이 외에도 미국 정부 산하에서 비밀 정보를 수집·분석·전파하면서 미국 정보공동체를 구성하고 있는 16개의 정보기관들이 현재 사용하고 있는 프로그램이나 절차라고 이해될 수도 있다. 최종적인 정보의 생산은 '정보 순환 과정'을 거친다. 즉, 정책 결정자들이 먼저 필요로 하는 요구사항이 첩보 수집 요구사항information requirements for collection으로 전환되며 이것이 수집된 정보를 다시 분석하여 가공하는 정보 분석intelligence analysis 과정을 거쳐 완성된 형태의 정보 보고서가 되고 이것이 처음에 정보 요구를 했던 정책 결정자에게 전달되는 것이다.

이러한 정보 관련 프로그램과 생산 과정은 미국 정부 산하에 있는 수백 개의 다른 프로그램들의 조정과 협력이 필요하며 또한 수많은 정보관들의 조정과 협력을 필요로 한다.

2010년 한 해에만 이런 정보활동을 위하여 10만 명의 인력과 530억 달러의 예산이 소요되었다(2010년 미국 국가 정보장DNI 보고). 미국의 정보 예산은 전반적인 국방 예산 삭감 추세에 따라 감소하는 경향이 있고 이러한 경향은 당분간 지속될 것으로 전망된다(Benson 2012). 매일매일 수많은 사람들과 정보조직들이 아직 평가되지 않은 생자료raw information를 수집하여 그것이 사실인지 아니면 단순한 루머나 상상의 산물은 아닌지 추려내고 걸러내는 작업을 한다. 그리고 그런 작업을 통해 중요한 고급 정보를 찾아내어 그것이 미국의 정책 이익에 얼마나 중요한 의미를 갖는지를 분석하고 판단하여 정보 판단 보고서의 형태로 미국 정책 결정자와 동맹국 정부에 전달되는 것이다.

정보 수집

아직 평가되지 않은 생첩보raw intelligence information의 수집이 미국 정보 자산의 가장 중요한 업무 영역으로서 전체의 80퍼센트에 육박한다. 대부분의 첩보 수집 업무는 미 국방성 산하의 기관에서 이루어지고 있다. 국가 안보국NSA은 그중에서도 가장 중요한 신호정보 수집 프로그램을 운영하고 있으며 국가정찰국NRO은 위성 정찰 프로그램을 가동하고 있다. 국가 지리공간정보국NGIA은 위성 수집 시스템에 의해 수집된 영상정보를 분석하는 기능을 담당하고 있다. 이러한 정보 수집기관들은 미군의 군사 작전 수행에 있어서 극도로 중요하기 때문에 미국 정보공동체의 '전투 지원 핵심 요소'로 지정되어 있다. 따라서 이 정보 수집 기관들이 제대로 인력 수급이 되고 적절히 예산 지원을 받으며 관리가 되는지 미 국방장관이 특별히 신경을 쓴다. 여기에 중앙정보국CIA은 비밀 인간정보HUMINT를 수집하기 위한 특별한 정보 프로그램을 운영하고 있는데 해외의 적대국이나 테러 집단 내에 침투할 수 있는 비밀 정보 요원들을 모집하는 비밀 업무를 수행하기도 한다. 공작관Case Officers들이 전 세계에 파견되어 주요 정보활동 목표(대상자나 기관)를 찾아내어 위성이나 도감청된 정보를 통해 쉽게 알아낼 수 없는 고도의 중요한 기밀정보(이를테면, 미국의 적대국이 갖고 있는 중요 계획이나 의도)를 알아내는 것이다.

비록 새로운 현상은 아니지만 최근에는 전 세계적으로 소위 '공개정보'의 수집 필요성이 점점 더 부각되고 있다. 물론 그전에도 외국 출판물을 번역하거나 외국 라디오 방송을 청취하는 방식이 있었다. 그러나 최근 인터넷의 등장은 해외 공개정보의 범위와 양에 있어서 엄청나게 폭발적인 증가를 가져와 미국 정보공동체들이 공개출처정보센터를 설립할 지경에 이르렀다. 미국의 공개정보센터는 수천 개의 각종 출판물이나 방송, 웹사이트를 모니터하고 관찰하면서 정보 분석관이나 정책 결정자들이 필요로 하는 언론 관련 보고서를 작성하여 제공한다. 더구나 폭력적 성향의 이슬람 극단주의자들과의 싸움에 있어서 정보전쟁information warfare은 이제 대원 모집과 통신을 위해 지하디스트(이슬람 지하드 전사)들이 사용하고 있는 웹사이트를 감시하고 파괴하는 일까지 관련한다.

정보 분석

정보활동 영역 중에서 비용이 가장 저렴하게 드는 분야가 분석 파트다. 정보 분석관들은 정보 수집기관들이 수집해온 수백만 건의 비밀첩보와 도청자료, 디지털 영상자료들로부터 그럴듯한 정보intelligence를 추출해낸다. 이들 분석관들은 중앙정보국CIA, 국방정보국DIA, 국무성 정보조사국DSBIR과 같은 기관에서 주로 근무하며 또 상당수는 연방수사국FBI이나 국토안보부DHS와 같은 국내 파트에서 근무하기도 한다. 이들은 미국 정책 결정자들이 효과적인 국가 안보전략을 수립하고 추진하는 데 필요한 핵심 지식을 적시에 제공할 책임이 있다. 따라서 분석관들은 분석 자료를 만들어 서면이나 구두 보고 또는 이메일로 행정부와 의회의 요직을 맡고 있는 정부 관료들에게 제공한다. 가장 민감하고 제한된 보고서인 대통령 일일보고PDB를 시작으로 INTELINK라고 불리는 정보공동체의 공식 웹사이트에 올리는 것까지 이들 정보 평가서들은 대통령을 필두로 외교관과 군사령관에 이르기까지 다양한 정보 소비자들의 수요에 맞춘 맞춤형 정보 평가서로 제공된다. 이러한 정보 보고서들은 정책 결정자들에게 단지 국가 위협 요소들을 알려주는 데 그치지 않고 이들로 하여금 적대국의 의도와 계획을 평가하여 국가전략을 실행하는 정책의 수립과 집행을 가능하게 해준다. 그러나 사실상 정보 분석관들이 정책 결정자들의 구미에 완벽하게 맞게 아주 상세한 정보를 제공하거나 신뢰성이 높은 예측 보고서를 제공하기란 쉽지 않다.

따라서 정보 분석관들의 임무는 그들이 알고 있는 것과 알지 못하는 것을 잘 구분하여 그들이 생각하기에 향후 어떤 것이 발생 가능하며 왜 그것이 중요한지를 보고하는 것이다. 그들이 제공한 정보 평가 보고서를 면밀히 검토하여 그에 맞는 전략이나 정책을 수립하는 것은 정책 결정자들의 몫인 것이다. 하지만 정보 분석이 점점 다양한 출처로부터 제공된 정보들과 경쟁 관계에 처해 있는 것은 사실이다. 요즘 정책 결정자들은 CIA 사무실이나 또는 일반 정보기관에서 근무하는 보통의 분석관들보다 외국 정부 관료들과 더 직접적인 접촉을 통해 정보를 입수하고 자신만의 전문가 네트워크를 갖고 있으며 인터넷을 통하여 현지 정보를 입수하기 때문에 스스로 웬만한 분석관 이상을 자처한다. 따라서 분석관들은 더욱더 다양한 정보원들을 확보하고 활용하여 특별한 통찰력과 전문성을 구축해나가야 한다. 때때로 분석관들의 정보 신뢰성은 고급기밀정보를 입수할 수 있는 능력 이상으로 학력이나 여행 경험과 언어 능력 등에 달려 있기도 하다. 그러한 전문가들은 하루 종일 단 한 문제나 한 나라에만 골똘히 집중할 수 있는 이점이 있으며 정보 수집관들로 하여금 정책 결정자들에게 제공할 만한 유용한 새로운 정보를 추가로 수집하도록 지시할 수도 있다. 정책 결정자들이 필요한 요구사항이나 구체적인 관심사항에 초점을 맞춘 새로운 정보 평가서를 신속하게 준비함으로써 정보 분석관들은 행동 가능한(정책 결정 시에 유용한) 정보를 제공할 수 있는 것이다.

특수 정보 업무

정보 수집과 정보 분석이 정보 업무의 핵심적인 부분이지만 이러한 임무를 수행하기 위해서는 효과적인 방첩counterespionage과 대정보활동counterintelligence이 기반이 되어야 한다. 최고 정책 결정자들에게 제공되는 정보가 적국의 수중에 넘어가는 것을 막아야 하기 때문이다. 자칫 잘못하면 적국이 우리가 위협을 어떻게 인식하고 있는지를 간파하여 정확한 위협에 대한 인식을 하지 못하게 하는 소위 '전략적 기만strategic deception'의 희생양이 되게 할 수 있다. 위키리크스 사건과 최근의 스노든 사건은 수십만 건의 미국 비밀외교 자료를 불법적으로 폭로한 것으로서 아직도 미국과 동맹국과의 관계를 불편하게 만들고 있다. 유럽의 주요 동맹국인 독일이 자국 지도자와 시민들을 상대로 정보 수집을 벌인 미국 국가 안보국의 정보활동에 대해 강력히 비난을 하고 독일 주재 미 고위 정보 요원들을 추방했다는 소문이 돌 정도다(Miller 2014). 또한 전직 출신들의 이런 정보 폭로 행위로 인하여 민감한 정보를 다루고 있는 약 200만 명에 달하는 공직자들에 대한 정부의 신원 조회 강화 필요성이 제기되기도 하였다.

정보기관으로서는 적의 침투를 막기 위한 방첩 공작의 수행이 필수적이다. 왜냐하면 자국 정부나 정보기관에 침투된 스파이가 있는지를 알아내기 위해서는 거꾸로 적대국 정보기관 내 인물을 포섭하는 것이 필요하기 때문이다. 이런 국가들 간의 치열한 첩보 경쟁이 미국 할리우드로 하여금 '스파이 대 스파이' 간에 전개되는 환상적인 첩보 영화를 제작하게 만들었지만 실제 현실에 있어서 첩보라는 것은 정부 요직에 있는 고위 정책 결정자에게 정보를 제공하는 업무를 보호하는 데 있어서 그토록 낭만적이거나 사활적인 것만은 아니다.

정보 업무에 있어서 또 다른 특이한 분야는 비밀활동이라고 불리는 비밀 공작covert action 이다. 대부분의 정보 업무가 군사, 정치, 경제, 외교적 힘을 사용하는 데 도움을 주는 활동이라고 한다면 비밀 공작은 이러한 수단의 은밀한 사용과 관련이 있다. 이따금 '특수 활동 special activities'이라고도 불리는 이 비밀 공작은 미국의 경우에는 대통령의 특별 지시로 CIA가 주로 수행한다. 이러한 비밀 공작 활동은 중요한 전략적 목적을 달성하기 위하여 미국 정부와 어떤 직접적인 연계가 드러남이 없도록 은밀하게 수행된다.

1940년대 말에 미국 국가 안보회의NSC에 의해 처음으로 시작된 특수 활동 공작은 그 이후 거의 모든 미국 대통령이 전가의 보도처럼 사용해온 대외정책의 주요 수단이다. 부시 정부와 오바마 정부도 테러리스트들의 음모와 연계 세력을 소탕하는 데 이런 특수 공작을 허용해왔다. 그러나 이러한 특수 공작 자체가 심각한 역효과를 초래할 수 있음을 인지해야 한다. 즉 이런 비밀 공작이 발각되어 관련 정부와의 관계를 어렵게 만들거나 또는 그 활동이 너무 뻔해서 은밀하게 한 효과를 상쇄해버리게 되면 오히려 역효과blowback가 나기 십상이다. 따라서 전략가들은 이 비밀 공작이 언젠가는 자국 국민이나, 국제 사회 또는 적국에게 알려질 수 있다는 사실을 인지하고 비밀 공작의 장단점을 잘 따져서 결정할 필요가 있다.

미국 정보기관들의 비밀 공작 활용은 지난 10여 년간의 이라크 전쟁과 아프간 전쟁 기간 동안 꾸준히 증가해왔다. 테러와의 전쟁이나 이라크·아프간 전쟁에서 승리하기 위하여 미국의 전략가들은 군사적 방식이 아닌 비전통적 접근 방식에 점점 더 의존해왔다. CIA가 발표한 미국 대통령 업적 보고서Presidential Findings에 따르면 전 세계에 걸쳐 산재해 있는 수많은 테러 점조직들을 소탕하기 위해서 광범위한 비밀 공작 활동을 수행하고 있다고 한다. 그런데 이런 특수 공작 활동 중의 가장 중요한 대표적 사례가 2011년 파키스탄에 은둔해 있던 오사마 빈라덴의 추적과 살해다. 이 사건은 비밀 은신처에 숨어 있는 거물급 테러리스트들을 제거하기 위하여 정보와 군사 자산을 효과적으로 통합 운영하는 것이 얼마나 효과적인지를 잘 나타내는 사건이지만 반면에 국제 사회에 논란을 야기할 수 있는 사건이기도 하다. 게다가 미국의 군부와 정보기관들은 최근에 알카에다 지도자들을 색출하고 제거하는 데 있어서 무인기(UAV라고 불리는 무인항공기 또는 드론)들을 즐겨 사용하고 있다. 앞으로도 미국이 이런 방식을 계속 사용할지는 두고 보아야 할 일이겠지만 자국의 승인이 없이 미국이 이런 수단을 계속적으로 사용하는 것에 대해서 관련국들의 비난이 빗발치고 있는 것 또한 사실이다. 드론 전쟁이 갖고 있는 장단점에 대해서는 뒤에서 또 논의하기로 한다.

미국 전략의 성공 요인으로서 정보

냉전이 시작되었던 초기만 하더라도 미국은 명확한 국가 안보전략이 없었으며 정보intelligence에 대한 명확한 개념도 없었다. 당시 미국 정부 내에서나 주요 연구기관에서도 이에 대한 명확하고 중요한 생각들이 없었다. 1946-47년에 조지 케넌George Kennan이 봉쇄 전략Containment Strategy이라는 것을 처음으로 제안하였고 미 국무부 정책기획 참모실에 근무하면서 이 개념을 더욱 발전시켜나갔다. 억지 전략deterrence strategy 또한 1950년대 초 랜드연구소에 근무하고 있던 전문가들 중에 버나드 브로디Bernard Brodie와 허먼 칸Herman Kahn이 구상한 전략적 사고로부터 출발하였다. 당시 국립전쟁대학에 재직하고 있던 케넌과 브로디의 동료이자 예일 대학의 역사학자였던 셔먼 켄트Sherman Kent가 전략 정보Strategic Intelligence라는 개념을 개발하였다. 1949년에 출간되어 획기적인 선풍을 일으켰던 그의 저서『미국의 세계정책을 위한 전략 정보』에서 켄트는 정보 업무를 다루는 핵심 근간이 되는 기본 원칙들을 제시하였다. 그의 생각을 한마디로 정리하면 정보는 정책 결정회의에서 '논의의 수준'을 격상시켜야 한다는 것이다. 켄트의 견해에 따르면 정보는 어떤 정책 대안의 입장을 옹호해서는 안 된다. 대신에 정책에 대해 알려주는 역할을 수행해야 한다는 것이다. 정보 분석관들은 특정 정책 안건에 대해서 잘 알고 있으면서도 동시에 그 정책의 결정에 대해서는 어떤 입장도 견지해서는 안 된다는 것이다. 켄트는 완고한 정책 결정자들 간에 벌어지는 열띤 토론들이 정보를 어느 한 방향으로 유리하게 조작되게 할 수 있다는 것을 잘 알고 있었으며 따라서 정보 분석관들은 편견 없는 정보를 제공하는 데 있어서 정보의 객관성과 무결성을 유지해야 한다는 것을 알고 있었다. 물론 이런 목적에 대해서 말한다고 해도 실제로 그렇게 하는 것은 결코 쉬운 일이 아니다. 전쟁과 평화의 문제가 부분적으로 정보 분석관들이 내놓은 정세 판단 보고서의 결과에 의존하고 있는 상황에서 정보 평가서가 논란이 안 될 수가 없는 것이기 때문이다. 냉전 기간 동안에 미국 정보는 반복적으로 잘못 판단하거나 편향성 문제로 인하여 계속 질타를 받아왔다. 또한 국가 정보가 전략 선택에 대한 논란에 개입되어 잘못되었다고 비난받기도 하고 "정치화(정치적 사안에 의해 왜곡되는 현상)"되어버렸다고 비난받기 일쑤였다.

미국 정보활동에 있어서 소련의 유산

1940년대에 냉전이 시작되면서 미국 정보기관의 중요한 기능은 소련이라는 공산주의 국가의 비밀 장막에 침투하는 것이 되었다. 미국 정보 수집의 최우선 순위는 미국과 미국의 동맹국 안보 이익에 위협이 되는 소련의 군산복합체와 전략 목표, 그리고 공산주의 이념과 내부 정책 결정 과정을 알아내는 것이었다. 초기에 겪은 정보 실패가 미국 정보 작전을 수행하는 데 새로운 변화를 촉진시켰다. 특히 국가 정보 평가서national intelligence estimates를 만들기로 한 새로운 결정이 미국 대통령과 국가 안보회의가 소련과 제3세계 소련 우방국, 바르샤바조약기구들에 대응하는 국가 안보 정책을 입안하는 데 있어서 정보 지원의 핵심적인 부분이 되었다. 미국이 국가 정보 평가서를 치밀하게 기획한 의도는 향후 미국 국방 기획관들이 미군 병력을 적절하게 증강해나가는 데 소련의 재래식 병력과 전략군의 증강을 감시하고 예측하는 것이 필요하였기 때문이다. 여기에 개발도상국과 동유럽 지역에 영향력을 확대해나가려는 소련의 세계 전략을 간파하기 위해 또 다른 정보 평가서들도 만들어졌다. 그리고 해방전쟁과 대리전쟁을 통해 동서 간의 냉전이 치열하게 전개되고 있던 비동맹 국가들과 일부 자유세계 국가들이 얼마나 공산주의와의 싸움에 잘 대응하고 있는지를 평가하기 위한 정보 평가서들도 생산되었다.

미국의 냉전 전략에 대한 논쟁이 시작되면 미국 정보 평가서의 문제가 항상 단골 메뉴처럼 같이 나오게 되어 있다. 베트남 전쟁은 이런 큰 논쟁거리를 만드는 사례의 하나다. 당시 미국의 고위 정책 관료나 군부 인사들이 CIA의 비관적인 내용의 보고서를 의심하고 기각해버렸는데 그래도 그들이 그 베트남 전쟁의 수행 자체를 중단시키지 못했다는 것이다. 1970년대 초 닉슨 대통령과 헨리 키신저가 구상한 미소 데탕트와 군축 정책은 소련의 군사적 위협의 성격, 소련의 핵전쟁 감행 의지, 미·소의 전략적 균형의 충분성 등과 같은 정보 문제에 대한 논란으로 시끄럽게 되는 단골 메뉴다. 이러한 논쟁의 중심 한가운데에는 CIA와 국방정보국DIA이 만든 전략 정보 평가서 문제가 자리하고 있기 때문이다. 1980-88년 동안 집권했던 로널드 레이건 대통령의 재임 기간 동안 미국의 국가 정보는 소련의 군사적 위협에 대해 너무 유순한 태도를 견지하고 헨리 키신저의 군축 협상 안건을 지지하는 데탕트적인 성향을 가짐으로써 너무 '정치화'되었던 것으로 보인다.

베를린 장벽이 무너지고 바르샤바조약기구와 소련도 붕괴하면서 일각에서는 CIA 정보가 냉전 종식을 예측하지 못한 것에 대한 비난이 제기되었다. 그러나 정보 전문가와 학자들은 소련인들 자신들도 소련의 붕괴를 예측하지 못하였는데 CIA가 어떻게 소련 붕괴를 예측할 수 있었겠느냐며 CIA를 옹호하기도 하였다. 이런 비난들과 함께 또 한편에서는 소련의 위협이 사라진 이상 CIA의 필요성이 무엇이냐며 CIA 해체를 요구하는 주장도 나왔다. 그러나 이후 서방세계에 대한 러시아의 호전성이 부활하고 푸틴 대통령이 우크라이나의 크림 반도를 무력으로 병합하면서 러시아의 의도와 역량에 대한 전략가들의 정보 요구가 다시 증가하기 시작하였다.

트루먼 대통령 시절 CIA는 간밤에 일어난 일 중에 대통령이 관심을 가질 만한 핵심 이슈를 중심으로 다양한 정보 출처로부터 걸러낸 일일 정보 보고를 시작하였다. 대통령에 대한 이러한 일일 정보 지원이 이후 모든 대통령에게 정례화되었으며, CIA와 다른 정보기관들이 세계 사건의 분석에 있어서 점점 수준이 향상되면서 공식화되었다. 따라서 소련과의 분쟁 기간 동안 생겨난 많은 유산 가운데 하나는 미국 고위 정책 결정자에게 제공되는 현용 정보 보고는 물론 장기적인 정보 평가를 전달하는 수단인 국가 정보 평가서NIE의 생산과 대통령 일일보고PDB의 정례화라고 하겠다.

미국 정보공동체의 진화 과정

지난 반세기 동안 정보 업무는 계속해서 진화해왔다. 10년마다 다루어야 할 당면 문제가 발생하였으며 이에 대해 조직상의 변화가 만들어져야 했고 따라잡아야 할 실질적인 문제가 새롭게 발생하였다.

냉전이 끝날 때쯤 미국 정보공동체는 크고 작은 정보기관들이 10여 개로 늘어났으며 이들 중 상당수는 미 국방부 산하이거나 국무부, 법무부, 국토안보부 내에 설립되었다. 이런 정보공동체의 성장은 자연히 정보활동조직의 구조 개선 필요성을 초래하였는데 그중에 대표적인 사례가 중앙정보장DCI 직제의 보다 강력한 역할에 대한 요구였다. CIA의 최고 수장으로서 CIA의 업무를 총괄하는 중앙정보장은 10여 개의 정보기관들이 수행하는 광범위한 정보활동을 효과적으로 조정하기에는 역부족이었던 것이다.

Box 8.2 국가 정보 평가서와 대통령 일일보고

국가 정보 평가서(NIEs)는 대통령과 그의 내각참모, 국가 안보회의(NSC), 그리고 그 외 민군 고위 정책 결정자들을 위해 만들어진다. 국가 정보 평가서는 미국 국가 안보 정책에 중장기적 중요성을 갖는 전략적인 문제에 치중한다. 이것은 미국 정보공동체를 구성하는 16개의 모든 정보공동체 정보기구들의 통합된 의견을 반영한다. 1950년대에 국가정세평가위원회에 의해 처음으로 만들어진 이래 국가 정보 평가서의 생산 과정은 계속 발전해왔다. 오늘날에는 국가 정보회의(NIC)가 먼저 초안을 만들어서 미국 정보기구들의 수장들이 각자 검토하고 이후에 국가 정보장(DNI)이 최종 승인하여 완성된다. 이러한 정보 평가서들은 행정부 관료들에게만 제공되는 것이 아니라 의회 내 정보감독위원회 위원들에게도 제공된다. 과거에는 정보 평가서들이 미국 대통령과 의회 그리고 일반 대중들 간에 주요 논란의 원천이 되기도 하였다. 9·11 테러 이후 가장 유명한 것으로는 이라크의 사담 후세인이 상당한 양의 대량 살상 무기(WMD)를 비축하였으며 핵무기의 개발이 거의 완성 단계에 이르렀다고 단언한 2002년 이라크 WMD 정보 평가서다. 이란의 핵실험에 대한 2007년도 이란 핵 정보 평가서 또한 그 핵심 내용 중에 이란이 핵무기 프로그램을 중지하려는 측면이 보인다고 시사하는 것이 있어서 논란이 일어났다. 왜냐하면 당시에 그런 판단은 부시 정부가 이란에 대한 압력을 강화하는 시점이라서 이런 정부의 노력을 방해할 수 있었기 때문이다.

대통령 일일보고(PDB)는 국가 정보 평가서보다 더 많이 알려진 매우 중요한 정보 보고서다. 대통령과 그 핵심 참모진만을 위해 작성되는 이 일일 정보 보고서는 정보공동체가 가장 중요하다고 생각하는 현재의 정보 상황과 가장 민감한 정보들로 구성된다. 고위 정보 보고관이 대통령에게 전달하는 이러한 정보 보고들은 종종 새로운 정책 결정이 나오게 할 수도 있다. 이 대통령 일일보고서는 주로 CIA가 책임지고 준비하지만 이따금 국방정보국이나 국무성 정보조사국의 분석관들이 제출한 내용을 추가하기도 한다. 물론 이 보고서안에 너무 CIA의 분석만이 담기지 않고 모든 정보기관들의 의견이 적절히 반영되도록 검토해가면서 국가 정보장(DNI)이 대통령 일일보고서 전체의 생산 과정을 관리한다. 이 대통령 일일보고서가 요즘에는 국가 정보 평가서나 다른 정보 평가보고를 제쳐버리고 CIA가 매달리는 제일 중요한 핵심 분석 업무가 되어버렸다. 국가 정보 평가서(NIEs)와는 달리 이 대통령 일일보고(PDB)는 미 의회와 공유하지 않으며 매번 각 대통령이 관심을 갖는 정책 아젠다와 개인적 스타일에 따라 만들어지는 경향이 있다. 최근에는 세태를 반영하여 이 대통령 일일보고서도 '전자화(electronic)'되어서 오바마 대통령에게 기밀로 된 노트북의 형태로 제공되고 있다.

정보 업무가 점차 정부활동의 한 기능으로 인정받기 시작하면서 전략 수립과 정책 결정에 있어서 정보의 역할에 대한 찬반의 논란이 증대되기 시작했다. 처음 창설 때부터 CIA와 기타 정보기관들의 역할은 논란을 촉발시켰다. 민주사회에서 정보의 역할이란 것 자체가 입법부의 의원들로 하여금 정보 대상과 방식 및 활용에 대해 의회가 충분한 통제를 갖는 방향으로 적극 나서게 하였기 때문이다. 부시 대통령과 오바마 대통령 재임 기간 동안에 미국 정보기관들이 사용하고 있는 대테러 감청 프로그램과 피의자 고문 방식에 대한 폭로 사건이 의회의 비판과 조사를 촉발시켰다. 9·11 테러 이후의 사회 분위기가 냉전 종식 후에 불거진 CIA 해체 요구들을 잠재우긴 하였지만 이제는 미국 정부가 정보공동체를 운영하는 방식을 전면적으로 개편하라는 요구가 잇따랐다. 조직 편제상의 대폭적인 변화의 하나가 국토

안보부의 설립을 포함하여 16개의 국내외 정보기구 간에 정보 공유와 조정을 위한 개선 조치였다. 그리고 미국 정보공동체의 수장으로서 CIA의 국장이 맡던 중앙정보장의 직제 대신에 CIA와 독립된 국가 정보장DNI의 직제를 만들었다. 새로운 정보개혁의 기저에는 국가 정보장이 모든 정보 업무의 책임자이자 대통령의 정보 담당 최고 보좌관 역할을 맡고 대신에 CIA 책임자인 중앙정보국장이 대통령이 승인한 비밀 공작의 기획과 모든 출처의 정보 분석, 인간정보HUMINT의 수집을 감독하는 것이 바람직하다는 생각이 깔려 있다.

이러한 행정 조직상의 역할 분담이 이루어진 지 10년이 되었으며 앞으로도 국제적 여건과 정보 여건의 변화로 인해 약간의 변화가 있긴 하겠지만 이러한 편제는 당분간 지속될 것으로 보인다. 보다 중요한 것은 모든 대통령이 각자 자신의 스타일과 기호에 따라서 정보공동체의 리더십과 업무 및 활동에 영향을 미칠 것이란 점이다. 따라서 이러한 요인—즉 대통령의 안보 문제에 대한 경험과 만족도 등을 포함하여—이 어떤 국제정치적인 여건의 변화보다도 더 정보와 정책 간의 관계에 영향을 미친다는 사실이 그리 놀라운 일은 아니니다.

🔒 요점 정리

- 미국의 정보 업무는 처음에는 소련의 위협을 다루기 위하여 창설되었으나 이후에는 전 세계적으로 발생하는 새로운 초국가적인 안보 위협 요소들을 평가하기 위하여 계속 진화하고 있다.
- 미국 정보공동체는 대통령 일일보고(PDB)와 같은 현용 일일보고와 함께 국가 정보 평가(NIEs)라는 중장기 평가 분석 보고서를 생산한다.
- 정보활동 기록물은 정보의 수준에 대한 것은 물론 전략에 대한 논쟁을 야기하면서 종종 논란의 중심이 된다.
- 미국 중앙정보국(CIA)은 냉전 기간 동안 만들어진 10여 개의 정보기구들과 함께 '정보공동체'를 구성하고 있다.
- 정보활동은 당시의 국제적 여건과 전략 변화에 따른 정보 요구를 수용해야 함은 물론 대통령의 개인적인 스타일과 정책 우선순위에도 맞추어져야 한다.

전략적 기습: 원인과 예방

미국의 정보공동체는 1941년 일본의 진주만 공격을 당하고 나서 유사한 전략기습을 당하지 않기 위하여 창설되었다. 로버타 올스테터Roberta Wohlstetter가 저술한 진주만 공격에 대한 유명한 책에서도 잘 나타나 있지만 전략적 기습에 대한 인식이 오늘날 미국의 정보 역량을 발전시키는 데 중요한 동력으로 작용하였으며 CIA와 다른 정보기관들에 대한 평가 기준으로서 중요한 역할을 해왔다. 전략적 기습이라는 개념에 대하여 잘 알려진 개념 정의는 최소한 세 가지 핵심 요소를 포함한다.

1. 그것은 국익에 심각할 정도로 부정적인 영향을 초래한다는 것이다.
2. 그런 결과를 피하기 위해서는 다른 대안적인 전략을 선택했어야 할지 모른다.
3. 그러나 정확하고 시의적절한 정보가 부족하였다. 정부 고위 관료가 정보를 정확하게 이해하지 못하였거나 제대로 전달받지 못하였다.

이러한 개념 정의는 전략적 기습과 정보 실패에 대한 차이를 구분시켜준다. 전자는 주요 안보 위협을 식별하고 대응하는 데 있어서 전략가들과 정보 전문가 사이에 상호 교류가 효과적으로 이루어지지 않은 데 기인하는 것이다. 반면에 '정보 실패'는 일반적으로 국가 재앙 사태에 대하여 정보공동체가 책임이 있는 것으로서 전략적 기습이라는 더 광범위한 개념의 한 부분만을 구성하는 것이다. 사실상 어떤 정보 실패 사례들은 그 결과가 그렇게 심각하지 않거나 전략 자체가 구체적인 정보 판단에 크게 의존하지 않아서 미국의 전체적인 전략을 위험에 빠뜨리지 않는 경우도 있다.

기습의 원인

전략적 기습과 정보 실패에 대한 원인은 아주 많다. 정책 결정자가 정보 전문가들이 제공한 정보를 잘 이해하지 못하였거나 제대로 사용하지 못한 경우에 전략적 기습의 상황이 발생할 수 있다. 이러한 사례는 정보가 충분히 있었던 진주만 공격의 경우와 1962년 소련의 쿠바 미사일 배치, 1973년 욤키푸르 전쟁, 뉴욕과 국방성에 대한 9·11 공격과 같은 경우다. 이런 모든 경우에 있어서도 잠재적 위협에 대한 상당한 사전 징후가 있었으나 정보가 부족하였거나 적절하게 분석되지 못하였다. 더구나 대부분의 정보 분석관들뿐만 아니라 정책 결정자들도 그런 대담한 공격 행동이 취해질 가능성을 일축해버리고 그것을 피하거나 약화시킬 만한 조치를 취하지 않았다.

사실상 이런 모든 경우에 있어서 정책 결정자와 정보 전문가 둘 다 책임이 있다. 진주만 기습의 경우에는 태평양에 대한 미국의 이익을 훼손하려는 일본의 공격이 준비되고 있다는 정보가 있었다. 그러나 이런 정보가 고위 지휘관들에게 신속하게 전달되지 않았으며 지휘관들 또한 일본이 진주만과 같이 멀리 떨어진 곳에 공격을 감행할 것이라고는 상상도 못하였기 때문에 최소한의 무기력한 방어 조치만을 취하였다. 쿠바 미사일의 경우에도 미국 정보기관들은 소련이 쿠바에 군사무기를 전달하는 것을 지켜보고 있었지만 케네디 대통령의 보좌관들과 정보 분석관들은 소련이 감히 미국 해안에서 90마일밖에 떨어지지 않은 쿠바 섬에 핵미사일을 배치할 것이라는 생각은 미처 하지 못하였다. 1973년 욤키푸르 전쟁에서 미국과 이스라엘 정보기관들은 아랍 국가의 공격 계획에 대한 상당한 정보를 갖고 있었으나 그런 정보가 전쟁의 준비 목적에 있다기보다는 전시 훈련의 증거라고 잘못 해석하였다. 미국과 이스라엘 정책 결정자들은 1967년 6일 전쟁이라고 불리는 중동전쟁에서 이스라엘 전차부대의 기동성 때문에 결정적인 참패를 겪은 이집트와 시리아가 이스라엘을 먼저 감히 선제공격하지는 못할 것으로 믿고 있었기 때문에 그런 공격 징후들을 무시해버렸다.

2001년 9월 알카에다의 테러 공격은 전략 경보에 대한 정책 결정자들의 무관심이 대형 기습공격으로 이어지게 한 전형적인 정보 실패의 사례다. 9 · 11 이후 미 의회에서 진행한 9 · 11 조사위원회의 최종 보고서의 지적에 따르면 CIA 내 대테러 센터의 분석관들이 알카에다가 미국의 안보 이익에 심각한 위해를 가할 것이라는 위험성에 대해 알고 있었다고 한다. 대테러 분석관들은 그런 공격이 2001년 가을에 일어날 것으로 알고 있었으나 그런 공격이 언제, 어떻게, 어디에서 일어날지 상세한 정보가 없었다. 2001년 여름이 끝나갈 무렵에 고위 정보 관료들이 부시 정부에게 전략 경보의 일환으로 뭔가 큰 것 한 방이 기획되고 있어서 정보 분석관들이 크게 시끄러운 일이 벌어질지 계속 주목하고 있다고 말하였다는 것이다.

2001년 8월 6일, 대통령은 미국 영토에 대한 테러 공격 음모에 대해 보고를 받았으나 미국 정보기관들은 언제 어디에서 그런 공격이 발생할지에 대한 구체적이며 전술적인 정보를 갖고 있지 못하였다. 그러나 9 · 11 조사위원회의 보고에 따르면 안타깝게도 당시 미 연방수사국FBI과 다른 정보기관들이 갖고 있던 정보와 CIA의 정보가 효과적으로 결합되지 않아 테러범들이 이미 국내에 잠입하여 최종적인 공격 준비를 하고 있다는 것을 깨닫지 못하였다. 더구나 8월 6일 대통령 보고가 정부 여러 부처의 고위 정책 결정자들로 하여금 미리 테러 위험에 대해 주목하여 공항 보안과 비행기 보안 검색을 강화시키는 데 사용되지 못하였다. 일부 정보 실무자들에 따르면 전략 경보의 무시와 구체적인 전술 정보의 부족이 정책적 무능을 유발하였으며 이런 무능이 대규모 전략적 기습이 발생할 여건을 무르익게 만들었다는 것이다.

요점 정리: 7가지 치명적인 실수

대규모 전략적 기습이나 정보 실패가 초래되는 원인이 단 한 가지만은 아니다. 사실 7개의 요인들이 상호작용하여 발생하는 경우가 많다. 첫째는 보통 정보 수집의 실패다. 클라우제비츠가 경고하였듯이 정보는 가끔 부족하거나 서로 모순적이다. 둘째 정보 분석관들은 적의 목표나 계획 및 역량에 대해 잘 이해하지 못하였거나 구태의연한 방식으로 이해해서 정보를 잘못 해석하는 경우가 많은데 이것을 흔히 "사고방식mindset의 문제"라고 한다. 심지어 최고의 전문 분석관조차도 적에 대해 고정관념식으로 보거나 온화하게 바라봄으로써 적이 어떻게 해서 큰 모험을 걸고 이례적인 형태의 공격을 감행할 것인지에 대한 간파 능력을 흐리게 할 수 있다. 셋째 적이 사용하는 기만전술로 인하여 분석관의 부정확한 사고방식을 야기하고 명백한 위기 징조를 잘못 읽게 만든다. 넷째 적은 뛰어난 보안활동을 통하여 상대 분석관들이 정확한 위협의 실체를 알아내지 못하도록 정보에 대한 접근 차단을 시도한다. 다섯째 정보 수집관과 분석관들이 갖고 있는 정보를 같은 동료들과 효과적으로 공유하지 못하는 경우이다. 일명 '정보의 구획화(알 필요가 있는 사람만 알게 하는 보안 규칙) 원칙'으로 인하여 정보기관들이 서로 정보 비교를 할 수 있음에도 불구하고 그들이 알고 있는 것을 다른 부처에 전달되지 못하게 하여 발생하는 것이다. 여섯째 안보 위협에 대한 정보를 정책 결정자에게 효과적으로 전하지 못하여 발생하는 문제로 정책 결정자들이 적시에 적절한 행동을 취해야 할 필요성을 인지하지 못하는 경우다. 마지막으로 정책 결정자들은 적국의 의도와 능력에 대하여 자신의 옛날식 사고방식 때문에 위험에 대한 경고를 일축해버리고 대응 조치를 미리 하지 않은 경우다.

전략적 기습과 정보 실패 문제의 핵심에는 그릇된 추정, 즉 정책 결정자이든 정보 분석관이든 모두 스스로가 적국의 의도와 능력에 대해 너무나 잘 알고 있다고 과신하여 단정해버리는 경우가 많이 있다. 사실 대부분의 전략적 기습 발생은 적이 자신의 상황을 어떻게 인지하고 있으며 상대방이 전쟁의 위험이나 이득을 어떻게 생각하는지에 대한 부정확한 정세 판단에 기인한다. 스탈린은 1941년 봄에 독일이 동유럽 공세를 시작할 것이라는 정보를 일축해버렸다. 히틀러도 마찬가지로 1944년에 연합군에 의해 시작될 침공에 대해 자신이 너무 잘 알고 있다고 생각하고 있었기 때문에 스탈린과 같은 운명에 처하게 되었다. 당시 노르망디 상륙작전을 기획하였던 아이젠하워 장군은 이러한 독일의 약점을 간파하였고, 기만전술을 사용하여 히틀러가 노르망디가 아닌 다른 곳으로 집중하도록 오판하게 만들었던 것이다. 1973년 이스라엘 군 역시 이미 1967년에 참패를 겪은 아랍 국가들이 선제공격을 시도할 가능성을 낮게 평가하고 있어서 이집트의 사다트 대통령이 군사 훈련을 위장하여 기습공격을 단행하는 것에 대비하지 못하였던 것이다. 1962년 쿠바 미사일 위기와 1979년 소련의 아프간 침공사태에서도 마찬가지로 미국의 정책 결정자들과 정보 분석관들은 소련 지도자들이 기습공격을 감행할 가능성에 대하여 낮게 평가하고 있었던 것이다. 이러한 사례들 대부분이 정보 분석관과 정책 결정자들이 인간으로서 겪는 인간의 인지적 한계와 오류의 문제점을 극명하게 보여주는 사례다. 많은 심리학자들이 이미 잘 알고 있듯이 이러한 인지적 편향성의 문제는 자신 스스로 알아차리기가 어려우며 그것을 없앤다는 것은 더더욱 어려운 일이다.

치유가 아닌 개선 방안

미래에 발생할 전략적 기습공격이나 정보 실패에 대응하여 이를 예방할 확실하고 완벽한 방법이란 없으며 그런 방법을 강구하는 것은 매우 어려운 일임에 틀림없다. 정보학 학자인 리처드 베츠Richard Betts가 말하듯이 정책 결정자들이 나서서 선제적으로 대응할 수 있게끔 충분한 정보를 제공하거나 완벽한 정보 분석을 한다는 것이 가능하지 않기 때문에 사실상 정보 실패의 발생은 불가피한 것이라고 하겠다. 그럼에도 전략적 기습과 정보 실패의 위험성을 감소시키는 데 기여할 수 있는 개선 방안 세 가지를 살펴볼 수 있다.

첫째, 정보 수집방식의 개선 방안이다. 물론 어떤 정보 분석관이라도 자신의 분석 작업에 도움을 주는 완벽한 정보 수집을 기대하기란 어렵다. 분석관들은 그들의 정보 괴리가 어느 정도인지를 파악하여 정책 결정자들이 정책 결정을 할 때 존재하는 '미지의 것 unknowns'을 경계하도록 분석적 판단을 절제하도록 해야 한다.

둘째, 분석관들은 적국이 사용하는 기만과 부인전술의 동기와 역량에 대해서 간파할 수 있다. 보통은 적이 약하면 약할수록 기만과 부인전술에 근거한 기습공격에 의존하려는 성향이 있는데 그 이유는 상대방이 갖고 있는 군사력의 상대적 우위를 만회하고자 하기 때문이다.

셋째, 분석관들은 자신들의 정보 분석을 심각하게 왜곡시키는 인지적 편향성과 편향적 사고방식의 문제점에 대해 스스로의 문제를 잘 파악하도록 해줌으로써 문제를 개선해나갈 수 있다. 최근 사회과학 연구 중에는 분석관들이 분석 업무를 더 치밀하고 정교하게 하기 위한 구조화 분석기법structured analysis에 대한 연구가 진행되고 있다. 이들 분석기법 중에는 악마의 변론, A팀/B팀 분석, 경쟁가설 분석, 시나리오 분석과 같은 것들이 있는데 이들은 분석관들이 스스로 분석의 기저에 깔려 있는 가정들에 대해 도전하고 분석적인 주장을 동료들에게 투명하게 보여주고 정보 수집관들로 하여금 중요한 정보 괴리를 극복하는 기준들을 제시해주며 무엇보다 정보 사용자로 하여금 정책 결정의 과정에서 지득한 정보의 한계점에 대해 인지하도록 해준다(Box 8.3).[2]

전략가들은 모든 정보가 불완전하다는 사실을 알고 정책 결정 시 신뢰도가 아주 높은 정보가 존재할 수 없다는 사실을 인식할 필요가 있다. 1962년의 쿠바 미사일 위기 당시에도 그러하였으며 2002년 이라크의 대량 살상 무기 사례에서도 그러하였지만 정보는 옳고 그르고의 문제라기보다 장점과 단점의 문제라고 하겠다. 1962년에 셔먼 켄트가 작성한 정보 평가서는 당시 소련의 의도와 위험의 선택에 대해 잘못 분석하였다. 소련이 쿠바에 핵 미사일을 배치하지 않을 것으로 판단한 이 정보 평가서는 잘못된 평가에도 불구하고 케네디 정부로 하여금 소련의 움직임을 간파하고 소련과의 협상에서 쿠바에 배치된 미사일을 철수시키는 데 도움을 준 것은 대인정보와 함께 쿠바 상공 위에서 찍은 신호정보의 역할이

> **◉ Box 8.3   경보의 문제: 정보 실패의 불가피성**
>
> 정보 실패에 대한 본격적인 학문적 동기는 과거의 많은 전략적 기습 사례에 대한 관심과 흥미에 기인한다. 이를테면, 진주만 공격, 1941년 독일의 소련 침공, 1950년 북한의 남침과 중공군의 개입, 1967년과 1973년 두 차례에 걸친 중동전쟁, 북베트남의 신년 연휴 공격, 1968년 소련의 체코 침공, 1979년 소련의 아프간 침공, 1982년 아르헨티나의 포클랜드 침공, 1990년 이라크의 쿠웨이트 침공 등등. 이 모든 사례가 두 가지 공통된 문제와 관련이 된다. 첫째는 다가오는 기습공격의 예증이 있었음에도 불구하고 지휘 계통 체계에 따라 위에까지 효율적으로 보고되지 않았다는 것이다. 둘째, 정책 결정자들에게까지 올라온 경보들이 파편적으로 이루어져 정책 결정자들이 갖고 있던 확고한 전략적 평가와 맞지 않아서 그냥 기각되어버렸다는 것이다.
>
> —Richard Betts(2007:22)

컸던 것이다. 1962년 10월 대략 12일 동안에 벌어진 쿠바 미사일 위기 시에 케네디 정부는 모든 대응방안과 비상대책을 최고 정책 결정기구인 비상대책회의EXCOM에서 결정하였는데 이때 이 기구를 지원하는 데 좋은 정보를 충분히 제공하였던 것이다. 마찬가지로 2002-2003년 이라크의 정보 실패에 대한 이야기도 완전히 부정적인 것만은 아니었다. 2002년 10월 이라크의 WMD 능력에 대한 국가 정보 평가서는 상당히 결함이 있는 보고서였다. 정보 공동체가 모두 잘못된 정보에 의존하거나 낡은 정보 또는 조작된 정보에 의존하였으며 후세인의 기만과 부인전술에 넘어가 잘못된 판단을 하였다. 그러나 사담 후세인의 WMD에 대한 이런 평가들이 정확성이 많이 결여되었던 것은 사실이지만 두 가지의 다른 중요한 정보, 즉 사담 후세인의 전쟁 수행 방식에 대한 정보와 이라크 전쟁의 종식 이후 미국이 직면해야 할 이라크 국내 상황에 대한 정보는 거의 다 맞는 정보였다. 다른 경우에도 그렇지만 정보 판단의 일부는 항상 진실에 가깝게 맞기도 하지만 또 다른 측면은 그렇지 않은 것도 있다. 이라크의 경우 가장 주목해야 할 사실은 정보가 옳고 그르고를 떠나서 이라크 정보에 대한 관심이 너무나 적었다는 것이다.

🔒 요점 정리

- 전략적 기습 상황은 정책 결정자들이 경보 정보에 반응하지 않았거나 그런 경보들이 제대로 전달되지 않았을 때 발생한다.
- 정보 실패는 정보 수집의 부족, 상대에 의한 효과적인 기만과 부인전술의 작용, 잘못된 정보 분석, 정보 공유의 미흡, 잘못된 경보 전달 등에 의해 발생한다.
- 정보 분석관은 적국의 의도와 능력에 대한 부정확한 판단을 하게 하는 인지적 편향성, 즉 편향된 사고의 문제점을 겪을 수 있다.

- 정책 결정자들이 적국의 의도와 능력에 대한 현실적으로 맞지 않는 부정확한 편향적 사고에 빠져 있으면 모든 경보에 대해 무시해버리는 경향이 있다.

- 적국은 나름대로 자신들의 기습공격이 간파당하지 않도록 하기 위해 상대 정책 결정자들이 잘못 판단하게 하려는 기만과 부인전술을 끊임없이 사용한다.

- 기습공격을 당하지 않기 위해서는 정보 분석관들은 인지적 편향성의 문제를 극복하려고 노력하는 것은 물론이거니와 정보 수집의 개선 노력이 필요하며 상대방이 획책하는 기만전술에 넘어가지 않도록 주의해야 한다.

- 전략적 기습과 정보 실패를 없애는 것은 거의 불가능한 일이지만 정보 수집 역량의 개선과 분석 능력의 함양을 통해 그런 사건의 발생 확률을 상당히 감소시킬 수는 있다.

9 · 11 이후 정보의 세계

9 · 11 테러 공격은 미국의 전략가들이 갖고 있던 기존의 정보의 역할에 대한 사고방식을 완전히 바꾸어버렸다. 안보 위협의 성격만이 바뀐 것이 아니라 전략 목표와 수단에 대한 전략적 패러다임 자체가 바뀐 것이다. 조지 부시 정부는 대테러와 대확산에 대한 명확한 전략을 개발하였다. 그런데 미국 전략에 대한 이런 검토의 일부분이 정보의 우선순위 작성과 정보 프로그램에 대한 재검토와 관련이 있다. 2004년 제정된 정보개혁과 테러금지법이 지난 60년간 정보공동체가 추진한 가장 극적인 조직개편과 강화작업이다. 이런 정보개혁 작업은 정보공동체가 더욱 강력한 역할을 할 수 있도록 그 직무 범위와 업무 영역을 확장시키는 데 기여하였다. 먼저 입법부는 국가 정보장DNI이라는 새로운 정보공동체 수장체제를 만들어 기존의 중앙정보장DCI이 보유하고 있던 권한보다 훨씬 막강한 권한을 부여하였다. 이어서 16개의 정보기구들이 서로 다른 정보활동과 정보기술을 잘 조정하여 수행할 수 있도록 국가대테러센터와 국가비확산센터를 설립하였다. 마지막으로 국토안보부라는 새로운 정부 부처를 신설하였는데 이 국토안보부의 일부 기능은 FBI와 협력하여 미국 정부 내 가장 뛰어난 국내 정보 업무를 수행하는 것이다. 또한 이라크전과 아프간 전쟁 수행의 지원을 위한 정보 수집을 위해 새로 많은 예산이 투입되고 인력이 보강되었다. 오바마 정부는 전 정부가 만들어놓은 2004년 정보개혁의 틀 내에서 노력한 것이지만 아프간 전쟁과 이라크 전쟁 종식 및 대테러와의 전쟁에 대한 집중을 위해 대통령이 선호하는 정책 우선순위를 반영하여 추진하였다.

10년 전쟁 기간의 정보

이라크 전쟁과 아프간 전쟁은 미국 정보공동체의 정보 업무와 절차, 역량의 개발에 새로운 도전이 되었다. 2001년과 2003년 아프가니스탄과 이라크에서 군사 작전이 시작된 이래로 미국 정보공동체는 거의 끝나지 않는 전쟁 상태에 계속 대응해왔던 것이다. 이것은 많은 숫자의 정보 수집관과 정보 분석관을 군사 작전 업무에 배치하는 것을 의미하는 것이며 새로운 군사 감시 · 정찰 능력의 개발을 의미하는 것이고 국가가 아닌 준국가 또는 부족사회로 정보 목표의 변경을 의미하는 것이었다. 많은 연구들이 미국이 처음부터 이라크와 아프간의 사회문화적 배경에 대한 이해 없이 전쟁에 돌입하였으며 이 전쟁의 주요 행위자들과 그들의 능력 및 동기, 미국의 군사행동의 결과에 대한 고려 없이 전쟁에 나섰다고 지적하고 있다. 이러한 비판의 핵심은 미국의 정보가 과연 중동과 남아시아 지역의 전쟁 현실에 대한 충분한 준비가 되어 있었는지 또 신속하고 기민하게 대응해왔는지의 문제를 지적하는 것이다.

국방성은 소위 '10년 전쟁'으로부터 얻은 전쟁 교훈과 관련하여 장문의 보고서를 제출하였다. 여기에서 미국의 전략가들이 전쟁 초기에 현지의 상황을 잘 이해하지 못하였다는 자각과 군사 작전이 재래식 형태의 전쟁에서 대반란/하이브리드 형태로 전환되어야 할 필요성이 지적되었다(Joint Staff 2012). 이러한 기습공격의 주요 원인은 정보의 불충분이다. 2011년까지 아프간에서 미국의 군사정보사령관을 역임한 마이클 플린Michael Flynn 중장은 재래식 전쟁을 위해 수집하는 정보방식과 최근의 대반란 지원을 위해 수집하는 정보방식의 양태는 근본적으로 다르다고 역설한다. 최고사령부로부터 전술적 수준에 이르기까지 인공위성이나 기술정보 수집방식의 국가 정보체계는 수직적인 계층을 따라 정보가 내려가지만 대반란 정보는 오히려 전장에서 싸우는 일반 병사와 분석관으로부터 최고사령부로 올라가는 상향식 정보체계로 운영되어야 한다는 것이다. 이러한 것이 아프간 전쟁과 이라크 전쟁 초기에 효과적으로 수행되지 않았다는 것이다(Flynn 2010).

지난 10년 전쟁 기간 동안 사용되었던 새로운 정보 업무와 절차, 능력이 상당한 논란을 야기하였다. 가장 많이 알려진 유명한 논란들 중에는 무인항공기UAV와 드론의 사용, 대테러 작전수행을 위해 정보공동체에게 주어진 대통령 권한의 확대, 해외 작전에서 포획한 테러범에 대한 구금과 고문 행위, 미국 시민과 동맹국에게까지 확대된 고도의 사생활 침해 여지가 있는 기술정보 수집의 사용 등등인데 이러한 것이 미국 정보공동체로 하여금 그러한 방법의 적실성에 대한 논란의 한가운데에 들어가게 만들었다. 왜냐하면 이러한 방법들이 국내외에서 큰 반향을 일으킬 수 있으며 혹자는 테러리즘과 싸우는 전체적인 전략을 오히려 손상시킬 수 있다고 주장하여 논쟁이 붙게 되었다.

먼저 군사적 드론의 사용에 대한 많은 논쟁이 불거졌다. 많은 사람들이 장기적인 미국의 국익뿐만 아니라 단기적인 전투적 목적을 수행하는 방식으로 이 새로운 기술을 이용하기 위해서는 명확성과 투명성이 요구된다고 주장한다('비판적으로 사고하기' 참조). 오바마 정부가 군사 드론을 계속 사용하고 이 문제가 대중에 알려지게 되면서 대통령이 나서서 이 문제와 관련하여 미국의 정책을 재검토하고 보다 투명한 사용규칙을 제정할 것이며 보다 분별력 있게 대처하겠노라고 천명하였다. 동시에 브레난Brennan CIA 국장도 2013년 CIA의 업무를 전쟁의 지원 중심에서 정보 수집과 분석의 방향으로 돌려서 다시 균형을 바로잡겠다고 발표하였다. 하지만 현재 시점에서는 군부와 정보기관이 공동으로 수행하는 군사 드론 프로그램이 아직도 활발하게 수행되고 있는 것처럼 보인다(Mazetti 2013).

둘째, 많은 헌법학자들은 2001년 제정된 군 병력사용법AUMF: Authorization for Use of Military Force이 격퇴시키려는 알카에다 조직과 그리 깊게 연계되어 있지 않은 사람들을 응징하는 테러 작전의 정당화에 적용될 수 있는지 의구심을 갖는다. 법조계의 권위자들은 오바마 정부가 의회가 만든 법률적 범위를 넘어설 정도로 대테러 작전을 확장해온 것은 아닌지 논쟁을 벌이고 있는데 그럼에도 불구하고 많은 사람들이 이 새로운 군 병력 사용법이 잘 만들어졌다고 믿는 경향이 있다. 다만 일부 전문가들은 오바마 정부가 미국 시민에 대한 공격을 어떤 법적인 검토도 하지 않고 비밀스러운 법적 견해에 근거하여 이 법령을 적용하고 있다고 비판하기도 한다.

셋째, 미국의 테러범 구금과 심문 방식이 문제가 되어 미군과 CIA가 반고문법과 시민의 기본자유권을 침해하였다고 비난의 대상이 되었다. CIA 고위 간부들이 고문의 허용을 승인한 듯한 서면 증거들을 파기한 혐의로 입건이 되었다. 이에 법무성이 나서서 당시에는 그런 고문 수법이 합법적이었다고 판시하였지만 결국 헤이든Hayden CIA 국장은 CIA의 위상과 미국의 위상에 먹칠을 하지 않으려고 '물고문'과 같은 잔혹한 고문을 금지시켜버렸다.

마지막으로 미국 정부가 사용해온 정보 수집방식으로 이제는 유명하게 된 소위 '메타-데이터' 수집방식은 인터넷과 전화통화 내용을 감청하는 것이다. 이 방식 또한 아무리 국가 안보국에서 합법적으로 테러 용의자를 추적하기 위한 것이라고 하지만 지나치게 사생활 침해적인 요인이 있어 국민들과 의회 그리고 국제 사회의 비난을 초래하였다. 결국 대통령 위원회가 국가 안보국의 정보 수집 프로그램에 대해 조사를 하고 나서 정보기관들에게 새로운 변화 조치를 취할 것을 권고하였다. 비록 정보기관들이 테러 용의자들의 통신에 대해 합법적인 정보 수집을 한다고 하더라도 미국 시민의 사생활 역시 잘 보호되고 있다고 안심시킬 수 있는 방향으로 조치를 취할 것을 권고하였던 것이다(President's Review Group 2014).

비판적으로 사고하기

미국은 과연 군사 무인항공기를 계속 사용해야 하는가?

그렇다:

- **군사적 효용성**: 군사 드론을 사용하는 것은 민간인과 군인들의 피해를 최소화하면서 중요한 테러 목표를 정확하게 제거하는 데 효용가치가 있다. 드론의 사용은 다른 국가에게 미군 병력을 투입하는 방식보다 훨씬 덜 침해적이며 위험성이 적다. 공격 목표의 신원을 확인하기 위해 공중을 날아다니는 것이 부정확한 '멍청이' 폭탄을 그냥 투하하는 것보다는 인명 피해가 훨씬 적기 때문이다. 테러범을 은밀하게 주시할 수 있기 때문에 다른 형태의 정찰 수단보다 훨씬 더 효과적일 수 있다. 백악관의 보고에 따르면 오바마 정부가 집권한 이래로 대략 3,000명의 알카에다 조직원들과 지하디스트들이 제거되었다고 한다.

- **인명 피해의 최소화**: 군사 드론을 사용하면서 비전투원들의 피해 숫자가 급격하게 감소하였다. 드론 사용을 지지하는 사람들은 드론 사용으로 수천 명의 민간인이 살해당했다고 주장하는 선정적인 보고서들을 믿을 수 없다고 반박한다. 일부 전문 연구기관의 보고서에 따르면 그 피해 숫자는 2010년 이래로 100-500명일 것으로 추산하고 있는데 이 숫자 역시 확실한 수치는 아니다. 다만 여기서 중요한 것은 이러한 민간인의 피해 숫자가 다른 형태의 공격방식에 의해 초래된 것보다는 확실히 적다는 것이다.

- **정치적 수용성**: 테러범들에 대한 이런 형태의 군사 작전이 다른 방법보다 덜 침해적이며 덜 반대를 받는 측면이 있다. 파키스탄이나 예멘 또는 여타 지역의 테러범 은신처에 지상군의 투입은 너무 위험하며 정치적으로도 매우 폭발성이 잠재된 방식이다. 사실상 때때로 현지 정부가 나서서 은근히 미국의 드론 공격이 자신들의 정권에 위협적인 인물들을 제거해주길 바라는 경우도 많으며 나중에 문제가 되어 외국 정부가 드론 공격을 반대하고 나서는 경우에도 사실은 자신들에게 향한 내부의 정치적 비난을 잠재우려고 하는 임시방편적인 경우가 많다. 미국이 자국의 군대를 투입하여 지상 작전을 벌이거나 대규모 폭격을 가하는 방식은 별로 원하지 않기 때문에 오히려 외국 정부들은 속으로 드론 사용을 지지한다는 것이다.

그렇지 않다:

- **비전투원의 인명 피해**: 미국 정부가 드론 사용으로 인해 비전투원의 피해가 줄어들었다고 보고하지만 드론 공격으로 인해 사망했거나 다친 여자들과 아이들의 숫자가 아주 많다는 증언도 많이 있다. 최근 무인항공기 사용으로 인해 미국인의 피해 위험성이 없다고 해서 미국 정부가 점점 더 대담하게 드론 사용을 증가해왔으며 이 방법에 더욱더 의존해온 것이 사실이다. 그러나 미국 정부는 그동안 아주 중요한 인물들에만 이 드론을 선택적으로 사용하겠다는 원칙을 저버리고 잠재적으로 의심스러운 용의자들에 대해서까지 무차별적으로 추적해왔으며 별로 관련이 없는 비전투원들을 공격할 가능성을 증대시켜왔다.

- **역효과**: 드론의 지나친 남용은 사실 그 방법으로 제거한 테러범의 숫자보다 훨씬 더 많은 이슬람 지하디스트(성전주의자)들을 양산할 개연성이 있다. 미국이 어떤 마을에 드론을 사용하여 촌장이나 족장들을 죽이게 되면 그것은 그 마을 전체가 미국에게 등을 돌리게 하는 역효과를 낳는다. 《뉴욕 타임스》에 따르면 파키스탄은 공식적으로 미국에게 자국의 주권 침해를 이유로 드론 사용을 금지할 것을 요구했다고 한다 (Masood 2012). 만약에 많은 민간인 피해 사태가 발생하기라도 한다면 그러한 드론 공격 방식은 미국이 다른 테러 대응 조치를 취하려고 할 때 현지 정부가 미국에게 협력하고 싶은 의욕을 감소시킬 것이다. 많은 미국의 동맹국과 일반 국민들 대다수가 압도적으로 미국의 드론 사용 정책에 비판적이며, 실제로 미국

의 대중동 정책이나 남아시아 정책에 대한 강력한 반대로 나타나고 있기도 하다.

● **좋지 않은 선례의 가능성**: 미국 정부는 스스로가 공격 목표의 제거를 위해 드론을 사용하는 선례를 만들고 있다는 사실에 유념해야 한다. 사실상 이제는 미국만이 아니라 미국에 적대적인 국가들도 드론 기술을 이용하여 자국의 군사무기 증강에 이용하는 시대다. 만약에 미국이 외국의 테러범을 제거하기 위해 무인 항공기 기술을 사용할 수 있다고 한다면 다른 나라 정부들도 마찬가지로 같은 권리를 제기하며 드론 공격을 사용할 수 있다고 주장할 수 있다. 이란, 중국, 러시아 등 미국에게 잠재적인 적국들이 자신들의 안보에 위협이 된다고 생각하는 집단이나 사람에게 드론 공격을 사용하기 시작한다면 과연 누가 그것을 통제할 수 있을 것인지 매우 난감한 문제가 될 것이다.

정보의 홍수와 '빅데이터' 문제

21세기 정보세계는 9·11 테러 공격의 결과로 비롯된 것만은 아니다. 실은 알카에다의 출현과 대테러 전쟁과는 상관없이 새로운 도전 과제들이 많이 생겨났다. 그중에 가장 주목할 만한 것은 정보기술혁명과 국가 안보에 대한 다면적이고 글로벌화된 인식이다. 테러와 대량 살상 무기의 확산과 함께 글로벌하게 전개되는 세태는 세계 문제를 다루는 데 있어서도 다른 전략적 접근이 필요해졌음을 의미한다. 과거에도 그러하였지만 국가 안보전략이 바뀜에 따라서 국가 정보전략과 정책도 그에 맞게 재편되어야 한다.

정보기술의 발전은 세계를 변화시키고 우리의 일터도 변화시킨다. 정책 결정자의 수중에 점점 더 많은 정보가 주어지며 점점 더 신속하게 전달된다. 나노기술과 컴퓨터 크기의 축소는 정보가 전 세계에 실시간으로 전달되는 것을 가능하게 하였다. 정보 분석과 행동 결정에 소요되는 시간은 감소하고 있는 반면 판단과 결정을 위해 처리해야 할 정보의 양은 점점 더 방대해지고 있다. 2006년 존 네그로폰테John Negroponte 국가 정보장은 "국가 안보국이 다루어야 하는 인터넷 정보의 양이 매일 647페타바이트다. 그런데 미국 의회의 소장 자료 정보량이 0.02페타바이트다"라고 술회한 적이 있다(Negroponte 2006).

컴퓨터 시대의 도래는 또한 정보 가치가 있는 소위 '신자Sinjar'라는 목표를 탈취하고 대상 목표물에 대한 분석을 확대시켰다. 오사마 빈라덴의 급습을 통해 알카에다 조직과 음모에 대한 귀중한 정보가 들어 있는 컴퓨터 디스크를 탈취하게 되었던 것이다. 그러나 이런 데이터들은 세밀한 조사와 번역, 해석이 요구된다. 기술이 이런 문제를 부분적으로 해결할 수 있게 하지만 어떤 한 명의 분석관이 복잡한 국제 문제의 다면적인 측면을 모두 꿰뚫을 수 있을 만큼 전지전능한 전문가가 될 수는 없다. 전직 고위 정보 간부가 말한 것처럼 이제 미래의 정보세계는 어떤 문제의 분석에 있어서 정치, 경제, 군사, 과학 등 다양한 분야의 분석관들이 모여 자신들의 전문지식을 활용하여 집단적으로 접근하는 팀 시스템 위주의 방향으로 나갈 가능성이 크다(Medina 2008). 대부분의 글로벌 이슈들이 온전히 정치적이라거나, 또는 군사적이라거나, 경제적이라거나 하는 식으로 쉽게 분류되지 않는 이유로 다학문적 분석이 점점 더 일상화될 것이기 때문이다.

　정보의 홍수 현상은 '빅데이터'를 분석하는 문제를 유망한 분야로 부상하게 만들었다. 이 빅데이터라는 용어는 기존의 전통적인 소프트웨어를 이용하여 처리하기가 어려운 방대한 양의 흩어진 데이터 세트들을 의미한다. 이런 방대한 데이터들을 처리하여 축적하는 일은 매우 어려운 일이다. 그러나 미국 정보공동체는 이러한 원천 자료들을 걸러내는 새로운 '검색 엔진'을 개발하는 데 앞장서고 있다. 예를 들면 국가 안보국은 그런 정보들을 이용하는 데 필요한 필수적인 분석 수단을 개발하기 위하여 클라우드 컴퓨터 환경에 접속하는 기술을 개발하는 데 선도적인 역할을 수행하고 있다. 이미 언급한 것처럼 스노든 폭로 사건은 국가 안보국이 대테러 작전과 관련된 정보 수집을 위해 소위 '메타-데이터'라고 불리는 방대한 데이터 처리기법을 개발하였다는 사실을 만천하에 공개해버렸다(Konkel 2014). 이런 것이 물론 사생활 침해에 대한 우려를 제기하는 것이기도 하지만 정보공동체에게 있어서는 정리되지 않은 파편적인 데이터들을 분석하는 새로운 분석 프로그램의 개발이라는 어려운 과제에 직면하게 하는 것이기도 하다. 어떤 시점에서 정보공동체는 마치 건초더미에서 바늘을 찾는 것처럼 방대한 데이터에서 의미 있는 정보를 발굴하는 것이 어렵다는 것을 고려한다면 국민들과 외국의 비난이 제기될 만한 상황에서 과연 얼마만큼이 충분한 것인지를 결정해야만 하는 것이다.

　정보 평가서를 생산하는 업무는 이미 24시간 내내 일하는 중노동이 되어가고 있으며 정보 소비자들 역시 자신들의 생산물을 광속도만큼이나 빠른 속도로 소비하고 있다. 위험성은 정보 분석관이 생각하거나 정책 결정자에게 전달되는 정보의 질과 신뢰도를 확인하기도 전에 정보가 더 신속하게 작동하고 있다는 것이다. 생첩보raw information를 처리하는 문제와 그것을 신뢰할 만한 정보로 만드는 것은 별개의 문제로 정보의 생산은 정황 증거들을 비교·분석하고 전략적 위험성을 탐지하며 그에 따른 파장을 예측해보지 않고는 절대로 달성할 수 없는 인간적인 요소의 과정이다. 정보기술이 분명 분석관으로 하여금 대량의 데이터들을 처리하고 데이터상에 나타난 패턴을 찾아내는 데 중요한 분석수단을 제공하는 것은 틀림없다. 하지만 그러한 변화의 패턴이 갖는 중요한 의미를 정책 결정자들이 이해할 수 있게 분석해내는 것은 오로지 인간의 마음에 달려 있다. 정보의 생산자와 소비자 모두 정보의 양이 많아지고 적시에 정보를 입수하는 것이 가능해짐에 따라 우리는 정보의 질과 신뢰도를 유지하는 데 더 많은 노력을 기울여야 한다.

ℹ️ 요점 정리

● 9·11 테러 공격으로 인해 예방과 선제공격 전략의 중요성이 더욱 커지면서 과거 봉쇄와 억지 전략 시대에 비교하여 더욱 뛰어난 정보를 필요로 하게 되었다

● 예방과 선제공격 전략에 의존하다 보니 심지어는 적이 움직이기도 전에 먼저 군사 작전을 수행해야 할 명분을 정당화하는 데 필요한 확실한 정보가 요구되고 있다.

● 세계화 현상은 전 세계적인 정보기술혁명에 의해 가속화되고 있으며, 이것은 정보공동체가 주시하고 파악해야 할 데이터 정보량이 방대해지고 정보 흐름의 속도가 빠르게 변화하고 있다는 것을 의미한다.

● '빅데이터'의 등장이 정보공동체에게 사생활 침해에 대한 문제를 제기하기도 하지만 또한 정보처리라는 측면에서 본다면 위협의 탐지에 대한 새로운 수단의 제공과 함께 분석의 어려움을 제기하기도 한다.

➕ 맺음말

정보는 효과적인 국가 안보전략의 수립에 있어서 여전히 가장 중요한 요소다. 정보는 시대 상황에 따라 변하는 국가 안보 이익과 안보전략의 변화에 따라 그에 걸맞게 또 변화해야만 한다. 과거에도 그러하였지만 어떤 국가 정보체계도 완벽한 정보를 생산하거나 정확하게 미래를 예측할 수는 없다. 세계는 너무 복잡하게 변하고 있고 적국의 정책 결정자들도 행동 예측이 불가능한 상황이기 때문에 그들이 어떻게 미국과 우방국의 안보를 해치려고 하는지 알 수가 없는 것이다. 그렇지만 우리가 알 수 있는 것은 정책 결정자들이 앞으로도 점점 더 적의 행동과 관련하여 불확실성을 많이 감소시켜줄 훌륭한 정보를 필요로 할 것이란 점이다. 그 전에도 그러하였지만 전략적 기습 상황과 정보 실패의 상황이 닥치는 것을 완전히 막아낼 수는 없다. 그렇지만 기습을 당할 가능성과 정보 실패를 겪을 가능성을 줄이기 위하여 정보 수집을 개선하고 분석 능력을 향상시키며 정보와 정책 간의 관계를 강화해 나가는 많은 조치들이 연구되고 있다. 더구나 정책 결정자와 정보 전문가들이 함께 협력할 필요성이 증대되었다. 따라서 좋은 전략이란 정보가 할 수 있는 것과 할 수 없는 것에 대한 확실한 이해에 달려 있다는 사실을 명심하는 것이다. 수 세기나 된 오래된 이야기지만 손자의 "적을 알고 자신을 알면 백 번 싸워 백 번 지지 않는다"는 명언이 오늘날에도 많은 시사점을 주고 있는 것이다.

❓ 생각해볼 문제

1. 정보는 훌륭한 전략의 수립에 필수적인 요인인가?

2. 전략을 개선하기 위하여 전략가들은 정보를 어떻게 활용하는가?

3. 전략을 발전시키는 데 있어서 정보는 어떤 역할을 수행할 수 있는가?

4. 전략가들이 인지하고 있어야 할 정보의 한계는 무엇인가?

5. 과거의 정보 실패로부터 어떤 교훈을 얻을 수 있으며 실패라는 말의 실무적인 개념 정의는 무엇인가?

6. 정책 결정자들에게 알리는 데 도움이 되는 정보 개혁 노력들은 얼마나 성공적이었으며 무엇이 문제였는가?

7. 전략가들을 지원하는 데 있어서 비밀 공작의 역할은 무엇인가?

8. 정보 실패를 설명하는 데 있어서 분석관의 편견이나 편향적 사고의 역할에 대한 설명은 얼마나 유용하다고 생각하는가?

9. 정보 분석을 향상시키기 위하여 어떤 조치가 취해질 수 있으며 정보 실패가 과연 일부 학자들이 주장하듯이 불가피한가?

10. 9·11 이후의 현실 상황에 적응하기 위하여 정보는 어떻게 변해야 하는가? 특히 '빅데이터' 분석의 도전에 의해 제기된 문제점은 무엇인가?

🅝 더 읽을거리

R. Betts, *Enemies of Intelligence: Knowledge and Power in American National Security* (New York: Columbia University Press, 2007)

저자가 정보에 대해 저술한 뛰어난 논문들을 요약 정리한 책으로, 미국 정보에 대한 비평가와 긍정론자 간의 균형적인 시각을 제공하고 있다.

T. Fingar, *Reducing Uncertainty: Intelligence and National Security* (Stanford, CA: Stanford University Press, 2011)

9·11 이후 정보세계가 직면한 어려운 상황에 대해 내부적 시각에서 접근하고 있다. 특히 정보와 정책 간의 관계, 그리고 2002년 이라크 대량 살상 무기 정보 평가서를 둘러싼 논란과 관련 정보가 어떻게 이 사태에 대응했는지에 대해 기술하고 있다.

R. George and J. Bruce (eds), *Analyzing Intelligence: National Security Practitioners' Perspectives*, 2nd edn(Washington, DC: Georgetown University Press, 2013)

정보 분석 업무의 개선과 관련하여 주요 실무자와 학자들이 발표한 유명한 논문들의 모음집으로 최근에 출간한 개정판이다.

Robert Jervis, *Why Intelligence Fails: Lessons from the Iranian Revolution and the Iraq War* (Ithaca New York: Cornell University Press, 2010)

정보 분석 과정에서 발생하는 인지적·관료주의적 편향성의 원인에 대해 저명한 정보학자가 저술한 저서로서 사후에 발간된 유작이다.

L. Johnson and J. Wirtz, *Intelligence: The Secret World of Spies: An Anthology* (Oxford: Oxford University Press, 2014)
정보 수집, 분석, 비밀 공작, 정치화, 정보윤리 등과 같은 정보의 핵심 주제들을 다룬 논문 가운데, 최고의 걸작만을 선정하여 책으로 엮은 논문 모음집이다.

M. Lowenthal, *Intelligence: From Secrets to Policy*, 5th edn(Washington, DC: CQ Press, 2011)
미국 정보의 역할에 대한 최고의 개론서이자 가장 많이 알려진 개론서다.

P. R. Pillar, *Intelligence and US Foreign Policy: Iraq, 9/11, and Misguided Reform* (New York: Columbia University Press, 2011)
전직 고위 정보 관료가 정보공동체의 업적에 대해 논리정연하게 옹호하면서 동시에 2004년 정보개혁에 대해서 통렬하게 비판을 제기한 비판서다.

웹사이트

미국과학자연합(http://www.fas.org)
이 사이트는 실제 정보 산물을 보고 싶어 하는 학생들에게 유용한 정보 평가서와 연구물로 가득한 정보의 보고다.

미 중앙정보국(http://www.cia.gov)
정보연구센터를 포함하여 CIA의 공식적인 학술지와 정보 과정에 대한 많은 글들을 찾아볼 수 있는 곳이다.

국가정보장실(http://www.odni.gov)
공식적인 기자 회견문과 성명, 지시사항 등이 있으며 비밀로 분류가 안 된 정보 평가서들이 포함되어 있다.

국방정보국(http://www.dia.mil)
이 사이트에는 국방정보국의 역사를 포함하여 이 정보기구의 역할과 임무에 대해 설명하는 소개 글이 있다.

국가 안보국(http://www.nsa.gov)
이 사이트는 미국 정보기구 중에서 가장 비밀스러운 국가 안보국의 업무와 사이버 방어 관련 임무에 대한 내용을 담고 있다.

중앙정부국 백과사전(http://www.cia.gov/library/publications/the-world-factbook)
이 책은 CIA에서 매년 정기적으로 발간하는 국제 자료 모음집으로 세계 각국의 역사는 물론 정치 · 경제 · 사회 · 인구 등에 대한 방대한 정보를 담고 있다.

9

전략과 국방 계획

콜린 S. 그레이(Colin S. Gray)

 독자 안내

모든 국가는 국방 계획을 짜야 한다. 이것은 국가의 공식적이고 도덕적 의무다. 그런데 미래에 무슨 일이 일어날지 알 수 없는데 국방 계획을 어떻게 신중하게 짤 수 있을까? 이 장은 국방 계획에 관여하는 정책 결정자들이 미래를 알 수 없다는 점에서 출발하여 이들의 미래 이해를 제고할 수 있는 방안을 살펴본다. 미래의 자료에 접근할 수 없는 것이 확실하기 때문에 학문이나 사회과학도 우리의 이런 이해 제고에 별다른 도움을 줄 수 없다. 비록 논란이 있기는 하나 철저한 역사 이해를 신중하게 활용하는 것보다 더 뛰어난 국방 계획의 접근법은 없을 것이다.

머리말

안보는 양보할 수 없는 높은 우선순위 ─ 비록 최고 우선순위는 아닐지라도 ─ 의 일이기에 국방 계획은 사실상 어느 국가에서나 지속적으로 필요하다. 모든 인간 공동체는 공동 안보 때문에 정치적 공동체여야 한다. 안보를 보장하기 위해서 우리는 집단 거버넌스를 조직해야 하고, 이에는 정치적 과정이 필요하다. 국방 계획은 직업 군인과 민간 전문가들이 신중하게 짜야 하는 침착하고 사변적인 정부의 일처럼 들린다. 그러나 국방 계획은 종종 가장 신중한 전략적 접근이 필요한 문제에 관해서도 전문가가 아닌 공무원들이 서둘러 처리하는 것처럼 보인다. 사실상 민주주의/독재의 정치체제와 관계없이 국방 계획은 전문적인 군이 아니라 정치적 결정이 주를 이룬다. 국방 계획은 미래를 다룬다. 그런데 미래는 매우 중요하고 신뢰할 만한 자료나 사실을 거의 알 수 없는 시점이다. 국방 계획이 의미가 있고 적절하려면 전략적 지침에 의존해야 하지만 그렇다면 전략적 지침의 출처는 무엇인가?

전략, 정치, 그리고 국방 계획

전략 연구의 상당수 주제는 전문적이어서 전문가들만이 제대로 이해할 수 있다. 예를 들면 병참 문제―병력의 공급과 수요, 장비, 그리고 이들이 적절하게 기능하는 데 필요한 모든 것―는 전형적으로 엄밀한 준비가 필요하다. 병참 문제에는 신뢰할 만한 올바른 답이 있다. 물론 실제 전쟁 상황에서 병참은 당시의 상황에 적합하다고 여겨지거나 그렇다고 믿는 해결책을 선호하기도 한다. 국방 계획자들은 군이 전술적으로 운용되기에 필요한 것을 알거나 최소한 알 방법을 찾을 수 있어야 한다. 이런 지식을 습득하는 것은 아마추어의 일이 아니다. 하지만 군 전술과 운용의 이해는 어느 정도 셈법이 가능하다. 그러나 이런 일은 전략이라는 다리(strategy bridge, Gray 2010)와 이를 가로지르는 일을 이해하려 할 때 어려움에 빠진다. 우리가 국방의 목적과 기능, 해외의 적을 충분하게 이해하지 못한다면 국방산업의 유용성과 기능, 본질, 그리고 규모의 지속 가능성과 적합성을 결정할 수 없다. 이런 지속적인 현실을 이해하면 국방 계획에서 정치적 역할이 매우 중요함을 인식할 수 있다.

전략은 정치적이고 정치적이어야만 한다. 물론 모든 전략은 의미상 정치적이지만 단순하게 변장한 정치가 아니다. 전략은 불가피하게 정치적 결과를 갖지만 정치와 다르다. 전쟁 수행이 정치적 목적에 기여할 수 있거나 못 할 수 있듯이, 국방 계획은 정치체제의 정치적 목적에 유용하거나 유용하지 못할 수 있다. 이 장의 목적상, *국방 계획은 미래에(단기나 중기, 장기를 포함) 정치체제의 방어를 준비하는 것으로 정의한다*(Gray 2014: 4). 국방 계획은 평시와 전쟁 때 다 필요한데 이 장은 주로 평시의 국방 계획을 다룬다.

국방 계획의 어려움을 이해하기 위해서 전략이라는 다리의 경로를 논리적으로 따르고 건너야 한다(Box 9.1). 한 정치체제는 국방 조달의 품질과 양을 어떻게 결정해야 하는가? 어느 정도면 충분한가? 혹은 충분해야 하는가? 무엇이 충분하다는 말인가? 국방 계획의 결과는 명확하게 계산이 가능하기 때문에 정부의 이런 활동을 왜 신뢰할 수 있는지 이해할 수 있다. 많은 국방 이슈에서 질서정연하고 신뢰할 만한 통계는 종종 상당한 불확실성을 숨긴다. 국방 계획은 매우 어려운 선택을 내릴 필요가 있기 때문에 이런 불확실성을 잘 다루어야 한다.

⊙ Box 9.1   **전략이라는 다리**

전략이 수행하는 기능을 설명하기 위해 다리라는 비유를 사용한다. 한쪽에는 정치와 정책 결정자들, 그리고 다른 쪽에는 군사 작전과 전술을 연결하기 때문에 기능적으로 다리라 여길 수 있다. 전략은 위협과 전쟁에서 군사를 운용하는 정책이기 때문에 다리는 전략의 기능에 적합한 비유다(Gray 2010 참조).

국방 계획자들에게 가장 어려운 문제는 미래를 자세하게 알 수 없다는 점이다(Gray 2014). 국방 계획은 정치체제에 관계없이 항구적인 두 가지 이유로 정치적이다. 첫째, 항상 국가 자원이 희소하기에 국가 안보에 지출되는 돈은 사회에 큰 부담이다. 둘째, 미래를 확실하게 알 수 없다는 기본적인 사실은 국가가 안보를 보장하기 위해 필요한 것에 대해 정치적 논쟁의 여지가 있다는 점이다. 국방 계획이 응당 작용하는 방식을 면밀하게 비판적으로 사후 점검하는 것이 필요하다. 이렇게 점검해보면 당시 굳건하고 사려 깊게 짰던 계획이 상당수는 추측이었다는 걸 알게 된다. 국가 방위 계획의 주요 작동 방식을 점검해보면 과학보다는 예술에 가까웠음을 알 수 있다. 핵심 개념에 필요한 일관된 의미에 주의를 기울이다 보면 전략의 여러 가지 요구사항은 과학의 범주를 벗어남을 알게 된다. 과학은 습득하여 경험적 방법으로 시험이 가능한 신뢰할 만한 지식을 의미하기에 방위 계획자들은 미래에 안전을 보장하기 위해 무엇을 구매하여 어떻게 운용해야 하는지를 확실하게 알 수 없다는 것이 맹점이다.

국방 계획의 기능과 계획자들이 직면하는 분석적 어려움의 이해를 돕기 위해 네 가지 핵심 개념 간의 기본 구조와 작동 방식을 평가하는 것이 도움을 준다. 목적과 수단, 자원, 그리고 전제가 네 가지 핵심 개념이다(Yarger 2008). 최소한 이론상 정책 목표는 전략적 수단을 선택하는 데 중요하다. 이 과정을 통해 군사적 자원이 국익을 위해 사용될 수 있고 이 모든 과정은 통념적인 전제에 의해 이루어지기 때문이다. 이 네 가지 개념은 과정으로 이해되며 매우 단순화된 국방 계획의 모델을 이룬다. 그러나 사실상 무질서한 현실을 곡해하지는 않는다. 그러나 파워포인트에서 논리적으로 정연한 듯 보이는 것은 현실을 곡해할 수 있다. 이제까지 개략적으로 설명한 전략 형성의 얼개에서 기본적인 어려움을 인식하는 것은 어렵지 않다. 사실상 국방 계획에서 전략을 작성하는 모든 요소가 매우 어려울 수 있다.

모든 것을 고려하는 정책 목표는 결코 안정적이지 않다. 정책은 심사숙고한 분석의 최종 산물로 거의 여겨지지 않기 때문이다. 정책은 상황 전개에 따라 모습과 강도가 변하는 유기적 산물이다. 정책 결정은 사건이 예상한 대로 일어나지 않는다면 그제야 변할 수 있다. 즉 국방 계획자들은 정책 지침이 매우 유연하다는 것을 종종 알게 된다. 국방 계획이 계속되는 활동이듯이 정책 결정도 그렇다. 국방 계획은 계속하여 매우 정치적 활동임을 인식하면 잘 알 수 있다. 중요한 정치적 결정은 확정된 것이라 여겨질 필요가 없다. 이런 결정은 항상 시간의 흐름 속에서 기능해야 하기 때문에 국방 계획자들은 정책이 항상 결과를 요구하며 내용이 정치적 과정에서 이루어짐을 안다(Neustadt and May 1986). 국방 준비에 필요한 정책적 요구는 관가 및 여론의 움직임에 따라 다르다. 얼마나 안전함을 느끼는가? 이런 주관적인 감정이 최근 바뀌었는가? 특히 장차 다가올 위협을 예상하는 것이 가장 중요하다.

특정 정부가 선호하는 국방 계획은 국가 안보에 필요한 것을 기꺼이 지출하려는 것이라 해도 이런 신중한 접근법에 필요한 것이 무엇인지를 알아야 하는 문제가 남아 있다. 국방 계획을 신중하게 다루려면 신중함이 필요로 하는 것을 먼저 아는 데서 출발해야 한다 (Aron 1966: 285).

🔒 요점 정리

- 국방 계획자들은 자국이 장차 충분하게 안전함을 느끼기 위해 필요한 것을 알아야 한다.
- 하지만 국방 계획자들이 알아야 할 것은 알 수 없다. 따라서 미래에 발생할 일을 추측하는 것에서 계획을 세워야 한다.
- 미래의 국방 계획에 관한 결정은 정치적 협상의 결과다. 이는 불가피하다.

미래라는 골칫거리

국방 계획은 미래를 알 수 없다는 사실을 무시하고 싶겠지만 미래에 대한 신뢰할 만한 자료 부족은 매우 중요한 문제다. 국방 계획자들은 다음과 같은 질문에 답할 수 있어야 한다. 무슨 무기를 구매하고, 얼마나 구매할 것이며, 언제까지 구매할 것인가. 국방 계획은 병력과 장비의 품질, 그리고 수량을 포함하는 결정이기 때문에 신중한 견해가 단순히 흥미롭다거나 사변적인 제안에 머물러서는 정책 결정에 도움이 되지 않는다. 국방 계획은 병력의 종류와 수를 결정해야 한다.

국방 계획 과정은 안보 환경에 대응하여 민첩하게 결정되기보다 수년에 걸쳐 기존에 하던 대로 관성적으로 이루어질 수도 있다. 국방 태세의 갑작스럽고도 상당한 변화는 그 영향이 매우 부정적일 것임이 분명하다. 전쟁 동원이나 동원 해제는 전쟁에서 승리한다 하더라도 상대적으로 안정되었던 군사력이 급격하게 변하는 시기이기 때문에 특히 상당히 불확실한 때다. Box 9.2에 나의 핵심 주장이 정리되어 있는데 이는 상당히 논란을 야기할 것이다.

미래는 불확실하고 계속하여 그럴 것이기에 목적에 맞는 신중한 국방 계획을 짤 수 없다고 생각하고도 싶을 것이다. 정말이지 미래의 안보 환경을 알지 못하고, 알 수 없다면 미래의 국방을 어떻게 계획할 수 있겠는가? 이런 중요한 실질적인 반대에 적합한 대답이 있다. 그러나 미래는 결코 오지 않는다는 시간의 현실이 있음을 강조할 필요가 있고 그럼에도 우리는 미래 안보의 필요성을 준비해야 한다는 얼핏 모순되는 상황을 인식해야 한다.

정치인들, 심지어 더 잘 알고 있어야 할 학자들도 미래를 알 수 있다는 그릇된 생각에

> ◉ Box 9.2 **필자의 핵심 주장**
>
> 1. 미래를 상세하게 알 수 없다.
> 2. 국방 계획 전 과정에서 중요한 정책 목표는 정치적 선택의 문제다.
> 3. 모든 전략은 적(최소한 둘 이상의)이 있거나 적이 존재할 가능성을 필요로 한다.
> 4. 전쟁에서 국방 역량은 무기의 그것과 유사하지 않다. 국방력은 싸움의 전략적 가치에서 상당히 차이가 날 수 있다.
> 5. 모든 전쟁은 매우 중요한 점에서 공통점이 있으나 각각의 위기와 전쟁은 세부 내용에 있어서 차이가 있다.

집착한다. 미래를 상세하게 알 수 없다는 사실을 무시할 수 있고 또 그래야 한다. 이런 전제에서 미래에 국방산업이 필요한 것을 알 수 있고 또 알 필요가 있듯이 행동해야 한다. 그래야 미래를 대비하는 국방 계획이 우리 정책과 행동의 특징이 된다. 상당한 그리고 방법론적으로 치밀한 노력에도 불구하고 국방 계획에 중요한 결과를 지닐 신뢰할 만한 중요 사실을 밝혀내려는 노력은 실망스럽기 마련이다. 또 전혀 예상하지 못한 일이 발생한다. 게다가 종종 전혀 예상하지 못했던 안보 환경에 직면할 수 있다(Taleb 2010: xxii-xxiv). 전략의 미래를 예측하지 못했던 점을 전제로 국방 계획은 불가피하게 심각한 오류에 취약한 그런 예측에 초점을 맞추어서는 안 된다(US Joint Forces Command 2008: 7).

미래를 예상할 수 없기 때문에 정책이 상황 변화에 기민하고 유연하게 반응할 필요를 감안하여 국방 계획을 짜야 한다. 기존의 전제에 기반한 목표와 자원, 수단은 현재 정책의 신뢰성과 지속 가능성을 비판적으로 점검하게 한다. 무엇보다도 우리는 정책 목표의 기원과 본질을 찾아내어 인정해야 한다. 국방 계획은 특정 시기에 준비해야 함을 알아야 한다. 국방의 미래에 관한 중요한 질문은 상이한 시기에 상이한 답변을 이끌어낼 것이다. 현재 올바른 듯한 대답은 장차 현명하지 못할 수 있다.

이 과정에서 기존의 절차 같은 관성이 권위를 지닐 수 있지만 궁극적으로 각국의 정치적 과정이 핵심이다. 국제 전략 관계는 또 정치적 관계다. 국방 계획자들이 다루어야 하는 전략적 문제에 객관적으로 올바른 대답을 줄 수가 없다. 이런 계획 방정식에는 너무나 변수가 많기 때문이다. 물론 전략 연구에는 매우 적절한 변수 계산이 가능할 수 있으나 이런 경우라도 매우 신뢰할 만한 확실성을 가정할 수가 없다(O'Hanlon 2009). 초강대국과 강대국 간의 전략적 핵 억지의 안정성은 상당한 분석적 틀의 주목을 받았다. 기습공격 시 전략핵의 손실을 보여주는 도표는 오랫동안 초강대국의 공식적인 주목을 끌었다. 신중하지 못한 개인의 실수 때문에 핵전쟁에 이르는, 계산할 수 없는 정책 실수의 리스크가 있었다. 또 복잡한 조직의 형편없는 업무 처리, 적이 예상하지 못한 충격적인 행동, 이에 따르는 불행한 사고 등도 핵전쟁을 야기할 수 있었다. 정치적 상황은 핵 안정에 전략적으로 유리할 수 있겠으나 개인이나 조직, 그리고 제3자의 깡패와 같은 행동도 가능하다. 용인 가능한 수준에서 국가 안보의 확실성은 얻기가 어렵다. 국방과 관련하여 상반되는 이익과 신념 간의 정치적 논쟁의 여지는 항상 존재할 것이다.

Box 9.2의 두 번째 주장에 대해 많은 사람들이 불편하게 느낄 수 있다. 전략의 정책 목표에 기여하는 선택은 거의 항상 정치적이다. 처음에는 정치적인 것이 아닌 듯하지만 곧 정치적 선택이 된다. 특정한 군사적 행동은 우리가 바라건대 국익을 증진하는 전략적 목표를 위해 취해진다. 이 장은 외부 위협에 대한 방어에 초점이 맞추어져 있지만 어느 나라나 국방 정책은 국내에서 이루어진다. 현실 그리고 심지어 이론에서조차 정치에 좌우되지 않는 방식으로 정책 결정을 하고 전략 계획을 짜는 것은 가능하지 않다. 국방 계획은 미래의 국가 안보에 관한 것이기에 '어느 정도의 안보면 충분한가?'라는 고전적 질문에 대해 경험적으로 증명 가능한 답은 없다. 어느 나라의 국방 계획이든 간에 다음의 질문에 충분한 답을 제시해야 한다.

- 어느 정도의 무기를 구매해야 하는가?
- 무슨 종류의 무기를 구매할 필요가 있는가?
- 언제까지 이런 무기를 구매해야 하는가?

특히 즉각적인 위협이 없다면 위 세 질문의 답은 명확할 수가 없다. 비유적으로 표현하자면, 상호보완적이지만 독특한 정책과 군사 전략의 분야가 동등하지 않은 대화를 하게끔 하기 위해 전략이라는 다리가 기능적으로 존재한다(Cohen 2002, 7장). 국가 위협을 줄이는 데 효율적일 듯한 계획을 짜는 국방 계획자들을 정치인들은 가벼이 여길 수 없다. 위험과 관련 대응책에 관한 의견은 다를 것이다. 정책과 전략의 형성에 적극적으로 참여하는 기관과 개인이 다른 신념을 가지고 있을 뿐만 아니라 상이한 이익을 보유하고 있기 때문이다. 게다가 국방 계획에 직접 연관된 중요한 내용은 대개 국가의 외부 맥락과 크게 관련이 없는 국내 상황에 기인할 수 있고 이는 자체의 논리를 갖고 있다.

정치인들은 국방 계획에 대해 '우리가 그럴 능력이 있다'고 이야기하는 경향이 강하지만 사실상 선택의 문제다. 국방 계획은 항상 어느 곳에서나 정치적 선택의 문제다. 국방 계획자들은 국가가 안전하기 위해 필요한 것을 알 수 없다. 안보는 숫자로 표현할 수 없는, 상당 부분 감정의 문제다. 국방 예산은 치열한 논쟁과 협상의 결과로 나온다. 이에 관여하는 이해 당사자들은 치밀한 숫자로 주장을 뒷받침한다. 국가를 안전하게 지킨다는 것이 원래 의도지만 국방 계획자들은 이를 위한 계획을 짜고 정교하게 하는 것은 아니다. 매우 불확실한 상황에서 국가 안보에 '충분할 만한' 계획을 짜는 것이 현실적으로 필요하다. 내일은 결코 오지 않기 때문에!

국방 계획에서 정책은 불가피하게 정치적일 수밖에 없다는 점을 다시 강조한다. 그리고 정치적 토론과 논쟁의 소재가 되는 내용은 전략적 가치가 거의 없는 것을 포함할 수도 있다. 사람들과 기관의 이익은 정책 그리고 실재적 혹은 잠재적인 외부 위협에 따라 다르다. 종종 위협을 찾아내는 것은 위협과 위험에 대한 대응의 증거보다 희소 자원의 분배에 관한 결정을 지지하는 데 사용된다.

국방 계획을 포함한 모든 전략은 적대적이고 적대적이어야만 한다. 국방 계획은 혼자 하는 카드게임과는 다르다. 전략이 필요하거나 작동하려면 적이 필요하다. 이론상으로 국방 계획 과정을 그만두고 어떤 적에 대해서도 공동 방위를 제공하는 척할 수 있으나 정치는 이렇게 하도록 용인하지 않는다. 전략의 일반이론은 전략 결정자들에게 실제적이고 전형적인 위협이 필요하다는 것을 혼동하지는 않는다. 이런 위협은 국제정치에 필요하다. 21세기 국제정치에서 모든 강대국뿐만 아니라 약소국에게조차 국방 계획은 필요하다. 물론 적이 명확하게 보이지 않을 수도 있다. 하지만 우리가 현대(20세기)의 전략 의미를 채용한다면 그 어느 국가도 국방 계획에 무관심할 수 없음을 깨닫는다. 국방 계획 과정이 실행하고 전파하려는 전략은 전장에서의 군사적 성공에 맞춰져 있지는 않다. 대신 국방 계획은 선택한 정책을 실행하기 위해 전략적 이득을 얻고 불리한 것을 배제하려 한다. 우리의 목표는 전쟁 계획이 아니라 국방 계획이다.

국방 계획은 정의상 미래를 다루어야 하고 미래는 자신 있게 그리고 신뢰할 만하게 알 수 없기에 흔히 여행에 비유된다. 한편으로는 위험한 것이 확실하지만, 또 한편으로는 실제 위협을 예측할 수 없는 듯한 지역으로 무기한 여행하는 것.

군사 전문가, 그리고 이들이 모시는 정치인과 공무원들도 미래의 모든 군사 활동에 수반되는 불확실성을 인식할 필요가 있다. 전쟁은 적을 상대하는 것이기 때문에 미래에 벌어질 전쟁에서 상대적으로 효율적인 군사 장비를 확보할 수 있어야 한다. 게다가 적을 위협할 수 있는 그런 국방력을 갖추는 것이 합리적이다. 하지만 어떤 전쟁이라도 세부 내용을 들여다보면 어느 정도 독특한 점이 있다. 전략이 중재해야 하는 정치적·정책적인 모든 요구사항에 준비하려 한다면 무엇을 구매해야 하는가? 광범위한 기능이 있지만 이 때문에 계속하여 전쟁을 하기에는 부족한 장비를 구입해야 하는가? 혹은 정치적·지정학적 그리고 근본적으로 더 나은 병력을 갖춘 적군에 유용성이 크게 제한된 방위 장비에 투자해야 하는가? 이와 같은 정치적 상황 가정을 정책을 결정하는 정치인들은 원하지만 갈등의 소지가 있다. 혹은 이들은 최소한 더 큰 동맹국이 유용하다고 여긴 군사 장비에 더 보탬을 주고 싶을 수도 있다. 원칙상 최소한 다음과 같은 여러 가지 불확실성의 원인이 평화 시기의 국방 계획과 불가분의 관계에 있다.

첫째, 정치적 상황이다. 모든 전투는 그렇지 않더라도 모든 전쟁은 정치적이기 때문에 우리가 군사적으로 전략적 효과를 얻을 수 있는 상황을 어떻게 하면 이끌어낼 수 있을까?

둘째, 미래의 전쟁의 성격에 대해 무엇을 알 수 있을까? 그리고 현재 국방 계획을 짜는 데 어느 정도 미래를 알 수 있나?

셋째, 우리의 군사력이 전술적으로 얼마나 잘 싸우고 전술 운용면, 전략적, 그리고 궁극적으로 정치적일 경우 얼마나 유용한가?

국방 계획에 대해 무엇을 쓰든 간에 이는 아무것도 모르고 하는 예행연습임을 이해할 필요가 있다. 국방 계획은 추측이고 추측에 바탕을 둘 수 있을 뿐이다. 이 사실은 명확하지만 많은 학자와 사회과학자들이 인정하려 하지 않는다. 많은 정치인들도 이 사실을 수용할 수 없다며 거부한다. 미리 알 수 없고 결코 알 수도 없는 미래의 전략에 충분하게 대처하기 위해 최선을 다하는 수밖에 없는 정치인과 공무원, 직업 군인들의 어려움을 동정하는 것이 당연하다.

🛈 요점 정리

- 모든 국방 계획은 기본적으로 정치적 과정으로 이루어진다.
- 국방 계획은 역사적으로 상당한 실책으로 특징지어졌다.
- 미래 안보를 위해 무엇을 구매해야 하는가? 하는 기본 질문에 대한 객관적이고 진위를 확인할 수 있는 대답은 없다.
- 미래에, 미래에 관한 정보를 확보할 수 없기에 특정 국방 물자 조달이 잘못되었거나 옳다고 증명할 방법이 없다.
- 모든 국가는 국방 계획이 필요하다.

국방 계획에의 접근법

정교한 분석과 엄격한 방법론을 적용하면 어떤 국가라도 국방 계획을 신뢰하게 하는 결과를 얻을 수 있다고 종종 예상하곤 한다. 그러나 곧 상식적으로 생각해보면 알 수 없는 미래를 알 수 없다는 결론에 도달한다(Box 9.3). 희소한 자원을 알 수 없는 일에 투자할 수는 없다. 이런 사실에도 불구하고 각국 정부는 신뢰할 만한 미래를 알기 위한 노력을 지속하고 미래를 조금이라도 알려고 한다. 불편하지만 학문이 국방 계획자의 업무에 귀중한 도움을 줄 수 있는 것은 거의 없다(Grygiel 2013). 두 가지 이유로 과학은 신뢰할 만한 진실을 찾는 데 이용될 수 없다. 우선 미래의 결정에 관련될 우리와 적의 전체 맥락을 신뢰할 만하게 예측할 수 없다. 또 미래라는 시간의 흐름 속에서 국가의 경쟁이 변모할 방식을 확실하게 알 수 없다. 전략의 미래를 짜는 데 필요한 많은 요인들을 상세하게 알 수 없고 신뢰할 만한 지식을 얻기 위해 모델을 짤 수도 없다. 국방 계획자들에게 필요한 관심사는 학문적 분석에 유용하지 않다. 미래 전략 지식의 확실성은 아무리 엄밀한 분석적 방법을 사용한다 하더라도 얻어낼 수 없다.

⊙ Box 9.3 럼즈펠드의 견해 수정

조지 W. 부시 대통령 당시 국방장관(재직 2001-2006)을 지낸 도널드 럼즈펠드(Donald Rumsfeld)는 알 수 있는 것과 알 수 없는 것의 목록을 제시하여 즐거움을 주었다. 그는 (1) 우리가 알기에 알고 있는 것 (2) 우리가 알기에 알 수 없는 것 (3) 알 수 없는 것. 이 세 가지를 제시했다. 그러나 우리는 아래와 같은 두 가지를 추가한다. (4) 우리가 알고 있다고 생각했지만 실제는 알 수 없는 것 (5) 알 수 없는 것(즉 미래)이다(Rumsfeld 2011: xiii).

우리는 과학(학문)을 신뢰할 만하고 확실한 지식으로 정의해야만 한다. 국방 계획의 임무는 미래 국방의 어려움에 대처할 올바른 대응책을 발견하는 것에서 매우 요원하다. 과학과 사회과학은 국방 계획에 제한적으로 도움이 될 수 있지만 국방 계획을 학문적으로 규명하는 데 수반되는 시간적 불확실성을 해결할 수는 없다. 과학은 알 수 없는 것에 도움을 줄 수 없기에 다른 곳에서 도움을 찾아야 한다.

역사는 인간의 전략적 경험을 혼란스럽게 다룬 모든 담론을 포함하고 있기 때문에 조언을 줄 수 없다고 역사가들이 경고하는데, 이는 맞는 말이다(Howard 1991: ch. 1). 인간이 전략적 결정을 하는 데 있어 동기나 행동이 무척 다르다는 것이 문제의 핵심이다. 현재와 미래의 전략적 관심사 일체는 출처가 다르다. 국방 계획자들은 이 때문에 매우 다양한 접근 가능한 자료를 다루는 게 쉽지 않다. 국방 계획은 항상 알 수 없는 미래로의 모험임을 인정한다 해도 인류는 이런 일에 매우 경험이 많다. 국방 계획의 막중한 임무를 맡은 사람들이 직면하는 어려움은 전략사 전 시기에서 변하지 않았다. 역사적 경험이 매우 다양하기 때문에 모든 전략은 크건 작건, 그리고 양적으로나 질적으로나 다를 수밖에 없다. 하지만 국방 계획의 역할에서 접근한다면 이 계획은 모든 시기와 역사적 자료, 그리고 문화적 맥락이라는 공통적 틀에서 고려될 수 있다. 자연과학과 사회과학은 국방 계획에 대해 거의 말해줄 것이 없으나 인문과학, 특히 역사는 경험적으로 유용한 조언을 줄 수 있다(Gaddis 2002).

미래는 계속하여 움직이고 결코 도달할 수 없는 명목상의 목적지이기 때문에 국방 계획은 항상 새롭지만 유사 이래 이 계획은 필요했다. 일단의 사람들은 항상 안보를 위해 조직을 만들어야 했다. 즉 이런 필요가 오늘날 우리가 국가라 부르는 정치적 단위를 만들어 냈다. 이런 정치공동체들은 전략적으로 유능하게 기능해야 한다.

국방 계획은 현재뿐만 아니라 과거를 잘 알고 판단을 내려야 하기에 자연과학이나 사회과학 모두 크게 도움이 되지 않는다. 자연과학자나 사회과학자가 보유한 전문지식은 다양한 전략사, 이의 연속성, 그리고 시간의 경과에 따라 변화하는 본질을 다룰 수가 없기 때문에 이들에게서 이론을 구할 수도 없다. 역사상 전략은 적을 가정한 적대적 성격이어서 전체적인 역사적 맥락을 통해서만 이해할 수 있으며 따라서 심오한 관점이 필요하다. 시간이라는 거대한 흐름을 통해서 이런 필요를 충족하고 다룰 수 있다. 다른 쓸모없는 대안을 고려할 때 국방 계획에 역사적 이해가 상대적으로 매우 중요한 가치가 있음을 알 수 있다. 역사를 모르거나 이를 활용하지 않는다면 국방 계획에서 무엇을 활용할 수 있을까? 미래는 발생하지 않았기에 신뢰할 만한 자료를 제공해줄 수 없다. 또 현재는 너무 최근이라 신뢰할 만한 지식을 제시해주지 못한다.

얼마나 먼 미래를 우리가 보려 하든지 간에 인간만이 미래의 국제적·국가 안보적 맥락을 완전하게 이해하려고 노력할 수 있다. 역사학자만이 미래의 국가 안보 문제를 대처하는 데 필요한 폭과 깊이, 그리고 맥락을 이해할 수 있다(Howard 1983: 215-16). 특정한 역사적 사건의 유추가 곧바로 통용된다는 것은 아니다. 과거의 몇몇 사건을 선별하여 이를 분석하면 미래의 안보 위협을 고찰할 수 있다는 불합리하고 위험한 생각을 지지하는 게 아니다. 역사에는 너무나 다양한 사건이 산재해 있어 특정 사건을 미래의 안보 위협에 대한 유추로 사용할 수 없다. 미래에 일어날 일을 정확하고 신뢰할 만하게 알 수 없기에 미래를 이해하기 위해 역사에서 유추할 수 없다(Fischer 1970: 257). 국방 계획자들은 불가피하게 그릇된 역사적 유추 대신에 역사적 시사점을 얻는 데 만족해야 한다.

많은 학자들―특히 사회과학자들―은 과거의 전략적 경험은 미래의 전략 이해에 아무런 관련이 없다고 일축하곤 한다. 이처럼 널리 퍼진 반역사적 태도는 전략 교육이 매우 얕음을 보여준다. 미 프린스턴 대학교의 저명한 정치경제학자 로버트 길핀Robert Gilpin 교수는 역사상의 전략적 경험이 연속성과 변화, 그리고 현재에도 계속하여 전략에 관련이 있음을 다음과 같이 표현했다.

현재의 국제 관계 학자들은 기원전 5세기 투키디데스와 동료들이 국가의 행동 방식에 대해 몰랐던 것을 하나라도 알고 있는지 진정으로 물어봐야 한다. 그리스 문명을 파괴했던 펠로폰네소스 전쟁을 예방할 수 있는 어떤 조언을 현재 국제 관계 학자들이 그리스인들에게 줄 수 있나?

-Gilpin(1981: 227)

동시대의 학자이자 군인인 로버트 존슨Robert Johnson은 역사 교육이 실제 도움이 된다는 이슈를 다루었다. 그는 다음과 같은 주장을 폈다.

바로 역사를 통해 현재를 유추할 수 있거나 특정 역사적 사건을 현재의 의제에 맞추는 것이 역사의 진정한 가치가 아니다. 비판적 성찰과 질문을 제기하게 하고, 우리의 연구 분야에 널리 퍼진 실증주의적 가정에 의문을 제기하는 것이 역사의 진정한 가치다. 우리는 역사의 흐름에 맡겨져 있어 현재에서 벗어날 수 없다. 그러나 비판적 사고를 하여 미래에 관한 무비판적인 전제에서 벗어나야 한다.

-Johnson(2014: 66)

국방 계획자들은 과거의 신념이나 행동에서 특정한 현재 혹은 미래의 문제에 대한 상세한 해답을 얻으려 해서는 안 된다. 하지만 국방 계획자들은 현재의 많은 문제와 공통된 문제를 역사에서 충분하게 찾을 수 있다는 것을 알 것이다. 위기관리, 위협의 조작과 동맹 체결, 전쟁과 평화에 관련된 모든 이슈 등은 전략의 역사에서 지속적이고 흔한 이슈였다. 강대국과 약소국의 흥망성쇠에 관한 국제 관계 역사는 현재처럼 반복적이며 흔하다. 역사를 보면 현재에 적합한 듯한 국가의 행태에 관한 수많은 예를 볼 수 있다. 역사상의 사건과 현재 사건의 유사점은 맥락에서 파악해야 함을 잊지 않는다면 이런 유용성을 발견하는 것은 도움이 된다. 역사 교육을 받는다고 국방 계획에 필요한 훈련을 받는 것은 아니다. 하지만 역사 교육을 받으면 현재의 문제를 좀 더 잘 대처하는 데 도움이 된다.

🔒 요점 정리

- 과학과 과학적 방법론은 국방 계획의 내용이 무엇일지 확실하게 밝히기 위해 미래를 알아낼 수가 없다.
- '역사' 자체는 조언을 줄 수 없고 전문 역사가들이 해석해야 한다.
- 역사가만이 국방 계획자들에게 도움이 될 수 있는 폭과 깊이, 그리고 내용의 역사 이해를 제시해줄 수 있다.
- 현재의 우리에게 관심이 있는 이슈를 비판적으로 검토하기 위해 역사의 예를 검토할 수 있다.
- 역사를 유추하여 알 수 없는 미래를 이해할 수는 없다.

국방 계획의 지침

국방 계획은 불확실한 질문에 답해야 하는 여러 가지 활동을 포함하지만 신뢰할 만한 답을 할 수 없는 경우가 많다. 따라서 국방 계획자들은 매우 비과학적인 일을 해야만 한다. 국방의 성격에 맞는 해답을 찾아내고 개발하여 현재 확실하게 정의할 수 없는 위협을 무력화하는 것이 계획의 핵심이다. 다음과 같은 불확실성이 있다.

1. 정책적 요구에 대한 우리의 정치적 변화 가능성
2. 적의 선택
3. 전쟁에 관련된 지리적 맥락
4. 우군과 적, 그리고 우리 동맹군, 적의 동맹군의 전투력
5. 특정 전쟁의 경과와 역학

국방 계획자들은 전쟁과 전투에 대해 많이 알아야 한다. 역사 그리고 심지어 개인적인 경험조차 계획자들이 준비하는 데 도움이 된다. 모든 전쟁에는 공통점이 있고 클라우제비츠는 이를 '전쟁의 환경(the climate of war: 위험, 강압, 불확실, 그리고 우연)'이라 불렀다. 그런데 이런 전쟁의 환경은 전쟁마다 아주 다르다(Clausewitz 1976: 104). 우리는 전쟁이라는 영원한 현상에 대해 아주 많이 알고 있으나 우리가 장차 수행해야 할 전쟁에 대해서는 아는 게 거의 없다. 국방 계획 지침을 작성할 때 전쟁 일반과 미래에 치러야 할 그 전쟁 간의 상당한 차이점을 잘 알아야 한다. 모든 국가는 장차 필요하다면 전쟁에서 싸울 것을 결정한다. 종종 필요한 것에 대응하는 경우가 많지만 최소한 정치적으로는 전쟁에 준비해야 한다. 역사를 보면 국가가 잘 준비한 전쟁에서 싸우기보다 발발한 전쟁에서 싸우는 경우가 종종 있다.

역사를 보면 교전국들은 당시의 상황에 맞는 병법과 장비로 싸우기보다 미리 준비된 장비로 싸우는 경우가 있었음을 알 수 있다. 국방 계획자들은 잘못된 전쟁을 회피하거나 이런 어려움을 줄이도록 준비하는 게 매우 중요하다. 전쟁과 전투는 교전국 국방 계획자들이 올바로 예상했건 못 했건 발발하지만 전투가 적대적인 논리를 따르는 독립적인 행위자라고 추정해서는 안 된다(Porter 2009: 170). 전쟁과 전투는 경쟁으로써 승자가 전략에 성공하여 그들의 의지를 패자에게 강요한다.

아래는 대부분의 국가에게 적용되면서 장점이 있기에 간추린 국방 계획의 지침이다.

1. *신중한 정책 목표*
   전략이 항상 정치적 결정임을 감안할 때 신중한 정책 목표 선택은 국방 계획 전체에 관련된 가장 중요한 요소임을 조언하는 것이 놀랍지 않다. 이 과정에서 누가 더 중요하든

간에 정치인들이 거의 불가능하거나 실제적으로 어려운 목표 달성을 고집한다면 국방 계획자들은 실패할 수밖에 없다. 예컨대 1960년대 로버트 맥나마라Robert McNamara 미 국방장관 시절, 미 국방부는 역사상 가장 정교한 국방 관리 프로그램을 운영했다. 체체분석실The Office of Systems Analysis에서 이런 일을 담당했고 많은 국가 국방부들은 이를 부러워했다(Enthoven and Smith 2005). 하지만 불행하게도 이런 정교한 미 국방부의 분석은 현명하지 못한 미국의 베트남 정책에 대부분 적용되었다. 군사적으로 작전을 잘 수행한다 해도 전략적으로 신중하지 못한 목표를 수행하면 현명하지 못한 정치적 지침을 충분하게 만회하지 못한다. 신중한 국방 계획은 정책과 행동의 가능한 결과를 염두에 두는 과정을 말한다. 정책 대안은 정책 결정자들의 책상에 신중하거나 신중하지 못하다는 스티커를 달고 있는 게 아니다.

2. *우선순위 정하기*

국방 계획 과정은 특정 정치인이 원하는 것을 예상할 수는 없어도 국가 안보에 더 중요한 것을 이해할 수 있어야 한다. 자원이란 항상 한정되어 있기에 정부는 국민의 안위에 가장 큰 손해를 끼칠 문제 영역의 우선순위를 정해야 한다. 국가 안보에 가장 큰 위협을 사회적으로 인내가 가능한 비용으로 무력화할 뿐만 아니라 제어해야 한다. 이는 곧 국내 정치에도 곧바로 연계된다. 더 큰 위협일수록 이를 줄이거나 세서하는 네 더 많은 노력을 기울여야 한다. 계속되는 지정학과 지정학적 전략geostrategy의 이유 때문에 많은 대부분의 국가는 그들의 안보 환경에 독특한 전략적 지리를 잘 이해한다.

3. *오류의 용인*

국방 계획에 오류가 있을 수 있다. 오류가 있다는 것은 지극히 정상적이다. 충분한 계획은 과거 잘못을 수정할 능력이 있음을 뜻한다. 과거 잘못과 그 결과를 보완할 필요가 있다. 절망적인 시기에는 과거 국방 계획이 아무런 준비도 하지 못했던 일을 완수하려면 진정한 전략적 능력이 필요할 수 있다. 종종 국방 계획의 오류는 매우 불리한 상황에서 예상치 못한 잘못을 저질러 논쟁할 여지가 없을 때만 드러난다.

4. *적응 가능성과 유연성*

국방 분야는 적응 가능성과 유연성 같은 자질을 갖추어야 한다. 국방 계획에서 질서 정연함을 보존하려면 종종 현재의 목표와 관습을 바꾸기 어렵게 한다. 군 역사가 윌리엄슨 머리Williamson Murray는 "육해공군은 전쟁이 야기하는 새로운 전술적 · 작전적, 그리고 전략적 · 정치적인 도전뿐만 아니라 전투 시 실제 상황을 인식하고 적응해야 한다. 그리고 이것이 바로 군사적 효율성의 가장 중요한 특징 중 하나다"(Murray 2011: 1)라고 했다. 전쟁터에서 적군과 교전할 때 대개 일방적이며 거의 자폐적으로 마련한 전쟁 준비는 크게 수정될 필요가 있음을 군은 알게 된다. 이 경우만 예외가 아니라 대개 이렇다.

ⓘ 요점 정리

- 과학적으로 올바른 결정을 내리기는 불가능하기에 국방 계획자들은 미래의 국방 문제에 관해 그래도 충분한 해결책(good enough solutions)을 제시하려고 해야 한다.
- 국방 계획에는 불확실성이 상존한다.
- 신중한 정책을 선택하는 것이 매우 중요하다. 어떠한 정교한 분석적 틀이라도 국방 계획의 심각한 정책 오류를 고칠 수는 없다.
- 국방 계획자들은 우선순위를 명확하게 이해해야 한다. 모든 곳을 그리고 항상 방어할 수는 없다.
- 국방 계획에서 오류는 있기 마련이기에 어느 정도의 오류는 용인해주어야 한다.
- 과거의 오류를 용인하기 위해서 국방 분야는 적응 가능하고 유연성이 있어야 한다.

✚ 맺음말

다음과 같은 세 가지 결론이 국방 계획을 설명해준다. (1) 그래도 충분한 해결책 제시 (2) 연속성의 변화와 변화 가운데 연속성을 수용하는 게 정당하고 옳다. (3) 모든 국방 계획은 정치적이다. 전략과 국방 계획이 그렇다고 해서 다른 이름의 정치는 아니다(Milevski 2014).

전략은 여러 여건과 상호작용하며, 인간 활동이 워낙 다양한 차원에서 이루어지고, 전략 자체가 복잡하기 때문에 국방 계획자들이 대처하려는 미래의 여러 가지 문제에 대한 해답을 과학적으로 계산하는 게 불가능하다. 그렇다고 국방 계획자들이 미래 문제에 대한 해답을 찾지 않아도 된다는 것은 아니다. 이런 국방 계획의 딜레마에 대한 해결책은 '그래도 충분한 해결책'이라는 황금 규칙이다. 특정 숫자의 군사 장비가 미래에 필요한 과업에 충분할지 확실하게 알 수는 없지만 경험상 충분하리라 예상되는 것을 계산해내야 한다. 시행착오도 필요한 것이다. 국방 계획 과정에는 미래 위협에 대처할 수 있는 정도의 군사력에 투자할 수 있는 게 필요하다.

두 번째 원칙은 연속성과 변화에 관한 것이다. 과거의 국방 계획 유산이 현재로 이어지고 이것이 다시 불확실한 미래로 이어지는 상황을 다루지 않는 경우는 아주 드물다. 국방 계획은 항상 과거와 현재 간의 논란이 되는 관계를 다뤄야만 한다. 국군은 본질적으로 매우 보수적인 조직이고 의지와 사기력에 관련된 이념과 관습을 중시한다. 군사 임무에 따르는 위험 때문에 군인들은 새로운 내용을 수용하는 데 신중하다.

　마지막으로 국방 이슈가 제아무리 정교하거나 인간적으로 가슴이 아프더라도 정치적임을 잊어서는 안 된다. 즉 국방 이슈는 타인, 특히 외국인에 대한 상대적 영향력 확보가 목표다(Lasswell 1936). 전쟁 수행은 매우 힘들고 위험한 상황이기 때문에 정치적 목적과 국방계획 간의 정당한 관계가 종종 뒤바뀔 수 있다. 이 때문에 결과적으로 정치가 전쟁의 도구가 되기도 하는 정반대의 결과를 가져오기도 한다. 전쟁과 전투는 항상 정치에 예속되어야한다.

ⓘ 비판적으로 사고하기

역사는 국방 계획에 도움을 주는가?

그렇다:

- **역사는 곧 자료다:** 역사는 인간 경험에 관한 유일한 실제 정보다. 정의상 미래에는 결코 도달하지 않는다. 반면에 현재는 너무 가까워서 결과를 이해할 수 없다.

- **역사의 연속성:** 역사상 가장 큰 연속성은 (1) 인간의 본성 (2) 거버넌스가 필요한데 이는 정치적 과정을 수반한다 (3) 전략의 논리다.

- **시간이라는 거대한 흐름:** 세부 내용은 크게 변했지만 인간사는 시작도 그리고 끝도 없는 거대한 시간의 흐름으로 여겨져야 한다.

- **신중함이 중요하다:** 우리가 역사에서 이끌어낼 수 있는 가장 중요한 교훈은 신중함이 필요하다는 점이다.

그렇지 않다:

- **역사에서 배울 게 없다:** 역사에서 배우지 않고 이제까지 배운 것도 없었다는 점을 역사에서 배워야 한다.

- **역사(해석)의 권위가 부족하다:** 국방 계획의 여러 이슈는 현재에 기반을 두고 있고 미래 국방 계획을 짜는 데는 현재 우리의 위치와 의미를 심층적으로 이해하는 것이 중요하다. 그러나 역사는 해석이 다양하기 때문에 권위가 부족하다.

- **그릇된 전제다:** 역사는 도움이 되기보다 방해가 되기 쉽다. 그릇된 전제를 우리에게 심어준다.

- **역사가에 의한 해석이다:** 따라서 현명한 조언을 줄 수 없다.

❓ 생각해볼 문제

1. 미래는 결코 일어나지 않는데 어떻게 준비할 수 있을까?
2. 미래의 지침을 제공하는 데 과거는 얼마나 유용한가?

3. 미래를 과학적으로 연구할 수 있는가? 과학의 의미는 무엇인가?

4. 미래를 이해하는 데 역사적 유추는 왜 유용하지 않은가?

5. 미래를 준비하는 데 도움이 되기 위해 과거 및 현재에 대한 이해를 사용하는 데 문제점은 무엇인가?

6. 거대한 시간의 흐름이라는 개념의 찬반은 무엇인가?

7. 지난 100년간 국방 계획자들은 얼마나 유능했는가?

8. 국방 계획에서 대규모 오류가 있었던 이유는 무엇이라고 생각하는가?

9. 신중하지 못한 선택 때문에 정부의 국방 계획 과정이 잘못된 방향으로 나아갈 가능성은 얼마나 있나?

10. 국방 계획을 꾸리는 데 더 나은 방법은 무엇인가? 더 좋은 방법이 있기는 한가?

🅰 더 읽을거리

A. C. Enthoven and K. W. Smith, *How Much is Enough? Shaping the Defense Program, 1961-1969* (1971; Santa Monica, CA: RAND, 2005)
미국의 전 국방장관 맥나마라(McNamara) 스타일의 전형적인 국방 계획에 관한 회고록이다.

S. Frühling, *Defence Planning and Uncertainty: Preparing for the Next Asia-Pacific War* (Abingdon: Routledge, 2014)
귀중한 혁신적 시도다.

J. L. Gaddis, *The Landscape of History: How Historians Map the Past* (Oxford: Oxford University Press, 2002)
역사의 의미에 관하여 뛰어난 장기적인 시각을 준다.

R. M. Gates, *Duty: Memoirs of a Secretary at War* (London: W. H. Allen, 2014)
세계에서 가장 어려운 직업의 하나인 미 국방장관에 관해 상세하게 설명해준다.

C. S. Gray, *Strategy and Defence Planning: Meeting the Challenge of Uncertainty* (Oxford: Oxford University Press, 2014)
알 수 없는 미래를 준비하는 데 따르는 어려움을 설명하려 한다.

C. S. Gray, *The Future of Strategy* (Cambridge: Polity Press, 2015)
전략이 다행스럽게도 건전한 미래가 있는 이유를 제시한다.

M. Howard, *The Lessons of History* (New Haven, CT: Yale University Press, 1991), chapter 1, 6-20.
매우 중요한 주제를 간략하면서도 재치 있게 설명했다.

K. Knorr, ed, *Historical Dimensions of National Security Problems* (Lawrence, KS: University Press of Kansas, 1976) 78-119.

위협의 본질에 관한 최고의 분석이다.

E. S. Quade and W. I. Boucher (eds), *Systems Analysis and Policy Planning: Applications in Defense* (New York: American Elsevier, 1968)
국방 분석 방법을 잘 설명해준다.

H. R. Yarger, *Strategy and the National Security Professional: Strategic Thinking and Strategy Formulation in the 21st Century* (Westport, CT: Praeger Security International, 2008)
기초를 잘 다룬 중요한 책이다.

웹사이트

미 랜드연구소(http://www.rand.org/nsrd.html)
상당수의 국방 관련 이슈를 다루는 보물창고다.

전략 연구소(http://www.strategicstudiesinstitute.army.mil)
미 육군 소속이고 다양한 자료를 제시하며 이 자료 가운데 상당수가 품질이 높다.

바위 위의 전쟁(http://warontherocks.com)
저명한 전략 비평가들의 블로그다.

전쟁협의회(http://www.warcouncil.org)
에세이와 블로그 형태의 글이 있고 상당히 도움이 된다.

전략국제문제연구소(http://csis.org/category/topics/defense-and-security)
광범위한 국방 문제를 분석하고 있다.

제2부

당대의 문제들

10. 비정규전: 테러와 반란   219

11. 2차 핵시대: 21세기 핵무기   243

12. 대량 살상 무기의 통제   261

13. 전통적 군사력과 현대전   281

14. 대륙 전쟁의 이론과 실제   301

15. 인도적 개입과 평화 유지 활동   321

16. 사이버파워의 등장   343

17. 지정학과 대전략   365

비정규전: 테러와 반란

제임스 D. 카이라스(James D. Kiras)

 독자 안내

서구 민주주의 국가들은 전 세계에서 벌어지는 과격한 극단주의 테러와 혁명 폭력의 '새로운 현실'에 적응하는 데 어려움이 있었다. 이런 어려움은 비정규전이라는 오랜 역사를 지닌 두 주제에 반영된다. 첫째 주제는 테러와 반란을 포함한 모든 종류의 비정규전으로 기존 상황을 변화시키려는 사람들을 유인한다. 그렇다면 기꺼이 죽음을 택하고 사후에 보상을 받으려는 사람들에게 정치는 무슨 역할을 할 수 있을까? 무정부주의자들을 포함하여 전 세계적으로 일어나는 과격한 극단주의자와 혁명주의자들의 폭력은 역사상 유례가 있다. 두 빈째 주제는 변화를 야기하기 위해 비정규전을 벌이는 것은 매우 어렵다는 점이다. 역사를 보면 테러리스트 진압자와 반란 진압자들이 승리를 거둔 경우가 많다. 하지만 불만을 가진 단체와 개인들에게 비정규전은 이들이 인식한 부정의와 잘못을 시정할 희망을 주기에 계속하여 유효하다.

머리말

'민족해방 전쟁'(1962-1965)으로 알려진 비정규전이 절정을 이루던 시기에 쿠바 혁명을 현장에서 보도했던 로버트 테이버Robert Taber 기자는 "게릴라전쟁은 정치적이고 사회적이다. 게릴라 전사들의 수단은 군사적일 뿐만 아니라 최소한 정치적이다. 이들의 목적은 전적으로 정치적이다"라고 말했다. 우리는 『전쟁론』을 쓴 클라우제비츠의 말을 약간 고쳐 "*게릴라전쟁은 무장 투쟁에 의한 정치의 연장이다*"라고 말할 수 있다(Taber 1970: 26). 최근에는 학자들이 게릴라전쟁은 정체성 혹은 문화적 요인이 크다고 비판한다. 루퍼트 스미스Rupert Smith 장군이 암시했듯이 현재의 분쟁은 "사람들 간의 전쟁이다." 인터넷을 포함하여 세계화와 연관된 기술은 정치와 폭력에 큰 영향을 미치고 있다.

클라우제비츠의 명언이 현재와 미래의 비정규전에 적실성이 있음을 증명하는 것이 이 장의 목표다. 역사적 사례를 단순히 일축해버릴 수는 없다. 종교적·사회적·문화적·경제적 요인들이 비정규전의 수행 방식을 결정하는 배경이 된다. 그럼에도 테러리스트와 반란을 일으킨 사람들은 궁극적으로 무력을 사용하여 정치적 결과를 얻어내려 한다. 이런 정치적 결과는 곧이어 반란군과 싸우는 국가 혹은 무력을 사용해 기존 체제를 변화시키려는 사람들이 규정한 목적에 이바지한다.

알카에다와 아프가니스탄과 파키스탄의 탈레반 그리고 이슬람 국가ISIS의 경우에서 이런 동기를 판별해낼 수 있다. 이런 집단들이 내세우는 이슬람의 극단주의적 해석 때문에 서방에서는 이런 폭력을 쉽게 이해하지 못한다. 요하네스 얀센Johannes Jansen은 "이슬람 근본주의는 전적으로 정치이자 전적으로 종교다"라는 말로 이런 상황을 적확하게 표현했다(Jansen 1997: 1). 서구에서는 정치와 종교(정교)가 분리되어 있지만 이슬람 근본주의자에 속하는 살라피스트Salafist에게는 정교가 하나다. 이들에게는 종교적 교리에 복종하는 것이 정치다. 이런 종교는 살인을 정당화하고 영적인 보상을 암시하지만 아이만 알자와히리Ayman al-Zawahiri 같은 지도자는 정치권력과 통제를 강조한다. 그는 "이슬람 창시자 모하메드가 이룩한 방식으로 이슬람 세계의 중앙인 레반트(현재의 팔레스타인 지역)와 이집트, 그리고 인근 반도와 이라크에서 이슬람 국가가 설립되어야 이슬람은 승리를 거둔 것이다"라고 말했다(al-Zawahiri 2005: 2). 최근에 '이슬람 국가' 지도부는 아부 바크르 알바그다디Abu Bakr al-Baghdadi를 국가수반으로 하여 이라크와 시리아에 사실상의 종교 국가를 세웠다. 이곳을 정치적 기지로 하여 혁명이 다른 지역으로 계속 전파될 수 있다.

정의

테러 및 비정규전과 연관된 첫 번째 문제는 이 개념에 적용되는 상대적·주관적 렌즈다. 교통사고 사망자와 같은 우발적인 죽음을 사람들에게 공포감을 심어주려는 목적을 지닌 폭력과 단순하게 비교할 수는 없다. 테러 및 비정규전과 연관된 많은 혼란은 이 용어에 가치나 감정을 내포하여 쓰기 때문이다. '자유의 투사freedom fighter'는 영웅주의를, 테러리스트는 비겁을 암시한다. 게릴라라는 용어는 아이콘과 같은 남미의 혁명가 어네스토 체 게바라Ernesto Ché Guevara가 구현한 낭만과 반란의 이미지를 연상케 한다. 이런 종류의 폭력을 정치적 폭력, 테러, 비정규전, 전쟁 이외의 군사 작전military operations other than war(MOOTW), 저강도 전쟁low intensity conflict(LIC), 인민전쟁, 혁명전쟁, 게릴라전, 혼합전쟁 등 무엇으로 불러야 할지 합의도 없다. 많은 군사 전문가들은 아직까지도 테러를 잘해야 귀찮은 것, 최악의 경우에는 '더러운 전쟁'으로 여긴다. 전투원과 비전투원 간의 경계가 명확하지 않고 목적이 규정되지 않았고 승리의 연표도 알려지지 않았다. 게다가 이런 환경에서는 군이 치안 감시 역할을 수행하는 데 많은 위험에 노출되어 있으나 별로 명예롭지 못한 일이다.

비정규전은 형식은 다르지만 전쟁이어서 테러와 반란을 포함하여 하위 국가 행위자sub-state actors가 행하는 폭력 형태를 말한다. 테러는 정의하기에 가장 논란이 되고 어려운 형태의 폭력이다. 이 장에서는 테러를 다음과 같이 정의한다. 즉 소규모 집단이 여러 가지 정치적 목적(두려움을 불러일으키기 위해, 정치적 불만에 대해 광범위한 주위를 이끌어내기 위해, 억압적이거나 지속 가능하지 못한 대응을 유발하기 위해)을 달성하기 위해 상징적으로 혹은 민간인을 목표로 지속적으로 폭력을 행사하는 것이다.

테러만으로 변화를 가져올 수는 없다. 테러리스트들은 적들의 반응을 유발하여, 적들이 과잉 반응하여 진정한 정체를 드러내기를 바란다. 테러가 광범위한 반란 전략의 일환으로 전술인지 아니면 테러 단체가 테러 전략을 수행할 수 있는지는 논란의 대상이다(O'Neill 1990: 24). 정치적 행위라는 점에서 어느 정도 정당성을 인정받는다는 점에서 테러는 다른 형태의 폭력과 구분된다. 여객선의 납치와 원격 폭파, 그리고 암살은 범죄행위다. 그러나 이런 폭력을 저지르는 사람들이 인정된 정치적 대의명분을 위한 것이라면 폭력 행위자의 법적 신분이 변경될 수 있다. 다음의 두 가지 예는 이 점을 설명한다. 19세기 말과 20세기 초 무정부주의자들이 왕들에 던진 폭탄 투척은 정치체제를 변화시키려는 목적이었기에 테러다. 소말리아 해상이나 인도양 해상에서 선박 납치는 목적이 돈을 벌려는 것이기에 범죄다. 테러리스트뿐 아니라 누가 이런 대의명분을 인정하는가, 그리고 시간의 경과에 따라 동기가 변할 수도 있어 인정 문제는 논란이 된다. 테러리스트들은 주목을 끌어 국내 및 국제적 공감을 자아내고 이들에게 무기를 들게 한 대의명분을 지지하려 한다.

반란의 정의도 마찬가지로 논란이 있다. 우선 반란이 아닌 것에서 출발하는 것이 좋다. 예컨대 반란은 기존의 전쟁이나 테러가 아니다. 하지만 정치적 목적을 달성하기 위해 폭력을 사용한다는 공통점이 있다. 테러는 자체적으로 거의 정치적 변화를 야기하지 못한다. 반면 비정규전과 기존 전쟁 간의 차이점은 명확하다. 기존 전쟁은 장비나 훈련, 그리고 전투 방식에서 거의 대칭적인 적과 싸운다. 그러나 반란의 경우 적은 비대칭적이고 약자이며 국가보다 하위 단위의 그룹이다. 반란에서 적은 게릴라 전술을 사용하여 국가보다 효과적으로 싸워 정치적 변화를 야기하려 한다. 반란군은 국가의 군에 대해 치고 빠지기 전술, 그리고 매복 전술 등을 사용한다. 반란군이 결과를 얻어내기 위해 테러 전술을 사용할 때에는 양자가 혼동된다. 테러와 마찬가지로 반란은 상당한 일반 시민의 지지와 동원이 필요하다는 특징이 있다. 반란은 성격(사회적·문화적·경제적 요인) 그리고 유형(혁명, 빨치산, 게릴라, 민족해방, 내란 등)에 따라 큰 차이가 있다. 하지만 권력과 정치적 통제가 목표다. 마지막으로 반란의 대의명분에 대한 외부의 육체적·도덕적 지지는 성공에 꼭 필요한 요소다.

정의는 주제를 결정짓는 말이 아니라 단지 도입부 역할을 한다. 변덕스러운 분류 때문에 비정규전의 형태 간에 오해하기 쉽고 양립이 어려운 간극을 초래하기도 한다. 테러와 다른 형태의 비정규전은 같지 않다. 그렇다면 1960년대 '도시게릴라' 현상과 그것이 테러 그룹에 미친 영향을 어떻게 구분할 수 있을까? 게다가 몇몇 테러 단체는 보통 반란과 연관된 활동을 동시에 전개한다. 그렇다면 이들이 반란군이 되었나? 아니면 계속하여 테러리스트인가? 혹은 이 둘도 아닌 다른 무엇이 되었나? 헤즈볼라라고 불리는 레바논 조직은 테러 전술(납치 및 자살 폭탄 공격)을 사용했고 이스라엘 군에 대항하여 장기적이고 단기적인 전쟁을 벌여왔다(1983-2001년 그리고 2006년). 하지만 이 단체는 지역 주민들에게 사회복지를 제공했고 최근에는 국회의원도 배출했다. 이 장의 논의를 이끌어가려면 이 분야 및 관련된 다른 전략 연구에 내재한 명확하지 않은 '회색지역'이 있음을 명심하고, 인위적으로 이를 구분할 필요가 있다.

기존 체제의 전복: 비정규전의 이론과 실제

반란과 테러를 획책하는 사람들은 기동성과 조직 그리고 상대적 익명성과 은밀함 같은 그들의 장점을 보다 강력한 적의 약점에 대항하여 싸우려 한다. 버나드 폴Bernard Fall은 이런 상황을 "한 국가가 전복될 때, 싸움에서 지는 게 아니라 행정 조직에서 진다"고 표현했다(Fall 1998: 55). 하지만 전복은 시간 소모적이고 많은 자원을 필요로 하는 활동이어서 성공을 보장하는 것은 아니다. 거의 모든 테러와 비정규전은 수년간이 아니라 수십 년에 걸쳐 계속된다. 이들은 시간과 공간, 정당성, 그리고 지지의 측면에서 적보다 유리한 고지를 점령하여 승리를 거둔다.

이런 전투에 연관된 여러 차원은 서로 배타적이지 않고 어느 한 측면에서 뛰어나다고 하여 다른 측면의 부족함을 만회하지는 못한다. 예컨대 테러나 반란 활동이 활용할 수 있는 공간이나 시간이 충분함에도 불구하고 국내나 국외의 상당한 지지를 얻지 못한다면 실패할 확률이 높다. 다른 모든 형태의 전략과 마찬가지로 반란이나 테러 공격은 싸우는 적 간의 변증법적 투쟁이다. 전쟁의 결과는 교전 당사자들의 상호작용에 의해 결정된다(Gray 1999: 23-5). 비정규전의 지도자는 강점을 적의 약점과 대치시킨다. 시간과 공간, 정당성, 그리고 지지와 같이 비정규전의 승패에 영향을 미치는 요인에 대해 학자들은 상이한 우선순위를 매겼는데, 비정규전 이론과는 상당히 다르다. 이런 이론은 종종 특정 전쟁에만 해당하는 상황을 반영한다. 이런 이론을 따른 정부는 반군이나 테러를 종식하지 못했다. 특정 상황에 결부된 이론을 다른 상황에 적용하면 재앙이 될 수 있다.

시간

시간은 반란과 테러가 성공하기 위한 가장 중요한 요소다. 다른 약점을 보완하기 위해 시간과 맞바꿀 수 있다. 시간이 충분하게 있다면 반군은 조직하여 적의 의지를 차차 약화시키고 국가를 장악할 수 있는 재래식 군을 만들어갈 수 있다. 마오쩌둥은 저술에서 시간을 상호 관련된 세 단계로 구분했다. 전략적 방어(적을 묶어두기)와 지구전(적의 전력 소모 유도), 그리고 전략적 공격(총공격)이 그것이다(Box 10.1).

⊙ Box 10.1 마오쩌둥의 게릴라 전술 3단계

1단계는 전략적 방어다. 이 단계에서는 무조건 적과의 전투를 회피한다. 특정 지역에서 수적 우위를 확보하면 적의 자원을 소모시키기 위해 전술적 공격을 감행할 수 있다.

2단계는 지구전이다. 적의 육체적 및 도덕적 힘을 소모시키기 위해 지구전을 전개한다. 특정 지역 공무원이 맡고 있는 정부를 목표로 정하고 대표들을 사살하거나 떠나게 만든다.

3단계는 전략적 공격이다. 게릴라전의 마지막 단계다. 시민의 지지를 받는 군이 공격을 개시하여 압도적인 힘을 바탕으로 수세에 몰린 격감된 적을 파괴한다.

출처: 마오쩌둥(1966) *Selected Military Writings of Mao Tse-Tung*(Peking: Foreign Languages Press), 210-19.

각 단계를 조심스럽게 수행한다면 제아무리 시간이 오래 걸려도 승리에 한발 다가갈 수 있다. 예를 들면 마오쩌둥은 1963년 홍군이 "공간상으로는 후퇴했지만 시간적으로 보면 전진했다"고 말했다. 승리에 이르는 순서가 반드시 시간대로만 진행되지는 않음을 알았다. 예기치 못했던 상황 때문에 어려움에도 직면하고 이전 단계로 후퇴할 수도 있다. 명확한 승리 없이 끊임없이 투쟁을 하면 적이 매우 지치고 붕괴하거나 후퇴할 수도 있다. 공간이 시간과 함께 작용하여 반군에게 적을 공격하여 인민에게 수적 우월성을 보여줄 여지도 준다. 이렇게 하다 보면 인민들이 게릴라 활동을 정당하게 여겨 국내 및 국외 지지를 이끌어낼 수 있다. 인민의 지지를 바탕으로 반군은 우세한 군을 모집해 더 과감한 공격을 감행하고 승리할 수 있다.

많은 비정규전은 게릴라나 정부군이 결정적인 승리도 거두지 못한 채 일정한 시간이 지나면 진전이 없는 상황에 처한다. 타밀타이거 해방전선LTTE은 스리랑카에서 40년 이상 게릴라전을 펼쳐왔다. 콜롬비아의 FARC 게릴라는 거의 50년간 비정규전과 테러 공격을 감행해왔다. 게릴라전이 속전속결로 끝나는 일은 매우 드물다. 피델 카스트로Fidel Castro가 이끄는 1957-1959년의 쿠바 혁명이 가장 대표적인 예다. 3년 만에 게릴라 군이 승리했다. 당시 쿠바 정부군이 전복된 것은 몇 가지 이유 때문이다. 1950년대 말 쿠바의 바티스타 정권처럼 부패하고 무능하며 취약한 정부는 없었다고 해도 과언이 아니다. 마찬가지로 이라크의 누리 알-말라키Nouri al-Malaki 정부도 매우 부패하여 이슬람 국가ISIS가 폭발적으로 성장하게 되었다.

적이 이처럼 취약한 경우는 드물지만 각국의 상황은 반란군이나 테러리스트들에게 마냥 기다리면 불리하다는 확신을 줄 수 있다. 브라질의 혁명가 카를로스 마리게라Carlos Marighella는 1960년대 브라질의 상황이 올바른 혁명의 조건을 조직하고 마냥 기다릴 수만은 없고 대응이 필요하다고 여겼다. 당시 브라질 정부는 한 달이 지나갈 때마다 더 강력해지는데 브라질 공산당은 말만 하고 행동을 보이지 않아 그는 즉각적인 행동이 필요하다고 여겼다. 행동을 통해 '도시게릴라'는 조직을 확대하고 정부를 기습하여 극단적인 반응을 유도해낼 수 있다고 마리게라는 판단했다. 즉 그는 당시 브라질 상황은 게릴라 전술과 시간 간의 전형적인 관계를 바꾸어 생각할 계기라 여겼다.

공간

공간은 게릴라에게 전투를 벌일 장소와 시기를 허용해준다. 적이 수적으로 압도적이면 게릴라는 공간을 활용하여 후퇴하고 유리할 때 전투를 개시할 수 있다. 정부군은 군을 분산하지 않고는 여러 곳에 동시에 있을 수 없고, 특정 지역에서 수적으로 우세한 게릴라의 공격을 유발한다. 비정규군이 국경을 넘거나 하늘과 땅, 그리고 바다에서 공격을 감행할 때 정부군은 어려움에 직면한다.

정부군의 기동을 제한하는 험한 지형을 활용하면 경무장하여 기동력이 빠른 게릴라군이 기술과 조직, 그리고 수적 열세를 만회할 수 있다. 반군은 종종 험한 지형을 전술적으로 유리하게 활용했다. 정부군은 산악이나 정글, 늪, 그리고 심지어 사막과 같은 지형에서 어려움을 겪었다. 예컨대 아프가니스탄 게릴라는 북대서양조약기구 주도의 공격(2003-2014), 침공한 소련군(1980-1988), 그리고 19세기의 영국군에 대항하여 산악 지역을 유리하게 활용했다. 베트남 전쟁 당시 밀림 때문에 남베트남 정부군과 미군은 베트콩과 북베트남군에 대해 압도적인 기동력과 화력을 사용하기가 어려웠다. 러시아 군이 1994년 깨달았듯이 도시 지형도 전투에 매우 어렵다. 체첸 공화국의 수도 그로즈니에서 반군은 그들의 약점을 만회하여 소련군을 고립시키고 파괴하기 위해서 건물과 좁은 도로를 활용했다. 10년 후 이라크 반군은 팔루자에서 동일한 전술을 사용했다. 국경을 넘는 대피 장소를 포함하여 정부군에게 어려운 지형은 반군에게는 투쟁을 확대할 안전 지역이나 기지 설립의 기회를 준다.

군 대 공간 비율force-to-space ratio도 반군의 전술과 지속에도 영향을 미친다. 정부가 방어해야 할 지역이 넓다면 반군은 전술적 우세를 확보하려고 특정 지역에 군을 집결시켜 전략적 약점을 만회할 수 있다. 정부군은 종종 정치적·경제적·사회적·군사적 가치를 지닌 영토나 자원을 지키려 한다. 예를 들어 포위당한 정부군은 종종 좀 더 방어 가능한 도시와 군사기지를 선택하고 농촌을 포기한다. 국가는 많은 지역을 방어할 자원을 보유하고 있으나 자원이 한정되어 있어 모든 지역을 다 지켜낼 수는 없다. 아라비아의 로렌스라 불린 T. E. 로렌스Lawrence 대령은 아랍인의 반란(1916-1918) 당시 터키 군에 대항하는 아랍인들의 전술에서 군 대 공간의 비율을 적극 활용했다. 터키 군은 방대한 영토를 방어해야 한다는 점을 감안한 그는 그 지역 전체를 방어하려면 터키는 약 60만의 대군이 필요할 거라 계산했다. 이 숫자는 당시 터키에게 가용한 군보다 6배나 많은 수치였다(Lawrence 1920: 60). 아프가니스탄과 이라크에서 반군을 격퇴 중이던 미국 및 동맹군들에게 쏟아진 가장 큰 비난은 병력이 충분하지 않다는 점이었다. 양국을 방어하는 데 필요한 유능하고 동기 부여가 높은 아프가니스탄이나 이라크 군도 없었다.

　군 대 공간 비율을 잘 활용하면 반란군은 방대한 지역에서 활동할 필요가 없다. 사이프러스에서 주둔 중이던 영국군에 맞서 싸운 현지 민족주의 반군 조직 EOKA는 로렌스의 군이 싸웠던 지역 면적과 비교할 때 불과 3퍼센트 지역에만 있었다. EOKA의 지도자 조지 그리바스-디게니스George Grivas-Dighenis는 상당한 수의 영국군이 반군 진압에 동원되리라 여겼다. EOKA 게릴라는 소수로 나누어 활동하면서 매복하고 폭탄을 투척하고 암살을 했다. 이런 활동이 계속되자 영국 주둔군은 정치적·군사적 비용을 지불할 만큼 사이프러스에 계속하여 주둔할 필요가 없다고 여겼다.

지지

반군이나 테러리스트들은 형식에 관계없이 지지가 없이는 거의 성공하지 못한다. 반군은 무기 이외에 희생자들을 돌보고 식량과 물 등을 포함하여 장비를 계속하여 보충해야 한다. 반군은 또 계속하여 군을 모집해야 할 뿐만 아니라 정부군의 행방과 활동에 관한 최신 정보를 수집해야 한다. 하지만 반군에 대한 지지는 이 조직의 정당성과 연관되어 있고 분리될 수 없다. 포괄적인 정치적 목적 없이 저질러진 폭력은 대중의 지지를 거의 이끌어내지 못할 것이다. 대중의 지지가 없다면 반군은 결국 정부군에 굴복하거나 국민의 적대적인 대응에 직면할 것이다. 클라우제비츠는 여론의 형태로 나타나는 지지는 대중의 반란에서 핵심의 하나라고 지적했다(Clausewitz 1993: 720).

　반군과 테러리스트는 국내 및 국제적 지원을 기대할 수 있다. 정부군에 비해 열악한 자원을 상쇄하기 위해 반군은 국민의 상당한 지지를 필요로 한다는 점에 거의 모든 이론가들이 동의한다. 카를로스 마리게라도 처음에는 도시게릴라가 투쟁을 계속하기 위해 필요한 자원을 주요 도시에서 조달할 수 있다고 여겼으나 결국 그렇지 않음을 깨닫고 대중의 지지를 이끌어낼 필요가 있음을 알게 되었다. 테러와 위협을 가하여 국내 대중의 지지를 유도해낼 수는 있지만 장기간의 혁명 투쟁은 전적으로 이런 수단에 의존해서는 안 된다.

이제 상투어가 되었지만 마오쩌둥이 게릴라와 인민의 관계를 표현한 말은 아직도 매우 적절하다. 마오는 게릴라를 대중의 지지라는 '바다'에 헤엄치는 '물고기'로 비유했다. 물이 없다면 물고기는 죽는다. 국내 지지를 얻지 못할 경우 맞이하게 되는 극적인 결과는 체 게바라의 죽음에서 볼 수 있다. 그는 1967년 볼리비아에서의 여러 조건이 자신이 주장한 '포코'(foco: 소수의 핵심이 저항 전쟁을 일으킨다는 전략)에 따른 게릴라 전술이 필요하다고 여겼다. 하지만 그는 볼리비아의 공산당과 농부로부터 얻어낼 수 있는 지지를 과대평가했다. 볼리비아 공산당은 국가 운영에 대해 외부인의 조언을 받는 것에 적대적이었다. 더 중요한 것은 볼리비아 농부들은 체 게바라의 전술에 무관심했다는 것이다. 당시 볼리비아 정부가 농민의 불만을 반영한 토지개혁을 지지했기 때문이었다. 체 게바라와 게릴라 동료들은 볼리비아 현지의 지지가 부족했다. 그와 게릴라 동료들은 그곳에서 게릴라전을 시작한 지 7개월 만에 살해당하거나 사로잡혔다(Box 10.2).

⊙ Box 10.2 어네스토 체 게바라와 포코 이론

체 게바라(1928-1967)는 게릴라 운동의 포코 이론을 창안했고 레지스 데브레이(Régis Debray)가 이를 확대 발전시켰다. 원래 포코는 전술상 혁명의 전위조직인 초창기의 핵심 게릴라를 의미하며 여기서 혁명 운동이 출발한다. 철학적으로 본다면 반란의 정치적·군사적 핵심을 말한다. 체 게바라와 데브레이는 게릴라 운동 자체가 혁명의 승리를 위한 조건을 만들어낼 수 있다고 생각했다.

지지는 또 특정 국가의 상황에 따라 다르다. 우선 특정 국가의 지지 기반을 확인하지 않은 채 다른 곳에서 성공한 혁명 전술을 그대로 적용해 성공할 수 있다는 것은 위험한 발상이다. 마르크스-레닌주의 혁명 전술에 따르면 도시 프롤레타리아(노동자)의 반란이 필요하다고 여겨졌으나 이 전술은 1930년 중국, 1968년 베트남에서 실패로 끝났다. 당시 중국과 베트남은 농업사회여서 노동자 반란이 실패로 끝났다. 두 국가에서 대부분의 농촌 거주인들은 소농이었다. 마오쩌둥과 보응우옌잡Vo Nguyen Giap 장군은 각각 소농을 혁명에 활용하는 방식으로 전략을 수정하여 성공했다.

반란군이 국외의 지지를 얻는 것은 주로 반란이 발생한 국가의 지리적 위치와 이들이 유지하는 정치적 관계에 따른다. 자원이나 국경을 넘어 있는 피난처 제공처럼 물질적인 지지일 수도 있고 정치적 인정과 로비활동과 같은 도덕적인 지지도 있다. 독일의 테러 집단 적군파처럼 1970년대 많은 마르크스주의 테러 집단은 소련이나 그 위성국의 물질적 지원을 받았다. 그들은 돈이나 첨단 무기, 그리고 군사 훈련과 같은 구체적인 지원을 받았다. 1950년대 네덜란드 동인도(후에 인도네시아가 됨)와 영국령 팔레스타인(후에 이스라엘이 됨)과 같은 지역의 반군들은 식민주의에 대한 비판의 물결 속에서 지지를 받았고 이것이 결국 반군에 유리하게 작용했다. 반군이 내세우는 대의명분을 진정으로 지지하기보다 자신의 정치적 편의성, 그리고 정책 목표에 맞추기 위해 국가들은 반군을 지지한다. 요르단과 아프가니스탄의 정부(요르단은 1970년 팔레스타인을, 아프가니스탄의 탈레반은 2001년 오사마 빈라덴과 알카에다를)는 테러 집단에게 피난처를 제공하는 정치적 부담을 계산한 후 자국에 유리하게 여겨 이들에게 도움을 주었다. 게다가 반군은 비호처를 제공하는 국가의 적대국에 대항하여 대리전을 벌일 수도 있다. 예를 들자면 이란과 이라크는 본격적인 전쟁으로 치닫지 않는 선에서 테러 집단을 지원하여 서로를 공격하게 했다.

정당성

반군이나 테러리스트들은 투쟁을 지속하기 위해 국내나 국외의 지지를 필요로 한다. 이들은 왜 이런 활동을 하는지를 알려야 하며 그렇지 않으면 이런 대의명분에 대한 지지를 잃게 된다. 이들은 종종 폭력 사용을 정당화하여 국가를 대변하는 사람들보다 도덕적 우위에 있음을 보여줌으로써 명분의 지지를 얻으려 한다. 이들은 지역 차원의 국가 기능을 대체하고 설득력 있는 메시지를 전달하고자 한다.

게릴라의 도덕적 우월성은 모든 비정규전과 테러리즘의 초석이 된다. 특히 종교적 열정에 기반한 싸움의 경우 더욱 그렇다. 반군은 인민의 지지를 받고 이들의 지지를 계속 받아내려 한다. 마오쩌둥은 게릴라의 도덕적 우위를 증명하기 위해 이들의 행동 강령인 3대 기율 8항 주의The Three Rules and Eight Remarks를 만들었다. 게릴라가 인민과 항시 접촉할 때 이런 행동을 보여주어 도적이나 반혁명가와 다르다는 점을 인민에게 각인시키는 것이 무엇보다 중요하다고 마오쩌둥은 보았다. 체 게바라는 소농은 게릴라가 그들의 보호자일 뿐만이 아니라 사회 개혁자임을 알고 있다고 주장했다.

게릴라를 도와주는 소농들은 종종 정부의 가혹한 보복을 받지만 이것이 오히려 혁명의 대의명분에 정당성을 준다. 정부의 잔혹행위를 근거로 게릴라는 인민의 복수자임을 천명하여 인민과의 연계를 강화한다. "브라질 정부의 행동은 정의롭지 못하고 문제를 해결하지 못하고 반대파를 파괴시키려 한다"는 점을 분명하게 드러낼 것이라고 카를로스 마리게라는 바랐다. 브라질의 당시 상황은 "고릴라"(정부를 지칭)가 점점 더 폭력 행위를 일삼는 군사적 상황으로 변했고 인민의 생활은 악화되고 있다고 그는 진단했다(Marighella 1969).

물론 정부군보다 더 올바르게 행동하라고 조언하는 것은 반군을 적극 지지하는 사람들에게만 해당된다. 수많은 비정규전에서 반군이나 정부군 모두 돕지 않으려는 사람들을 적을 이롭게 하거나 부추기는 사람이라 여겼다. 인민의 절대적 지지는 결코 보장된 게 아니다. 인민은 적극 지지자와 적군을 지지하는 철천지원수, 그리고 이편도 저편도 아닌 다수로 나눌 수 있다. 편을 정하지 못한 사람들을 자기편으로 끌어들이기 위해 반군은 통제지역에서 사실상의 정부로 활동하여 정당성을 얻을 수 있다. 학교나 병원을 세우는 것과 같은 '긍정적인 조치'와 징세와 같은 '부정적인 조치'가 이에 해당한다. 예컨대 아프가니스탄의 탈레반은 점령 지역에 대한 인민의 지지를 강화하려고 징세와 공개처형, 그리고 '밤에 서한을 보내' 폭력 행사를 위협하는 부정적인 조치뿐만 아니라, 신속하고도 공정한 재판을 보장하기 위해 이동판사제도와 같은 긍정적인 조치를 시행했다. 인민을 위협하려고 부정적인 조치로써 테러를 사용하는 것은 오늘날까지도 비정규전 관련자들에게 논쟁의 여지가 있다. 테러 전술은 게릴라 메시지의 정당성을 훼손하기 때문에 정당하지 못하다고 체 게바라는 여겼다. 마오쩌둥과 마리게라는 그렇지 않다는 의견이다. 두 사람은 인민들에게 정부군을 위해 일할 경우 위험하다는 것을 납득시키기 위해 혹은 폭압적인 반응을 유발시키기 위해 테러 행위가 필요하다고 주장했다. 반군으로 전향한 인민들이 지지하는 부정적인 조치는 정부군이 더 이상 인민을 보호할 수 없음을 확실하게 보여주어 반군의 대의명분에 정당성을 줄 수 있다. 알카에다 지도자들 간의 통신을 가로챈 것을 보면 이들도 부정적인 조치를 우려했다. 단기적으로는 이런 조치가 이득이지만 장기적인 목표를 저해할 수도 있기 때문이었다. '이슬람 국가'의 반군에 가해진 처형과 극단 처벌은 그 지역의 개인적인 원한 때문일 수도 있다. 현재까지 정확한 이유는 알 수 없다.

　군사 작전을 정당한 정치적 목적과 연계시키는 것이 반군에 정당성을 부여하는 가장 효과적인 방법이다. 반군의 대의명분은 매우 다양하지만 자결권은 가장 설득력 있고 성공적인 구호였다. 1941년의 대서양헌장The Atlantic Charter과 1945년의 유엔 헌장에서 자결권은 기본권으로 규정되었다. 따라서 2차 대전 후 영국과 프랑스, 네덜란드, 포르투갈과 같은 제국주의 국가들이 자결권을 주장하는 식민지 반군의 주장에 맞서 식민지를 계속 보유하기가 어려웠다. 다른 성공적인 반군의 대의명분은 사회적·문화적·경제적 이슈를 효과적인 정치적 메시지와 결합하는 것이어서 정부나 국제 사회는 이를 거부하기가 어렵다.

요점 정리

- 테러리즘과 반란은 일반이론에 따른 미리 정해진 목표보다는 특정 지역의 맥락을 반영하여 시간과 공간, 정당성과 지지의 관점에서 점검할 수 있다.
- 시간은 반란 성공에 중요한 요소다. 시간은 앞으로 전진하여 끝나는 게 아니라 정당성과 지지를 확보하기 위한 공간과 결합하여 반란이 최종 승리하는 데 필요하다.
- 지지는 정당성에 달려 있다. 도덕적 정당성은 반란을 지속하기 위한 초석으로 주로 문화적·사회적 대의명분이 정치적 목적과 결합한다.

기존 체제의 보호: 대(對)반란과 대(對)테러리즘의 이론과 실제

반군이나 테러리스트들의 공격에 휩싸인 정부는 얼핏 보기에 매우 어려운 도전에 직면한 듯하지만 이를 극복하는 방법에 관해 많은 글들이 있다. 일반이론과 실제 경험에 바탕을 둔 실제적인 제언 그리고 결과를 예측하거나 실제 제언을 테스트한다는 경험 모델에 이르기까지 많은 문헌이 있다. 폭압적인 찬탈자에 맞선 복잡한 정치적·군사적 투쟁이 성공하는 데 필요한 원칙과 형식을 Box 10.3처럼 논평가들이 분석했다. 사무엘 B. 그리피스Samuel B. Griffith 준장은 1961년 반反 혹은 대對 게릴라 작전의 핵심을 장소와 고립, 섬멸의 세 단어로 요약했다(Mao Tse-Tung 1961: 32). 이 요약은 국가나 일련의 국가들이 보유한 강점을 비정규전의 위협에 적용하는 방법을 탐색하는 데 유용한 준거틀이다.

◉ **Box 10.3** 대(對)반란과 대(對)테러리즘의 원칙과 선결 요건, 그리고 법칙

(인용 출처를 표기함)

Charles W. Gwynn:『제국주의 시대(Imperial Policing)』(1934)의 치안 업무 원칙에서
- 정책은 민간 정부에 부여
- 최소한의 폭력 사용
- 굳건하고 시의적절한 폭력 사용
- 민간 정부와 군 간의 협력이 필요

David Galula:『대반란의 전투(Counter-Insurgency Warfare)』(1964)의 대반란의 법에서
- 인민의 지지가 필요함
- 적극적인 소수에 의해 지지를 얻음
- 인민의 지지는 조건부임
- 지속적으로 노력하고 여러 수단의 보유가 필요

Robert Thompson:『공산주의 반란 진압하기(Defeating Communist Insurgency)』(1966)의 대반란의 원칙에서
- 명확한 정치적 목표
- 정부는 총괄적인 계획을 보유해야 함
- 정부는 게릴라가 아니라 정치적 전복을 진압하는 데 우선해야 함
- 정부는 게릴라 투쟁에서 먼저 기지를 확보해야 함

Frank Kitson:『5개의 무리(Bunch of Five)』(1977)의 효과적인 대바란 전투의 프레임에서
- 민간과 군 기관 간의 제대로 된 조정 기구
- 정부의 조치가 이행될 수 있다는 성공 가능성이 높은 정치적 분위기 조성
- 정보(올바른 정보 = 현명한 정책)
- 법(법치주의의 지지)

British Army: 『반란 진압(Countering Insurgency)』(2010)의 영국 육군 교본 1권 10부의 대반란의 원칙에서
- 정치적 목적의 우선
- 목표를 한곳에 집중
- 인간 분야(human terrain)의 이해
- 인민의 안전 확보
- 반란군 무력화
- 인민의 지지를 얻고 유지
- 법에 따라 활동
- 정보의 통합
- 장기간 준비
- 배우고 적응하기

US Army/Marine Corps: 『반란과 반란의 진압(Insurgencies and Countering Insurgencies)』(2014)의 육군 교본 3-24/MCWP 3-33.5의 대반란의 원칙에서
- 주목표는 정당성 확보임
- 대반란 작전의 환경을 이해해야 함
- 정보에 바탕을 둔 작전
- 법치하의 안보가 필수적임
- 대반란 작전은 장기적으로 노력해야 함
- 정보와 기대 수준의 적정한 관리
- 적절한 수준의 폭력 사용
- 배우고 적응하기
- 최저 수준의 사람들에게 권한 부여하기
- 주둔군 지지하기

장소

위협이 있음을 인식하는 것이 대반란이나 대테러 전투에서 가장 중요한 단계다. 대반란 전문가인 로버트 톰슨Robert Thompson은 반군의 조직 단계 혹은 초기의 지속적인 전투의 징후가 있을 때에 반란을 진압해야 한다고 생각했다(Thompson 1966: 50). 즉 물리적인 공간과 시간에서 반란을 진압해야 한다는 것이다. 반란이나 테러리스트를 진압하는 정부에게 문제는 합법적·비합법적인 형태의 불만을 구분하는 것이다. 폭탄 테러가 발생할 때마다 기본권과 자유를 제한하면 정부의 신뢰와 의도를 훼손당한다. 그러나 법치주의를 유지하려고 너무 오랫동안 아무런 조치도 취하지 않으면 반군이나 테러리스트들에게 조직 인프라를 갖출 충분한 시간을 주어 이들을 격퇴시키려면 훨씬 더 많은 자원이 필요하다.

테러리즘과 반란은 충분한 조기 경보가 있으면 저지할 수 있으나 이는 효과적인 정보

수집과 평가가 전제되어야 한다. 이런 능력을 보유한 국가는 극소수다. 국가체제를 전복하려 하며 전복할 능력이 있는 자들을 찾아내 추적해야 한다. 이를 위해서는 국민의 지지가 필요하다. 민주체제에서의 문제점은 잠재적으로 선동적인 개인의 기본권과 법치주의를 침해하지 않고 이들을 모니터링하여 체포할 수 있는가이다. 스웨덴이나 영국 같은 몇몇 서방국가에 거주하는 이슬람 지도자들은 이슬람 공동체 모니터링을 그만두어야 한다고 정부에 말했다.

국가가 대의명분의 정당성을 유지하고 반란군이나 테러리스트들에 대한 도덕적 우위를 유지하려면 법치주의를 유지하는 것이 매우 중요하다. 테러리즘 격퇴 방식은 효과적이어야 하지만 법치주의의 테두리 안에서 이루어져야 한다. 국내 및 국제적 조치도 마찬가지다. 테러 위협이 개인의 사생활을 침해한다면 민주주의 국가의 시민들은 기본권과 자유 포기를 꺼려한다. 법치주의를 유지하면서 통행금지의 부과와 미디어 통제와 같은 대반란과 대테러 조치를 어떻게 그리고 언제, 어느 정도 실행할지는 테러나 반란으로 어려움에 처한 정부가 직면하는 우선적인 문제다. 하지만 대부분의 민주국가에서 테러리스트 대처 방안은 거의 다 예방적이지 못하고 대부분 사후적이다. 2008년 인도 뭄바이에서 발생한 폭탄 테러 발생 후 인도의 대응이 이 점을 잘 보여주었다. 민주 국가의 행동이 국내법과 국제 규범을 위반한 듯했을 때 민주국가는 곤란한 상황에 직면한다. 예컨대 미 상원은 2014년 정보소위원회에서 고문과 '향상된 고문법'에 관한 보고서를 발표했다. 이 보고서는 당시 공화당이 상하 양원을 장악하고 있어 국내 정치적으로 논란이 되었지만 고문을 인정하여 대외적으로 미국의 도덕적 신뢰성을 복원하는 데 기여했다.

일단 비정규전의 위협을 확인할 경우 다양한 민간 및 군 관계 기관이 대책을 조정하면서 위협을 특정 지역에 묶어놓아야 한다. 정부 기관은 이들의 숨은 장소(안가)와 조직 구성원 그리고 공급 루트를 찾아내야 한다. 대부분의 비정규전 조직이 소규모이고 은밀하게 행동하는 점을 감안하면 이런 정보를 수집하는 것은 매우 어렵다. 미국이 남베트남에 제공했던 것처럼 지리적 그리고 문화적으로 익숙하지 않은 나라에 대반란이나 대테러 정보를 직접 제공하고자 할 때 기본 정보 습득조차 시간이 걸린다. 해당 국가가 효과적인 정보기구를 보유하지 못했거나(아프가니스탄의 경우), 기존의 기구가 사라지고 새로 구성해야 할 때(이라크의 경우)에는 문제가 더 복잡해진다. 반군은 이런 시간을 틈타 이니셔티브를 쥐고 조직 기반을 더 확대할 수 있다.

고립

반군과 테러리스트들을 지원 기지로부터 고립시키는 것은 어쩌면 대반군전과 대테러전의 성공에서 가장 중요하다. 고립은 물리적 고립과 정치적 소외를 포함한다. 물리적 고립은 마을 거주민들을 좀 더 쉽게 방어가 가능한 지역으로 옮겨(말라야와 베트남에서는 이를 '전략적 마을'이라 부름) 가능하다. 통행금지와 금지 구역, 식량 배급, 공격적 순찰과 군의 주둔과 같은 예방적 조치도 반군을 물리적으로 고립시킬 수 있다. 다른 형태의 억지와 마찬가지로 순찰과 군 주둔이 제기하는 위협은 신뢰할 만해야 하고 단순히 마지못해 하는 '지역 출입 저지와 수색'에 그쳐서는 안 된다. 고립은 또 반군이나 테러리스트의 기동성과 활동 범위를 제한하여 이들의 공간과 시간을 빼앗는 것을 말한다. 외교적 압력과 군사적 조치를 결합하여 반군이 외부에서 받는 지원을 차단할 수 있다. 이라크와 아프가니스탄 반군의 경우 이웃 국가의 공급 경로를 차단하지 않는 한 이들을 효과적으로 저지할 수 없다고 전문가들은 말한다.

반군과 테러리스트들을 국민으로부터 격리시키는 것은 단지 물리적인 격리만이 아니다. 성공적인 고립 작전은 정치적 메시지라는 반군의 가장 중요한 자산을 무력화시켜야 한다. 국민들이 공감하는 분노여서 테러리스트들을 충원하고 지지하는 이런 메시지를 정부가 완화시켜야 한다. 물론 더 강력한 메시지도 있다. 예를 들면, 자결권은 외부의 점령 국가가 부정하기가 어렵다. 반면에 토지개혁이나 정치적 대표권의 확대는 정부가 들어줄 수 있다. 정부의 말을 행동으로 보여주어 정부가 정치적 위협에 대응할 수 있고 대응함을 국민들에게 알려주어야 한다. 테러리스트나 반군이 '행동으로 보여주는 선전전'을 정부는 굳건하면서 합법적으로 대응하여야 한다. '테러리스트와 협상은 없다'는 원칙부터 기본 생활 용품과 그 지역의 안전을 보장하는 이런 대응 조치를 보여주어야 한다. 정부는 우선 반란을 야기한 불만 원인의 대응을 포함하여 시민들의 요구사항을 수용하고 게릴라나 테러리스트들보다 도덕적으로 우월함을 증명해야 한다. 마찬가지로 반군이 내세우는 대의명분의 신뢰성을 훼손해야 한다. 무장 투쟁을 포기하는 반군이나 테러리스트들에게 자비도 베풀어야 한다. 무엇보다도 시민들에게 정부가 반군이나 테러리스트들과 싸우는 것이 곧 자신들의 싸움이고 정부가 승리해야 한다는 점을 납득시켜야 한다. 대반란과 대테러전에서 시민들과 국가와의 연관성을 유지하는 것이 장기적인 안보를 보장하는 데 매우 중요하다. 이라크 서부의 안바르 주Anbar Province에서 이슬람 수니파 지도자들이 '각성'했지만 부패와 자기 식구 챙기기 때문에 이런 성공이 부질없었다. 부패와 자기 식구 챙기기는 '이슬람' 국가가 요원들을 모집할 수 있는 좋은 기회를 제공했다. 반군에게 국내나 국외의 지속적인 지원이 거의 없고 국민이 기꺼이 정부를 지지한다면 정부군이 반군을 괴멸시키는 것은 시간문제다.

섬멸

섬멸은 반군이나 테러리스트들의 육체적인 파괴를 말한다. 로버트 테이버Robert Taber의 "항복하지 않는 반군을 파괴시키는 방법은 단 하나다. 괴멸시키는 것이다. 반군을 숨겨준 지역을 통제하는 단 하나의 방법은 이를 사막으로 만드는 것이다"라는 섬멸 정의는 극소수만이 수용한다(Taber 1972: 11). 국가는 사회적·재정적·군사적 자원을 보유하고 있기 때문에 적에 비해 상당한 이점이 있다. 민주사회에서 가장 중요한 이슈는 국민을 국가의 권위로부터 소외시키지 않고 자원을 효율적으로 활용하여 반란의 불을 끌 수 있느냐는 점이다. 국가의 대응을 결정할 때 문화적 배경도 중요하다. 예를 들면 몇몇 유럽 국가들은 역사적 경험에 근거하여 문화적·정치적인 이유로 2001년 9·11 테러 이후 테러 단체 알카에다에 '전쟁'으로 대응하기를 꺼렸다. 사실상 많은 유럽 국가들이 극단 테러리즘을 국가 안에서의 국내 법 집행 측면에서만 인식했다. 이들의 시각에서 볼 때 알카에다 테러는 군사력 사용이 필요한 글로벌 이슈가 아니라 민간 경찰이나 준군사력을 사용하면 된다.

사용된 무력의 유형과 관계없이 관련 이론이나 교리는 게릴라 섬멸을 논의하는 여러 계획이 많다. 프랑스 육군원수 리요테Lyautey가 20세기 초반 모로코에서 사용한 '기름띠'부터 나치 독일의 '거미줄' 그리고 '꿩 쫓기' 전술 등 다양하다. 모든 이론가들은 반군의 안가 제거가 우선순위임에 동감한다. 미군의 대반란 교본에 따르면 인구 1천 명에 약 20-25명의 병력이 필요하다(FM 3-24: 23). 또 비정규군을 섬멸하는 데에는 '특공대'가 필요하다는 점도 대부분의 이론가들이 동의한다. 몇몇은 반군이 보유하지 않은 헬기와 원격 감지기를 이용해야 한다고 주장한다. 정부군과 반군 간의 병력 대 공간 비율을 향상시키고 우세한 기동력을 활용하기 위해서다. 현재 이라크와 시리아에서 시행되는 것처럼 반군의 주요 지도자와 관리인 그리고 조력자들을 가차 없이 제거하는 특공대와 공군력을 사용하는 전술을 옹호하기도 한다. 이 전술은 '소진과 와해degrade and disrupt'라 불리며 결국 테러 집단을 무의미하게 만들 것이다.

국가가 반란을 저지하여 게릴라나 테러리스트들의 수를 줄일 수 있는 다른 소극적 방법도 있다. 심리전과 사면의 약속(남베트남에서 사용된 총을 버리고 투항하는 게릴라의 '환영 프로그램'), 현금이나 토지를 준다는 약속을 하여 반군과 테러리스들에게 투쟁이 소용없다는 점을 납득시키는 것이다. 예멘과 사우디아라비아에서 제한적 성공을 거둔(코란 법정의 활용 등) 다른 방법은 테러리스트들을 시민으로 만들어 사회에 재통합시키는 것이다. 비정규단체에 속한 온건파들과 정치적 대화를 하고 이들을 지지하여 무장 투쟁을 그쳐 협상에 나서게 하는 방법도 있다. 이럴 경우 이들은 분열되어 아마 내분이 일어날 수 있다.

테러리즘과 반란을 저지하는 데 정치적 의지가 기초가 되어야 한다. 비정규전에서 승리하는 것은 점진적인 소모전이어서 상당하면서도 일관성 있는 시간과 자원을 투자해야 한다. 국가 지도자들이 다른 국가의 비정규전에 가입할 때에 특히 이들은 테러리스트들이나 반군의 격퇴에 필요한 정치적 의지를 계속하여 유지하기가 어려웠다. 원래부터 있던 불만 사항이 다시 출현하여 반군의 횃불이 다른 형태로 피어오른다는 것도 대처하기 어려운 점이다.

공격적 그리고 방어적 정책을 실시하여 테러리즘의 영향을 제한할 수 있다. 하지만 테러리스트들을 법의 심판대에 세우기 위해서는(특히 국경을 넘는 범죄에 관해) 정부가 이들의 소탕을 지속하려는 정치적 의지를 계속 가져야 한다. 또 핵심적인 사회 가치를 유지하고 규범을 지키며 국가 역량을 총동원해야 한다. '전쟁에 미치지 못하는' 행동에 대해 개인을 기소하는 것은 더 많은 시간과 인내, 결의, 협상 등이 필요하다. 로커비 폭탄 테러 사건(1988년 12월 21일 뉴욕행 팬암 103기가 스코틀랜드의 로커비 마을을 지나던 중 폭파된 사건으로 리비아의 테러리스트들이 자행했다—옮긴이)의 테러리스트들을 법의 심판대에 세우기 위해 미국은 제3국의 상당한 지원을 받았고, 12년이나 걸렸다. 결국 투쟁을 지속하고 이 기간 동안 가장 손해가 적은 정책적 선택을 하는 쪽이 전투에서 승리한다.

🔓 요점 정리

- 테러리스트나 반군의 위협에 대한 국가의 대응은 합법적이고 정치적 · 도덕적 정당성을 유지해야 한다.
- 반군을 물리적 그리고 정치적으로 고립시켜야 국가가 비정규전에서 승리할 수 있다.
- 반군의 섬멸은 종종 매우 더딘 과정이고 상이한 정치적 · 문화적 맥락에서 상이한 방식으로 이루어질 것이다.

❗ 비판적으로 사고하기

테러 지도자를 공격하기 위해 사용되는 보통 '드론(drone)'으로 알려진 원격 조종 비행기에 관해 논란이 끊이지 않고 있다. 드론 사용을 허용해야 할까?

허용해야 한다:

- *전투법에서 허용된다*: 법적 보호가 필요 없는 확인된 테러리스트들을 살해하는 것은 방식에 관계없이 정당하다. 정밀 폭탄으로 죽이든 저격병 총알로 죽이든 상관이 없다.
- *선별적 폭력이다*: 보통 해당국 정부는 수 주 혹은 몇 달간의 정보 수집 후에 부수적 피해를 최소화하기 위해 엄격한 기준을 선별한 후 공격을 가한다. 이런 수집 방법과 과정은 공개 시 국가 안보에 피해를 끼치기에 공개할 수 없다. 드론 공격은 다른 방식보다 인명 손실이 덜하다.
- *상대적으로 효율적이다*: 테러리스트 격퇴의 다른 방법과 비교하여 드론은 운영비와 국내 여론의 관점에서 비용이 덜 든다. 테러리스트들의 은신처를 확인했다면 이들을 사로잡기 위한 다른 방법이 없기에 드론

공격을 선택한다. 다른 방법은 리스크가 더 크고 조치를 취할 시간이 극히 부족하다.

허용해서는 안 된다:

- **전투법에서 허용되지 않았다**: 국가의 법이 적용되지 않는다. 드론 공격은 치외법권적 살인(extrajudicial kiling, EJK)이고 테러리스들에게 '생명권'과 '준법 절차'를 부인하기에 국제법을 위반한다. 이런 공격은 국가가 허용하는 살인이나 마찬가지다.

- **무차별적인 폭력이다**: 드론 공격은 테러리스트들만을 상대하기는커녕 반복 공격하는 경우 보도된 것보다 그 부수적 피해가 훨씬 크다. 즉 무고한 시민들이 많이 사망한다. 이런 폭력은 드론 공격이 죽이는 테러리스트들보다 더 많은 테러리스트들을 양산한다.

- **투명성이 부족하다**: 생사여탈권 결정은 충분한 감독 아래 이루어져야 한다. 하지만 드론 공격의 과정과 정보가 공개되지 않아서 권력은 남용될 수 있고 남용될 것이다. 테러리스트임을 단정하기 위해 얼마나 충분한 정보가 사용되는가? 이런 결정을 누가 감독하는가? 국민과 국제 사회는 이를 알 권리가 있다.

비정규전의 현재와 미래

테러리즘과 비정규전이 정치적 목적만을 위해 무력을 사용한다는 전제는 최근 비판을 받아왔다. 머리말에서 밝혔듯이 비정규전은 더 이상 정치적 목적을 띠지 않는다고 몇몇 학자들은 주장한다. 즉, 민족해방전쟁과 이념에 기반한 테러리즘, 그리고 혁명은 소규모 반식민 전쟁과 같이 '과거의 분쟁'이 되었다는 것이다. 몇몇 학자들은 현재 그리고 미래의 비정규전 위협은 문화와 종교적 광신주의 그리고 기술이 결합되어 추동된다고 말한다.

문화

사무엘 헌팅턴Samuel Huntington은 1996년 앞으로 거시 수준에서의 전쟁은 양립 불가능한 문명 간의 문화적 차이에서 발발할 것이라고 주장했다. 미시적 수준에서 국가 하위 단위의 전사 문화가 비정규전에서 큰 위협이 될 것이라 생각한다. 서방 국가들은 기존 규범과 행동 양식에 따라 전투를 하지만 전사들은 서방 군인들의 기술적 우위를 상쇄하기 위하여 사회적·문화적 이점을 활용한다. 이 논지에 따르면 군인들은 전사의 상대가 되지 못한다. 비서방 국가의 전사들은 현대적 소형 무기를 쉽사리 손에 넣을 수 있고 서구식 교전 규칙을 무시하기 때문에 군사적 우위를 누린다고 이들은 주장한다. 아프리카의 마약 성분이 함유된 캇khat을 복용하고 중무장한 민간 트럭을 타고 수도 모가디슈를 돌아다니는 소말리아의 부족 전사에게 정치적 목적은 중요하지 않다. 미래의 폭력은 인종 혹은 정체성에 기반할 것이라고 주장하는 사람들도 있다. 클라우제비츠가 분류한 국민, 국가, 그리고 군대, 이 세

가지는 전쟁의 정치적 기초인데 이런 기초는 더 이상 적절하지 않다. 국가가 효율적으로 통치할 수 없는데 국민의 의지를 대표할 수 없다. 군대를 유지할 국가가 없는 상황에서 클라우제비츠의 세 가지 중 유일하게 남는 것은 국민이다. 그런데 국민은 서로 경쟁하는 문화적·인종적 공동체로 뿔뿔이 흩어져 있다. 이런 문화적·사회적 네트워크의 도덕적 결의는 전투를 하기 위해 있기 때문에 매우 굳건하다. 선진국의 기존 군대는 기술적 우위를 상쇄하는 이들의 이런 도덕적 강건함과 전투에 대한 관념 앞에서 점차 무기력해질 것이다. '국가'의 국경 안에서 국가 하위의 여러 단체들이 전투하여 혼란을 야기하는 게 새로운 전쟁의 규범이다.

종교적 광신주의

종교적 신념은 종종 테러리스트들과 반군의 대의명분을 형성하며 신자들의 지지를 얻기 위해 이용된다. 역사상 이슬람교, 기독교, 유대교, 시크교 그리고 다른 종교의 신자들은 종교를 활용하여 정치적 폭력을 자행했다. 개인의 희생을 담보로 몇몇 종교의 세속적 대표자들은 자살 폭탄 테러나 공격을 자행하여 비非신자를 죽이는 이들에게 사후의 영예로운 삶을 약속한다. 종교는 반군 및 테러 지도자들에게 몇 가지 이점을 제공한다. 첫째, 오사마 빈라덴 같은 지도자는 박탈당하고 환멸을 느낀 사람들을 자신의 대의명분에 끌어들이기 위해 종교를 활용하여 서구의 것과 경쟁하는 가치 구조와 이념을 제시했다. 빈라덴과 그의 추종자들은 서구의 물질주의 문화의 대안을 제시하고 신비한 과거의 영광을 재현하려 한다. 이런 비전이 다양한 문화와 인종을 넘어 상당한 영향력을 행사했다는 점에 서방의 전문가들은 놀랐다. 이런 비전의 지지는 2001년 9·11 테러 후 10년이 지났지만 아직도 유지된다. 둘째, 종교는 행동의 원인을 제시한다. 체 게바라와 마찬가지로 오사마 빈라덴의 추종자들은 자신을 사회 개혁자로 본다. 이들이 보기에 테러 공격은 현재 상황 이외에 다른 대안이 가능함을 증명할 뿐만 아니라 전 세계 이슬람 공동체(움마, ummah)의 의식을 기존 투쟁에 맞게 할 수 있다. 종교는 또 신자들을 특정 현실에 맹목적으로 매몰되게 만든다. 종교에 영감을 받은 테러리스트 조직은 종종 메시지를 과장한다. 마오쩌둥을 포함한 정치적 이념 선동가들과 마찬가지로 종교적 선동가들은 미래가 자신들의 대의명분이 옳다는 점에 기반하여 미리 정해져 있다고 확신한다. 특히 흉측한 폭력 행위는 시간이 지나면 철두철미한 지지자라도 종교의 승인을 받는 테러리즘의 정당성과 지속 가능성을 의심하게 만든다. 편의상 테러에 가담한 이들은 더 말할 나위가 없다. 예를 들면 아프가니스탄의 탈레반과 연계된 반란 그룹이나 외부 지지자들은 수많은 이슬람 신자들을 노린 테러 행위가 그들의 테러 대상과 반대가 된다는 이유로 거리를 둔다.

기술

종교와 대량 살상 무기(WMD, 생화학전과 핵무기 등)의 만남은 '지옥의 묵시록' 같은 징조다. 현대의 종교적 광신자들은 이전의 테러리스트들과 다르게 정치적으로 자제하지 못하며 가능한 한 더 많은 비신자들을 죽이는 데에만 관심을 가질 수 있다. 전문가들은 화학전 혹은 생물학전 무기를 얼마나 손쉽게 제조하고 획득할 수 있는가를 지적한다. 이들은 또 테러 공격의 빈도는 줄지만 피해는 늘어나는 점, 1995년 도쿄 지하철에서 사린가스가 터져 (옴 진리교의 교주가 자행) WMD의 터부가 깨어졌다는 점, 2001년 10월 미 의회에 배달된 탄저병 편지 등도 지적한다. 테러리스트들의 WMD 구입 기도를 추적하는 전문가들은 공격이 일어날지가 아니라 언제 발발할지가 문제이고, 서구 민주주의 국가들이 이런 테러 공격의 결과에 대응할 수 있을지를 우려한다.

정보기술

인터넷은 국경을 초월하며 몇몇 전문가들은 미래의 비정규전이 사이버 공간에서 발발하리라 여긴다. 웹사이트와 서버가 해커에게 취약함을 감안하면 테러리스트들은 결국 월드와이드웹을 통해 사이버테러리스트가 될 것이다. 북한의 소니사 해킹, 그리고 TeAmZ가 알카에다 관련 사이트를 훼손한 것은 사이버 전쟁이 현실임을 보여준다고 몇몇은 해석한다. 해킹과 인터넷 사이트 훼손은 야심 찬 사이버테러리스트들과 해커들이 할 수 있는 일을 보여준다. 사이버테러리스트들과 '정보 반란군infoinsurgent'들이 컴퓨터에 연결된 매우 중요한 국가체제(예컨대 금융서비스 망, 교통망, 전력망 등)에 대해 전자전을 벌일 것이라고 정책 결정자들은 우려한다. 특히 테러리스트들이나 다른 반군들이 스턱스넷Stuxnet 코드를 활용하여 금융망이나 전력망, 다른 핵심 기간망의 운영을 방해할 가능성을 정책 결정자들은 걱정한다. 더 이상 폭력은 두려운 게 아니다. 오히려 정보와 이를 통제할 능력이 새로운 권력의 유형이 되었다.

　테러와 반군들이 전적으로 사이버상에서만 전쟁을 벌일지는 불확실하다. 인터넷과 위성 통신 그리고 휴대용 컴퓨터로의 접근이 매우 용이해져 잠재적인 테러리스트들과 반군들의 역량이 크게 향상되었다. 언론 보도를 보면 2008년 11월 인도 뭄바이 테러를 자행한 테러리스트들은 공격을 조정하는 데 공개된 위성 지도와 위성항법장치GPS 자료뿐만 아니라 휴대전화와 위성전화를 활용했다. 이런 기술과 정보는 예전에는 강대국들이 독점했었다. 오늘날 웹사이트와 포털, 그리고 웹로그는 선전물과 '최상의 실제 자료'를 재빠르게 확산시켜준다. 또 랩톱과 소프트웨어는 테러 관련 자료를 전문적으로 만들어 은밀하게 유통하게 해준다. 컴퓨터 그리고 인터넷을 무기로 한 개인은 무장 테러리스트들이나 소규모 반군보다 더 큰 손해를 입힐 수가 있다. 미국 출생의 안와르 알-알라키Anwar al-Awlaki의 사례가 이를 보여준다. 온라인상의《인스파이어Inspire》잡지를 포함하여 그가 웹상에서 만들어 배포한 자료를 보고 수많은 사람들이 무기를 들었다. 몇몇 고참 알카에다 지도자들은 구획되고 지리적으로 분산된 테러리스트 셀, 즉 '지도자 없는 저항'을 자신들의 미래로 보는데, 이것이 더 중요하다. 필리핀이나 이라크, 그리고 다른 나라에서 본 바와 같이 개인이나 소규모 반군 셀들이 정부군에 붙잡힐 두려움 없이 훈련과 임무 관련 자료를 얻고 정보를 공유하여 활동을 조정할 수 있다.

🔑 요점 정리

- 종교는 구심점으로서 유용하고, 테러를 가능하게 한다. 하지만 목적을 달성하는 데 전략이 되지는 못한다.
- 문화적인 영감을 받은 반란은 반란의 본질을 전통적인 국민, 국가, 군대의 '세 가지 구성요소'에서 혼란스러운 인종 간 갈등으로 변화시킨다.
- 정보기술과 월드와이드웹은 테러리스트들에게 시간과 공간을 뛰어넘어 역량을 확대할 수 있는 기회를 제공했다. 이 때문에 정보 통제가 권력과 동일했던 국가 중심 체제의 취약성이 커졌다.

➕ 맺음말

개인들이 정치적 목적을 위해 기꺼이 폭력을 사용하려 하는 한 국가는 테러리즘과 비정규전에 시달릴 것이다. 탈레반과 알카에다, 그리고 '이슬람 국가'가 인질을 효수하는 것, 그리고 수단과 소말리아에서 기아를 무기로 사용하는 등의 쇼킹한 문화적 맥락은 전쟁의 배후에 담긴 정치적 목적을 희미하게 할 수 있다. 테러리즘과 비정규전은 오랫동안 정치체제를 변화시켜 권력을 장악하는 데 사용되어왔다. 최근에는 문화적 균열 때문에 종교적 및 개인적 이유로 행해진 테러가 급증했다.

현재 비정규전과 테러리즘을 재평가할 때 종종 맥락을 경시한다. 종교와 문화, 인종, 그리고 기술은 비정규전의 중요한 요인이다. 이런 것들은 개인이 부정의를 느껴 무기를 드는 방식과 이유를 규정한다. 그럼에도 비정규전의 궁극적 목적은 정치적 결과를 얻어내는 것이다. 옴 진리교의 교주였던 쇼코 아사하라는 1990년 정치적 야망이 좌절된 후 생화학 무기를 지하철에서 사용했다. 투표에서 치욕을 당한 데 대한 복수가 아마 생화학 무기를 쓴 가장 중요한 이유일 게다. 마찬가지로 알카에다 테러 지도자들이 계속하여 대량 살상 무기WMD를 사용하겠다고 위협하는 것은 이 단체가 2001년 이후 공언한 신정 정치체제를 세워 사회개혁을 시행하겠다는 정치적 목표가 실패했기 때문이다.

전사문화는 폭력을 위한 폭력을 옹호하는 듯하지만 테러와 비정규전의 근원적인 이유는 정치적 자율성, 통제 혹은 권력이다. 체첸 반군들이 러시아 정부군에 대항하여 지속적으로 테러를 벌이는 것은 1856년의 상황과 비슷하다. 당시에도 체첸인들은 러시아로부터 정치적 자율성을 획득하려 했다. 19세기 미국의 인디언들은 자율성을 유지하고 전통적인 사냥터를 보호하려 미군과 싸웠다. 로마인들이 야만인이라 분류한 고대 비정규전 투사들도 로마의 통치체제를 거부하려 투쟁했다.

그렇다면 클라우제비츠가 말한 전쟁의 세 가지(국가, 국민, 군대)는 더 이상 적절하지 않은가? 그렇지 않다. 적절하지 않다고 할 경우 비정규전이 발발하는 이유와 기초를 잘못 해석한다. 최초의 폭력(국민이 행사)은 궁극적으로 정책에 종속되지 않는 한(정부) 아무런 목적에도 쓸모가 없다. 금전적이든 개인의 명예를 높이기 위한 것이든 개인 이득을 위해 저질러진 폭력은 사회에서 범죄행위이며, 그렇게 취급당하는 게 당연하다.

❓ 생각해볼 문제

1. 테러리즘과 반란의 차이는 무엇이고 두 개를 구분하는 것이 왜 중요한가?
2. 비정규전의 본질과 성격이 변하는가?
3. 테러리스트들과 반군들이 시간을 희생하여 정치적 목적을 달성할 수 있는가? 그렇다면 어떤 조건에서 그렇게 할 수 있는가?
4. 공간이라는 요소는 이론상 토론이 쉽지만 실제 실행은 왜 어려운가?
5. 억지로 지지를 얻어내기 위해 테러를 사용하는 것에 대해 왜 비정규전 이론가들은 의견이 분분한가?
6. 비정규전은 전쟁의 원칙에 적용되는가, 아니면 자체 원칙을 보유하는가?
7. 테러리스트들과 반군을 찾아내기가 왜 어려운가?
8. 비정규전에서 무력과 법치 간의 균형을 어떻게 맞출 수 있는가?
9. 반군과 테러리스트들을 격퇴하는 사람들은 어떻게 승리를 거둘 수 있는가?
10. 종교와 문화, 그리고 기술은 테러리즘의 본질을 변화시켰는가?

📖 더 읽을거리

A. K. Cronin, *How Terrorism End* (Princeton, NJ: Princeton University Press, 2009)
　　테러리스트들이 성공 혹은 실패에 이르는 길을 명확하고도 분석적으로 간결하게 썼다.

R. Debray, *Revolution in the Revolution? Armed Struggle and Political Struggle in Latin*

America (London: Pelican, 1968)
프랑스의 철학자가 썼고 체 게바라의 포코 이론을 철저하게 분석했다.

B. B. Fall, 'The Theory and Practice of Insurgency and Counter-Insurgency', *Naval War College Review*, 15(1) (1999): 46-57
반군과 대(對)반군전의 관계에 관한 핵심 개념을 설명한 입문서다.

C. Guevara, *Guerrilla Warfare*, 3rd edn(wilmington, DE: Scholarly Resources, 1997)
체 게바라가 쿠바 혁명에서 얻은 경험을 바탕으로 쓴 게릴라전 교본이다.

J. Jansen, *The Dual Nature of Islamic Fundamentalism* (Ithaca, NY: Cornell University Press, 1997)
이슬람 근본주의와 이집트의 이슬람 형제단이 이를 실행한 것에 대해 통찰력을 제시해준다.

T. E. Lawrence, 'The Evolution of a Revolt', *The Army Quarterly*, 1(1) (1920): 55-69
로렌스가 주도한 아랍의 반란 때 사용한 전략을 객관적으로 분석했다. *Seven Pillars of Wisdom: A Triumph* (London: Jonathan Cape, 1935), pp. 188-96 이와 반대로 이 책에서는 이 전략을 너무 미화했다.

C. Malkasian, *War Comes to Garmser* (Oxford: Oxford University Press, 2013)
외부 반란군이 직면하는 국내의 국가 권력의 역할을 다룬 가장 잘 묘사한 책의 하나다.

M. Tse-Tung, *Selected Military Writings of Mao Tse-Tung* (Peking: Foreign Languages Press, 1966)
마오쩌둥의 가장 중요한 논문의 하나이고 비정규전에 관한 그의 군사 전략의 변화를 보여준다.

E. Simpson, *War from the Ground Up* (New York: Columbia University Press, 2012)
현대의 폭력을 설명하려는 사려 깊고 도발적인 시도이며 클라우제비츠가 개발한 논리를 현대에 적용한다.

🖥 웹사이트

테러리즘격퇴센터(http://www.ctc.usma.edu)
이 센터는 2011년에 설립되었고 다양한 보고서와 자료를 제공한다. 비밀 해제된 문서와 다른 1차 원전에 바탕을 둔 자료도 내려받을 수 있다.

소규모전쟁학술지(http://smallwarsjournal.com)
여러 정책 결정자들과 학자 그리고 전문가들이 제공하는 블로그와 학술지, 그리고 전문 독서 목록을 제공한다.

마르크스에서 마오쩌둥 웹사이트(http://www.marx2mao.com)
블라디미르 레닌뿐만 아니라 마오쩌둥의 게릴라전에 관한 대부분의 저술을 싣고 있다.

미 육군 특수사령부의 혁명 및 반란 전략 검토(http://www.soc.mil/ARIS/ARIS.html)

이 사이트는 유용한 연구와 보고서를 제공해준다. 『반란과 혁명전 교본』, 『지하 반란군에 관한 인간적 요소의 고려』, 그리고 참고문헌 등 여러 최신 자료가 있다.

11 2차 핵시대: 21세기 핵무기

데일 왈튼(Dale Walton)

 독자 안내

이 장은 냉전과 탈냉전 기간 동안에 핵무기가 국제정치에 작용한 역할을 논하는 데 집중한다. 특히 본 연구는 국제 안보를 위협하는 더 많은 국가로의 핵무기의 확산과 미국과 러시아의 핵무기 감축으로 인한 핵무기 수의 절대적 감소에 대한 구분을 명확히 한다. 아울러 대륙간탄도탄 방어, 핵무기 획득의 문화적 단면, 그리고 미래의 테러 집단의 핵무기 활용 가능성 등 최근 핵무기 현안들에 대해서도 설명한다.[1]

머리말

핵무기는 1945년 이후 전쟁에서 실제 사용되지는 않았지만 핵무기 개발은 국제체제에 매우 중요한 역할을 수행하고 있다. 냉전 기간 동안 미국과 소련은 핵무기와 운송수단을 포함한 매우 다양한 형태의 다량 핵무기체계를 구축했다. 같은 기간 정치학자들과 정책 결정자들은 이러한 핵무기와 관련된 많은 어려운 사안들에 대해 힘겨운 논의 과정을 겪고 있었지만 미국과 북대서양조약기구North Atlantic Treaty Organization(NATO) 국가들에서는 억지에 대해 특별한 관심을 보이고 있었다. 특히 핵무기의 사용이 소련의 서부 및 중부의 나토 회원국들에 대한 공격 억지에 어떠한 효과를 보이는지에 집중했다. 따라서 냉전 기간 동안 서방 세계의 핵무기 논쟁의 핵심은 핵무기 활용을 통해 초강대국 전쟁을 방지하는 것이었다.

1945년부터 소련이 붕괴하는 1991년까지의 1차 핵시대는 1945년과 1949년 각각 핵실험을 단행했던 미국과 소련의 두 초강대국이 압도하던 시기였다. 1차 핵시대는 영국, 프랑스, 중국 등 다른 3개국도 핵 보유국임을 공식적으로 선언했고 남아공, 이스라엘, 인도 등 최소 세 국가는 비공인 핵 보유국으로 등장했다. 하지만 이러한 여타 핵 보유국들의 핵탄두 수의 합은 미국 또는 소련의 1개국의 핵무기 수에도 미치지 못했다. 결과적으로 냉전기 동안 핵무기와 관련해 초미의 관심은 초강대국들의 핵무기 수를 반영하여 미국과 소련의 양극에 집중되었다(표 11. 1).

표 11.1 핵 보유국 수의 증가

핵 보유국	최초 핵실험일	현재 핵 보유 여부
미국	1945년 7월 16일	YES
소련/러시아	1949년 8월 29일	YES
영국	1952년 10월 3일	YES
프랑스	1960년 12월 3일	YES
중국	1964년 10월 16일	YES
이스라엘	미상	YES
인도	1974년 5월 18일	YES
남아프리카공화국	1979년 9월 22일	NO
벨라루스	핵실험 없음	NO
카자흐스탄	핵실험 없음	NO
우크라이나	핵실험 없음	NO
파키스탄	1998년 5월 28일	YES
북한	2006년 10월 9일	YES

　오늘날, 모스크바와 워싱턴은 여전히 세계 최대의 핵무기 수를 보유하고 있으나 국제정치적 환경은 최근 급격하게 변화하고 있다. 미국과 러시아는 특별히 적대적 관계를 형성하고 있지 않으며 예견되는 미래의 대규모 핵전쟁 위험성은 크지 않은 것으로 보이고 있다. 그러나 다른 측면에서 국제 환경은 냉전 기간보다 더 위험하다. 세계는 위험하고 불안정한 정권을 포함하는 더 많은 국가들이 핵무기를 보유하는 2차 핵시대로 이전되고 있다. 따라서 1차 핵 시기보다 핵전쟁의 발발 가능성은 2차 시기에서 더 커졌다.

　이 장은 국제정치에서 핵무기의 전략적 역할과 그 변화를 설명하는 데 목적이 있다. 1차 핵시대에서 2차 시대로의 이전에 이 장은 특별한 관심을 보일 것이며 특히 국제 안보 환경에 새로운 위협을 창출하는 더 많은 국가 또는 국제 행위체들로 확산되는 수평적 핵확산에 집중한다. 아울러 이 장은 탄도탄미사일 방어 체계BMD가 어떻게 핵무기의 전략적 활용에 영향을 미치는지에 대해서도 간단히 설명한다. 마지막으로 테러 집단의 핵무기 활용 등 미래에 있을 핵무기의 가능한 역할에 대해서도 서술한다.

1차 핵시대

최초의 핵실험은 1945년 7월 16일 뉴멕시코에서 실행되었다. 한 달도 되지 않은 8월 6일과 9일 핵무기는 히로시마와 나가사키 등 일본의 두 도시 공격에 사용되었다. '작은 소년Little Boy', '살찐 남자Fat Man'로 불리는 이 장치들은 디자인에서 서로 달랐지만 모두 핵분열 무기였다. 이 무기들은 나치 독일이 먼저 핵무기를 확보할 것을 우려했던 미 정부가 수십억 달러와 수천 명의 과학자 및 기술자들을 들여 추진한 강력한 파괴 프로그램인 맨해튼 프로젝트Manhattan Project의 결과물이다.

짧은 기간 동안 미국은 핵장치를 만들 수 있는 유일한 국가로서 핵무기 독점을 누렸다. 이런 독점은 소련 스파이들이 미국의 핵 프로그램의 정보를 모스크바에 제공함으로써 오래가지 않았고 결국 소련은 1949년 첫 번째 핵실험을 단행했다.

1950년대 중반까지 워싱턴과 모스크바는 기존의 핵분열 무기보다 강력한 수소폭탄으로 알려진 분열-융합 핵실험을 지속적으로 실행했다. 수소폭탄은 핵분열 물질을 보다 효율적으로 활용하여 더 큰 폭발력을 만들 수 있다. 핵 위력은 다이너마이트TNT 수천 톤과 동일한 킬로톤과 TNT 수백만 톤에 해당하는 메가톤으로 측정된다. 예컨대 5킬로톤 무기는 TNT 5,000톤의 폭발력을 만들어내며 2메가톤 무기는 TNT 200만 톤과 동등한 수준의 폭발력을 갖는다(Box 11.1).

> ### ◉ Box 11.1 핵분열 물질
>
> 핵무기를 생산하기 위해 가장 중요한 핵분열 물질은 우라늄 235(U235)와 플루토늄 239(P239)다. 이런 방사능 동위원소들은 확보하기 어렵다. 채굴된 우라늄의 주어진 양은 매우 소량의 U235를 포함한다. U235는 비핵분열 물질과 분리되어야 한다. 플루토늄은 자연에서 어떠한 중요한 양을 발견할 수 없다. 그것은 인간의 핵 처리 과정에서 나타나는 부산물이다. 핵분열 물질의 통제는 핵 확산 방지를 위해 매우 중요하지만 원자력 발전을 위해서는 핵분열 물질이 필요하다. 국제원자력에너지기구(International Atomic Energy Agency, IAEA)는 원자력발전소를 보유한 비핵무기국가들이 핵분열 물질을 전용하거나 핵무기 생산에 사용하지 못하게 하는 역할을 수행한다.

히로시마 원폭 투하 직후 핵무기의 국제 관계와 인류의 미래에 대한 의미에 대해 논쟁이 본격적으로 전개되었다. 세계 정치에 대한 핵무기의 영향을 연구하는 첫 번째 책이 버나드 브로디에 의해 『절대적 무기The Absolute Weapon』라는 이름으로 편집되었다. 이 책의 이름은 핵무기의 중요성에 대한 버나드의 시각을 반영한 것으로서, 그는 핵무기는 보통의 무기와는 달리 핵무기 존재 자체가 국제정치의 미래에 급격한 영향을 준다고 인식했다. 그후 수십 년 동안 핵무기와 관련된 수많은 이슈에 대한 문헌들이 제시되었다. 그러나 가장 중요한 문헌들은 핵 억지에 대한 서술에 집중했다. 특히 핵 억지 연구들은 핵무기가 어떻게 적들로 하여금 바람직하지 않은 행동을 하지 못하게 하는지에 대해 모아졌다.

서방세계의 입장에서 냉전 기간 동안 가장 중요한 억지 이슈는 소련의 나토 국가들에 대한 침략을 방지하는 것이었다. 냉전 기간 내내 소련은 전통적인 군사 역량에서 나토보다 압도적인 우위를 누렸다. 서방 전략가들은 소련의 나토 국가들에 대한 침략 방지 방안을 도출하기 위해 고심했고 그들은 거의 전적으로 핵 억지 방안에 동의했다.

미국이 핵무기 사용을 통해 소련을 보복한다고 확신했을 때 소련 지도자들이 나토 국가들을 침공하지 않을 것이라는 게 일반적인 인식이었다. 이것은 소련 본토라는 가치의 동등 가치 위협을 통해 소련의 좋은 행동을 유도하는 방식이다. 다른 형태의 억지 위협은 반격 위협 전략으로 상대 국가 역량의 전력원戰力源에 대한 핵공격을 경고하는 방식이다. 즉 군사력, 지도자 타격, 군사명령 및 통제체제 공격 등에 대한 공격 경고를 통해 상대국의 침략을 억지시키는 방식인 것이다. 따라서 미국은 일반적으로 소련을 억지하기 위해 동등 가치 위협과 반격 위협 전략을 활용했다고 할 수 있다(Box 11.2).

⊡ Box 11.2 **신뢰성**

신뢰성은 억지 위협 성공의 핵심 개념이다. 만약 위협이 믿을 만하지 않다면―즉 위협받는 국가가 상대 적국이 공격을 수행하지 않을 것이라고 믿는다면―억지 경고를 무시할 가능성이 크며 원하는 대로 할 것이다. 이것을 범죄에 비교하면, 만약 도둑이 도둑질을 할 때 잡힐 가능성이 크다고 인식하면 도둑질을 하지 않는 것이 최선의 길이라고 결론 내릴 것이다. 이것은 응징의 보증서인 것이다. 관련된 개념은 응징의 강도 정도다. 만약 도둑이 도둑질로 인해 잡혔을 경우 강력한 처벌을 받는다고 믿는다면 억지될 가능성은 더 커지는 것이다. 일반적으로 억지 위협이 보다 신뢰성이 있을 때 상대국의 공격을 억지할 가능성이 크다. 모든 억지 관계는 고유한 특징이 있으며 따라서 모든 잠재적 적국에게 적용할 수 있는 단순한 억지 공식은 없다. 따라서 항상 억지를 시도하는 국가의 동기와 선호를 이해하는 것이 더욱 중요하다.

1차 핵시대 기간 동안 두 초강대국들은 막대한 수의 전술핵병기TNWs와 전략핵무기 SNWs를 만들었다. 이 두 가지 형태의 핵무기의 구분은 다소 자의적이지만 경험의 법칙에 의해 전술핵병기는 전술전투기, 대포, 단거리 탄도탄 또는 순항 미사일 등의 수단들을 통해 발사되고 보통 전투에서 집중된 병력 또는 함대에 대해 사용하기 위해 의도되었다. 반대로 전략핵무기는 대륙간탄도미사일ICBMs, 대륙간잠수함발사탄도미사일SLBMs, 또는 장거

리 중폭격기 등에 의해 발사된다. 이러한 무기들은 발사 기점에서 수천 마일 떨어진 적국의 종심을 타격할 수 있다(Box 11.3).

　미국과 소련은 1킬로톤 미만에서 10메가톤에 이르는 다양한 형태의 수만 개의 전략 및 전술 핵무기를 양산했다. 많은 경우 미국의 MX ICBM과 같이 단일발사차량에 적재되어 있는 여러 탄두들은 10개의 복수개별유도탄두Multiple Independently Targetable Reentry Vehicles(MIRVs)를 나를 수 있게 만들어졌다. 복수개별유도탄두들은 1970년대에 처음으로 배치되었다. 그전까지도 다탄두는 있었지만 다른 목표물을 각각 타격할 수 있는 독립유도탄은 아니었다.

🔑 요점 정리

- 핵무기는 1945년 일본 히로시마와 나가사키에 원자탄이 떨어진 이후 분쟁에 사용되지 않았다.
- 핵무기는 화학, 생물, 방사성 물질 무기 등과 더불어 대량 살상 무기에 포함된다.
- 핵무기 양산 경쟁은 미국과 소련의 냉전과 긴밀히 연결되어 있고 억지와 관련된 이론적 모델들은 두 초강대국 사이의 양극적 경쟁을 반영한 것이다.
- 핵무기들은 디자인, 발사 수단, 그리고 다른 요인들에 의해 다양한 항목으로 분리된다. 가장 중요한 구분들 중 두 가지는 핵분열과 핵융합핵무기의 차이와 전술핵병기와 전략핵병기의 구분이다.

2차 핵시대의 위험

21세기에 핵 억지가 쉽다고 하는 것이나 또는 항상 불가능하다는 것 또한 과도한 주장이다. 냉전 기간 동안에 개발된 억지 개념은 현재의 핵 문제를 논의할 때도 여전히 유용하지만 21세기의 핵무기 행위체인 이란과 북한과 같은 불량국가들이 냉전 기간 억지이론의 가정과 일치하는 행동을 한다고 가정하는 것도 어리석은 일이다. 억지이론의 모든 주장이 보편적으로 적용되기 어려우며 모든 정치문화도 각각 독특한 측면이 있기 때문에 국가들이 항상 억지이론의 주장과 일치하는 행위를 한다고 예상해서는 안 되는 것이다. 억지는 만병통치약이 아니며 따라서 냉전 시대의 억지 교범이 2차 시대에도 성공적이라고 설명될 수 없는 것이다.

　종종 국제정치 분석가들은 지도자들이 그들의 이익과 관련되지 않으면 특정한 행태를 취하지 않을 것으로 단순하게 가정한다. 따라서 북한 또는 이란이 테러 집단에게 핵장치들을 제공하거나 한국과 이스라엘 등에 선제적인 핵공격을 하지 않을 것으로 가정되어왔다. 이러한 두 가지 극단적인 사례들에서 위의 주장은 적절할 수 있다. 왜냐하면 평양과 테헤란은 그러한 행위가 얼마나 큰 위험을 수반하는지 잘 알고 있기 때문이다. 그러나 이러한 일이 발생하지 않을 것이라는 높은 가능성이 완전히 발생하지 않을 것이라는 것과 동일하지는 않다.

그러나 여전히 냉전 기간 동안의 억지의 신뢰도에 대한 논쟁은 계속되고 있다. 미국과 소련의 분쟁이 발생하지 않았기 때문에 억지이론의 적실성을 확인했다는 주장의 상호관계성은 존재하거나 또는 존재하지 않는다. 확실히 미국은 소련의 공격에 대해 억지를 시도했지만 미국의 억지가 양국 간 전쟁을 방지했는지는 알려지지 않고 있으며 궁극적으로도 알 수 없는 것이다. 실험실 실험과는 달리 역사는 반복될 수 없으며 실제 냉전과 비교하기 위해 통제되는 냉전을 가질 수 없다.

만약 미국 전략가들이 치밀한 억지이론을 개발하지 않았다면, 핵 분쟁은 발생할 수도 있었을 것이다. 유사하게 만약 역사적 우연이 아니라면 미국의 억지에도 불구하고 미소 간 핵 분쟁은 발생했었을 것이다. 만약 억지가 냉전으로부터 전쟁으로의 전환을 방지했다고 확실하게 말할 수 없다면 의사결정이 불투명하고 서양에서 우세한 가치와는 이질적인 가치를 지닌 상대방의 미래 행위를 예측할 때 우리는 더욱더 신중해야 한다. X국가가 그 국가의 이익에 부합되지 않기 때문에 특정 행태를 취하지 않을 것이라고 주장하기 위해서는 그 국가의 이익에 대한 규정이 요구된다. 그러나 국가 지도자들이 자국의 안녕에 대해 구분되지 않는 견해를 가지는 것은 드문 일이며 국외자가 정치 지도자들의 고유의 시각이 그

⊡ Box 11.3 **용어**

- *탄도미사일*: 로켓모터를 장착한 미사일로 탄도궤도를 날아간다. 탄도미사일은 재래식 또는 대량 살상 무기 탄두를 장착한다. 초기의 탄도미사일은 정확도가 떨어졌고 가까운 거리만 소량을 탑재할 수 있었지만 개선된 미사일은 대륙 간의 범위로 확대되었고 독자적인 목표탄두를 실어 나른다.

- *순항 미사일*: 공기흡입모터로 장착된 미사일이다. 최근 모델은 아음속의 속도로 나른다. 핵폭탄 장착이 가능하다.

- *참수공격*: 이 공격은 적의 지도부와 명령, 통제, 그리고 커뮤니케이션(C3) 네트워크를 파괴하기 위한 것이다.

- *무장해제 공격*: 이 공격은 적국의 핵무기를 파괴하기 위한 것이다. 만약 무장해제 공격이 성공하면 적국은 완전히 파괴되지는 않지만 군사적으로 무력해지고 평화 협상에 응하게 될 수밖에 없다.

- *낙진*: 이것은 핵폭발로 인한 방사능 잔해다. 낙진 오염은 건강에 심각하고 치명적인 악영향을 미친다.

- *3축체제*: 대륙간탄도탄, 핵무장 장거리 전략폭격기, 잠수함탑재미사일 등의 결합으로서 미국과 러시아의 전략핵 역량을 구성한다.

국가의 정책에 불가피하게 반영될 것이라고 가정하는 것도 위험한 일이다.

신중한 지도자라면 의사 결정 시 가능성이 없는 사안에 대한 위험성을 요인에 포함해야 한다. 특정 상황에서의 핵무기 사용이 무모하다는 것이 핵무기가 사용되지 않을 것을 보장하는 것은 아니다. 이 주장은 억지의 신뢰성에 좋은 소식이 아니다. 이것은 앞에서 언급했던 두 국가만이 그들이 현재 및 향후 보유하는 핵무기에 대해 예측하기 어려운 국가가 아니기 때문이다.

이러한 불확실성에 대한 단순한 답은 불량국가 또는 잠재적 불량국가들의 핵무기 보유를 부인하는 것이다. 그러나 지속적으로 그렇게 하기 어려울 것이라는 여러 가지 이유가 있다. 따라서 우리는 핵 보유국의 수가 점차 늘어날 것으로 예상한다. 그렇다고 핵 비확산 승리가 없을 것이라고 말하는 것은 아니다. 리비아와 같이 핵무기를 추구하는 일부 국가들은 미국 등 타국에 의해서 핵 보유를 단념하게 될 것이며 극소수의 경우는 남아프리카공화국과 같이 스스로 비핵화할 수 있다.

그러나 핵 확산이 전체적으로 축소될 가능성은 매우 낮다. 어떤 기술에 대한 지식은 시간이 지날수록 확산될 것으로 예상되며 핵무기는 60년이 지난 오래된 창조물이다. 비핵 보유국들의 더 많은 개인들이 핵무기 기술에 대해 알게 되는 것은 놀라운 일이 아니다. 핵에너지 프로그램을 가진 국가들의 증가는 핵 확산을 근절시키기 더 어렵게 한다.

'칸 네트워크'는 2차 핵시대의 핵 확산 방지가 얼마나 어려운지를 잘 보여주는 사례다. '칸'은 파키스탄 핵무기 프로그램의 '아버지'로 불리는 자로서 오랜 시간 파키스탄의 영웅으로 대우되었다. 그러나 그는 시간이 지나면서 핵기술 국제무역네트워크의 중심이 된 것이 확실해졌다. 그는 2004년 자신의 핵기술 확산 행위가 파키스탄 정부의 인지하에 이루어지지 않았다고 주장하면서도 그러한 자신의 행위에 대해서는 공개적으로 인정했다. 그러나 그는 후에 이는 압력에 의해 이루어진 것이고 자신은 정부에 의해 지지받은 행위를 한 '희생양'이라고 주장하며 자백을 부인했다.

칸의 행위가 어느 정도 정부의 허가를 받은 것인지는 여전히 논쟁거리지만 그의 활동은 여러 국가들에게 핵 관련 정보를 제공하는 매우 광범위한 것이었다. 명백히 칸의 기관은 이란과 북한 핵 프로그램에 매우 중요한 지원을 제공해왔으며 이것은 핵기술과 물질 확산 통제의 증가하는 어려움을 보여주는 것이다. 특히 비공식적 범죄 네트워크는 한 국가의 핵 확산을 증명하기 어렵게 한다. 최근 발생한 사건들은 특정 국가의 핵 확산 시도 여부를 확실하게 규명하기 어렵다는 것을 잘 보여주고 있다. 예컨대 2007년 이스라엘이 명백하게 북한 핵 기술자들이 일하고 있다고 의심을 사는 시리아 원자로 시설을 공격했을 때 많은 전문가들은 충격을 받았다. 이는 시리아가 심각한 핵무기 프로그램을 추진하는 국가로 광범위하게 의심되지 않았고 또 평양과 긴밀한 협력 관계가 많지 않았던 것으로 인식되었기 때문이다.

잘 계획된 반핵 확산 노력이 핵무기 확산 속도를 느리게 할 수는 있지만, 그럼에도 추가적인 확산은 지속될 것으로 간주된다. 이 말은 더 많은 국가들이 핵전쟁을 개시할 수 있는 물리적 수단을 보유하게 된다는 것과 결과적으로 세계적 범위에서 보다 복잡한 억지 환경이 조성될 것임을 의미한다. 2차 핵시대는 몇 가지 점에서 1차 핵시대와 구별되는데, 가장 큰 차이점 중 하나는 억지의 신뢰성 약화다. 수평적 확산에 따라 지구 어느 지역에서의 핵전쟁 발생의 위험성은 증가할 것으로 예상된다. 1945년 이후 핵무기가 사용되지 않고 있지만 우리는 이런 기록이 또 다른 60년 동안 지속될 것으로 예상해서는 안 된다. 더욱이 만약 억지되지 않는 지도자가 핵무기를 보유한다거나 그것을 사용하려는 의지를 갖는다면 억지는 불가능한 것이다. 정치 지도자들은 특정한 행위로부터 발생되는 부정적 결과를 수용하지 않는 결정을 한다는 점에서 궁극적으로 억지되는 선택을 한다. 그러나 만약 그들이 행위의 결과를 수용할 의사가 분명하다면 그들이 원하는 대로 행할 것이다.

냉전 기간 동안의 경험에 근거할 때 핵무기는 국가들을 더욱 경계하게 만들고 따라서 전쟁에 개입되는 것을 꺼리게 한 측면이 있지만 이런 가정이 모든 경우에 사실일 것이라는 주장을 의심할 여지는 있다. 우리는 북한과 같은 특정 국가들의 핵무기 의사 결정에 대해 거의 알지 못한다. 특히 아직 핵무기를 보유하지 않지만 그럴 가능성이 높은 이란과 같은 국가가 핵무기를 보유했을 경우 어떻게 할지에 대해서도 알기 어렵다. 더 나아가 중국 같은 국가가 미래의 위기 상황에서 어느 정도 핵전쟁의 위험성을 가지게 될지에 대해서도 많은 의문점이 있다.

모든 경우에, 핵무기 의사 결정과 관련해 가장 신빙성 있게 예측 가능한 국가들은 미국, 영국, 프랑스와 같이 비교적 장기 핵 보유 기록을 갖고 있는 안정된 민주주의 국가들이다. 그러나 북한, 이란, 러시아, 또는 파키스탄 등과 같은 국가들은 미래에 어떤 행위를 할지 예상하기 매우 어렵다(Box 11.4).

이러한 국가들 대부분의 경우에 우리는 그들의 핵 독트린에 대해 신뢰할 만한 정보를 갖고 있지 못하다. 독트린은 국가들의 군사력 사용을 안내하고 핵무기의 경우 핵무기 사용 환경에 대한 지침road map을 제시한다. 냉전 기간 동안 초강대국들은 전투에서 핵무기 사용을 매우 꺼리는 것을 증명했지만 모든 국가들이 유사하게 행위할 것이라는 보장은 없다. 사실 상대적으로 재래식 군사 역량이 약한 국가들은 핵무기를 그들이 군사강국에 대항하기 위해 사용할 수 있는 저렴한 승리 카드로 간주한다. 우리는 점차 다양한 핵 보유국들이 협상과 분쟁의 상황에서 어떻게 그들의 핵무기를 사용할지에 대한 보다 명확한 개념을 갖게 될 것이다. 그러나 어떤 상황에서든 2차 핵시대의 억지는 억지를 위해 노력하는 국가들의 문화적·정치적·군사적, 그리고 다른 특성들에 따라 조심스럽게 맞춰져야 한다. 모든

> ### ⊙ Box 11.4 불안정한 핵 보유국들: 파키스탄 사례
>
> 2차 핵시대에, 불안정한 특정 국가들이 핵무기를 보유하거나 개발을 시도하고 있다. 파키스탄이 대표적인 사례다. 파키스탄은 현재 선출된 시민정부로 운영되고 있지만 군사 쿠데타, 내전, 또는 다른 형태의 정치 변화가 발생할 것이 우려되는 국가다. 더욱이 심지어는 탈레반이 주도하는 정권이 다시 정권을 잡거나 국가를 분열시킬 수도 있다. 아프가니스탄의 분쟁이 파키스탄으로 확산되면서 최근 안보 상황도 악화되고 있다. 근래, 인도와 파키스탄은 비교적 안정적 관계를 유지하고 있다. 양국이 핵전쟁에 대한 우려로 상호 억지되고 있지만 파키스탄에 급진적 정권이 등장할 경우 억지 안정성은 사라질 수 있다. 이것이 불안정한 국가로의 수평적 핵 확산의 위험성을 보여주는 것이다.

정치 지도자들이 소련을 이끌었던 지도자들과 같지 않으며 억지가 냉전 기간 동안 실제로 작동했다고 하더라도 그 시기에 개발되었던 억지이론이 절대 보증할 수 있는 것이 아니며 억지 실패도 가능하다고 가정해야 한다.

2차 핵시대에 있어서 또 다른 차이점은 미사일 방어 배치와 긴밀하게 연결되어 있다. 1차 핵시대 기간 동안 탄도미사일 방어 배치는 치열한 논쟁거리였다. 탄도미사일 방어 반대론자들은 그러한 방어가 두 초강대국들로 하여금 상대의 탄도미사일 방어를 압도하기 위해 더 많은 탄두를 만들게 하여 양국 사이의 핵 균형을 불안정하게 한다고 경고했다. 이러한 무기 경쟁과 불안정성은 미국과 소련의 전쟁 가능성을 높일 수 있었던 것이다. 탄도미사일 방어 반대론자들의 주장이 정확했는지의 여부를 떠나 1차 핵시대의 종말은 국제 안보 환경을 크게 변화시켰다. 수천 개의 핵탄두를 이미 보유하고 있는 초강대국이 수천 개의 더 많은 핵탄두를 만들 수 있다는 것을 믿지 않을 근거는 없다. 그러나 핵무기를 만들고 있는 작은 국가들의 다수는 재정적으로나 기술적으로 대량의 탄두와 미사일을 만들기 어렵다. 이런 경우 다른 국가들의 탄도미사일 방어 배치는 수직적 핵 확산을 유도하지 않는다. 미사일 방어 반대자들은 미국의 탄도미사일 방어 체제 구축이 적은 수의 핵무기를 보유한 국가들로 하여금 더 많은 탄두를 만들게 할 것을 걱정하지만, 대부분의 경우 그들은 그럴 만한 역량이 없다.

1971년 미국과 소련은 반탄도미사일협정Anti-Ballistic Missile Treaty(ABM Treaty)을 체결했다. 이 합의는 양국이 포괄적인 국가미사일 방어 체제 구축을 금지하는 것이다. 이 조약은 상호 확증 파괴mutual assured destruction(MAD)에 근거한 억지의 구체적 비전을 대표한 것이었다. 이는 1차 공격이 얼마나 성공적이었든 간에 상대국의 가공할 보복 공격 실행 능력을 제거하는 것은 불가능하다는 믿음이 양국으로 하여금 핵무기를 사용하지 않게 한다는 것이다. 즉, 상호 확증 파괴는 어떠한 핵전쟁도 양측에 심각한 타격을 요구한다는 점에서 억지 안정성

을 상정하게 했다. 그러나 현재 미국과 러시아만이 상호 확증 파괴를 신뢰할 수 있을 만큼의 충분한 핵탄두를 보유하고 있다. 더욱이 상호 확증 파괴는 현재의 워싱턴-모스크바 관계에서는 관련성이 떨어진다. 그 이유는 현대 국제체제가 냉전 시대의 환경과 급격히 다르기 때문이다. 따라서 미국과 같은 국가들은 상호 확증 파괴를 뛰어넘는 것을 바라보고 있으며 동시에 비교적 작은 핵 보유국들이 양산하는 잠재적 위협에 대한 대응 방안을 고민한다. 반면 작은 핵 보유국들은 적대국의 미사일 방어에 의해 자국의 핵탄두가 무력화될 가능성을 고려해야 한다.

미국은 2002년 미사일 방어 체계 구축을 위해 반탄도미사일협정ABM을 폐기했고 현재 본토 미사일 방어 체제를 보유하고 있다. 그러나 미국만이 국토 방어를 위한 탄도미사일 방어를 추진하는 국가는 아니다. 핵 보유국 및 비핵 보유국 등 다양한 국가들이 탄도미사일 방어 체제 구축에 관심을 표명했다. 2차 핵시대에 진입하면서 더 많은 국가들이 그러한 방어 체제를 구축할 것이며 그러한 사실은 모든 핵 보유국들, 특히 적은 수의 핵 보유국들의 표적 전략을 복잡하게 할 것이다.

🔒 요점 정리

- 냉전 종식 이후, 세계는 핵 보유국 수가 증가하는 2차 핵시대로 진입했다.
- 억지는 미래에 믿을 만한 효과를 발휘하지 못할 수 있다. 냉전기에 미국과 소련 사이의 대결 구도 속에서 개발된 억지이론은 북한과 이란과 같은 국가들에 적용하기가 부적절할 수 있다.
- 전략적 문화는 특정 국가가 핵미사일을 억지를 위해 사용할지 또는 전쟁을 위해 사용할지 결정하는 데 중요한 영향을 미친다.
- 탄도미사일 방어 체계는 미래에 핵정책 결정에 중요한 요인으로 등장할 것이다. 특히 이는 핵무기 획득을 추구하는 국가들을 억지시키는 효과를 줄 수 있다.

2차 핵시대의 적응

많은 점에서 인류는 오늘날 냉전 기간보다 더 안전하다. 적어도 북반구에서 미-소 간 핵전쟁은 근대문명의 종말을 의미한다. 오늘날 문명 괴멸적 핵 분쟁의 즉각적인 위험성은 적다. 2차 핵시대는 냉전 시기와 같은 몇 가지 추정들이 의문시된다. 예컨대 핵 보유국은 항상 '합리적'이고, 탄도미사일 방어는 억지를 약화시키며, 군통제와 군축 협정들은 반확산 노력의 최고의 수단이라는 추정들이 의문시될 수 있다는 것이다. 위의 두 가지 가정들과 관련된 문제점들은 이미 서술했으며 우리는 세 번째에 관심을 보일 차례다.

비확산과 반확산은 모두 수평적 핵무기 확산을 방지하기 위한 노력과 연관되어 있다. 이 두 가지 활동은 비확산이라는 용어가 핵비확산조약NPT과 같은 국제법적 용어로 사용되기 때문에 때로는 구별하기 어렵다. 최근 더 유행하는 용어인 반확산은 핵비확산조약NPT 및 다른 국제합의들을 강제하는 의미로 종종 사용된다. 반확산은 군사력과 같은 다양한 수단을 포함할 수 있다.

1968년에 체결되고 1970년에 효력이 발생한 NPT는 중국, 영국, 프랑스, 소련/러시아, 그리고 미국 등 5개국만이 정당한 핵 보유국임을 인정하는 국제합의다. 모든 다른 국가들은 핵무기를 보유하지 않는 것에 동의하는 조약을 체결한 것이다. 인도, 이스라엘, 그리고 파키스탄은 NPT를 체결한 적이 없으며 북한은 전前체결국이었으나 2003년 조약을 파기했다.

NPT의 전반적 성공 여부는 논쟁적이다. 합의가 발효되기 시작한 이후 많은 핵 보유국들이 몇 년 동안 핵실험을 진행하지 않았지만, NPT를 체결한 다수의 국가들은 핵무기를 보유하지 않고 있다. 예컨대, 대부분의 국가들은 핵무기를 보유하기에는 너무 작았거나 너무 가난했고 핵무기를 가질 능력이 있던 국가들의 다수도 핵무기 보유를 원하지 않는 국내 세력의 반격으로 인해 금지되었다거나 단순히 그들이 자국의 안보를 확보하기 위해 그런 무기가 필요하다고 여기지 않았기 때문이다. 일본과 한국과 같은 국가들의 지도자들은, 예를 들면, 미국의 '핵우산'에 대한 강한 신뢰가 있었으며 따라서 현재 핵 확산의 다른 형태의 비용이 잠재적으로 크다고 믿고 핵 보유를 불필요한 것으로 생각한다.

NPT 및 이와 유사한 보편적인 군축 합의의 주요 취약성은 합의 준수가 자발적이라는 것이다. 그런 조약들은 의심스러운 장소의 사찰에 대해 매우 약한 조항들을 가지고 있으며 위반 행위자에 대한 심각한 처벌을 가할 체제도 없다. 그 이유는 체결국의 수를 최대화할 목적이었기 때문에 조항들을 더 많은 국가들이 수용할 수 있을 정도의 수준으로 조정할 필요성이 있었기 때문이다.

🔘 Box 11.5 **군비 통제조약과 국제 환경**

역사는 군비 통제조약이 국제 환경에서 위험 수준을 줄이는 데 거의 역할을 하지 못했음을 보여주고 있다. 만약 있었다면, 1928년 켈로그-브라앤드 합의(Kellogg-Briand pact)에 의해 전쟁이 금지되었기 때문에 1차 세계대전 이후부터 2차 대전까지가 군비 통제의 '황금시대'라고 할 수 있다. 냉전 이후 러시아와 미국이 보유한 핵탄두 수의 급격한 축소도 교훈적인 것이다. 일부는 전략무기 감축 협정 I, II, START I, START II, 전략적공격감축조약(SORT) 그리고 New START 합의가 전체적인 지정학적 환경을 변경시키지 못했고 단지 이 조약들이 러시아와 미국 관계의 급속한 변화만을 반영하는 것이라고 주장할 수 있다.

미국에 의한 점령 전의 이라크 사례는 NPT와 다른 보편적인 군비 통제 합의의 단점을 잘 보여주고 있다. 1991년 걸프전에서 군사적으로 패배한 이라크는 보다 더 강력한 국제원자력 에너지기구IAEA의 사찰을 제시했다. 걸프 전쟁 전에 이라크는 이미 핵무기 프로그램을 가동하고 있다고 일반적으로 간주되었다. 하지만 바그다드가 핵무기의 실제적 양산을 중단했다는 사실은 대부분의 관측자들을 놀라게 했다.

이러한 사실에도 불구하고, 이라크는 자국의 대량 살상 무기 프로그램과 역량의 완전한 공개를 피하기 위해 관리했고 따라서 세계 정보기관들 대부분은 1991년과 2003년 사이의 이라크 대량 살상 무기 프로그램의 진행을 과하게 평가했다. 만약 이라크가 그런 조건 아래에 외부자들을 잘못 이끌었다면, 다른 국가들도 그럴 수 있다는 것을 쉽게 상상할 수 있는 것이다.

이라크의 바트당Ba'ath의 IAEA 사찰에 대한 전면적 협조 거부는 결과적으로 자국의 붕괴를 이끌었다. 그러나 그것은 워싱턴의 조치에 의한 결과였으며 IAEA 또는 유엔의 조치가 아니었다. 북한의 사례가 보여주듯이, NPT와 같은 합의에 대한 명백한 준수 거부는 금지적인 보복의 결과로 나타나지 않는다. 사실 북한은 NPT 반준수를 통해 일본, 한국, 미국과 같이 핵 프로그램의 중단과 중유, 식량, 그리고 다른 상품들을 교환한다는 데 동의한 국가들로부터 재정적 이익을 얻었다.

미국이 주도하는 대량 살상 무기 재료 및 지식의 확산을 방지하기 위해 다양한 방법으로 국가들이 협력을 유도하는 프로그램인 핵 확산 안전조치Proliferation Security Initiation(PSI)와 같은 반확산 조치는 NPT를 실질적으로 작동시키기 위해 시도되었다. 군비 통제와 군축 합의가 모든 핵 확산 문제를 해결할 것이라고 예상할 수는 없지만 이런 조치들은 국가들로 하여금 핵 확산을 중단하고 반확산을 강력하게 강제할 수 있는 유용한 수단을 제공할 수 있다(Box 11.6).

아울러 비확산과 반확산 노력이 핵 확산을 모두 중단시킬 수 있다고 예측해서는 안 되지만 핵무기의 수평적 확산을 중요한 정도로 완만하게 하는 데는 성공할 수 있다.

핵 확산의 역사와 수평적 확산의 지속성을 감안할 때, 2차 핵시대가 성숙해질수록, 핵무기의 정치적·군사적 역할이 어떻게 전개될 것인가를 고려할 필요가 있다. 핵 사용 반대 규범이 강할수록 궁극적으로 세계적 범위에서 핵무기는 금지될 것인가? 기술적 발전이 이런 무기들을 쓸모없게 만들 것인가? 또는 핵무기는 국제정치의 역할을 계속할 것인가?

핵무기가 모두 제거되거나 또는 IAEA와 같은 국제 권위체의 손에 쥐어지는 방식으로 중지될 가능성은 거의 없다. 사실 최근 보편적 핵무기 감축을 향한 진전을 보여주는 강력한 증거는 없다. 세계적으로 절대적 핵무기 수는 줄어들고 있지만, 이것은 완전한 군축과는 큰 차이를 보인다. 핵 보유 선언국들 모두 공개적으로는 보편적인 군축이 목표라는 데 합의했지만, 그들 중 어느 국가도 핵미사일을 포기하거나 가까운 미래에 그럴 것이라고 제시하지 않

Box 11.6 확실한 군축의 어려움

확실한 군축은 핵무기 개발을 위한 확산자의 역량 또는 성공한 확산자의 핵탄두를 파괴하기 위한 군사적 힘의 사용이다. 그러나 확실한 군축은 매우 어렵고 논쟁적이다. 이런 이유로 실제 추진되는 것도 드물다. 대량살상 무기 확산에 대한 우려에 의해 추진되었던 이라크 침공과 점령에 따른 어려움은 군축을 위한 재정적 및 인명적 비용이 얼마나 큰지를 잘 보여준다. 미국은 이란과 북한 핵 프로그램에 대한 깊은 우려를 표명했지만 여러 가지 이유로 실질적인 군축을 시도하지 못했다.

미국이 북한과 이란의 핵 프로그램의 위치와 성격에 대해 구체적인 정보를 가졌다 해도 워싱턴이 이 시설들을 타격하지 않는 것은 매우 자연스러운 선택이다. 북한과 관련해, 미국은 이것이 한반도의 전면전으로 확대될 것을 우려한다. 북한이 다수의 재래식 포대 등을 보유하여 서울에 막대한 피해를 줄 수 있기 때문에 미국은 위험의 상승을 가져올 수 있는 군축을 위한 공습을 기피한다는 것이다.

북한과 이란의 핵 확산 도전은 군사적 역량의 사용으로 해결되기 어렵다. 따라서 정책 결정자와 군사 설계사들은 이 국가들이 현재 핵무기를 보유하고 있고 북한의 경우에는 향후에도 이를 위해 노력한다는 가정하에 또는 지속적인 외교 협상과 핵무기 규제를 지키려는 이란의 의지에 따라 미래에도 무장이 될 수 있다는 가정하에 군축을 전개해야 한다.

! 비판적으로 사고하기

핵 금지는 존재하는가?
핵무기 사용 금지에 대한 논쟁이 있다. 그러나 그것의 존재는 여전히 논쟁적이다.

존재한다:

● ***핵 사용의 국제적 비용:*** 대부분의 상황에서 핵무기 사용은 매우 평판이 나쁘며, 부도덕적이라는 국제적 공감대도 광범위하게 조성돼 있다. 핵무기를 사용하는 국가들은 국제적 봉쇄 또는 다른 응징에 직면하기 쉽다. 만약 특정 국가가 국제 안보 환경에 지속적인 위험을 가한다고 규정되면 이 국가는 장기간에 걸쳐 극심한 압박에 직면하거나 군사적 수단에 의한 정권 교체 시도를 경험할 수 있다.

● ***핵 사용의 개인적 비용:*** 핵 사용을 위한 구체적 상황과 무관하게 핵무기 사용을 결정한 지도자들은 국제 사회로부터 비난받을 것이며 반인도적 범죄로 법정에서 응징될 것이다.

존재하지 않는다:

● ***규범의 모든 위반이 금기의 위반은 아니다:*** 거의 모든 사회에서 뿌리 깊고 장기적인 반감을 의미하는 강력한 단어다. 핵무기 사용에 대한 광범위한 반감이 있지만, 특정한 사회에서는 국제사회의 용인을 받을 수 있다.

● ***실질적 사례의 부재:*** 핵무기 사용 반대에 대한 규범은 강력한 반대에 직면한 적이 없다. 예컨대, 어떤 핵 보유국도 핵무기 사용보다는 핵무기 폐기를 선택한 적이 없다.

았다. 동시에 수평적 핵 확산은 계속되고 있다('비판적으로 사고하기' 참조).

핵무기가 쇠퇴할 것인가의 질문은 보다 복잡한 것이다. 천 년간 세련되고 단순한 무기들은 거의 남지 않았고 무기는 그것이 처음 도입되었을 때 그 소유자들에게 큰 이점을 제공하고 나면 그 후 새로운 무기가 만들어지면서 점진적으로 구식이 되고 궁극적으로는 군사적 사용에서 완전히 사라지는 상당히 간단한 인생사를 갖는다.

핵무기는 '절대적 무기'에서 보다 파괴적인 새로운 대량 살상 무기의 등장으로 그 위치에서 쫓겨날 가능성은 있다. 예컨대 엄청난 파괴력을 갖는 '반물질폭탄'이 그 가능성을 보여줄 수 있다. 기술적으로 차별적인(경쟁력이 있는) 군대는 더 강력한 재래식 무기를 배치한다. 그러나 가까운 미래에 핵무기는 인류가 보유하고 있는 가장 강력한 파괴 무기로 남을 것이다. 이러한 현실에서, 핵무기가 국제정치적 역할을 계속할 것은 명확하다. 얼마나 많은 국가들이 향후 몇 십 년 동안 핵무기를 보유할 것인가는 정확하게 예측하기 어렵지만 핵 보유국의 수가 증가할 가능성은 매우 높은 것이다.

더 많은 국가들이 핵무기를 보유함에 따라 그리고 핵 보유국들이 이데올로기적으로, 문화적으로 더 다양해짐에 따라, 우리는 강건한 억지가 얼마나 다양한 조건하에 가능한지 알게 된다. 아마도 우리 국제 사회의 지도자들은 핵무기를 사용하지 못하게 하는 강력한 '핵무기 금지'를 발견할 것이다. 그러나 대신에 우리는 장기간의 핵무기 휴전기의 파괴를 볼 가능성도 있다.

ⓘ 요점 정리

- 비확산과 반확산 수단들은 핵 보유국의 수평적 확산 방지와 통제를 위해 사용된다.

- NPT는 단지 중국, 프랑스, 영국, 소련/러시아, 미국 등 5개국만 핵 보유를 인정하고 모든 다른 가맹국들은 핵무기 획득을 금지하고 있다고 승인했다. 세계 대부분의 국가가 가맹국이지만 인도, 이스라엘, 파키스탄 등 핵 보유국들을 포함한 일부 국가들은 제외되었다.

- NPT와 같은 보편적인 군축 합의의 효과적 강제는 어렵다는 것이 증명되었다. 그 이유는 NPT가 매우 약한 사찰 조항이기 때문이다.

- 향후 수십 년 동안 핵무기의 중요성이 약화될 가능성은 거의 없고 핵강대국들이 그들의 핵탄두를 폐기할 것이라는 가능성도 거의 없다.

➕ 맺음말: 3차 핵시대 전망

1945년 이후, 핵무기는 국제정치에서 핵심적인 역할을 수행했다. 그러나 그 역할은 점차 예민하게 변화했다. 2차 핵시대로 전환되면서 핵 보유국 집단은 덜 배타적이 되었다. 비확산과 반확산 노력들은 핵무기 확산 속도를 완만하게 하지만, 핵무기 보유국의 수는 계속 증가할 것으로 예상해야 한다. 여기에는 몇 가지 이유가 있지만 군사적 활용성과 억지와 강제를 위한 핵무기들의 결과적 유용성 그리고 핵무기 보유로 인한 위상 등이 가장 중요하다. 핵무기는 전통적 의미에서 군사력이 상대적으로 적대국들보다 약한 국가에게 특별한 가치가 있다. 예컨대, 전통적 분쟁에서 대부분의 국가는 미국의 우월한 군사력을 인정한다. 하지만 심지어 적은 수의 핵무기로도 미국 전쟁 계획을 복잡하게 할 수 있으며, 미국과 그 동맹국들의 참혹한 사상자 발생 가능성을 높인다.

몇 가지 경우에, 핵무기는 미국의 군사 작전 실행을 방지할 수 있어 결과적으로 북한과 이란 같은 국가들이 위기에서 승리하게 할 수 있다. 또한 핵 보유는 대부분의 강대국들이 이 무기들을 보유하고 있기 때문에 국제 사회에서 높은 위상과 연결되어 있다. 물론 핵 보유 자체만으로 강대국이 되는 것은 아니지만, 이것은 왜 상대적으로 약한 국가들이 국제적 비확산 질서에서 벗어나기 위해 특별한 노력을 하는가를 설명해주는 이유의 하나인 것이다.

냉전 기간 동안 발전된 억지이론이 지속적으로 유용한 지침을 제공하겠지만 핵 보유국 그룹이 다양해짐에 따라 이 이론들의 계속된 적실성은 의문시되고 있다. 우리가 보아왔듯이, 모든 국가는 고유의 전략 문화가 있고 문화적 요인들은 핵무기의 획득, 억지, 사용에 관한 결정에 많은 영향을 준다. 냉전 기간 동안 두 초강대국의 최대의 두려움은 상대 국가가 1차 공격을 통해 자국의 핵 역량을 전면적으로 무력화시키는 것이었다. 남은 핵무기, 특히 잠수함 발사탄도미사일SLBM과 대륙간탄도탄ICBM 같은 무기들은 적국 공격에 대한 걱정이 비교적 없었다. 지휘 통제체제가 유지되고 초강대국의 핵무기가 남아 있는 한 상대국에 치명적 반격을 수행할 수 있기 때문에 확실히 몇 개의 핵미사일은 몇 가지 이유에 의해, 예컨대, 기계적 문제, 단순한 정확도 문제, 그리고 여타 문제 등으로 목표물을 타격하는 데 실패할 수 있다. 하지만 초강대국의 핵무기 수는 너무 많기 때문에 그런 문제가 치명적 타격 능력을 약화시키기는 어렵다. 반대로 오늘날 핵 보유국들 대부분은 오히려 적은 수의 핵무기를 가지고 있고, 미사일 방어가 핵전쟁 계획을 기하급수적으로 복잡하게 하고 있다. 적은 핵무기 보유국이 미사일 방어 체계를 갖춘 적국을 공격할 때 그 공격국은 얼마나 많은 핵무기가 방어망을 뚫고 그들의 목표물을 타격할 수 있을지 예측하기 어렵다.

미국의 미사일 방어 체계의 확산은 많은 국가들에게 그들의 적이 휘두를 핵무기에 대항하여 방어할 수 있는 '방패'를 제공할 수 있는 것이다. 더욱이 미국과 같은 일부 국가들은 핵무기와 미사일 방어 체계를 모두 추구한다. 따라서 냉전 기간 서방에서 만들어진 너무 많은 핵무기의 사용으로 핵무기에 대항하기 위한 방어 체계 구축이 불필요한 노력이라는 주장은 더 많은 국가가 핵 보유국이 되는 금세기에는 적절하지 않다. 특정 국가가 매우 적은 수의 핵무기를 보유할 때, 그 핵무기들은 잘 디자인된 미사일 방어 체계에 의해 모두 가로막힐 수 있는 것이다. 2차 핵시대의 20년 동안, 우리는 지속적인 수평적 핵 확산과 계속되는 러시아와 미국의 핵무기 감소와 같은 뚜렷한 경향을 목도했다. 가장 최근에 후자의 경향은 새로운 START 조약을 통해 더 강화되어 미국과 러시아 양국은 각각 1,550개의 핵무기를 배치하는 것으로 제한했다. 그러나 중국, 인도, 파키스탄과 같은 국가들은 그들의 핵무기 수를 늘리고 있다. 이것은 미사일 방어 체제와 결합되어 많은 잠재적인 핵 억지관계에 복잡한 환경을 만들어냈다.

현재의 핵시대에서 핵무기가 정치적으로 어떻게 활용될지는 확실하지 않다. 그러나 다행히 새롭게 핵 보유국이 된 대부분의 국가들은 핵위협의 이슈화에 비교적 경계적이다. 그러나 여전히 많은 화약고가 남아 있다. 예컨대, 인도, 파키스탄은 반복적으로 어려운 관계를 보이고 있으며 만약 북한이 계속된 위기를 겪거나 또는 내부적으로 붕괴되기 시작한다면, 북한이 그들의 핵무기를 어떻게 사용할지를 명확히 아는 것은 불가능하다. 더욱이 우리가 많은 국가들이 동시에 핵무기를 추구하는 핵 확산의 급격한 증대를 경험하지는 않았지만, 미래에 발생할 가능성은 있는 것이다.

이란의 핵 확산 노력과 최근 대부분의 아랍 국가들이 겪는 정치적 불안정성 등을 고려하면, 중동은 급격한 핵 확산 증대에 관한 비옥한 환경이 조성되어 있다. '아랍의 봄'으로부터 어떤 유형의 정부가 나타날지, 그리고 그 후의 사안은 알기 어렵지만, 그들의 일부는 그들의 전임자보다 핵 확산에 대해 더 명확히 표현할 것이라는 점은 분명하다.

2차 핵시대의 최대 주제는 얼마나 많은 핵 보유국이 나타날지, 그리고 그 국가들이 정치적 목적을 위해 어떻게 그들의 핵무기를 사용할지에 대한 불확실성에 기반한 미예측성이다. 더 걱정스러운 것은 아마도 하나 또는 더 많은 테러 집단 또는 다른 폭력적 비정부 행위체들의 핵무기 획득이 가능할 것이라는 점이다. 1차 핵시대의 종말과 그에 따른 대규모 핵전쟁 가능성의 급격한 감소는 환영할 만한 좋은 이유가 있다. 그러나 유감스럽게도 핵무기는 세계 어디에선가 사용될 가능성도 높다. 만약 발생한다면 이것은 3차 핵시대의 시작을 의미하며, 그 시대에는 억제되지 않는 수평적 핵 확산과 핵무기 사용의 반복이 모두 가능할 것이다.

❓ 생각해볼 문제

1. 1차와 2차 핵시대의 특징은 무엇인가? 두 시대의 주요 차이점은 무엇인가?

2. 왜 핵 억지의 냉전모델은 2차 핵시대에 관련성이 떨어지는가? 어떤 측면에서 관련성이 남아 있나?

3. 수평적 핵 확산이 핵전쟁 가능성을 더 높이는가? 만약 그렇다면 이유는?

4. 만약 많은 국가들이 탄도미사일 방어 체제를 확보한다면, 이것은 핵의 수직적 그리고 수평적 확산에 어떤 영향을 미치는가?

5. 칸 네트워크의 역사는 2차 핵시대의 수평적 확산 통제의 어려움을 얼마나 잘 보여주는가?

6. 계속되고 있는 수평적 핵 확산을 방지할 수 있는가? 만약 그렇다면, 어떻게?

7. 만약 핵 확산을 중지시키기 어렵다면, 이런 무기의 확산을 중요할 정도로 천천히 늦출 수 있는 가능성은 있는가? 만약 있다면 어떻게?

8. 미국과 소련의 핵무기는 냉전이 3차 대전으로 비화하는 것을 방지하는 데 얼마나 중요한 역할을 했는가?

9. 전 세계적으로 핵무기의 완전한 폐기는 가능한 목표인가? 만약 그렇다면 어느 정도 성취가 가능한가?

10. 핵무기 확산자의 핵무기 보유를 방지하기 위해 군사적 힘을 사용하는 것이 적절한가? 만약 그렇다면, 어떤 조건에서 이 방법이 적절한가?

📖 더 읽을거리

F. Barnaby, *How to Build Nuclear Bomb: And Other Weapons of Mass Destruction* (New York: Nation Books, 2004)
접근 가능한 용어로 국가 또는 비국가 행위체들이 대량 살상 무기 생산을 추진하는 방식을 설명한다.

P. B. Bracken, *The Second Nuclear Age: Strategy, Danger, and the New Power Politics* (New York: Times Books, 2012)
2차 핵시대 개념에 대해 설명한다.

L. Freedman, *The Evolution of Nuclear Strategy*, 3rd edn(New York: Palgrave MacMillan 2003)
여러 국가들의 핵무기 전략의 역사적 발전에 대해 구체적으로 논의한다.

L. Freedman, *Deterrence* (Cambridge: Polity Press, 2004)
핵심적인 억지 개념을 소개하고 어떻게 억지이론이 전개되어왔는지를 연구한다.

W. Langewiesche, *The Atomic Bazaar: The Rise of Nuclear Poor* (New York: Farrar, Straus, and Giroux, 2007)
　칸 네트워크와 핵 테러의 위험성을 포함하는 수평적 핵 확산과 관련된 여러 사안들에 대해 설명한다.

D. Miller, *The Cold War: A Military History* (New York: St Martins's Press, 1998)
　냉전 기간 동안 어떻게 미국과 소련의 핵무기들이 개발되었는지를 설명한다.

K. B. Payne, *The Great American Gamble: Deterrence Theory and Practice from the Cold War to the Twenty-first Century* (Fairfax, VA: National Institute Press, 2008)
　억지이론의 발전과 이 이론이 어떻게 현재와 미래에 적용될 수 있는지를 설명한다.

S. D. Sagan, and K. N. Waltz, *The Spread of Nuclear Weapons: A Debates Renewed*, 2nd edn(New York: W. W. Norton, 2002)
　어떻게 수평적 핵 확산이 국제 안보 환경에 영향을 미치는지에 대한 두 국제정치학자들의 논쟁을 소개한다.

웹사이트

Washington and Lee University가 주도하는 핵 이슈 전자도서관(http://alsos.wlu.edu)
　책, 논문 및 다른 자료들을 포함하는 훌륭한 자료들을 확보하고 있다. 이 도서관은 the Nuclear Pathways project에 소속되어 있다.

미국과학자 연합(http://www.fas.org/nuke)
　여러 국가들의 핵무기 관련 정보를 포함하는 반핵무기 그룹 사이트를 운영하고 있다.

핵시대평화재단(http://www.nuclearfiles.org)
　또 다른 반핵그룹으로서 핵 관련 사이트를 운영하고 있다. 이 사이트는 핵무기와 억지에 대한 상당한 자료를 보유하고 있다.

핵무기 중요성 편람(http://www.acq.osd.mil/ncbdp/nm/nm_book_5_11/index.htm)
　미국 국방부가 운영하는 온라인 사이트로 핵무기와 핵 발전과 관련된 미국 정부 관료들을 위한 정보 사이트다.

핵 경로(http://www.nuclearpathways.org)
　미국국립과학전자도서관의 일부로서 핵무기 관련 이슈들의 역사 및 현재 정보들을 보유하고 있다.

12 대량 살상 무기의 통제

존 베일리스(John Baylis)

 독자 안내

핵시대 기간 동안 인류가 직면한 가장 중요한 질문의 하나는 어떻게 무기들을 통제하는가였다. 냉전기 동안 이런 무기는 그 수와 인류를 파괴할 수 있는 특유의 역량으로 인해 중요성이 증가하였다. 새롭게 강화되는 미국과 러시아 간 긴장과 중국의 부상으로 인해 군비 통제는 다시 한번 국제 안보 토론에 중요한 주제가 되었다. 협상이 핵무기와 다른 대량살상 무기를 완전히 제거하는 데 최적의 방안인가? 외교적 수단을 통해서 국제체제를 안정시킬 수 있게 이런 무기들을 관리할 더 유용한 접근법은 있는가? 또는 이러한 무기들의 확산을 방지하기 위해 보다 무력적인 수단을 사용해야 하는가? 현상을 파괴하기 위해 이런 무기들을 사용하는 불량국가들 또는 테러 집단에 강제적 수단을 사용해야 하는가? 이러한 질문들과 대량 살상 무기에 대한 변화하는 국제적 접근들이 이 장에서 다룰 주제다.

머리말

군비 또는 이동 체제에 대한 통제 구축은 어려우며 이는 고통을 수반하는 과정이다. 그럼에도 군비 축소를 통해 무기를 제거하기 위한 노력은 긴 역사를 갖고 있으며 적어도 한 학자는 고대 시대까지 그 흐름을 추적했다(Croft 1996). 학문적 주제로서 군사적 관계에서 상호적으로 동의된 관리인 군비 통제는 좀 더 최근에 시작된 것이다. 1947년 냉전이 시작된이후, 초강대국 관계를 안정시키기 위해 군비 통제를 사용하는 전망이 지지를 받기 시작하면서 학문적 분석과 국제 정책이 한곳으로 모이기 시작했다. 쿠바 미사일 위기 사건의 소름 끼치는 경험은 본국으로 하여금 미소 관계가 위험스러울 정도로 불안정할 수 있게 했고스스로의 군비 증강에 의존할 수 없게 했다. 더 넓은 관계에서, 20세기의 교훈은 전쟁이 거의 항상 가장 파괴적 수준으로 악화될 수 있음을 보여주었다. 점차 이것은 가장 파괴적인기술을 보유한 초강대국들만의 일이 아니라는 사실을 일깨워주었다. 이제 대량 살상 무기의 확산은 핵심 사안이 되었다.

이번 장은 냉전 기간 동안 전개되었던 군축으로부터 군비 통제까지의 변화와 초기 탈 냉전 기간 동안 발생했던 군비 통제에서 확산 방지의 강제적 수단까지 변화의 상대적 중요성에 대해 서술한다. 이 장은 1980년대와 1990년대에 대량 살상 무기에 대한 효과적인 수단으로 군비 통제가 어떻게 등장했는지 살펴볼 것이며 어떻게 새로운 아이디어가 반확산과 연결되어 보다 군사적인 접근법이 클린턴 정부와 부시 정부에서 형성되었는지를 알아볼 것이다. 마지막으로 오바마 정부의 군비 통제로의 회귀와 새로운 지정학적 긴장에 의한 도전에 대한 논의로 마무리한다.

냉전기 군비 통제

1930년대 전쟁 진입과 군비 경쟁 이후, 평화와 안보를 달성하는 방안으로서의 군축에 대한 환멸은 2차 대전의 후유증의 상황에서 공식적 입장으로 자리 잡았다. 냉전 기간 동안 부상한 두 초강대국들에 의해 전개된 군비 통제와 군축에 대한 제한된 시도는 그 시대의 회의적 판단을 심화하기에 충분했다. 두 국가 모두 자국의 안보에 위험성을 받아들일 준비가 되어 있지 않았고, 미래의 분쟁에 결정적 영향을 미칠 무기에 대해서는 특히 그랬다. 1940년대 말 두 초강대국 사이에서 증가하는 긴장은 해소와는 거리가 멀었고 최소한의 국제통제협상은 악화된 불신과 고조된 적대감 속에서 진행되었다.

1950년대 중반까지, 군축 협상의 부진과 핵무기 위험성에 대한 인식의 확산은 군비 통제에 대한 접근 방식의 변화를 불러왔다. 1955년 영공공개 합의open skies agreement와 핵실험 금지 시도 협상 등 '부분적 조치partial measures'에 대한 선호 속에서 일반적이고 포괄적인 군축 조약협상의 노력은 포기되었다. 군비 통제는 냉전기 군비 경쟁에 의해 발생한 구체적인 문제들을 다루는 방안으로 점차 인식되기 시작했다. 정책 수준에서 더욱 유연해진 이러한 움직임은 방어 공동체 내에서 '새로운 사고'를 이끌어냈다. 이런 사고가 일부가 주장하는 것과 같이 고유의 것은 아닐지라도, 1950년대 중반에 군비 통제 이론을 발전시키는 새로운 문헌들이 등장하기 시작했다(Box 12.1).

새롭게 등장한 군비 통제 이론가들은 핵무기 폐기를 실현시키기보다는 핵무기 억지 체제 구축 연구에 집중했다. 군비 통제는 핵무기와 비핵무기 억지를 더 어렵게 하는 군비 경쟁과 기술 발전이라는 무기체계의 역동성의 파괴적 효과에 대항하는 힘의 균형의 작동을 강화하기 위해 추진되었다(Buzan and Herring 1998; 212). 이것의 핵심 목표는 전장의 비용과 가능성을 낮추고 핵과 재래식 무기 군비를 줄이는 것이다. 두 초강대국이 1962년 10월 쿠바 미사일 사건 이후 핵의 혼돈으로부터 돌아옴에 따라 양국은 그 어느 때보다도 효과적인 위기관리의 상호 이익을 이해하게 되었다. 이 위기는 군사 충돌과 정치적 불안정 시기

> ### ◉ Box 12.1 군비 통제의 정의
>
> '군비 통제'와 '군비 축소'라는 용어는 때로는 통용적으로 사용되기도 하지만 두 용어는 국제정치에서 매우 다른 시각을 의미한다. 헤들리 불(Hedley Bull)은 그의 저서 『군비경쟁의 통제』에서 군비 축소를 '무기의 감축 또는 폐기로 정의하며, 이것은 일방적이거나 또는 다자적이며; 일반적이거나 또는 지역적이며; 포괄적이거나 또는 부분적이며; 통제적이거나 또는 비통제적일 수 있다'고 설명한 바 있다. 한편, 불에 의하면 군비 통제는 '무기의 수준, 성격, 배치 또는 사용을 감안하는 무기정책에 국제적으로 적용되는 제약들을 포함한다'(Bull 1961: 1).
>
> 존 스페니어(John Spanier)와 조셉 노지(Joseph Nogee)는 그들의 『군축정치』에서 군비 축소와 군비 통제의 차이를 보다 구체적으로 정의했다. 그들의 정의에 의하면 '군비 축소는 전쟁의 인적, 물적 자원의 완전한 폐기 또는 부분적 감축을 의미한다면 군비 통제는 핵무기 사용에 대해 가해지는 제약들과 관련되어 있다'(Spanier and Nogee 1962: 15).

에 부주의한 확대와 오산의 위험성을 부각시켰다.

1963년 6월 미국과 소련은 워싱턴과 모스크바 사이의 안전하고, 공식적이며, 의지할 수 있는 소통 창구를 제공하기 위한 '핫라인' 합의를 체결했다. 위기가 심화됨에 따라 핵실험 이슈도 아울러 강조되었다. 새로운 군비 통제 학파의 덜 조명받는 사안을 반영하여, 미국, 영국, 소련은 1963년 8월 부분 핵실험 금지 조약에 합의했다(a Partial Test Ban Treaty). 이 조약은 대기권 내에서의 모든 핵실험을 금지했지만 지하 핵실험은 허용했다. 1960년과 1964년에 각각 핵실험을 했던 프랑스와 중국 정부는 이 조약이 선발 핵 보유국들에게 이익이 있다고 간주하여 이 조약에 동의하지 않았다(Box 12.2).

이 조약이 제한적이었기 때문에 이 조약은 더 많은 군비 통제 시도를 촉진했다. 1963년과 1968년 사이에 초강대국들은 추가적인 핵 확산을 금지하는 폭넓은 합의를 위한 협상 시도라는 공통의 이해에 집중했다. 이것은 1968년 7월 체결된 NPT(핵비확산조약)를 완결시켰다.

중국과 프랑스는 다시 한번 체결을 거부했고 다른 몇몇 국가들도 이 조약은 핵 현상 유지를 고착화하고 핵 초강대국들이 자국의 핵무기를 포기하게 하는 시도와 연결되었다면서 부정했다. 후자의 비판은 영구적이 되었고 그 후 NPT 과정을 괴롭히는 효과를 보였다. 1974년 평화적 목적이라는 인도의 핵실험은 이 조약의 취약성을 분명하게 보여주었다. 그럼에도 이 조약은 제한적이지만 중요한 이익을 제공했다. 이는 추가적인 핵 확산 속도를 억제하는 초기 단계의 NPT 레짐 핵심 강령이 되었다. 또한 이 조약은 초강대국들의 불안정한 관계 시기에 협력을 위한 기회를 강조했다.

1970년대 중반까지 초강대국들은 대량 살상 무기로서 병원균과 독의 사용을 통제하기 위한 공통의 이해를 인식했다. 1975년 발효되기 시작한 생물 무기 금지 협약Biological Weapons

⊡ Box 12.2 대량 살상 무기는 무엇인가?

2003년 이라크 전쟁에서 대량 살상 무기라는 용어는 그 전까지 부족했던 대중적 관심을 받았고 과학자, 분석가, 정부 관료, 활동가 등 전문가들에 의해 주로 사용되었던 그 용어는 이제 정치적 수사의 일부가 되었다. 부잔(Buzan)과 헤링(Herring)은 대량 살상 무기를 '적은 수의 무기로 매우 빠르게 대규모의 생물 및 무생물을 파괴하는 무기'로 정의하지만 이를 일반적으로 재래식 무기로 간주되는 무기에도 적용할 수 있다고 언급한다 (Buzan and Herring 1998: 53).

이 용어는 국제적으로 수용된 정의이며 1948년 재래식 무기를 위한 국제연합위원회(the United Nation Commission for Conventional Armaments)에 의해 형성되었다. 이는 대량 살상 무기를 '원자폭발무기, 방사능물질무기, 치명적 화학 및 생물무기, 그리고 원자폭탄과 위에 언급한 다른 무기들과 같은 파괴적 효과를 내는 미래의 모든 무기들'로 정의한다.

이 정의는 대량 살상 무기 통제에 대한 국제합의에 기반을 두고 형성되었다. 그럼에도 이 용어는 정치적 수사로는 보통 때보다 조심스럽게 사용해야 한다. 그 이유는 본질적으로 무기의 매우 다른 형태들을 융합하기 때문이다. 오늘날, 이는 핵, 방사능, 화학, 그리고 생물 무기들을 포함하는 포괄적인 용어로 간주된다.

핵무기는 플루토늄과 우라늄의 핵분열과 핵융합에 의해 작동된다. 세계에는 핵 보유가 알려진 일곱 개 국가들(영국, 중국, 프랑스, 인도, 파키스탄, 러시아, 그리고 미국)이 있다. 이스라엘은 핵 보유를 부인도 시인도 하지 않고 있지만 보유하고 있는 것으로 확신되고 있다. 북한은 적은 수의 핵무기를 보유하고 기본적인 역량을 보유하고 있는 것으로 알려지고 있으며 최근에 이란은 핵무기 프로그램을 가동하고 있다는 우려가 있다.

방사능무기는 때때로 '더러운 무기'로 불리며 방사능물질이 부착된 재래식 폭발로 이루어진다. 이것들은 핵폭발을 포함하지 않지만 더 넓은 범위에 방사능 독성물질을 확산시켜 폭발의 희생자들에게 방사선을 가한다. 이 무기들은 테러세력과 비국가 행위자들에 의해 폭넓게 활용된다.

생물학 무기들은 군대 또는 시민들과 같은 개인들을 독살하거나 감염시키기 위해 의도적으로 퍼뜨리는 박테리아, 바이러스 또는 생물학 독소들이다. 무기로 사용되었던 생물학 무기의 예는 탄저병, 천연두, 그리고 리신 등이 포함된다. 유사하게 화학무기도 인간에게 죽음, 영구적 상해, 또는 무기력을 불러오는 화학물질의 독성 효과로 사용된다. 포스진, 독가스, 화학작용제 등이 대표적이다.

Convention(BWC)은 생물학 및 독소 무기의 개발 및 생산 그리고 비축을 금지했다. 또한 이 합의는 국가들이 이러한 무기의 보유를 위한 발사 수단과 독소 무기, 그리고 장비의 파괴를 요구했다. 그러나 이 회의의 가장 큰 문제는 조약 실험의 검증을 위한 조항이 없다는 것이다. 1969년부터 1972년까지 초강대국들은 처음으로 전략무기를 제한하는 어려운 과제에 집중했다. 1972년 5월 전략무기 제한 협정Strategic Arms Limitation Treaty(SALT)이 체결되었고 탄도미사일 방어 제한을 포함한 여러 어려운 사안들을 포함했다. SALT I의 목표는 국제적 불안정성을 증대시키는 무제한적 군비 경쟁을 방지하기 위해 미사일과 탄도요격 미사일 배치를 구체적 수준에서 제한하는 것이다. 이렇듯 군비 통제 커뮤니티 내부에서의 전례 없는 합의 내용에도 불구하고 이것은 빠르게 미국 내부를 포함하여 비판의 대상이 되었다.

미국 내부의 비판가들에 따르면, 이는 소련의 핵무기의 수적 우세를 고착화하고 동시에 소련이 미국이 앞서 있는 무기의 질적 영역에서도 경쟁력을 갖게 한다는 것이다. 정확도와 탄도미사일에 다수의 미사일 배치를 포함하는 모든 중요한 질적 사안들에 대한 논의의 실패는 특히 군비 경쟁이 양적 영역에서 질적 영역으로 이동할 것을 우려하는 많은 군비 통제 지지자들에게 실망스러운 것이었다.

이러한 SALT I의 단점을 고려하여, 얼마 지나지 않아 제네바에서 새로운 협상이 열렸다. 그러나 진전은 천천히 증명되었다. 1979년에 체결된 SALT II는 블라디보스토크에서 구체적인 가이드라인이 합의되기 5년 전에 체결되었다. 전략무기 발사체는 2,400개로 제한했으며 다탄두 '각개 목표 재도입 미사일MIRV'로 장착된 탄도미사일과 전략폭격기에 부차적 제한을 두었다. 그러나 거의 즉각적으로 군비 통제 과정은 소련의 아프가니스탄 침공과 1980년 1월 카터 대통령의 상원에 대한 조약 비준 요청 연기로 틀어졌다. SALT II가 비준을 받지 못한 채로 남았지만 미국과 소련은 조약의 제한을 수용했다. 그러나 이런 기술적 합의에도 불구하고 그 후 3년은 레이건 정부의 소련에 대한 합의 백지화 시도 제기로 점철되었다.

1987년 500-5,000킬로미터 사이에 해당하는 사거리 미사일을 금지하는 중거리 핵전략 철폐 협정Intermediate Nuclear Force(INF)이 체결되었지만 냉전이 끝날 때까지 군비 통제의 전체적 혜택에 대한 실망감은 커졌다. 그러나 군비 통제는 적성국들 사이에 특히 전략적 사고, 전력 배치의 목적, 그리고 적대국 전력구조와 활동에 대한 우려 등에 대한 토론의 장을 제공함으로써 신뢰를 증대시키는 역할을 한 것으로 나타나면서 데탕트의 시기가 왔다. 이러한 현상은 쿠바 미사일 위기의 후유증의 상황에서 발생했다. 이러한 현상은 쿠바 미사일 위기 이후와 1970년대 초반에 발생했다. 그러나 이 기간은 오래가지 않았고 더 적대적 관계가 뒤따랐다. 군비 통제의 효과는 분명히 제한적이었으며 일시적이었다. 군비 통제 비판가들은 군비 통제가 긴장 국면에서 초강대국 관계를 개선시키는 데 도움을 준 증거가 거의 없다고 여겼다.

🛈 요점 정리

- 1950년대 중반은 군비 통제 이론의 발전과 '새로운 사고'를 불러왔다.
- 군비 통제의 목적은 우월한 체제를 더 효과적으로 작동하기 위함이었다.
- 쿠바 미사일 위기는 군비 통제 합의의 '황금시대'를 열게 했다.
- 그러나 1970년대 후반까지 군비 통제는 평화와 안정을 위한 방안으로서 증가하는 문제에 직면했다.
- 1987년 중거리 핵전략 합의에도 불구하고 1980년대에도 난관들이 계속되었고 결국 군비 통제의 이득보다는 불이익이 크다는 인식이 증가했다.

탈냉전기 군비 통제의 잔여 역할

냉전의 종식은 군비 통제 활동의 돌풍을 불러왔고 군비 통제 비판가들을 논박하는 큰 진전을 보였다. 1991년 다수의 협상 이후 전략무기 감축 협정 START I이 타결되었다. 무기 증가에 대해 단순한 제한 대신 전략무기 감축 협정START은 검증된 과정을 거쳐 전략 핵탄두와 이동 수단의 수를 줄였다. 소련의 해체와 더불어, 러시아의 보리스 옐친 대통령과 빌 클린턴 미국 대통령은 1993년 향후 양측의 핵탄두 수를 줄이는 START II를 체결함으로써 초기 탈냉전 시대의 분위기를 이어갔다. 그러나 1992년 5월에 체결한 START I의 협정서의 결과로, START II는 START I이 미국과 러시아에서 비준되고 효력이 발생한 후에 실행되는 것으로 합의되었다.

이것은 다음과 같은 몇 가지 요인에 의해 문제점이 증명되었다: 조약의 비용과 전략적 효과에 대한 러시아의 증대되는 우려, START II 제한에 대한 동의 전에 ABM에 대한 새로운 논쟁 해결의 필요성, 그리고 NATO 확대 계획에 대한 러시아의 증가하는 적대감이 그것이다. 이러한 양국 간 문제점들은 다른 분야에서도 나타났다. 1995년 NPT의 무기한 연장 성취에도 불구하고, 비핵화 속도에 대해 핵 보유국과 비보유국 사이에 중대한 이견이 계속되었다(조약 제6조에 기술되어 있음). 동시에 1998년 5월 인도와 파키스탄에 의한 핵실험은 조약 외부 세계의 중요한 부분에서 핵비확산 규범의 균열성을 보여주었다. 유사하게 1996년에 체결된 포괄적 핵실험 금지 조약으로 성취된 명백한 발전은 미국 상원이 조약의 비준을 거부한 1999년에 중지되었다(Box 12.3). 다른 대량 살상 무기 통제 시도 또한 비슷한 시기에 난관에 봉착했다. 1993년 체결되었고 1997년 4월에 효력이 발생했던 화학무기 금지 협정도 여러 가지 심각한 약점을 보였다.

이 협정은 화학무기의 사용과 개발, 생산, 이동, 그리고 축적을 금지하기 위해 만들어졌다. 저장소와 생산시설들은 파괴되었다. 헤이그에 있는 화학무기 금지 기구Organization for the Prohibition of Chemical Weapons(OPCW)를 통한 검증 규정이 있었지만, 폭넓은 화학산업 생산이 협정의 효과적 감시를 거의 불가능하게 했다. 2002년까지 145개국이 생화학 무기 금지 협정을 비준했지만 상당수의 국가들이 암암리에 무기를 개발하고 있다는 우려도 있다.

새로운 세계가 시작되면서 핵무기 확산에 대한 우려도 증가하고 있다. 2002년의 다음 10년 동안 각기 약 2,000개의 미국과 러시아 탄두를 추가적으로 감축하는 전략적 공격 무기 감축 협정(모스크바 협정)에도 불구하고, 몇몇 국가들과 테러 집단들이 핵무기와 다른 대량 살상 무기를 확보하는 데 더 많은 동기들이 나타났다. 냉전의 종식과 미국의 패권적 위상으로 미국 패권 또는 미국의 내정간섭을 두려워하는 국가들(북한과 이란)은 그들 소유의 '궁극적' 무기를 개발할 이해관계가 만들어졌다. 9 · 11 이후에는 지역적 또는 세계적 야

Box 12.3 대량 살상 무기에 대한 국제 레짐

대량 살상 무기의 세 가지 분류(핵, 생물학, 화학)는 미사일 전달 체계와 더불어 항상 상호 연결되어 있고 각각 고유 무기들의 통제를 위한 국제기구가 있다. 그들은 각기 다른 발전 단계를 보이고 있고 같은 속도로 발전하거나 전개되지 않는다. 핵비확산조약(NPT)은 1970년 3월 5일에 효력이 발생하기 시작했으며 현재 회원국은 189개국이다. 단지 인도, 이스라엘, 북한, 파키스탄은 NPT 체제 밖에 잔존하고 있다. NPT 체약국들은 핵 보유국과 핵비보유국 등 두 부류로 구분된다. 조약에 따르면 핵비보유국들은 핵무기를 완전히 포기하는 데 동의하며, 핵 보유국들(영국, 중국, 프랑스, 러시아, 미국)은 핵 군축을 위해 '좋은 신념 속에서 협상을 추구'하는 것으로 되어 있다. 조약 제6조에 적혀 있는 이 약정은 5개 핵 보유국이 모두 그러한 목표를 위해 심각하게 추진하는 것으로 보이지 않으면서 최근 다시 논란이 되고 있다. NPT의 또 다른 '악마의 협상'은 핵비보유국들이 핵 보유국과의 정보의 완전 가능한 교환으로 원자력 발전 개발을 할 수 있는 양도할 수 없는 권한을 가진다는 제4조에 있다. 이 정보의 교환은 국제원자력에너지기구(IAEA)의 다양한 사찰과 안전조치의 대상이다(IAEA: http://www.iaea.org 참조).

화학무기 금지 협약(CWC)은 화학무기를 금지하는 다자간 조약이다. 이 조약은 1997년 4월 29일 효력을 발휘하기 시작했으며 164개국이 현재 참여하고 있고 화학무기 금지 기구에 의해 집행되고 있다(OPCW: http://www.opcw.org 참조). 이 협약은 협약국들에 의한 화학무기의 개발, 획득, 또는 보유, 그리고 사용 또는 사용을 위한 준비를 금지한다. 아울러 화학무기 이전 또는 다른 국가의 화학무기 촉진 그리고 협약국에 의한 화학무기 파괴 등도 금지한다. 후자가 중요하다. NPT와는 달리 CWC는 금지된 무기의 보유에서 저장 제고의 파괴까지를 금지하며 이러한 일의 절차에 대한 분명한 시간 계획표와 최종 기한을 규정한다. 이를 준수하지 않을 경우 OPCW(화학무기 금지 기구)가 협약 국가들에 처벌적 행동을 요구할 수 있고 극단적인 경우는 UN 안전보장이사회에 회부한다.

생물무기 금지 협약(BWC)은 1975년 3월 26일 효력이 발휘되기 시작했고 현재 150개국이 참여하고 있다. 이 협약은 생물학 병기의 생산, 보유, 획득, 축적, 개발을 금지한다. CWC와는 다르게 BWC는 1925년 제네바 협정에서 확인한 대로 이런 무기의 사용을 금지하지 않는다.

망을 위해 대량 살상 무기를 획득할 이해관계를 가진 알카에다와 같은 테러 집단들에 대한 우려도 있다. 따라서 탈냉전 시대의 새로운 지리 전략적 현실은 새로운 도전들에 직면한 대량 살상 무기 통제 시도들을 의미한다.

　따라서 20세기를 마무리하는 세상의 그림은 뒤섞여 있는 모습이다. 핵 비확산은 2000년까지 핵 보유국 수가 20개를 넘을 것이라는 케네디 공포를 성공적으로 방지하는 것으로 나타났고 화학무기의 파괴가 세계적으로 진행되고 있으며 보통의 군사무기의 축소를 넘어 생물학적 무기들은 여전히 대부분의 국가에 잔존하고 있다. 그럼에도 새로운 세기의 출현은 약소국들과 비국가 행위자들에 의해 대량 살상 무기가 확산하고 있다는 느낌으로 가득 차 있다. 따라서 전통적인 군비 통제 기술과 원리들로 새롭게 등장하는 위협을 대처하기에는 점점 많은 어려움이 있다.

군비 통제에서 반확산까지

1991년 걸프전 이후 UN과 IAEA 대량 살상 무기 사찰관들은 정보원들이 평가한 것보다 이라크가 핵 역량의 개발에 더 큰 진전을 보인 것을 발견했다. 이것은 확산이 보이는 것보다 빠르게 움직이는 것을 의미했다. 이것의 의미는 매우 컸다. 1990년 전에 미국의 정보기관은 세계에서 20개국 정도가 화학무기를 보유하고 10개국 정도가 생물학 무기를 개발하는 것으로 예측했다. 그러나 지금 이 숫자는 과소평가한 것으로 나타났으며 그 국가들도 의심했던 것보다 더 크게 진전을 이룬 것으로 보인다. 숨은 수직적 그리고 수평적 확산에 대한 우려는 이라크 경험에서 더 강화되었고 따라서 이런 문제를 저지하기 위한 더 강력한 수단의 필요성은 커졌다.

따라서 냉전의 종식은 규모는 작으나 보다 다양하고 더 치명적인 위협의 새로운 형태를 낳은 것으로 나타나고 있다. 분쟁에서 핵무기는 억지를 위해 배치되는 것으로 간주되었지만 화학무기와 생물학 무기들은 사용하기 위해 배치되는 성격이 더 컸다(Lavoy, Sagan, and Wirtz 2000). CIA 제임스 울시 국장은 이를 다음과 같이 간결하게 표현했다. '이것은 우리가 45년 동안 큰 용과 싸우다, 그것을 죽이고 나서 독뱀들이 우글대는 정글에 있는 자신을 발견한 것과 같다'(Woolsey 1998).

위협의 심각성은 이런 대량 살상 무기가 미국의 군사적 역량을 약화시킬 것이라는 불편한 진실에 기인한다. 리처드 베츠Richard Betts도 그가 대량 살상 무기, 특히 핵무기가 약소국 또는 집단과 같은 약자의 무기라고 주장할 때 이런 점을 시사했다(Betts 1988: 27). 인도 육군의 순다지 장군General Sundarji도 비슷하게 걸프전의 교훈의 하나는 만약 어떤 국가가 미국과 싸운다면 그 국가는 핵무기를 보유하기 전까지는 그런 행위를 피해야 한다는 사실을 일깨워준 것이라고 주장했다.[1]

베츠와 순다지는 모두 1991년에 이라크가 핵 역량을 보유하고 있었다면 '사막의 폭풍' 작전은 불가능했을 것이고 미국과 그 동맹국들은 쿠웨이트 개입으로부터 억지되었을 것이라고 주장했다. 따라서 작은 적대국들의 억지 전략을 억누르는 능력에 대한 워싱턴의 확신은 작은 국가들이 핵무기를 보유할 때 심각하게 감소될 것이라는 것이다. 이것은 영국과 터키와 같은 연합에 참여하고 있는 다른 NATO 국가들에게도 사실일 수 있다.

더욱이 이 문제는 일부 국가들 또는 그들의 지도자들은 억지되지 않는다는 인식에 의해 더욱 악화되었다. 즉 이는 종종 소위 '불량국가들'의 환경에서 제기되었다. 미국의 정책 결정자와 분석가들은 종종 이러한 국가들은 그들의 지도자들이 광신적이거나, 정신적으로 붕괴되었거나 또는 단순히 미치거나 비합리적이어서 억지 기반 전략에 민감하지 않다고 주장한다.

대량 살상 무기 확산이 미국으로 하여금 걸프전 타입의 분쟁에서 승리하기 어렵게 하거나 또는 이를 억지할 가능성에 대한 우려가 클린턴 정부의 결정의 핵심이었고 이에 1993년『Bottom Up Review』에서 대량 살상 무기가 미국 안보의 가장 직접적 위협이라고 선언했다. 이에 같은 해 12월, 미국 국방부장관인 레스 아스핀Les Aspin은 전미과학아카데미 연설에서 국방 반확산계획CPI을 발표했다.[2]

아스핀은 미국과 NATO가 핵무기를 소련의 재래식 무기의 우월성을 보충하기 위한 '균형무기'로 사용했다고 지적했다. 그는 오늘날 미국은 경쟁되지 않는 재래식 군사 역량을 보유하고 있고 오히려 잠재적 적들이 핵무기를 얻을 수 있다고 강조했다. 즉 미국이 균형이 되는 처지가 될 수 있다는 것이다. 아스핀의 견해는 잠재적인 미국의 적들은 최소 생화학 무기를 생산할 능력이 있어 미국의 지도자들이 대량 살상 무기로 미국 군사력이 위협받는다고 간주하게 되었다는 것이다.

반확산의 목표는 다음과 같이 파악된다.

1. 대량 살상 무기 획득 억지
2. 확산이 발생한 곳에서 외교적으로 대량 살상 무기 프로그램 파기
3. 대량 살상 무기 사용 또는 위협을 억지하기 위한 미국의 장비, 정보 역량, 그리고 전략의 확보
4. 대량 살상 무기로 무장한 적 격퇴(Pavis 1994: 9)

그러나 반확산의 목표는 개념 자체보다는 더 잘 규명되었다. 반확산 개념은 다른 사람들에 의해 다른 것을 의미하는 것으로 사용되었기 때문에 용어는 조심스럽게 사용해야 한다. 헤럴드 뮐러Harald Müller와 미셸 레이스Mitchell Reiss는 1995년 반확산을 구성하는 네 가지 다른 정의가 있다고 주장했다(Muller and Reiss 1995)(Box 12.4).

⊙ Box 12.4 **명칭에는 무엇이 있나? 반확산의 등장**

부처(Butcher)는 반확산을 "반확산의 군사적 구성요소로, 같은 맥락에서 군사 전략은 대외정책의 구성요소로"로 정의하고 있다. 이것은 비교적 직설적이지만 그 용어는 유동적이기 때문에 주의해서 사용해야 한다. 이 용어는 레스 아스핀의 CPI(반확산계획)로 유명해졌다. 그의 1993년 연설 몇 개월 후 국가안전보장이사회(NSC) 메모는 반확산의 정의를 제시했다.

> 미국의 국익과 역량을 보호할 책임과 함께 전개되는 외교, 군비 통제, 수출 통제, 그리고 정보 취합 및 분석 등을 포함하는 확산과의 전쟁을 위한 미국 국방부의 활동은 대량 살상 무기 또는 미사일로 무장한 적과의 대결을 의미한다.
>
> –Davis, 1994: 8

부시 행정부는 2002년 12월에 발간된 동반 문서에서 대량 살상 무기 전략을 규정했다. 반확산 용어는 과거보다 명확한 개념으로 정의되었고 지금까지 반확산의 부분 집합으로 간주되던 것에서 벗어나 보다 특별한 위상으로 자리 잡았다. 반확산은 세 가지 핵심 요소로 정의되었다. 대량 살상 무기의 적대국가 및 테러 집단으로의 이전 금지, 사용의 억지, 방어가 그것이다. 그 문서는 미국 군사력과 적절한 시민 기관들은 대량 살상 무기로 무장한 적에 대항해서 예방적 수단을 포함하는 방어력을 가져야 한다고 명확히 기술하고 있다.

부시 행정부의 2002년 국가안보전략보고서(NSS)는 이 정책에서의 근본적 변화를 가져왔다. 부시 정부가 이라크에 대해 선제적/예방적 공격을 시도함에 따라 그의 국가 안보전략은 그러한 공격을 확산에 대항하는 폭넓은 전략의 부분으로 일반화하는 것으로 나타났다.

국가안보전략보고서(NSS) 발간 직후, 미국은 가장 심화된 반대량 살상 무기 작전을 전개하기 시작했다. 이것은 사담 후세인의 이라크에 대한 전쟁으로 나타났다. 미국 합동참모본부는 대량 살상 무기에 대항하는 원리, 원칙을 발간했다(Joint chiefs of staff 2004).

이것은 설득, 접근, 또는 민감 기술 배분 방해, 그리고 구체적으로 적시된 군비 통제와 관련된 국제조약(특히 대량 살상 무기에 대한 레짐과 조약) 등으로 대량 살상 무기의 확산을 방지하는 행위를 비확산으로 정의했다(2004: 11.1). 반확산은 대량 살상 무기의 획득, 개발, 그리고 고용 상황 등에 대항하여 목표물을 억지, 금지, 공격, 그리고 방어 등으로 대량 살상 무기 사용의 위협을 격퇴시키는 군사 활동으로 정의했다. 획득과 개발은 반확산의 중요한 목표물로 포함된다.

ℹ️ **요점 정리**

- 대량 살상 무기 확산에 대한 전략적 대응은 군사적 수단을 포함한다. 이것은 종종 '반확산'으로 언급된다.
- 그러한 대응은 탈냉전의 이해관계로 작지만 보다 직접적인 위협의 등장과 군비 통제의 제한성의 결합에 의해 주도된다.
- 대량 살상 무기의 확산에 대한 우려는 특히 핵무기에 대한, 이 무기들이 미국 주도 개입 억지에 사용될 것이라는 우려에 의해 중요한 영향을 받는다.
- 1993년 반확산계획은 그러한 우려를 누그러뜨리기 위한 통합 전략 개발의 시도다.
- 가장 진전된 반확산은 2003년 사담 후세인에 대항하기 위한 전장에서 도입되었다.

반확산에 대한 도전

확산에 대한 군사적 대응에는 몇 가지 문제와 딜레마가 결부되었다. 가장 우선적으로는 Box 12.4에서 본 것과 같이 정의의 문제다. '반확산'이라는 용어는 군대 방탄복부터 핵시설에 대한 공중폭격, 더 나아가 정권 교체까지 모든 것을 의미한다. 후자의 경우 보다 완벽하게 구성된 정치적 명분이 요구된다. 워싱턴에서 발간된 최근 문건은 보다 분명한 정의를 제시한다. 이러한 논리 개발이 가능한 장소는 대량 살상 무기에 대한 국제 레짐과 UN이다. 국제 대량 살상 무기 레짐들의 가장 큰 문제는 '수용하지 않는 상황이 발생했을 때' 어떻게 하느냐는 것이었다. 반확산은 이러한 문제에 대한 다양한 대응으로 볼 수 있다(대량 살상 무기 공격에 대한 자위부터 군사 공격까지). 1981년 오시락Osirak에 대한 이스라엘의 공격과 같은 구체적 사례는 논쟁적임을 증명했고 아직도 '국가 안보전략의 시작'부터 '수용할 수 있는 국제적 상황'까지 '정치적 명분'의 이동을 보이고 있다.

대량 살상 무기 확산 방지 구상PSI과 같은 일반적인 사례들에서 이러한 논리는 완벽하게 개발되지 않았지만 잠재적으로 공감대를 형성했다. 더 어려운 문제는 즉각적인 위협에 직면한 상황에서의 작전에 대한 사안이다. 이것은 군사 작전을 위한 UN에서의 기구합의 도출의 어려움이지만 여전히 무엇이 '즉각적'인 위협인지를 정확하게 평가하느냐의 문제도 있다.[3] 2005년 리포트의 저자들이 적시한 대로, 미국은 즉각적인 위협에 직면해서 예방적인 군사행동을 취할 권리와 정신적 의무가 있지만 '즉각성'의 기준을 명확히 할 필요가 있다(Perkovich 등 2005: 38).

🔓 요점 정리

- 예방적 또는 선제적 행동을 위한 정치적 명분 찾기는 항상 쉬운 일이 아니다.
- 선제 작전은 1991년 걸프전 작전과 같이 전쟁의 과정에서 정당성과 합리성을 찾는 경향이 있다.
- 예방 작전은 대량 살상 무기 확산 방지 구상(PSI) 또는 기존의 전략적 독트린과 같이 대량 살상 무기와 관련된 국제원리에서 정당한 명분을 찾는다.

외교적 선택: 군사적 대응 보류?

북한과 이란은 최근 그 어떤 국가보다 핵 확산 이슈들을 대표한다. NPT 회원국이었던 북한은 회원 탈퇴, 탈퇴 중단, 그리고 공식적 탈퇴 과정을 따랐다. 북한은 6-8개의 작은 수의 원자탄을 보유한 것으로 알려져 있으며 최근 몇 차례의 미사일 실험 발사도 실시했다. 이란은 NPT 회원국으로 남아 있지만 핵 발전 프로그램을 위한 이란의 계획과 이와 관련된 지속적인 위기는 이란이 핵 개발을 한다고 믿는 서방의 외교적 노력의 결과를 낳았다.

북한의 영변 시설에 대한 작전을 클린턴 정부는 심각하게 받아들였다(Sokolski 2001: 96). 2003년 클린턴 정부의 한 관료는 워싱턴은 여전히 영변에 대한 공격 선택이 남아 있고 만약 미국이 북한 핵시설을 공격한 이후에도 방사능 오염은 지역에 잔존할 것이라 믿었지만, 계획은 실제 집행되지 않았다(Samore 2003: 18). 공격이라는 선택이 언제나 제외된 적이 없다는 부시 정부의 주문과는 달리 이러한 계획은 이란의 경우에는 제시된 적이 없다. 오바마 정부는 이란의 심각한 격발 능력의 제거를 위해서는 시간이 많지 않다는 국제적 공감대를 받아들여 개입 정책과 강력한 직접 협상을 선언했다.

이러한 사례들에서 예방 작전의 정치적 결과와 결합되는 핵연료를 담는 시설 공격 대신 뮬러Müller는 '한계선Red Line'이 군사적 행동을 선택에서 배제하는 것이라고 지적했다. 사모아도 미국이 이론적으로 북한의 핵시설을 일방적으로 공격할 수 있지만, 서울과 도쿄의 반응은 동맹을 파괴하는 것일 수 있다고 경고했다(Samore 2003: 19).

핵무기역량개발 방지를 위한 군사행동 위협과 경제 봉쇄를 포함하는 이란 핵 프로그램에 대한 몇 년간의 대치 후에, 하산 로하니Hassan Rouhani 대통령의 당선을 통한 테헤란의 정치적 변화는 외교적 해결 시도를 새롭게 했다. 2013년부터 새로운 이란 정부와 P5＋1(중국, 프랑스, 러시아, 영국, 미국, 그리고 독일)로 알려진 6개 국가 그룹과의 협상은 2015년의 합의를 도출했다. 이는 이란이 핵물질의 농축을 급격히 제거하는 대신 국제 봉쇄를 완화하는 약속을 포함하고 있다. 한계는 IAEA에 의한 검증에 있었다. 일부 합의는 큰 성공이지만 일부는 역사적 실수다. 이 합의가 군사적 대응 보류의 장기간의 사례가 될 것인가는 여전히 지켜봐야 한다.

🔒 요점 정리

- 예방 전략은 확산 과정에서 지도되고 대량 살상 무기의 획득 및 개발을 중단시키는 데 목적이 있다.
- 선제 전략은 무기와 시설의 배치 과정에서 지휘되고 전쟁에서 그 무기들의 사용 저지를 목적으로 한다.
- 최근 북한과 이란과 관련된 딜레마는 외교적 조치를 계속하느냐 또는 예방 혹은 선제 전략을 추진하는가에 있다.

군비 통제로의 회귀?

냉전의 교훈은 군비 통제 합의가 국제 안보에 기여하는 역할을 했다는 것이다. 냉전의 경험은 군비 통제가 결정적 중요성을 보이지 않았으며 세계 안보의 근본적인 문제 해결의 방법이라고 여기는 것도 현명하지 못함을 확인시켰다. '좋은' 군비 통제 협정도 있었고 반대로 '나쁜' 합의도 있었다. 그러나 군비 통제는 그 스스로의 권한으로 매우 중요한 해결을 하지는 못했다. 반대로 적대적 관계에서 예측성의 몇몇 수단을 제공하는 데 초점을 맞추는 근본적으로 현상 유지의 보수적 정책이다.

군비 통제는 스스로 안정과 평화를 창조하지는 못한다. 보다 냉철하고 경계적 시각 속에서 대량 살상 무기 통제 수단으로서의 군비 통제는 목적을 위한 수단으로 봐야 하며 그 자체를 목적으로 봐서는 안 된다. 이것은 서로 적대적인 2개 또는 그 이상의 국가들이 전면적인 분쟁을 회피하려는 상호 이해가 있다는 가정에 의존한다. 냉전 종식 이후 수년 동안 군비 통제에 대한 이해관계의 상대적 쇠퇴는 소련과 미국 사이의 대결의 종식과 군비 통제가 갈등에 안정과 예측성을 가져올 역할을 할 필요성이 더 이상 없다는 사실에서 비롯되었다. 2001년까지 낡아가는 냉전기의 핵탄두 증가는 더 이상 공식적이고, 검증받는 조약을 요구하지 않았다.

⊙ Box 12.5 시리아 화학무기의 파괴

2011년 이후 시리아는 내전 상태에 있다. 2013년 8월 서방세계가 시리아 바샤르 알아사드 대통령이 저지른 것이라고 믿게 만든 화학무기 공격이 다마스쿠스 교외에서 발생했다. 오바마 정부의 시리아에 대한 응징적인 공격의 위협에 이어 존 케리 미 국무부 장관과 서지 라브로브 러시아 외교부 장관은 시리아의 화학무기 금지 협약(CWC) 가입과 화학무기 탄두의 파괴에 대한 합의를 위한 협상을 전개했다. 이 계획은 화학무기 금지 기구(OPCW) 이사회와 유엔 안전보장이사회의 동의를 받았다. 2014년 8월 시리아가 합의 수행을 질질 끌어왔다는 서방세계의 우려에도 불구하고 오바마 대통령은 시리아의 가장 위험한 화학무기는 제거되었다고 선언했다.

오바마의 2014년 선언 이전에 OPCW는 시리아와 잔여 화학무기 시설을 모두 파괴하는 합의를 도출시켰다. 이런 합의는 시리아의 화학무기 파괴에 중대한 진전을 보여주는 것이다. 그러나 시리아의 화학무기 역량이 완전히 파괴되었다고 결론 내리기에는 아직 이르다.

서방세계에서는 시리아가 모든 화학무기를 공개했다는 데 의문을 갖고 있으며 따라서 OPCW는 시리아 정부가 내전에서 화학무기를 사용하는지를 지속적으로 조사하고 있다.

강력한 반확산이 몇몇 국가의 대량 살상 무기 확산에 대한 전략으로 남아 있지만 이라크 전쟁의 경험에 따른 비판은 미국과 다른 지역에서 군비 통제의 지속과 갱신에 있어서

새로운 이해관계를 이끌어냈다. 대량 살상 무기 통제를 위한 새로운 전략은 과거보다 광범위한 전략으로 등장했다. 이 구조는 비확산 레짐, 전통적인 양자 간 및 다자 간 군비 통제 방책들, 반확산 조치들, 대량 살상 무기 확산 의도를 가진 국가 및 비국가 행위체들에 대항하기 위한 '거부 망web of denial' 역할을 하는 동반자 네트워크 활동 등으로 구성되어 있다 (Bernstein 2008). 동반자 네트워크 활동Network of partnership은 대량 살상 무기 확산 방지 구상 PSI, 유엔결의안 1540과 1887, 핵 테러와의 전쟁 구상the Global initiative to Combat Nuclear Terrorism, 국제 핵에서의 협력, 그리고 2010년 핵안보정상회담 등을 포함한다.

아울러 새로운 폐기자New Abolitionists라 불리는 세력도 등장했다. 2008년 1월 《월스트리트 저널》에서, 조지 슐츠, 윌리엄 페리, 헨리 키신저, 그리고 샘 눈 등은 '잠재적으로 위험한 세력'에게 핵 확산 방지를 위해 핵무기에 대한 지속적 의존을 되돌려야 한다며 새로운 행동을 제창했다. 그들은 세계는 새롭고 더 위험한 핵시대 낭떠러지에 있다고 주장했다. 특히 슐츠와 그의 동료들은 포괄적 핵실험 금지 조약, 치명적 물질 이전 금지 조약, 그리고 미국과 러시아의 공격적 전략무기 역량의 추가 감축 등의 행동을 강력히 요구했다. 그들은 이런 조치들이 절벽에 서 있는 비확산 조약을 유지하기 위해 필요한 것들이라고 강조했다. 이런 견해는 2008년 6월 30일 《타임》지 기사에서 4명의 전직 영국 외교 및 국방장관들의 지지를 받았다(Rifkind, Owen, Robertson, and Hurd). 그들은 다자적 군비 통제와 감축을 위한 진전을 성취하기 위한 새로운 구상을 주장했다. 그들은 핵무기로부터 자유로운 세상을 만들기 위해서는 궁극적인 노력이 반드시 있어야 한다고 강조했다. 시간이 걸릴지라도 필요한 정치적 의지를 통해 목표가 달성된다고 보는 것이다. 가능하면 완전한 군비 감축의 새로운 국면을 지지하는 대서양 양쪽의 인사들에게 궁극적으로 핵 폐기를 이끌어내는 것은 중요한 것이다. 더욱 중요한 것은 2009년 4월 프라하 연설에서, 오바마 미 대통령이 '핵 없는 세상'을 지지했다는 것이다(Box 12.6). 오바마 대통령이 지적한 대로 '핵 없는 세상'의 성취는 상당히 긴 시간이 필요하고 많은 문제점이 남아 있다. 더욱이 이것은 군비 통제에 대한 더 많은 노력과 지금 존재하는 것보다 더 효과적인 분쟁 해결 수단들을 요구할 것이 분명하다.

전통적인 군비 통제가 미래의 대량 살상 무기 통제에 중요한 역할을 할 것인지 그리고 국제 안보에 중요한 접근으로 재등장할지 여부는 여전히 불투명하다. 긍정적 시각에 대한 이유들도 있지만 더 중요한 도전들이 있다(Box 12.5). 2010년 4월에 미국과 러시아 사이의 NEW START 조약은 2018년까지 각각 700개의 미사일과 1550개의 전략 핵탄두, 그리고 800개의 발사장비로 제한하기로 했다. 이것은 2002년 모스크바 조약에서 합의된 수준으로부터 30퍼센트 더 축소를 의미하는 것이다. 2010년 미국 핵태세보고서NPR는 미국 안보 정책에서 핵무기 역할의 축소를 주장했다. 2015년 이전과의 합의도 군비 통제 사안의 중요한

Box 12.6 핵무기 없는 세상

오늘날, 냉전은 사라졌지만 수천 개의 핵무기는 그렇지 않다. 역사 전개에서 핵전쟁의 위협은 낮아졌지만 핵공격의 위험은 커졌다. 더 많은 국가들이 핵을 보유하고 있다. 실험도 계속되고 있다. 일부는 핵무기 확산은 견제될 수 없다고 주장한다. 그들은 우리가 더 많은 국가들과 더 많은 사람들이 극단적 파괴 수단을 보유하는 세상에서 살 운명을 타고났다고 말한다. 이 운명론은 매우 해로운 것이다. 만약 우리가 핵 확산이 불가피하다고 믿는다면 우리는 핵무기 사용도 불가피하다는 것을 인정하는 것이다. 나는 오늘 명확히 선언한다. 핵무기 없는 세상의 평화와 안전을 추구하는 미국의 약속을. 이 목표는 내 생애 안에 달성되기 어려울 것이다. 인내와 노력이 필요하다. 그러나 우리는 지금 세상이 변화할 수 없다는 목소리를 무시해야 한다.

-오바마 대통령(프라하 성, 2009. 4. 5.)

성공이라 할 수 있다.

그러나 핵무기의 부각을 억누르고 군비 통제 과정에 새 생명을 불어넣는 이런 시도들은, 주요한 도전에 직면해 있다. 가장 중요한 것은 러시아의 크림 반도 병합과 우크라이나 사태로 인한 미국과 러시아의 관계 악화다. 이 갈등은 동부 유럽에서의 새로운 NATO군 배치와 러시아에 대한 서방세계의 경제 봉쇄를 불러왔다. 러시아는 이런 행동으로 1994년 부다페스트 비망록에 적시된 안보 확약을 위반했고 냉전 종결을 이끌었던 1987년의 INF 조약을 백지화시켰다고 비난받았다. 러시아 정부는 이런 비난을 부인했다. 미·러 양국 정부는 그들의 핵 역량 강화 과정으로 진입했고 러시아는 러시아 영토에서 핵물질 안전에 관한 미국과의 협력을 축소시켰다고 2014년 후반 보도되었다(The Times, 15 November 2014). 이 위기는 양국 사이의 향후 군비 통제 협정의 기반 전체에 의문을 드리우는 데 심각성이 있다.

미국과 러시아의 전략적 관계의 어려움과 별개로, 군비 통제에 여전히 다른 문제들이 존재한다. 북한의 핵무기 추구는 계속되고 있다. 포괄적 핵실험 금지 조약CTBT은 여전히 비준되지 않고 있으며 치명적 물질 이전 금지 조약FMCT 협상도 큰 진전을 보지 못하고 있다. 아울러 인도, 파키스탄, 그리고 이스라엘을 핵비확산 레짐에 가입시킬 필요성이 있다는 우려가 계속되고 있으며 중동과 같은 긴장 지역에서 지역적 군비 통제의 필요성도 제기되고 있다. 핵 기술의 이중적 사용 및 신기술은 비확산 체제에 대한 어려운 문제로 자리 잡고 있다.

요점 정리

● 군비 통제는 목적을 위한 수단으로 봐야 하며 그 자체로 목적이 되어서는 안 된다. 특히 이는 호혜성에 기반해야 한다.

● 이라크 전쟁 이후 기존 반확산에 대한 비판은 보다 포괄적으로 정의된 군비 통제에 대한 새로운 이해관계를 이끌어냈다.

● 최근 떠오르고 있는 '새로운 폐기론자'들은 새로운 확산의 위험성과 테러 집단의 위협의 결과로 새로운 군비 통제 구상을 주장했다.

● 오바마 행정부는 '군비 통제로의 회귀' 지지를 통해 핵무기의 중요성을 감소시키는 시도를 했다. 그러나 이 구상은 우크라이나 사태에 관한 미 · 러 관계의 악화에 의해 위협받고 있다.

 비판적으로 사고하기

군비 통제는 국제 안보 증대에 기여하는가?

그렇다:

● *냉전이 전쟁으로 비화되지 않았다*: 이것은 사실은 쿠바 미사일 사건 이후 성취된 군비 통제 협정들이 양극 사이에서 전쟁 발발을 방지하는 데 기여했다는 증거인 것이다. 핫라인 합의, 부분 핵실험 금지 조약, 핵비확산 조약, SALT I 그리고 SALT II 조약 능 모두 두 초강대국들의 핵진쟁을 회피하고자 하는 상호 이해를 인식하는 데 기여했다.

● *군비 통제 합의는 냉전 종식에 기여했다*: 1986년의 스톡홀름 협정과 1987년 INF(Intermediate Nuclear Force) 협정과 같은 군축 협정들은 서방과 사회주의권 사이의 적대감을 줄이고 신뢰를 증대시킴으로써 확신을 구축하는 데 부분적으로 기여했다.

● *군비 통제는 군비 경쟁을 줄일 수 있다*: 지속적인 기술 변화와 무정부 상태에 기인한 내재된 상호 의심은 군비 경쟁을 촉진하고 결국 국제 안보를 위험에 빠지게 한다. 세력 균형의 불안정성에 대하여 군비 통제는 중요하게 강대국 간 분쟁 방지에 기여한다.

● *긴장에도 불구하고 낙관론의 기반은 존재한다*: 최근 미국과 러시아 사이의 긴장에도 불구하고 미국 군비 통제 및 국제 안보부장관 로즈 고테믈러는 2014년 2월 "지난 몇 년간 우리는 러시아와의 협력에서 중요한 성과를 이루었다"고 선언했다. 이는 북한과 이란에 대한 강력한 유엔 안보리결의안에 러시아의 지원, 시리아의 화학무기 제거, NEW START 조약의 지속적이고 성공적인 실행, 그리고 1993년 미 · 러 고농축 우라늄 구매 협정 완료 등이 포함된다(US Department of Start, 2014). 이런 주장들은 양국 사이의 차이에도 불구하고 양국 간 지속적인 상호 이해를 반영하는 것이다.

그렇지 않다:

● *냉전 기간 동안 실질적 억지 효과가 존재하지 않았다*: 1945년과 1990년 사이 군비 통제는 전쟁 방지

에 효과를 보이지 않았다. 핵실험은 계속되었고 비확산조약은 확산을 방지하지 못했으며 다양한 군비 통제 협정들에도 불구하고 전략 핵무기의 양적·질적 개선은 계속되었다.

- *군비 통제는 냉전 종식에 크게 기여하지 않았다*: 냉전 종식은 크게 보면 소련에서의 정치적 변화의 결과다.
- *표면상의 군비 통제*: 냉전 기간 동안 군비 통제들은 어차피 그들이 하지 않는 것들을 하지 않는다고 합의한 것이다.
- *최근의 긴장*: 크림 반도 병합과 같은 우크라이나에서의 러시아 행위와 서방의 대응들은 기존 군비 통제 협정들을 약화시키는 영향을 미쳤다. 이는 불필요한 때에 군비 통제는 가능하고 정작 필요한 시기에는 불가능하다는 것을 보여주는 것이다.

➕ 맺음말

대량 살상 무기 통제의 문제 해결에 있어 군비 축소, 군비 통제, 또는 반확산 중 어느 것이 더 쉽고 지속 가능한지에 대한 특정한 접근은 없는 것으로 나타나고 있다. 그러한 무기로부터 자유로운 세상의 비전은 버려서는 안 되며 특정한 상황에서 강제적 반확산의 방안도 무시되어서는 안 된다. 그러나 두 경우 모두 심각한 문제기 있다. 전통적 조약이건 새로운 동반자 협정이건 군비 통제는 만병통치약이 아니다. 2009년과 2010년에 오바마 정부에 의해 제시된 새로운 구상은 군비 통제 과정에 활기를 불어넣는 데 목적이 있었으며 많은 사람들로부터 국제 안보에 중요한 기여라고 환영받았다. 완벽하지는 않다 해도 군비 통제 협정은 더 넓고 지속적으로 적용될 때 그리고 더 검증되고 감시될 때 중요한 기여를 할 것이라는 공감대가 커져가고 있다.

구체적으로 대량 살상 무기를 사용하려는 테러 집단의 위험성과 군비를 강화하려는 국가들의 정치적 이슈를 대처하는 데 있어 군비 통제는 국가들의 신뢰와 확신 그리고 충돌 방지 장벽들을 제공하는 데 기여한다. 2015년 이란과의 합의는 이런 시각을 지원하는 것이다. 그러나 최근의 주요 지정학적 변화와 미·러의 긴장된 관계는 이런 낙관적 시각에 도전으로 작용한다. 따라서 '군비 통제로의 회귀'가 초강대국들의 불신과 경쟁의 새로운 시대에도 유지될지 여부는 지켜봐야 한다.

❓ 생각해볼 문제

1. 군비 축소와 군비 통제의 차이는 무엇인가?
2. 냉전기의 가장 중요한 군비 통제 협정은 무엇인가?
3. 냉전 종식 때까지 군비 통제에 대한 주요 비판은 무엇인가?
4. 탈냉전 시대에 평화와 안전 유지에 군비 통제는 얼마나 기여했나?
5. 군비 통제는 반확산과 부합하는가?
6. 확산에 대한 전략적 군사대응의 증가하는 이해관계를 분석하라.
7. 전통적인 군비 통제는 회귀하고 있는가?
8. '새로운 군비 통제'에 대한 논의가 가능한가? 그렇다면 이것은 무엇을 의미하는가?
9. 군비 통제가 최근 직면한 문제들은 무엇인가?
10. 전략가들에게 적은 수의 핵무기에 따른 이슈들은 무엇인가?

📖 더 읽을거리

I. Anthony and A. D. Rotfeld (eds), *A Future Arms Control Agenda* (Oxford: Oxford University Press, 2001)
군비 통제의 탈냉전 사고에 대한 분석을 제공한다.

H. Bull, *The Control of the Arms Race* (London: Weidendeld and Nicolson, 1961)
군비 통제의 초기 개념을 발전시킨 고전이다.

I. Daalder and T. Terry (eds), *Rethinking the Unthinkable: New Directions in Nuclear Arms Control* (London: Frank Cass, 1993)
냉전 직후의 군비 통제에 대한 유용한 연구들이다.

S. Feldman, 'The Bombing of Osiraq-Revisited', *International Security* 7(2) (Autumn 1982): 114-42
1981년 이스라엘의 오시라크 공격에 대한 유용한 자료다.

C. S. Gray, *House of Cards: Why Arms Control Must Fail* (Ithaca, NJ: Cornell University Press, 1992)
군비 통제의 효율성에 대한 흥미롭고 논쟁적인 비판을 제공하고 있다.

E. Herring (ed), *Preventing the Use of Weapons of Mass Destruction* (London: Frank Cass, 2000)
대량 살상 무기의 단순한 확산보다는 사용 방지에 대한 대안들을 제시한다.

J. A. Larsen and J. J. Wirtz (eds), *Arms Control and Cooperative Security* (London: Lynne Rienner, 2009)

군비 통제와 이의 협력적 안보에 대한 기여 사이의 관계에 대한 흥미로운 논문들을 포함하고 있다.

H. Müller, D. Fisher, and W. Kötter, *Nuclear Non-Proliferation and Global Order* (New York: Oxford University Press, 1994)
　비확산과 국제질서와의 관계에 대해 연구한다.

T. Schelling and M. Halperin, *Strategy and Arms Control* (Washington, DC: Pergamon-Brassey's, 1985)
　군비 통제 개념 개발에 대한 고전서다.

William Walker, *A Perpetual Menace: Nuclear Weapons and International Order* (London: Routledge, 2011)
　핵무기 역사에 대한 훌륭한 분석과 어떻게 핵무기가 질서에 영향을 미쳤는지를 제공하고 있다.

웹사이트

비무장외교를 위한 아크로님기구(http://www.acronym.org.uk)
　서방 국가들의 군비 통제정책에 대한 유용하고 때로는 비판적인 시각을 제공한다.

안보 위협 감소기구T(http://www.dtra.mil)
　미국이 국가 안보 위협 감소를 위해 채택하는 다양한 접근법들을 포함한다.

군비 통제 협회(http://www.armscontrol.org)
　군비 통제와 관련된 다양한 사안들에 대한 정보를 제공한다.

비확산 연구센터(http://cns.miis.edu)
　센터에 의해 조사된 연구와 활동들에 대한 정보를 제공한다.

13 전통적 군사력과 현대전

존 페리스(John Ferris)

 독자 안내

이 장은 오늘날의 전통적 힘을 평가한다. 이는 전통적 힘이 전쟁을 통해 또는 평화 시기의 정책 뒷받침을 통해 어떻게 그리고 얼마나 현대세계를 규정하는지 분석한다. 이 장은 전통적인 군사력이 원거리 공격부터 도심 전쟁까지 어떤 역할을 하며, 대량 살상 무기와 테러리즘과 같은 다른 형태의 무기들의 역할과 어떻게 다른지 비교한다. 마지막으로 전세계 국가들의 전통적 군사력과 그 개발 및 분배 상태에 대해 논의한다.

머리말: 힘과 전쟁―역사

국가들은 싸운다. 따라서 군대들은 결정적 전투에 참여한다. 한쪽이 이기면 다른 한쪽은 진다. 승자는 얻고 패자는 잃으면 양자 모두 그들의 자리로 되돌아간다. 전쟁은 종종 매우 장기간 파괴적이며 양쪽 모두에게 이득보다 더 많은 손실을 준다. 심지어는 승자도 의도하지 않은 피해를 입는다. 전투는 결말나지 않고 승리는 가치가 없을 경우도 있다. 적들은 항복을 거부하거나 패배에서 회복하여 다시 전쟁을 일으킨다. 전쟁은 규칙을 거부하며 국가의 역량을 파괴하고 약점을 공격한다. 의도와 결과는 혼란스러워진다. 모순이 지배한다. 정치인들은 군대를 정치적 수술을 위한 군사적 수술용 칼로 생각한다.

이 장은 전통적 군사력의 현재와 향후 상태를 연구한다. 특히 전통적 군사력의 분배, 군사력이 할 수 있는 것과 할 수 없는 것, 변화한 것과 변화하지 않은 것 등을 살펴본다. 전통적 전쟁의 기록 연구만으로는 이런 경향을 이해하기 어렵다. 뿐만 아니라 가장 많은 전쟁을 하는 국가들 또는 최고의 무기를 가진 국가들만 연구한다고 전통적 군사력의 상태 등을 알 수 있는 것은 아니다. 3류 군사력을 보유한 국가들도 최강의 국가와 같이 전통적 전쟁에 영향을 미친다. 모든 국가들은 자국의 강점과 더불어 약점에 의해 영향을 받는다.

과거 국가들은 보통 수십만 명의 병사를 보유했고(예컨대 중국은 기원전 453-221년,

유럽은 기원후 1660-1870년까지) 20세기에는 100만 명 이상을 유지하는 경우도 있었다. 그러나 이런 경우는 드문 것이다. 왜냐하면 군대는 국가의 부를 잠식하기 때문이다.

고대 그리스에서 군대는 보통 1만 5천 명 미만이었고 드물게 5만 명에 이르렀다. 19세기의 유럽제국들도 유사했다. 1989년 이후 군대의 규모는 다시 줄어들었다. 지구상 최강의 국가도 자국 병사 10만 명을 국경 넘어 한곳에 원정 보내는 경우는 드물다. 해군은 산업과 재력에 의존하는 부유한 국가의 무기이기 때문에 더욱 작은 규모다. 구축과 유지에 높은 비용이 들고 함대는 정기적인 조선 프로그램 없이는 유지될 수 없다.

매우 소수의 국가만 장기적으로 큰 규모의 해군을 유지한다. 해상 강국은 공중 강국과 같은 부의 상징이다. 군사력은 사회적 뿌리를 갖고 있으며 본질적인 경쟁력을 전제한다. 규모와 기술은 중요하지만 모든 경우의 승리를 충족시키는 데는 충분하지 않다. 역량 있는 군대는 자원의 이점 없이도 더 큰 적을 이길 수 있다. 정치와 의지력은 화력과 기술을 격퇴시킬 수 있고 또는 반대일 수 있다. 작은 유능한 군사력이 절반만 훈련된 군대를 격파할 수도 그렇지 않을 수도 있다. 그것은 환경적 요인에 달려 있다(Box 13.1).

◉ Box 13.1 힘의 복잡성

힘은 지리, 인구, 경제 등 물질적 요인들과 행정력, 그리고 국내 정치구조 등의 상호작용으로부터 형성된 합체다. 첫째는 국가의 잠재력으로 정의하고 두 번째는 얼마나 파멸할 수 있는가이다. 그들의 관계는 자원에서 역량으로의 전환과 같이 미가공의 것에서 완성된 형태까지의 물질적 역량으로 전환된다. 한 부분에서의 압도적 역량이 초강대국을 만들지 못할 수 있으며 한 분야에서의 약점이 파멸을 이끌지 않을 수 있다. 가난한 국가가 초강대국의 위상을 유지할 수 있다. 왜냐하면 1740년에서 1866년까지의 프러시아와 같이 그 국가의 대규모 군대, 유리한 지리적 위치, 제도적 안정성, 그리고 역량 있는 지도자들이 존재할 경우 가능하기 때문이다.

반대로 일본과 1960년 이후의 유럽 국가들과 같이 부유한 국가도 이들의 부의 힘을 전환하지 못해 할 수 있는 것보다 국제 사회에서 중요한 역할을 하지 못할 수도 있다. 부유한 국가들도 드물게 그들의 자원을 전략적 목적을 위해 체계적으로 활용한다. 이것은 부유의 여부보다는 어느 국가의 실행 의지의 중요성을 강화한다. 힘에서 결심이 부를 압도한다. 힘은 구체적인 특성이고 전략적 목적을 위해 국가가 활용하는 자원이다. 이는 외교에서 매우 짧은 전투 형태로 또는 장기간의 전면적 형태 등 매우 다른 형태로 나타난다.

통상적으로 제도는 정제되지 않은 것들은 쓸 수 있는 역량으로 전환시키기 때문에 역량에서 매우 주요한 요인으로 간주된다. 대부분의 역사 동안 1퍼센트의 잠재력 활용을 2퍼센트의 활용으로 끌어올린 국가들은 군사적 역량을 두 배로 강화시킨다. 많은 제도를 채택한 선진국가들은 그들의 부를 국력으로 잘 전환시켰다. 인구적, 산업역량은 1, 2차 세계대전에서 국력의 핵심 측정기였다. 제도적 우수성의 가치는 1945년 이후 다시 증대되었다. 예컨대, 이스라엘의 전쟁 성공은 그 주변국들이 하지 못하는 신속한 병력 모집 등과 같은 제도를 보유했기 때문인 것으로 평가된다.

1945년까지, 군사력의 최강의 형태는 전통적 힘이었다. 이것은 강국이 되기 위한 선택의 무기였다. 전통적 힘은 비정규적 힘보다 정확하고 강한 피해를 가한다. 종종 재래식 전쟁은 회피할 수 없으며 목적을 달성하는 데 효과적인 방법이다. 단지 패배를 피하는 것은 좋은 것이다. 그러나 더 강하거나 현명해지고, 적이 더 약하거나 어리석을 때, 또는 두 가지가 모두 가능할 경우 가능한 것이 더 많아진다. 번개와 같은 결정적 전투는 드물게 발생한다. 로마, 아랍, 몽골, 영국 등 세계 최강대국은 많은 적들에 대한 결정적 승리를 통해 등장했다.

이런 환경은 매우 중요하지만 공통적이지는 않다. 전쟁의 평균적 결과는 매우 느리며, 양측에 대한 상당한 비용을 수반한다. 재래식 전쟁은 도박과 유사하다. 이는 위험과 이득의 조합이다. 어떤 이는 위험 수반을 즐기고 성공만을 생각한다. 다른 이들은 해야 할 일을 두려워하고 따라서 수단과 역량이 중요하다.

새로운 국제질서: 1945, 1989, 2001년

1815년과 1945년 사이 서양 군사체제는 일시에 모든 다른 체제를 제압했다. 유럽인들은 지구를 정복했고 다른 이들을 파괴했다. 새롭게 등장한 신 국제질서는 탈식민주의, 냉전, 그리고 핵무기로 정의되었다. 산업화된 국가들은 경제적으로는 불균등하지만 군사적으로는 균형을 이루는 두 동맹으로 분리되었다. 두 동맹의 몰락은 재래식과 핵, 화학, 그리고 생물학 대량 살상 무기 등에 대한 최대의 군비 경쟁을 전개했다. 그들 사이의 전쟁은 공멸의 위험성을 수반했다. 이것이 재래식 군사력에 제한성을 부여하여 힘의 일부분으로 만들었고 국제정치를 재구성했다.

산업화된 국가들은 1939년에 과거보다 더 강한 힘을 보유했지만 그들의 영향력은 약화되었다. 탈식민주의가 주된 정치적 힘이었으며 냉전은 산업화세계에서 변방의 현상이었다. 유럽제국들은 산산조각 나 세계의 일부분으로 전락했다. 힘은 지역별로 집중되었다. 한 지역에서의 강대국은 다른 지역에서의 사안을 결정하지 못했다. 미국과 소련이 산업화 세계를 주도했지만 두 국가 모두 제국주의를 선택하지 않았다. 그들은 단지 지역 강대국들과 관계를 구축했다.

1945년 이후, 주요 선진 산업국가들은 서로 전쟁하지 않았다. 예외적으로 1990년 이후 자유인권을 위한 또는 이슬람 반란을 진압하기 위한 개입과 탈식민주의를 위한 내전을 제외하고 전쟁에 참여하지 않았다. 강대국들 사이의 전쟁은 거의 없었다. 세계의 핵심은 세계 전쟁의 중심이 아니었다. 그것은 오히려 아시아와 아프리카와 같이 대부분의 국가들이 전면전을 하거나 신속하고 값진 승리를 이끌어낼 경제적 또는 행정적 능력이 부족한 국가들이었다.

이 분쟁의 대부분은 해방 전쟁 또는 신흥국가들 간의 전쟁 등 제국주의의 종말로부터 발생했다. 이 분쟁들은 1975년까지 모두 정리되었다. 아프리카에서의 전쟁은 오래 지속되었고, 결정지어지지 못했으며, 파괴적이었다. 왜냐하면 전쟁 당사자들이 군사적 목적을 위해 그들의 자산을 잘 활용하지 못했기 때문이다. 아시아에서는 일부 재래식 전쟁은 장기적으로 큰 피해를 수반했지만 양측의 전쟁 자원이 소진되기 전에 중단되었다. 아시아 정권들은 제한된 수단으로 제한된 목적을 추구했다. 재래식 전쟁은 중요했지만 국제정치에서 공통적인 사안은 아니었다. 제3세계 전쟁에서 많은 국가들은 현대무기를 보유했지만 잘 활용하는 국가들은 거의 없었다. 지배하는 군사적 조건이 정해지지 않았기 때문에 전쟁의 압도적 형태도 존재하지 않았다. 전장에서의 승리와 평화 협정에서의 승리의 관계는 매우 복잡했다. 힘이 목적을 달성한 경우는 거의 없었다.

1989년 소련과 러시아 역량의 몰락과 더불어 세계의 힘의 분배 상태는 다시 바뀌었다. 군사 기술에서 압도적 우위를 보이는 서방 국가들은 군사비와 군사력을 25퍼센트 축소했고 새로운 세계 질서를 장악할 수 있다고 간주했다. 그들은 잘못 생각한 것이다. 냉전 종식은 몇몇 국가들의 몰락과 승계를 위한 또 다른 전쟁의 물결을 가져왔다. 아시아 대부분의 강력한 비서방 국가들은 더 강력해졌고 대량 살상 무기를 확산하며 그 지역을 압도하게 되었다. 아랍 강대국들은 초강대국들로부터 무상으로 무기를 제공받지 못하게 되면서 위상이 약화되었다.

중동에서 미국은 그들의 군사력을 이라크를 무력화시킨다거나, 이란을 견제하는 등 현실정치를 위한 목적에서 사용했다. 그렇지 않으면 힘은 정책과 동떨어지게 된다. 서방 국가들이 그들의 군사력을 사용할 때 그들은 특이한 방법을 활용한다. 핵심적 이익을 제외하고는 전장에 대해 주저하는 서방 국가들의 국민들은 목적을 달성하기 위해 크지 않은 군사력을 배치할 것을 선호한다. 그들은 다국적 군사 수단을 활용할 것을 선호하며 적을 파괴하는 데 목적을 두기보다는 좋은 것을 실행한다는 차원에서 접근한다. 그런 목표는 달성되기 어려우며 추진하기도 어렵다. 따라서 서방 국가들은 약소국을 지원하기 어려우며 르완다 또는 보스니아에서 인종 청소와 학살을 방지하기 어려운 것이다.

2001년 9월 11일 알카에다는 미국에 대항하는 무슬림을 결집시키기 위해 '사악한 행위에 의한 선전'의 행위를 했다. 이 공격은 테러리즘부터 대량 살상 무기까지 모든 수준에서 연결되었다. 안보를 우려하는 부유한 국가들은 강력한 조치를 취했다. 미국은 고립주의와 국제주의 사이에서의 흔들림을 멈추었다. 미국은 재래식 역량을 촉발시키며 일방주의와 미국에 위협을 주는 세력에 대한 예방적 공격을 선언했고 궁극적으로 아프가니스탄과 이라크를 점령했다. 외로운 초강대국은 부상당했다. 미국은 절대적 안보를 추구했다. 많은 국가들은 미국의 이러한 행위를 위협으로 보았다. 미국은 모든 형태의 힘을 세계의 정치를 새롭게 구성하는 데 사용했다. 이것은 힘의 분배 상태와 그 사용에 영향을 미쳤다.

> ### 🔒 요점 정리
>
> - 1800년부터 통일된 세계 정치 체제의 몇 가지 형태가 존재했다. 재래식 군사력은 각각 다른 역할을 수행했다.
> - 재래식 군사력은 1815년과 1945년 사이에 종종 사용되었다. 군사적 우월성은 유럽 제국주의를 허용했다.
> - 1945년 이후 주요 국가들은 서로에 대해 재래식 군사력을 거의 사용하지 않았지만 약소국에 대해서는 좀 더 자주 사용했다.
> - 1945년부터 재래식 역량은 대량 살상 무기와 게릴라전쟁에 제약을 받았다.

강대국과 초강대국

만약 부가 힘을 만든다면, 유럽은 지구상에서 가장 강력했을 것이고 미국은 두 번째, 일본과 중국은 세 번째였을 것이다. 그러나 문제는 의지와 부의 결함에 있다. 일부는 재래식 군사 국가들을 네 가지 유형으로 구분한다. 즉 미국, 선진국(산업화된 자본주의이며 대부분 자유민주국가로서 싱가포르부터 독일까지), 개발도상국(중국, 인도, 러시아, 그리고 터키까지 작은 규모에서 큰 규모까지의 산업화에 기반을 두며, 대다수가 권위주의 정부들), 그리고 약소국(대부분의 아프리카 국가들과 일부 아시아 국가들)으로 분류한다.

약한 국가들은 공격력이 거의 없고 그들이 가진 힘은 점령의 어려움이다. 어떤 부유한 국가도 재래식 역량을 급속히 증가시킬 수 있고 세계 또는 지역의 힘의 분배 상태를 변화시킬 수 있다. 그러나 그들의 힘에 대한 의지는 다양하다. 대부분의 유럽 국가들은 군사력을 분사하는 데 부족한 힘과 의지를 갖는다.

2001년과 2012년 사이 아프가니스탄에 군대가 있는 국가들은 전투를 금지했다. 그들은 재래식 군사력으로 공격받을 가능성은 거의 없었다. 그들은 자국의 군사력을 인권적 개입의 목적으로 주로 약한 국가들에서 사용했다. 영국과 프랑스는 겨우 원정군을 보낼 수 있다. 싱가포르와 일본과 같은 아시아의 선진국들은 방어적 역량을 유지한다. 북한을 제외하고 지구상에서 재래식 무기는 다른 어떤 국가보다 이스라엘에 중요하다. 이스라엘, 한국, 그리고 미국을 제외하고 많은 개발도상국들은 부유한 국가들보다 그들의 자원을 군사력 강화를 위하거나 그들의 지역에서 더 강력해지기 위해 활용한다. 러시아와 중국은 세계 2

위의 재래식 군사력을 보유한다. 러시아 경제는 위태롭지만 중국은 군사력과 산업 역량을 역동적으로 결합하고 있다.

모든 국가들은 군사력을 사용하는 데 경제적이다. 2009년 그루지야와 2014-15년 우크라이나에 대한 러시아의 경험과 2011년의 리비아에 대한 영국과 프랑스의 경험은 주요 강대국들도 4류에 불과한 적을 쉽게 격파시키지 못함을 보여주었다. 미국은 세계에 군사력을 사용할 체제를 유지하고 있다. 미국은 9·11 이후 군사비 확장은 동결되었지만 2000년보다는 여전히 매우 높다. 어떤 다른 국가도 2015년 미국이 보유한 절대적 그리고 상대적 재래식 군사력을 갖고 있지 않다. 해양, 공중, 우주 공간에서의 압도적 역량은 핵심 분야에서의 어떠한 도전도 단념시킨다. 미국은 그를 제외한 전 세계 모든 국가들이 보유한 항공모함보다 많은 항모를 유지한다. 스텔스 기술과 같은 최신의 장비로 무장된 미국의 공군은 경쟁 대상을 찾기 어렵다. 이런 군사력은 해양에서의 '팍스 브리태니커'와 같이 '팍스 아메리카'를 보장한다. 미국은 핵무기로 공격을 억지하고 자국의 패권을 유지하고 있다.

이는 부유한 국가들이 상호 전쟁을 기피하고 협력하는 현대 국제정치의 핵심 현상을 만들어낸다. 미국의 상대적 이점은 장거리 타격, 강요, 억지, 그리고 만류 등에 있으며 약점은 근접전과 점령에 있다. 미국은 거의 모든 개발도상국의 공군과 해군을 격파시킬 수 있지만 그들 중 일부만이 점령 가능하다. 군사력 사용의 위협이 실제 사용보다 미국에 더 유용한 것이다. 이것이 현대 국제 사회에서 재래식 군사력의 모순인 것이다.

🛈 요점 정리

- 핵무기와 더불어 압도적인 재래식 군사력은 패권적 미국을 만들었다. 이 역량은 전쟁보다 만류를 지원한다.
- 많은 부유한 국가들은 국내에 강력한 재래식 군사력을 보유한다. 그러나 해외 원정군을 보낼 수 있는 역량을 가진 국가는 거의 없다.
- 일부 개발도상국들은 국내에 강력한 재래식 군사력을 보유한다. 그러나 어느 국가도 국경 넘어 멀리 군사력을 분사하기 어렵다.
- 대부분의 국가들은 약한 재래식 군사력을 보유한다.

군사: 혁명과 반혁명

1989년과 2006년 사이 미국 군사정책은 군사 혁신Revolution in Military Affairs(RMA)의 노력에 주

도되었다. 군대는 정밀유도병기, 정보기술, 명령, 통제, 소통, 컴퓨터, 감시, 정찰 등의 통합을 통한 거의 완벽한 지식 없이는 작전을 수행하지 않는다. 재래식 군사력은 유럽 제국주의 전성기 때보다도 국가와 특히 강대국의 수단으로 더 많은 역량을 보유한다.

이런 주장들은 1999년 코소보 분쟁, 2001-2014년 사이의 아프가니스탄과 이라크에서 검증되었다. 그 군사적 성공을 정치적 성공으로 전환하기는 어렵다는 것이 증명됐지만 서방 국가들은 지휘와 정보 등에 있어서 전례 없는 기술을 통해 협력했다. 이것은 중앙집중식 화력과 신속, 정확, 그리고 장거리 무기의 중요성을 배가시켰다. 이러한 질적 도약과 전투기와 정밀유도병기에서의 양적 도약은 과거 어느 때보다 타격 역량을 중요하게 했다. 전투기와 정밀병기의 질적 그리고 양적 도약은 과거보다 공군력의 중요성을 강화시켰다.

그러나 승리는 군사 혁신RMA으로부터 직접적으로 단순하게 오지 않았다. 정보 과중과 지휘부와 비숙련 병사들 사이의 균열 등의 전통적 문제들이 지휘체계를 약화시켰다. 지휘와 정보는 1944-45년보다 좋아지지 않았지만 적군은 더 악화되었다. 장거리 타격은 체제가 균열 없이 작동될 때에만 성공적이었다.

어떤 균열도 실패를 양산했으며 완벽한 체제는 없다. 근접전은 장거리 타격만큼 육상전에 중요한 영향을 미쳤으며 특히 게릴라들에 대해서는 더욱 중요했다. 이런 전투는 서방 강대국들이 경쟁력 있는 지도력과 좋은 군대 그리고 대중의 동의를 갖춘 적들을 쉽게 격파시키기 어렵다는 사실을 보여주는 것이다.

이런 사례들은 '전환된 군사력'에 대한 주장의 한계를 보여주는 것이다. 이런 주장들은 전략이 없는 일방적이고 한쪽 측면만을 강조하는 세계를 가정한다. 미국은 항상 힘을 발휘하며 약점을 방어할 필요가 전혀 없다. 고도기술의 군사력은 약한 국가들을 계획 없이 파괴할 수 있다. 군사력 체제는 부작용 없이 완벽하게 작동한다.

적국이 어리석고 약한 선택을 할 때는 매우 쉽다. 하지만 그것은 약한 국가의 선택이다. 영리하지만 약한 적국은 상대국이 그 역량을 분사할 수 있는 곳에서의 전쟁을 거부한다. 강하고 유능한 적국은 자국에 유리한 조건을 만들어 전쟁을 전개한다. 즉 그러한 국가는 자국의 강점을 강화하고 상대의 약점을 부각시킨다. 군사 혁신의 주장은 너무 많이 알려졌지만 여전히 가치는 있다. 공중과 해상에서의 군사력 평가에서 C4ISR(지휘, 통제, 소통, 계산, 정보, 감시, 정찰)은 무기만큼 중요하다. C4ISR이 잘 갖추어진 공군은 더 많은 전투기를 가진 공군과 겨룰 수 있다. 군사 혁신은 많은 것을 했다. 그러나 모든 것은 아니다. 이것은 미국 군사력을 배가시켰지만 약점을 감소시키지는 못했다. 군사 혁신은 재래식 전쟁에서 고급기술과 화력의 가치를 증대시켰지만 다른 곳에서는 거의 없었다. 이 주창자들은 재래식 군사력은 점점 강해지고 군사 혁신은 모든 군대를 관통하는 보편적 역량이라고 간주한다. 그러나 그들의 주장은 단지 한 부분의 발전만 조망하는 것이고 이들 사이의 상호관계에 대해서는 염두에 두지 않는다. 군사 혁신은 진전되고 있지만 반군사 혁신도 함께 발생한다. 따라서 타격무기들은 원거리에서 목표물을 격파할 수 있게 함으로써 포함외교의 새로운 유형이 정치적 의미를 갖게 했다.

즉 이 무기들은 재래식 군사력이 과거보다 더 강하고 정확하게 타격하게 했고, 해상과 공중에서의 작전을 재규정했다. 기술이 변화를 가져왔고 기술은 육군보다는 공군의 힘을 강화시켰다. 육상전에서 지휘와 정보는 해상과 공중에서 하는 것과 같이 잘 이루어지지 않는다. 아마도 재래식 군사력은 육군, 해군, 공군의 형태에서 근접전 육군, 해군, 타격 무기, 우주 군사력 등의 다른 형태로 이전되는 과정에 있을 것이다. 만약 그렇다면 일부 군사 분야는 사라질 수 있다. 만약 전투기에 조종사가 필요 없다면 공군과 포병은 합병될 것이고 해양을 압도할 것이며 미국에 적대적인 함대는 생존하기 어려울 것이다.

그러나 이런 전이는 끝나기에는 아직 멀었고 육군에는 큰 영향을 미치지 못할 것이다. 핵무기와 신경가스 등을 제외한 어떠한 고급 기술의 무기도 육상전을 근본적으로 변화시키지 못했다. 육상전은 근접전과 원거리 타격의 배합의 형태가 계속 유지될 것이다. 동시에 강대국들의 타격 역량은 테러 세력의 등장과 함께 강화되고 있지만 게릴라전쟁 또는 근접전에서는 어떤 것도 변하지 않았다.

🔑 요점 정리

- 재래식 군사력은 여러 형태를 취한다. 그 역량은 비교하기 어렵다.
- 고도 기술의 군사력은 전례 없는 정확도로 타격을 가능하게 하여 해양, 공군 등 모든 원거리 타격을 변화시켰다.
- 육군 군사력은 근접전 또는 게릴라전쟁을 위한 변화를 하지 않았다.

전술

육군은 경제성을 회피할 수 없다. 하나를 사면 다른 것을 못 사는 것이다. 한 국가는 새로운 무기 구매를 줄여야만 대규모 병력을 유지할 수 있고 그 반대도 같은 경우다. 군사 혁신을 위한 비용은 매우 높고 기회비용을 지불해야 한다. 이런 환경은 모든 국가들에 비용과 이익의 관점에서 선택을 강요한다. 미국은 다른 분야에서의 희생 위에 군사력 전환을 이끌 것이다. 지구상 모든 다른 국가들의 국방비와 유사한 수준인 미국 국방 예산은 한계가 있다. 다른 국가들이 미국과의 경쟁을 쉽게 생각하지 못하도록, 미국은 군사 혁신 진입 비용을 높게 유지하고 있다. 이것은 미국의 동맹국들은 물론 적국에게도 피해를 준다.

미국의 전쟁 방식은 모든 국가들이 따라야 할 모델은 아니다. 전환된 군사력에서 미국은 '거인'이며 다른 모든 국가들은 '난쟁이'다. 강대국보다 약한 국가들에게 군사 전환은 더 많은 비용을 요구한다. 국방 예산에 미치는 압박은 강대국들이 군사 혁신을 추진하는 동안 유럽에서의 비군사화 경향을 강화시켰다. 군사 혁신은 강대국들에게 쇄신을 하지 않는 적대국에 대한 이점을 제공한다. 이스라엘은 아랍의 적대국들을 압도하기 위해 군사 혁신을 할 필요가 없다. 서울을 타격 거리에 두고 있는 북한의 포대는 침묵하지 않을 것이다. 비교적 이점은 여러 가지 형태를 취한다. 미국은 해군력, 공군력, 그리고 미사일 타격 등 모든 역량을 보유하고 있다.

종종 그 비전통적 수단들이 전통적 수단보다 문제 해결에 적절하지 않기 때문에 비대칭적 적에 대해서도 이점을 가진다. 1914년과 1945년 사이, 함대가 대양 전쟁의 주요 수단이었다면 잠수함은 제한된 역할만 담당했다. 공중 방어망은 쉽게 전투 역량을 약화시켰다. 비대칭적 수단들은 공중과 해상에서 미국의 역량을 망가뜨리기 어렵지만 육상에서는 다르다.

군사 혁신을 위한 미국의 선택은 적대국에게 활용할 수 있는 강력한 수단을 제공한다. 1870년과 1989년 사이 육군의 전통적 형태는 대규모 징집 군대였다. 군비와 숙련된 병사들로 구성된 혁신군들은 화력과 기술에 대한 전례 없는 의존 속에서 상대적으로 작은 역할을 담당한다. 혁신군이 좋을 때는 매우 좋다. 화력으로 압도하여 어느 때보다 좋을 수 있다. 그러나 동시에 더 나쁠 수도 있다. 그들은 실패를 받아들이기 어렵다. 쉽게 군사력을 배치하기도 어려우며 근접전에서 그들의 약점을 보호하기도 어렵다. 혁신군은 적을 격퇴시키기에 충분한 역량을 보유하고 있지만 그 영토를 지키기에는 지나치게 작기 때문이다.

이라크와 아프가니스탄 전장에서 서방의 정규군은 보충 병력과 용병에 크게 의존했다. 특수부대가 이런 상황을 변화시키기는 어렵다. 이 군대들은 새롭지는 않지만 유용하고 과거 몇 세기 동안 국가들에 의해 유지되어왔다. 1945년까지는 한 국가가 적을 전멸시킬 수 있다면 그렇게 했다. 그러나 이것은 더 이상 사실이 아니다. 근대 미디어에 의한 이미지, 도덕성, 여론 등이 제공되면서 사실상 불가능해진 것이다. 적국의 시민들, 심지어는 병사의 사상자를 최소화하려는 의도가 서방 국가들의 힘의 사용을 복잡하게 했다.

법에 관한 조언자가 군대에서 역할을 하며 타격의 목표물 선정에 대한 국제법적 해석을 한다. 정밀유도병기의 가장 명확한 사용이 비정규전장에서의 개인의 암살인 것과 같이 정확과 통제가 군사 혁신의 근본적인 혜택인 것이다. 이런 장치는 사람들이 자국의 핵심 이익이 위기에 처해 있다고 생각할 때 제거되며 대신 재래식 무기들이 대량파괴를 하고 부주의한 지도자를 놀라게 한다.

러시아와 중국이 가장 먼저 이럴 것이다. 테러 집단은 그들의 잔인하고 강력한 이미지가 자국민에게 영향을 미치기 때문에 재래식 군사력에 의해 점령된 영역에 대해 대대적 파괴를 이끌 것이다. 개발도상국들은 근접전쟁을 위해 대규모 병력을 유지할 것이다. 최근 전쟁의 한 가지 교훈은 유능한 군대와 2류 무기가 만드는 차이다. 이것은 새로운 교훈은 아니다. 지난 세기 동안 터키, 베트남, 그리고 일본 등과 같은 개발도상국들이 강력한 응징을 가할 수 있는 육군을 만들었다. 지상전에서 방어자가 더 유리하며 공격자는 덜 유리하다. 따라서 자국 전장의 이점이 중요하다. 도심 전쟁은 훈련, 기술, 그리고 화력의 가치를 나눈다. 시민 사상자와 구호 노력은 전술만큼 승리를 결정한다. 서방군은 다른 모든 선택이 소진되기 전까지는 도심 전쟁에 진입하지 않는다. 도심 전쟁과 점령의 비용은 약한 국가에게 대량 살상 무기와 동등한 기능을 수행한다. 도심 전쟁은 공격을 억지하기 때문이다. 개발도상국들은 비대칭적 전략을 통해 고도기술 군사력의 무력화를 시도한다. 미국과의 전쟁에서 유능한 적은 전자기 범위에 있는 어떤 통신도 방해할 것이다. 이것은 미국의 힘에 커다란 손실을 줄 것이며 아마 미국의 전체 전쟁무기를 작동하지 못하게 할 것이다. 미국 재래식 군사력에 대한 적국의 마지막 비대칭적 대응은 대량 살상 무기 또는 테러일 가능성이 크다.

🛈 요점 정리

- 군사 혁신은 다른 어떤 국가보다 미국에 도움이 될 것이다.
- 군사 혁신은 강점과 동시에 약점이 있다.
- 강점을 활용할 때 성공할 것이다.
- 합리적인 적은 자신들의 강점과 상대의 약점을 활용한다. 개발도상국은 비대칭적 전략, 대량 살상 무기, 시가전, 게릴라전, 테러 등을 통해 군사 혁신을 이길 수 있다.

군사 균형

때때로 재래식 역량은 계산하기 쉽다. 각각은 같은 방법으로 싸우고 많은 탱크를 보유하고 있으며 그 양을 증대시킨다. 오늘날, 재래식 군사력을 측정하는 것은 쉽지 않다. 무기의 형태가 다양하고 매우 빠르게 바뀌기 때문이다(Box 13.2). 아마 어떤 이는 모든 국가의 정밀 유도병기의 힘을 그 수준과 C41SR의 상관관계를 곱한 것으로 측정할 것이다. 그러나 이러한 측정을 육군에게 적용하기는 어렵다. 개발도상국의 육군은 강하지만 짧은 펀치에 비유할 수 있다. 즉 국경에서는 강하지만 그 너머에서는 그렇지 못한 것이다. 따라서 육군은 전선에 배치되어 있는 전투병의 숫자로 측정할 수 있다.

북한과 중국은 수백만 명의 병사를 전선에 보낼 수 있고, 인도 또는 터키도 약 40만 명 가까이 된다. 부유한 국가들은 보다 장거리 범위의 육군을 보유하지만 수는 적다. 그들의 역량은 원정을 위한 전투병의 숫자로 측정된다. 독일, 캐나다, 오스트레일리아는 각각 2천 명씩 배치 가능하다. 영국과 프랑스는 각각 1만 명, 그리고 미국은 14만 명의 파병이 가능하다.

세계 재래식 군사력은 대양함대와 원정군의 합이라고 할 수 있는데 미국은 유일한 일류이며 영국과 프랑스는 팬텀급의 소형의 역량을 보인다. 이런 군사력 형태의 비교는 사과와 오렌지를 측정하는 것과 같은데, 요점은 분쟁이 어디서 발생하는가이다. 푸젠 성에서 중국 육군은 최고의 역량을 보이지만 해안 50마일 밖에서는 물에 빠지는 신세가 된다.

아시아에서 힘의 분배 상태는 자주 바뀐다. 인도의 파키스탄과의 경쟁은 끝을 보기 어려울 것 같다. 파키스탄은 역할을 위해 자국의 자원을 최대로 활용한다. 파키스탄은 인도의 최대 약점인 정치적 분열을 활용할 수 있지만 그들은 중국 또는 미국의 도움을 받아야만 경쟁국인 인도를 위태롭게 할 수 있다. 인도와 워싱턴의 협력은 파키스탄의 책략을 무력화한다. 인도 지도자들은 파키스탄의 위험을 저지한다. 그러나 인도는 그 이웃 국가를 점령하려 하지 않지만 그들이 복종하기를 원한다. 인도는 이미 그들의 군사력을 대양으로 분사할 준비가 되어 있다. 인도는 미국과 더불어 인도양에서 두 강대국 중 하나가 되길 목표로 한다.

인도의 육군 중심의 항공단과 함대, 2개의 노후화된 항공모함, 그리고 25대의 구축함과 호위함은 좋은 상태다. 인도의 군사력은 신형 항공모함과 다른 전투함, 그리고 신형무기들을 구축함으로써 2015년 이후 증가할 것이다. 만약 인도가 그들이 선언한 정책대로 한다면, 인도는 인도양에서 2위에 해당하는 강력한 함대를 유지할 것이다. 만약 인도가 서방과의 연합을 멀리하고 새로운 군사력 증강에 대한 투자를 계속하는 한 인도는 지역의 해상 강국이 될 것이다. 인도는 전 인도양 해역에 그 영향력을 강화할 것이지만 어떤 효과가 발생할지는 아직 확실하지 않다. 1949년 이후 인도는 국가 이익 추구보다는 위상을 강화하기 위한 수단으로 힘을 사용했다. 그러나 인도는 사용한 것보다 더 많은 힘을 보유하고 있다.

반대로 중국은 필요로 하는 것보다 적은 힘을 가지고 있다. 중국은 큰 야망을 가지고 있지만 압도적 힘은 보유하고 있지 않다. 중국은 대만을 복속시키고 해양에서의 미국 봉쇄를 제거하고자 한다. 그러나 미국은 강력하며 중국은 해상과 공중에서 상대적으로 약하다. 1949년 이후 중국은 지역 거부 해양 전략을 추진해오고 있다. 중국은 경계를 일본과 대만까지 밀어내길 희망하지만 크루즈 미사일, 고도기술의 전투기, 항공모함 등 필요한 수단의 확보는 고통스러울 정도로 천천히 전개되고 있다. 지난 세대 동안 중국은 대양에서 작전을 수행할 수 있는 근대적 해군을 구축했다. 그러나 그 노력들은 아직 큰 성과를 거두지 못했다. 미국의 공군력과 해군력은 쉽게 중국을 해안으로 밀어붙일 수 있다. 그러나 만약 중국과 대만이 통일될 경우 중국은 그 장벽을 무너뜨릴 수 있으며 대양에 접근하고 세계 해양 강국이 될 것이다.

🔲 Box 13.2 **무기와 힘**

군사강국의 지난 100년 동안, 많은 개발도상국들은 좋은 무기 산업들을 구축했다. 그들은 기존 무기를 베끼고 나중에는 이를 쇄신하며 필요한 재료들을 구매하거나 첩보 활동을 통해 확보함으로써 최고급 수준으로 진입했다. 두 가지 사례가 세계 강대국의 힘의 분배 상태를 변화시켰다. 1921년 모든 일본 전함과 해군 전투기들은 구매 또는 합작 투자를 통해 확보한 영국 장비였다. 그 20년 후 일본은 모방과 강도 높은 업무 수행으로 선진의 해군과 항공 산업을 발전시켰다.

소련도 1941년 10년 전에 구매한 서방 기술의 개선을 통해 탱크를 생산했다. 아울러 1951년의 소련 전투기 산업은 원조 및 첩보 활동을 통해 서방 디자인에 크게 의존했다. 2000년부터 무기 판매는 이윤 추구를 극대화하기 위한 무기산업체와 방위산업을 강화하기 위한 그 국가들의 욕망으로부터 전개되었다.

미국은 동맹국에게 특히 페르시아 만에서 이란을 견제하기 위해 대량의 군비 수출을 하고 있다. 러시아도 선진군사 기술 이전을 주도하고 있다. 이것은 러시아의 산업 수출의 성공을 제공했지만 중국이 러시아의 기술을 가져가 전략적·산업적 경쟁자가 되게 했다. 인도는 러시아와 수호이-30 전투기와 T-90 탱크 등 근대무기에 대한 합자투자에 들어가 생산 허가를 가지고 있다. 중국은 러시아제 전투기, 미사일, 구축함, 잠수함 등을 구매했으며 러시아로부터 레이더와 전투기 등의 기술을 절취했다.

ⓘ 요점 정리

- 재래식 군사력은 계산하기 어렵다. 그것은 환경에 달려 있다.
- 재래식 군사력은 다른 문제들을 다루기 위해 많은 형태를 취한다.
- 그들은 경쟁국에 대한 비교적 이점을 개발하고 추출함으로써 성공했다.
- 지속적인 노력만이 한 국가가 공중과 해양 강국에 도전할 수 있게 한다.

규모의 세계

2015년 세계는 1989년 이래 최대의 변화에 직면했다. 중국이 세계 초강대국이 되기 위해서는 몇 십 년이 더 필요하지만 중국의 부상은 그 주변을 긴장시켰다. 부유하고 약한 유럽은 전략적 중요성이 약화되었다. 초강대국 미국은 지상군 역량을 감축해야 한다. 다른 국가들이 부상할 때 쇠퇴하는 국가가 곧바로 추락하는 것을 의미하지 않는다. 미국의 위상은 몇 십 년 동안 유지되거나 갑자기 추락할 수 있다. 힘에서 추락의 순간은 추세만큼 중요하다. 그러나 불행이 이것은 예측하기 어렵다. 미국은 1989년과 2001년의 전략을 재고해왔다. 그러나 미국은 지구상 가장 큰 군사비를 유지할 것이지만 심한 예산 전쟁과 일부 프로그램의 폐기 속에서 인플레이션 수준 아래로 감축해야 한다.

미국은 향후 몇 십 년 동안 경쟁할 수 없는 초강대국으로 남을 것이지만 그 힘은 약화될 것이다. 인도, 중국, 러시아 같은 다른 국가들은 그 힘을 발휘할 것이다. 주요 국가들이 군비 강화 프로그램들을 추진함에 따라 1989년 이래 처음으로 군사력의 양적 그리고 질적 증가가 발생했다. 그러나 일부만 군사력 증강에 성공한다. 말은 쉽지만 무력 증강은 그렇지 않다. 무기들이 보다 정교해짐에 따라 개당 가격이 증가해 가격은 상승하고 주문은 감소한다. 따라서 국가 군수 산업을 유지하기 위해서는, 국가들은 외부로부터 장비를 구입하기보다는 비용이 더 들고 질의 수준이 떨어져도 국내 군수기업들을 선호한다. 지속적인 주문이 없다면, 군수기업들은 사라지게 될 것이다. 이런 요인들이 무기 무역의 공급과 수요를 결정한다.

2000년 이후 군 예산은 증가했지만 다시 정체되었고 지금은 감소하고 있다. 서방 국가들은 2000년과 2008년 사이 군비를 거의 두 배 증가시켰다. 같은 기간 중국의 군사 예산은 세 배로 증가했지만 증가분의 대부분은 물가 상승으로 상쇄되었다. 각국 정부는 많은 예산으로 적게 구매해야 한다는 사실에 충격을 받았다. 인력과 무기의 자본 소진으로 모든 해군과 공군은 위기에 놓여 있다. 이미 세계 최고의 무기를 보유하고 있는 서방 국가들은 새로운 무기를 필요로 할 때 필요성을 반드시 설명해야 한다.

1989년 600대 해군 함정을 자랑하던 미국 해군은 2015년 300대를 유지하고 있다. 2001년 이후, 미국 공군은 F-22와 F-35 등 2개의 차세대 전투기 생산 대수를 줄였으며 전체 공군의 10퍼센트에 해당하는 2만 명을 인원 감축했다. 이런 압박은 서방 국가들이 F-35와 같은 전투기를 국제 합작 기업을 통해 개발하게 했다. 스텔스 기술의 비밀을 유지하기 위한 미국의 F-22 합작 기업 거부는 전투기당 생산 대수가 약 3,400만 달러라는 천문학적인 비용이 들게 했다.

1990년과 2009년 사이 러시아는 육군 병력수를 70퍼센트까지 감축했으며 중국도 육군의 20퍼센트와 공군의 50퍼센트를 감축했다. 모스크바와 베이징은 인도-러시아 5세대 수호이 전투기 생산 프로젝트와 같이 HAL 전투기 등의 다수의 신무기 프로그램을 추진하고 있다.

비용의 장벽과 경제 위기는 국가의 위상 유지와 전투기 및 전함과 같은 주요 무기체계의 개발 능력을 손상시킨다. 2015년까지 많은 문제를 겪은 후에, F-35 프로그램은 마침내 구체화되었다. 서방 국가들은 선진 전투기를 확보했다. 러시아와 중국의 전투기 프로그램은 덜 성공적이다. 영국과 일본 해군 건설이 다른 2류 함대들로 하여금 쇠락과 부흥 사이의 선택을 자극했다. 이런 형국에서 러시아만큼 큰 문제에 직면한 국가는 없다. 2000년과 2008년 사이 러시아 방위비는 10년간의 장기적 몰락 후에 5배가 증가해 러시아의 재래식 역량을 간신히 유지하게 했다. 그렇다고 해도 러시아 해군은 점차 떠 있는 박물관이 되었다. 금융위기는 2014년부터 2020년까지 러시아의 54기의 전투함 생산 또는 개조 그리고 1000대의 전투기와 헬리콥터 주문을 어렵게 했다. 러시아가 소련이 붕괴될 때의 규모만큼 군사투자를 만들지 않으면 러시아의 재래식 군사력은 쇠락할 것이다. 이러한 역량과 핵 역량을 갖추어야만 러시아가 주장하는 군사대국의 위상을 유지할 수 있다. 러시아 지도자들이 어떻게 이런 문제를 해결하는가가 힘의 정치학에서 아직 파악되지 않는 부분이다.

2015년 이후 10년 안에 경제 위기에 가장 적은 영향을 받은 국가들은 그들이 주장한 정책들을 수행할 수 있는 역량을 개발할 수 있다. 한국, 중국, 인도, 그리고 일본 등은 군사적으로 더욱 강해질 것이다. 그러나 대부분의 국가들은 여기에 해당되지 않을 것이다. 군사무기 구매와 포함된 주요 국가들은 경제적 힘과 정치적 의지 사이에서 갈등이 발생할 것이다. 그 결과는 재래식 군사력의 양적 그리고 질적 측면에서 측정될 것이다. 미국이 최강 대국으로 남고 중국이 가장 강력한 경쟁자라는 것은 확실한 것이다. 군비 강화에 실패한 국가들은 군사력이 감소할 것이며, 많은 그러할 것이다. 이런 목적을 달성하기 위한 노력과 경쟁국가에 대한 비교 우위적 성공은 새로운 국제질서의 불확실성을 강화하는 것이다. 어떤 것도 경쟁국가가 부상하는 과정에서 쇠퇴할 것이라는 두려움보다 더 절박하게 하는 것은 없다(Box 13.3).

◻ Box 13.3 힘의 관계의 미래

아시아와 다른 지역에서의 힘은 산업의 군사적 적용으로 전환된다. 중국과 인도는 그 분야에 비효율적이고 부패한 대규모의 산업을 가지고 있다. 방위산업들과 정부들은 복잡한 관계를 유지하고 있다. 정치적 지배권에 속해 있는 중국 기업들은 외국 기업들과 거의 협력하지 않기 때문에 규모의 경제 또는 합리화를 배제한다. 인도는 사기업들로 하여금 산업과 노동, 그리고 정치적 로비로부터 저항에 직면한 국영기업과 경쟁하게 한다.

인도의 기업과 정부는 기술 이전 약속과 관련된 계약으로 시간을 보내면서, 전투기의 국내 생산과 외국산 구매는 수십 년 동안 연기하고 있다. 최고의 군사산업 기반을 가진 개발도상국들은 중국, 러시아, 그리고 브라질로서 이들은 많은 수의 좋은 국내 디자인 전투기를 생산하고 있으며 공격적으로 선진 강국들과 기술 이전 합의를 추구하고 있다.

중국과 인도는 외국 기술의 접근에 달려 있다. 그러나 각국은 많은 협력 기업들과 일하면서 기술개발의 소요 시간 단계의 약진에 노력하고 있다. 중국은 2025년까지 최고 수준의 방위산업 구축을 추진하고 있다. 1995년 이후 중국은 지속적으로 예상한 최고 수준의 성과를 보여왔으며 다른 어떤 국가들도 이렇게 빨리 그리고 높은 성과를 거두지 못했다. 그 기간 동안, 중국 공군도 1970년대의 약하고 구식의 군대에서 1995년까지 최상의 이류 수준 바로 아래까지 도약했다. 이 중국의 급성장은 모든 관계를 변화시켜 1980년대에는 서방 국가들과 러시아 기술의 합작 사업, 기술 이전, 그리고 첩보 활동 등을 가져왔다.

인도는 기술 공급에 더 의존하고 무기 개발 프로그램에 있어서는 좋지 않은 성과를 보였다. 그러나 외국 강대국들의 인도와의 기술 교환에 대한 의지는 중국과의 관계보다 크다. 20년 동안, 중국과 인도는 좋은 군사산업들을 구축할 것이고 방위전자 및 정보기술에 있어서 선두 국가들과의 격차를 좁힐 것이다. 따라서 중국과 인도는 세계 2위 그리고 3위의 경제 대국과 재래식 군사력을 가진 국가가 될 것이며 빨리 성장할 것이다.

요점 정리

- 재래식 군사력의 분배는 변화하고 있다.
- 서방 국가들은 쇠퇴하고 있다.
- 중국과 인도 등 새로운 세계 강대국들이 등장하고 있다.
- 이러한 변화의 영향은 경제적 역량을 전략적 목적을 위해 얼마나 활용할지에 대한 국가의 의지에 따라 다르게 나타난다.

전쟁, 무엇을 위해 좋은 것인가?

전쟁은 의도와 실수의 조합으로부터 발생한다. 전쟁은 국가들의 힘의 분배 상태가 급속히 변화할 때 쇠퇴하는 국가가 그 지위를 유지하려 하고 부상하는 국가도 더 많은 것을 추구하는 등 강대국들이 그들의 힘을 잘못 평가할 때 발생한다. 지금 이런 환경이 존재한다. 이라크와 아프가니스탄으로부터의 미국의 철수는 종교와 민족적 분열 지역인 중동 지역에서의 불확실성을 높였다. 부상하는 국가와 쇠퇴하는 강대국 사이의 전통적 충돌이 나타나고 있다. 출구 없는 막다름이 아시아를 지배하고 있다.

인도 대 파키스탄, 북한 대 남한, 일본과 미국 대 중국, 중국 대 주변 국가들 사이에 이런 규칙이 조성되고 있다. 중국의 힘은 부상하고 있지만 아직 대량 살상 무기와 해양에서는 압도적이지 못하다. 중국은 지역에서의 역량 극대화를 목표로 하고 있으며 높은 위험 부담을 안은 사건들을 도발하곤 했다. 중국은 주변국들에게 교훈을 주는 것이 필요하고 미국에 의한 최악의 상황도 통제할 수 있다고 믿는다. 미국과 중국은 모두 대만을 기준으로 방어한다고 믿고 공격에 대해 강하고 자결적 태도로 대응한다. 아시아에서 소련의 붕괴가 힘의 분해 상태를 재구성했듯이 러시아 또는 일본의 부활도 그럴 수 있다.

중동은 교착 상태가 아니라 힘의 공백에 놓여 있다. 시리아와 이집트 등 몇몇 아랍 국가들은 육군과 공군에서 이스라엘과 수적으로 경합하고 있으며 사우디아라비아와 걸프 국가들은 대규모의 선진무기들을 구입하고 있다. 요르단과 헤즈볼라 군사력은 질적인 측면에서 취약하며 이스라엘의 군사력은 매우 우수하다. 2006년 레바논과의 전장에서의 실패는 이스라엘을 충격에 빠뜨려 육군을 강화하게 했고 2008-2009년 그리고 2013-2014년 동안의 가자Gaza 전투에서 더 좋은 성과를 거두었다. 아랍세계의 군사강국인 이스라엘은 주변 국가들을 위압할 수 있으며 어떤 위협도 분쇄할 수 있지만 그러한 강한 군사력을 정치적 힘으로 전환시킬 수 없다. 2011년 '아랍의 봄' 당시 중동 지역에서 대규모 정치적 변화가 발생했음에도 이스라엘이 관여하지 못한 것이 이를 증명한다.

중동 지역의 두 번째 군사강국인 터키도 이런 정치력을 발휘하지 못하는 것은 같다. 사우디아라비아, 걸프 국가들, 그리고 이란 등 이런 상황을 가장 잘 활용하는 국가들은 군사적으로 약하다. 이스라엘과 미국은 이집트와 사우디아라비아에서 지하드 정권의 등장과 같은 큰 위험을 방지하기 위해 재래식 군사력을 사용할 수 없다. 이스라엘은 미사일로 하마스와 헤즈볼라의 영토에 폭탄을 투하함으로써 이들의 역량을 파괴할 수도 없다. 아랍 국가들의 군사적 열세와 내부적 혼란은 중동 지역을 과거보다 더 불안정하게 하고 있다. 이러한 사례들에서 보듯 재래식 군사력은 힘의 부분일 뿐 전부는 아니다.

재래식 군사력은 이스라엘과 미국, 그리고 이란 사이의 힘의 균형을 절대적으로 규정하지 않는다. 강한 이웃 국가가 일본으로 하여금 재래식 군사력을 증강하게 하지만 일본은 핵무기로부터 더 많은 것을 얻는다. 재래식 군사력이 강한 서방 국가들은 약한 국가들에 개입할 수 있지만 그들을 정복하지는 못한다. 재래식 군사력은 중국과 러시아로 하여금 약한 주변 국가들을 억압할 수 있게 한다. 나토는 재래식 군사력을 2013-2015년에 동부 유럽에서 러시아를 견제하는 인계철선으로 활용했다. 그러나 나토는 실제로는 러시아에 대한 경제 봉쇄의 수단을 사용했다. 중국은 미국의 힘과 경쟁하기 위해 재래식 군사력을 증강한다. 개발도상국들에게는 대량 살상 무기가 전략적 문제를 해결하는 가장 간단한 군사적 해결책이다. 대만에 대한 중국 그리고 이라크와 아프가니스탄에서의 이란의 정치적 영향력은 군대보다 좋은 수단이다.

재래식 전쟁에서 대량 살상 무기의 사용과 같은 더 큰 문제가 이런 사안들 뒤에 도사리고 있다. 일방만이 화학무기를 보유할 경우 그 국가는 이 무기들을 일상적으로 사용한다. 그러나 핵무기는 다르다. 대량 살상 무기로 무장한 국가들이 적국에 대해 언제까지 재래식 무기를 사용할까? 그들은 종종 재래식 무기를 사용하겠지만 언제까지 이런 게임의 법칙이 유지될지는 모르는 것이다.

1939년에서 1945년까지 유럽의 주요 참전국들은 가스 무기를 보유했지만 사용하지 않았다. 1991년 걸프전에서도 마찬가지였다. 핵 보유국들도 서로 싸운다. 2000년 카길^{kargil} 지역에서의 인도와 파키스탄의 분쟁이 대표적이다. 소련 전투기들이 1950년대 자국 영토와 한국전쟁 그리고 1970년대 이스라엘 전쟁에서 많은 미국의 공중 침입자들을 격추시켰다. 1989년 이후 세계 정치에서 단일의 가장 중요한 요인은 압도적인 미국의 힘과 그 힘의 불안정한 사용과의 관계라고 할 수 있다.

미국의 절대적 안보 추구는 다른 모든 경쟁국의 불안정을 야기했으며 자국 안보를 지키는 방안을 모색하게 했다. 미국의 힘과 위협은 많은 적대국들로 하여금 대안을 위해 정책을 변경하게 했고 미국을 위험하게 함으로써 미국의 위협을 무산시키려는 의도를 갖게 했다. 재래식 군사력에서의 미국의 성공은 합리적 적국이 치열한 경쟁을 포기하게 했고 대량 살상 무기와 같은 비대칭적 수단을 추구하게 했다. 후자가 구축하기 더 쉬우며 더 분명한 억지 효과를 보이기 때문이다.

🛈 요점 정리

- 전쟁은 우연적 사건과 의도에 의해 발생한다.
- 재래식 군사력은 분쟁에 있어 균형의 부분이다.
- 재래식 군사력의 한계는 국력보다 덜 중요하지 않다.

➕ 맺음말

재래식 군사력은 중요하지만 제한된 국가의 수단이다. 한때 재래식 군사력은 강대국들과의 전쟁을 위한 것이었지만 지금은 약한 국가에 사용할 수 있는 가장 유용한 무기다. 그것은 대부분의 국가들에게 여전히 가장 중요한 수단으로 남아 있지만 소수 국가만이 사용한다. 재래식 군사력은 긍정적 수단보다는 다른 국가가 공격을 못 하게 하는 등 부정적인 수단으로 더 유용하게 사용된다. 재래식 군사력은 파괴와 강제의 전략을 지원하는 근본적인 수단이다. 재래식 군사력으로 위험받는 국가들은 반드시 같은 군사력을 보유하거나 또는 사라져야 한다. 이 군사력은 자국을 보호하고, 동맹국을 지원하며, 적국을 파괴한다. 국가들이 재래식 군사력을 사용할 의지가 줄어들면서 지난 세기 동안 재래식 군사력의 활용성은 점차 감소하고 있다.

재래식 역량의 사용 결과는 과거 어느 때보다 불투명하다. 종종 복잡한 손실을 야기하거나 세계 전쟁이나 게릴라 분쟁에서 사용국을 함정에 빠지게 했다. 재래식 군사력은 미래에 지금 했던 것보다 더 활발하게 논의될 것이다. 서방 국가들은 약한 국가 또는 실패 국가와의 분쟁과 같이 진입 비용이 낮고 성공의 기회가 높은 곳에서 재래식 군사력을 우선적으로 사용할 것이다.

재래식 역량은 개별 국가들의 정책과 국제체제 전체에 영향을 미친다. 그 영향은 사람들이 재래식 무기를 유력한 수단으로 사용하는 것을 억지하고 다른 것들을 개발하게 하는 것으로 집중된다. 이론적으로 군사력의 수준은 차별화되지만 실제는 서로 복잡하게 연결되어 있다. 미국의 이란 핵 발전소에 대한 폭력은 중동 지역에서 테러의 확산을 이끌어낼 수 있다. 재래식 군사력의 순수한 게임은 대량 살상 무기와 테러 및 게릴라전쟁의 두 가지 제약 요인 아래서 작동된다. 재래식 군사력은 여전히 강력한 수단이며 핵무기와 같은 무기가 작동하지 않는 게임에서 아마 가장 유력한 수단으로 사용될 것이다. 그러나 재래식 군사력이 모든 곳에 적용될 수는 없다.

 비판적으로 사고하기

중국은 2035년까지 동아시아의 패권국이 될 것인가?

그렇다:

- **경제력:** 중국 경제는 1980년부터 다른 어떤 국가보다 빠르게 성장했다. 2015년 중국 GDP는 미국 다음인 2위의 규모이지만 성장 속도는 점차 완만해지고 있다.

- **국방비 증가:** 중국 국방비는 2008년과 2014년 사이 50퍼센트 증가로, 세계 어떤 국가보다 빠르게 증가했다. 2015년 미국을 제외한 다른 2개 국가의 국방비와 거의 동등한 수준이며 미국 국방비의 20퍼센트에 이르고 있다.

- **군사 역량 강화:** 중국은 동아시아에서 최강의 군사대국이다. 그 역량을 측정하기는 어렵지만 중국 방위산업체들은 많은 수의 선진 육상 및 공군 장비를 생산하고 있다. 2015년 중국은 미국의 F-22와 F-35를 제외한 다른 전투기와 경합할 수 있는 전투기들을 생산, 배치하고 있다.

- **경쟁국의 약화:** 중국의 이웃 국가들 중 인도, 일본, 러시아만이 견딜 수 있는 힘을 보유하고 있다. 외부 균형자인 미국은 제한된 자원으로 세계적 범위에서의 역할을 수행해야 한다. 동유럽과 중동 지역의 문제들은 더 많은 자원을 동아시아로 집중하는 것을 방지하고 있다. 중국은 유라시아 지역에서의 미국의 적국들, 특히 러시아와의 협력을 통해 이러한 문제들을 증폭시킬 수 있다.

- **영향력:** 중국은 재래식 군사력을 바탕으로 주변 국가들을 억압하는 방법을 통해 정치적 목적을 달성할 수 있다. 그러한 정치적 성공은 미국의 재래식 역량의 효과를 약화시킬 수 있다.

그렇지 않다:

● **완만한 경제**: 모든 다른 개발도상국과 같이 중국 경제의 성장 속도도 경제가 성숙해지면서 느려지고 있고 부정부패, 고령화, 공해 등의 문제가 경제성장에 부정적 영향을 미치고 있다.

● **군사 기술의 후진성**: 중국 함대와 전투기들은 서방 국가들보다 3세대 뒤진 것들이다. 그들은 쉽게 이 약점을 제거하기 어려우며, 미국 군사비나 기술과 경합하기 어렵다.

생각해볼 문제

1. 미국은 2003년 걸프전에서 이라크에 승리했나? 패배했나?
2. 해상 군사력은 이 시대에 얼마나 중요한가? 그 이유는? 어느 국가에게 중요한가?
3. 핵무기와 비교해서 공군력과 정밀유도병기는 미국에 의해 어떻게 사용되는가?
4. 결정적 전투는 무엇인가? 1945년 이래 얼마나 발생했나?
5. 서유럽의 경제적 쇠퇴와 중국의 부상은 어떻게 될 것인가? 2025년까지 그들의 군사력에 영향을 미칠 것인가?
6. 이스라엘, 이란, 인도의 재래식 군사력을 비교 및 대조해보라. 그들의 장단점은 무엇인가?
7. 대량 살상 무기를 보유한 국가들은 언제까지 재래식 전쟁에 개입할 것인가?
8. 재래식 전쟁에서 보통 국가들은 소모적인가? 그것의 정상적 결과는 우유부단함인가?
9. 어떻게, 얼마나 쉽게 재래식 군사력이 테러 또는 게릴라를 격퇴시킬 수 있나?
10. 러시아와 일본은 어떻게 중국의 부상에 대응할 것인가?

더 읽을거리

C. Archer, J. Ferris, H. Herwig, and T. Travers, *A World History of Warfare* (Lincoln, NE: University of Nebraska Press, 2002)
　　전쟁 역사에 대한 근대적 접근을 제시한다.

International Institute for Strategic Studies, *The Military Balance* (London: IISS and Routledge)
　　재래식 군사력과 무기에 대한 권위적이고 포괄적이며 연례적 평가를 제공한다.

Jane's Information Group (various publications)
　　재래식 군사력과 무기에 대한 믿을 만한 정보 제공처다.

J. Lynn, *Battle, A History of Combat and Culture* (Boulder, CO: Westview, 2003)

전쟁 역사의 유용한 분석을 제공한다.

R. Weigley, *The Age of Battles: The Quest for Decisive Warfare* (Bloomington, IN: Indiana University Press, 1991)
재래식 전쟁에 대한 또 다른 시각을 제공한다.

웹사이트

공군전쟁대학포털(http://www.au.af.mil/au/awc/awcgate/awcgate.htm)
현재 군사 이슈들에 대한 연구를 위한 훌륭한 자료를 보유하고 있고 공식적 · 준공식적, 또는 비공식적 사이트들이 연계되어 있다.

전략 및 국제연구센터(http://www.csis.org)
국제전략적 사안들에 대한 분석을 제공한다. 특히 분쟁 분야에 유용하다.

랜드연구소(http://www.rand.org)
현대전략정책 및 군사력에 대한 광범위한 분야에서의 수준 높은 연구들을 제공한다.

카네기국제평화재단(http://www.carnegieendowment.org)
국제전략 이슈와 분쟁에 대해 자유주의적 시각의 연구들을 제시한다.

국제위기그룹(http://www.crisisgroup.org)
국제전략 이슈와 분쟁들에 대한 국내적 측면에서의 분석들을 제공한다.

14 대륙 전쟁의 이론과 실제

스테판 비들(Stephen Biddle)

 독자 안내

이번 장은 전통적인 육상전쟁 전략과 1900년 이후 실제 경험 사이의 관계에 대해 고려한다. 전쟁에 대해 이론가들이 얼마나 잘 예측했었고 왜 그들의 주장은 성공 또는 실패했나? 이 장은 기술적 변화를 근대 이론가들이 직면한 주요 도전으로 제시하고 근대무기의 급격한 변화에 대한 기술적 및 정책적 대응을 파악한다. 이러한 대응들은 은폐, 잠복, 압도적 화력과 이동의 통합, 그리고 전진 배치의 비용 속에서의 주둔 유지 등을 포함한다. 이런 개념은 기술과 교리의 근대적 체제의 기반으로 형성되었다. 이론가들이 시대적으로 이 규범을 부정하고 급격히 새로운 방법을 요구하는 새로운 무기를 예상했지만 그런 예상은 경험에 의해 종종 좌절되었다. 이 장은 이 이론-실제 관계를 두 차례의 세계대전과 1973년과 1991년 중동전쟁의 네 가지 사례 연구를 통해 추적한다. 이 장은 향후 변화에 대한 전망으로 마무리하며 강력한 지속의 요소와 변화의 요소를 파악하는 결론을 내린다.

제1차 세계대전: 근대 전쟁의 등장

1차 세계대전은 급격한 기술적 변화에 뒤따라 발생했다. 산업혁명은 대량생산, 기계화, 그리고 금속, 농업, 행정, 공공보건에 급속한 개선을 가져왔다. 이런 변화들은 1914년까지 육군의 규모와 화력에 막대한 증가를 이끌어냈다(Box 14.1).

이런 변화는 중요한 도전으로 작용했다. 나폴레옹 시대, 공격자는 작전의 공간이 있었고 종종 방위군을 측면에서 포위할 수 있었다. 1914년까지 대규모의 새로운 육군은 작전 공간을 억제하고 측면 습격 기회를 제거하는 전체 국경에 걸친 계속된 전선을 구축했다. 나폴레옹식 보병은 방어망을 약화시킬 수 있었지만 1914년까지 개방된 벌판에서의 대규모 전방 공격은 자살행위가 되었다.

⊡ Box 14.1 기술적 변화와 20세기 육군

기술적 변화는 20세기 육군의 규모와 치명성에 급격한 증가를 견인했다:

1812	1912
나폴레옹 60만 육군 / 유럽 최강	160만 명의 프랑스 육군은 유럽에서 세 번째로 큰 규모
30초당 1,000야드 사거리 12파운드 탄환 발사 가능한 포구 장착 황동 대포	강철 공격 야포 10초당 12,000야드 이상 사거리로 18파운드 포탄 발사
활강포와 수만 소총으로 무장한 1,000명의 보병대대는 1분마다 100야드의 효과적인 2,000 소총탄 발사	4개의 기관총과 탄창 소총으로 무장한 900명의 보병대대는 1분마다 1,000야드 거리에 효과적인 2만 1천 탄환 발사

　　새로운 화기는 전선 시대에 심각한 도전으로 작용했다. 어떻게 새로운 화기 앞에서 육군이 의미 있는 군사적 임무를 충분히 완수할 수 있겠는가? 1899-1902년의 보어 전쟁과 1904-1905년의 러시아-일본 전쟁에서 새로운 치명적 무기의 경험은 유럽 군대에서 대응 방식에 대한 논쟁을 불러왔다.

　　두 가지 광범위한 접근이 즉각 부상했다. 첫째는 공격자의 노출을 방지하기 위한 전진과 동시에 은폐와 잠복을 사용했다. 둘째는 공격자가 노출되더라도 방어자들을 수세에 몰기 위해 진압적 화력을 사용하였다. 보어 전쟁이 종결되기 전에 이미 영국군의 전술은 전선의 대규모 공격에서 단거리 달리기를 통한 자율적 전진으로 변했다. 노출된 상태에서는 방어자들의 화력 발사를 막기 위해 포대와 소총부대가 엄호발사한다.

⊡ Box 14.2 1차 대전의 탱크

1918년 탱크에 관한 압도적 사실은 튼튼하지 않았다는 것이다. 캠브라이(Cambrai)에서 탱크 324대가 전투에 참가했다. 첫날 전투에서 65대가 직접 공격을 받았고 71대가 파괴되었다. 43대는 탈선했고 나머지 대부분은 수리를 받아야 했다. 1918년 8월 8일은 사상자가 매우 많았는데, 독일의 대(對)탱크포대의 향상 결과였다. 414대가 출발했지만 145대만 두 번째 날에도 남았고, 3일째는 85대, 4일째는 38대, 5일째는 6대만 남았다. 전투병들은 37도가 넘는 내부 온도와 엔진과 총기 소음에 시달렸다. 병력과 탱크 모두 두 번째 날은 싸울 수 없었다. (Bidwell and Graham 1985: 137-8)

그러나 두 가지 문제가 생겼다. 첫째, 요구되는 이동은 통제하기 어렵다는 사실이 증명되었다. 분산은 지휘관과 병사들의 거리를 멀게 하여 지휘관이 병력을 이동하기 어렵게 했다. 병사는 잠복할 수 있으나 지나치게 오래 머물러 있는 경향이 있어 공격 기회를 상실한다는 것이다. 이것은 방어포대에게 오도 가도 못하는 공격자들을 제거하는 시간을 주는 것이다. 둘째, 이것은 사격자가 반격에 노출되는 상황에 남겨두지 않고 필요한 엄호사격을 하는 데 어려움이 있음이 증명되었다. 대포는 개방된 장소에 직접 발사할 수 있거나 간접적으로 발사할 수 있다. 직접 발사는 발사자가 통제하기 쉽다. 목표물과 자신의 병력을 모두 볼 수 있기 때문에 아군의 병력이 목표물에 거의 근접할 때까지 엄호사격을 유지할 수 있다. 그러나 직접사격은 포대가 전방으로 잘 이동해야 하며 따라서 반격에 노출될 수밖에 없다.

반대로 간접발사는 안전한 곳으로 포대를 이동할 수 있지만 발사자가 그들이 지원해야 할 전장을 볼 수 없기 때문에 사격 통제에 어려움을 겪는다. 간접사격은 전방에 있는 관측자가 후방에 있는 볼 수 없는 사격자와의 사격 지시 소통이 요구된다. 이것은 마지막 순간까지 목표물에 대한 정확한 엄호사격을 유지하기 어렵게 했다. 왜냐하면 늦고, 정확하지 않고, 훼방되는 메시지는 엄호 범위와 파괴에 치명적 차이를 만들어낼 수 있기 때문이다.

1914년 8월 1차 세계대전이 발발했을 때 이러한 문제들이 대량 학살을 양산했다. 엄호사격은 부정확했거나 제공되지 않았고 엄호사격 없이 공격자들은 적국의 대포에 의해 살육되었다. 독일의 벨기에를 통한 프랑스 침략 시도는 마른Marne에서 수렁에 빠졌다. 전선의 전투에서 독일 방어선을 파괴하려는 프랑스의 시도는 무수한 사상자의 희생 속에서 매우 미미한 이득을 양산했다. 크리스마스까지 전선은 북해에서 스위스 국경까지 고착화되었다. 이런 실패는 조속한 기술적 변화를 도출시켰다. 전쟁 전에는 보병을 최우선 무력수단으로 강조했고, 포병은 2차적 지원 무기로 간주했다. 1915년 3월까지 이런 생각은 완전히 뒤바뀌었다. 포대는 대량의 사전 일제 엄호사격으로 참호로 둘러싼 방어선을 완전히 붕괴시킬 수 있었다. 프랑스 사람들의 표현대로 "포병은 공략하고 보병은 점령한다." 이것은 사격 통제와 작전 통제의 문제들을 극복했다는 것을 의미했다. 만약 포병이 공격자들의 작전 시 충분히 방어자들을 진압할 정도로 통제되지 않았다면 포병은 안전한 위치에서 방어자들을 전멸시킬 수 있다는 것이다.

보병이 단순히 피해 지역을 벗어나 있는 동안 새로운 작전은 일정 수준의 개선을 입증했다. 사전 일제 엄호사격은 높은 수준의 강도에 다다랐다. 1917년 7월 메신Messines 앞에서 있었던 10일 동안의 연합군 포격은 1,200통의 폭발을 독일 전선의 1마일마다 떨어뜨렸다. 그러나 일반적인 인상과는 달리, 그런 사전 엄호발사는 아주 쓸모없지는 않았다. 핵무기급 화력은 방어선을 무너뜨릴 수 있다고 간주하는데, 사실 가능하다.

1917년까지 그러한 공격들은 초기 공격으로 방어 전선을 취했다. 그러나 이것이 충분한 것은 아니었다. 땅은 취할 수 있었지만 문제는 그 후 유지하는 데 있었다. 1914년의 전술이었던 포병 화력과 보병 작전의 협력의 어려움이 다시 1915-1917년의 그들의 성공을 방해했다. 사전 엄호사격에 이어 방어자의 참호로 진격하는 보병들은 효과적인 지원사격 없이 전개되는 것이다. 공격할 시간과 장소를 잘 아는 방어자들은 수 주간의 사전 엄호발사 동안 전방참호 뒤로 병력과 방어 포대를 증강했다. 이런 병력은 지원받지 못했고, 과도하게 진출한 공격자들을 그들의 포대 엄호사격으로 공격했다.

각각 미리 준비된 포대 프로그램이 수행할 수 있는 데까지 진격 가능했지만 모두 더 나아갈 수는 없었고 반격에 대항해서 이득을 얻을 수도 없었다. 결과는 사슬에 묶인 전쟁의 형태와 유사했다. 전투는 유동적이었지만 양쪽 모두 사전 엄호 포병 사격의 범위가 제한되었다.

따라서 솜Somme, 베르됭Verdun, 파센데일Passchendaele, 체민 데스 뎀Chemin des Dames의 대규모 공격들은 어느 쪽에도 의미 있는 변화를 만들지 못했다.

그러나 점진적으로 1차 대전 전의 보병 강조와 전쟁 중의 보병과 포병이 동등하게 협력하는 결합된 무기 접근법에 전쟁 중 포병 강조를 대체하는 새로운 전술이 등장했다. 새로운 접근법에는 사전 포병 프로그램은 짧게 제한하고 파괴보다는 단순한 방어 압도를 위한 집중적인 '폭풍 엄호발사'가 포함되었다. 이런 일시적인 진압 효과는 수류탄과 이동성 자동화기로 무장한 독립적으로 작전하는 보병부대에 의해 만들어졌다.

이들은 저항이 최소화된 경로로 전진하는 길을 찾는 훈련을 받았다. 이런 독립적으로 작전하는 공격부대는 방어선 깊이 전진을 유지할 수 있었다. 그 이유는 짧은 엄호 포격이 방어자들의 전진을 막고 있어 방어자들이 전선이 뚫리기 전에 반격할 수 있는 충분한 보충 병력을 모으기 어려웠기 때문이다.

사실 이 새로운 접근법은 진짜 새로운 것은 아니었다. 이것은 새로운 화력에 직면해서 전진을 가능하게 하기 위해 엄호와 작전을 결합하는 전쟁 전의 아이디어로 회귀하는 것이었다. 그러나 전쟁 전에는 육군이 화력과 작전 통지의 기술적 문제를 해결하지 못한 반면, 1918년까지 간접 발포 통제와 소수 병력 이동과의 협조의 결합이 마침내 이루어졌다. 장기간의 교착을 넘어 시행착오는 점차 '과학적' 포격, 개선된 소부대 지휘체계, 그리고 전쟁 전 전술이 작동할 수 있게 하는 훈련 등의 문제들을 해결했다.

새로운 전술은 독일에 의해 처음으로 단일 체계로 결합되었고 1917년 11월 이탈리아 전선의 카포레토Caporetto에서 정체를 드러냈다. 이 방법들은 이후 1918년 3월에서 6월까지의 독일 봄 공격의 서방전선 돌파를 만들어냈다. 영국과 프랑스 육군은 새로운 체제를 보다 천천히 완성했지만 결국 중요한 요소에 정통하였고 결국 이 전술들을 연합공격에서 활용하여 힌덴베르크Hindenberg 전선에서 독일군을 몰아냈다. 따라서 참호선 교착은 1918년 초 와해되었고 전쟁의 마지막 7개월은 서부 전선의 이동으로 나타났다.

🔒 **요점 정리**

● 전쟁 전(前) 이론가들은 새로운 화기와 대규모 병력에 의한 문제들을 예상했었다.

● 엄호발사와 이동에 있어서의 은폐와 잠복 문제의 해결책은 실제에서 실패로 나타났다. 1914년의 육군은 그러한 요구되는 방법들을 수행할 수 있는 필요한 기술이 부족했기 때문이다.

● 장기간의 교착을 넘어, 새로운 전술들이 점차 개발되었다. 1918년 3월까지 교착은 와해되었고 서부전선의 이동으로 나타났다.

제2차 세계대전: 기계화에 대한 대응

세계대전 사이의 기간은 기술적 변화의 또 다른 흐름을 보여주었고 몇 가지 신기술의 성숙이 1차 대전 후반부에 이루어졌다. 이런 현상은 종종 "기계화" 또는 육군의 탱크, 트럭, 전투기, 그리고 무선을 통한 재장비로 장거리 이동수단을 통해 빠른 이동을 가능하게 하는 것을 의미한다. 모두 1차 세계대전 시기에 처음 나왔고 특히 탱크는 종종 1918년 교착 붕괴의 중심으로 묘사되고 있다. 그러나 어느 것도 1차 세계대전에서 결정적 역할을 하지 못했다. 예컨대, 탱크는 매우 취약했고 마지막 공격에서 지원 역할을 하기에 기계적으로 믿음직스럽지 못했다(Box 14.2).

전투기는 중요했지만 탑재량의 한계로 전쟁 기간 내내 정찰과 반정찰에 제약되었다. 폭격 임무가 시도되었지만 이것은 두 번째 기능이었다. 무선은 가능했지만 1차 세계대전의 무선기는 너무 컸고 전투 작전을 돕기에는 지나치게 짧은 영역이었다. 그러나 양차 대전 사이에 탱크의 범위와 신뢰성, 전투기 적재량과 성능, 그리고 장거리 무선의 휴대성 등에 있어 큰 개선이 있었다.

양차 대전 사이의 이론적 논쟁은 이런 발전의 결과에 집중되었다. 영국의 풀러J. F. C. Fuller와 하트Basil Liddell Hart와 같은 일부 군사 전문가들은 해군 이동 기술을 육지에 적용하려 했고 대형 탱크가 적의 전선을 격파한 뒤, 공군의 지원을 받은 경탱크대대가 적의 핵심적 지휘체계와 시설을 공격할 수 있다고 보았다. 프랑스의 드골Charles de Gaulle은 보병의 속도와 분리되어 신속히 넓은 범위에서 작전을 수행할 수 있는 자율적 탱크조합을 주장했다. 소련의 투하쳅스키M. N. Tukhachevsky 제독은 공습, 낙하산 보병 투하, 장거리 신속 전진 육군 부대 등으로 적 지휘체계를 마비시키고 적의 보충 병역 이동을 훼방하는 '종심 전투' 독트린을 제창했다.

　많은 경우, 독일의 이론가들은 가장 급진적이지 않았다. 독일인들은 1차 세계대전의 경험을 면밀히 연구했고 그들의 1917-1918년 독트린이 유효하다고 존속시키며, 새로운 장비가 부착될 필요성이 있거나 장기적인 실제 실험 결과의 대상들은 새롭게 갱신했다. 결과적으로 기갑사단은 탱크, 보병, 포병, 그리고 기술 인력이 긴밀하게 협력하고 엄호사격과 이동이 결합되어 방어선을 무너뜨리는 공격부대였던 것이다. 반대로 프랑스와 영국은 근본적으로 중장갑차 탱크사단 조직을 채택했고 그들의 탱크를 제한된 보병 지원 속에서 작전하는 독립적 부대로 활용했다. 영국과 프랑스는 통합작전의 전문성의 대부분을 1915년부터 1918년 사이의 패배의 비용에서 얻었다. 프랑스에서 시민-군 사이의 긴장은 복잡한 전술을 숙지하기 어려운 짧은 징집 기간을 만들어냈다. 영국에서는 고급장교들의 태생과 핏줄을 기술보다 강조하여 벼락출세한 기술자들을 국외로 추방했고 결과적으로 그들의 집단적 전문성을 잃어버렸다.

　소련에서도 연쇄적인 정치적 숙청이 재능 있는 장교들을 죽였고 이에 복잡한 근대 전쟁에 대응하기 위해 필요한 전문성이 제거되었다. 1939년 전쟁이 발발했을 때, 결과는 독일의 기갑사단이 허술하게 준비된 연합군의 방어망을 돌파하는 공격을 전개함에 따라 독일의 깜짝 놀랄 승리의 연속이었다.

　1차 대전 방어자들은 그들의 전방 위치, 종심까지의 방어 확장, 그리고 전체 보충 역량의 유지 등의 어려움을 배웠다. 이것은 초기에 영토를 일부 잃는다 해도, 공격자가 돌파하기 전에 반격에 필요한 시간과 자금을 제공하여 공격자들을 방어선 깊은 곳의 치명적 전투에서 싸우게 압박할 수 있다. 그러나 1940년의 프랑스 방어는 1917년 독일의 전형적 위치의 5분의 1의 깊이보다 짧았다. 그러한 얕은 전진 방어는 통제하기 쉽고 기술적 전술이 덜 요구되지만 매우 위험스럽게 분쇄되기 쉽다. 독일의 합동군의 공격은 기갑부대가 방어망을 뚫고 몇 주 안에 영국 해협에 진군할 수 있게 했다. 프랑스의 방어선은 붕괴되었고 프랑스는 대패하여 2개월이 채 안 되는 기간에 독일에 승리를 안겨주었다. 1941년 소련의 방어망도 유사하게 잘못 배치되었다. 러시아의 1차 대전 전의 국경을 지키는 '스탈린 라인'은 프랑스 방어선보다 얕았다. 독일은 빠르게 돌파했고 포위했으며 수십만 명의 소련군을 죽이거나 포획했다.

　그러나 프랑스와는 달리 소련의 병력 사이즈는 한 번의 전투에서 '붉은 군대'를 전멸시키는 것을 방지했다. 소련의 저항에 의해 정지한 독일군은 1941-1942년 겨울에 모스크바를 앞두고 후퇴했다. 독일의 영국과의 전투에서의 패배와 결합하여 연합군은 군사 독트린의 주요 변화를 추진했다. 그들은 방어선은 깊게 하고, 대량의 보충 역량을 유지하며, 그리고 보충 역량을 잃은 영토를 회복하는 반격을 위해 활용했다. 그들은 매우 천천히 그리고 고통스럽게 그들 스스로에게 합동군의 중요성과 엄호사격 및 이동의 강한 통합의 중요성을 재교육했다.

중화기 무장 탱크사단은 보병과 포병, 그리고 엔지니어들이 균형적으로 조합된 합동군에 의해 대체되었다. 육군과 공군 지원 부대 사이 협력의 방법도 만들어졌다. 보병과 포병 통합의 복잡함도 해결되었다. 결과는 연합군 역시 깊은 탄력적 방어, 사격과 이동의 통합, 그리고 합동군의 효과적 결합을 채택함에 따라 1939-1941년의 전격적 공격 성공으로 마무리되었다. 그러한 방법을 사용하는 양측은 신속한 돌파가 어려워졌고 전쟁은 장기화되면서 연합군이 수적으로 열세인 동맹군을 괴롭혔다.

전쟁 전前 이론가들의 예상과는 반대로, 탱크는 전쟁을 혁명적으로 바꾸지 않았으며 육지에서 해전의 형태를 창조했다. 대신 돌파를 위한 동력과 보호된 화력을 제공하여 전통적 합동군의 가능성을 확장했다. 탱크는 보병보다 무거운 무기와 탄약을 나르지만 시끄럽고 은폐하기 어려우며 숨어 있는 목표물을 발견하기가 쉽지 않다. 독자적으로 작전할 때 이런 단점들은 탱크를 매우 취약하게 하여 보병이 짧은 범위의 이동성 대對탱크무기로 공격할 수 있게 한다. 대對탱크포는 위협적이며 탱크는 장갑 보호 속에서도 개방된 지역에서 노출되어 작전을 수행할 수 없다.

즉 탱크는 지원되지 않는 전선 공격에서 생존하는 데 큰 취약성을 보이는 것이다. 반대로 보병 및 포병과 한 팀으로 구성될 때, 탱크는 더 무서운 무기가 된다. 보병은 탱크의 눈과 귀 역할을 할 수 있어 그들의 우월한 감각은 숨겨진 방어자들을 발견하고 탱크의 우월한 화력을 위한 위치를 정확하게 지적한다. 그동안 중화기로 무장한 탱크는 엄호사격을 가해 적의 보병의 접근을 막는다. 한편 포병은 탱크와 보병이 그들의 탄약 공급을 보존할 수 있도록 필요한 많은 수의 엄호사격을 제공한다.

이럴 때 전방의 방어선은 탱크의 이동성을 허용하게 되고 결국 탱크에 의한 돌파가 가능한 것이다. 특히 풀러 또는 하트가 예상한 대로 탱크가 그들의 속도를 이용하여 깊은 습격 작전을 수행하는 등 더 독자적인 작전을 할 수 있다는 것이다. 그러나 전쟁이 전개되고, 방어자들이 탱크가 필요로 하는 조건들을 거부하는 것을 알아내게 됨에 따라 이런 기회들은 점차 줄어들게 되었다.

따라서 발생된 전쟁들은 급진적인 이론가들이 예상하는 것과는 매우 달랐다. 1943-1944년까지, 일부 탱크 주도 전투들은 최고 비용의 방어 교착 중에 하나가 되었다. 2차 대전의 최대 탱크 전투인 1943년 7월의 쿠르스크 전투the Battle of Kursk는 공격 실패였다. 독일 공격군은 18일 동안 2,900대의 탱크를 잃었고 이 손실은 마지막까지 회복되지 않았다. 2차 대전의 가장 많은 탱크 동원 전투는 1944년 굿우드Goodwood 작전에서의 영국 공격이었다. 그 공격으로 10킬로미터도 안 되는 영토를 얻은 반면 모든 영국 장갑차의 3분의 1이 손실을 입었다. 따라서 1945년까지, 2차 대전은 방법론적으로 1939-1941년의 대공습보다는 1918년의 공격과 유사했던 것이다.

🛈 **요점 정리**

● 일부 양차 대전 사이의 이론가들은 장갑차가 대부분의 전투를 수행하고 육지에서 해군 작전 유형을 적용하는 등 전쟁의 혁명적 기계화를 예상했다.

● 2차 대전의 초기 전투는 독일의 기갑사단들이 돌파에 성공하고 연합군 방어선 깊이 침공함에 따라 이 예상들이 들어맞는 듯했다.

● 독일의 초기 승리는 연합군의 허술한 방어 배열에 의해 가능했다. 그러나 연합군이 점차 1917-1918년의 교훈을 재학습하자 공격적 성공은 급속히 불가능해졌다.

● 양측이 모두 은폐, 잠복, 통합군, 긴밀한 엄호사격과 이동의 협조, 종심 방어, 대규모 보충 역량 유지 등을 채택했을 때 전쟁은 수적으로 우월한 공격자에 의해 주도되었고 얼마 안 되는 공격적 돌파만이 가능했다.

1973년 아랍-이스라엘 전쟁: 합동군 중요성의 재학습

1973년 아랍-이스라엘 전쟁은 유사한 교훈을 제공하고 있다. 1973년까지 이스라엘은 아랍 적국들에 대항하여 연쇄적인 전쟁을 했으며 수적 열세에도 불구하고 모든 전쟁을 승리로 이끌었다. 그 과정에서 이스라엘은 근대 사막 전쟁의 핵심은 포병과 보병에 대한 중요한 의존 없이 탱크와 전투기 역량의 높은 이동 작전에 달려 있다고 확신하게 되었다. 속도, 대담, 그리고 깊은 침투가 강조되었다. 화력 지원은 전진 속도를 유지하기 위해 전투기에 의해 제공되었다.

이런 이론은 1948년, 1956년, 그리고 1967년 그들의 전쟁의 경험에 대한 분석에서 나왔다. 1948년 독립전쟁에서 이스라엘 군사력은 대부분의 보병과 일부 장갑차 및 포병의 지원으로 구성되었다. 이스라엘은 승리했지만 이는 허술하게 구성된 적과의 치열한 전투 후에 가능했다. 1956년까지 이스라엘 육군은 더 잘 구성되었고 훈련되었지만 여전히 보병 중심이었다. 수에즈 전쟁Suez war 당시 이스라엘 육군은 시나이에서 벌어진 9일 동안의 전투에서 이집트 방위군을 격퇴시켰다. 일부만이 완전히 기계화되었던 이스라엘 군대는 그 역량에 따라 불균등한 결과를 만들었다. 이스라엘 고위 지도자들은 이를 사막 전쟁에서 탱크의 잠재성을 증명한 것으로 간주했고 이에 군대의 기계화에 집중했다. 1967년까지 이스라엘은 1,100대의 탱크를 축적했으며 260대의 전투기도 양산했다. 6일 전쟁은 세기의 가장 일방적인 승리의 하나였다. 이스라엘 전투기들은 시나이 반도 깊숙이 진격하여 이집트 군대 대부분을 차단하고 4일 안에 이집트 방어선을 괴멸시켰다. 웨스트 뱅크West Bank와 골란 고원 Golan Heights에서의 추가적 작전들은 요르단 및 시리아 군대를 패퇴시켰으며 이는 수많은 아랍 적군들에 대한 극적 승리를 만들어냈다.

　이러한 분쟁에서 신속 이동 탱크부대는 대단한 성과를 거뒀다. 더 많은 장갑차가 집중되는 작전에서 더 인상적인 결과를 만들어냈다. 이스라엘의 독트린은 증가하는 보병과 포병 지원에 대한 간과에 대응했다. 기계화 전쟁에서 해체된 보병은 승리가 달려 있는 이동부대를 늦추게 된다고 생각된다. 따라서 보병부대는 탱크와 전투기가 효과적으로 작전을 수행할 수 없는 예외적 참호 또는 지역 구축에 독자적으로 활동하는 특별부대로 간주되기 시작했다.

　그러나 사실 1956년과 1967년 전쟁에서 이스라엘 중화기부대의 승리는 적의 빈약한 성과에 달려 있었다. 훈련되지 않았고 효과적으로 지휘되지 않는 아랍 보병부대는 지원받지 않는 이스라엘 장갑차의 약점을 착취할 수 있는 동기와 기술이 부족했다. 적절하지 않은 보충 병력으로 얇게 배치된 방어선은 이스라엘 탱크가 그들의 최전선을 침공했을 때 아랍 육군이 대응할 수 없게 했다.

　그러나 1967년 패배 이후 이집트는 자국 군대의 실행력을 개선하기 위한 조치를 시작했다. 특히 이집트는 보병부대의 탱크에 대한 저항, 적절한 위치의 은폐, 목표물 타격에 대한 훈련에 집중했다. 이러한 시도는 군사 현실의 완전한 개혁과는 거리가 멀었다. 이집트 군대는 긴밀한 통합군 협력과 탄력적 작전이 가능하지 않았고 그들의 배치는 여전히 매우 얇게 구성되었으며 정적인 경향이 강했다.

　그럼에도 불구하고, 그들은 하나의 목표는 달성했다. 이집트 군은 자국의 보병부대의 진군 수행, 새로운 위치 구축, 그리고 위치 방어 등을 수행할 수 있게 되었다. 그 결과는 1973년 10월 전쟁에서 이스라엘에 거의 재앙으로 나타났다. 이집트는 신속히 수에즈 운하를 건너 준비되지 않았던 '바레브 라인Bar Lev Line'의 수비대를 압도했고 시나이로 4킬로 이상 진군했다. 그들은 거기에 참호를 파고 이스라엘의 반격을 기다렸다. 초기의 준비 부족에서 회복한 이스라엘은 빠르게 대응했다. 1967년 지원받지 않는 탱크가 이집트 보병부대를 공격했으나 막대한 손실을 입었다. 허술하게 준비되었던 아랍 방어선을 침공하는 것에 익숙했던 이스라엘 탱크부대는 잘 은폐된 이집트 보병부대의 위치를 파악할 수 없었고 반대로 노출된 이스라엘 탱크는 이집트 부대에 쉽게 타격을 받았다. 이스라엘 비행사들도 탱크의 공격을 지원하기 위해 이집트 공중 방어 영역에서 준비된 위치에 있는 이집트 공군과 싸우다 많은 손실을 입었다. 전체적으로 이집트 보병부대는 이스라엘이 전술을 변경하기 전까지 이스라엘 3개 장갑여단 전체를 거의 전멸시켰다.

전쟁 전前의 전술로 패배에 직면한 이스라엘은 즉시 변화했다. 그들은 대규모 보병부대 없이 전통적인 엄호사격과 이동 방법의 임시방편 전략을 채택했다. 방어선을 직접 공격하는 대신 소수의 탱크가 발사하며 조심스럽게 전진하고, 다른 탱크들은 엄호사격 위치에 주둔하며 상대의 사격부대를 수색하였다. 이집트의 가장 중요한 반탱크 무기는 천천히 날며 유선으로 조종되는 미사일이었다. 이스라엘은 미사일 발사로 만들어지는 연기를 관찰한 엄호 탱크가 그 지역에 자동화기 또는 대포를 발사하여 조종자를 죽이거나 혼란스럽게 하는 과정을 통해 발사된 미사일이 조종되지 않도록 했다. 그동안 노출된 탱크들은 더 전진된 위치에서 작전을 수행했다. 이런 방법으로 이스라엘 군은 점차 진군할 수 있었다.

이런 전술은 상당한 비용이 지불되었지만 이스라엘의 진군을 가능하게 했다. 이집트 전진 방어선에서 싸울 때, 이스라엘은 이집트 군의 역량 부족에 따라 공격을 극적으로 강화했다. 이스라엘 탱크부대는 수에즈 운하를 넘어 이집트 방어군이 의존하고 있던 지휘체계와 공중 방어망 시설들을 공격함으로써 운하의 이스라엘 쪽에 있던 이집트 3군을 차단했다. 그동안 시리아 군은 골란 고원에서 이스라엘 방어군에 대항해서 개방된 지역에서 대규모 탱크 공격을 시도했다.

보병과 포병의 미흡한 지원을 받던 시리아 장갑부대는 적은 수의 이스라엘 방어부대로부터 대규모 손실을 입었다. 특히 이스라엘 방어군이 지원병을 받았을 때, 이스라엘은 10월 24일 전쟁이 끝날 때까지 잃었던 대부분의 영토를 되찾았다. 이스라엘은 전쟁에서 승리했지만 상당한 비용을 치르는 승리였다.

1973년 전쟁에 이스라엘 사상자 수는 1967년의 수의 3배가 넘었으며 1956년 사상자 수의 10배가 넘었다. 이 전쟁은 새로운 정밀 조종 탄환New Precision-Guided Munition(PGM) 기술의 의미에 대한 국제적 논란을 촉발시켰다. 이집트 PGM에 의한 이스라엘 군의 대규모 손실은 많은 사람들로 하여금 탱크가 쓸모없다고 확신하게 했다. 전문가들은 이제 탱크가 전투함의 길을 가고 있고 새로운 정밀 조종 기술이 탱크 전투 작전을 불가능하게 했다고 평가했다.

사실 이 논쟁은 PGM의 실질적 효과와 그 이유에 대해 과대평가한 것이다. 이스라엘이 피해를 입은 탱크 대부분은 사실 이집트 보병부대의 개선된 단거리 대탱크 무기와 전통적인 아랍 탱크포에 의한 것이었다. 이스라엘이 입은 손실의 원인은 PGM 기술의 우월성에 기인한 것이라기보다는 이스라엘의 1956년과 1967년 승리에 따른 부실한 전술에서 비롯한 것이었다. 지원받지 못하는 탱크부대 공격은 단지 빈약하게 훈련된 보병부대와의 전투에서만 성공할 수 있다. 잘 준비된 보병부대와의 전투는 그 부대가 PGM을 보유하는가의 여부와는 관계없이 자살행위와 같은 것이었다.

전쟁 초기, 이스라엘이 적절한 반격 수단을 개발하기 전까지, 이집트 보병부대의 주요 수단은 PGM이었지만 그 효과는 그리 오래가지 않았다. 이스라엘이 근본적인 엄호사격을 제공하고 나서부터 PGM은 점차 덜 중요한 요소가 되었다. 그러나 이스라엘의 부실한 보병과 포병 지원의 계속된 문제는 잘 잠복한 방어자들의 덜 발달된 무기로부터 지속적인 손실을 초래했다.

따라서 탱크도 PGM도 통합군, 은폐, 잠복, 사격과 작전의 통합, 또는 깊은 방어와 보충 등의 필요성을 없애지 못했다. 반대로 이스라엘이 보여준 것과 같이, 이런 기술적 진보는 이런 요소의 필요성을 오히려 증가시켰다. 즉, 이스라엘의 경우, 새로운 무기의 잠재적 치명성과 속도는 이런 수단들의 실패 결과가 더 가혹함을 보여주었다.

🔒 요점 정리

- 1973년 전, 허술하게 훈련된 아랍 군대에 대한 이스라엘의 성공은 이스라엘로 하여금 통합군, 은폐, 잠복, 그리고 기갑군의 신속한 전진을 위한 엄호사격과 이동의 중요성을 간과하게 했다.

- 그러나 1967년 이집트가 보병부대를 재훈련했을 때, 이런 이스라엘의 탱크 중심 전략은 부적합해졌다. 이집트 보병부대는 1973년 10월 전쟁의 시나이 전투 초기 보호받지 않는 이스라엘 탱크부대를 철저히 공격했다.

- 이스라엘은 그 후 전술을 변경했지만 결과는 여전히 많은 희생을 요구했고 근대 사막 진쟁에서 1917-1918년의 서부 전투의 방법은 여전히 유효함을 입증했다.

1991년 걸프 전쟁: 혁명인가 지속인가?

1991년 페르시아 걸프 전쟁Persian Gulf War은 서방 군사이론에 중요한 영향을 주었다. 1991년 1월 17일부터 2월 28일 사이에, 미국 주도의 연합군은 수십만 명의 이라크 방어군, 수천 대의 장갑차, 그리고 수만의 포대를 단지 240명의 희생 속에서 괴멸시켰다. 연합군의 손실 비율은 3,000명당 1명보다 적었으며, 1967년 전쟁에서 이스라엘의 10분의 1보다 적었고, 1939-1941년의 폴란드 또는 프랑스에 대한 독일 공습의 20분의 1, 그리고 1943년 타라와 Tarawa 침공 당시 미국 해병대 손실의 1,000분의 1에 가까웠다. 당시 훨씬 더 큰 손실이 예상됐었다.

이러한 혁명은 새로운 정보 취합, 정밀 안내, 그리고 공중 방어 엄호 기술 등의 효과로부터 발생했다고 알려졌다. 연합군은 역사상 처음으로 이러한 것들을 배치한 반면, 이라크 방어군은 갖지 못했다. 이런 새로운 기술과 예상 밖의 결과의 결합은 많은 사람들이 이런 새로운 수단들이 전통적 방법들을 쓸모없게 만든다는 확신을 갖게 했다. 그러나 이런 분석은 1973년 중동전쟁에 대한 군사 분석가들의 초기 반응을 반복하는 것이다.

새로운 기술은 근대 전쟁의 중요한 요인이다. 따라서 처음 보았을 때 신무기를 예상치 못한 전쟁 결과의 원인으로 규정하기 쉽다. 그러나 1973년 경험의 면밀한 분석은 이스라엘의 대량 손실의 원인은 신기술의 도입보다 잘못된 전술이 더 중요했다는 것을 보여주었다. 따라서 1991년 전쟁에서 기술의 역할은 전술과 독트린의 효과보다 과장되었다는 것이다. 전술도 기술도 1991년의 급격한 결과를 설명하는 데 관계없는 것은 아니다. 그러나 1991년의 흠집 난 이라크 방법이 없었다면, 아마도 같은 기술이 그러한 결과를 만들지 않았을 것이다. 이라크 군의 결함 즉, 부실한 통합군 협조, 작전과 엄호사격의 통합 실패, 그리고 은폐와 잠복의 실패 등은 20세기가 지난 현재 여전히 엉망이고 성공적이지 않은 채로 남아 있다. 이러한 익숙한 문제들은 새로운 무기의 증가된 치명성과 더불어 1991년의 일방적 결과를 만들었다. 그러나 이것은 전통적 전술의 중요성을 제거하지 않았으며 미래의 전쟁이 1991년과 필연적으로 유사할 것이라는 것을 의미하지 않는다.

걸프 전쟁은 1990년 8월 이라크가 이웃 국가인 쿠웨이트를 침공한 것에 대한 대응전이었다. 사우디아라비아 국경에 정지한 이라크는 '사담 라인'이라는 방어선을 준비하며 병력을 증강하고 서방의 대응에 대한 억지를 모색했다. 미국 주도 연합군은 이라크의 철군을 촉구하는 동시에 6개월 동안 사우디아라비아, 터키, 그리고 페르시아 만의 공군, 육군, 해군력을 구축했다.

양쪽이 뒤로 물러서지 않을 때, 연합군은 1991년 1월 17일을 시작으로 6주 동안 대량의 공습을 전개했다. 이 공격은 순식간에 이라크 방공체제를 붕괴시켰고, 쿠웨이트 전역에 걸쳐 이라크의 육상 목표물을 견제받지 않고 효과적으로 타격할 수 있었다.

공중전이 전개됨에 따라 연합군은 비밀리에 2개 지대지 미사일을 이라크 우측 측면에 배치했다. 이라크의 중앙과 좌측에 대한 2개 미국 해병사단의 공격 이후 이 두 지대지 미사일은 이라크의 노출된 측면을 타격했다. 큰 싸움 없이 이라크 보병이 국경 지대에서 괴멸됨에 따라 전진은 신속히 모든 곳에서 일어났다. 그러나 이라크 공화국 보안부대와 육군 탱크 그리고 기계화 사단들은 그들의 위치를 지키며 응전을 시도했다. 5개 사단 규모의 이 군사력은 쿠웨이트로부터 철군의 경로를 보호하기 위한 위치를 방어했다. 이 방어군 역시 2월 26일 연쇄적 전투 과정에서 괴멸되었다. 쿠웨이트 시는 2월 27일 해방되었다.

이라크 방어군의 괴멸로 전쟁은 2월 28일 현지 시각 8시에 중지되었다. 일방적 결과의 원인으로 규정되는 고도의 공중 공습으로 저항할 수 있는 이라크의 의지 또는 역량은 파괴되었다. 그러나 이것은 사실이 아니었다. 1,200대와 4,100대 사이의 이라크 장갑차는 1991년 연합군의 공습에 의한 파괴에서 벗어났다. 이들 중 최소 1,200대가 연합군이 2월 26일 공격을 개시했을 때 반격을 가했다. 이라크 방어군은 홀로 1967년 이스라엘 육군 전체가 배치한 것보다 많고 1944년 독일이 노르망디에 배치한 것보다 두 배 많은 장갑차를 배치했다.

따라서 이라크의 패배를 단순히 연합군의 공습 결과로 규정할 수는 없는 것이다. 일부는 일방적인 전쟁의 결과를 연합 육군의 우월한 기술의 결과로 본다. 열중성자 망원경, 120mm 대포, 감손우라늄 탄약, 그리고 미국 M1A1 탱크의 새로운 합성 장갑 등이 이라크의 소련제 T-72s와 T55s에 대항하는 연합군에게 극복할 수 없는 이점을 주었다는 것이다.

그러나 사실은 이 주장과 일치하지 않는다. 예컨대 미 해병은 1960년대 M60A1 탱크로 무장되었지만 이라크 기갑부대와의 전투에서 더 좋은 장비로 무장된 육군보다 더 적은 손실을 입었다.

사실 해병의 가장 격렬한 전투의 일부는 M60s에 의한 것이 아니라 경장갑차에 의해 치러졌다. 대안적으로 육군은 수천 대의 M2와 M3 장갑차를 배치했고 적은 사상자를 보였다. 만약 우월한 대포, 장갑차, 열망원경 등이 연합군의 적은 손실의 원인이라면 우리는 이런 이점 없이 싸우는 부대가 큰 손실을 입을 것이라고 예상해야 한다.

그러나 그렇지 않다. 대신 전쟁의 일방성은 이라크의 전술적 결함과 새 연합군의 기술 사이의 상호작용의 결과였다. 1991년 이라크 육군은 전문성이 떨어지는 군사 기술을 보였다. 이라크 보병부대는 숙련되어 있지 않았을 뿐만 아니라 동기부여도 되어 있지 않았고 심지어 동기부여가 되어 있었던 공화국 수비대도 숙련성은 떨어졌다. 공화국 수비대의 탱크와 군대의 전투 위치는 계획적으로 준비되지 않았고 개발된 지역에서의 장갑차에 의한 반격도 사격 지원 없이 이루어졌다.

물론 이라크의 이런 실수는 처음이 아니었다. 근대 전술의 기술적 요구는 정확성이며 많은 육군은 이를 완전히 통달하는 데 실패했다. 그런 실패는 20세기 동안 많은 생명을 희생시켰다. 그러나 기술이 보다 정교해지면서 그러한 오류의 결과도 급속히 커졌다. 예컨대, 1918년의 허술한 영국의 방어전술은 독일의 돌파와 40마일의 침략을 허용했지만 연합군은 전선을 재구축하고 전쟁을 계속해 궁극적으로 승리했다. 반대로 500-1,000미터의 유효사거리를 가지고 전투기의 지원을 받는 20세기 중반의 장갑차 공격에 대항하는 데는 높은 비용이 요구되었다.

1940년의 부실한 프랑스 전술은 독일로 하여금 몇 주 안에 프랑스를 괴멸시키게 했지만 독일의 사상자는 여전히 수만 명에 이르렀다. 그러나 1991년 연합군은 모든 날씨에 적용 가능한 열상 조준경, 유효사거리 3,000m의 안정화된 120mm포, PGM으로 무장된 전투기, 그리고 5,000m 범위 미사일 장착 헬리콥터 등을 보유하고 있었다.

이런 무기에 대항하여 방어자들에게 전술적 실수는 매우 빠르게 치명적이 되었고 그러한 실수의 비용은 적에게 어떤 피해도 주지 못하면서 급속한 패배에까지 이른다. 1991년

이라크의 실수는 여러 가지로 많았고 반대로 연합군의 기술은 정교해지고 다양해졌다. 다수의 이라크 오류와 연합군의 고급기술의 배합은 방어자의 실수와 공격자의 기술이 결합하기 위한 많은 방법을 제공했다. 이것은 공격군이 제한적 비용의 공격 배열로 승리를 이끌어내는 길들을 찾게 해주었다.

반대로 잠재적인 은폐, 잠복, 엄호사격, 그리고 통합군을 적절히 공격하는 육군은 심지어 1991년 이후의 화력에도 덜 취약함을 보인다. 예컨대, 이라크의 허술한 위치 준비는 사막 꼭대기에 위치한 많은 장갑차들이 잠복 또는 은폐를 할 수 없게 했다. 반대로 미국 탱크병들은 장갑차 전체를 은폐하기 위해 포를 발사할 수 있을 수준까지 땅 밑으로 전투 장소를 팠다. 땅에 의해 보호받는 장갑차는 요즘의 최신 대탱크 발사체로도 파괴하기 어렵다. 이라크의 허술한 준비는 장갑차들을 연합군의 새로운 무기에 취약하게 방치하였고, 이로인해 적절하게 준비된 위치를 확보했을 때 받을 피해보다 훨씬 더 큰 손실을 받게 되었다. 따라서 결과는 전무한 결과였다. 걸프전에서 신기술은 중요했지만 그 효과는 1900년 이후 지상전에서 사용했던 전술과 독트린에 의해서 좌우되었다. 걸프전이 보여준 것은 전쟁에서 혁명적인 변화보다는 20세기 군사 역사를 관통해온 핵심 경향의 연장선이 더 컸다.

🔒 요점 정리

- 걸프전에서 연합군의 일방적 승리는 많은 군사 이론가들로 하여금 신기술이 전쟁을 혁명적으로 변화시켰다고 믿게 했다.

- 그러나 기술은 연합군 승리의 규모를 충분히 설명하기 어렵다. 일방적 승리는 연합군의 신기술과 이라크 전술의 오류 간 상호작용의 결과이기 때문이다.

- 다음과 같은 핵심적인 이라크의 오류는 20세기 전쟁에서 실패한 많은 군대들이 만들었던 것과 동일했다. 허술한 통합군 협력, 작전과 엄호사격의 통합성 결여, 그리고 은폐와 잠복에 대한 빈약한 공격이 바로 그것이다.

- 이런 익숙한 오류들은 신무기의 증가된 치명성과 결합되면서 1991년의 일방적 결과를 양산한 것이다. 그러나 이것이 전통적인 전술의 중요성 제거를 의미하는 것은 아니며, 동시에 미래의 전쟁이 필수불가결하게 1991년 전쟁을 닮을 것이라는 것을 의미하지도 않는다.

> **(!) 비판적으로 사고하기**

전쟁이 혁명적으로 변화되었나?

많은 사람들은 신무기 기술이 전쟁의 양상을 변화시켜 전통적 전략과 전술이 쓸모없게 되었다고 믿는다.

그렇다:

- *정보기술이 사회를 변화시켰다*: 전쟁은 이를 벌이는 사회를 반영한다. 디지털혁명은 모든 시민의 삶과 생산을 근본적으로 변화시켰으며 전쟁도 예외가 아니었다.

- *최근 전쟁은 고급기술의 압도를 보여준다*: 1991년 걸프전, 2001-2002년 아프가니스탄 전쟁, 그리고 2003년 이라크 침공 등에서 고급기술로 무장한 미군은 규모가 크지만 선진화되지 않은 적들을 예외적으로 적은 수의 사상자 피해를 입히며 파괴했다. 이런 현상은 근본적인 것들의 변화를 보여주는 것이다.

- *군사 역사는 혁명적 혁신의 흐름을 보여준다*: 이것이 전쟁에 있어 혁명적 변화를 보여주는 첫 번째 사례가 아니다. 화약, 나폴레옹식 전쟁, 자동 소총, 탱크, 그리고 핵무기 등은 전쟁 양상의 극적 변화를 잘 보여주는 것이다. 따라서 변화의 새로운 물결이 지금 발생하는 것은 놀라운 일이 아니다.

그렇지 않다:

- *최근 신기술은 단지 약한 군대만을 압도하는 데 유용하다*: 1991년, 2001-2002년, 그리고 2003년의 미국의 압도적 승리들은 모두 신기술이 효과적으로 작동할 수 있게 약한 적들이 오류를 범했기 때문이다. 같은 기술로 유능하고 잘 훈련된 군대와 대적할 경우 같은 성공적 결과는 얻기 어렵다.

- *분석가들은 종종 기술적 혁명을 과장한다*: 20세기 화력 개선의 새로운 물결은 사람들로 하여금 기술적 혁명이 눈앞에 있다고 확신하게 했지만 매번 전략과 전술은 곧바로 전통적인 '근대체제'의 원리로 돌아갔다.

- *'오인된 혁명'으로의 적응은 준비 부실을 말한다*: 1차 대전에서의 포병 화력 주창자들은 결과적으로 자국 군대의 성공을 위해 필요한 통합군의 준비를 부실하게 했다. 작고 신속하며 고급 기술의 육군을 강조하는 군사 전문가들은 은폐와 잠복을 잘 활용할 수 있는 숙련된 적대국과의 전쟁에서 적합하지 않은 군대를 만들었다. 작고 고급의 기술로 무장한 군대는 대반란작전 등과 같은 다른 형태의 분쟁에 필요한 군대 역량이 부족한 것이다.

- *동기 유발된 적들은 우월한 기술에 대항해서도 잘 싸운다*: 만약 단호한 적이 전쟁에서 실질적 이익을 고려한다면 그들은 항복을 거부할 것이고 대신 은폐지를 찾으며 저항을 계속할 것이다. 따라서 기술이 적들을 괴멸시키는 모든 능력을 대체하는 것은 아니다.

➕ 맺음말

21세기에 많은 사람들은 혁신적 기술 변화기를 살고 있다고 믿는다. 그러나 사실 급속한 기술적 진보는 근대 군사 경험의 보통 조건이었다. 1900년대부터 유효사거리, 치명도, 속도, 그리고 군대의 정보 획득에 있어 지속적이며 급속한 성장이 있어왔다(그림 14.1, 14.2, 14.3). 그리고 이런 급속한 변화에 어떻게 대응해야 하는가의 문제는 그 기간 동안 군사이론의 핵심 사안이었다. 군사 기술 변화에 대한 이러한 대응은 몇 가지 중요한 지속성을 보여주었다. 군대는 20세기 근대화력 시대의 시작과 함께 떠오른 전술적 그리고 전략적 원칙으로 항상 회귀했다. 통합군 개념, 이동과 엄호사격의 긴밀한 결합, 그리고 은폐와 잠복의 공격적 사용 등은 급속히 치명적인 근대전투에서도 효과적인 작전을 위해 필요하다는 것

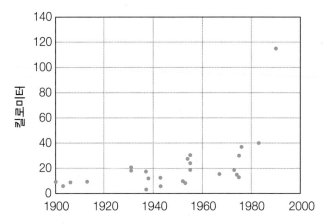

그림 14.1 포 사거리 증가

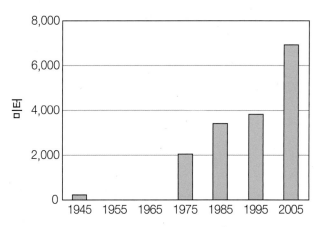

그림 14.2 대(對)전차 치명성의 증가: 미국 대전차무기의 침투 범위 평균(미국 기갑사단이 대표적인 적 사단의 탱크에 발포할 때 기갑침투무기의 치명적 범위의 평균)

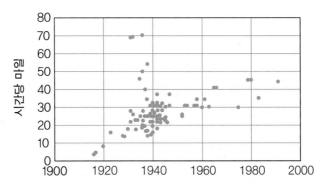

그림 14.3 탱크 속도의 성장

이 반복적으로 증명되었다.

기술의 각각의 새로운 물결과 더불어 전쟁은 극적으로 변화하기 때문에 이에 대응하기 위해 새로운 방법이 필요하다고 가정하는 경향이 있어왔다. 그러나 이런 근본적인 원칙에서 벗어나 있던 군대들은 반복해서 고통스러운 경험을 해야 했다. 1915년부터 1917년까지 유럽 군대들은 포병이 말 그대로 원자 규모의 엄호사격으로 전장을 압도하는 급진적인 화력 독트린을 실험했다. 그러나 결과적으로 만들어진 교착 상태는 군인들로 하여금 보병의 작전과 엄호 포격 사이의 긴밀한 협력을 수행할 수 있는 기술을 개발하게 했다. 양차 대전 사이에도 풀러와 리들 하트는 바다에서의 전함같이 자유롭게 작전하는 탱크 조합을 강조하기도 했고, 2차 세계대전의 어려운 경험도 군대가 그들의 장갑부대의 은폐와 엄호사격의 균형을 찾게 했다.

1973년 10월 전쟁은 많은 사람들로 하여금 PGM이 탱크 같은 전통적 무기들과 전통적인 전술을 쓸모없게 만들었다는 가정을 하게 했다. 그러나 실제 전투는 정통적인 전술을 재구성하는 노력을 보이는 이스라엘 공격군을 확인했고 결과적으로 이런 노력은 새로운 PGM의 효과를 완화시켰다. 1991년 걸프 전쟁과 더불어 많은 사람들은 다시 기술이 전쟁을 혁명적으로 변화시키고 미래 전쟁은 전통적 방법과는 완전히 다를 것이라고 믿었다. 그러나 전쟁 자체는 이러한 시각에 대해 예상했던 것보다 훨씬 적은 증거를 제공했다. 이라크 군은 공습에 의한 정밀 타격으로 전멸되지 않았으며 우월한 지상군 기술에 의해서 압도 당하지도 않았다. 대신 이라크의 통합군, 은폐, 잠복 등의 요구를 숙련하지 못한 것이 쿠웨이트에서 이라크 야망의 비극적인 결과를 만들어냈다.

보다 광범위하게 보면, 경험은 군사적 변화의 새로운 유형을 제시하고 있다. 시기별로 과거를 혁명적으로 파괴하는 새로운 기술보다는 지난 100년간의 전쟁에서 기술이 실제로 수행했던 것은 오류 또는 실수에 대한 강도 높은 응징이었다. 무기가 보다 치명적일수록 그리고 그들의 목표물 위치에 대한 정보취합체제가 보다 효과적일수록 은폐, 잠복, 통합군, 그리고 엄호사격 등의 채택 실패의 고통은 더 커진다는 것이다. 전투 장갑차가 더 빠르고 더 멀리 갈수록 충분한 보충 병력의 예비 실패의 충격은 더 커졌다. 이러한 방법에 대한 숙련에 실패한 군대들은 1900년 이후 점점 더 일방적인 패배를 겪고 있다. 그러나 이러한 방법들을 실행한 군대들은 그들 적의 무기들이 증가하는 속도와 치명성의 최악의 피해로부터 그들을 보호할 수 있었다.

시간이 지나면서, 기술적 변화는 전술과 독트린의 이러한 '근대체제'의 중요성을 증가시키고 있다. 이런 근대체제의 전술과 독트린을 숙련한 군대는 전장에서 신무기에 대한 취약성을 매우 완만하게 증가시키는 데 반해 이런 숙련에 실패한 군대는 보다 강력한 무기의 효과에 대한 취약성이 급격하게 증가했다. 따라서 지상전에서의 기술적 변화는 전쟁의 결과에 결정적 효과를 만들어내지 못했다. 기술적 변화가 전쟁 결과에 미치는 영향에 대한 평가는 아직 시기상조다. 아마 미래는 과거와 급격히 다를 것이지만 이는 단지 시간만이 말할 수 있다.

❓ 생각해볼 문제

1. 유럽 군인들은 1차 세계대전 이전以前 근대무기의 새로운 치명성에 대응하기 위해 어떤 계획을 세웠나? 이 계획은 왜 1914년에 성공하지 못했나?

2. 1918년 무엇이 참호 교착 상태를 파괴했나?

3. 양차 대전 이론가들 중 누가 20세기 중반의 전쟁 양상을 가장 잘 예측했고 어떤 점이 이 이론의 적실성을 제고했나?

4. 1956년과 1967년의 중동 전쟁들은 많은 사람들로 하여금 탱크가 미래 사막 전쟁을 압도할 것이라 확신하게 했다. 반대로 1973년 10월 전쟁은 많은 사람들이 탱크가 효과적이지 못하다고 생각하게 했다. 이런 시각들 중 어떤 것이 적절한가? 왜 그러한가?

5. 탱크는 보병보다 빠르며 우수한 장갑의 보호를 받고 중화기를 보유한다. 포 탱크는 대포보다 더 잘 보호되어 있으며 포병부대가 하는 것처럼 멀리 있는 목표물을 찾아야 할 필요성도 없다. 왜 모든 군대는 대규모의 보병과 포병을 유지해야 하나?

6. RMA의 주장은 무엇인가? 왜 이것이 중요한가?

7. 많은 사람들은 1991년 걸프전이 군사에 있어서 혁명이라고 믿는다. 과연 그러한가? 왜 그러한가? 또는 왜 그렇지 않은가?

8. 군사조직들은 변화하는 기술에 직면해서 충분히 빠르게 쇄신하는 데 실패했다며 종종 비난받는다. 이런 비난이 20세기 지상전의 경험에 의해서 지지받는가?

9. 변화하는 기술이 통합군, 은폐, 잠복, 작전과 엄호사격의 통합, 종심 방어, 그리고 대규모 충원 준비 등의 중요성을 증가시키는가 또는 감소시키는가? 변화하는 기술이 그러한 기술을 숙련시키는 데 실패한 결과에 영향을 미쳤나?

10. 1900년 이후 어떤 점에서 지상전의 양상이 변화했나? 어떤 지속의 요소가 파악될 수 있나? 시대별 주요 군사력 사건들은 이러한 요소에 어떻게 영향을 받았나?

🏛 더 읽을거리

S. Biddle, *Military Power: Explaining Victory and Defeat in Modern Battle* (Princeton: Princeton University Press, 2004)
군사 전략에 대한 주장들을 소개한다.

S. Bidwell and D. Graham, *Firepower: British Army Weapons and Theories of War, 1904-1954* (London: Allen and Unwin, 1985)
영국과 같은 초강대국이 기술적 변화 동기에 어떻게 대응하는지를 설명하며 동시에 평화 시기에 사회적 및 조직적 제약 요인들에 대해 강조한다.

M. Doubler, *Closing with the Enemy: How the G.I.s Fought the War in Europe, 1944-1945* (Lawrence: University Press of Kansas, 1994)
1944~1945년이 미국 육군의 북서유럽 직진에서의 전쟁 적응에 대해 연구한다.

D. Glantz and J. House, *When Titans Clashed: How the Red Army Stopped Hitler* (Lawrence: University Press of Kansas, 1995)
소련이 변하지 못할 것이라는 인식을 뒤집는 소련 육군의 적응에 대해 분석한다.

M. Gorden and B. Trainor, *Cobra II: The Inside Story of the Invasion and Occupation of Iraq* (New York: Vintage, 2007)
2003년 미국의 이라크 침공과 같은 21세기 주요 전쟁 사례에 대해 고려한다.

J. M. House, *Combined Arms Warfare in the Twentieth Century* (Lawrence: University Press of Kansas, 2001)
국가와 시대를 관통하는 군사 발전에 대한 전체적인 분석을 제공한다.

H. Strachan, *European Armies and the Conduct of War* (London: Allen and Unwin, 1983)
유럽 군사 발전에 대한 연구를 제공한다.

🖥 웹사이트

국제 안보(http://globalsecurity.org)
무기체계, 안보 정책, 그리고 국가군사 역량 등에 대한 정보를 제공한다.

전략 연구센터(http://www.strategicstudiesinstitute.army.mil)
　　육군전쟁대학의 연구자료를 제공한다.

공군연구센터(http://www.au.af.mil/au/afri)
　　공군대학의 연구자료를 제공한다.

15 인도적 개입과 평화 유지 활동

쉬나 체스넛 그레이튼스(Sheena Chestnut Greitens)

 독자 안내

1990년대 초반 이래 인도적 개입과 평화 활동의 수가 증가했고, 그 범위가 확대되었다. 이 장은 전통적 평화 유지에서 보다 야심적인 탈냉전기 평화 활동으로의 전화(transition)를 관찰함으로써 시작한다. 그리고 그 전화 과정에서 등장한 어떤 원칙과 실천의 어려움에 대해 토론한다. 다음으로 개입의 정치학과 국제적 국내적 정치에 의해 부과된 제약에 대해 살펴본다. 그리고 다음은 전쟁의 주요 원칙이 평화 활동에도 적용되는지, 이 원칙들이 정치적 필요와 어떻게 상호작용하는지 탐구한다. 마지막으로 이 장은 평화 유지 활동에 대한 미래의 도전의 윤곽을 그려보고, 평화 활동의 효과와 개입 및 평화 유지 활동의 대상이 되는 개인과 공동체의 관점에 대해서 살펴보면서 결론을 맺는다.[1]

머리말

인도적 개입은 두 가지 목적을 향해 있다. 근본적인 인권을 보호하고, 긴급 원조를 제공하는 것이다. 그것은 비군사적 형태를 취할 수 있는데, 자연재해가 발생한 이후에 돈, 의약품, 식량, 그리고 전문가와 같은 긴급 원조를 제공하거나 외교와 제재를 사용해 인권을 부양하는 것 등이다. 그러나 기자나 정책 결정자가 인도주의적 개입을 말할 때, 그것은 보통 '인도주의적 위기 상황에서 강제적 군사 개입'을 의미한다. 지속적인 갈등으로 원조 활동이 위협을 받거나 정부가 대량 인권 유린을 자행하는 나라에서 개입이란 갈등을 누르고 안보를 창출할 목적의 활동을 할 수 있다.

인도적 개입은 냉전 중에는 상대적으로 흔하지 않았으나 1990년대 초반 이래 규모와 빈도에서 점점 증가해왔다. 이런 개입의 범위와 복잡성이 점점 성장함에 따라 중요성도 증가해왔다. 그러나 최근까지 전략 연구는 저강도 갈등에 비교적 관심을 기울이지 않아왔고, 대신 주요 국가 간의 전쟁에 초점을 맞추었다. 지금 민간 갈등 연구가 현저하게 증가함에 따라 학생과 학자들은—병사와 정치가처럼—인도주의적 개입과 평화 활동의 역학을 이해해야 한다.

평화 유지의 변화하는 얼굴

냉전 기간 동안, 인도주의적 개입은 세 가지 이유로 드물었다. 첫째, 강대국들은 세계 3차 대전의 발생을 저지하기 위해 대량의 힘을 구축하는 데 노력을 경주했다. 그들은 제3 세계의 갈등에 개입하기는 했지만 그들의 피후견국을 지지하거나 또는 상대방의 피후견국을 약화시킬 목적으로 개입했다. 이런 개입은 인권 유린에 참여하고 있는 피후견국에게 자금을 대거나 무기를 제공하고, 이들을 저지하기보다는 대리전쟁을 부추겼다. 둘째, 공공은 이런 갈등을 국가 안보가 인권보다 상위의 중요성을 가지는 더 큰 냉전의 전투 요소로 간주했으므로, 정부에게 인도주의적 위기에 개입하라는 압력을 별로 가하지 않았다. 셋째, 냉전 정치는 유엔 안보리를 마비시켰고 개입을 위한 국제 협력을 방해했다. 국제법상 합법적이기 위해서 개입은 안보리의 결정에 의해 공식화되어야 했는데, 그 결의는 안보리 상임이사국 중 누구에 의해서라도 비토될 수 있었다. 5개 상임이사국—영국, 프랑스, 미국 대 소련과 공산주의 중국—이 분열되어 있었으므로 냉전기 양 진영은 279개의 비토를 서로 주고받았다.

이런 장애에도 불구하고 유엔 안보리는 냉전 중 몇 개의 제한된 '전통적 평화 유지군' 미션을 승인하였다. 이 미션들은 유엔 헌장 4장(분쟁의 평화적 해결에 관한)과 헌장 7장 사이 어딘가에 규정되어 있는데, 국제 평화와 안보를 지키기 위한 힘의 사용에 대해 정의하고 있다. 유엔은 헌장 7장의 평화 강제 미션을 단 한 번—1950년 한국전쟁 때—그리고 다른 한 번은 콩고에서(1960-1964) 승인한 이후, 평화 유지 미션을 평화 강제 미션으로 전화하는 것을 허용하였다. 13개의 전통적 평화 유지 미션은 1948년과 1978년 사이에 수립되었고, 1978년과 냉전 종식까지는 없었다. 이 미션들은 통상적으로 분쟁이 끝나고 나서 유엔이 분쟁 당사자들의 동의를 얻으면 수행되었다. 그 대표단들은 소규모, 경무장이며 중립적이거나 비동맹인 국가들이 제공하였다. 그들은 임무를 완수하기 위해 공평성과 친선의 정신에 의존하였고, 그들의 임무는 전형적으로 종전을 감시하고 휴전을 감독하는 것이었다.

냉전의 종식은 개입을 위한 요구와 기회 그리고 인센티브를 창출하였고, 유엔군에 의한 군사 개입의 수와 규모를 전례 없이 증가시켰다. 일련의 지역평화협정(아프가니스탄, 앙골라, 나미비아, 중앙아메리카, 캄보디아에서)은 평화 유지군이 휴전, 동원 해제, 그리고 선거를 감독하게 하였다. 동시에 유엔에서 강대국의 협력이 가능해졌고 새로 추가된 군사력이 인도적 목적을 위해 재배치될 수 있었으며, 대규모 민간인의 고통에 대응하라는 공공의 압력이 증가했다. 그리고 민주주의, 자유정부, 인권을 강조하는 이념적 이동이 일어나 인간적 고통을 예방하는 일에 중점을 두었다. 1988년과 1993년 사이에 20개의 새로운 평화 유지군이 수립되었다. 연례적인 유엔 평화 유지 예산이 1988년의 2억 3천만 달러에서 1990년대에는 8억 달러와 16억 달러 사이로 증가했고 오늘날에는 70억 달러 이상으로 증가하였다.

결과적으로 오늘날의 인도주의적 개입은 더욱 커지고 훨씬 복잡한 일이 되었다. 광범위한 일에 관련되게 되었는데, 영토, 국민, 원조 활동 등을 보호하고, 무장집단의 무장해제, 동원 해제의 감시, 비무장 지대의 순찰, 선거의 감독과 운영, 그리고 정부와 경찰, 군대의 재건을 돕는 것 등을 포함한다. 이런 활동을 평화 유지보다 평화 강제라고 부르는 것이 더욱 정확할 것인데, 이 활동은 평화가 이미 정착되지 않은 상황에서 보통 개입하기 때문이다. 오늘날의 활동은 따라서 동의, 공평성, 그리고 힘 간의 관계에 대한 다른 이해에 기초한다. 평화 유지군들은 종종 지역 분쟁 당사자들의 완전한 동의 없이 개입한다. 전쟁 당사자들에 대한 엄격한 공평성은 대량 살상의 경우나 방해자가 평화를 저해하기 위해 폭력을 사용하려고 할 때는 불가능하다(Stedman 1997: 5). 이 광범위한 임무하에 배정된 과업을 달성하기 위해 평화 유지군은 전에 기대했던 것보다 많은 힘을, 좀 더 자주 사용하게 되었다.

냉전 후의 평화 유지 활동

1990년대의 주요 활동은 평화 유지에 대한 담론과 사고에 영향을 끼쳤다. 소말리아, 보스니아, 르완다에서의 활동들이 그것이다. 이 개입은 국제 평화 유지 임무를 보다 확산하는 데 따르는 어려움을 보여주었다. 그들은 국제공동체가 강제적으로 개입하여 실패한 국가를 재건하고 살인적 정부를 개혁해야 한다고 주장하는 개입의 낙관주의자들과, 인도적 범죄와 갈등에 대한 국제적 개입에 반대하거나 회의적인 개입 비관주의자들 사이의 의견의 차이를 보여준다(많은 사람들이 이 두 입장 사이의 어딘가에 놓여 있다).

소말리아에서 낙관주의자들은 원조 활동을 보호하는 데 초점을 맞춘 비교적 성공적인 제한적 미션을 전쟁 부족들을 비무장화하고 소말리아 국가 재건을 추구하는 궁극적으로 실패할 활동으로 확산시켰다. 소말리아에서의 실패로 유엔과 클린턴 정부가 보스니아와 르완다에 개입하기를 꺼리게 되었다. 보스니아에서 육상 병력으로 불충분했을 때 공습을 불러들이기를 꺼렸기 때문에 평화 유지군은 지정된 안전지대가 민간인 남자 거주민들의 학살지로 변하는 것을 막지 못했다(Box 15.1).

세계의 관심이 발칸에서의 전투에 쏠려 있을 때, 1994년 4월과 7월 사이 르완다에서 약 100일 동안 약 80만 명의 사람들이 학살되었다. 후투 극단주의자들이 투치족과 온건 후투

> **Box 15.1   보스니아의 세르비아 방해자들을 중단시키지 못한 유엔의 실패**
>
> 돌이켜 생각해보면, 유엔이 보스니아에서 저지른 많은 실수들이 한 가지 의심할 바 없는 선의의 노력에서 나왔다는 것을 알 수 있다. 우리는 지킬 평화가 없을 때 평화를 지키고 평화 유지군의 규칙을 적용하려고 노력했다. (중략) 평화 유지군을 배치하기 위한 어떤 조건도 만족되지 않았다. 평화협정도 없었고—휴전이 작동 중이지도 않았고—평화에 대한 어떤 분명한 의지도 없었고 교전 당사자들에 의해 합의되지도 않았다. (중략) 인도주의적 원조의 제공도 '인종 청소'와 대량 학살에 충분한 대응이 되지 못했다.
>
> —코피 아난

족에 대해서 대량 학살을 시작했을 때, 르완다의 평화와 권력 공유를 감시할 임무를 부여받은 유엔 평화 유지군은 인력도 부족하고 자원도 부족하며 대량 살상을 막기 위해 힘을 사용할 권한도 없었다. 그 미션은 1994년 5월까지 규모가 확장되지도 사람들을 보호하도록 권한을 부여받지도 않았으며, 그 이후에도 유엔 회원국들은 병력을 보내기를 거부했다. 대량 학살은 르완다 애국전선the Rwandan Patriotic Front이 우간다에서부터 밀려와 후투 극단주의를 밀어내어 이들이 자이레Zaire로 도망가자 마침내 잦아들었다. 비록 회의론자들은 대량 학살의 속도가 너무 빨라서 미국이라도 효과적으로 개입할 수 없었을 것이라고 주장하지만(Juperman 2000), 대부분의 관찰자들은 유엔이 대량 학살이 일어날 것이라는 경고를 충분히 받았고 평화 유지군 임무를 보강하여 대량 학살을 막거나 적어도 그 속도를 늦출 수 있었을 것이라고 결론짓는다. 궁극적으로 한 독립적 조사는 유엔이 압도적으로 실패했다고 비판하고 안보리가 학살을 중단할 정치적 의지가 부족했다는 책임이 있다고 결론지었다. 르완다에서 동쪽 콩고로 갈등이 확산되어 콩고에서의 갈등은 한때 '아프리카의 세계전쟁'이라고 불렸는데, 8개국, 수많은 무장집단, 5만으로 추산되는 죽음, 그리고 유엔이 그때까지 시행한 가장 큰 평화 유지군 활동 등이 개입되었기 때문이다.

2000년 이후의 평화 유지 활동

1990년대 중반의 현저한 실패로 평화 유지군 활동이 잠정 소강상태로 들어갔다(Tharoor 1995-96). 몇 개의 낮은 단계의 성공에도 불구하고 1993년과 1998년 사이에는 동슬라보니아Eastern Slavonia에 단 한 개의 유엔 미션만이 출정하였다(Fortna and Howard 2008: 287-8). 그러나 점차 상황이 진전돼 평화 유지 활동을 재개하고 인도적 개입에 관해 보다 허용적인 규범을 위한 공간이 열렸다.

첫째, 국제형사재판소와 르완다, 전 유고슬라비아, 그리고 여타의 장소에서 분쟁 후 재판소 같은 새로운 제도들이 생겨 인도주의 법을 침범한 지도자들에게 책임을 지우기 시작하였다.

둘째, 유엔 자신이 평화 유지 활동의 개선을 추구하였다. 브라히미 보고서Brahimi Report(2000)는 평화 유지에 관한 전략적 관점을 정의하고 유엔 평화 유지군 활동 부서 Department of Peacekeeping Operations를 확대하면서 평화 활동의 실행과 과정을 개선하였다.

셋째, 내전과 대량 살상이 '국제 평화와 안보'에 대한 잠재적 위협으로 재정의되었다(헌 장 제7조에 근거하여). 1990년대 초반에 이런 노력들이 시작되었는데 90년대 말에 가서 동 력을 얻기 시작하였다.

마지막으로, 유엔이 민간인 보호의 중요성을 더욱 강조하기 시작했다(Wills 2009). 안보 리는 1999년 시에라리온에서 민간인 보호를 포함한 명령을 발표하고 다음 해에는 개입과 국가 주권에 대한 국제위원회International Commission on Intervention and State Sovereignty(ICISS)가 처음 으로 열렸다. ICISS는 '보호 책임Responsibility to Project'이란 문서를 발표하였고, 유엔과 다른 단 체들은 이를 점차 글로벌 규범으로 받아들이게 되었다. 이렇게 강조함으로써 다른 상황의 진전과 함께 민간인 보호의 인식이 높아지고 이전의 국가 주권에 대해 의미 있는 제한이 가해지게 되었다. 2011년 유엔의 리비아 결의 1973호는 유엔이 기능하고 있는 국가의 뜻 에 반하여 민간인 보호를 위해 힘의 사용을 허락한 첫 번째 사례로 기록되었다(Bellamy and Williams 2011). 그리고 2013년에는, 2009년 스리랑카에서 민간인을 보호하려는 노력이 실 패한 후 유엔사무총장 반기문이 '인권전선Rights Up Front'이라 불리는 정책을 발표하였는데 여기에는 인권 침해로부터 사람들을 보호할 필요성이 유엔의 과업의 중심을 차지하였다.

오늘날 과거 어느 때보다 많은 평화 유지군이 세계적으로 배치되어 있다. 2014년 9월 현재 여러 대륙에 122개국에서 온 12만 2천 명의 요원이 16개 활동에 배치되어 — 1999년 이래 9배 증가 — 있다. 이러한 규모의 팽창은 평화 유지군 임무의 확대와 함께 오늘날 규모 의 복잡성과 그 야심의 규모에서 필적할 수 없는 수준의 활동이 되었다. 동시에 복잡성과 규모는 평화 활동에 책임이 있는 기구에게 과대 긴장을 야기할 수도 있다는 심각한 염려를 낳았다(Paddon 2011).

유엔의 능력 제한에 대한 인식은 어떤 경우에는 평화 유지 활동의 지역화로 귀결되고 다른 경우에는 행동자의 다양화와 여러 조직 간의 노동의 분업으로 귀결되었다. 특히 아프 리카 국가의 경우 그 지역은 평화 유지군의 필요성이 높지만 미국과 다른 나라들이 그 필 요를 채우는 데 관심이 덜하기 때문에, 평화 유지를 위한 지역의 역량을 발전시키는 것이 권장되었다. 수단의 아프리카 연합African Union 활동은 지역화를 향한 이런 이동의 한 예다. NATO는 1990년대에 보스니아와 코소보에 대량의 병력을 배치하고 있었고, 보다 최근에 는 아프가니스탄과 리비아에서 활동하였다. 지역의 조직은 아랍 국가연맹League of Arab States 과 걸프협력위원회Gulf Cooperation Council가 2011년 리비아에 대해 했던 것처럼, 힘의 사용을 정당화하고 개입 임무의 형태를 결정하는 수문장의 역할을 하였다(Bellamy and Williams 2011).

종종 단일 국가나 지역기구가 유엔결의의 권위를 가지고 개입을 하는 일도 있는데 덜 강제적인 유엔의 평화 유지군이 그 뒤를 따라온다(Fortna and Howard 2008: 291-2). 이런 지역 연합은 당초에 유엔 활동을 능가하는 몇 개의 장점이 있다고 생각되었다. 더 큰 힘의 응집력, 지역에 대해 더 나은 지식, 미션에 대한 더 큰 헌신, 보다 적절한 힘의 구조 등이다. 그러나 경험을 통해 살펴본 결과 지역화는 예상치 않은 문제를 노출하였다. 서아프리카국 가 경제공동체Economic Community of West African States 휴전 감시 그룹이 1990-1996년 실패한 라 이베리아 국가에 질서를 재건하려고 하였을 때, 서아프리카에 프랑스어 사용 국가와 영어 사용 국가들 간의 경쟁으로 지역이 양분되었다. 개입 세력도 라이베리아의 정치적 역할에 대한 이해가 형편없어 분쟁을 계속하는 것에 이해관계를 가진 대리인 세력에 의존하였고, 효과적인 대반란counterinsurgency 활동을 위한 장비, 훈련, 물류 지원도 부족하였다. 보다 최근 의 말리와 중앙아프리카공화국에서의 활동의 경우, 군대 부족이 심각한 문제였고, 지역기 구는 서방 국가들의 상당한 지원이 없이는 효과적으로 활동할 수 없었다. 다르푸르에서 아 프리카 연합의 활동은 폭력을 저지하는 데 실패했으므로 궁극적으로 유엔-아프리카연합 AU 혼합 미션으로 대치되었다. 따라서 지역화에 대한 심각한 의문은 아직도 해결되지 않고 남아 있다.

따라서 평화 유지의 맥락이 변화하고 발전함에 따라 전통적으로 평화 유지 활동을 인 도해온 원칙—공평성, 합의, 힘의 사용 자제—이 계속적으로 논란과 재협상에 들어가게 되었다. 공평함은 중립성보다는 편애나 편견이 없는 것으로 재정의되었고, 유엔의 가이드 라인은 민간의 보호를 위한 활동이 필요할 때 공평성이란 핑계로 아무것도 하지 않아서는 안 된다고 강조한다. 평화 유지란 보통 아직 갈등이 진행 중인 상황에서 개입하는 것이기 때문에 그들의 행동은 종종 다른 쪽에 비해 어느 한쪽의 편을 드는 것으로 보인다. 남수단 유엔 미션UNMISS을 예로 들면 정부군과 반정부군 모두에 의해 충분히 공평하지 않다고 비 판받았다.

평화 유지 활동에서 힘을 사용할 때 동의와 자제에 대해 어떻게 생각해야 할지도 진화 해왔다. 동의는 전략적 차원에서는 아직 존중되지만, 전술적 상황에서는 임무를 완수하기 위해 강제적 행동이 때로 필요하기도 하다. 미션 자체를 방어하기 위해서 또는 종종 민간 인 보호를 포함하는 임무를 방어하기에 필요할 때에는 힘을 사용하지 않는다는 것이 허용 되지 않는다. 새로운 상황이 이런 원칙들에 다른 도전을 던지므로 논쟁은 의심할 바 없이 계속될 것이다.

🔒 요점 정리

● 제한된 전통적 평화 유지 활동은 탈냉전 시대의 더 크고 복잡하고 야심 찬 평화 활동에 자리를 내주었다.

● 개입에 대해 낙관주의자와 비관주의자 사이의 논쟁이 보스니아, 소말리아, 르완다의 유엔 개입 시 펼쳐졌다. 비평가들은 개입군이 소말리아에서는 너무 많은 것을 하려고 하였고, 보스니아에서는 방해자들을 정지시키지 못했고, 르완다에서는 충분히 일하지 못했다고 말한다.

● 평화 유지 활동은 2000년 이래 보다 지역화되었지만 지역기구가 얼마나 효과적인가에 대한 의문은 아직 남아 있다.

● 평화 활동으로의 이전으로 공평성, 동의, 그리고 힘의 사용과의 관계를 다시 생각하게 만들었다.

인도주의적 개입의 정치학

정치적 고려는 국제적 관심을 인도주의적 위기에 선택적으로 집중하여 때로는 다른 경우보다 더 강한 대응을 하고 개입의 속도와 범위에 영향을 미친다(Roberts and Zaum 2008; Hehir 2013). 코소보에서 세르비아의 억압은 서구의 인도주의적 개입을 촉발하였지만, 체첸에서 러시아의 억압은 그렇지 않았다. 1991년 이라크가 쿠르드족을 공격한 것은 연합군의 공군과 수천의 군대가 보호하는 '안전한 피난처safe haven'를 이라크에 창설하는 결과를 가져왔다. 그러나 그보다 수년 전 이라크가 쿠르드족에게 가한 더 심한 공격은 아무 대응도 불러일으키지 않았다. 정치적 억제와 인센티브가 위기를 정의하고 대응의 형태에 영향을 미치는데, 이것이 작동하는 차원은 다음과 같다. 즉 개입의 대상이 되는 국가와 개입을 고려하고 있는 국가 모두에서 국내 정치적 차원, 그리고 가장 흔히 유엔 안보리를 통하여 국제지정학적 차원에서이다.

안전보장이사회 정치

유엔 안보리 15개국은 강제적 인도주의 개입을 재가할 책임이 있다. 권한을 부여하는 것은 유엔 안보리 9개국의 다수를 필요로 하지만, 실제 힘은 비토권을 발동할 수 있는 상임이사국 5개국에 있다. 냉전기 상임이사국 5개국 사이의 갈등으로 안보리는 국제 안보를 관리하기에는 빈사 상태의 기구였다. 그때 이후 5개 상임이사국 간의 협력이 개선되었지만, 네 개의 정치적 문제가 아직 유엔 안보리의 인도적 개입의 후원을 따라다니고 있다.

첫째, 5개 상임이사국은 모두 강대국의 이익과 야심을 가진 나라들이다. 상임이사국 중 하나가 유엔의 개입이 자기의 이익에 위협이 된다고 생각하여 거부하면 '비토' 문제가 발생한다. 예를 들어 러시아는 1990년대 후반 코소보 개입에 비토하려고 했는데, 나토가 유엔 안보리 결의 없이 인도주의적 근거에서 행동함으로써 그 문제가 해결되었다. 보다 최근에는 러시아가 시리아에서 힘을 사용하여 개입하는 것에 대해 인도주의적 이유로 반대하였다. 그러나 조지아와 우크라이나에서의 개입을 정당화하기 위해서 민간인 보호라는 명분을 사용하였다. 상임이사국을 포함하여 안보리 이사국들이 국가의 주권을 민간인 보호라는 새로운 규범에 양보하기를 꺼리는 것이 분명하다. 만일 그렇게 하는 것이 그들의 전통적 국익에 부합하지 않는다면 말이다. 강대국의 이익으로 선별적 개입이 이루어지기도 한다. 프랑스는 아프리카와의 역사적 관계로 인해 이 지역에 보다 자주 개입하는 경향이 있고, 반면에 평화 유지군에 전통적으로 회의적인 중국은 남수단에 대규모 평화 유지군을 파견했는데, 수단의 석유산업에 대규모 투자를 했고 많은 중국 시민이 일하고 있기 때문이었다.

둘째, '짜고 통과시킴logrolling' 문제가 있다. 어떤 특정 위기가 어떤 상임이사국과 관련되어 있다면, 다른 멤버들은 대가로 자기 자신의 이익에 대한 지지를 약속받지 않는다면, 지지를 유보하거나 비토의 위협을 가할지 모른다. 예를 들면, 1990년대 중반 러시아와 나중에 중국이 유엔 안보리의 아이티에서의 평화 활동에 대한 결의를 방해했는데, 왜냐하면 러시아가 조지아에서의 러시아 개입에 대해 유엔의 인정을 원했고, 중국은 1996년 아이티의 대통령 취임식에 대만의 부통령을 초청한 것에 대해 아이티가 공식적으로 사과하기를 원했기 때문이다.

셋째, 상임이사국이 유엔의 평화 활동군을 공인한다 해도, 가식의 문제를 극복해야 하는데 '말은 번지르르하게 해도 행동으로 보여주지 않는 경향'이 있다. 강대국은 때로 거창하게 들리는 안보리 결의를 통과시키지만 적절한 정치적 개입과 그 결의를 실현하기 위해 필요한 자원을 투입하지 않는다. 보스니아에서 '안전지대'의 창설이 이런 유형의 가식 문제의 고전적 예다. 사실 안보리가 그들을 보호하기 위해 추가 병력을 배치할 준비가 되지 않았기 때문에 이 지역은 안전하지 않았다(Box 15.1). 몇몇 유엔 안보리 회원국과 유엔 사무국이 믿을 만한 군사 위협을 제공하지 않으면 이 안전지대가 의미 없을 것이라고 경고했다. 그러나 강대국들은 그대로 진행했다. 오늘날의 미션에서 군대의 부족함은 흔하다. 유엔의 평화 유지군부Department of Peacekeeping Operations의 새 지평 아젠다는 2009년에 반포되었는데 자원과 인력 부족의 문제를 극복하고 보다 효과적으로 적시의 대응을 내놓기 위한 수단으로 파트너십을 확대하기를 추구했다. 그러나 평화 유지 임무를 효과적으로 수행할 능력을 구축하는 것은 아직 근본적 도전으로 남아 있을 것 같다(Welsh 2014).

넷째, 5개 상임이사국이 행동으로 보여줄 준비가 되었다 해도 어느 방향을 선택해야 할지에 대해 서로 일치하지 않을 수 있다. 강대국은 인도적 위기의 속성이나 가장 효과적 대응에 대해서 불일치할 수 있다. 이 '조정의 문제'는 미국과 유럽 동맹국이 갈등에 대해 서로 다른 인식을 가졌고 그로 인해 적절한 대응에 대해 불일치했던 보스니아에서 분명했다. 유럽 강국들은 인종 갈등이 분할에 의해 해결될 수 있다고 보았다. 미국은 이것을 세르비아가 시작한 전쟁으로 보고 분할에 반대했는데, 왜냐하면 그러면 세르비아의 공격에 보상을 주는 것이 될 것이기 때문이었다. 1995년에 이르러서 미국은 분할이 필요악임을 인정했고, 국제공동체는 조정의 문제를 해결하고 나서 효과적 행동을 취할 수 있었다. 안보리가 합의에 도달했어도 실천의 문제가 남는다. 5개 상임이사국이 임무를 다르게 해석하거나, 인도적 목적의 개입에 자국의 다른 목표를 결합시켜 행동할 수도 있다.

 비판적으로 사고하기

국제공동체는 시리아에 개입해야 하나?

2011년 시리아에서의 저항운동은 바샤르 알아사드 대통령 정부에 의해 폭력적으로 진압되었다. 반대 집단들은 무장 저항으로 대응하였고, 싸움은 격화되어 내전이 되었다. 유엔은 2014년 4월 현재 191,000명이 사살되고 650만 명이 그 나라 안에서 거처를 잃었으며 300만 명이 시리아 국경 바깥으로 피난하였다고 추산하였다. 내란의 시작부터 개입해야 하는지, 그리고 어떻게 개입해야 하는지의 논쟁이 일어났고, 특히 2013년 정부가 민간인들에게 화학무기를 사용했다는 보고가 나온 후 논쟁이 더욱 첨예해졌다.

그렇다:

- *인도주의적 위기*: 시리아에서 격화되는 갈등은 인명의 희생을 증가시키고 대규모 인권 침해를 가져왔다. 개입하지 않으면 현재의 인도주의 위기를 더욱 심화시킬 것이다.

- *불안과 격화의 위험*: 개입하지 않으면 국가와 그 지역을 혼란과 불안 상태로 빠뜨릴 것이다. 그리고 힘의 공백을 일으켜 무장집단의 활동이 격화되어 서구의 이익에 치명적인 해가 될 것이다.

- *신뢰성의 위기*: 특히 미국 대통령 버락 오바마가 화학무기 사용을 '레드 라인'으로 규정한 이후에, 서구의 신뢰를 보존하기 위해 개입은 필요하다.

- *성공은 가능하다*: 서방의 입장에서 제한된 군사 행동은 연합의 목표를 완수하고 시리아의 민간인을 보호할 수 있을 것이다.

그렇지 않다:

- *비용이 많이 들고 너무 위험함*: 시리아의 갈등에 효과적으로 개입을 시행하려면 너무 많은 자원이 필요하다. 서방 세력에게 너무 많은 비용과 위험을 초래할 것이다.

- *성공할 가능성 적음*: 제한된 저위험도의 개입으로는 안정과 민간인 보호의 목표를 성취하지 못할 것이다.

- *부적절한 목표*: 개입은 아사드에 대항하여 반란군의 편을 드는 것을 의미하며 정권 교체는 개입의 적절한 목표가 아니다. 리비아에서 나토가 카다피 제거를 도운 이후 상황에 진전이 없는 것은 왜 이것이 나쁜 아이디어인지를 보여준다.

- **다른 중요한 지정학적 관계에 해로움**: 시리아에 개입하면 서방은 러시아 및 이란과 값비싼 갈등관계에 놓일 위험이 커진다. 러시아와 이란은 시리아 정부를 지원해왔다.
- **불안정과 과격화를 악화시킬 것이다**: 시리아의 반아사드 집단을 지원하는 것은 연합군이 다른 곳에서는 적대적으로 싸우고 있는 과격 이슬람주의자들을 시리아에서는 지원하는 것을 의미한다. 이런 이유로 개입은 지역의 안정에 긍정적으로 기여하지 않을 것이다.

여론과 국내 정치

정책 결정자와 비평가들은 모두 서구의 여론이 인도주의적 개입을 하게 하거나 깨뜨리거나 할 수 있다고 믿는다. 여론을 형성하는 데 두 가지 요소가 특히 중요하다고 생각되는데, 매스컴의 보도와 사상자다.

미디어와 기술은 글로벌 사건이 보도되는 방식에 영향을 미치고 따라서 인도적 개입의 정치에도 영향을 미친다. 1990년대에 정책 결정자와 학자들은 1990-1991년 걸프 전쟁에 대한 집중적 TV 보도가 갈등이 보도되는 방식을 바꾸고 나서 'CNN 효과'에 대해 언급했다. 소말리아와 보스니아에 대한 미디어의 관심과 뒤이은 공공의 반응은 이들 지역에 대한 개입을 촉진하였다고 생각된다(Holbrooke 1999: 20; von Hippel 2000: 59). 그러나 미디어 보도와 기술에 대한 접근은 인도적 개입의 선택적 성격에 영향을 미쳐 어떤 갈등에는 관심을 끌게 하고 다른 것에는 관심을 끌게 하지 않는다. 외교관과 전문가들은 유튜브에 매일 올라오는 비디오를 비롯하여 시리아 갈등에 대한 집중적인 보도가 그 지역에 대한 신속한 개입 요구를 촉진한 반면, 남수단과 같은 지역은 그 지역의 기술과 인터넷 연결성의 부족으로 글로벌 청중들에게 덜 보여짐으로써 여론의 관심을 훨씬 덜 받았다고 주장한다.

정책 결정자와 전문가들은 인도적 개입에 대한 공공의 지지가 평화 유지군의 사상이 최소한에 그쳐야 한다는 것에도 달려 있다고 가정한다. 그 주장에 따르면 개입의 군사적 행동은 정부가 자유롭게 시행하는 것이므로 여론이 인도적 개입에서의 사상자 문제에 특히 민감하다고 한다. 개입전은 국가 안보를 위해서 싸우는 '필요전'이 아니고 '선택전'이다. 정책 결정자들은 1990년대 초 소말리아에서 18명의 미군 병사의 죽음 이후 그랬던 것처럼, 미디어가 평화 유지군의 죽음을 보도하여 이 활동에 대한 여론의 지지가 붕괴할 것을 염려한다.

비평가들은 그 주장들이 모두 과장되었다고 한다. 미디어 보도의 영향에 대한 주장은 정부가 개입의 장소와 시간의 선택에 관해 토론의 프레임을 짤 수 있는 정도를 과소평가하고 있다. 지도자들은 그들이 원하는 행동의 코스를 알고 있을 때 이런 식으로 미디어의 보도에 영향을 미칠 수 있다. 그러므로 분열된 정부는 미디어 보도에 대한 대중의 반응을 증가시키고 미디어의 아젠다를 몰아갈 지도자들의 능력을 감소시킨다. 소말리아에서 부시 정부의 불확실성과 미국 원조국과 의회에서의 친개입 로비는 미국이 개입으로 향하게 떠밀었던 반면, 클린턴 정부는 코소보에서 지상군 개입의 요청에 저항했는데, 왜냐하면 클린턴 정부는 그 개입에 확실히 반대했고 그 입장이 의회에서 지지를 받고 있었기 때문이었다. 전략에 대한 오바마 정부 안에서의 내부적 토론은 시리아에서 개입 비용이 증가하고 있음에도 무언가 해야 한다는 공공의 압력의 효과를 강조하였다.

미디어의 효과는 또한 과장될 수도 있는데 왜냐하면 미디어의 관심은 종종 잠깐이고 인도적 위기는 미디어의 보도보다 더 오래 지속되기 때문이다. 기술의 발달도 역시 복잡한 문제를 지나치게 단순화시키고 슬랙티비즘(최소한의 행동으로 명분을 과시하나 실제적 효과는 없는 운동—옮긴이)을 정당화할 수 있는데, 사람들이 소셜미디어에 포스팅하는 것과 같은 상징적인 지지의 행동을 하지만 의미 있는 영향은 없다(Gladwell 2010; Lewis, Gray and Meierhenrich 2014). 2000년대 중반 다르푸르 구하기 캠페인과 'Kony 2012' 비디오가 이런 이유로 비판받았다(Box 15.2).

⊙ Box 15.2 'Kony 2012'와 #StopKony

2012년 3월, 캘리포니아에 근거지를 둔 비영리단체인 'Invisible Children'이 'Kony2012'라는 비디오를 공개했는데 우간다의 조지프 코니라는 군지도자의 범죄를 소상하게 보여주고 그를 즉시 체포해야 한다고 주장하는 내용이었다. 이 비디오는 한 주 안에 1억 회 이상 시청되었고 해쉬태그 #StopKony를 사용하여 저명인사들에 의해 리트윗되었다. 소셜미디어 캠페인으로 우간다에서 코니의 과거의 잔인한 범죄들에 대해 미국 상원의 결의와 공공의 규탄이 이어졌다. 몇 주 후에 아프리카연합(AU)은 5천 명의 군대를 동원하여 코니를 체포하려는 결정을 발표했는데 그 결정은 이 비디오가 나오기 전에 계획된 것이었다. 그 비디오는 즉시 논란과 비판의 대상이 되었는데, 갈등을 지나치게 단순하게 묘사했고 '슬랙티비즘'을 부추겼기 때문이다. 2015년 현재 조지프 코니는 아직 체포되지 않고 있다.

사상자에 대한 주장도 오도하는 것일 수 있다. 경험적 증거에 따르면 평화 유지군의 사상자 발생으로 반드시 즉시 철군하라는 공공의 요청을 불러오는 것은 아니다(Gelpi, Feaver, and Reifler 2009). 실제로는 사상자가 때로 공공의 지지를 결집시키기도 한다. 소말리아의 경우, 대부분의 미국인들은 미국인 병사가 죽고 나서 곧 미군의 증원을 선호했다. 특히 소말리아 보통 사람들이 미국의 존재를 원한다면 말이다. 유사하게, 중동에서 2014년 서구 언론인들의 처형으로 IS에 대한 일반의 정치적 여론이 더 악화되었다.

🔒 요점 정리

- 인도적 개입은 국내 정치, 안보리의 정치, 그리고 대상 국가와 지역의 정치에 의해 영향을 받는다. 이 모든 레벨이 작동하여 위기를 규정하고 국제적 대응을 형성한다.

- 인도주의적 개입에 대한 유엔 안보리의 협력은 자국의 이익을 관철시키려는 한 개 또는 그 이상의 상임이사국이, 짜고 통과시키기(logrolling) 또는 비토하기(vetoing behavior) 등의 행위를 통해 방해할 수 있다.

- 5개 상임이사국이 동의할 때라도 효과적인 개입이 방해받을 수 있는데, 엄중한 말에 행동이 따르지 않거나, 또는 조정이 부족하거나, 국가들이 행동의 최선의 코스에 대해 서로 일치하지 않거나 할 때이다.

- 기술과 갈등에 대한 미디어의 보도가 공공의 인도적 개입에 대한 요청에 영향을 미칠 수 있지만, 어떤 상황에서는 정치 엘리트가 개입의 장소, 시간, 유형에 대한 공공의 토론을 형성할 수 있다.

- 정책 결정자들은 사상자 발생으로 개입에 대한 공공의 지지가 붕괴될 것을 두려워하지만, 이것이 언제나 사실은 아니다.

평화 활동의 군사적 성격

민간인을 보호하거나 갈등을 중단시키기 위해 평화군은 전투를 할 준비를 해야 한다. 이 군사력은 전쟁의 근본 원칙에 따라 기획되고, 장비를 갖추고 훈련되어야 한다. 그러나 이 원칙들은 평화 활동에 직접 적용되지는 않는다. 사실 전쟁의 주요 4원칙—목표의 정확한 규정, 행동의 통일, 힘 모으기, 그리고 기습—은 평화 활동과 관련해서는 문제가 있다.

원칙과 실현성

군사 작전은 명확히 규정된, 단호하고 달성 가능한 목표를 향해 행해져야 한다는 원칙은 평화 활동에서는 달성하기 어려운데, 대개 목표가 명확하게 규정되지 않기 때문이다. 예컨대 유엔의 개입에서 목표 수립은 안보리의 명령에 의해, 때로는 호스트 정부와의 상의에 의해서, 이룩된다. 그러나 앞에서 지적했듯이 많은 정치적 요소들이 명확한 목표를 가진 명령의 수립을 방해할 수 있다. 명령은 강대국 간의 조정 문제를 극복하기 위해 의도적으로 불분명할 수 있다. 그들은 부정확하고, 신뢰할 수 없으며, 또는 안보리 회원국들이 위협이나 억압은 하지만 강한 행동을 하거나 필요한 자원을 제공하기를 꺼린다면, 단순히 달성 불가능하다.

평화 활동 그 자체가 점차 복잡해졌고, 지금은 정치적 안정과 경제 발전 같은 장기적 목표를 겨냥한 과업을 포함하고 있으므로, 명령은 불확실할 수 있다. 이런 과업은 본질적으로 군사적인 것은 아니지만 군사 행동의 장기적 성공에 영향을 미칠 것이다. 복잡한 명령을 부여받은 지휘관은 그것을 분명하고 달성 가능한 보다 제한적 미션으로 바꾸려고 시도할 것이다. 그러나 보다 간단하고 제한된 목적은 장기적으로 보아 덜 단호할 것이다. 소말리아에서 유엔의 미션은 무장 폭도들을 무장해제시키기보다 궁지에 몰아넣어 원조 공여를 위한 안전한 환경을 만드는 것을 추구했다. 그리고 보스니아에서 유엔군은 인도주의적 원조를 보호하기 위해 통과하는 길을 수비하기보다 대표단을 엄호하였는데, 왜냐하면 길을 수비하려면 도중에 장애물을 제거하기 위해 힘을 사용해야 했기 때문이다. 목표는 단기적으로 달성 가능했지만, 안전한 환경이 평화 유지군의 존재 이후에도 지속되지는 않았다.

두 번째 원칙은 행동의 통일인데, 전쟁에서는 명령의 통일로 이룰 수 있다. 즉 이는 모든 병력을 단일 명령 체계에 놓음으로써 가능하다. 1944년 프랑스를 해방시킨 연합군은 한 사람의 장군(드와이트 아이젠하워Dwight Eisenhower)에 의해 통솔되었고, 1991년 쿠웨이트를 해방시킬 때도 그랬다(노먼 슈워츠코프Norman Schwarzkopf). 그러나 평화 활동에서 병력은 보통의 연합군 전투에서의 병력보다 광범위한 범위의 나라에서 차출된다. 군대문화의 차이, 공동 작전 경험의 부족, 그리고 병력을 보낸 나라 간의 정치적 경쟁 등, 이 모든 것이 효과적인 명령 구조의 창출과 활동을 방해한다. 때로는 차이가 커서, 2000년 시에라리온에서의 유엔 활동에서 인도 출신 사령관과 나이지리아 및 잠비아로부터 온 파견군 사이의 심한 분쟁으로 명령 체세가 작동하지 않았다. 병력을 보낸 나라의 정부들은 전투 규칙에 제한을 가하거나 명령 체계를 무시하고 자국 병력에게 직접 명령을 발동하거나 하여 하나의 명령 체계가 아닌 두 개의 명령 체계를 만듦으로써 유엔이 병력으로 할 수 있는 일을 제한하기도 한다. 더하여, 서방 국가들은 때로 유엔의 명령하에 있지 않은 군대를 보내 유엔의 미션을 돕기도 했다. 예를 들어, 보스니아에서 영-프랑스의 신속 대응군, 소말리아에서 미국의 신속 대응군, 시에라리온에서 영국군 병력 등은 모두 자국의 정치 군사 명령하에 있었다.

명령 체계 통일이 이루어진다 해도, 평화 활동의 사령관은 행동 통일을 위해 민간기구와 조정해야 하는데, 종종 다수의 유엔과 비정부기구, 그리고 지역의 원조 활동가들이다. 유엔의 미션이 복잡한 과업과 광범위한 행동 주체들을 포함하는 '통합적 미션'이므로 특히 더 도전적이다(Metdalfe, Giffen, and Elhawary 2011). 여기서 군대와 민간조직 문화의 차이가 더욱 현저하고, 효과적인 적시의 조정을 방해하는 장벽이 더 높아진다. 소말리아에서 군대식으로 일을 하는 것이, 즉 활동과 정보를 통제하는 것이, 민간 원조 기구를 분노케 하여 민-군의 협력이 깨어졌다.

셋째, 사령관들은 적에게 가장 큰 영향을 미치는 장소와 시간에 군대를 집중하고 전투 병력을 배치하여 힘을 모으려고 한다. 그러나 평화 활동에서는 눈에 잘 띄고 지상에서의 안보를 보장하기 위해 병력은 보통 집중되기보다 분산된다. 힘의 분산은 결정적인 행동을 할 때 전투력이 적어진다는 것을 의미하며, 최대의 영향을 발휘하기 위해 힘을 모을 수 있는 능력을 제한한다. 자원이 충분히 공급되지 못함과 명령 체계가 통일되지 못함의 문제들이 힘을 집결할 가능성을 축소시킨다.

네 번째 원칙인 기습은 가장 기대하지 않은 장소와 시간에 적을 쳐야 한다는 것을 강조한다. 기습의 가장 중요한 요소는 속도, 기밀성, 그리고 기만이다. 명령 체계 통일이 부족하면 작전지역에서 속도를 얻기 어렵다. 기밀성은 보통 행동의 통일 필요성과 타협하게 되는데, 행동 통일을 위해서는 평화군이 민간기구와 활동 정보를 공유해야 하고, 민간기구들은 현지 인력을 채용하고 그들과 정보를 공유한다. 예를 들어, 소말리아에서 군벌 지도자 모하메드 파라 아이디드Mohamed Farrah Aideed는 현지 원조 일꾼들을 스파이로 사용하여 평화 유지군 활동에 대해 놀라운 정보력을 가지고 있었다. 기만도 도시환경에서는 문제가 되는데, 현지 인구들이 적대적 당사자들을 위한 눈과 귀가 될 수 있기 때문이다.

좋은 정보력도 기습을 위해 매우 중요하다. 그러나 평화 유지군은 종종 좋은 정보를 얻기 위해 투쟁을 해야 하는데, 감시하고, 소통하며 상황에 대응하는 그들의 능력이 기술의 부족과 (때로는 그들의 임무와 명령구조에 의해) 방해를 받기 때문이다. 2013년 안보리는 콩고에서 정찰과 감시를 위해 평화 유지군에게 처음으로 드론의 사용을 허가했다. 드론의 사용이 평화 유지군의 상황인식을 개선하는 데 크게 도움이 된다는 광범위한 합의가 있었지만, 곤란한 상황에 몰아넣을 때도 있다. 평화 유지군이 대응할 수 있는 물리적이고 조직적인 능력이 부족할 때도 민간인을 보호하기 위해 대응해야만 하는 상황을 인식하게 되는 것이다. 감독과 정찰을 위해 드론의 사용을 허가하는 것은 또 다른 문제를 야기할 수 있다. 평화 유지군이 위기 발생 장소에 적시에 도착할 수 없을 경우 민간인 보호를 위해 무기를 장착한 드론을 사용할 수 있는가 하는 것이다. 이 문제는 아직 해결되지 못했다.

여론과 활동의 병리현상

평화 활동을 형성하는 정치적 필요성이 전통적인 전쟁의 원칙으로부터 평화 활동을 더 멀어지게 한다. 사상자에 대한 정치적 민감성으로 개입에 대한 지지를 유지할 여론의 관리에 초점을 맞추게 한다. 코소보에서 나토는 정교한 여론 캠페인을 시행하여 세르비아가 자신을 나토 침략의 희생자로 그리는 것에 저항하였다. 그리고 나토의 2011년 리비아 개입 기간, 오바마 정부는 인권 침해에 공공의 관심의 초점을 맞추었는데, 사실 이것이 그 활동의 유일한 목적은 아니었다(Box 15.3).

공공 여론에 대한 관심이 개입과 평화 활동에 세 가지 특별한 병리현상을 낳았다. 첫째는 전쟁터의 전략적 압축이다. 통상적 전쟁에서 전략적 결과는 작전활동의 레벨에서 군사

Box 15.3 나토의 2011년 리비아 컨벤션

2011년 3월 유엔 안보리 결정 1973호는 리비아 상공에 비행 금지 구역(no-fly zone)을 설정하고 휴전과 민간인에 대한 공격 중지를 요구했다. 그 결정은 리비아 정부에 엄격한 제재를 부과했고 리비아 영토에 어떤 '외국 점령군'도 금지하였다. 그 결정은 만장일치로 통과되었는데 찬성 10표 기권 5표(브라질, 중국, 독일, 인도, 러시아)였다. 그 결정의 목표는 '민간인과 무아마르 카다피와 그의 동맹 세력, 그리고 용병들에 의해 타겟이 된 민간인 구역을 보호'하는 것이었다. 오바마 정부의 구성원들은 이런 개입에 적어도 5개의 추가적 이유를 제시하였다: 정권 교체 추구; 다른 독재자들에게 메시지 보냄; 리비아 반군운동의 지지; 아프가니스탄에서 유럽의 지지에 대한 보답; 바람직한 종결 사태를 획득할 수 있을 것이란 믿음. 이런 행동은 개입에 대한 공공의 지지를 증대시키기 위한 의도였지만, 미션의 분명한 초점을 유지하기 어렵게 했다. 마이카 젠코는 다음과 같이 지적하였다.

대통령이 군사 행동을 명령할 때는 분명한 목표가 마음속에 있어야 한다. 단 하나의 명확한 목표가 없이는 정책 결정가는 수단과 목적을 적절히 조화시킬 수 없고, 실패의 확률을 높인다. 리비아의 경우는 민간인 보호라는 단 하나의 압도적인 명분이 있었는데, 최초의 개입과 지금 97일간의 폭격 작전은 훨씬 더 이상의 것들을 위한 것이 되고 말았다.

−젠코(Zenko) 2011; UNSC(유엔 안전보장이사회) 2011

행동에 의해 형성된다. 즉, 모든 캠페인의 성공이나 실패에 의해 결정된다. 대조적으로 평화 활동이나 개입에서는, 전술적 행동이 전략적 결과를 고조시킬 수 있다. 예컨대, 코소보에서 중국 대사관 폭격이 1999년 나토의 전략을 망쳤다. 결과적으로 사령관들은 그들의 행동이 가져올 국내 정치적 결과에 대해 국내에 있는 사람들과 소통하든지 민간 권위자들로부터의 압력에 의해서든지 이를 좀 더 인식하면서 결정을 내리게 된다.

두 번째 활동적 병리현상은 개입군이 공격에 취약하지 않도록 전력을 집중하여 보호하는 데 초점이 맞춰진다는 것이다. 전력을 집중하여 보호하는 것을 작전의 수칙으로 하면 미션의 효과적 수행을 방해할 수 있다. 병력의 분산이 보다 효과적일 때도 한곳에 집중해야 하며 지상군 요원들이 갑옷을 입고 빠른 속도로 지나가게 하여 현지인들을 향한 불신을 노출하게 된다. 보다 편한 자세를 취하는 것이 현지 공동체와 관계를 수립하는 데 더 좋을 경우에도 말이다. 정치적 압력에 더 근접해 있는 고위 장교들은 종종 병력의 보호를 더 의식하며, 하급 장교들은 때로 병력의 보호명령이 작전 성공에 방해가 된다고 본다.

세 번째 이슈는 공군에 과도하게 의지하고 달성 가능한 것에 대해 비현실적 기대를 갖는 것이다(Box 15.4). 1990-1991년 이라크에서의 작전과 보다 최근에 리비아와 시리아에서의 작전이 보여주듯이, 공군이 가장 효과적인 것은 군사시설을 파괴하고 육군의 방어를 약화시킬 지상군과 시너지를 내어 사용될 때다. 그러나 사상자가 나는 것을 회피하는 것은 서구의 군대가 땅에 발을 대기를 극히 꺼리게 만든다. 그들은 갈등지역의 상공에 수천 미

⊙ Box 15.4 치명적 매력: 미국과 공군력

공군력은 국내의 지지나 연합의 통일을 유지할 수 있게 하지만, 저변의 정치적 제약을 제거할 수는 없다. 엘리엇 코헨의 말에 따르면, '공군력은 군사력을 과시하기에 비상하게 매력적인 수단이다. 부분적으로 그 이유는, 마치 현대의 구애 행위처럼, 헌신하지 않고도 만족감을 주는 듯이 보이기 때문이다.' 이런 견해는 공군력에 도전을 제기한다. 정책 결정자들은 종종 항공 타격을 저강도, 저책임의 수단으로 보기 때문에, 공군력은 미국 공공의 또는 연합군의 헌신이 약할 때, 즉 사상자가 발생하거나 공중 타격이 적의 저항을 깨뜨리기 어려울 때, 동원되는 수단일 것이다. 공군력은 다른 군사 수단처럼 완전한 정치적 의지의 부족을 극복할 수 없다.

-Byman and Waxman(2000: 38)

터 떨어져 빠른 제트기를 탄 병력을 사용한 작전을 통해서 그들 병력의 보호를 달성하려는 것이다.

서구의 공군력은 때로 현지 지상군과 성공적으로 연합할 수 있다. 1995년 나토가 보스니아의 세르비아족 기지를 폭격한 것은, 동보스니아의 세르비아 영토에 보스니아-크로아티아가 성공적으로 육상 공격을 한 것과 합하여, 보스니아의 세르비아족이 강화(평화)를 제기하게 만들었다. 2011년 나토의 리비아 항공작전은 무아마르 카다피Muammar Gaddafi 정부를 전복하려는 반군 세력에게 결정적인 지원을 제공하였다. 그러나 다른 한편, 지상군 개입을 거부한 것은 부정적 결과를 가져오기도 했다. 1999년 코소보에서 나토가 공군력에만 작전을 제한하여 세르비아가 알바니아인 거주자들을 공포에 떨게 하고 그 지방에서 축출하게 만들 수 있는 여지를 허락하였다. 결과적으로 세르비아군은 항복하기 전에 78일이나 나토의 공습에 저항하여 버텼고, 지상군 개입의 위협하에서야 항복하였다. 그리고 그 지역은 그때 이미 알바니아인들이 기본적으로 '청소'되었다.

이런 작전상의 많은 병리현상들이 아프가니스탄과 이라크의 연합군사 활동과 그 이후의 활동들에서 가시적으로 드러났다. 미국이 주도한 2001년 아프가니스탄 개입과 2003년 이라크 개입은 인도주의적 개입의 예가 아닌데, 왜냐하면 그것은 테러와 대량 살상 무기로부터 미국과 그 연합국들의 안보를 보호하는 것이 우선이었기 때문이다. 그럼에도 불구하고, 정책 결정자들은 인도주의적 결과와 민주주의 증진이 이 활동들의 부산물이 될 것이라고 예언했다. 이라크에서 미국과 아프가니스탄에서 나토가 전후 안정화 활동을 한 것은 평화 활동과 유사하다. 병력을 보호해야 한다는 생각이 미국의 대반란 전략에 영향을 미쳐, 이라크에서 병력을 분산시키기보다 집중시키는 결정을 하였다. 사상자 발생을 회피하는 것도 역시 이슈다. 수천 명의 사망자(2014년 후반 현재 거의 7,000명)가 발생하여 미국 공공의 이 활동에 대한 지지가 현저히 감소하고 철수에 대한 정치적 압력이 증가했지만, 미국은 결국 철군하기 전까지 양국에 군대를 증원했다. 마지막으로 이 작전들이 공군력에만 배타적으로 의지하지는 않았지만, 이라크와 아프가니스탄에서 미국의 경험은 오바마 행정부가 2011년 초 리비아에서 나토의 개입을 위해 공군력에만 의존하기로 한 결정을 내리는 데 핵심적인 영향을 미쳤고, 2014년 IS와의 갈등이 진행될 때 중동에 지상군을 파견하기를 꺼리는 데도 중요한 영향을 미쳤다. 미국의 글로벌 대테러리즘 활동의 전례들이 2011년 중앙아프리카에서 무장한 인도주의적 개입에도 영향을 미쳤는데, 여기서 미국의 특별군은 현지 군대가 조지프 코니Joseph Kony를 체포하는 것을 돕고 그의 저항군Lord's Resistance Army에 대항하도록, 그리고 자위의 목적으로만 전투에 개입하도록 과업을 부여받았다. 따라서 당초 인도주의적 목적으로 시작된 것이 아님에도 불구하고, 이라크와 아프가니스탄에서의 활동은 미래의 인도주의 개입과 평화 활동에 계속 영향을 미칠 것이다.

🔒 요점 정리

- 실천에 있어서, 평화 활동은 종종 전쟁의 주요 4원칙—목표의 정확한 규정, 행동의 통일, 힘 모으기, 그리고 기습—의 하나나 그 이상을 위반한다. 평화 활동에서 좋은 정보를 얻는 것도 역시 어려울 수 있다.

- 정치적 필요성, 예를 들어 공공의 지지를 유지할 필요 같은 것은 인도주의적 개입과 평화 활동에 많은 활동상의 병리현상을 유발할 수 있다.

- 정치적 고려에 의해 부과된 활동상의 병리현상들은 전술적 사건이 전략적 정치적 결과에 엉뚱하게 큰 영향을 미치게 되는 전장터의 축소 현상, 미션의 요구를 희생해서라도 병력 보호를 우선시하는 현상, 그리고 공군력에 과잉 의존하는 것 등을 포함한다.

- 이라크와 아프가니스탄에서 미국의 연합 활동과 같이 비인도적 군사 개입과 활동은 미래의 시나리오에 인도주의적 근거로 개입할 것인지에 대한 계산에 영향을 미치고, 개입의 성격에도 영향을 미칠 가능성이 크다.

➕ 맺음말: 문제와 전망

이 장은 인도주의적 개입과 평화 활동에 관한 이슈와 토론을 탐구하였다. 개입을 하기 위해서는, 국제 사회는 개입의 정치적 의지를 발견해야 할 뿐만 아니라 국제적 그리고 국내적 정치를 관리하고, 행동의 의지를 적절한 현실 능력과 자원의 헌신으로 매치시켜야 한다. 평화 유지군은 동의, 공평성, 그리고 임무를 보호하기 위해 힘을 사용할 필요 등을 조화시켜야 한다. 정확한 균형을 취할 수 없을 때 어려 종류의 실패를 야기할 수 있다. 더하여 국내와 국제정치적 압력과 인센티브는 평화 활동에 영향을 미쳐 활동이 전쟁의 원칙에서 멀어지게 할 수 있다. 이 이슈들 각자는 평화 유지에 도전을 야기한다.

그럼에도 불구하고 개입과 평화 유지는 계속될 것이다. 평화 유지의 가장 효과적인 형태와 조직에 대한 논란에도 불구하고, 어쨌든 그것이 작동한다는 데 광범위한 합의가 있다. 내란뿐 아니라 국가 간 전쟁의 맥락에서 평화 활동을 관찰한 연구들은 평화 유지군의 존재가 그들이 돌아간 이후에도 내란이 재발할 가능성을 훨씬 줄인다고 주장한다(Fortna 2003, 2008; 대조적인 견해로는 Grieg and Diehl 2005). 이론적 논쟁을 차치하고, 전보다 많은 평화 유지군이 배치되고 있다. 2014년 9월 현재 12만 2천 명이다.

미래의 논쟁은 평화 유지군이 임시정부와 국가 건설의 노력들과 어떤 관계를 가져야 하는지의 문제를 중심으로 이루어질 가능성이 높다. 임시정부하에서, 유엔은 다차원적 평화 활동을 할 뿐 아니라 행정부와 정부에 대한 행정적 권위를 가진다. 이런 과정은 단지 몇 번의 경우에만 시도되었는데 예를 들어 나미비아, 캄보디아, 크로아티아, 코소보, 그리고 동티모르에서의 유엔 활동의 경우다. 점점 많은 미션들이 많은 행동자와 광범위한 과업을 포함하는 통합 미션이므로, 이런 문제들이 점점 중요해질 것이다. 낙관주의자들은 개입주체들—미국, 유엔, 제3자—이 바른 전략, 자원, 정치적 의지를 가졌다면 성공적으로 한 국가 건설 또는 민주주의 건설에 성공할 수 있다는 가능성을 강조한다. 다른 사람들은 회의적인데, 개입의 성공은 외국인이 할 수 있는 무엇보다도 현지의 능력과 현지의 정치적 동력에 더 많이 달려 있다고 주장한다. 그런 주장은 계속되는데, 국제공동체는 통신 네트워크를 건설하는 데는 훌륭하지만, 현지 정치문화를 법치주의와 같은 서구의 기준에 맞게 변화시키는 것에는 훨씬 못하다는 것이다(Stewart 2011). 현지 행동자에 대한 이러한 강조는 개입과 평화 유지 노력에 어떻게 반응하는가를 평가하기 위해 '피被평화 유지군의 관점 perspectives of the peacekept'에 더 많이 관심을 기울여야 한다는 평화 유지 관련 학자들의 요청과 유사하다. 이 주제는 지금까지 상대적으로 관심을 덜 받았다(Clapham 1998; Poulligny 2006; Autesserre 2014). 규범적으로, 이런 발전들이 새로운 질문들을 제기하는데, 그 질문들은 특히 정부 자체가 민간인 보호라는 규범의 주 침해자일 경우에, 국가를 지지하거나 건설하는 것이 어떤 환경에서라야 가장 중요한 우선권을 가질지, 그리고 공평성이란 무엇일지에 관한 것이다.

인도주의적 개입과 평화 활동은 글로벌 정치 지형에서 이루어지는 경기로 남아 있다. 그 중요성을 감안하면, 이 활동에 관한 질문과 토론은 앞으로도 수년간 국제적 실천과 전략 연구의 분야에서 계속 영향을 미칠 것이다.

? 생각해볼 문제

1. 냉전기에는 왜 인도적 개입이 드물었나?

2. 1990년대에 평화 유지는 어떻게 변화하였나? 2000년대에는 어떻게 변화하였나?

3. 평화 활동의 지역화는 좋은 생각인가?

4. 평화 유지 활동에서 공평성이 가능한가? 왜 그런가 또는 왜 그렇지 않은가?

5. 당신은 개입에 대해 낙관주의자인가 비관주의자인가? 왜 그런가?

6. 여론이 어느 정도로 인도적 개입을 가능하게 하고 중단하게 하는가? 왜 그런가? 여론은 어떤 병리현상을 창출하는가?

7. 유엔 안보리와 관련된 어떤 네 가지 문제가 인도주의적 위기에 대한 대응에서 효과적인 행동을 방해하는가?

8. 전쟁의 원칙이 평화 활동에 어떻게 잘 적용되는가?

9. 평화 유지는 작동하는가?

10. 기술 발전이 얼마나 평화 유지의 성격을 변화시켰나? 무엇이 정확하게 변화하였고 그 이유는?

📖 더 읽을거리

A. J. Bellamy, P. Williams, and S. Griffin, *Understanding Peacekeeping*, 2nd edn(Cambridge: Polity, 2010)
뛰어난 최신 입문서다.

V. P. Fortna and L. M. Howard, 'Pitfalls and Prospects in the Peacekeeping Literature', *Annual Review of Political Science* 11 (2008): 283-301
현대의 토론과 문제에 관해 정확하고 치밀한 리뷰. 이 저자들이 각자 쓴 책들도 개별적으로 주의 깊게 읽어볼 만하다.

H. Langholtz, B. Kondoch, and A. Wells (eds), *International Peacekeeping: Yearbook of International Peace Operations* (Leiden: Brill, ongoing)
평화활동 연구 학자들과 학도들이 반드시 읽어야 할 연간이다.

L. Minear and T. G. Weiss, *Mercy Under Fire: War and the Global Humanitarian Community* (Boulder, CO: Westview Press, 1995)
복잡한 긴급상황의 개입에 인도주의적 원칙의 적용에 대한 고전적 텍스트다.

R. Paris, *At War's End: Building Peace After Civil Conflict* (Cambridge: Cambridge University Press, 2004)
평화활동에 내재적인 민주화와 시장화의 아젠다에 대한 비판을 보여준다.

W. Shawcross, *Deliver Us From Evil: Warlords and Peacekeepers in a World of Endless Conflict* (London: Bloomsbury, 2000)
캄보디아, 소말리아, 르완다, 보스니아, 그리고 코소보에서의 유엔 활동에 대한 읽어볼 만한 (그리고 비판적인) 해설을 제공한다.

R. Stewart, 'What Can Afghanistan and Bosnia Teach Us About Libya?' *The Guardian*, 7 October 2011, available at http://www.guardian.co.uk/world/2011/oct/08/libya-intervention-rory-stewart
현지 역량의 중요성을 주장하는 개입에 대해 회의적 견해를 제공한다.

United Nations Blue Book Series(New York: United Nations)
앞서 있었던 개입에 대한 자료집으로, 유엔 사무총장의 긴 평가와 함께 일차자료를 제공한다.

J. Welsh (ed), *Humanitarian Intervention and International Relations* (Oxford: Oxford University Press, 2004)
국제 관계이론의 렌즈를 통해 이슈와 사례를 조사한다.

N. J. Wheeler, *Saving Strangers: Humanitarian Intervention in International Society* (Oxford: Oxford University Press, 2000)
개입에 대한 윤리적 사례를 고려하고 냉전 중과 후의 사례를 분석한다.

🖥️ 웹사이트

유엔 평화유지활동국(http://www.un.org/en/peacekeeping)
평화유지에 관한 짧은 역사, 원칙과 과정에 대한 논의, 현재의 활동에 대한 개관, 그리고 과거의 활동에 대한 보고들을 포함하고 있다. DPKO의 '미래의 이니셔티브를 위한 힘'은 평화유지활동을 현대화하기 위해 혁신과 기술을 포함하여 유엔의 노력을 개괄한다.

미국 평화 온라인 라이브러리(http://www.usip.org/publications/peacekeeping-web-links)
평화유지에 관해 상당히 총체적인 웹 링크를 제공한다.

보호 책임에 대한 국제 연대 웹사이트(http://www.responsibilitytoprotect.org)
인도주의적 개입에 대한 유용한 자료에 접근을 제공하는데, 개입과 국가 주권에 대한 국제위원회 보고서를 포함한다. 그 보고서는 지난 개입활동의 윤리적, 정치적, 그리고 군사적 함의의 총체적 분석과 사례 연구를 제공한다.

평화 활동의 미래에 대한 스팀슨 센터 프로그램(http://www.stimson.org/programs/future-of-peace-operations/program-related-news)
개입과 평화활동에 관계된 최근의 이슈에 대한 조사와 뉴스 코멘터리를 제공한다.

안보위원회 보고서(http://www.securitycouncilreport.org)
개입과 평화활동을 포함하여 미국안보위원회에 대한 보고서를 제공한다.

국제평화연구소(http://www.ipinst.org)

분쟁의 예방과 해결에 포커스를 두고 유엔 평화유지군에게 훈련을 제공했다.

Global Observatory에 대한 링크는 전 세계적으로 갈등에 대해 인터뷰, 지도, 그리고 다른 자원들을 제공한다.

국제 협력에 대한 뉴욕 대학 센터(http://www.cic.nyu.edu)

세계적 평화활동, 인도주의적 개입, 그리고 평화 조성에 대해 유용한 이벤트와 간행물들을 제공한다.

16 사이버파워의 등장

존 쉘던(Jon B. Sheldon)

 독자 안내

최근 몇 년간 정보통신기술이 급속히 발전하면서 전 세계적으로 사이버 공간이라는 개념이 확산되었다. 오늘날 현대 사회는, 일상의 커뮤니케이션에서부터 전쟁에 이르기까지, 모두 사이버 공간에 의존하여 이루어진다고 해도 과언이 아니다. 현대 사회의 거의 모든 기능이 사이버 공간을 통해 이루어지고 있기 때문이다. 이는 매우 큰 이점이 되지만 동시에 심각한 취약점이 될 수도 있다. 개인에서부터 소수 그룹, 비국가 행위자들과 정부에 이르기까지 다양한 활동세력들이 사이버 공격을 통해 현대 사회의 핵심적인 요소를 방해하거나 혹은 붕괴시킬 수 있는 잠재적 능력을 개발하기 시작했다. 사이버 공간의 침투성과 더욱 막강해지는 사이버파워의 능력은 21세기 국제정치와 군사력의 사용에 두드러지는 영향력을 미치고 있다. 이 장에서는 이러한 추세가 갖는 의미는 무엇이며 왜 전략가들이 이 문제에 관심을 갖는지에 대해 살펴보기로 한다.

머리말

최초의 전자 컴퓨터인 에니악Electronic Numerical Integrator and Calculator은 거대한 건물의 별도 공간에 보관되어야 했다. 에니악은 1946년 미 육군이 대포 목표물의 거리를 측정하려고 탄도연구소에 의뢰하여 개발하였다. 이후, 컴퓨터 크기는 작아지면서 성능은 훨씬 더 강력해진 형태로 발전을 하면서 현대 일상생활의 모든 영역에 자연스럽게 한 부분이 되어버렸다. 월드 와이드웹WWW과 인터넷의 급속한 발전으로 인하여 현대 사회와 글로벌 경제 그리고 정치와 전쟁의 수행에 이르기까지 놀라운 변화를 맞이하게 되었다. 이러한 변화들은 상대적으로 짧은 시간 내에 전방위적으로 발생하여, 많은 학자와 분석가들이 여전히 사이버파워의 등장이 갖는 의미에 대해 충분히 파악하지 못하고 있다.

마찬가지로 사이버파워에 대한 전략적 의미를 파악하는 것은 비록 그 광범위한 경향과 이슈에 대한 정보가 충분히 알려져 있어 전략가들의 트렌드 분석이 용이해졌다고 하더라도 매우 도전적인 일이다. 사이버파워는 전쟁의 수행에 있어 광범위한 실질적인 영향력을 미치고 있기 때문에 전략 연구에 있어서 매우 중요한 도전 과제가 되는 것이다. 이러한 광대하고 심각한 영향력은 사이버파워 자체가 수반하는 위험이나 기회와 함께 전쟁의 성격에 큰 변화 요인으로 작동할 수 있다. 이 장에서는 이러한 흐름과 이슈에 대해 살펴보고, 향후 미래의 전략 및 분쟁 행태에 어떠한 의미를 지니는지 살펴볼 것이다.

용어 및 개념 정의

전략 연구는 배경적 맥락 및 문화적 상황에 따라 다르게 의미할 수는 있지만 그 용어의 명확한 정의와 관련해서는 다른 영역의 연구와 별 차이가 없이 아주 다양하고 많다. 예를 들어, 미국과 우간다의 공군력에 대한 정의를 비교해본다고 가정하자. 미국의 공군력에 대한 정의는 우간다와 비교할 때 그간의 수많은 역사적·작전적 경험에서의 차이점과 각자의 정치적 목적을 위해 공군력의 수단이 사용되는 방법과 능력상의 차이점을 고려한다면 분명 우간다의 공군력 정의와는 유사하지 않을 것이다. 그러나 지상군 및 해군력을 포함하여 공군력의 정의에 대한 개념적 논쟁은 사이버 용어의 정의에 비교한다면 약간의 상이한 차이를 보이는 정도에 불과하다.

반면에 사이버 공간에 대한 정의와 그 사이버 공간으로 인해 나타난 사이버파워라는 용어에 대한 개념 정의는 그렇지 않다. 사이버 공간을 둘러싼 개념 정의는 매우 다양하며 (Box 16.1) 사이버파워를 둘러싼 개념 정의 역시 매우 많다(Box16.3). 그러면 왜 이 사이버 용어들이 아주 다양하고 많이 있는 것인가? 그것은 전략적인 현상으로써 사이버 공간과 사이버파워라는 개념들이 지상군과 해군력, 공군력과 같은 용어들에 비해 상대적으로 새로운 개념이기 때문이라고 할 수 있다. 그러면 과연 많은 전략가들이 이 보이지 않고 유동적이며 반-직관적인 현상인 사이버 공간이라는 개념을 다른 전략 영역들처럼 명확한 분류가 어렵기 때문에 똑같이 어렵다고 보는 것일까? 흥미로운 것은 오히려 반대로, 사이버 공간이나 사이버파워로부터 발생하는 전략적 효과가 생각보다 쉬운 범위 내에서 논의될 수 있다는 것이다.

사이버 공간

사이버 공간이라는 용어는 1982년, 캐나다의 과학 공상 소설 작가 윌리엄 깁슨William Gibson의 단편 소설 「불타는 크롬Burning Chrome」에서 처음 사용되었으며, 1984년 그의 소설 『뉴로맨서Neuromancer』를 통해 대중적으로 알려지기 시작했다. 깁슨은 사이버 공간을 네크워크

> **◉ Box 16.1 사이버 공간에 대한 다양한 개념 정의**
>
> 사이버 공간은 전 세계 네트워크상에서 정보가 순간적으로 머무르는 컴퓨터 간의 보이지 않는 공간을 말한다.
>
> –Winn Schwartau, *Information Warfare*, 2nd edition(1996: 71)
>
> '사이버 공간'은 모든 컴퓨터 네트워크 전체가 합쳐서 구성되는 정보공간이다.
>
> –Dorothy Denning, *Information Warfare and Security*(1999: 22)
>
> 사이버 공간은 전자적으로 작동되는 하드웨어, 네트워크, 작동 시스템, 전송 등의 요소들로 구성된다.
>
> –Gregory J. Rattray, *Strategic Warfare in Cyberspace*(2001: 65)
>
> 사이버 공간이란 전자 장비와 전자자기적 스펙트럼을 사용하여 네트워크 시스템과 관련 물리적 기반시설을 통해 자료를 저장하거나 변형 및 교환하는 것으로 특징지어지는 영역을 말한다.
>
> –*Terminology for Cyberspace Operations*(No Date: 7)
>
> 사이버 공간이란 인터넷, 텔레커뮤니케이션 네트워크, 컴퓨터 시스템, 내장된 프로세서 및 통제장치와 같은 정보기술 기반시설을 통해 상호 유기적으로 연결된 네트워크들로 이루어진 정보환경 내의 글로벌 영역이다.
>
> –The Hon. Gordon England, Deputy Secretary of Defense(2008; quoted from Kuehl 2009: 27)
>
> 사이버 공간은 정확하게 말한다면 공상과학소설에서 나오는 평행우주의 영역과 비슷한 것으로 비유될 수 있다. 즉 물리적 현실 세계와 평행하여 존재하는 영역으로서 비록 신비하고 보이지 않는 영역이지만 무수한 방식으로 우리에게 영향을 미칠 수 있는 것으로서 이 사이버 공간을 현실의 물리적 공간과 똑같은 것으로 생각하는 습관은 버려야 할 것이다.
>
> –Jeffrey carr, *Inside Cyber Warfare*(2010: xiii)

로 연결된 컴퓨터를 통해 사람들과 소통할 때 '흔히 모두가 경험할 법한 환영幻影: consensual hallucination'이라 정의하였다(Gibson 1984: 51). 그 이후 이 용어는 지금까지 변용되어 사용되고 있다.

전략가들은 육군, 해군, 공군력 등에 대한 개념 정의들과 유사하게 어느 정도 체감성과 통일성을 가질 수 있도록 사이버 공간이라는 개념에 대해 정의하고자 시도하였다. 그러나 오늘날 논의되고 있는 수많은 정의들이 각자 특정 부분만 강조하고 있기 때문에 가까운 미래에 모두가 동의할 수 있는 공통된 개념 정의가 나오기는 어려울 것 같다. 대다수의 정의가 사이버 공간—예를 들어 컴퓨터 및 네트워크와 그 밖의 사회 기반시설—의 물리적 현시 현상physical manifestations을 잘 포착하지 못하고 있으며 컴퓨터 기계와 네트워크들을 운용하게 하는 코드 방식에 대해서 간과하고 있다. 또 다른 정의들은 사이버 공간에 대해 상정된 사회 기반시설 내에 존재하는 가상적 정보 장소라고 묘사하기도 한다. 이러한 정의들은 사이버 공간 안에서 만들어지고 저장되며 공유되는 정보들과 인간이 직접 상호작용할 때 겪게 되는 인지적 요소만을 강조한다. 물리적 요소와 인지적 요소를 통합한 사이버 공간 개념의 정의가 나온 것이 거의 없지만 사이버파워의 대표적인 이론가인 마틴 리비키Martin C. Libicki는 물리적 사회 기반시설, 컴퓨터를 운용하게 하는 원리를 제공하는 코드의 필요성, 인간과 컴퓨터 간 인터페이스를 강조한 인지적 요소 모두를 통합적으로 포함하는 사이버 공간의 개념적 특징을 망라하는 개념을 제시하고 있다(Box 16.2).

⊙ Box 16.2   **마틴 리비키가 분류한 사이버 공간의 세 가지 측면**

마틴 리비키(Martin Libicki)는 사이버 공간에 대해 다음과 같이 세 개의 층으로 구분하였다.

하드웨어, 케이블, 위성, 라우터 및 기타 물리적 기반시설 등과 같은 물리적 구성물 포맷, 지시, 통제 등과 같은 소프트웨어 운용코드로 구성된 구문적 구성물.

인간에게 유용한 정보가 존재하는 사이버 공간과 인간사이의 인터페이스라는 의미적 구성물.

사이버 공간에 관한 어느 한 구성물의 통제가 반드시 다른 두 구성물의 통제를 담보하지 않는다.

–Martin C. Libicki, *Conquest in Cyberspace: National Security and Information Warfare*(2007: 8-9)

오늘날 통용되는 사이버 공간에 대한 개념들은 모두 사이버 공간을 구성하는 요소들에 따라 다양하게 정의되고 있다. 그 결과, 몇몇 정의들은 사이버 공간에서 발견되는 특성을 포함하는 한편, 어떤 정의들은 그와 같은 특성에 대해 간과하기도 한다. 개념 정의를 둘러싼 이러한 논쟁들은 당연히 직접적인 관련이 없는 사람에게는 따분하고 지루한 것으로 생각되기 십상이지만, 사이버 공간의 경우에 만약 특정 요소들이 고려되거나 고려되지 않는 경우에 따라 그 전략적 적용에 있어서 지대한 영향을 미칠 수도 있다.

사이버 공간의 개념 정의에 대한 논쟁은 결코 사소한 것이 아니다. 사이버 공간에서 어떤 요소를 포함하거나 배제하도록 결정하는 것은 파워의 작동에 있어서 아주 중요한 의미를 가질 수 있기 때문이다. 이는 사이버 공간 전략의 수립 및 사이버파워의 실행과 같은 범위 자체를 결정짓는 것이다.

–Betz & Stevens(2012: 36)

이러한 논쟁을 둘러싼 가장 대표적인 예시는 사이버 공간 정의에 관해 전자자기장 스펙트럼EMS을 포함하는 경우와 그렇지 않은 경우에서 가장 분명하게 드러난다. 사이버 공간의 개념 안에 EMS를 포함하거나 배제하는 정의에 따라, 사이버 공간 작전이 어떻게 할 것인지, 누구에 의해 수행되어야 할지를 결정할 수도 있다.

아래의 논문 목적에서, 사이버 공간은 다음과 같이 정의된다.

사이버 공간이란 국제적 영역으로, 전기 및 전자기 스펙트럼을 사용하는 매우 뚜렷하고 독특한 정보 환경 안에서 정보통신 기술을 사용하여 상호 연결된 네트워크를 통해 자료를 창조, 저장, 변형, 교환, 이용하는 공간을 말한다.

-Kuehl(2009: 28)

사이버파워

만약에 사이버 공간이 정보의 생산, 저장, 공유 및 이용되는 공간이라고 한다면, 사이버파워란 그런 정보가 전략적 효과를 가질 수 있게끔 전환하는 과정을 말한다. 이러한 전략적 효과는 궁극적으로 인간의 인지적 과정에서 발현되는 것이지만, 사이버 공간은 물론 지상, 해상, 공중, 우주 등 모든 전략적 공간에서 간접적으로 발현되기도 한다.

사이버 공간과 비교해서, 사이버파워에 대한 정의는 비교적 적은 편이다. 사이버파워의 정의는 전략적 목표를 달성하기 위해 사이버 공간이 어떻게 이용되는지를 강조한다. 어떤

◉ Box 16.3 사이버파워에 대한 다양한 개념 정의

모든 작전환경 또는 모든 파워의 행사수단과 관련하여 사이버 공간을 이용하여 사건에 영향을 미치거나 이득을 취할 수 있는 능력.

-Daniel T. Kuehl, *From Cyberspace to Cyberpower: Defining the Problem*(2009: 38)

사이버파워란 전자 컴퓨터에 기반을 둔 정보 인프라와 네트워크, 소프트웨어, 인간기술들의 생산, 통제 및 교류에 관련된 일련의 자원이라고 정의될 수 있다. 이는 단순히 네트워크로 연결된 컴퓨터 인터넷뿐만 아니라 인트라넷, 휴대전화 기술, 우주통신 기술 전반을 포함한다. 행태적으로 말하면 사이버파워란 사이버 영역상에 전자적으로 상호 연결된 정보자원을 사용하여 원하는 결과를 얻어낼 수 있는 능력을 일컫는다.

-Joseph S. Nye, Jr., *The Future of Power*(2011)

사이버파워란 비국가적 행위자든 혹은 국가든 간에 디지털 세계 어딘가에 드러나지 않는 나쁜 행위자actor들이 국가 핵심 기반 시스템에 폭력적인 효과로 공격할 때 이들의 공격 능력이나 동기를 좌절시키거나 또는 그 공격에 대응하여 자국의 핵심 기반 시스템을 원상태로 복구해낼 수 있는 능력을 말한다.

-Chris C. Demchak, *Wars of disruption and Resilience; Cybered Conflict, Power and National Security*(2011: ix)

사이버파워는 사이버 공간 내부에서 순환하면서 사이버 공간을 통해 활동하는 사람들의 경험을 형성하는 데 영향을 미치는 다양한 힘의 요소라고 할 수 있다. 사이버파워는 따라서 새롭거나 또 다른 형태의 파워라고 하기보다는 사이버 공간에서 발현되는 파워라고 할 수 있다.

-David J. Betz and Tim Stevens, *Cyberspace and the State: Towards a Strategy for cyberpower*(2012: 44)

부류의 정의는 적군adversary에게 직접적으로 힘을 행사하는 변동적인 과정에 대한 논의 없이 단순히 사이버파워가 갖는 도구적 특성만 강조한다. 또 다른 범주의 정의는 사이버파워가 어떤 목적 달성을 위해 사이버파워를 이용하려는 의도적이며 영리한 적군에 대응해서 사용될 수 있음을 인지하고 있다. 이 장에서는 사이버파워를 평화 및 분쟁과 전시의 상황에서 사이버 공간상에서나 또는 사이버 공간으로부터 즉각적이고 지속적인 영향력을 행사할 수 있는 능력이라고 정의한다.

사이버 전쟁?

2010년 초반, 미국 국가 정보장을 역임했던 맥코넬Mick McConnell 전 해군중장은 "현재 미국은 사이버 전쟁을 치르고 있으며 이 전쟁에서 지고 있는 상황이다. 아주 간단하다"라고 단언한 적이 있다. 맥코넬McConnell은 오늘날 사이버 공간에서 일어나고 있는 많은 범죄행위에 대해 사이버 전쟁(또는 사이버 분쟁)이라는 용어를 사용하여 묘사했던 사람들 중 하나다. 이런 행위들은 해킹 기술을 이용하여 온라인상의 정치적 투쟁과 정치적 반대 행위를 일삼는 소위 핵티비즘hacktivism에 열중하는 젊은 해커들로부터 범죄적 행위와 스파이 행위를 일삼는 것까지 다양하지만 사실 대다수의 이러한 행위들은 국가 안보에 치명적인 위해를 끼칠 수 있는 실제적 사이버 공격이라고 간주되지는 않는다. 그렇다고 해서 해커의 장난과 핵티비즘 행위가 성가시거나 심각한 일이 아니라는 것은 아니다. 또한 사이버상에서의 수단을 통해 이루어지는 범죄와 스파이 행위가 일관된 정책적 대응의 필요성 측면에서 중요한 이슈가 못 된다는 것은 아니다. 다만 이러한 행위들 그 자체가 실제의 사이버 전쟁 수준이 되어 전쟁 대비에 필요한 대응 조치가 이루어져야 하는 전쟁 행위인지는 의문의 여지가 있다는 것이다.

몇몇 학자들은 이 문제와 관련하여 사이버 공간의 출현이 전쟁의 성격 자체를 상당히 변화시키고 있기 때문에 국가사회나 경제 시스템을 공격하는 어떠한 악의적 사이버 사건도 새로운 형태의 분쟁이라고 주장하기도 한다. 어떤 목표 대상에 반감을 가지고 대상 목표가 자신들의 정치적 목적에 순응하도록 강압하는 사이버 사건을 일으키는 행위자의 경우에는 사이버 전쟁에 관여한 것으로 간주될 수 있다. 크리스 뎀책Chris Demchak은 이러한 상황이 전쟁의 속성 자체에 변화가 발생하면서 나타나는 현상이라고 설명한다.

> '전쟁'의 속성이 사회적으로 위협적인 이웃 간의 일회성 폭력적 충돌 형태에서 이제 전체 사회를 불안에 떨게 하는 글로벌 차원의 장기적이며 만성적인 재앙적 위험으로 변하였다.
>
> −Demchak(2011: 4)

사이버파워가 실제 전장에서 사용되었던 적은 별로 없다. 그리고 있다고 하더라도 몇 개 안 되는 그런 예들이 과연 사실인지는 논쟁의 여지가 있다. 군사 작전 수립자에게 가장 중요한 것은 사이버 공간의 이용이다. 이 글에서 다루는 사이버파워는 전체적인 전략의 일부에서 한정적인 목적을 획득하는 의미로 사용되는 것이기에 사이버 전쟁이라는 오해의 소지가 높은 용어보다 '전쟁에서의 사이버파워 혹은 사이버 수단을 이용하는 전쟁'으로 용어를 사용하는 것이 더 정확할 것이다(Sheldon 2011). 그러나 토마스 리드Thomas Rid는 이 같은 용어 사용조차 사이버파워가 내포하는 본질적인 특성을 반영하지 못한다고 주장한다. 리드에게 있어 파워의 수단으로써 사이버파워의 제약은 매우 분명하며, 따라서 미래의 전투 개념에 한계점을 노정할 수 있다는 것이다. 대신 리드는 정치적 목적을 달성하기 위해 전통적으로 사용되어왔던 폭력적인 수단을 대체할 수 있는 비폭력적인 잠재적 요소로 사이버파워가 사용될 수 있다고 보는 것이다. 이는 물리적 폭력 수단에 의존함이 없이도 사이버 수단을 통한 스파이 행위나 사보타주sabotage, 정부 전복 행위를 이용하여 달성될 수 있기 때문이다(Rid 2013). 이러한 주장은 얼핏 꽤 설득력 있게 들리지만 그의 주장처럼 비폭력적 사이버 행위로 인한 희생자들이 계속 비폭력적으로 남아 있을지는 의문이다.

사이버 공간과 사이버파워에 대한 정의는 개념적으로 시작의 상태라고 할 수 있으며, 전략가들이 향후 무엇이 진실이고 무엇이 거짓이며 무엇이 분명히 논쟁적인지를 가려야 하는 단계에 있다. 이러한 이유로 인해 사이버 공간을 전략적 영역으로 다루는 것이 성급할 뿐만 아니라 전략학의 주요 주제로 논의할 가치가 없다는 주장도 제기될 수 있다. 그러나 이처럼 생각하는 것은 잘못된 판단이다. 전략적 공간으로 사이버 공간은 최근 몇 년간 매우 다양하게 활성화되었다. 사이버 공간이 현대 사회의 모든 일상적 측면에 침투할 수 있는 공간이라는 것을 고려했을 때, 사이버 공간의 역동성과 활동성은 전략 연구 및 어떠한 실무 전략가에게 있어서도 중요한 관심사일 수밖에 없는 것이다. 모든 것을 제쳐두고, 전략이론가가 전쟁 행위를 정의하고 이를 의미 있는 정치적 담론으로 이끌어내기 이전까지, 인간은 지난 수천 년 동안 육지와 바다에서 전쟁과 싸움을 계속해왔다. 사이버 공간 역시 다를 바가 없는 것이다.

🔒 요점 정리

● 사이버 공간에 대한 정의는 매우 중요하나, 이는 전략 연구 분야에서 상대적으로 새롭게 등장한 현상이기 때문에 최종적인 정의를 내리는 데 있어서 최소한 수십 년이 더 소요될 것으로 전망된다.

● 어떤 이들에게는 '사이버 전쟁'이라는 이 유명한 용어가 전쟁의 성격이 변화될 수 있음을 드러내는 현상인 반면에 또 다른 이들에게는 과연 그럴까 하는 의구심을 갖게 할 수도 있다.

● 수많은 개념 정의가 있음에도 불구하고 사실 사이버파워는 이미 오랫동안 사용되어온 용어다. 실제 현실적 행태가 이론을 촉진시키는 것이지 반대로 이론이 일상적 행태를 촉진시키는 것은 아니다.

사이버 공간과 사이버파워, 정보공간

누구나 사이버 공간과 사이버파워의 특성 및 속성들에 대해 알고 있다. 이러한 특성과 속성들은 사이버 공간이 작동하는 방식과 사이버파워가 행사되는 방식에 대한 실증적 관찰을 토대로 한다. 이러한 특성과 속성들이 사이버 공간과 사이버파워의 영구적인 특질에 의한 것인지 혹은 사이버 기술의 변화와 사이버 공간을 이용하는 이용자의 행동동기motivation에 의해 변화되는 것인지를 설명하기에는 아직 이르다.

정보공간

정보환경 또는 정보영역으로도 알려져 있는 정보공간infosphere은 이것이 없으면 사이버 공간의 의미가 없거나 사이버파워가 존재하지 않게 되는 공간을 일컫는다. 또한 정보공간은 정보가 존재하고 전달되는 시공간적 장소로 알려져 있다(Lonsdale 2004: 181). 사이버 공간의 화폐currency는 정보공간에서 찾게 되는 정보들이며, 정치적 목적을 달성하기 위해 정보를 이용하는 것이 사이버파워다. 정보는 그것이 생산 및 저장, 조작, 유통되는 과정에서 발생하는 정보공간의 산물이라고 하는데, 그러나 이 모든 정보공간 행위들의 전체 합이 사이버 공간이라고 하기는 어렵다. 사이버 공간이 영향력이 점차 증가하고 있기는 하나, 정보공간의 부분집합적 개념에 해당한다고 할 수 있다. 정보공간은 정보를 교환하는 직접적인 인간 간 상호 행위에서부터 전화 및 인쇄매체와 같은 기술을 통해 매개되는 통신 과정 전반을 일컫는다. 그러나 사이버 공간 역시 인포스피어라는 정보공간의 다양한 기능을 빠른 속도로 따라잡고 있는데 그 대표적인 예가 오늘날 많은 사람들이 서로를 마주 보며 이야기하기보다 온라인을 통해 '채팅'하거나 '메일'을 주고받는 것이다.

사이버 공간의 특징

정보공간에 종속되는 개념으로서 사이버 공간에 대해 고려할 때, 몇몇 특성들이 배제되거나 추가될 수 있다.

저렴한 진입: 사이버 공간의 진입 및 유지, 이용 등에 필요한 자원과 전문 지식은 지상과 해상, 공중, 우주지역의 이용과 비교했을 때 현저하게 양호한 편이라고 할 수 있다. 사이버 공간은 누구든 네크워크로 연결된 정보 커뮤니케이션 기술에 접근성이 있다면 이용 가능하기 때문이다.

행위자의 다양성: 사이버 공간의 진입 장벽이 낮다는 것은 다른 말로 지상과 해상, 공중, 우주 지역과 비교했을 때 그 영역 내에서 작전할 수 있는 활동 세력의 수와 종류가 다양하고 전략적 효과가 잠재적으로 무한정이라는 것을 의미한다. 국가는 물론 개인과 집단,

단체, 기업, 비국가 행위자들 모두가 사이버 공간과 관련되어 있다.

사이버 공간의 전자기적 스펙트럼 의존성: 사이버 공간은 전자기파의 스펙트럼의 사용이 없다면 존재할 수 없다. 전자기적 스펙트럼이 없다면, 수백만 개의 정보와 커뮤니케이션 기술을 통한 소통뿐만 아니라 이러한 기술 그 자체의 작동 또한 불가능하다.

인공구조물의 필요성: 지상과 해상, 공중, 우주 영역과 비교했을 때 사이버 공간의 가장 큰 특징은 인공구조물이 필요하다는 점이다. 직접회로기판integrated circuit board, 반도체semiconductor, 마이크로칩, 섬유광학fibre optics, 그리고 기타 정보와 커뮤니케이션 기술이 없다면 사이버 공간은 존재할 수 없는 것이다.

사이버 공간의 무한 복제성: 사이버 공간은 매우 무한적으로 생성되고 복제될 수 있다. 사이버 공간을 통해 동시적으로 무수하게 공간을 창조할 수 있다. 가장 핵심적으로 사이버 공간에는 '끝final'이라는 개념이 존재하지 않는다. 공군력에 있어서 적의 비행기가 파괴되면 그것으로 그 문제는 끝이 난다. 그러나 사이버 공간에서는 예를 들어, 이슬람 지하드들의 살라피Salafist jihadi 웹사이트를 의도적으로 작동하지 못하게 하면 단 몇 시간 내에 동시다발적으로 다른 도메인 이름을 사용해 다른 서버에 새로운 웹사이트를 개설할 수도 있다. 마찬가지로, 네트워크는 상대적으로 저렴한 비용과 쉽게 구할 수 있는 하드웨어가 있으므로 빠른 시간 내에 복구하고 재구축할 수 있는 것이다.

사이버 공간의 동시성: 정보는 사이버 공간에서 거의 네트-스피드—특정 시간과 특정 네트워크상에서 정보가 이동할 수 있는 속도—로 이동한다. 대부분 네트-스피드는 빛의 속도에 가깝지만 꼭 그렇게 빠르지 못한 경우들도 있다. 그러나 사람이 사용하는 현대 네트워크상에서 정보는 거의 동시적인 속도로 이동하는 것처럼 느껴진다. 사이버 공간에서 이러한 특징은 누구나 느끼는 공통된 현상이지만 그래도 사람들에게는 일상적인 일로 느껴지게 된다. 정보는 사람에게 유용하고 이해가 가능한 형태로 전송되고 통합되어야 한다. 네트-스피드라는 현재의 사이버 공간 속도는 거의 시간과 공간을 무너뜨리는 것에 가깝게 느껴지지만 사이버파워에 중요한 인간의 인지적 과정—창조성 또는 전략효과에 대한 반응—은 인간의 삶에서 다소 느리게 체감되기 때문이다.

사이버파워의 속성

사이버파워도 마찬가지로 몇 가지 중요한 속성이 발견된다.

사이버파워의 전방위성: 육지, 바다, 해상, 기타 지역에서의 파워는 각자의 개별 영역에 대해 전략적 효과를 창출할 수는 있으나, 사이버파워만큼 절대적이고 동시적으로 전 영역에서 전략적 효과를 가질 수는 없다. 사이버 의존도는 점점 더 많은 국가들의 군사 및 경제, 사회에서 문제가 되고 있으며, 외교, 미디어, 통상 등과 같은 파워 수단은 물론 지상군

과 육군, 공군력과 같은 군사 영역에서 치명적인 영향력을 미칠 수 있다.

　　상호 보완성: 육군, 해군, 공군력과 달리, 사이버파워는 다른 영역의 파워에 보완적인 수단으로 사용될 수 있다. 즉 사이버파워는 그 강압적인 능력이 다소 제한적이고, 또 앞으로도 제한적일 가능성이 높기 때문에 간접적이라고 할 수 있다. 예를 들어 사이버파워를 통해 전력망을 파괴하는 것은 의심의 여지 없이 재앙과도 같은 사태를 초래하겠지만, 공격자의 요구에 피해자를 굴복하게 하는 효과보다는 상대로 하여금 더 재앙적인 보복을 유발시킬 가능성이 크다.

　　사이버파워의 은밀성: 많은 이용자들이 매력을 느끼는 사이버파워의 장점 중 하나는 침해의 흔적을 남기지 않고 세계적인 규모로 은밀하게 침투할 수 있다는 것이다. 즉, 사이버 무기가 활성화되어 의도된 피해를 초래하게 하기 전까지 악성 소프트웨어를 적군의 네트워크에 들키지 않고 심는 것이 가능하다. 일급 기밀 혹은 등록된 정보의 데이터베이스에 대한 습격이 가능하며, 정보 소유자는 테라바이트 규모의 데이터를 도둑맞기 이전까지 알아차릴 수도 없다. 마찬가지로, 일반 시민도 일상생활 중에서 사이버 범죄단이 신용카드를 도용하고, 본인의 신분을 이용해 신용 등급을 훼손했다는 것을 알아차리기가 매우 어렵다. 신원을 파악하기 어렵고 공격을 유발하는 동기를 알기가 어려운 점 때문에 사이버파워가 갖는 이 같은 은밀성은 몰래 악의적인 행동을 하려는 이들에게는 매우 매력적인 수단으로 여겨진다.

글로벌 공유물

사이버 공간은 전 세계적 공유물—즉 국제공해, 남극, 우주 등에 국제적으로 부여된 합법적 지위—로 간주된다. 이는 사이버 공간의 편재성ubiquity과 낮은 진입 장벽을 생각하면 충분히 납득이 갈 만한 가정이다. 겉보기에는 누구나 사이버 공간에 무료로 접근할 권리가 있다. 그러나 실제 현실은 그렇게 되어 있지 않다. 조사에 따라 편차가 있긴 하나 사이버 공간을 구성하는 약 90퍼센트의 기반시설들이 사적으로 운영되고 있으며, 나머지 10퍼센트는 정부에 귀속되어 있다. 사이버 공간을 사기업과 정부가 소유하고 있다는 것을 생각해보면 사이버 공간이 전 세계적 공유물(공공재)이라는 가정에 의문이 생긴다. 더 나아가, 사이버 공간과 상호 교류하기 위해서는 컴퓨터와 네트워크에 대해 접근권을 획득해야 한다. 이용자가 사이버 공간에 대한 접근을 위해 비용을 지불했다고 하더라도 때때로 이러한 비용은 막대하며, 특히 중요한 목적을 위해 고성능 시스템을 장치하여 운영하게 되면 더욱 비싸지게 된다.

　　몇몇 학자들은 이러한 사실을 알면서도 사이버 공간이 전 세계적 공유 공간이라고 주장하는데, 그 이유는 전 세계 수백만 명의 사람들이 일상적으로 어디에서나 상호작용하는 형태가 마치 사이버 공간을 전 세계 공유 공간이라는 느낌을 주기 때문이라고 말한다. 그러나 이러한 주장들은 더 많은 국가들―민주 정권 혹은 독재 정권―이 사이버 공간 내에서 주권을 주장하며 마치 사이버 공간을 영역화하고자 한다는 점에서 문제의 소지를 지닌다. 사이버 공간이 글로벌 공유 공간이라는 주장에 대응하기 위해 몇몇은, 예를 들면 미국 정부와 같은 경우에는 사이버 공간의 독특한 구성 요소들―전 세계적 편재성, 30억 명에 달하는 이용자, 방대한 전 세계적 정보 공유 흐름―을 인정하고 대신 '전 세계적으로 연결된 영역'으로 규정짓는다(US Joint Chiefs of Staff 2011: 3). 이러한 묘사가 완벽하다고 할 수는 없으나, 국내정치와 국제정치에서 통용되는 사이버 공간의 지위를 더 명확하게 반영하는 것은 사실이다.

> ### ⓘ 요점 정리
>
> - 사이버 공간은 오랜 기간에 걸쳐 형성된 정보 환경, 정보공간의 종속된 개념이다.
> - 사이버 공간은 지상, 해상, 공군, 우주 전력과 같은 전략적 영역에 비하여 특이한 여러 가지 특징을 가지고 있다.
> - 사이버파워는 중요한 전략적 수단으로 여겨지기에 충분한 몇 가지 중요한 속성을 지닌다.
> - 사이버 공간은 종종 글로벌 공유 공간으로 묘사되기도 하나, 전 세계적으로 연결된 영역이라는 개념이 사실 더 적합하다.

분쟁의 새로운 차원

현대 사회에서 사이버 공간의 이용이 확산되고 이용자가 30억 명이 넘게 되면서, 파괴, 사기, 절도를 양산하는 분쟁이 사이버 공간상에서 확산 일로에 있는 것은 놀라운 일이 아니다. 다만 사이버 공간상의 분쟁이 일반적인 현상처럼 일어난다고 하더라도, 클라우제비츠Clausewitz가 의미하는 것과 같은 형태의 전쟁으로 간주되기는 어렵다. 논쟁disputes은 개인적 원한이나 기관 간 경쟁, 민족주의에 고무된 일반 개인들 사이에 발생하게 된다. 그런데 공격은 국가 간 사이버 네트워크를 통해서나 또는 상업적 목적의 기업이나 개인 등을 이용하여 이루어질 수 있다. 국가들은 2009년 이란의 나탄즈 핵시설에 가해진 스턱스넷 악성 코드Stuxnet malware attack(Box 16.4) 공격과 같이 다른 국가를 공격하기도 하며, 2014년 11월에 있었던 소니 픽처스에 대한 북한의 공격과 같이 비국가 단체에 가해지기도 한다.

현재 사이버 공간은 공격 행위가 압도적으로 우세한 만큼, 사이버 분쟁의 이점은 공격

Box 16.4 스턱스넷(Stuxnet)

스턱스넷은 매우 세밀한 구성 파일로 침투하여 특정 컴퓨터와 네트워크를 공격 대상으로 하는 독특한 종류의 악성 소프트웨어다. 보통 악성 프로그램이 감염된 네트워크의 모든 컴퓨터에 손상을 입히는 반면, 스턱스넷은 특정 지역의 특정 컴퓨터군, 즉 이란의 나탄즈에 있는 핵 집중 구역에만 해를 입힌다. 2010년 여름 발견되어 공표된 스턱스넷은 2009년 6월 처음 발견되었으며 이어 2010년 3월과 4월에 잇따라 변종들이 발견되었다.

스턱스넷은 현재 미국이 이란의 나탄즈에 있는 원자력 시설의 우라늄을 생성하는 원심분리기를 공격 목표로 개발되었다고 알려져 있다. (최근 미디어에서는 미국과 이스라엘이 주도했다고 밝혔으나, 미국과 이스라엘 정부 누구도 이를 공식적으로 인정하지 않고 있다.) 나탄즈에서 작동하던 대략 4,700여 개의 원심분리기 중에 약 1,000개가 2009년 후반 2010년 초를 기점으로 파괴되었다고 알려져 있다. 또한 스턱스넷이 작동 통제 시스템의 감염을 통해 원심분리기를 파괴했다고 알려져 있다. 보고에 따르면 통제 시스템의 침입자는 스턱스넷이 원심분리기가 정상인 상태로 표시하도록 관리자를 속인 탓에 실제로 사건이 일어나기 전까지 전혀 몰랐다고 한다. 실제로, 스턱스넷은 원심분리기의 통제를 장악하고 약 10퍼센트 빠른 속도로 회전시켜 파괴시켰다고 한다.

스턱스넷은 이란 핵 프로그램을 몇 달간 지체시킨 것으로 알려졌는데, 이스라엘 정보원은 몇 달이 아니라 최소한 몇 년을 지연시켰다고 주장한다. 이후 이란인들은 핵 프로그램에 대한 투자를 두 배로 증강하여 성공시켰는데, 이를 토대로 볼 때 스턱스넷이 목표물에 대한 공격을 성공적으로 완료한 것처럼 보이기도 하지만 잠시 일시적으로 늦추었을 뿐이다.

다만 그럼에도 스턱스넷은 사이버 공격의 가능성과 사이버 전쟁의 발전 단계에 있어서 일대 전환점의 계기가 된 것으로 보인다. 스턱스넷은 공격적 사이버 능력이 원거리 시스템을 정밀하게 목표로 삼고, 손상시키며 물리적인 파괴를 야기할 수 있는 가능성을 보여준 사례인 것이다.

자들을 유리하게 한다는 데 있다. 그 결과 사이버 공간은 공격하고 싶어 하는 사람이 쉽게 목표 대상을 찾아 공격을 감행할 수 있는 친-공격자 환경인 것처럼 이해될 수 있지만, 사이버 공격이란 것이 자체적으로 그것이 갖는 문제와 어려운 도전들이 없는 것은 아니다. 몇몇 학자들은 현대사회의 기능 유지에 중요한 목표를 사이버 공격이 쉽게 가능하도록 만들었기 때문에 이제 이런 사이버 공격의 편리성이 결국 영원한 파괴의 시대에 들어가게 하였으며 최악의 사태를 대비, 주요 기반시설의 네트워크 시스템과 민감한 정보의 저장 및 공유에 대한 복구를 강조하는 것이 최선이라고 말하기도 한다.

사이버 안보 문제

사이버 공간에서는 공격이 방어보다 유리한 이점을 가지고 있기 때문에 사이버 안보를 책임지는 사람들은 당연히 상시적 방어에 성공해야만 하는데 이것이야말로 사실 무한정 방어해야 하는 불가능한 기대감에 가깝다고 할 수 있다. 어느 누구든 사이버 공격을 하려고 하면 그가 당면한 문제는 매우 단순하다. 즉, 공격자는 목표 시스템이나 네트워크 공격을 단 한 번만 성공시키면 되는 것이다.

효과적인 사이버 보안으로 매일 일어나는 모든 사이버 공격의 발생을 예방할 수는 없다. 그러나 공격으로 인해 예상되는 끔찍한 결과들을 줄임으로써 최악의 경우를 피하거나 초기 공격에 의한 파괴의 정도나 지속 시간을 줄이는 것은 가능하다. 이렇게 공격 효과를 감소시키는 조치들로는 기술적인 해결 방안과 사이버 보안 문화의 확산, 신속한 복구 조치의 실행 등이 있다.

사이버 공격에 대한 기술적인 해결 방안은 최신 버전의 사이버 보안 소프트웨어가 있으며 정보통신기술 및 네트워크 관련 역량과 방법, 이를테면 방화벽이나 바이러스 차단 소프트웨어와 같은 것들이 있고, 네트워크 유지를 맡고 있는 철저히 교육받은 시스템 관리자 등이 있다. 사이버 보안 문화의 확산은 사이버 공간을 반드시 사용해야만 하는 실무 인력에 대해 사이버 보안 습관을 최고 수준으로 교육하는 것과 잠재적 위협과 문제를 조기 발견하도록 교육하는 것, 그리고 사이버 보안을 위협하는 자에 대한 법적 규제를 강화하는 것 등을 포함한다. 복구 조치의 강화는 민감한 정보의 보호를 한층 더 강화시키는 방법으로서 네트워크 접근을 배제시켜 정보에 대한 보호 및 감시 수준을 높이는 것과 중요 기반 시설과 접근 가능한 네트워크 간 인터페이스를 제거하여 사회에 중요한 서비스와 시스템에 대한 외부의 비승인된 접근을 차단하는 방법들이 있다.

사이버 보안은 귀인 문제attribution에 의해 또한 어려움을 겪을 수밖에 없다. 사이버 공격은 다양한 국가를 통한 경로로 인해 숨겨질 수 있으며, 실제 진원지가 아닌 다른 곳에서 발생한 것처럼 조작될 수도 있다. 사이버 공격으로 인한 희생자가 그 누구라 하더라도, 이 같은 사건은 사이버 공격의 진짜 가해자를 찾기 어렵게 만들어 보복적인 사이버 공격이나 심지어 군사적 대응과 책임에 대한 징계를 어렵게 만든다. 문제에 대한 귀인 책임을 찾는 것이 매우 어렵기 때문에 징계 수준과 사이버 공격에 대한 적절한 대응을 구분하는 것 또한 문제가 된다.

귀인 문제는 단순히 사이버 공격의 지리적 시작점을 찾아내는 것 이상을 말한다. 공격자의 신원을 파악하고 공격 동기에 대해 파악하는 것이다. 사이버 공격이 특정 나라로부터 발생되었다고 해서 공격을 일으킨 자가 정부의 승인을 받았다거나 전쟁을 일으킬 목적으로 공격을 했다고는 볼 수 없다. 공격자의 신원과 동기를 확실하게 알아내는 것은 매우 어려운 일이다. 그래서 이로 인해 사이버 공격에 대한 책임 소재를 밝혀 적절한 대응책을 구상하는 것은 결코 쉬운 일이 아니다. 예를 들어 사이버 공격이 특정 나라로부터 발생한 것이 확인되었다고 하더라도, 사이버 범죄 과학 수사를 적용한 도구와 방법만으로는 그 공격이 범죄를 목적으로 한 갱 조직의 소행인지, 스파이 활동을 목적으로 한 국가의 정보 요원에 의한 것인지를 확실하게 판단하는 것이 불가능하다.

사이버 공격자들에게 유리한 공격적인 이득과 함께 사이버 보안이 당면한 주요 도전 과제들을 고려할 때, 많은 학자들이 사이버 억지deterrence의 개념을 들고 나와 재앙적인 사이버 공격을 예방하는 수단이라고 말하고 있다. 개념적으로 사이버 억지라는 개념은 없다. 있다면 단지 억지deterrence라는 개념만이 존재한다. 그러나 억지 전략의 적용에 따라 사이버 공격이 억지가 된다면 그런 생각은 한번 생각해볼 만한 가치가 있다. 사이버 공간과 억지 전략에 대한 많은 선행 연구들이 보복 전략punishment strategy에 초점을 맞춘 억지 전략을 이야기하면서 동시에 사이버 공격이 똑같은 보복적인 사이버 공격이나 혹은 외교, 군사, 경제적 맞대응으로 공격에 대한 처벌을 시사하고 있다. 보복 전략에 의존한 억지가 갖는 문제점은 사이버 공격의 피해자가 마치 그 공격의 지리적 위치를 추적할 수 있을 것으로 가정하고 있을 뿐 아니라 공격자의 신원과 동기 또한 파악할 수 있다고 가정하는 데에 있다. 그러나 책임 소재를 따지는 귀인 문제가 여전히 어려운 도전 과제인 점을 고려하면, 사이버 공간에서의 보복 전략에 의한 억지는 활용하기가 어려운 데다가 자칫 어떠한 공격에 대한 과잉 대응을 하게 될 위험성이 있으며 심지어 아무 잘못 없는 제3자를 처벌하게 되는 심각한 오류를 범할 수 있다. 게다가, 귀인 문제가 여전히 해결되지 않은 난제라는 점을 고려하면, 사이버 공격을 감행하는 공격자는 보복 전략에 의한 억지를 신뢰할 수 없게 만들고, 괜한 보복이 더 나쁜 결과를 초래하게 만들 수 있다.

한편, 접근 거부 전략에 의한 억지는 잘못의 책임을 잠재적 사이버 공격자에게 지운다. 사이버 방어에 더 많은 투자를 하고 사이버 보안의 문화를 더 장려하며, 복구 조치를 강화해나갈수록 사이버 공격자의 공격 위험도를 높이고 추후의 사이버 공격에 대한 이득을 감소시킬 수 있다. 소수의 사이버 공격으로 여기저기 뚫리긴 하겠지만, 공격에 대한 성공 확률이 현저히 떨어지게 된다면 공격에 투입되는 노력의 비용이 너무 비싼 것으로 판단할 수 있다.

사이버 공간에서 접근 거부 전략에 의한 억지가 가지는 문제는 작전상 비효율성이 크고 최첨단 장비와 서비스가 꾸준히 요구되므로 실질적인 실행 비용이 막대하다는 것이다. 억지deterrence를 장려하기 위해 사이버 공간 사용자들 간에 사이버 보안의 필요성에 대한 문화를 지속적으로 장려하는 것도 좋은 방법이지만 이 또한 이용자들로 하여금 기존에 잘 따르지 않았던 엄격한 보안조치를 강제로 따르도록 해야 하는 어려움이 있다. 복구 조치의 강화도 고려할 만한 방법이지만 이 또한 매일매일 운영되는 시스템과 병행하여 작동하는 독립적인 플랫폼과 백업 시스템을 필요로 하기 때문에 막대한 비용이 투입되어야 한다.

사이버 공격의 도전과 미지의 것

사이버 보안이 여러 도전 과제에 직면해 있는 동안 사이버 공격자들은 사이버 공간에서 고삐 풀린 망아지처럼 자유를 만끽하고 있는 것처럼 보인다. 현실에서는 사이버 공간에서 공격이 압도적인 대세를 이루고 있긴 하지만, 사이버 공격 또한 스스로 어려운 도전 과제가 있고 아직 알려지지 않은 미지의 것이 많아 어려움을 겪고 있다.

이란 핵 프로그램에 대한 소위 미국과 이스라엘의 스턱스넷 작전이 가장 대표적인 예라고 할 수 있다. 이러한 거대 규모의 사이버 작전은 움직이는 파트가 많기 때문에 불가피하게 나타나는 복잡성에 따라 갈등이 노정될 수 있다. 최고의 전문기술, 치밀한 정보, 유능한 병참 지원, 수백만 달러의 예산 투입이 없었다면 스턱스넷과 같은 대규모의 사이버 공격이 가능할 수 없다. 이 모든 행위들은 공격 목표물이 작전상 또는 기술적인 약점을 제거하는 방어적인 조치를 취하기 전에 엄격하게 비밀이 유지된 채로 실행되어야 한다. 사이버 공격은 거대한 계획과 준비 작업이 필요하며, 실행하기 훨씬 전에 실패할 수 있다는 가능성을 염두에 두고 실행해야 한다.

사이버 공격은 성공 여부가 목표에 대한 감시 및 광범위한 정보 수집에 좌우되기 때문에 매우 지루하면서도 막대한 시간이 소요된다. 사이버 공간에서 정보 수집과 목표물 감시는 미리 적군의 컴퓨터 및 네트워크에 몰래 침입해야 가능하기 때문에 발각의 위험을 감수해야 한다. 게다가 사이버 공격이 만에 하나 성공했다고 하더라도 전혀 예측하지 못한 역효과blowback를 낳거나 의도하지 않은 결과를 초래할 수 있다. 예를 들어 악성 코드의 소프트웨어가 사이버 공간 내에서 의도했던 목표물을 파괴했다고 하더라도 의도하지 않았던 목표물에 대한 증식으로 확대되어(이것을 역효과라고 한다) 공격자의 자산이 속한 네트워크가 역으로 공격당할 수도 있다. 예측하지 못한 결과에 대한 예시로는 국가들의 주요 사회 기반시설에 대한 사이버 공격으로 인해 정전과 통신장애가 발생하여 병원이 마비되면서 일반 민간인의 피해가 크게 날 수 있는 것을 들 수 있다.

공격-방어의 사이클과 사이버 공간상에서 공격을 지속하는 것 또한 쉬운 문제가 아니다. 사이버 공격 능력과 방어 사이를 오가는 공격-방어의 사이클은 사실 공격적인 사이버 무기의 효과가 매우 짧다는 것을 의미한다. 일단 적이 사이버 공격을 통해 유리한 이점을 갖는다고 하더라도 방어자가 새로운 공격 능력에 방어 능력을 갖추는 데에는 그리 오랜 시간이 걸리지 않기 때문이다. 이는 이론적으로 사이버 공격 무기의 적용이 단기적인 전술적 이득에 맞추기보다는 거대한 전략적 보상에 맞추는 것이 바람직할 수 있음을 의미한다. 또한 시간이 조금 더 지나면 초기 공격 이후 방어 태세가 강화되면서 사이버 공간에서 공격을 유지하려는 공격자의 능력이 점점 더 어려워질 수 있음을 의미하기도 한다.

요점 정리

- 사이버 보안—사이버 방어—은 사이버 공격자들이 공격적인 이점을 누리기 때문에 매우 어려운 난제다.
- 공격자의 신분과 동기에 대한 파악이 특히 어려운 일이며 효과적인 대응 조치를 어렵게 만든다.
- 사이버 공간에서는 보복에 의한 억지 전략보다 접근 거부에 의한 억지 전략이 더 효과적이다.
- 사이버 공간에서 방어보다 공격이 더 수월하긴 하지만 사이버 공격 또한 위험성과 어려움이 없는 것은 아니다.

21세기 군사혁신인가?

개인과 기관, 비국가 행위자, 그리고 국가들 모두 사이버 공간을 이용하면서 정치적 목표를 획득하기 위한 목적으로 매일 새롭고 혁신적인 방법으로 사이버파워를 행사한다. 사이버 공간과 사이버파워는 현존하는 인간 활동과 다양한 종류의 군사력을 유지하게 하지만, 구태의연한 방식으로 하는 것이 아니라 새로운 방식으로 가능하게 한다. 사이버파워는 인간 활동의 성격 또한 변화시킨다. 예를 들어, 사이버 공간은 기업들의 조직 방식을 급격하게 변화시켰다. 사이버 공간은 또한 능력이 우수한 개인이 경제 활동 영역에서 초능력적인 영향력을 행사할 수 있는 기회도 창출하였다. 전략 부분에서, 사이버파워는 소위 국제정치라고 하는, 모든 전략적 행위가 일어나는 전체적인 배경을 새롭게 재편시키고 있다. 사이버파워는 전쟁과 평화 사이의 경계를 허물어뜨렸으며, 국가가 전쟁에서 갖게 되는 특권적인 권력을 약화시키고, 군사병력의 조직방식에도 큰 영향을 미치고 있다.

국제정치의 지형을 바꾸는 사이버파워

사이버 공간의 침투성과 사이버파워의 편재성은 국제 관계에 영향을 미치고 국제정치에서의 우월적 지위에 있던 국가의 역할에 영향을 미친다. 사이버파워의 부상은 국가들로 하여금 경제 개발에 박차를 가할 수 있게 도움을 주기도 하는 한편, 국력 사용에 있어서 군사, 정치, 문화적 힘을 행사하는 데도 기여한다. 사이버파워는 많은 개발 국가들이 급격한 경제적 성장을 성취하는 데 기여하고 있으며 국력 성장의 중요한 잠재적 요인으로 작용하면서 선진국들을 급속히 따라잡는 데 일조하고 있다. 인도와 중국이 이러한 현상의 대표적인 예라고 할 수 있는데 이들 신흥 강대국들의 등장이 국제정치에서 힘의 재분배를 가져오면서, 신흥 강대국들은 이익을 보고 선진국들은 상대적으로 손해를 보는 현상이 나타나고 있다.

사이버파의의 부상은 개인과 기관, 비국가 행위자들이 영향력을 갖게 하여, 그 이전까지 기술적인 능력이 미흡해서나 혹은 막대한 비용으로 인해 거의 불가능할 것이라고 여겨졌던 전 세계적인 영향력과 기회를 이들이 갖도록 해주었다. 미 육군 정보기관 출신 중의 하나인 브래들리 맨닝Bradley Manning과 미국 국가 안보국 직원 에드워드 스노든Edward Snowden에 의한 기밀자료의 대량 누설은 이러한 불균형적 영향력 행사의 대표적인 예라고 할 수 있다. 이들은 정보기관에서 일하면서 방대한 정보에 접근 제약이 없는 내부 불만자가 초래할 수 있는 잠재적 위험성이 얼마나 심각한지 잘 보여준다. 사이버 공간은 악의적 목적을 품은 개인 또는 단체들이 사이버 능력을 이용해 전 세계의 목표물을 대상으로 공격적으로 이용하는 공간이 될 수도 있으며, 이는 지난 2015년 1월 테러 집단으로 구성된 IS(이슬람 국가) 단체의 해커들이 미 중부사령부의 소셜 미디어 능력을 일시적으로 탈취한 데에서도 알 수 있다. 이와 같은 개인과 집단들의 영향력 증대가 국제정치에서 기존에 국가들이 독점하던 권력을 약화시키고 국제정치의 역학관계가 재편되도록 하였다. 그럼에도 불구하고, 이러한 사이버파워를 통한 영향력 증대는 거기까지가 한계일 것이다. 국가들은 여전히 개인과 집단들이 미칠 수 없는 영역에까지 힘을 행사하는 능력과 역량을 가지고 있다. 비록 많은 학자들이 사이버파워가 국가들의 주권을 약화시키고 현저하게 국가의 힘을 쇠약하게 할 것이라고 전망하고 있지만 국가들도 역시 사이버 공간에서 자신들의 주권을 확장시켜 나갈 다양한 방법을 모색하고 있다.

　사이버파워가 국가를 약화시키고 개인과 집단 중심으로 국제정치를 재편할 것이라는 주장이 사이버파워가 국가 주권에는 별 영향이 없을 것이라는 주장보다는 훨씬 더 타당성이 있어 보인다. 사이버 공간에서 개인과 집단에 의해 행하여진 특정 행위로 인해 전 세계 국가들이 모두 일말의 불편함을 느끼긴 하겠지만 그래도 국가가 국제정치에서 여전히 주요 행위자로 역할을 하게 될 것이다.

 비판적으로 사고하기

사이버 전쟁은 가능한가?

그렇다:

- **선진국들이 사이버 전쟁에서 더 취약하다.** 현대 사회는 핵심 기반시설과 같이 모든 것이 컴퓨터로 연결되어 있는데 이러한 상황이 적대 세력으로 하여금 익명의 사이버 공격을 매력적인 공격수단으로 느끼게 해준다.

- **파괴적 행태의 사이버 공격이 이미 시작되고 있다.** 사이버 전쟁의 가능성은 이미 2010년 미국과 이스라엘이 감행한 이란의 나탄즈 핵시설 공격과 2007년 이스라엘의 시리아 레이더 시설 마비 사태와 핵시설

의심 장소 폭격 사례로 실현되었다.

- **전쟁은 물리적이 아닌 효과로도 나타난다고 보아야 한다.** 전쟁은 물리적 공격 효과도 포함하지만 일반 사회, 정치, 문화적 효과도 포함되는 것으로 보아야 한다. 사이버 공격이 비폭력적이긴 하지만 전쟁에서 승리하는 데 있어서 기밀을 훔치고 정책 결정을 기만하는 식으로 사용될 수 있다. 따라서 사이버 공격도 비밀 정보활동, 사보타주, 스파이 행위와 같은 활동의 견지에서 본다면 전쟁과 같은 중요한 작전의 한 부분으로 역할을 할 수 있는 것이다.

그렇지 않다:

- **사이버 전쟁은 오늘날과 같이 글로벌화되어가는 세계에서는 불가능한 것이다.** 인터넷에 의한 상호의존성과 전 세계적인 정보통신기술의 발전은 국가들 간의 직접적인 형태의 공격 행위를 증대시키기보다는 감소시킨다. 국가 간의 상호 취약성이 일종의 전쟁 억지 효과를 낳기 때문이다.

- **전쟁은 성격상 폭력적인 것이다.** 클라우제비츠의 정의에 따르면 전쟁은 폭력이 서로 난무하는 상황을 일컫는 것이다. 토마스 리드가 주장하듯이 컴퓨터 공격의 직접적인 결과로서 인명 살상이 초래된 적은 없지 않는가?

- **어느 나라도 사이버 공간에서 전쟁까지 치달은 적은 없다.** 사이버 공격의 형태로서 사보타주나 첩보 행위가 있을 수 있는데 그러나 이러한 활동은 전혀 새로운 것이 아니다. 그러한 디지털 형태의 공격 무기가 미래의 군사 전쟁에서 한 부분이 될지는 모르지만 그렇다고 해서 그 자체가 "사이버 전쟁(Cyber-Warfare)"의 수준까지 이르렀다고 하기에는 이르다.

전쟁의 성격에 대한 새로운 변화?

사이버파워는 평화, 위기, 전쟁과 같은 상황에서도 상당 수준의 익명성을 유지한 채 전 세계적으로 힘을 투사할 수 있다는 점에서 전략적으로 유용한 도구다. 사이버파워는 먼 지역에 있는 국가의 사회 기반시설과 같은 시스템을 공격하거나, 사람들을 속여 민감한 정보를 탈취하거나 전기, 수도 서비스를 파괴시키는 등 전 세계적으로 영향력을 행사할 수 있다. 기만 작전이나 사이버파워에 의한 파괴 등과 같은 공격들은 잠재적으로 평화와 전쟁 사이의 경계 구분을 없앤다. 테러와 테러리스트를 대리자로 이용하여 공격하는 국가들의 행위가 이런 전쟁과 평화의 경계를 허물어뜨리고 있지만 그러나 사이버파워는 평화와 전쟁 간의 경계 사이에 존재하는 모호함보다 잠재적으로 더 위험할 수 있는 가능성을 내포하고 있다. 심각한 사회적 파괴의 초래 또는 국방과 관련된 민감한 정보의 손실을 야기할 수 있는 수많은 사이버 공격에 취약한 상황에서 국가들은 이런 것이 군사적 대응이 필요하거나 전쟁의 시작 행위에 희생이 되고 있다고 느낄 수도 있는 것이다. 이러한 상황에서 계산 착오나 오해는 주요 위험 요소가 된다. 만약에 이러한 종류의 공격이나 파괴, 기만 작전들이 국제정치에서 일상화된다면, 이들은 일상적인 국제 관계의 역학 작용에 마치 시끄러운 배경소음처럼 들릴 것이다. 일부 학자들에게 이러한 국제적 동향은 현재 우리가 끊임없는 '지속적 파괴의 시대'로 들어선 것처럼 보일지도 모른다.

또한 사이버파워는 인간 행태를 조직하는 방식에 있어서 대단한 효율성을 제공한다. 사이버파워는 불과 몇 십 년 전만 해도 상상하기 힘들었던 개인 혼자 작전을 통제하거나 무한정의 자료를 비용 없이 전송하는 능력을 가능하게 해주었다. 기업들이 더 적은 인력을 가지고 기민하고 날렵한 조직구조를 이용하여 생산성과 이익을 증대시키는 것을 보면, 사이버파워는 경제 활동 분야에서 이미 이러한 기회와 혜택을 입증하고 있다. 현대의 군대 또한 이런 사이버파워에 의해 확장된 효과와 극대화된 효율성 덕분에 더욱 유연한 군 구조와 더욱 자동화된 역량을 갖추도록 요구하여 고도로 훈련된 병사의 모집이 더욱 중요한 일이 되고 있다. 군대를 지원하는 데 필요한 병력의 숫자가 줄어들면서 군대 계급구조의 규모도 작아질 것으로 전망된다. 이미 원격 조종 차량과 같은 자동화된 시스템에 대한 의존도가 증가하고 있으며, 현대 군대에 필요한 복잡한 전문기술의 습득 때문에 최하위 계급의 직업군인을 훈련시키는 비용 또한 증가 추세에 있다. 군사 문제에 있어서 이런 사이버파워가 갖는 의미는 분명 논쟁의 여지가 있는 것이지만, 21세기에 군사력이 언제, 어떻게, 그리고 어떠한 목적으로 운영될 것인지의 맥락을 이해하는 것과 결코 분리될 수 없는 것만은 분명하다. 그럼에도 불구하고 군대조직과 병력구조가 사이버파워의 침투성 때문에 변화하는 것과 마찬가지로, 군사 병력의 운용이 언제, 어떤 방식으로 이루어질 것인지에 관한 문제 역시 변할 것이다. 만약에 그들이 새로운 군사교리나 병력구조, 전쟁 수행 방식에 변화를 야기한다면 이러한 변화야말로 21세기 군사혁신RMA으로 발전하게 될 것이다.

🔒 요점 정리

- 사이버파워는 오늘날 국제정치에서 일어나고 있는 힘의 재분배 현상에 일조하고 있다.

- 사이버파워는 개인과 기관, 비국가 세력들에게 영향력을 갖게 해주었으며, 국제정치에 그들이 참여하고 영향력을 증대시킬 수 있는 기회를 제공한다.

- 사이버파워가 국가의 힘과 관련하여 전혀 상관없게 만들지는 않았다. 사이버파워가 국가들의 주권이 더 침투되기 쉽게 만든 것은 사실이나 그렇지만 국가들 역시 사이버 공간에서의 주권 강화에 힘쓰고 있다.

- 사이버파워는 군 병력의 구조에 영향을 미칠 뿐만 아니라 군 병력의 운용방식이나 상황에 대해서도 영향을 미치고 있어 21세기 군사 혁명을 초래할지도 모른다.

- 일부 어떤 사람들은 사이버파워가 사실 '지속적인 파괴의 시대'로 들어서게 했다고 주장하기도 한다.

➕ 맺음말

사이버 공간은 전 세계를 막론하고 현대 사회의 모든 기능에 점점 더 깊숙이 침투해 들어가고 있다. 사이버 공간에 대한 의존도와 복잡한 상호작용은 낮은 통신비용과 사이버 공간이 만들어내는 자동화 기능과 효율성 때문에 사회에 도움이 된다. 하지만 이러한 의존도와 복잡한 상호작용이 오히려 또한 현대 사회 전반에 취약성을 야기하기도 한다. 사이버 공격을 감행하고자 하는 공격자들에게 이러한 취약성이 악용될 수 있기 때문이다.

지휘 통제와 같은 군사력 부문을 포함하여 국가들의 많은 기능들이 점점 더 사이버 공간에 의존하고 있으므로 전략가들은 사이버 공간에 의해 야기되는 취약성과 기회들에 대해서 주목해야만 한다. 중요한 것은 사이버 공간의 이용을 상시적으로 제한해야 하는 절대적 사이버 보안과 의도하지 않은 역효과를 낳을 수 있는 무제한적인 사이버 공격 사이에서 적절한 균형점을 찾는 것이 어렵다는 것이다.

현대 사회의 거의 모든 전략이 사이버파워에 의해 영향을 받고 사이버파워에 의해 형성된다. 이에 대한 여러 가지 함의들이 아직 충분히 논의되지 않았지만 그것이 더더욱 전략가들과 전략 연구가 이 사이버 공간과 사이버파워 문제를 중요하게 관심을 갖고 다루고자 하는 이유이기도 하다.

❓ 생각해볼 문제

1. 사이버 공간과 사이버파워에 대한 정의가 그렇게 많은 이유는 무엇인가? 개념 정의가 중요한 것인가? 아니면 다양한 행위자들이 사이버 공간을 이용하고 있다는 사실이 더 중요한 것인가?
2. 사이버 공간과 사이버파워의 차이점은 무엇인가?
3. 사이버 전쟁이라는 것이 실제 가능한 것인가?
4. 정보공간infosphere과 사이버 공간의 관계는 무엇인가? 그 둘 간의 차이점은 무엇인가?
5. 다른 전략적 영역과 비교하여 사이버 공간을 더 특이하게 만드는 것은 무엇인가?
6. 이 장에서 논의된 것 외에도 사이버파워가 갖는 속성 중에는 또 어떤 것이 있는가?
7. 사이버 안보가 그처럼 어려운 이유는 무엇인가? 이 장에서 제시된 해결책 외에 사이버 안보 해결책으로 또 어떤 것들이 있는가?
8. 사이버 안보와 비교하여 사이버 공격이 훨씬 쉽기는 하지만 그럼에도 불구하고 사이버 공격이 위험한 이유는 무엇인가?
9. 사이버파워가 또 하나의 잠재적인 군사 혁명이 될 수 있을까? 만약 그렇다고 한다면

왜 그렇게 생각하며 아니라고 한다면 왜 아니라고 생각하는가?

10. 이 책에서 다룬 전략 문제와 사이버파워를 관련시켜 생각해보고 어떤 가능한 연결고리가 있는지 찾아보자.

더 읽을거리

J. Arquilla and D. Ronfeldt (eds), *In Athena's Camp: Preparing for Conflict in the Information Age* (Santa Monica, CA: RAND, 1997)
'사이버 전쟁시대의 도래'라는 아퀼라와 론펠드의 논문을 포함하여 사이버 전쟁과 관련된 다수의 논문을 싣고 있다.

S. W. Brenner, *Cyberthreats: The Emerging Fault Lines of the Nation State* (New York: Oxford University Press, 2009)
사이버 위협과 그 속성들을 연구한 포괄적인 분석서다.

R. A. Clarke and R. K. Knake, *Cyber War: The Next Threat to National Security and What to Do About It* (New York: Ecco, 2010)
미국적 시각에서 사이버 안보에 대한 흥미로운 해결책을 살펴보고 사이버 공간 관련 정책 이슈들을 다룬다.

F. D. Kramer, S. H. Starr, and L. K. Wentz (eds), *Cyberpower and National Security* (Washington, DC: Potomac Books, 2009)
모든 현대 국가가 관심을 갖는 사이버 공간 정책 이슈들에 대한 뛰어난 논문 모음집이다.

M. C. Libicki, *Conquest in Cyberspace: National Security and Information Warfare* (Cambridge: Cambridge University Press, 2007)
사이버 공간 및 사이버파워에 대한 가장 대표적인 이론서다.

D. J. Lonsdale, *The Nature of War in the Information Age: Clausewitzian Future* (London: Frank Cass, 2004)
사이버파워에 클라우제비츠의 전략이론을 적용하여 사이버 전쟁 신봉자들의 논리를 반박한 기념비적인 책이다.

J. S. Nye, Jr, *The Future of Power* (New York: Public Affairs, 2011)
사이버파워가 얼마나 심각하게 국제정치의 지형을 변화시키는지 흥미로운 분석을 제시한 책이다.

W. A. Owens, K. W. Dam, and H. S. Lin (eds), *Technology, Policy, Law, and Ethics Regarding US Acquisition and Use of Cyberattack Capabilities* (Washington, DC: The National Academies Press, 2009)
사이버 공격 능력의 획득 및 사용과 관련된 다양한 함의에 대해 상세하게 기술한 미국 국가연구회의 보고서다.

T. Rid, *Cyber War Will Not Take Place* (New York: Oxford University Press, 2013)
사이버 전쟁 가능성의 주장에 대해 치밀한 논리로 반박하는 사이버 전쟁 반대 입장의 책이다.

P. W. Singer and A. Friedman, *Cybersecurity and Cyberwar: What Everyone Needs to Know* (New York: Oxford University Press, 2014)
사이버 안보와 사이버 전쟁을 가장 포괄적으로 다룬 대표적인 책이다.

🖥 웹사이트

사이버국정운영대서양협의회(http://www.acus.org/tags/cyber-statecraft-initiative)
이 사이트는 사이버파워 문제와 사이버파워가 국가 안보, 국정 운영, 국제정치에 미치는 효과에 대해 탁월한 분석을 제공하고 있다.

시민연구소(http://www.citizenlab.org)
토론토 대학 '뭉크세계문제대학' 소재의 첨단 연구소로서 디지털 미디어, 세계 안보, 인권 문제의 상호작용에 대한 혁신적인 연구로 유명하며 중국의 사이버 첩보 활동을 밝혀내고 독재 정권에게 인터넷 필터링 기술을 판매한 서방 기업들을 폭로시킨 것으로 유명하다.

사이버전쟁지대(http://www.cyberwarzone.com)
국가들의 사이버 공격과 사이버 공간에 대한 테러범들의 이용과 관련된 뉴스 및 분석보고서들을 찾는 데 유용한 사이트다.

미육군 사이버 연구소(http://www.westpoint.edu/acc/SitePages/Home.aspx)
사이버 문제와 사이버 전쟁에 대한 가장 최신의 군사적 사고를 찾는 데 유용한 자료 출처다.

크립트 사이트(http://krypt3ia.wordpress.com)
사이버 안보와 사이버 전쟁에 대해 아주 상세하고 조심스럽게 다루고 있는 블로그다.

17 지정학과 대전략

스테파니 오트먼(Stefanie Ortmann) · 닉 위테이커(Nick Whittaker)

 독자 안내

지정학과 대전략은 강대국의 흥망과 연관된 현대의 치국책이다. 이 장에서는 지정학의 개념과 이것이 대전략에 끼친 중요성을 살펴본다. 우선 지정학 개념의 전개, 그리고 변화하는 역사적 맥락에서 이 개념이 변모된 과정을 보여준다. 지정학과 대전략이 강대국의 정치와 연관된 이유와 이 양자가 현대에 다시 부활한 이유도 설명한다. 대전략을 짜는 데 발생하는 위험과 문제점, 그리고 지정학이 객관적인 지리적 요인뿐만 아니라 해석의 문제인지도 아울러 분석한다.

머리말

국제정치는 소수의 강대국이 주도한다는 견해가 다시 유행하고 있다. 냉전이 붕괴된 후 냉전 시기의 강대국 간의 경쟁이 신자유주의적 질서를 뒷받침한 미국의 자비로운 패권으로 교체되었다고, 과거 10년이 넘는 기간 동안 그렇게 여겨져왔다. 1992년 미국의 클린턴 대통령은 "전제정치가 아니라 자유가 확산되는 세계에서 권력 정치는 더 이상 효력이 없습니다. 권력 정치는 새 시대에 맞지 않습니다"(Clinton 1992)라고 말한 바 있다. 하지만 이런 연설은 더 이상 역동적인 국제정치의 모습을 제대로 보여주지 못한다. 러시아는 우크라이나에 관해 서구와 이견을 보여왔고, 중국은 남중국해에서 점차 공세적으로 나오고 있다. 지정학적인 경쟁이 세계 정치의 전면에 부상 중이다. 몇몇 지역에서 군사적으로 경쟁할 뿐만이 아니다. 냉전 붕괴 후 경제적 상호의존이 더 심화되면서 몇몇 비서방 국가는—무엇보다도 중국—지속적인 경제성장을 기록했다. 한편 미국 및 다른 주요 서방국 경제는 상대적으로 쇠퇴하여왔다. 2008년 경제 위기 이후 이런 흐름은 더 가속화했다.

미국 주도의 패권에 도전하는 이런 세력에 맞서 미국의 패권을 유지하기 위해 새로운 대전략을 짜야 한다는 요구가 제기되었다. 중국의 부상과 비서방세계에서 다른 지역 세력의 대두를 제어하기 위해서 대전략 요구가 나왔다. 가장 넓은 의미에서 지정학은 지리의 정치적 의미에 관한 것이다. 한 국가의 지리적 위치는 갈등을 야기하거나 전략적 이점도 준다. 지정학은 대전략과 연관되어 세계 정치의 핵심 행위자가 강대국이란 견해와 긴밀하게 연관된다.

대전략은 전쟁에서 승리에 중점을 두는 전략에서 벗어나 본질적으로 정치적인 좀 더 광범위하고 장기적인 비전에 초점을 두는 전략이다(Box 17.1). 역사가이자 전략가인 폴 케네디Paul Kennedy는 국가가 목적과 수단을 조정하여 우선순위를 적절하게 짜는 것을 대전략의 본질로 본다. 안보가 계속하여 핵심이지만 대전략은 군사 분야에 한정되지는 않는다. 대전략의 맥락에서 안보는 국익을 확보하고 제고하는 것으로 이해된다. 특히 외부 위협과 가상 적에 대항하여 이를 확보한다. 대전략은 국가가 활용할 수 있는 군사적 · 문화적 · 경제적 수단에 의존한다. 기본적으로 대전략은 국력과 국가의 번영을 확보하여 제고하려는 장기적인, 그리고 다차원적인 계획을 말한다. 광범위한 글로벌 이익을 보유하고 무력 사용을 포함하여 동원할 수 있는 수많은 자원을 보유한 국가가 이런 전략을 짤 수 있다. 역사가이자 전략가인 윌리엄 머리William Murray는 "대전략은 바로 강대국, 강대국에만 연관된 문제다"라고 핵심을 잘 표현했다(Murray 2011: 1). 그러나 이런 강대국조차 자원이 유한하기에 제한된 자원을 선택적으로 사용하고 힘을 투사할 방법에 대해 전략적이고 장기적인 선택을 해야만 한다.

이런 모든 문제에서 지리는 중요하다. 거대하고 경제력이 큰 국가에게 무역과 통신 루트가 전략적으로 중요하듯이 천연자원의 위치도 중요하다. 힘을 투사할 경우 특정 지역에 중점을 두기 마련이다. 아무리 강대국이라도 동시에 모든 지역에서 힘을 투사할 수가 없기 때문이다. 이런 지리적 요인에는 중요한 문화적 요인도 있다. 예컨대 영국과 유럽 대륙 정

⊙ Box 17.1 **대전략과 지정학 개념의 변화 과정**

대전략

대전략은 전투를 지속하기 위해 국가의 경제적 자원과 인력을 감안하고 이용해야 한다. (중략) 여러 가지 정책 도구를 결합해야 할 뿐만 아니라 차후 평화와 안보, 그리고 번영에 해가 되지 않도록 정책 도구의 사용도 규제해야 한다.
–Sir Basil Liddell Hart(1935)

전략은 국가의 여러 자원을 제어하고 활용하는 것이다. (중략) 아주 중요한 국익을 실재하거나 잠재적인 적에 맞서 극대화하고 확보하려는 군의 활용을 포함한다. 전략의 최고 순위는 종종 대전략이라 불린다. 이는 국가의 정책과 군을 통합하여 전쟁할 필요를 없게 하거나 승리가 확실할 경우만 이를 감행함을 의미한다
–Edward Mead Earle(1943)

대전략의 핵심은 정책에 있다. 즉 각국의 지도자들이 군사적·비군사적인 모든 자원을 규합하여 국가의 장기적인 최상의 국익(전시 및 평시의)을 유지하고 제고하는 것이다

-Paul Kennedy(1991)

강대국들이 권력의 과도한 사용에 직면했을 때 어려운 선택을 해야만 한다. 따라서 결국 대전략은 국가의 자원과 국익이 몇몇 분야에서 균형에 맞지 않는 현실에 적응해야 한다

-Williamson Murray(2011)

미국과 같은 초강대국에 관한 한 대전략은 우선 미래의 세계 질서를 가정해야 한다. 이 미래에서 이 나라의 국제적 위상과 번영, 그리고 안보는 상당히 신장된다. 또 가능하면 최대한 정책 수단을 활용하면서 국가의 힘을 이런 목적을 달성하기 위해 사용해야 한다. 이런 목표를 달성하는 데는 수십 년이 걸린다.

-Thomas P. Barnett(2011)

전략은 미래의 상황에 대비해서다. 미래의 목표를 달성하기 위해 의도와 가능한 수단을 분명하게 명시해야 한다. 그런데 전략이 단기적인 시야를 벗어나면 중장기적인 목표를 규정하는 데 어려움을 겪는다. (중략) 군사 전략을 운용할 때는 단기를 보고 특정한 상황에서 일한다. 반면에 대전략은 단기적인 목표보다 더 비전이 있고 야심 찬 목표를 추구한다.

-Hew Strachan(2011)

지정학

역사상 처음으로 우리는 전 세계에서 일어나는 사건과 특징을 인식할 수 있다. 세계사에서 지리가 가져오는 인과관계를 표현하는 현상을 연구할 수 있다.

-Halford Mackinder(1904)

지정학이라는 용어를 분해할 경우 지리라는 접두사가 정치에 우선하는 것은 우연이 아니다(geopolitics). 정치가 지리에 연관이 있기 때문이다. 지정학은 정치인들이 빠지기 쉬운 유토피아에 있는 무미건조한 이론과 무의미한 수사를 제거한다. 이렇게 하여 정치인들을 굳건한 토대 위에 서게 한다. 지정학은 모든 정치현상이 지리라는 항구적인 현실에 종속되어 있음을 보여준다.

-Karl Haushofer(1942)

지리는 불변하기 때문에 국가의 외교정책에서 가장 근본적인 요인이다.

-Nicholas Spykman(1942)

1. 모든 정치는 지정학이다. 2. 모든 전략은 지정학이다. 3. 지리는 환경 혹은 토양처럼 '객관적으로 여기에' 있다. 4. 지리는 상상의 공간적 관계로 우리와 함께 있다.

-Colin Gray(1999a)

과거의 지정학적 상상력은 (중략) 세계 정치의 진행 과정에서 이제까지 절대적인 힘을 행사한 적이 없었다. 이 상상력은 기술과 경제, 그리고 다른 물질적 결정 요인을 초월할 수가 없었다. 그러나 현대의 지정학적 상상력은 정치 지도자들에게 의미와 정당화의 근거를 제공했다. 이매뉴얼 월러스타인의 문구를 사용하자면 '이념적 공간'을 규정했다. 이 공간에서 지리가 조직되고 유래한다.

-John Agnew(2003)

책 결정자들의 견해는 상당히 다르다. 영국이 유럽 대륙의 가장자리에 위치한 섬나라라는 요인이 작용한다. 기술 발달은 지난 100년간 지리적 요인의 중요성을 상당히 변화시켰지만 영국이 섬나라라는 이미지는 아직까지 남아 있고 영국과 유럽 대륙의 현재 관계에도 영향을 끼친다(Box 17.2).

● Box 17.2 정체성의 담론이 지속되는 경우: 섬나라 영국

섬나라라는 생각이 수 세기 동안 영국의 외교정책에 영향을 끼쳤다. 과거에 영국이 섬나라이고 해군력에 집중하였기에 대영제국의 유지가 가능했다. 또 이 때문에 영국은 유럽 대륙과 별개라고 인식되었다. 영국은 도버 해협으로 유럽 대륙과 분리되어 있다. 이런 분리는 영국의 정체성 담론에 반영되었지만 영국과 유럽 대륙은 역사적으로 무역과 침략, 그리고 공유된 문화로 긴밀하게 연관되어왔다.

기술 변화—특히 해저 터널의 개통—는 영국과 유럽 대륙과의 물리적 거리를 줄였지만 현재까지 영국의 섬나라 정체성은 영국 정치에서 중요하다. 1960년대 영국이 당시의 유럽공동체에 가입해야 할지를 논의할 때 영국 정치인들은 진정으로 자국이 유럽 대륙의 일부인지, 그리고 가입할 경우에 유럽을 제외한 다른 대륙과의 분리인지를 고민했다. 1980년대 말 당시 마거릿 대처 영국 총리는 자국을 유럽 대륙과 분리된 섬나라로 자주 묘사했다. 미국이나 캐나다, 오스트레일리아와 같은 영어 사용 국가와 더 많은 공통점을 지녔다고 그는 보았다. 2010년 총리로 취임한 데이비드 캐머런도 유사한 전략을 취했다. 그는 자국이 섬나라임이 중요하다고 말했고 윌리엄 헤이그 외무장관도 전 세계에 영향력을 확보하기 위해 영국이 전 세계에 걸친 광범위한 외교적 네트워크의 중심에 있어야 한다고 밝혔다. 이런 견해는 대영제국 당시의 '병참선'과 유사하다. 즉 섬나라이자 해상 국가인 영국이 전 세계의 전략적 지점을 통제해야 하고 이를 통해 인도와 싱가포르, 오스트레일리아 등과 연계할 수 있다는 것이다.

제국주의 간의 경쟁과 지정학의 출현

지정학과 대전략은 학술이론이라기보다 실제로 사용되는 정치적 개념이다. 하지만 양자는 강대국 정치 그리고 고전적 현실주의의 치국책을 강조하는 공통점이 있다(베일리스와 위츠의 머리말 참조). 또 양자는 정책 결정자들이 사용할 수 있는 국가의 행동 패턴을 발견하여 지침서로 사용할 수 있다는 점도 공유한다. 그리고 이 패턴의 일부는 지리에 의해 결정된다. 고전적 현실주의에 바탕을 둔 대전략은 시간과 공간에 구애를 받지 않는 사고방식으로 묘사된다. 사실은 그렇지 않다. 대전략과 지정학은 현대의 유럽에서 출현한 개념이다. 처음에는 유럽, 그리고 차후 미국의 힘이 전 세계에 미쳤을 때 국제정치의 접근법으로 출현했다. 영국의 지리학자 해퍼드 매킨더Halford Mackinder는 1904년 다음과 같이 규정했다. "20세기에 들어서 국제정치는 사상 처음으로 전 세계에 영향을 미치는 닫힌 정치 체제가 되었다"(Mackinder 1904: 27). 지정학과 대전략의 발전은 이런 맥락에서 일어났다.

　　그의 발언은 당시 유럽의 여러 열강들이 식민지 팽창에 열을 올리면서 일어난 새로운 사태를 잘 지적했다. 20세기 초반에 영국과 프랑스, 러시아 제국, 그리고 독일처럼 제국주의 열강의 식민지 쟁탈전에 늦게 합류한 몇몇 국가들은 지구상의 상당수의 땅을 점유하는 경쟁을 벌였다. 이 시기 유럽의 국가체제는 몇몇의 강대국으로 구성되었는데 이들은 국제 문제를 관리하는 데 특별한 책임을 떠맡았다. 유럽의 강대국들이 식민지 쟁탈전을 벌이면서 세계 각지에서 차지할 땅이 부족해지자 경쟁은 격화되었다. 영국과 프랑스, 그리고 다른 유럽 열강 간의 '아프리카 쟁탈전', 그리고 영국 및 러시아 간에 중앙아시아를 둘러싼 쟁탈전은 국제적 긴장을 높였다.

　　제국주의 쟁탈전 때문에 지리적 요인의 중요성이 커졌다. 점차 멀리 떨어진 공급 및 무역로를 육지와 해상으로 연결해야만 자국의 경제성장이 가능해졌다. 천연자원이 풍부한 해외 영토는 강대국의 번영과 힘을 제고하는 데 필요한 전략적 자산으로 여겨졌다. 식민지 쟁탈전으로 자본주의가 발전했고 대영제국은 지구적 패권국가가 될 수 있었다. 그러나 19세기 마지막 25년 동안 통일제국을 형성한 독일, 그리고 미국이 급속하게 산업화하여 영국의 경제적 우위에 도전했다. 특히 독일은 유럽의 기존 강대국이 주도하던 국제정치경제에서 파괴적인 파워가 되었다. 유럽 강대국의 반열에 늦게 합류한 독일은 식민지 쟁탈전에서도 늦었다. 그러나 독일 지도자들은 공세적으로 나서면서 이를 변화시켰다. 영국이 아프리카와 아시아, 그리고 태평양에 더 떨어진 식민지를 얻는 시기와 거의 동시에 독일은 해군력을 증강했다. 독일은 이렇게 영국의 해군력에 도전했다.

　　19세기에서 20세기로의 전환기에 점차 고조된 국제 긴장 때문에 유럽과 미국의 사상가들은 지리에 준거를 두어 국제 문제를 체계적으로 설명하고자 했다. 미국의 해군 전략가 앨프리드 머핸Alfred Mahan은 해군력이 가장 중요하며 미국이 식민지 쟁탈전에 합류해야 한다고 주장했다. 그의 이런 주장도 있고 다른 요인도 있어 미국은 해군 군비 증강에 나서 쿠바와 푸에르토리코, 그리고 필리핀을 식민지로 삼았다. 이와 대조적으로 영국의 매킨더는 지리학자와 정치가로서 자국의 장기적인 쇠퇴를 우려했다. 철도와 같은 신기술이 해상보다 육지의 전략적 중요성을 높이고 있고 이에 따라 독일과 러시아 제국의 힘이 강대해진다고 보았다. 그는 이런 힘의 재균형 때문에 주로 해군력에 의존하는 영국의 우위가 위협을 받게 된다고 분석했다. 그는 유라시아 심장 지역Eurasian heartland — 러시아와 중앙아시아로 구성된(그림 17.1) — 이 글로벌 지배에 핵심이라 보았다.

　　매킨더는 그의 이론을 다음과 같이 유명하며 아직까지도 영향력을 끼치는 학설로 표현했다. "동유럽을 지배하는 자가 유라시아 심장 지역을 지배한다. 유라시아 심장 지역을 지배하는 자가 세계의 각 섬을 지배하고 세계 섬World-Island을 지배하는 자가 세계를 지배한다"(Mackinder 1919). 국토의 크기와 인구 성장의 중요성이 독일 지리학자들, 특히 프리드리

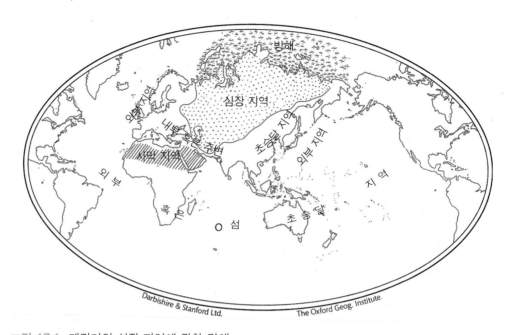

그림 17.1 매킨더의 심장 지역에 관한 견해
출처: H. J. Mackinder, "The Geographical Pivot of History", *The Geographical Journal*, Vol. 24, no. 4, 1904, p. 435.

히 라첼Friedrich Ratzel이 관심을 가졌던 이슈였다. 그는 생활권Lebensraum, living space이라는 개념을 고안해냈다. 차후 이 개념은 히틀러의 지정학적 사고에서 핵심어가 되었다. 그는 독일 영토에 거주한 아리안족과 이들을 위협해온 동쪽의 약탈 부족과의 역사적 차이가 크다고 가정했다. 러시아의 계속되는 위협에 대항하기 위해 독일은 추가로 땅과 자원이 필요하다고 라첼은 제안했다. 처음으로 지정학Geopolitik, geopolitics이라는 용어를 만든 스웨덴의 지리학자 루돌프 킬렌Rudolph Kiellen은 이런 여러 학설을 결합하여 다음의 명제를 만들어냈다. 즉 국가는 생존하고 번영하기 위해서 두 가지의 전략적으로 꼭 필요한 것을 갖춰야 한다. 첫째가 인구통계학으로 인구를 관리하는 것이고ethnopolitik 또 하나는 영토의 확장인 지정학이다geopolitik.

　이런 고전적 지정학 이론은 당시 유행했던 견해를 반영했다. 국제정치를 포함한 모든 것이 인간과 국가의 행위를 추동하는 인과관계 요소를 캐내어 과학적으로 이해할 수 있다는 믿음에서 나왔다. 지리는 국제정치에서 객관적인 요소로 여겨졌다. 천연자원과 기후, 위치, 면적 때문에 일부 국가는 전략적으로 유리하고 일부 국가는 불리한 상황에 처해 있다는 것. 그러나 이 시기는 또한 과학적 발견으로 급속한 기술 발전의 시기였고, 매킨더와 다른 학자들은 기술과 지리의 상호작용을 분석했다. 이 사상가들은 국가들이 세계를 지배하기 위해서 서로 치열한 경쟁을 벌인다고 보았고 경쟁을 국제정치의 본질로 이해했다는 것이 중요하다. 국가의 생존이 가장 중요했다. 즉 가장 강하고 지하자원을 풍부하게 가진 국가만이 계속하여 존속할 수 있다고 생각했다. 이런 비전은 당시의 유사과학이론인 사회적 다윈주의Social Darwinism의 영향을 받았다. 자연선택이 있고 적자 및 최강자의 생존 투쟁이 있는데 종 간의 투쟁뿐만이 아니라 사람과 국가 간에도 투쟁이 있다고 이 이론은 생각했다. 특히 독일과 미국은 급속하게 성장하는 신흥 강국으로 묘사되었지만 영국과 프랑스와 같은 기존 강대국들은 국력이 쇠잔해져 쇠퇴한다고 여겼다.

🔑 요점 정리

- 19세기 말 지정학이 출현했다. 이는 유럽 강대국 간의 제국주의적 경쟁의 결과로 당시 세계는 통일된 하나의 정치적 공간이라는 새로운 견해를 반영했다.
- 지정학은 또 당시 변화된 권력 관계를 반영했다. 영국 경제가 쇠퇴한 반면 독일과 미국은 세계 정치의 새로운 행위자로 부상했다.
- 고전적 지정학은 영토를 권력과 결부시키고 세계 정치를 강대국 간의 경쟁으로 인식한다. 지리와 다른 환경적 요인들 때문에 일부 국가는 번창하고 다른 국가는 쇠퇴하는 것을 설명할 수 있다고 지정학은 주장했다.

2차 대전과 냉전, 그리고 대전략의 전개

시작부터 지정학은 전략에 관한 논의였다. 지리적 요인들이 장기간에 걸쳐 국가의 행위를 결정한다고 여겨졌다. 따라서 수십 년 동안 사용할 전략을 짜는 데 지리적 요인을 활용할 수 있었다. 전간기 동안 이런 전략적 지평의 확대는 새로운 대전략 개념에 반영되었다(Box 17.1). 대전략 개념을 처음으로 만들어낸 영국의 군 역사가 바실 리들 하트 경Sir Basil Liddell Hart은 이를 '고위급의 전시 전략'으로 규정했다. 국가가 보유한 모든 자원을 전쟁의 정치적 종결을 위해 조정하는 것을 의미했다. 2차 대전 발발 후 미국 전략가들이 이 용어를 채택했다. 특히 에드워드 미드 얼Edward Mead Earle의 견해는 차후에도 계속하여 영향력이 있었다. 2차 대전 당시 미 대전략을 적극 지지한 니콜라스 스파이크먼Nicholas Spykman은 매킨더의 심장 지역 이론을 채택해 2차 대전 종전에 즈음해 소련과의 분쟁 가능성에 대비해야 한다고 주장했다. 매킨더가 조어한 '내부 혹은 주변 초승달 지역inner or marginal crescent'을 스파이크먼은 '림랜드rimland'(심장 지역 바로 옆의 지역)라 불렀는데 그는 림랜드─중부유럽─를 통제하는 자가 세계 정치의 운명을 결정할 것이라 주장했다. 그는 이런 시각에서 미국의 정책 결정자들에게 유럽에 계속 관여하여 소련의 유럽 대륙 지배 기도에 대처할 것을 촉구했다.

미드 얼과 스파이크먼 모두 소련과의 대규모 대치 위험에 대응해야 한다고 주장했다.

이는 2차 대전이 종전되면서 현실이 되었다. 스파이크먼의 경고는 미국 정책이 되었고 냉전이 전개되면서 지정학적 견해에 기반한 대전략이 기본 원칙의 하나가 되었다. 시작부터 냉전은 지역별로 상이한 역동적인 면을 지닌 전 세계적 투쟁이었다. 소련의 스탈린은 2차 대전 후 해방된 동부유럽에 공산주의 지도자들을 꼭두각시로 앉혔고 이들 국가들을 소련 주도의 동맹체제에 편입했다. 이 체제는 이념뿐만 아니라 지정학에 기반을 두었다. 미국에서도 전략적 봉쇄 개념이 전개되었다. 이는 이념적 투쟁이라는 냉전에 지정학적 논리를 추가했고 소련이 붕괴할 때까지 유지되었다(Box 17.3).

◉ Box 17.3 봉쇄 전략

냉전이 시작될 무렵 소련을 심층적으로 연구한 외교관 조지 케넌(George F. Kennan)이 봉쇄 전략을 짜냈다. 그는 "지속적으로 변화하는 지리적·정치적 시점에서 치밀하고 깨어 있는 대응력을 활용하여" 소련의 영향력에 대응할 전략을 제안했다(Kennan 1947). 1950년대에는 아프리카와 아시아에서 탈식민지화의 영향이 일부 원인이 되어 미소 간의 세력권 쟁탈전이 전 세계에서 전개되었다. 봉쇄 전략이 수정되어 '도미노 이론'으로 확대되었다. 한 국가가 공산화하면 전 세계가 공산국가가 될 때까지 이웃 국가들도 쉽사리 공산국가가 될 것이라는 게 도미노 이론이다. 봉쇄 전략은 지정학에 속했지만 천연자원 경쟁뿐만 아니라 이념적 경쟁도 포함했다. 미국은 이 전략에 따라 전 세계에서 해당 국가가 전략적으로 중요한지에 상관없이 공산주의 확산을 저지해야만 했다. 특히 수십만 명의 미국인이 베트남에 파병되어 공산주의 게릴라들과 장기간의 많은 비용을 치른 전쟁을 벌였지만 결국 졌다. 냉전 기간 동안 봉쇄 전략은 거대한 전략적 개념이었고 항상 일관되게 실행된 것은 아니었지만 일관성을 유지했다. 소련은 냉전 기간 동안 미국보다 취약한 경제를 유지했기에 봉쇄 전략은 소련의 인적·물적 자원을 고갈시킨 효과적인 장기적 전략이었다. 물론 소련이 붕괴한 것은 이 전략 때문만은 아니다.

냉전이 전 세계에서 전개되었고 장기적으로 전략적 지평을 고려했음을 볼 때 지정학과 대전략의 실제 개념이 냉전 기간 동안 중요한 전략적 사고의 핵심이 아니었다는 게 놀랍다. 지정학과 대전략 개념은 냉전 초기에 수십 년간 사용되지 않다가 1970년대와 1980년대에 이르러서야 다시 사용되었다. 한편으로는 지정학이 나치 독일과 연관되어 지탄의 대상이 되었기 때문이고, 또 한편으로는 소련과 미국 간의 핵무기 경쟁이 시작되었기 때문이다. 핵무기 경쟁 시기에 세계 정치에서 지리적 요인은 거의 중요하지 않게 여겨졌다. 미소 양국 모두 상대국의 여러 도시들을 몇 시간 안에 파괴할 수 있는 사정거리 6천km가 넘는 대륙 간 탄도미사일을 개발하면서 지상군과 해군력의 차이와 같은 지정학적 고려에 기반한 대전략은 쓸모가 없는 듯했다. 사실상 냉전 시기 미 전략의 토대인 억지 전략은 지정학적 논리와 아무런 연관이 없었다. 억지 전략은 순전히 소련보다 더 군사력을 갖추고 더 많은 군비를 지출하는 것이었다. 또 핵무기와 재래식 무기를 증강하여 소련이 핵무기를 사용

하지 않게 억제하는 데 목표를 두었다.

　1970년대 말 미국이 핵무기 경쟁에 따르는 경제적 부담을 느끼게 되고 당시 소련이 미국을 능가하는 군사력을 보유하게 될 것이라 예상되자 미 정책 당국은 지정학을 재평가하게 되었다. 특히 헨리 키신저Henry Kissinger와 즈비그뉴 브레진스키Zbigniew Brzezinski가 지정학의 부활에 중요한 역할을 수행했다. 키신저는 닉슨 대통령의 국가 안보 보좌관으로 중국과의 관계 개선을 만들어낸 장본인이다. 브레진스키는 후임자로 이 정책을 확대했다. 키신저는 유럽 역사를 심층적으로 알고 있었고 유럽 강대국 간의 세력 균형이 수 세기 동안 전개된 방식을 꿰뚫고 있었기에 강대국 정치로써 지정학에 정통했다. 그는 국제정치의 원칙으로서 세력 균형이 계속해서 유효하다고 생각했다. 브레진스키는 지정학을 이해하는 데 매킨더의 심장 지역 이론에 더 의존했다. 매킨더와 같이 그는 유라시아 대륙을 통제하는 것이 세계 지배의 핵심이며 냉전에서 최종적으로 승리하리라고 분석했다. 두 사람 모두 미소의 양극체제에서 벗어나 중국을 국제정치에 관여시켜 좀 더 역동적인 다극체제로 나아가야 한다고 주장했다. 중국은 1960년대에 공산주의 교리 문제로 소련과 사이가 틀어졌다. 미국과 중국 간의 관계 개선은 소련의 유라시아 대륙에 대한 통제를 약화시켜 중소 간의 관계 개선을 저해할 것이었다. 두 공산국가가 관계를 개선하면 소련의 유라시아 대륙 지배가 공고해질 것이었다.

 요점 정리

- 대전략 개념은 2차 대전의 상황에서 짜졌고 지정학적 사고에 내재한 장기적인 전략적 시각을 확대했다.
- 미국과 소련 모두 냉전 기간 동안 지정학적으로 움직였다. 봉쇄 전략은 지정학적 사고에 영향을 받은 대전략이었지만 천연자원에 대한 경쟁보다 이념적 경쟁에 더 초점을 두었다.
- 1970년대에 미국이 상대적으로 쇠퇴할 때 지정학이 다시 부활했고 핵무기 경쟁 이외의 다른 수단으로 미국의 우위를 확보하려 했다.

현재의 지정학과 대전략

치국책의 개념으로써 지정학과 대전략은 특정 시기의 역사적 배경에서 출현했다. 이 두 개념은 장기간에 걸쳐 패권국가가 쇠퇴하면서 이에 도전하는 신흥 강대국이 대두했을 때에 나왔다. 20세기 초 대영제국의 상황과 현재 미국이 국제정치에서 차지하는 지위는 유사하다. 냉전 붕괴 후 미국이 누린 단일 패권국가의 지위는 아직 끝나지 않았지만 국제정치에서 힘의 균형이 변하고 있기에 10년 전과 비교해 미국의 지위는 덜 지속할 듯하고 상대적으로 쇠퇴했다. 20세기 초의 대영제국과 마찬가지로 미국도 경제가 상대적으로 쇠퇴하면서 국제 정치의 지위가 하락 중이다. 현재 세계 2위의 경제대국인 중국의 거칠 것 없는 경제적 부상은 2008년 미국발 경제 위기 이후 더 공고하게 되었다. 중국과 다른 신흥 경제국들은 미국이나 유럽보다 이 위기에 잘 대처했다. 또 중국 경제의 부상에만 국한된 것은 아니다. 지난 20년간 서방 선진 7개국G7이 세계 총생산에서 차지하는 총 국내총생산GDP은 70퍼센트에서 50퍼센트로 줄어들었다(Zongze 2014). 이처럼 세계의 부가 미국과 서유럽으로부터 신흥국으로 분산된 것은 현대 세계에서 유례가 없다.

이런 힘의 균형 변화는 국제정치에 영향을 미치고 있다. 미국의 정치학자 존 앨터먼Jon Alterman은 "중국의 수요가 너무 커서 전 세계에 영향을 미치지 않을 수가 없다. 또 중국의 외부적 취약성이 너무 커서 다른 국가가 이를 지켜줄 수가 없다"라고 적절하게 표현했다(Alterman 2013: 2). 자원 확보와 같은 익숙한 지정학적인 요구가 중국의 새로운 전 지구적 관여를 추동해왔다. 중국은 에너지 자원이 부족해 경제성장에 따라 안정적인 에너지원을 확보하려 한다. 중국은 현재 세계 2위의 원유 수입국이고 가스 수요는 급속하게 늘어나고 있다(US Energy Information Administration Report 2014). 중국이 중동에 더 관심을 두고 러시아와 에너지 외교를 강화하는 것은 지정학적 측면에서 더 의미가 크다. 중국은 미국이 고립시키려 해온 중동의 지역적 세력인 시리아 및 이란과 관계를 강화해왔고 러시아가 대對우크라이나 강경정책을 구사할 수 있게 해준다. 현재 미국이 통제 중인 해상로를 통과해 에너지를 공급받고 있는 중국은 이 때문에 남중국해에서 영토 분쟁을 야기해왔다(Box 17.4).

⊙ Box 17.4 오바마의 '아시아로의 귀환'

미국이 동아시아에 재관여하겠다는 주요한 전략적 변화를 의미하는 오바마 대통령의 '아시아로의 귀환'은 이 지역에서 중국의 공세적 정책을 제어하겠다는 의도에서 일부 출발했다. 중국은 남중국해 일부 섬의 영유권을 주장했다. 이 섬 일대의 에너지 자원 확보뿐만 아니라 해상 루트를 확보하려는 의도에서다. 중국은 이 지역에 해군력을 강화했고 대양 해군 건설에 집중 투자했다. 중국의 이런 정책은 이 지역의 국가들—특히 베트남과 필리핀, 그리고 일본—과 갈등을 고조시켰다. 필리핀과 일본은 이 지역에서 미국의 주요 군사 동맹국이다. 아시아로의 귀환의 군사적 측면은 '일련의 불안'을 야기할 수 있다. 상대국이 군사력을 증강해 대응하기 때문이다. 중국은 아시아로의 귀환에 대응해 해군력 증강을 강화했다. 이 지역에서 중국의 전통적인 적국이었던 일본은 미국의 귀환에 고무되어 중국과 긴장을 조성하고 있고 군비 증강에 박차를 가해왔다. 미국의 아시아로의 귀환은 이 지역에서 미국의 군사 동맹국을 안심시키고 단기적으로 중국의 야심을 좌절시켰을 수 있지만, 이 지역에서 안보 역학은 부정적으로 변화시켰다.

1890년대의 독일과 다르게 중국이나 러시아는 군사 분야에서 미국에 직접 도전을 하지는 않고 있으며 그럴 입장도 아니다. 미국의 국방비 지출은 감소 중이나 아직까지 세계 최대의 군사대국이다. 미국은 2013년 전 세계 군비 지출의 1/3 이상을 지출했다(영국의 국제 전략문제연구소 IISS가 발간하는 Military Balance 2013). 하지만 중국과 러시아도 국방비 지출을 늘려왔다. 러시아는 현재 야심 찬 군사 현대화 프로그램을 진행 중이고 중국의 국방비 지출은 해마다 두 자릿수로 증가한다. 러시아가 우크라이나를 두고 서방과 대치하고 중국이 남중국해에서 공세적으로 나오면서 양국 모두 미국이 유지해온 기존의 국제질서에 기꺼이 도전하고 있다. 게다가 서구 제국주의자들이 강요한 국경 짓기가 중동에서 도전받으면서 이란은 이 지역에서 영향력을 확대하고 있고 사우디아라비아와 같은 미국의 전통적인 맹방에 도전하고 있다. 이런 모든 지역에서 새로운 안보 이슈가 미국의 우위에 도전하는 전통적인 지정학적인 이슈와 상호 연계되어 있다.

⬛ Box 17.5 러시아, 우크라이나, 그리고 서구

우크라이나를 두고 최근 러시아와 미국 등의 서구가 대치하는 것은 우크라이나가 민감한 지정학적 위치 때문에 '핵심 국가(pivot state)'라는 브레진스키의 분석이 적확했음을 확인해준다(Brzezinski 1997). 우크라이나의 지정학직 위치는 러시아에 중요하고 러시아가 유럽연(EU)으로 가는 파이프라인의 경유국이지만 러시아가 우크라이나에 간섭하는 것은 천연자원과 지정학적 위치만으로는 설명이 부족하다. 우크라이나는 러시아의 역사적 발상지로서 러시아의 정체성 형성에 매우 중요하다. 소련이 붕괴한 후 많은 러시아인들은 우크라이나의 독립을 받아들이기가 어려웠다. 푸틴이 우크라이나와 유라시아 관세 및 경제동맹을 맺으려 한 것은 우크라이나를 러시아에 끌어들여 EU와 긴밀한 관계를 맺는 것을 저지하려 했기 때문이다. 당시 우크라이나의 빅토르 야누코비치(Victor Yanukovich) 대통령이 EU와 무역협정을 체결하려 하면서 우크라이나 사태가 발발했다. 이 계획은 지정학적으로 봐서 제로섬 게임이 아니었다. EU와의 무역협정과 러시아와의 유라시아 관세 및 경제동맹은 양립이 어렵지 않았다. 과거 10년간 EU와 러시아의 관계는 악화되었다. EU가 조지아와 우크라이나에서 민주 혁명을 지지했고 푸틴 대통령 치하에서 러시아의 민주주의 쇠퇴를 비판했기 때문이다. 이제 러시아는 EU가 바라는 자유민주주의적인 자국의 정체성 형성에 거부감을 느낀다. 좀 더 광범위한 지정학적인 관점에서 보면 미국과 같이 EU는 러시아의 '타자'가 되어 러시아는 이를 기준으로 자국의 정체성을 규정한다. 러시아는 우크라이나와 EU 간의 무역협정을 이처럼 지정학적인 정체성 형성으로 인식했다. 즉 우크라이나가 자유민주주의적인 서구에 합류하려 한다고 봤다. 러시아 정책 결정자들이 우크라이나를 매우 중요하게 여기기에 우크라이나가 핵심 국가가 되었다. 이 때문에 러시아와 서구는 우크라이나를 두고 갈등을 겪고 있다.

이처럼 복잡한 전략적 환경에서 많은 미국 학자들은 미국이 '제국적 과잉 팽창imperial overstretch'을 겪고 있다고 진단했다. 폴 케네디는 과도한 국방비 지출이 강대국의 번영을 잠식하여 대외적인 영향력이 약해진다는 의미에서 이 용어를 만들어냈다(Paul Kennedy

1988). 국내총생산GDP 대비 미국의 국방비 지출 비중은 많은 소국의 이 비중보다 낮지만 2008년 글로벌 경제 위기 이후 미국의 저성장 때문에 과도한 국방비 지출이 문제가 되고 있다. 미국은 국경을 넘는 테러리즘과 지정학적 경쟁의 부활이 제기하는 실제적 및 잠재적 위협의 변화 때문에 제한된 자원을 어떻게 사용할지 어려운 선택을 해야만 한다.

평화 시기의 상황 전개를 강조하는 것은 1945년 이후 강대국 간의 경쟁과 강대국에 관한 이해가 변화해왔음을 보여준다. 1차 대전 전에는 강대국 간의 전쟁이 종종 있었고 범위가 제한되어 있었으며 세력 전이를 반영했다. 그러나 1차 대전과 2차 대전은 국방 기술이 상당히 발전하여 주요 강대국 간의 전쟁은 엄청난 사회적·경제적 비용을 초래함을 드러냈다. 냉전 초기에 핵무기의 등장은 이런 경향을 더 두드러지게 했다. 세계 경제의 상호 의존성이 깊어지면서 강대국 간의 전쟁에 따른 이득은 더 줄어들었고 비용은 늘어났다. 이런 상황의 전개로 1945년 이후 강대국 간에 직접 맞붙은 전쟁은 없었다. 따라서 현재 진행 중인 신흥 강대국에 관한 토론은 단순한 군사적 능력보다 상대적인 경제적 발전을 중요하게 여기는 게 놀랍지 않다. 한 나라가 경제적 번영과 힘을 확보하려는 것은 국방이나 군에 중요한 역할을 부여하기 위한 것이 아닐 수 있다. 이보다는 이런 목표의 달성 방법을 결정하는 전략적 환경의 본질에 달려 있을 수 있다.

🔒 요점 정리

- 중국의 부상과 미국의 상대적인 경제적 쇠퇴 때문에 지정학과 대전략이 최근 급부상했다.
- 중국 경제의 팽창과 이에 필요한 에너지는 세계 각 지역의 정치적 역학에 이미 영향을 끼치고 있다.
- 미국은 아직까지 군사적으로 압도적인 힘을 지니고 있다. 러시아와 중국 및 다른 국가들은 재무장하고 있으나 현재 이들은 미국에 군사적으로 직접적인 도전을 할 수 있는 것은 아니다.
- 미국은 군사비에 과도한 지출을 하여 더 약화되는 '제국적 과잉 팽창'을 겪고 있다는 주장이 제기되었다.
- 강대국 간의 전쟁이 이제는 거의 불가능하다고 여겨지기에 대전략의 초점은 평화 시의 상황 전개에 맞춰져 있다.

복잡한 세계에서의 대전략

강대국 정책 결정자들의 공개 발언에서 장기적인 전략적 야망을 찾기는 어렵지 않다. 그러나 전략적 문서가 많이 나오고 야망을 자주 표출한다 해서 반드시 대전략이 있고 실행된다는 것은 아니다. 역사를 봐도 이런 점이 확인된다. 윌리엄슨 머리Williamson Murray는 다음과 같이 적절하게 표현했다. "과거 잘 실행된 대전략을 짠 국가는 예외였다. (중략) 전략적 틀, 하물며 대전략은 국가의 장기적인 생존을 책임진 사람들의 정책 결정에 영향을 미치지 않았다(Murray 2011: 3). 불확실하고 복잡한 국제 환경 속에서 성공적인 대전략의 입안과 실행에는 많은 장애물이 있다. 대전략은 기본적으로 포괄적이고 국제 환경의 본질에 관한 명확한 이해, 이런 환경 속에서 해당 국가의 최고 목표와 국가 이익, 그리고 이런 목표에 대한 최대 위협과 기회를 다 포괄한다(Brands 2014: 13). 대전략가는 매우 광범위한 여러 가지 요소를 개별적, 그리고 상호 연관 속에서 이해하고 평가해야 한다. 하지만 영국의 정치학자 로렌스 프리드먼Lawrence Friedman이 지적하듯이 이는 문제가 많은 전제다(Friedman 2013). 대전략이 운영되는 국가라는 기계가 불완전하게 작동하면서 여러 가지 제약이 따른다. 하급 관료로부터 정책 결정자들에게 보고되는 정보는 불완전하거나 선입견이 반영될 수 있다. 또 다양하게 변화하는 환경 속에서 장기적인 정책 가이드라인을 제시하려는 정책의 입안과 실행 간의 격차는 크게 벌어질 수밖에 없다. 정책 결정체계가 완전하게 작동한다 해도 대전략 입안 과정에서의 복잡함 때문에 실행 가능성이 의문시된다. 이런 광범위한 변수를 전체적인 맥락에서 종합적으로 파악하는 것은 우리의 지능으로는 불가능하다. 국제 환경처럼 복잡한 체제 안에서 우연과 예측 가능성 간의 문제가 제기된다.

　대전략은 정책 결정자들로 하여금 복잡한 국제 환경의 불확실성을 헤쳐나가게 하는 안내 틀이다. 국제 환경이 더 불확실하고 상이하면서 상호 모순적인 전략적 도전이 제기될수록 이런 틀을 찾는 것이 더욱더 어렵다. 역사상 패권국이었던 영국과 미국에 위협을 가하는 행위자들의 유형이 제한적이고 분명했을 때 대전략의 개념이 첫 출현한 것은 우연이 아니다. 대전략 개념은 시대의 산물이다. 특히 한 국가의 이익과 목표가 매우 명확하고 합의가 이루어졌다는 전제부터가 그렇다. 현재 대전략의 부활은 냉전 시기의 그것과 매우 다르다. 사실상 미국에게 대전략이 필요하다는 요구는 이런 복잡한 환경에서 출현했다. 게다가 국익을 정의하는 데 가장 일반적인 대전략의 목표는 단 하나의 압도적인 위협이 없는 상황에서 정하기가 어려워지고 있다. 우월한 지위 확보와 경제적 번영은 연관되어 있으나 양자 간의 정확한 정책적 배합은 궁극적으로 정치적 결정이고 정치적 논쟁 속에서 결정될 수밖에 없다. 특히 유한한 자원을 가진 국가가 여러 가지 경쟁적인 요구에 직면할 때 더욱 그렇다.

　목표가 명확하더라도 대전략은 본질상 장기적이고 국제 환경은 복잡하기 때문에 충분한 정책적 수단을 사용하거나 구체적인 정책을 짜기가 어렵다. 복잡한 체계 안에서 여러 개의 상호 의존적인 원인을 지닌 우연하면서도 예측 불가능한 사건이 발생할 수 있다. 또 종종 현재 내린 전략적 결정의 결과가 미래에 의도하지 않은 결과를 가져올 수 있다. 이런 사건은 '블랙 스완black swan(검은 백조)'으로 비화될 수 있다. 발생할 가능성이 매우 희박하지만 일단 일어나면 매우 큰 변화를 초래한다. 그렇기에 예측이 매우 어렵다(Taleeb and Blythe 2011). 역사를 보면 국제정치에서 우연한 대사건은 흔했고, 이는 주요한 대격변의 원인이 되었다. 소련의 붕괴와 2001년 9·11 테러가 여기에 속한다. 전문가들조차 이를 예측하지 못했지만 이런 사건은 국제정치의 역할을 변화시켰다. 정의상 기습에 대한 방어를 계획할 수는 없으나 대전략은 이런 종류의 대규모 돌발 사건을 맥락화하고 대응하는 원칙을 제시할 수는 있다. 그러나 대전략이 제시하는 '해석의 렌즈 틀' 때문에 정책 결정자들이 이런 사건의 거대한 변화 초래를 모르게 할 수 있고 적절한 조치를 오히려 못 하게 할 수 있다. 명확한 행동 지침과 너무 정형화한 틀 간의 간극은 그리 크지 않고 이를 제대로 이해하지 못할 때 상당한 결과를 초래한다. 우발적인 큰 사건이 국제정치의 역학을 변화시킨다는 것을 이해하지 못하는 대전략이나 처음부터 세계 정치의 경향 변화를 제대로 이해하지 못하는 대전략은 원래 피하려 했던 바로 그런 사태 전개를 야기할 수 있다. 전략적 결정은 여러 행위자들이 서로 접촉하는 매우 역동적인 국제 환경에서 이루어지기에 서로에 대한 정책 반응에 다시 반응하게 된다(Box 17.4).

정책 결정자들은 정책 결정 환경이 매우 불확실하다는 것은 잘 알고 있다. 냉전 붕괴 후 많은 전략 문서들은 복잡한 국제 환경을 자주 언급하고 전략을 짤 때 적응 가능성과 유연성을 강조한다. 대전략은 장기간의 전략임을 감안할 때 복잡하고 끊임없이 변하는 환경에서 유연성 있게 대응해야만 한다. 그러나 유연성과 적응 가능성이 핵심이라면 장기간의 총체적 틀이라 할 수 있는 대전략 틀은 쓸모 있는가? 비판자들은 대전략이 너무 광범위하고 국제 환경이 너무 복잡하여 정책 결정자들이 직면한 구체적인 상황에서 거의 도움이 되지 않는다고 지적했다(Strachan 2011; Krasner 2010). 대전략에 내포된 어려움은 상당하지만 현대 국가에서 전반적인 전략적 방향이 없다는 것은 국가에 더 큰 해가 될 수 있다. 특히 강대국에게 이렇다. 강대국들은 아주 멀리 떨어진 지역에서 다양하고도 종종 모순된 이해관계를 지니고 있지만 이를 모두 망라할 자원은 부족하기 때문이다.

대전략의 틀이 부족한 상황에서 전략적 결정을 내릴 수는 있으나 이런 결정이 단기간의 압력이나 점검되지 않은 편견에 기초할 가능성은 더 커진다. 이럴 경우 종종 결정은 거의 아무런 효력이 없거나 관료적 타성 때문에 '대충 때우기' 혹은 변하는 전략적 환경에 매우 부족한 과거의 방식을 따를 수 있다(Lindholm 1959). 이런 결정은 상당히 부정적인 결과를 가져올 수 있다. 소련 붕괴 이후 민주주의로 전환 중인 러시아를 제어할 새로운 유럽적 안보 틀을 짜지 못한 것은 논쟁 중이다. 냉전 시기에 소련에 대항하여 서유럽을 방어할 목적으로 창설된 북대서양조약기구NATO(나토)는 냉전 후에 임무를 다시 짰고 과거 소련에 속했던 국가들을 회원으로 받아들였다. 나토 확대의 의도치 않은 결과와 1999년 나토의 코소보 폭격과 같은 나토의 추가 조치는 러시아 내 민족주의 및 반서구 세력을 강화시켜 서구와의 관계를 점차 어렵게 만들었다. 이런 결정을 승인한 당시 미국의 빌 클린턴 대통령은 대전략의 신봉자가 아니었다(Brands 2014). 폴란드나 헝가리 같은 중동부 유럽 국가들이 당시 계속하여 미국에 로비를 하고 이들을 나토 회원으로 받아들이면 이곳에서 자유주의적 가치를 공고하게 할 수 있다는 어렴풋한 생각에서 이렇게 된 듯하다(Schimmelpfennig 2000). 대전략이 내포한 리스크 때문에 약간 모순적으로 들릴 수 있지만 대전략의 장기적틀과 포괄적 접근은 과거 상황에 단기적으로 반응하는 결정이 위험할 수 있음을 인식하기 위해서라도 필요하다.

> ### 🔑 요점 정리
>
> - 복잡하고 변화하는 국제 환경에서 대전략 짜기가 점차 어려워졌다.
> - 경직된 대전략 혹은 잘못된 전제에 기반한 대전략은 정책 결정자들로 하여금 전략적 환경의 예측하지 못한 변화에 얽매이게 하기 때문에 부정적 결과를 야기할 수 있다.
> - 강대국의 경우 대충 때워나가기 식의 결정은 부정적 결과를 가져올 수 있기 때문에 대전략이 필요할 수 있다.

지정학을 다시 생각하기

대전략가는 유연성이 있고 적응 가능한 전략을 짜내야 하지만 전략적 목표를 세부적으로 정하기 위해서는 변하지 않는 구조를 찾아내야 한다. 처음부터 지정학과 대전략이 연관된 것도 이런 어려움 때문이다. 국가의 크기와 위치, 기후, 그리고 지하자원과 같은 상수는 국가의 파워와 영향력 예측을 가능하게 한 객관적인 부정적·긍정적 요인이다. 지리적 결정론의 학문적 근거는 논란의 대상이지만 지리는 대전략의 형성과 긴밀하게 연관되어 있다. 대전략은 특정 지역에서 실행되고 특별한 상황에서 적용된다는 점에서 지리적으로 제한되어 있다. 국가의 크기 및 위치, 그리고 이웃 국가들과 같은 지리적 요인은 이런 점에서 아주 중요하다. 인근에 주요 경쟁국이나 위협이 없는 미국의 고립된 지리적 위치는 미국의 안보에 유리하지만 파워를 대외적으로 투사하기는 어렵다. 반면에 러시아는 몇 개 국가와 국경을 맞대고 있는 데다 주요 경쟁국들의 인근에 위치해 있고 혹독한 기후 조건을 지니고 있어 잠재적으로 취약하다. 국가의 자원 접근과 화석연료의 보유는 고전적 지정학 사상가들이 처음으로 그들의 이론을 구상할 때도 그렇지만 현재도 중요하다. 그러나 천연자원의 기초는 다른 지리적 요인과 마찬가지로 국제정치의 불변의 요인은 아니다. 현재 기존의 연료가 아닌 다른 연료 개발을 위한 신기술 개발이 진행 중이어서 전략적 변이가 일어나고 있다. 이것이 실행된다면(셰일가스 개발을 의미) 미국은 중동산 원유에 덜 의존하게 될 터이고 원유 수출국이 될 수 있다(Sergie 2014). 이런 예가 보여주듯이 지하자원의 매장과 같은 항구적인 지리적 요인도 신기술의 발전으로 변할 수 있다. 지리와 기술 변화의 상호작용은 지정학의 핵심적인 특징이다.

그렇지만 지리와 기술의 상호작용에 치중하다 보면 지리가 세계 정치에 연관된 핵심 내용을 제대로 파악하지 못하게 된다. 전략가 콜린 그레이Colin Gray가 주장하듯이 "지리라는 구체적인 대상이 있지만 마음속에 그리는 지도가 가장 중요하다. (중략) 지리의 정치적 의미는 논쟁의 대상이지만 지리 자체는 논쟁거리가 아니다(Gray 2013: 118). 정책 결정에서 고려하는 지리는 객관적인 지리뿐만이 아니다. 땅 덩어리의 위치라는 지리는 특히 문화적·사회적 맥락에서 중요하다. 문화와 문명이 특정한 지리적 공간에 위치해 있고 이는 문화의 특징을 뒷받침하는 핵심이다. 다른 차원에서 사람들은 특정 장소에 의미를 부여한다. 이런 의미 부여는 정치적·전략적으로 중요하다. 특정 장소와 영토가 종종 집단적 정체성 담론의 일부가 될 경우 이런 해석은 아주 강력한 동원 요인이 된다. 탈냉전 시기 많은 인종 간 전쟁에서 이런 경우가 많았다. 하지만 정체성과 영토는 민족국가와 연관되어 있고 지리의 해석은 외교정책 결정에 종종 큰 영향을 미친다. 이런 정체성 담론은 종종 상상의 지정학적 공간에서 누구를 포함하고 누구를 배제할 것인가의 문제다. 러시아와 '서구'(이 용어도 상상의 지정학적 공간이다. 미국 주도의 자유주의적 질서를 지지하는 국가와 제도를 이른다) 간의 관계는 쟁점 중의 하나고 현재 우크라이나의 분쟁도 이 관점에서 해석한다(Box 17.5).

이처럼 지리의 해석과 정체성이 수행하는 역할은 대전략의 형성에서 지리를 사용하는 데 복잡함을 더한다. 그렇지만 지리의 영향은 국제정치에서 불가피하다. 주어진 전략적 상황에서 지리적 제한이라는 '막강한 힘'이 작용하거나 지리의 해석도 전략을 제한한다. 특정한 지리적 요인이 적에게 지니는 의미를 이해하는 것뿐만이 아니라 정책 결정자들의 지리 해석이 전략의 형성에 끼치는 영향도 숙고하는 것이 중요하다. 영국을 섬나라로 이해하는 정체성이 지속되는 것처럼 집단 정체성 담론에서 지리를 특정하게 해석하는 것은 오랫동안 계속된다(Box 17.2). 그러나 이런 견해를 맹목적으로 수용해서는 안 된다. 정체성 담론에서 지리의 해석이 고정되었다고 생각할 경우 대전략의 목표를 해치는 경직성을 가져온다. 오히려 집단적 정체성과 의미는 변화하고 종종 정치적으로 논쟁이 벌어지며 항상 특정 상황에서 재해석된다. 고전적 지정학자들은 지리적 요인을 무한하고 보편적이라 여겼다. 그러나 지리를 정치적으로 이용하는 지정학은 상황을 중요하게 여긴다. 상황은 항상 특정 공간과 시기에 적용된다. 지리적 요인을 객관적인 지리적 제한 요인으로만 해석하는 것은

지속될 수 있으나 이런 요인이 주어진 상황에서 상호작용하는 방식을 평가하는 것이 대전
략가의 임무다.

🔒 요점 정리

- 지리는 국제정치에서 고정되거나 불변의 요인이 아니다.
- 기술 변화는 지리적 요인이 국제정치에서 상호작용하는 방식에 영향을 미친다.
- 지리적 요인은 외부 제한 요인으로서, 그리고 해석되고 정치적으로 논쟁거리가 되고 종종 정체성 담론의 일부이기에 중요하다.
- 이런 이중성 때문에 대전략에 지정학을 사용하는 것은 복잡하다. 그러나 대전략가들은 이를 고려하여 전략을 짜야 한다.

⚠ 비판적으로 사고하기

미국은 철군해야 하나?

미국은 냉전 시기와 비교해 국방비 지출을 그리 많이 줄이지 않았고 계속하여 적극적인 글로벌 외교정책을 실행하고 있다. 재정에 부담도 되고 최근의 아프가니스탄 전쟁과 이라크 전쟁이 인기가 없기 때문에 미국은 이런 글로벌 외교정책을 그만두고 해외 주둔지에서 철군해야 하나?

그렇다:

- **유리한 지정학 요인**: 미국의 이웃 나라인 캐나다와 멕시코는 우방이고 미국보다 방위력이 약하다. 그리고 대양으로 둘러싸여 미국 영토를 위협한 적은 없다. 미국이 보유한 많은 핵무기도 강력한 억지력이다.
- **더 많은 적을 만들어내기에 철군해야 한다**: '테러와의 전쟁'을 공세적으로 실행하여 미국은 이슬람 국가 중에 더 많은 적을 만들어내고 있다. 미국의 적극적인 외교정책은 중국과 러시아와 같은 경쟁국가로 하여금 대미 동맹을 결성하게 하여 이들이 유라시아를 지배할 수 있게 할 수 있다.
- **동맹국이 무임승차하기에**: 미국의 동맹국은 미국의 파워에 '무임승차'할 수 있다. 나토 동맹국들은 미국의 핵우산에 의존할 수 있음을 알기에 군비를 축소한다. 이스라엘과 타이완은 미국의 안전보장을 믿고 위험한 정책을 감행할 수도 있다.

그렇지 않다:

- **경쟁국가의 동맹 형성의 위험을 없애기 위해**: 미국이 압도적인 군사력을 보유하고 있기 때문에 다른 국가들의 대미 동맹 형성을 걱정할 필요가 없다. 게다가 중국과 러시아는 오랫동안 서로를 반목한 역사가

있다.

- **국방 기술의 지렛대 유지를 위해**: 미국은 거대한 국방 예산을 운영하고 있기에 이 기술이 필요한 국가에 지렛대를 행사할 수 있다. 예를 들면 영국은 핵 억지력에 필요한 일부 부품을 미국으로부터만 구입할 수 있다.
- **강력하고 번영하는 동맹을 유지하기 위해**: 나토와 같은 군사 동맹은 회원국 간에 강건한 관계와 신뢰의 네트워크를 만들어 불필요한 전쟁에 말려들 가능성을 줄인다. 이런 동맹과 미국의 적극적인 글로벌 외교 정책은 세계의 무역과 번영을 보장한다.

➕ 맺음말

현재의 복잡한 국제 환경에서 대전략을 짜서 실행하기란 매우 어렵다. 게다가 지리는 고전적 지정학자들이 상상한 바와 다르게 대전략을 짜는 데 과학적인 장기적 기반이 아니다. 하지만 바로 이런 복잡함 때문에 대전략이 필요할 수 있다. 변화하는 국제 환경에서 더 이상 시대에 적합하지 않은 정책과 접근법을 계속하여 실행하는 것은 위험하다. 대상을 잘못 선택하여, 그리고 목표를 달성하기 위해 필요한 것을 잘못 이해한 채 대전략을 시도하는 것도 마찬가지로 위험하다. 조지 부시 미 대통령의 테러와의 전쟁은 이런 예에 속한다. 그럼에도 현재 세계에 영향을 미치는 다양한 도전에 대처하기 위해서는 수단과 목적을 적절하게 균형 잡는 것이 그 어느 때보다 필요하다. 민주국가의 경우 정치체제의 가치에 부합하는 복지와 번영이 궁극적인 목표다. 모든 가능한 위협에 헤징hedging하고 어떤 비용을 치르더라도 전쟁에서 승리하는 것이 목표가 아니다. 지리가 정치에 중요하고 외교정책은 지리에 초점을 맞춰야 한다는 지정학의 기본적인 의미에서 지정학적 사고가 다시 한번 필수적이다. 그러나 지리적 요소는 세계 정치에서 객관적이고 불변하는 결정 요인이 아니다. 이런 요소가 정책 결정자들에게 지니는 의미 때문에 정치적으로 중요하다. 지리적 요소들의 인식은 특히 집단 정체성 담론에 관여될 때 오랫동안 지속되지만 고정된 것은 아니다. 그리고 이것이 특정 상황에서 정치화되는 것은 상황에 크게 의존한다. 그렇기에 지정학과 대전략의 관계가 복잡해지지만 대전략가는 유동적이고 도전적인 환경을 제대로 이해하고 대처할 필요가 있다.

❓ 생각해볼 문제

1. 대전략의 목표는 무엇인가?

2. 왜 현재 지정학과 대전략에 다시 관심을 가지는가?

3. 20세기가 들어설 무렵에 왜 지정학이 대두했는가?

4. 대전략과 지정학의 정의 변화를 비교하고 분석하라. 이런 정의가 왜 그리고 어떻게 변했는가?

5. 냉전 시기 봉쇄라는 대전략은 지정학에 어느 정도 영향을 받았는가?

6. 대전략을 짜는 데 근본적인 어려움은 무엇인가? 이런 어려움은 극복 가능한가?

7. 왜 대전략은 강대국의 치국책과 연관이 되는가?

8. 지정학은 어떻게 전통적으로 대전략과 연관이 되었는가? 이런 연관의 문제점은 무엇인가?

9. 콜린 그레이가 말하듯이(Box 17.1) 지정학은 지리처럼 객관적으로 실재하고 상상의 공간으로서 우리 마음속에 있다면 대전략을 짜는 것이 무슨 소용이 있는가?

10. 중국의 부상은 미국의 패권에 도전이 되는가?

🅜 더 읽을거리

J. Agnew, *Geopolitics: Re-visioning World Politics*, 2nd edn (London: Routledge, 2003)
이 책은 현대 국제정치가 강대국의 부상과 연관된 유럽의 지정학적인 상상력에 뒷받침하고 있음을 비판적으로 규명한다.

H. Brands, *What Good is Grand Strategy? Power and Purpose in American Statecraft from Harry S. Truman to George W. Bush* (Ithaca, NY: Cornell University Press, 2014)
이 책은 미국 대전략의 성공과 전략을 심층적으로 사례 연구하여 대전략이 유용하고 실행 가능함을 지지하는 최근의 연구다.

Z. Brzezinski, *The Grand Chessboard: American Primacy and Its Geostrategic Imperatives* (New York: Basic Books, 1997)
탈냉전 시대에 맞게 매킨더의 심장 지역 이론을 재구성한다. 미국에서 지정학의 부활을 주도한 학자의 저서로 반드시 읽어야 할 책이다.

C. S. Gray and G. sloan (eds), *Geopolitics, Geography, and Strategy* (London: Routledge, 1999)
군사 전략부터 지리와 문화의 비판적 성찰에 이르기까지 다양한 주제와 접근법을 망라하는 여러 저자들이 썼다.

J. J. Grygiel, *Great powers and Geopolitical Change* (Johns Hopkins University Press, 2006)
기술 변화와 지리 간의 상호작용을 강조하고 있으며 신항로와 대륙의 발견과 같은 극적인 지정학적 변화에 강대국이 대응한 방식을 역사적 사례를 들어 설명한다.

P. Kennedy, *The Rise And Fall Of The Great Powers: Economic Change And Military Conflict* (London: Unwin Hyman, 1988)
상대적인 경제 쇠퇴와 이것이 세계 정치에 미치는 영향을 철저하게 분석한 이 분야의 고전이다.

J. J. Mearsheimer, *The Tragedy of Great Power Politics*, 2nd updated edn(New York: Norton, 2014)
국제정치의 우월성 추구를 핵심 목표라고 강조한다. 국제정치에서 중국의 역할을 다룬 새 장이 있고 매우 통찰력이 있다.

W. Murray, R. H. Sinnreich, and J. Lacey (eds), *The Shaping of Grand Strategy: Policy, Diplomacy, and War* (Cambridge: Cambridge University Press, 2011)
여러 명의 저명한 역사학자들이 역사상의 대전략을 점검했다. 대전략의 의미에 관한 일반적인 논의와 실행의 실패를 다룬 장은 통찰력이 있다.

🖥 웹사이트

스위스 취리히 대학교의 국제 안보네트워크(http://www.isn.ethz.ch)
지정학 및 대전략에 관한 풍부한 정보를 담고 있다.

지정학 탐사(http://www.exploringgeopolitics.org/I_About.html)
2014년 이후 업데이트되지 않았지만 고전 및 현대 지정학에 관한 풍부한 자료를 갖추고 있다.

학술지 외교정책(http://www.foreignpolicy)
종종 지정학적 시각에서 미국 외교정책과 대전략을 논의한다.

제3부

전략의 미래

18. 전략 연구와 이에 대한 비판 ——————————— 387

19. 안보와 전략에 대한 새로운 아젠다 ————————— 411

20. 전략의 실행 ————————————————————— 435

21. 전략 연구에는 미래가 있는가? ——————————— 459

전략 연구와 이에 대한 비판

18

콜룸바 피플즈(Columba Peoples)

 독자 안내

이번 장에서는 핵전략의 황금기부터 현재에 이르기까지 전략 연구에 가해진 비판에는 어떠한 것들이 있는지 알아볼 것이다. 먼저, 전략 연구에 대한 근본적 비판이 나타났던 1960년대 억지이론에 대한 중요한 비판적 평가들에 대해 알아보고, 그 후에는 전략이론 가들이 이런 비판을 어떻게 반박했는지에 대해 개략적으로 알아볼 것이다. 그러나 전략 연구가 진화하고 바뀌는 동안, 그에 따른 논쟁 또한 변화하고 진화하여왔다. 안보 연구에 대한 비판적 접근은 대부분 전략 연구의 반대자들에 의한 것이었고, 이는 안보 연구가 서구 중심적 편향이 담긴 성차별적 전문용어를 사용한다는 등의 문제를 포함한 다양한 비판을 통해 발전해왔다. 이번 장에서는 전략 연구와 비판론자들이 현재 어떤 관계에 있는지에 대한 평가를 내리고, 또한 이러한 비판적인 시각이 미래의 전략 연구 발전에 어떻게 기여할 수 있는지 알아볼 것이다.

갈등을 이론화하려는 움직임과 함께 이러한 목적을 무의미하게 만들려고 노력하는 사람들도 존재하였다. 현대의 전략 연구는 손자 孫子, Sun Tzu, 마키아벨리Machiavelli, 그리고 클라우제비츠Clausewitz처럼 전쟁에 승리하기 위해 어떻게 싸울 것인가에 대해 선사시대부터 폭넓은 연구를 진행해온 전통과, 역사적으로 이들 생각에 반대했던 이마누엘 칸트Immanuel Kant와 아베 드 생피에르Abbé de Saint Pierre처럼 전쟁이라는 상태가 그 자체로 구시대적이며 더 이상 쓸모없는 행위라는 것을 이론화하려고 노력한 전통이 상존하면서 발전해왔다. 칸트가 주장한 것처럼 '영구적 평화'를 위한 가능성을 확인하려는 후자의 전통은 전통적 전략가들에 의해 만들어진 기본적 가정과는 상반되는 것이었다. 전통적 전략가들은 전쟁이 필연적인 것이며, 그것이 가져다주는 목적과 효과를 유지하기 위해서도 필요한 것이라고 주장하였다. 이렇듯 '전쟁에 대한 생각'과 '평화에 대한 생각'의 서로 평행한 두 전통은 대부분 서로 연관되어 있지만, 독립적인 지적 활동으로 남게 되었다.

현대의 전략 연구는 전략 이론의 옹호론자들과 비판론자들의 보다 더 직접적인 참여로 이루어졌다. '핵 시기'의 여명과 전략 연구의 수적 증가로 냉전 시기 전략 연구는 국제 관계의 하위 분야로 자리매김하였고, 아울러 전략 연구의 비판도 폭넓게 성장하였다. 1960년대 핵무기와 상호 확증 파괴MAD의 등장으로 인해, 많은 사람들은 전략 연구가 핵무기 관련 분쟁의 가능성을 줄이는 것이 아니라 오히려 늘린다는 비판을 제기하였다. 비판론자들은 핵전략에 대한 연구가 비윤리적이고 비학술적이며, 세계 정치의 현상유지the status quo에 무비판적이라고 매도하기 일쑤였다. 헤들리 불Hedley Bull은 1968년 논문 「전략 연구와 그 비판자들Strategic Studies and its Critics」에서 "민간 전략 분석가들은 전략 연구가 방법론 면에서 타당한 것인지, 사회적으로 효용성이 있는지, 전략의 연구 목적이 자칫 인간의 존엄성을 해치지 않는지 등의 여러 비판에 맞닥뜨리게 되었다"라고 서술한 바 있다(Bull 1968: 593).

그러나 전략 연구와 전략 연구 비판론자들 간의 관계는 핵무기 전략가들과 그 비판론자들이 주장하는 것보다 더 복잡한 양상을 띤다. 위에 서술된 비판에 대응함에 있어, 전략 연구 옹호론자들은 전략 연구에 대한 강한 지지의 목소리를 내왔으며, 또한 전략 연구 내부에서 나온 비판의 목소리가 오히려 전략 연구의 발전을 촉진했다고 계속해서 강조해왔다. 게다가 불이 집요하게 지적한 핵전략의 근본적인 비판과 초기의 많은 우려에도 불구하고, 전략 연구에 대한 비판적 평가의 본질과 범주는 다각적으로 변화하였다.

이번 장은 전략 연구 비판의 핵심 주제들을 종합해서 전략 연구가 어떻게 현재의 형태를 띠게 되었는지에 대해 알아볼 것이다. 물론 옹호론자와 비판론자들의 의견 차가 일정 이상 좁혀질 순 없을지라도, 전략을 둘러싼 이런 논쟁에 대해 잘 알게 된다면 전략 연구의 현 위치와 미래 발전의 가능성에 대한 큰 그림을 그리는 데 도움이 될 것이다.

황금기 전략 연구와 그에 대한 비판

제2차 세계대전의 여파로부터 1960년대 말까지를 흔히 전략 연구의 황금기라고 부른다(Gray 1982a; Waever and Buzan 2010: 467-70). 이 기간은 새로운 전략 사상가들인 민간 전략가들이 득세하던 시기였다(Jervis 1979; Williams 1993: 104). 기존의 전략 문제는 대부분 군사 실무자들에게 주도권이 있었지만, 소위 2세대 전략가들이 우위를 점한 이 시기에는 버나드 브로디Bernard Brodie, 허먼 칸Herman Kahn, 토머스 셸링Thomas Schelling, 앨버트 월스테터Albert Wohlstetter와 같은 민간 교수들이 핵무기 시대에서 영향력을 발휘하기 시작했다(Freedman 1986). 정책의 중요성과 영향력 증가로 인해 랜드 연구소RAND corporation와 같은 학문적 싱크 탱크가 성장하면서, 전략에 대한 학문적 연구도 더불어 급속하게 증가하기 시작했다(Kaplan 1983).

허먼 칸이 1962년 연구에서 설명했듯이, 민간 전략가들의 역할은 '상상이 불가능한 일에 대해 생각하는 것'이었다. 핵무기가 실전에서 사용된 적은 히로시마와 나가사키 원폭 투하 당시 단 두 번뿐이었다. 이때를 제외하고 핵무기와 같은 실험적인 무기에 대한 실전 경험이 전무했던 만큼, 군사 실무자들의 핵무기에 대한 지식은 민간 전문가들이 가진 지식과 그다지 다를 바가 없었다. 또한 핵무기의 엄청난 대량 살상력으로 인해, 전략을 장군들에게만 맡기기에는 너무 중요성이 커졌다는 인식이 퍼지게 되었다. 칸을 위시한 민간 전략가들은 실제 전쟁 경험이 거의 없었기 때문에 이들은 전략가들이 게임 이론이나 시스템 분석 같은 소위 '과학적인' 방법을 사용해야 한다고 주장했다. 이들은 경제학이나 수학 등 다른 분야의 이론적 방법들을 통해 핵을 둘러싼 갈등의 해결과 예방이 필요함을 역설했다. 한 예로, 소련의 핵 공격에 대비해 지어진 미국의 미사일 격납고 내의 취약성을 보여준 수학적 증명 방식은 '상상이 불가능'한 듯했던 핵전쟁 시나리오를 구상해내는 계기가 되었다(Barkawi 1998: 172). 위버Waever와 부잔Buzan이 언급했듯이 냉전기의 핵 차원을 이해하기 위해 시도된 이론들은 '더 새롭고 한층 더 복잡한' 분석틀을 만들어냈고, 이러한 국면에서 미국 정부는 억지이론을 발전시켰다. 뿐만 아니라 이들 이론이 "확실한 제2차 타격 능력secure second strike capability", "확장 억지extended deterrence", 그리고 "단계적 우세escalation dominance"와 같은 추상적 개념의 실제를 만든 것은 매우 유용해 보였다(2010: 468).

이처럼 중요한 일을 맡게 되면서 민간 전략가들은 '아마겟돈의 마법사들'(Kaplan 1983)로 불리게 되었고, 이들이 정치 및 대중적으로 유명해지는 계기가 되었다. 한 예로, 스탠리 큐브릭Stanley Kubrick의 영화 〈닥터 스트레인지러브Dr. Strangelove: Or how I leaned to stop worrying and love the Bomb〉에 정통한 관객들은 영화 속 동일한 이름의 중심 캐릭터인 닥터 스트레인지러브의 모습이 허먼 칸을 패러디한 것임을, 그리고 선택된 엘리트 집단이 깊은 지하시설에서 핵전쟁과 이 여파에서 어떻게 살아남을 수 있는지를 알려주는 닥터 스트레인지러브의 심드렁한 제안을 쉽게 알아차릴 수 있을 것이다. 스트레인지러브 박사의 대사 중 상당 부분은 칸의 저서 『열핵전쟁On Thermonuclear War』에서 따온 것이었다(Kaplan 1983: 231). 스트레인지러브의 캐릭터는 이 영화의 중심적 서사 구성인데, 미국이 뜻하지 않게 전면적인 핵전쟁을 시작한다는 허구적인 내용으로 1960년대 드러나기 시작한 핵전략의 특정 시각을 보여주고 있다. 즉 핵을 둘러싼 갈등을 이론화하려는 새로운 '과학'은 이해할 수 없는 행위이고, 잘해도 도덕적으로 의심받으며, 최악의 경우에는 터무니없을 뿐이라는 것이다.

전략과 양심: 전략 연구 비판의 도덕적 근거

핵전략에 대한 비판적인 시각은 아나톨 라포포트Anatol Rapoport(1964)와 필립 그린Philip

Green(1966)의 연구에서 찾아볼 수 있다. 그린은 "핵 억지 저서에 대한 오랜 고찰 후에 든 기묘한 느낌"(Green 1966: 5)으로 인해 자신이 핵무기 전략에 대해 비판을 하게 되었다고 회고하였으며, 라포포트와 그린 두 명 모두 핵전쟁의 가능성에 대한 이론 정립에 회의적인 시각을 가지고 있었다. 민간 전략 연구자들에게 가해진 비판은 도덕 및 윤리적인 질문을 그 기반으로 하고 있었다. 즉, 핵전쟁에 대한 계획 및 연구를 부추기는 이들의 연구가 과연 윤리적일 수 있느냐는 것이 그 골자였다.

이러한 비판 중 가장 유명한 글로는 라포포트가 쓴 저서 『전략과 양심Strategy and Conscience』의 서문에서 칼 도이치Karl Deutsch가 "이 책은 언변이 좋은 사람들, 그리고 핵무기 전략처럼 피상적이고 인간의 비인간성을 부추기는 작금의 사고방식에 대한 항변을 위해 쓰였다"(Rapoport 1964: vii)라고 말한 것을 들 수 있다. 라포포트는 학문적으로 핵 억지를 옹호하는 사람들은 기본적인 양심의 문제를 간과하는 사람들이라고 주장했다. 칸을 위시한 여러 학자들은 핵전쟁에서 살아남고 승리할 가능성에 무게를 둔 반면, 라포포트는 그러한 사고방식을 가진 사람들끼리 모여 있는 것 자체가 어불성설이라고 생각했다.

라포포트와 그린은 핵무기 전략에 대한 연구는 물론, 이를 둘러싼 학문 및 과학적 엄정함이라는 허영에는 중요한 도덕적 문제가 빠져 있다고 주장했다. 그린은 '섬세한 공포의 균형', 핵 공격에 대한 '합리적' 대응, 그리고 '상상 불가능한 일을 사고하는 것'과 같이 억지이론과 연관된 미사여구들은 핵전쟁의 부도덕한 면을 가리는 역할을 하고 있으며, 또한 핵전쟁으로 인해 전 인류가 멸망할 수 있다는 사실을 왜곡하는 용어들이라고 주장했다(Green 1966: xi). 그린은 핵전쟁이 도덕이 상실된 상황에서 발발하는 것이 아니라, 이미 핵전략 그 자체에 문제가 되는 전략가들의 윤리적 태도가 내포되어 있다고 주장했다(1966: 226). 그린은 민간 전략 연구자들이 핵 억지에 대한 의문점을 도덕이 아닌 과학적인 문제로 치부함으로써 자신들을 기만하고 있다고 생각했으며, '핵전략 이론화의 진정한 문제점은 정책의 "분석적인" 측면들을 정치 및 도덕적인 면에서 분리하려는 시도에서 기인한다'(1966: 239)고 주장했다. 그린은 전략가들이 과학적 객관성을 지킨다고 위선을 부린다 할지라도, 이들은 자신의 사고방식과 가치에서 완전히 중립적일 수 없다고 보았으며, 막연한 용어로 점철된 이들의 주장은 히로시마와 나가사키 원자폭탄 투하 사건이 별것 아닌 일로 보이게끔 만든다고 말한다.

전략의 위험한 게임

비록 민간 전략 연구자들에 대한 여러 비판의 목소리가 있었으나, 전략의 도덕적 측면에 대한 비판에만 국한된 것은 아니었다. 반전 및 반핵을 주장하는 목소리는 제2차 세계대전 이후 전략 연구에서 지속적으로 무시되어왔다. 전쟁에 반대하는 민간 전략 연구자들은 당시 자신들이 미국과 서방의 동맹국들을 핵으로 무장한 적대 세력으로부터 보호했다고 믿었으며, 이에 따라 핵무기 축소를 주장하는 목소리는 위험한 이상주의일 뿐이라고 치부되었다. 이에 따라 라포포트와 그린은 핵 억지이론에 과학적 엄정함이 있다는 주장에 좀 더 지속적인 비판이 필요하다는 생각을 하게 되었다. 라포포트의 비판은 핵무기 관련 분쟁을 논할 때 보이는 전략적 사고의 무자비함을 그 기반으로 한다. 그는 전략에 대한 도덕적 비판이 무시되는 경향이 있다고 생각했고, 민간 전략가들이 자부하는 핵 억지이론의 '합리성'에 비판이 필요하다는 생각을 하게 되었다. 이에 라포포트는 전략가들이 "엄청난 위험이 따르는 전략이라는 게임 대신, 해당 문제에 대해 현실적인 대안을 내놓아야 한다"(1964: xxiii)고 주장했다.

라포포트는 민간 전략 연구자들이 스스로를 '추상적이고 수학적 용어를 토대로 하는 새로운 과학 분야의 대가'(1964: xviii)라고 표현하는 경향이 있다고 언급했다. 라포포트는 본인의 저서 『전략과 양심』에서 전략 연구를 체제분석과 게임 이론이라는 전략 연구의 본래 영역에 귀속시키고자 했다. 특히 게임 이론은 칸, 토머스 셸링, 글렌 스나이더^{Glenn Snyder}의 연구에서도 쓰인 바 있다. 그 스스로가 사회적 상호작용의 수학이론, 게임 이론 분야에 능통했던 라포포트는 핵무기 전략에 (죄수의 딜레마나 치킨 게임과 같은) 게임 이론 모델을 도입하게 되면 냉전 시기의 대치 상태가 지나칠 정도로 단순하게 묘사될 것이라고 주장했다. 라포포트는 게임 이론의 핵심인 합리적 행위자 가정—이익과 유사한—에 의구심을 가졌다. 그는 게임 이론의 가정이 현실과 매우 동떨어져 있다는 주장을 펼쳤다. 그가 핵 전략가들에게 한 비판은 미국과 소련의 실제 이념 차이가 어떤지를 분명히 보여주었으며, 동시에 각 '행위자'들이 동일한 이해관계를 갖고 있다는 게임 이론의 주장을 반박하는 증거가 되었다. 그린 또한 체제분석, 민간방어 이론, 게임 이론에 비판적인 시각을 견지하며 다음과 같이 주장했다.

> 게임 이론을 인용한다고 하더라도 고작 할 수 있는 것은, 이전부터 존재하던 말싸움을 숫자로 바꿔 표시하는 것뿐이다. 이렇게 숫자로 표현된 것들은 말싸움보다 나을 것이 없으며, 대부분은 말싸움보다 더 엉망이다.
>
> —Green(1966: 125)

그린은 핵 억지이론가들에 대해 "이들의 권위는 완전히 거짓된 것이었으며, 지금도 그러하다"(Green 1966: xi)라고 주장했다.

🔒 요점 정리

● 전략 연구의 황금기인 1950년대 중반부터 1960년대 중반까지는 제2세대의 민간 전략 연구자들이 대거 쏟아져 나왔으며, 이들은 핵무기 전략과 핵 억지 연구에 게임 이론과 시스템 분석을 포함시키기를 선호했다.

● 핵 억지이론의 부상은 핵전쟁 이론화 행위의 윤리적 기초에 의문을 제기하는 거센 도덕적 비판을 불러일으켰다.

● 이러한 도덕적 비판에는 핵 억지이론가들이 가식적인 과학적 객관성을 취한다는 비난은 물론, 이들이 추상적인 수학 및 경제학 모델을 핵전쟁에 대한 사고와 미국의 핵 정책 형성의 기초로 삼는다는 비판도 포함되어 있었다.

전략 연구 비판에 대한 재반박

라포포트와 그린의 비판에 대한 반론 중 유명한 것으로 헤들리 불의 1968년 논문 「전략 연구와 그 비판자들Strategic studies and its critics」을 들 수 있다. 불은 라포포트와 그린의 비판 중 일부를 인정하며, 전략 연구가 추상적이고 기술적인 분석에 기대는 경향이 있다는 점에 동의했다. 그러나 불은 대부분의 비판을 반박하며, 전략 연구자들이 비도덕적이거나 도덕관념이 부족하다는 주장은 잘못된 것이라고 역설했다. 그가 바라보는 전략 연구자들은 도덕적인 면을 고려하면서 국익을 보호하기 위해 노력하는 사람들이었다(Bull 1968: 596). 불은 핵 억지의 목표가 일차적으로는 핵전쟁의 발발을 막는 것이며, 그 자체가 도덕적인 목표가 된다는 점을 강조했다. 그는 전략 연구가 제2차 세계대전 이후 대부분 긍정적인 쪽으로 돌아섰으며, 전략 연구자들은 단지 세계 정치의 현실과 핵전쟁의 위협에 관한 문제를 다룰 뿐이라고 주장했다(이러한 주장은 앞으로도 이 저서에서 전략 연구에 대한 옹호를 위해 자주 언급될 것이다). 불은 "전략 연구자들은 군사력의 존재 자체를 기본 전제로 받아들이고 있다"고 주장하며, 이들이 군사력의 존재를 군사력의 역학 관계와 역동성에 대해 더 폭넓은 지식을 얻기 위한 수단으로 생각한다고 주장했다(Bull 1968: 600). 따라서 그는 전략 연구가 핵무기 폐지나 군사력 자체를 부정하는 주장보다 더 현실적이라고 생각했다. 게다가 불은 전략 연구가 군사력과 가능한 정책적 목표 간의 관계를 다루고 있기 때문에, 군축에 대한 제안도 전략적 이유의 특정 형태에 기초한다고 여겼다. 그는 이러한 의미에서 군축이 전략 연구의 '외부로부터 나온 주장이 아니다'라고 주장했다(Bull 1968: 606).

전략 연구 옹호론자들은 라포포트의 비판에 맞서 여러 반박을 했는데, 그중 대표적인 주장은 라포포트가 1960년대 미국의 전략적 사고에서 게임 이론의 영향력을 과장했다는 점이다. 하지만 전략 연구의 많은 연구자들 또한 게임 이론의 부작용과 과학적 객관성이 지닌 가식을 인지하기 시작하였다. 불은 자신이 전략 연구의 옹호론자임에도 불구하고, 1960년대의 전략 연구에서 역사적 맥락의 분석과 실제적인 사례 인용이 대체적으로 없다는 사실을 안타까워했다. 마찬가지로, 1940년대 후반 전략 연구에 경제학 이론의 도입을 처음으로 제안했던 버나드 브로디도 핵무기 전략가들이 사용한 여러 형식의 분석이 전략 분야의 추상적인 면을 가중시킨 현상에 유감을 표명했다(Betts 1997: 16 참조).

　　전략 연구가 발전하고, 또한 위의 문제들을 해결하려는 노력에 힘입어 전략에 대한 라포포트의 비판은 전략적 사고의 황금기에만 국한되는 듯 보였다. 라포포트 본인도 알고 있던 것처럼 '사고의 방식'으로서의 전략에 대한 그의 비판은 '합리성'의 문제에 주안점을 두었으며, 또한 라포포트가 '추상주의자'로 여겼던 칸, 스나이더, 그리고 셀링 같은 제2세대 전략 연구자들에 의해 이해되고 중요시되었다(Rapoport 1964: 177). 또한 라포포트 본인이 신전통주의자라고 규정했던 새로운 세대의 전략 사상가들은 나아가 동일한 문제에 대해 의문을 품기 시작했고, 이에 따라 라포포트 비판의 실질적인 부분은 어느 정도 시대착오적인 것이 되었다(Rapoport 1964: 180).

　　1980년대에는 3세대 전략 연구자들이 나오기 시작했다(Jervis 1979; Williams 1993: 293-324). 이들은 전략 연구에 대해 새로운 시각에서 비판을 가하기 시작했다. 이것은 라포포트와 그린에 의해 혹독하게 비판되었던 '제2세대'의 주장에서 간과된 점들을 바로잡으려는 형태의 비판이었다. 그러나 이들 3세대의 비판은 전략 연구의 윤리적인 면에 대한 근본적인 비난과는 거리를 두었다는 점에서 라포포트와 그린의 비판과는 차별된다고 볼 수 있다. 오히려 이들 3세대들은 전략 연구에 대한 비방이 아닌 전략 연구에 활력을 불어넣는 데 그 목적이 있었다. 유명한 3세대 전략가인 콜린 그레이는 이에 대해서 "전략 연구에 대한 우호적인 비판과 적대적인 비판에는 분명한 선을 그어야 할 것이다"(Gray 1982b: 44)라고 말한 바 있다(Box 18.1).

　　불과 그레이는 전략 연구에 대한 우호적인 비판론자들이었다. 그레이는 불이 제시한 분석 연구를 기반으로 삼았으며, 전략 연구에 과격한 대립 각을 세우는 라포포트와 그린의 방식을 거부했다. 그레이는 2세대 '추상론자' 전략가들이 한 전략적 사고방식에 결점이 있다 하더라도 이를 전략 연구 자체의 실패로 간주해선 안 되며, 좀 더 신중하게 비판한다면 1960년대 후반에는 전략적 사고가 속화(俗化)되었고, 60년대 후반까지도 혁신적인 전략적 사고를 더 이상 이어가지 못했다고 지적했다(Gray 1982b: 19). 그레이가 보기에 게임 이론과 시스템 분석을 통한 핵전략 분야 연구는 이론의 발전에 역행하는 일일 뿐이었다. 그럼에도 그는 "좌파에서 가하는 전략 연구에 대한 비난은 가치가 없다"라는 입장을 견지했다(Gray 1982b: 5). 마찬가지로 그레이는 군비 축소와 대안적 세계 질서를 추구하는 사람들은 아직

⊙ Box 18.1 비판에 대한 전략 연구자들의 대응

직설적으로 말해, 핵 억지이론은 특정 상황에서 무고한 시민들을 학살하는 범죄를 정당화하는 이론일 뿐이다.

-Green(1966: 225)

핵 억지이론가들과 같은 유사과학(pseudo-sciene)은 결국 민주주의의 정치 절차에도 해를 끼치게 될 것이다.

-Green(1966: 276)

전략적 사고가 여태껏 한 일은 '인공지능 로봇이 말하는 국제정치' 수준의 쓸모없는 것뿐이다.

-Karl Deutsch(Rapoport의 저서 서문에서 인용 1964: xiv-xv)

내 생각에 전략 연구자들은 자신들이 서구 사회에 살고 있는 지적이고 교육받은 사람들보다 도덕적인 면을 더 고려하지도, 덜 고려하지도 않는다. 비판론자들은 전략 연구자들이 도덕에 대해 무관심하다고 주장한다. 그러나 이런 비판의 대부분은 전략 연구자들이 도덕에 관심이 없어서가 아니고 미국을 비롯한 서구 국가들의 정치적 목적을 위해 전쟁은 물론 전쟁이 일어날 위험성에 대해서만 도덕적 고려를 하기 때문이다.

-Bull(1968: 596-7)

국제 관계의 전략적 접근법은 정치학자들이 활동하는 이 세계가 문화적이고 정치적인 측면에서 매우 취약하다는 인식에서 비롯되었다. 정치학자들은 보다 안전한 사회적 환경을 만들기 위해 군인과 경찰이 필요하다고 생각하며, 또한 그들은 군대와 경찰의 서비스 없이도 우리가 생존할 수 있는 방법을 발견해내려고 한다.

-Howard(1976b: 69)

전략 연구자들도 다른 사람들처럼 항구적 평화의 상태에 끌리지 않는 것은 아니지만, 그들은 그와 같은 정치적 전환에 발생할 수 있는 문제점들을 인식해야 한다고 주장한다. 전략 연구자들은 문제의 주범이 자신들에게 있다는 비난이나 위협에 대해 격렬하게 반대한다.

-Gray(1982b: 8-9).

그에 대한 논증을 보여주지 못했다고 지적했고(Gray 1982b: 41-2), 또한 전략 연구는 핵무기 시대에 없어서는 안 될 필수 요소로 남아 있다고 주장했다.

그러나 그레이는 자신도 '현재 전략 연구가 비판으로부터 자유롭지 못하다'는 점을 인정하고 있다(Gray 1982b: 5). 그레이와 로버트 저비스Robert Jervis를 포함한 3세대 전략 연구자들은 기존의 핵 억지이론에서 쓰인 가정은 물론, 합리적 핵 억지라는 개념 자체에 이의를 제기했다. 3세대 전략 연구자들은 게임 이론과 체제분석의 추상적 특성과는 반대되는 '귀납적 방법론'의 필요성을 역설했으며, 또한 2세대 시기에 추상적 합리주의와 연역적 추론으로 인해 만들어진 여러 오해를 바로잡고 종식시키기 위해서는 역사를 통해 구체적인 증거를 찾을 필요가 있다고 주장했다(Williams 1993: 105).

전략 연구에 대한 재평가 중 일부는 전략가들이 기존의 추상적 합리주의가 아닌 정치 및 전략 문화에 관심을 기울이게끔 만들었다(Gray 1986). 켄 부스Ken Booth는 이전까지의 전략 연구가 자민족 중심주의 성격을 띠었으며, '여러 국가들은 세계가 자국을 중심으로 묶여 있는 큰 집단이라고 생각하며, 다른 국가들을 자신들의 기준에 맞추어 해석하고 받아들인다'(Booth 1979: 13)고 비판한 바 있다. 부스는 전략 연구의 황금기 당시, 억지이론가들이 다른 방식의 전략적 사고가 있을 수 있다는 것을 미처 생각하지 못했다고 지적했다. 즉 억지이론가들은 합리성에 대한 자신들의 기준이 어느 곳에서나 적용 가능할 것이라고 생각했고, 그러한 기준에서 벗어난 전략적 사고는 분명 결함이 있을 것이라고 믿게 되었다는 것이다. 보편적 합리성에 대한 이러한 가정은 특히 소련의 전략적 사고와 미국의 전략 설계자들의 의도에서 오해의 소지를 만드는 역할을 하게 되었다. 이는 1976년 로버트 저비스의 연구서 『국제 관계에서 인식과 오인Perception and Misperception in International Relations』에서도 다루어진 주제이며, 여기서 저비스는 2세대 전략가들에게서는 찾아볼 수 없었던 억지의 심리적 차원에 대해 탐구하고자 했다.

그러나 3세대 전략가들의 비판 중 더욱 논란이 되는 주장은 그레이가 말한 것처럼 "미국의 전략 연구는 작전 운용 분석 면에 상당히 많은 빈틈이 있으며, 민간 전략가들은 핵 억지 전략이 실패했을 경우 어떻게 핵전쟁에서 승리할지, 무슨 목적을 가지고 싸울지에 대해 거의 생각하지 않았다"(Gray 1982b: 12)라는 부분이다. 로널드 레이건Ronald Reagan 대통령의 집권은 물론 냉전이 더욱 첨예해지면서 이러한 의견은 주목과 비판을 동시에 받게 되었다. 그레이와 키스 페인Keith Payne은 핵 억지 메커니즘이 적절치 않을 수 있는 상황에 대해 가정했다(Gray and Payne 1980). 또한 그들은 소련과의 핵전쟁에서 핵 억지가 통하지 않을 경우 소련과 싸워 승리할 가능성에 대해서 전략가들이 생각해본 적이 없다는 의견에 동의했다. 그레이와 페인은 미국과 소련이 양측 모두가 파멸할 수도 있는 전략 하나에만 의존하는 것보다는 핵 억지가 실패할 경우를 고려하는 입장이 도덕적으로도 더 온당하다고 보았다. 레이건 정부는 이러한 입장에 호의적인 듯 보였으며, 레이건 자신도 지속적인 상호 확증 파괴의 가능성에 대한 불만을 여러 차례 언급한 바 있다. 그러나 핵전쟁에 대한 발상은 많은 이들을 불안하게 했고, 핵전쟁에서 승리를 거두기 위한 전략 수립은 곧 "핵무기에 대한 또 하나의 근거 없는 위험한 믿음"(Lawrence 1988: 4)을 뜻하는 것이었으며, 이러한 발상은 핵무기 사용 자체를 터부시하는(Tannenwald 1999) 태도를 뒤집을 수 있는 위험을 안고 있다. 결과적으로, 제3세대 전략 연구와 관련된 전략 연구의 부활 시도는 전략 공동체 외부로부터 새로운 비판의 장을 열게 하였다.

🔒 요점 정리

- 1970년대에 전략 연구를 옹호했던 사람들은 핵전략과 핵전쟁을 방지하기 위한 연구가 핵무기 축소보다 더 현실적이라는 점을 근거로 들어 전략 연구의 도덕적인 측면을 옹호했다.

- 전략 연구의 3세대 이론가들은 전략 연구의 도덕적 측면에 대한 이전의 비판을 수용하지는 않았으나, 2세대 핵 억지이론의 추상적인 가정이 문제가 된다는 점은 인지하고 있었다.

- 콜린 그레이와 로버트 저비스와 같은 핵 억지이론가들도 핵 억지이론이 '합리성'이라는 단일 개념에 의존한다는 점을 지적했다.

- 3세대 전략 사상가들은 핵전략 수립 과정에서 문화적 특성, 역사, '국가 스타일'을 강조하는 방향으로 전략 연구를 다시 되돌리고자 하였다.

전략 연구에 대한 비판적 접근

1980년 초 이후, 전략 연구에 대한 비판의 방향이 조금씩 바뀌기 시작했다. 물론 비판의 궤는 바뀌었지만, 전략 연구의 도덕적 측면에 대한 비판은 그대로 유지되었다. 이에 따라 핵전쟁과 전략 연구의 윤리학에 대해 다룬 저서는 더 복잡한 형태를 띠게 되었다(Nye 1988; Lee 1996). 그러나 냉전이 더욱 첨예해지던 당시의 상황으로 인해, 전략의 도덕적 측면을 문제 삼던 이전의 비판들은 학문적이 아닌 대중 영합적인 방향으로 흘러가기 시작했다. 학문적인 비판도 여전히 찾아볼 수 있었지만(Lawrence 1988), 전략 연구의 도덕적 측면에 대한 비판은 점점 핵무기 전반에 대한 반대의 목소리로 흘러가게 되었다(Schell 1982, 1984). 로렌스Lawrence는 이에 대해 "레이건 시대에 새롭게 정의된 안보는 개개인들을 더 불안에 빠뜨리게끔 만들었고, 이는 역설적으로 국방 문제가 정치적 논쟁에서 중요한 위치를 차지하게 되는 결과를 낳게 되었다"(1988: x)라고 언급한 바 있다. 이러한 변화는 서유럽 내의 핵 비무장운동CND, 미국에서의 핵무기 동결 운동과 같은 대중적인 반핵 운동 증가로 표출되었다.

냉전이 종결된 후, 전략 연구는 매우 엄격한 잣대로 평가받게 되었다. 탈냉전기에도 세계 정치에서 군사 분야가 중요하다는 데에 이의를 제기하는 사람은 없었으나, 당시 상황에 대해 켄 부스와 에릭 헤링Eric Herring은 이렇게 이야기했다.

다른 일은 차치하고서라도, 국제 정치 연구와 관련된 전략 연구가 학계에서 어떠한 위치에 있어야 하는가는 상당한 논쟁거리가 되었다. 또한 전략 연구와 그 하위 학문 간의 관계, 현대에서의 군사적 요소의 효용성, 그리고 40년 남짓한 정치 및 군사적 맥락을 형성했던 냉전이 끝난 이후 전략 연구가 이제는 대학 과목으로써 어떤 방향으로 나아가야 하는가 또한 모두 논쟁의 대상에 포함되었다.

—Booth and Herring(1994: 110)

전략 연구가 국제 관계 분야에서 진통을 겪으며 변화하는 와중에(Smith, Booth, and Zalewski 1996 참조), 몇몇 학자들은 세계 정치에 대한 접근법으로써 전략 연구가 가진 우월성뿐만 아니라 그것이 한때 국제 관계 분야에서 특권적 위치를 차지했던 영향력에 대해 의문을 가지기 시작했다. 즉 전략 연구의 관점으로 세계를 바라보는 것은 어떠한 의미가 있는가?

이번 소단원에서는 '전략 연구에 대한 비판적 접근'이라는 제목 아래, 이러한 질문을 해결하려 했던 노력에는 어떤 것들이 있었는지에 대해 알아볼 것이다. 위의 소단원 제목은 전략 연구가 항상 논쟁에 휩싸이는 것은 아니라는 점을 강조할 뿐만 아니라, 전략 연구 내에서도 후기구조주의, 페미니즘, 마르크시즘 등의 여러 비판 이론을 활용해 전략 연구의 입지와 영향력을 확인하는 작업이 계속된다는 점을 보여주기 위한 것이다(Peoples 2007; Peoples and Vaughan–Williams 2014). 이러한 비판의 발전은 국제 관계 이론에서의 이른바 탈실증주의자로의 전환(Smith, Booth, and Zalewski 1996), 그리고 비판적 안보 연구의 등장(Krause and Williams 1997; Booth 2005 참조)과 관련이 있다. 사실상 전략 연구와 동의어였던 '전통적' 안보 연구에 대한 비판적 시각으로 나온 것이 바로 비판적 안보 연구였고, 따라서 이 분야에서 전략 연구에 대한 비판을 상당수 찾을 수 있다는 점은 어떻게 보면 당연한 일일 것이다.

전략 연구의 시각으로 본 세계

전략 연구에 대한 비판적 관점 중 대표적인 것은 브래들리 클라인Bradley S. Klein의 『전략 연구와 세계 질서: 억지의 세계 정치Strategic Studies and World Order: The Global Politics of Deterrence』에 잘 나와 있다. 클라인은 여기서 다음과 같이 말한다.

전쟁과 평화에 관한 문제는 전략 연구를 배우는 학생들이 반드시 다루어야 하는 중요한 사안들이다. 사회 및 정치 이론에서 나오는 혜안은 '세력 균형', '동맹국', '안보', '핵 억지'와 같은 사회적 구조를 더 잘 이해하게끔 돕는 역할을 하는데, 이러한 사회적 구조들은 사회적으로 형성된 제도이지, 원래부터 주어진 것은 아니다.

—Klein(1994: 3)

'사회적 구성'을 중요시하는 클라인의 이러한 주장은 전략 연구와 이에 의문을 품는 비판적인 접근법 간의 근본적인 차이점들을 잘 보여주고 있다. 불과 그레이와 같은 전략 연구 옹호론자들은 전략 연구에서 갈등과 폭력을 세계 정치의 기본 특성이라고 간주한다. 즉, 전략 연구자란 실제 세계에서 벌어지는 일들을 이론화하며 자신들의 입지를 지켜온 사람들을 의미하며, 이 실제 세계에서는 정치적 목적 달성을 위해 군사력이 빈번히 사용된다는 것이 이들의 기본 주장이다.

전략 연구에 대해 비판적인 사람들과 마찬가지로, 클라인 역시 전략 연구자들의 이러한 논리를 무너뜨리려고 한다. 클라인은 "전략적인 무력행사가 현대 시민 사회와 양립하는 일은 불가능하지 않다. 무력 그 자체가 합리적이고 이성적인 요소들을 끌어들이는 역할을 하기 때문이다"(Klein 1994: 5)라고 주장했다. 전략 연구는 세계 정치에서 폭력이 존재한다는 사실을 인정할 뿐 아니라, 목적 달성을 위한 특정 방식으로 폭력을 사용할지에 대한 여부를 규정하는 역할을 한다. 켄 부스도 이전에 자신이 주장했던 자민족중심주의ethnocentrism에 대한 입장을 확대하여 다음과 같이 이야기했다.

> 사람들은 전략 연구가 합리적이고 객관적이라고 생각하지만, 사실 알고 보면 전략 연구는 각국의 편견을 정당화하기 위해 사용되며, 이에 따라 나는 전략 실행을 도덕 철학과 무력이 섞인 응용윤리학으로 이해하는 것이 최선이라는 결론을 내리게 되었다. 전략 이론은 전략적인 세계를 구성하는 데 일조했으며, 정중하면서도 중언부언한 방식으로 현 세계를 설명하는 데에도 일조했다.
>
> −Booth(1997: 96)

이러한 관점에서 보면 전략 연구는 객관적인 학문적 입장을 통해 군사력을 이해하려는 학문이 아니라 오히려 전략적인 폭력을 통해 세계 질서를 특정한 방향으로 유지하는 일을 정당화하는 도구라고 볼 수 있다. 이런 입장에는 20세기 영국과 미국을 중심으로 태동된 학문이라는 전략의 지정학적 맥락이 포함되어 있다. 이를 근거로 클라인은 전략 연구가 서구 사회를 긍정적으로 보이게끔 포장하는 방법을 제공해왔으며(Klein 1994: 16), 또한 현대의 서구 사회 구조를 만드는 데 핵심적인 역할을 해왔다고 주장한다(Klein 1994: 16). 같은 맥락에서 바카위Barkawi와 라페이Laffey(2006: 335−8)는 전략 연구가 그 기원인 영미권에 편향된 시각을 가지고 있으며, 전략 연구는 비서구 국가 및 이들과 관련된 주제를 수동적 객체로 표현하는 '오리엔탈리즘Orientalism'적인 시각에 치우쳐 있다고 지적한다. 클라인은 서구 국가들과 이들이 주장하는 가치가 암암리에, 그리고 공공연하게 전략 연구에서 옹호된다고 지적하면서, "오늘날의 전략 연구는 서구의 가치와 제도, 정치경제를 중요시하는 글로벌 정치 비전의 창조와 영속화의 측면에서, 세계 질서를 표현하는 데 필수적인 요소이다"(1994: 41)라고 주장했다.

클라인은 이러한 서구 중심적 시각은 서구 동맹국들의 생존과 유지에 초점이 맞춰진

냉전 당시의 핵 억지이론은 물론, 비서구권 국가들의 핵무기 확산에 대한 우려에서도 찾아볼 수 있다고 주장한다(Mutimer 2000 참조). 또한 클라인은 앨프리드 세이어 머핸Alfred Thayer Mahan과 같은 핵무기 시대 이전 전략가들의 연구가 서구 국가에서 무시되었던 점이, 서양의 전략 연구에 포함되어 있는 지정학 및 지경학적인 측면들과 무관하지 않다고 말한다(관련 주장은 O'Tuathail 1996 참조). 클라인은 냉전 중 핵 억지이론은 강대국 간의 갈등을 막아주었을 뿐 아니라, "냉전 이후 독립국들을 강제적으로 국제 사회로 편입하여 탈냉전기 세계 질서를 만들고 재창조하는 데 일조했다"(Klein, 1994: 80)고 주장한다. 클라인은 전략 연구가 냉전 중 북대서양조약기구와 같은 국제기구의 제도적 통합 및 동맹의 정당화 작업을 도왔으며, 이로 인해 발생한 경제 및 문화적 여파를 모호하게 만드는 역할도 담당했다고 주장했다. 즉 냉전 당시 전략 연구가 서양 내의 비공산국가들과 동구권 내 공산국들의 군사적 대치에 사람들의 이목을 집중시킴으로 인해 서방 국가들이 남반구 국가들을 경제 및 군사적으로 침탈한 오점을 가리는 역할을 맡았다는 것이다. 클라인의 관점에서 보면, "전략 연구는 서양 국가들의 정치 구조가 어떻게 만들어졌는지를 보여주고 있으며, 이는 서구 국가들이 자신들의 목적을 합법적으로 달성하기 위해 만들어 낸 지정학적 맥락 및 국가 중심적 성격이 들어가 있는 이들의 주권 공간에 잘 나타나 있다"(1994: 125).

전략의 목적과 국방 분야 지식인들의 역할

만약 전략 연구가 역사적으로 서구의 가치와 지정학적 비전을 옹호하는 특정한 세계 질서를 구축하려 한다는 비난을 계속해서 받는다면, 전략 연구를 옹호하는 사람들도 마땅히 비난을 받아야 할 것이다. 타락 바카위는 "냉전 당시 전략가들이 하던 일은 서구 국가를 '아군'으로 표현하고 공산국가를 '적'으로 표현함으로써 갈등 구조를 세우는 일이었다"(Barkawi 1998: 161. 또한 Barkawi and Laffey 2006 참조)라고 주장했다. 이러한 과정에서 전략 연구자들과 국방 분야 지식인들은 서구 사회가 더 우월하다는 인식을 만들고 유지하는 정치적 계획에 일조했을 뿐 아니라, 심지어 그들 자신이 객관적인 연구 분야에 종사한다고 생각하거나(Garnett 1987: 22-3) 혹은 자유 민주주의적 가치 옹호에 기여한다는 생각까지(Howard 1976b: 75) 서슴지 않았다는 것이다.

일부에서는 이러한 비판이 단지 전략 연구자라는 직업에 으레 따라오는 비난이라고 넘겼지만, 대다수 전략이론가들은 이런 비판을 잘 인지하고 있었다. 실제로 이것을 연구자의 특권으로 생각했다. 헤들리 불은 제2차 세계대전 이후 전략 연구자들이 "미국과 서구 국가들의 정치적 목적을 위해 전쟁은 물론 전쟁이 발발할 위험성에 대한 더 큰 도덕적 수준을 보고 동기부여를 받았다(Bull 1968: 597)"라고 주장했다. 이와 마찬가지로, 마이클 하워드

Michael Howard는 솔직하게 다음과 같이 말했다.

> 나 자신 또한 납득할 만한 질서에 의해 좌우되는 세계에 살고 있다는 점에서 운이 좋다고
> 할 수 있으며, 또한 현 상태를 유지해야 한다는 점에 동의한다. 나 자신은 웬만큼 괜찮은
> 질서 속에 살고 있는 운 좋은 많은 사람들 중의 하나이며, 나는 이 질서가 유지되길 원한
> 다. 만약 현재의 상태가 보존될 만한 가치가 있다면, 현 체제를 전복 내지는 변화시키려는
> 세력에 대항해서 핵 억지 능력을 유지해야 할 것이다.
>
> –Klein에서 인용(1994: 99)

서구 국가들의 외교 및 국방 정책에 학문적 지원을 하는 것이 타당한가에 관한 논쟁은
국방 분야 지식인의 역할은 물론 전략 이론과 정책 간 관계에 대한 문제를 제기하게 만드
는 계기가 되었다. 물론 지금의 전략가들이 1960년대의 민간 전략가들처럼 정부 부처와 친
밀한 관계를 유지할 순 없겠지만, 이들은 아직 전략 연구가 "정책 과학policy science"(Barkawi
1998: 160)의 위치로 발돋움하기를 원하고 있다. 또한 정책 실무자들이 학계가 항상 유효한
전략을 만들어내지는 않는다고 생각하더라도, 전략 연구자들은 전략 연구가 정책 입안자
들이 하는 일과 연관성이 있기를 바라고 있다(21장 참고).

정부 관료에 대한 직접적인 조언은 비판적 시각에서 보면 여러 이유로 문제의 소지가
있는 방식이다. 첫 번째로, 학계와 실무자들 사이의 적절한 관계란 무엇인가에 대한 문제
가 아직 해결되지 않았다는 점을 들 수 있다. 물론 이러한 질문이 전략 연구 분야에만 국한
된 것이거나, 혹은 이전에는 없던 새로운 논란거리는 아니다. 그러나 전략에는 학살이 수
반될 수 있다는 점(Gray 1982a, Wallace 1996, Shaw 2003: 269)을 고려한다면, 이것이 윤리적
으로 문제가 된다는 점은 부정할 수 없다.

두 번째로, 마르크스주의자와 또 다른 비판론자들은 영미의 전략 연구가 '군산복합체
military-industrial complex'(Wright 1956, Sarkesian 1972)를 계속 유지시키기 위해 공모하는 분야
이며, 전략 연구가 '전쟁 산업war industry'(Waever and Buzan 2010: 468)이라는 학문을 합리화
하는 것으로 비춰진다고 주장해왔다.

세 번째로, 비판론자들은 전략가들이 정책과학의 상태를 지향하려는 열망으로 인해
군사력을 목적보다는 수단에 집중하도록 만들었다고 주장한다(Barkawi 1998: 160, Wyn
Jones 1999: 131). 전략가들이 전략 연구에 '국익'이 반영되어야 한다고 가정한 이래로, 그
들은 결과적으로 목적을 달성하기 위해 이용할 수 있는 가장 좋은 수단을 규정하는 데
초점을 두었다. 비판론자들은 전략 연구의 옹호론자들이 냉전 중 미사일과 무기에 그토
록 집착한 이유가 바로 이런 생각 때문이었으며, 또한 이들이 아직도 기술 발전과 '전쟁
을 통한 발전'을 강조하는 이유가 여기에 있다고 주장한다. 한 예로, 리처드 윈 존스Richard

Wyn Jones는 "전략은 숫자에 집착하는 사람들의 전유물이 되는 경향이 있으며, 그들의 한계는 최신 무기 시스템에 관한 세부 지식 그 이상을 나아가지 못한다는 데 있다(Wyn Jones 1999: 131)"라고 주장한 바 있다. 윈 존스는 전략 연구가 수단과 목적 사이의 관계에 집착함으로 인해, 결과적으로—수단과 목적의 관계를 고려하는—클라우제비츠학파의 설명보다도 못하다고 비판하고 있다. 윈 존스는 전략 연구가 비도덕적인 것이 아니라, 수단에 집착하는 경향으로 인해 도덕관념이 없어지게 되었다고 주장했다. 그는 전략적 실행 대신 수단과 기술에 집착하는 경향을 '도구적 합리성instrumental rationality'이라고 보았다. 따라서 윈 존스는 이로 인해 전략 연구가 자신의 목적과 윤리 및 정치적 결과는 신경 쓰지 않고, 그 대신 도구가 될 수 있는 폭력에 더 집착하게 되었다고 주장했다(Wyn Jones 1999, Booth 2005: 267-8).

섹스, 죽음, 그리고 전략 연구의 언어

비판론자들은 전략 연구에서 쓰이는 언어나 용어, 특히 완곡어법이나 은유적인 표현, 전쟁 전문용어 등에 주목한다. 이는 냉전 중 미국의 전략 계획가들과 핵 억지이론가들에 대한 비판에 그 기원을 두고 있다. 허먼 칸Herman Kahn이 이야기했듯, '상상이 불가능한 것에 대한 생각'은 핵전쟁 전략가들로 하여금 핵전쟁의 시나리오가 어떻게 전개될지에 대해 생각하게끔 만들었고, 그 과정에서 묘사를 위한 여러 전문용어가 만들어지게 되었다. 그 결과, 핵 억지이론이 확산되면서 '다탄두 각개 목표 재돌입 발사체화MIRVing', '투사 중량throw-weights', '대륙간탄도미사일 침투 보조물penetration aids' 등과 더불어 방대한 약칭용어들도 함께 퍼지게 되었다(Green 1986). 비판가들은 이러한 점으로 인해 일반인들이 핵전략 연구를 접근하기 어려운 수수께끼 같은 분야로 인식하게 되었다고 비판했다. 또한 추상적인 용어들이 전략 용어에 도입되면서 완곡어법과 은유법이 전략 연구에 늘어나는 경향이 만연했고, 이는 전략이론가들과 계획자들이 핵전쟁으로 인한 실제 인명 피해를 염두에 두지 않게끔 만들었다고 주장했다. 필립 그린은 1966년 이렇게 이야기했다.

> 핵 억지이론가들은 저술 활동을 할 때 완곡어법에 크게 의존하고 있으며, 이는 저술가들이 윤리적으로 자신들을 정당화시키는 과정을 잘 보여준다. 아마 이들은 윤리적 문제들을 직시하려는 생각이 없을 것이다.
>
> –Green(1966: 223)

전략 연구자들이 전략에 대해 직접적으로 서술하는 것을 꺼린다는 점은 전략 비판론자들이 이미 여러 차례 언급해온 사항이다. 이런 비판적 입장에서는 사회적 구조를 매우 강조하는 경향이 있다. 즉, 대부분의 전략가들은 사람들이 현재 세계와 그 안에서 벌어지는 갈등에 관한 객관적인 주장을 할 수 있을 것이라고 생각하는 반면, 전략에 비판적인 입장에서는 사람들이 언어를 통해 세계를 해석하고 여러 형태로 재구성하는 그 자체가 중요하다고 주장한다. 캐럴 콘Carol Cohn은 그녀 자신이 '테크노전략technostrategic'이라고 이름 붙인 '전문적인 언어'가 전략 연구에 존재하며, 이런 언어는 "복잡하면서도 불가분한 기술은 물론 핵무기에 대한 사고방식을 표현하기 위해 사용된다"고 주장한다(Cohn 1987: 690). 콘은 1980년대 중반 핵무기 워크숍에 참가하여 '선제공격', '상호교전', 그리고 '제한적 핵전쟁'과 같은 용어를 사용한 바 있다. 그녀는 이 당시 워크숍 참가자들이 '수동적 핵 억지적 태도'와 '핵전쟁 대응 역량' 중 어느 쪽이 더 비교가치가 있는지에 대해 토론하면서도 실제 핵전쟁이 일어났을 때 벌어지는 잔인한 현실에 대해서는 생각하고 있지 않다는 사실에 충격을 받았다. 이에 그녀는 "전략 연구의 언어는 미국의 핵전략 계획의 고유한 특성을 보여주는 동시에 미국의 핵전략 계획 형성에 영향을 끼치며, 또한 국방 전문가들이 사고하고 행동하는 방식에까지 영향을 미친다"(Cohn 1987: 690)는 결론에 이르게 된다.

페미니스트적 시각을 가지고 있었던 콘은 남성 중심적인 전략 연구 세계에 있는 상당수 용어가 성차별적이며, 또한 성적인 암시가 들어갔다는 사실에도 충격을 받았다.

> 강연에서는 수직 기립 발사대vertical erector launchers, 추진력 대 중량 비율thrust-to-weight ratios, 경저공투하soft lay downs, 장기침투간첩deep penetration, 지속되는 경련 발작에 대한 비교우위 장기간comparative advantages of protracted spasm attacks 등 교묘하게 포장된 성적이고 가부장적인 용어와 이미지가 즐비했지만, 핵전쟁 계획이라는 남성 중심의 사회에서는 이런 용어 사용에 전혀 문제가 없는 듯했다.
>
> –Cohn(1987: 692, 687; 1993)

그러나 콘은 남성의 성욕에 대한 관념이나 근본적인 심리적 역동성 등을 무조건 전략 연구의 용어와 연관시키려는 환원주의적 사고는 지양해야 할 것이라고 주장했다(Caldicott 1986 참고). 그녀는 그보다 더 주목해야 할 점으로 전략 언어에 '포장하려는' 성격이 내포되어 있음을 지목했다. 즉 현대 전략 용어가 무언가를 파괴하는 수단이나 도구를 가리키는 말을 직접적으로 쓰는 대신, 해당 국가의 친숙한 이미지와 연관시키는 정도에 주목한 것이다(box 18.2에서 콘이 말한 '크리스마스트리 농장'이 좋은 예시라고 할 수 있다). 결과적으로 이 용어들은 핵전쟁을 묘사하는 데 사용된다.

짜릿하고, 섹시하고, 멋지다. 마음만 먹으면 이 용어들을 기관총을 난사하듯 읊을 수 있다. 이 용어들은 모두 간단하고 깔끔하며, 가볍고 매끄럽게 혀에서 굴러간다. 몇 초면 몇

> **◉ Box 18.2 핵전략 연구에서 발견할 수 있는 섹스와 죽음의 이미지**
>
> 24발의 다탄두핵 미사일을 장착한 트라이던트급 잠수함에 있는 선원들은 잠수함의 일부라고 부르는 미사일이 잠수함의 사일로에 배열되어 '크리스마스트리 농장'에서 발사되기 위한 준비를 하고 있다. 농장과 사일로, 크리스마스트리라니, 이 얼마나 전원적인 느낌이 나는가? 이렇게 친근하고 로맨틱한 핵무기 세계에서 적들과 핵탄두를 서로 '주고받으며', 미사일이 발사되면 또 다른 미사일이 그 뒤를 따라 '불러 나오는' 광경이 펼쳐진다. '결합'은 경고 및 대응 체계, 혹은 전략 (대륙간) 무기와 전역 (유럽에 기반한) 무기 간의 심리정치적 관계를 뜻하는 용어다. 다탄두 각개 재돌입 발사체(MIRVed) 미사일의 핵탄두가 지상을 타격할 때 땅에 남는 무늬는 '발자국'이라고 부르며, 이런 핵 폭발물은 떨어지는 것이 아니라, '버스'가 '배달'해준다고 표현한다. 또한 핵폭탄은 직접 핵폭탄이나 탄두라고 부르지 않고, '재돌입체'라는 훨씬 덜 자극적이고 점잖은 표현을 써서 짧게 'RVs'라고 부른다. 이는 핵폭탄으로 인한 참사를 배제하거나 관심을 다른 데로 돌릴 뿐만 아니라, 화목한 가족이 휴가지에서 타는 놀이기구의 이미지를 연상시킨다.
>
> –Cohn(1987: 698)

십 개를 술술 내뱉을 수 있을 정도이고, 빠르게 용어들을 내뱉으면서 인간의 생명이 걸려 있는 문제 또한 가볍게 넘겨버릴 수 있다.

–Cohn(1987: 704)

콘은 '상상 불가능'에 대한 생각을 직관적인 단어와 이미지로 표현하면 전략가들과 실무자들이 올바른 사고 및 행동을 할 수 있을 것이라고 주장한다. 비록 콘의 이러한 비판은 냉전의 맥락에서 나타난 것이지만, 현대 전쟁이 첨단 기술에 대한 의존도가 날이 갈수록 높아진다는 점을 고려하면 이 분석은 여전히 유효하다고 할 수 있다. 첨단 기술을 통해 벌어지는 전쟁, 그리고 군사 전략 수립에서 볼 수 있는 핵 및 재래식 전쟁 시나리오를 고려 대상에 포함한다면, 기술 전략적 언어가 여전히 자주 쓰인다는 사실은 더욱 자명해진다. 현대 전략 연구의 언어에서 '정보 전쟁', '네트워크 중심 전쟁', '스마트 폭탄' 등은 수많은 기술용어 중 일부에 불과하다. 또한 21세기 초부터 애용되어왔으며, 미국이 아프가니스탄, 파키스탄, 이라크에서 자주 사용한 무장 무인 드론을 보면 '원격 조정 전쟁'의 시대가 앞으로도 계속될 것이라는 점을 잘 알 수 있다. 콘, 클라인, 윈 존스가 우리에게 경고하는 점은 친숙하고 '멋들어진' 전략 언어가 자칫 전략적 폭력의 이론화와 실제 참상 간의 간극을 벌려 놓을 수 있다는 사실이다. 콘이 생각한 전략 분야의 잠재적 문제는 전략 용어가 어렵다는 점이 아니라, 오히려 너무 친숙한 나머지 인간이 벌인 전쟁을 완곡한 용어로 포장해 대수롭지 않게 만들 수 있다는 점이다.

🔒 요점 정리

● 전략 연구에 대한 최근의 비판적 접근법은 전략 연구의 서구 중심적 시각, 전략 이론과 정책 입안 과정의 관계, 그리고 전략 연구의 언어 등을 문제 삼고 있다.

● 전략 연구는 서구의 지배를 합리화하고 정당화하면서 세계 질서의 환상을 촉진시켰다는 비난을 받아왔으며, 특히 냉전 기간 동안 전략 연구의 관심을 초강대국 간 경쟁에 집중시킴으로써 비서구 세계에 대한 서구 개입의 증가를 감추었다는 비난을 받고 있다.

● 전략 연구에 대한 비판적 접근법은 전략 분야가 정책 과학의 입지를 확보하길 바라는 전략이론가들의 열망을 계속해서 문제 삼아왔으며, 전략이론가들이 무비판적으로 국가 이익을 위해 봉사하기 때문에 전략 연구가 지나치게 기술 및 도구인 접근법을 띠게 되었다고 주장해왔다.

● 사회 구성의 역할 및 전략 연구의 언어 또한 비난을 피할 수 없었다. 페미니스트 학자들은 전략 연구가 성차별적인 용어를 사용해왔다고 주장하며, 이로 인해 군사력이 미화되고 순화됨으로써 친숙한 이미지를 가지도록 만들었다고 비판한다.

끝나지 않는 논쟁?

최근에는 전략 연구를 둘러싸고 찬반론자들이 직접적으로 부딪친 경우는 거의 없었다. 그 원인으로는 양측이 매우 다르다는 점을 들 수 있다. 즉, 이들 찬반론자들이 애초에 너무나 다른 가정을 통해 논리를 쌓아가기 때문에, 이 두 진영이 실질적으로 부딪칠 일이 거의 없어졌다는 뜻이다. 또한 대부분의 비판론자들이 '더 나은' 전략 연구를 만드는 일 대신에 대안적인 사업에 관심을 쏟고 있다. 전략 연구의 비판적 접근법은 전략 연구를 부활시키는 대신 경제, 환경, 보건, 이민 등 다양한 비군사적 문제를 아우르는 안보 연구에 더 집중하고 있다. 이 새로운 접근법으로 인해 전략 연구는 더 구시대적이고 좁은 영역으로 비치는 결과를 낳게 되었다.

이러한 과정은 전략 연구가 탈냉전 문제를 다루는 데 부적합하다는 주장이 더해지며 가속화되기 시작했다. 물론 전략 연구의 비판론자들은 현대 사회에서 전략 연구가 꼭 필요한가에 대해 계속해서 의문을 제기해왔다. 일부 전략 연구 옹호론자들은 어느 시대에나 항상 유효한 전략이 존재한다고 생각하지만, 비판론자들은 전략 연구가 구식이며 시대에 뒤처졌을 뿐이라고 주장한다(Box 18.3과 '비판적으로 사고하기' 참조).

냉전 이후, 전략 연구는 세계 정치의 굵직한 문제나 전쟁을 해결할 방법을 찾지 못한다는 비판에 직면하게 되었다. 과거의 전략 연구는 국가와 초강대국 간의 경쟁에 관심을 쏟

> 🔲　Box 18.3 전략 연구는 아직도 유효한가?
>
> 인간의 이정표가 별이든 GPS의 위성이든, 혹은 인간의 통신 수단이 봉화든 우주선이든, 전략의 본질이 영원하다는 것은 변함없다.
>
> –Gray(1999b: 182)
>
> 그레이가 선호하는 역사적·군사적 입장에서 보면, 전략은 불필요한 중복이 아니라 점진적인 폐기라는 위기에 놓여 있다. 전쟁에서 정의가 필요하다고 부르짖는 목소리는 군사력의 제한적인 부흥을 가져오긴 했으나, 군사력을 다루는 전략적 사고까지 부흥시키지는 못했다.
>
> –Shaw(2003: 276-7)

았지만, 현재 탈냉전기 '새로운 전쟁'의 시대는 국가 내 분쟁에 더 많은 관심을 두는 경향이 있다(Kaldor 1999). 일부 비판론자들은 글로벌 테러와 같은 군사적 위협이 비국가적인 특성을 보인다는 이유를 들어 전략 연구가 '점차적으로 교체되는'(Shaw 2003) 수순을 밟을 것이라고 주장해왔다.

전략 연구가 현대 사회에서 아직도 유효한가에 대해 전략 연구 옹호론자들은 격렬한 반응을 보였다('비판적으로 사고하기' 참조). 이들은 전략 연구가 냉전 당시 막대한 중요성을 가졌지만, 이제는 변화가 필요하다는 것을 절감해왔다. 대다수의 옹호론자들은 냉전 당시 세계 정치 연구에서 전략 연구의 영향력이 '과도했다'(Betts 1997: 32, Baylis 2001: 1)는 것을 알고 있었고, 또한 "냉전 당시의 정치적 체제가 너무나 당연시되었고, 전략 연구가 미국과 소련 양측 군사력의 기술 및 장비 습득을 면밀히 분석하는 일에만 치중했다"(Freedman이 Barkawi 1998: 181에서 인용, 프리드먼이 쓴 21장 '전략 연구에는 미래가 있는가?'도 참고)는 점에도 동의했다. 이와는 반대로 안보 연구에 대한 일부 비판적 접근은 '전통적' 전략 연구를 자신들의 학문과 반대 입장이라고 여겼고, 더불어 자신들의 학문 분야를 넓히는 데 치중하다가 비군사적인 문제까지 포함시킨 것이라는 주장도 나왔다. 현대 정치에서 전쟁이 아직도 변하지 않는 문제로 남아 있는 만큼, 사회적 현상으로서의 조직적인 군사력에 초점을 맞출 필요가 있으며 또한 기존의 전략 연구보다 더 넓은 범위의 비판 이론적 자원을 활용해야 할 것이다.

비판적으로 사고하기

전쟁 연구에 대한 '전략적 접근법'에도 배울 점이 있는가?

그렇다:

- **항구적인 법칙을 발견할 수 있다**: 전략 연구는 역사를 통틀어 항상 존재해온 국제 관계 및 군사 충돌에 관한 여러 측면을 분류하고 특징지으며, 어떻게 하면 이를 더 잘 이해할 수 있는지를 계속해서 연구하는 학문이다.

- **무력 충돌은 정치의 고질적인 특성이다**: 유감스럽게도, 정치에서 전쟁은 되풀이될 수밖에 없다. 따라서 전쟁으로 인한 심각한 결과를 방지하고 이를 막기 위한 지식 체계가 필요할 수밖에 없다.

- **전쟁의 위협을 사전에 막을 수 있다**: 현대의 전쟁은 너무나 막대한 파괴력을 가지고 있으므로, 이를 방지하기 위해서는 전략적인 접근 방법이 필요하다.

- **국가 행위의 방향을 제시해준다**: 전략 연구는 '권력에게 진실을 말할' 수 있다. 전략 연구는 정책 결정자들에게 어떻게 하면 전쟁을 가장 잘 피할 수 있는가, 혹은 유사시에는 어떻게 전쟁에서 승리할 수 있는가에 대한 방향을 제시해준다.

그렇지 않다:

- **정적이고 융통성이 없는 접근법이다**: 전략을 연구하는 학자들은 정치가 되풀이되고 반복된다는 점은 물론 정치가 국가에 종속된다는 점, 그리고 현 상태를 정당화하는 도구로 쓰인다는 가정을 지나치게 강조하는 경향이 있다.

- **전략이론가들은 갈등을 인정하는 차원을 넘어서, 갈등 자체가 불가피한 특성이라고 생각한다**: 전략이론가들은 자신들이 세계가 어떠한 방향으로 나아가야만 한다고 제시하는 것이 아니라 현 세계에 대해 기술하는 데 초점을 맞춘다고 주장하지만, 이로 인해 어떻게 하면 갈등을 해결하고 극복할지에 대한 관심은 멀어지게 되었다.

- **전쟁을 준비하는 일은 또 다른 불안을 야기한다**: 비록 "평화를 원하면 전쟁에 대비하라"는 라틴어 격언이 있긴 하나, 핵전쟁의 위협이 상존하는 현대전에서는 유효성이 이미 지난 말이다. 전쟁에 대한 대비는 오히려 전략의 정치적인 목적을 퇴색시키는 결과를 낳을 뿐이다.

- **현 권력 관계에 대한 무비판적인 수용**: 전략이론가들은 현재의 기득권층을 돕는 것을 너무나 당연하게 생각한다. 만약 이들이 비판적인 시각을 견지했더라면, 현재의 권력 관계가 어떻게 형성되었는지, 현재의 권력 관계가 얼마나 심한 불평등을 기반으로 만들어졌는지에 대해서도 분명히 의문을 품었을 것이다.

➕ 맺음말

비판론자들은 21세기에 접어들면서 전략 연구에 변화가 필요하다고 주장하지만, 이 책의 저자들 대부분이 보여주었듯이 전략 연구는 이미 현대 사회의 여러 문제들에 대한 해결책을 내놓고 있다. 비록 전략 연구의 핵심이 핵전쟁과 핵무기에 관한 내용이지만, 전략 연구는 이 두 문제에만 국한되진 않는다. 전략 연구를 "이웃을 죽이려는 확률에 기반한 기술"(Danchev 1999: 313)이라고 하거나, 혹은 전략은 단지 "학살"(Shaw 2003)의 공범자일 뿐이라고 하는 등 전략의 가치를 떨어뜨리려는 사람은 과거는 물론, 미래에도 존재할 것이다. 그러나 전략 연구의 목적과 존재에 반대하는 사람들은 냉전으로부터 발전한 이 연구 영역에 대한 지속적이고 실용적인 비판들을 더 많이 할 필요가 있다. 이 장에서 언급한 비판점을 해결할 수 있는 능력 등 전략 연구가 할 수 있는 일의 범위에는 미래에 이루어질 전략 연구 비판에 대한 분석의 원천이 포함되어야 할 것이다. 듣기 좋은 말이든 혹은 날이 서 있든, 전략 연구에 대한 비판은 현대 전략 연구의 기본 가정에 대한 의문을 제기함으로써 전략 연구의 이면을 비춰주는 거울과 같은 중요한 역할을 한다고 할 수 있다.

❓ 생각해볼 문제

1. 전략가들은 왜 핵 억지 연구에 게임 이론을 도입하려고 했는가? 이런 시도에 대한 비판에는 어떤 것들이 있는가?
2. 비도덕적이라는 근거로 전략 연구를 비판하는 것이 타당한 일인가? 전략과 윤리는 양립할 수 있는가?
3. 전략 연구에서 과학적 객관성을 확보하는 것이 가능한가?
4. 제2세대와 3세대의 전략적 사고에 있어 주요한 차이점에는 어떤 것들이 있는가?
5. 전략 연구에 대한 비판적인 접근법은 왜 사회적 구성의 역할을 강조하는가?
6. 전략 연구에는 본질적으로 서구 국가에 편향된 시각이 존재하는가?
7. 비판론자들이 전략 연구와 정책 결정자 간의 관계에 잠재적인 문제가 있다고 지적하는 이유는 무엇인가?
8. 페미니스트들이 주장하는 전략에 대한 비판의 주요 근거는 무엇인가?
9. 전략 연구에 대한 비판적 접근법이 전략 연구에 어떻게 기여했는가?
10. 전략 연구는 현재의 갈등 연구에도 여전히 타당한가?

Ⓜ 더 읽을거리

R. K. Betts, 'Should Strategic Studies Survive?' *World Politics* 50(1) (October 1997): 7-33
   저자는 냉전 이후의 전략 연구가 아직도 유효하다는 양질의 주장을 확실한 어조로 펼치고 있다.

H. Bull, 'Strategic Studies and its Critics', *World Politics* 20(4) (July 1968): 593-605

전략 연구와 1960년대의 민간 전략가들에게 가해진 비판에 대한 중요한 반박을 제공하고 있다.

C. Cohn, 'Sex and Death in the Rational World of Defense Intellectuals', *Signs* 12(4) (Summer 1987): 687-718
저자는 페미니즘적 시각을 바탕으로 전략 연구와 핵 억지이론에 대한 비판을 펼치고 있다.

C. S. Gray, *Strategic Studies: A Critical Assessment* (London: Aldwych Press, 1982)
냉전 이후 전략이 발전함에 따라 달라진 전략에 대한 우호적인 비판에는 어떤 것이 있는지에 대해 다루고 있다.

P. Green, *Deadly Logic: The Theory of Nuclear Deterrence* (Ohio, OH: Ohio State University Press, 1966)
약간 시대에 뒤처진 감이 없지 않지만, 전략 연구에서 사용된 언어의 완곡어법과 은유법 등 오늘날까지도 유효한 여러 문제를 다룬다.

B. S. Klein, *Strategic Studies and World Order: The Global Politics of Deterrence* (Cambridge: Cambridge University Press, 1944)
근대의 서구 사회가 형성되는 과정에서 나타난 전략 연구의 역할을 후기구조주의 시각을 통해 평가하고 있다.

P. Lawrence, *Preparing for Armageddon: A Critique of Western Strategy* (Brighton: Wheatsheaf, 1988)
제2차 세계대전 당시의 맥락을 통해 전략 연구의 윤리적 문제점을 비판하고 있다.

A. Rapoport, *Strategy and Conscience* (New York: Harper and Row, 1964)
현재 저자는 이전과는 상당히 다른 입장을 취하고 있지만, 이 책을 집필할 당시에는 필립 그린과 마찬가지로 현재에도 문제시되는 전략 연구의 여러 윤리적 문제점에 대해 이야기하고 있다.

M. Shaw, 'Strategy and Slaughter', *Review of International Studies*, 29(2) (2003): 269-77
언제나 유효한 전략의 지식에 대해 다룬 콜린 그레이의 논거에 대한 비판을 담은 저서다.

R. Wyn Jones, *Security, Strategy and Critical Theory* (Boulder, Co: Lynne Rienner, 1999)
저자는 프랑크푸르트학파 및 안토니오 그람시의 비판이론을 이용해 '전통적' 전략 연구 및 '비판적' 대안의 기본 가정에 대해 비판하고 있다.

웹사이트

경제학 백과사전(http://www.econlib.org/library/Enc/GameTheory.html)
입문자들을 위한 사이트로, 게임 이론을 전략 연구의 황금기와 연결 지어 간단하게 설명해주고 있다.

핵군축을 위한 캠페인(CND)(http://www.cnduk.org)
전략 연구 분야에서 핵무기의 전략적 사용 저지를 목표로 핵군축 운동을 뒷받침하면서 도덕적인 주장을 하는 사이트다.

핵시대 평화재단(http://www.wagingpeace.org)

　　이곳 또한 핵무기 보유에 대해 강한 반대 입장을 표명하고 있다.

로버트 맥나마라(Robert S. McNamara)의 '대재앙(Apocalypse Soon)'(http://foreignpolicy. com/2009/10/21/apocalypse-soon/)

　　1961년부터 1968년까지 미국의 핵무기 변천사를 목도한 전 미국 국방부 장관은 2005년에 미국이 핵무기에 의존하는 것에 대해 비도덕적이라고 주장했다.

핵안보 프로젝트(http://www.nuclearsecurityproject.org)

　　조지 슐츠 전 미국 국무장관, 윌리엄 페리 전 미국 국방부 장관, 헨리 키신저 전 미국 국무장관, 샘 넌 전 미국 상원의원 등 총 4명의 냉전주의자들이 만든 사이트로, 탈냉전 시기에 핵무기는 전략적 불안정성을 가중시킬 뿐이라는 주장을 펼치고 있다.

안보와 전략에 대한 새로운 아젠다

제임스 위츠(James J. Wirtz)

 독자 안내

이 장에서는 이제까지 국가 안보 문제나 전략의 범위에 포함되지 않았던 여러 사안들에 대해 알아볼 것이다. 비전통적 안보 문제에 대한 대부분의 평가와는 다르게, 여기에서는 사상자가 발생하거나 사유 재산이 침해되는 경우, 혹은 경제 발전을 저해한다는 이유만으로 특정 문제를 국가 안보에 대한 위협으로 간주하지는 않을 것이다. 오히려 환경이나 자원, 인구 문제에 대한 실용적인 평가를 내림으로써 전략, 군사, 혹은 현존하는 전략에 관한 문헌이 유용한 방식으로 이러한 이슈와 문제들을 해결할 수 있도록 할 것이다. 만약 전략, 전략가들, 군대가 특정 문제를 해결할 수 있거나, 이들 자신이 문제가 된다는 것을 밝혀내거나, 혹은 이들이 초국가적인 흐름에 따라 바뀌게 된다면, 이런 문제들이 바로 전략 연구의 주제가 될 것이다. 또한 이번 장에서는 이전과는 다른 형태의 안보 사안들이 안보와 전략 옹호론자들이 예상치 못했던 방향으로 국가의 핵심 안보 사항에 영향을 미치기 시작했다는 점도 언급할 것이다.

머리말

냉전 시대에는 상위정치high politics가 국가 안보 문제에서 우선순위를 차지했다. 그 당시는 전쟁, 평화, 핵 억지, 위기관리, 정상 외교, 군비 통제 및 동맹 정치에 관한 문제들이 국제 정치나 군사 전략 분야에서 중요도가 높던 시절이었다. 이와는 대조적으로 환경이나 희귀 자원 관리, 인구 증가 억제 등의 하위정치low politics 관련 사안들은 골칫거리로 취급되긴 했으나, 그렇다고 국가 안보에 대한 위협으로 간주되진 않았다. 물론 때때로 하위정치 사안들도 국가 안보의 문제가 되는 경우도 있었다. 핵실험 후 방사능 낙진으로 인한 대기오염은 핵무기 경쟁으로 일어나는 환경 문제에 대한 경각심이 높아지게끔 만들었고 이는 곧 1963년 부분적 핵실험 금지 조약the Partial Test Ban Treaty을 체결하는 계기가 되었다. 1970년대의 석유 파동으로 인해 미국인들은 자국의 해외 원유 의존도가 얼마나 큰지를 체감했으며, 원유 비축량에 따라 미국 경제와 외교적 영향력이 달라진다는 것을 실감하게 되었다. 하지만 정책 결정자들과 학자들은 대부분 상위정치와 하위정치를 별개의 문제로 취급했다.

1980년대 후반에 이르자 일부 학자들로부터 상위정치와 하위정치의 중요도가 바뀌었다는 주장이 나오기 시작했다. 이들은 과거에는 중요시되지 않았던 안건들이 이제는 국가 안보의 핵심 문제가 되어야 한다고 역설했다. 이러한 하위정치의 부상은 국제 관계에 대한 여러 이론을 통해 설명될 수 있다. 현실주의자들은 하위정치가 부상한 것에 대해 냉전 시기 동안 과도하게 상위정치에 치중하는 분위기가 사라짐에 따라 이전에는 덜 위험하다고 여겨졌던 사안들이 더 중요하게 보이게 된 것이라고 생각할 것이다. 즉 냉전의 종식으로 인해 여러 국제 문제를 관리할 여력이 생겼으며, 특히 외교, 경제 및 군사적으로 강력한 영향력을 행사할 수 있는 초강대국인 미국의 경우는 더욱 그러하다고 할 수 있다. 한편 신제도주의자들Neo-institutionalists은 국제 문제 해결을 위한 새로운 형태의 초국가적 관리의 필요성을 역설하며, 정부 간 국제기구(IGOs, 예를 들면 UN)나 국제비정부기구(INGOs, 예를 들면 미국 카네기 국제 평화연구소), 혹은 수많은 풀뿌리 운동 등이 초국가적 협력을 필요로 하는 문제 해결에서 매우 중요한 역할을 한다고 주장할 것이다. 이러한 지역 기구 및 운동은 여러 국가들이 여성 인권, 오존층 파괴, 에이즈 문제와 같은 전 세계적 문제 해결에 나서도록 만들 뿐 아니라, 동시에 이러한 문제 대처를 위한 초국가적 운동의 착수 및 조직을 유도하는 역할을 한다. 통신 기술의 발달이 인간 상호작용을 변화시킨다는 점에 관심을 두는 학자들은, 오늘날 세계 곳곳에 존재하는 사람들이 인터넷을 통해 정치 및 홍보 캠페인을 조직할 수 있다는 점에 주목하고 있다. 풀뿌리 조직들은 아마존의 삼림 파괴나 캘리포니아 연안의 무허가 개발 등을 감시하는 역할을 하고 있다. 교육 수준이 높으며 첨단 통신 기기로 무장한 오늘날의 개개인들은 지구 반대편에 사는 사람들이 겪는 고통에 관심을 기울이고 있다. 특히 최빈국 사람들이 고통받고 있는 문제를 해결함에 있어서 국경은 의미가 없다는 생각이 선진국을 중심으로 확산되는 추세다.

그러나 21세기가 시작된 지금, 정보 혁명의 어두운 이면이 그 모습을 드러내면서 상위정치와 하위정치 중 어느 것이 상대적으로 더 중요한가에 대한 의견은 다시 바뀌고 있다. 알카에다Al-Qaeda와 그 지지자들은 첨단 통신 기술과 운송 체계를 통해 뉴욕과 런던, 마드리드, 발리, 파리에서 무고한 시민들을 대상으로 테러를 저질렀다. 결국 상위정치와 하위정치에 관한 논쟁은 다시 원점으로 돌아오게 된 것이다. 정보 혁명, 세계화, 인구학에 대한 문제 등 하위정치 현안들은 이러한 사건들로 인해 다시 상위정치 사안이 되었고, 이는 전 세계의 국가 안보 및 국토방위에 영향을 끼치고 있다.

개념적 틀의 필요성

하위정치가 냉전 이후 더욱 중요성을 띠게 되었다는 것은 두말할 나위 없이 자명한 일이다. 이미 1990년대에 토론토 대학의 토마스 호머딕슨Thomas Homer-Dixon을 비롯한 그의 동료들은 물론, 오슬로 국제 평화연구소International Peace Research Institute, Oslo(PRIO)에서는 대규모 연구 프로젝트를 통해 자원의 희소성과 전쟁 및 폭력 사태 발생의 상관관계를 밝히고자 했다. 또 다른 연구자들은 환경 파괴가 사상자를 낼 수도 있는 만큼, 환경 문제 또한 국가 안보 문제로 취급해야 한다는 주장을 했다. 한 예로, 마크 레비Marc Levy는 오존층의 파괴가 암, 실명과 같은 질병뿐만 아니라 사망자까지 발생시킬 수 있는 만큼, 이를 안보 문제에 포함시켜야 한다는 주장을 했다. 그러나 이런 문제들을 국가 안보 문제로 취급하게 된다면 군사 전략 발전 분야와 같은 다른 분야에서 여러 문제가 야기될 수 있다. 예를 들어 군대가 어떻게 국가의 온실 가스 배출을 줄일 수 있는지, 이를 통해 지구 온난화를 방지할 수 있는지에 대해 명확한 해답을 내놓을 수 없다는 점을 생각해보라. 마찬가지로 2014년 서아프리카의 라이베리아Liberia, 시에라리온Sierra Leone, 기니Guinea를 휩쓸었던 에볼라 확산을 막기 위해 군 당국이 무엇을 할 수 있는지 또한 불확실한 것은 마찬가지다. 국가 안보에 대한 비전통적인 위험은 분명 존재하나, 이를 해결하기 위해 군의 배치나 전략, 전략가들의 구조적 대응이 어떠해야 하는지를 정하는 일은 쉽지 않다. 설상가상으로, 하위정치와 상위정치의 상호작용은 굉장히 복잡한 방식으로 이루어진다. 왜냐하면 하위정치의 문제들은 대전략grand strategy으로부터 완전히 분리될 수 없기 때문이다. 예를 들어 이란의 핵무기 보유 가능성이 당장은 중동 에너지 보유량에 직접적인 위험이 되지는 않지만, 그로 인해 원유 가격이 상승한다면 이는 이미 경직된 에너지 시장 속에서 세계 경제에 큰 영향을 끼칠 수 있다는 점을 들 수 있다. 즉 하위정치 사안들이 직접적으로 안보에 위협을 가하진 않아도, 충분히 기존의 전략 사안들에 영향을 미칠 수 있으며 반대로 영향을 받을 수도 있다.

환경 문제나 글로벌 이슈가 국가 안보에 대한 위협이 된다고 주장하는 사람들은 보통 맬서스 시나리오Malthusian scenarios를 그 근거로 제시한다. 맬서스 시나리오에서는 자원 부족이나 인구 과잉, 급격한 인구 감소로 인한 인구 불균형을 전쟁의 원인으로 지목한다. 하지만 이 시나리오는 그다지 신뢰성이 높지 않으며, 자원 부족이 전쟁 발발에 미치는 영향은 매우 미미하다는 최근의 연구 보고도 있다. 오히려 맬서스 시나리오는 군 당국이 큰 재앙이 닥치기 전에 미리 그 징조를 읽어낼 수 있어야 한다는 것을 강조한다고 볼 수 있다. 혹자는 특정 환경, 자원, 인구 문제 때문에 인류 생존을 위협하는 전쟁이 발발하기 전, 미리 교육이나 기술, 사회적 측면에서 대응을 해야 한다고 주장할 수도 있다. 물론 환경 문제나 글로벌 이슈가 중요하다는 점에는 논쟁의 여지가 없다. 하지만 이러한 문제는 미래에도 끊임없이 계속해서 이어질 것이고, 자원 전쟁이 계속해서 일어난다는 점도 현실적이지 않은 주장이 될 것이다(Box 19.1).

ⓞ Box 19.1 토마스 로버트 맬서스

토마스 로버트 맬서스(Thomas Robert Malthus)는 1766년 2월 13일에 태어났다. 1788년에 케임브리지 신학 대학을 졸업한 후에 목사가 되었고, 그 후 루이 16세가 프랑스 혁명으로 인해 단두대에서 참수되었던 1793년에 케임브리지 대학의 전임 교수로 재직하게 되었다. 맬서스는 윌리엄 고드윈(William Godwin)과 니콜라 드 콩도르세(M. Condorcet)가 제시한 유토피아적 철학에 회의적인 견해를 가지고 있었다. 이를 반박하기 위해 맬서스는 1798년에 『인구론(An Essay on the Principle of Population as it Affects the Future Improvement of Society)』을 출간하게 된다. 맬서스는 벤저민 프랭클린(Benjamin Franklin)으로부터 미국 마을의 인구 증가 비율에 대한 자료를 받아 연구한 결과, 한 가지 놀라운 발견을 하기에 이르렀다. 인구는 기하급수적으로 증가하는 반면, 식량 공급은 산술적으로 증가한다는 것이다. 즉, 이런 추세가 계속된다면 언젠가 인구수가 식량 공급량을 넘어서서 사회적 붕괴를 일으키게 된다는 것이 맬서스의 주장이다. 맬서스는 이러한 붕괴를 막을 배경에는 두 가지 요소가 있다고 주장했다. 첫 번째는 본인이 '예방책(preventive measures)'이라고 이름 붙인 산아 제한 정책이고, 다른 하나는 '긍정적인 조치'라고 표현되었지만 다소 어폐가 있는 전쟁, 질병, 기아, 발전 등을 의미한다. 다행히도 맬서스의 예상은 잘못된 것으로 판명 났다. 맬서스는 특정 현상이 계속해서 이어지는 경우는 극히 드물다는 점을 간과한 것이다. 지난 한 세기 동안 경제적 산출물 대비 소요되는 원자재의 양은 계속해서 줄어든 반면 가용 원자재는 증가한 결과, 《이코노미스트》지의 산업 원자재 가격 지수는 1845년 이후로 계속해서 80 아래로 유지되어왔다.

다행히 이에 대한 전망은 상당히 밝을 것이라는 조짐이 이미 여러 차례 발견되었다. 1960년대에 해마다 2퍼센트의 증가세를 보였던 인구 증가율은 현재 하락세를 보이고 있으며, 앞으로도 보건, 경제, 교육 수준이 계속해서 증가하는 한 이 추세는 유지될 전망이다.

초국가적 사안들을 국가 안보에 대한 위협으로 간주하게 된다면 또 다른 문제를 야기할 수 있다. 자연재해나 정치로 인해 벌어진 피해를 수습할 때, 군대는 이에 대응할 수 있는 군수 능력, 인력, 전문 인력을 보유한 거의 유일한 집단이라고 할 수 있다. 2004년 쓰나미가 발생했을 때, 19개국의 육군 및 해군과 여러 비정부기구들은 고립된 이재민들에게 음식, 피난처 및 의약품을 지급하는 등 합심하여 재해 구호물자를 조달했다. 하지만 초기의 상황과 의도와는 다르게, 공공 보건 혹은 경찰의 공권력 문제가 군 병력 투입으로 인해 무력분쟁으로 악화되는 결과가 벌어지게 되었다. 이와 비슷한 사건으로 UN이 소말리아의 대규모 기아 사태를 막기 위해 개입한 것이 오히려 끔찍한 시가전urban combat으로 악화되었던 경우를 들 수 있다. 재난 해결을 위해 군사력을 투입하면 필연적으로 민간인 사상자를 내는 것은 물론 서민경제 파괴, 농촌 빈곤 심화, 무장 저항 등을 초래하게 된다. 또한 군인들은 인도주의적 작전, 평화 유지군 활동, 국경 순찰 등의 수행으로 인해 본래 목적인 전쟁 대비 및 승리에 활용되어야 할 자원이 분산된다는 점에 불만을 갖게 된다. 물론 군 병력이 앞으로도 자연재해 대응에서 핵심적인 역할을 수행하게 되겠지만, 자연재해나 자원 문제, 인구 문제를 안보 문제로 정의한다면 그에 따른 비용과 위험이 따를 수밖에 없다.

　　이러한 새로운 안보 사안들을 평가하고 전략이 이에 어떠한 해답을 내놓을 수 있는지를 살펴보는 것이, 환경 문제의 심각성이나 군대의 역할에 대한 소모적인 논쟁보다 더 바람직한 방향이라고 할 수 있다. 이러한 실리주의적 시각에는 세 가지 시사점이 있다. 첫 번째로, 군대를 동원해 특정한 문제를 실리적으로 해결할 수 있다면, 그러한 문제는 전략적으로 중요한 사안이 될 수 있다는 점이다. 하지만 군사적 위협, 군사력 사용, 병참 혹은 기술적 지원 등이 문제 해결에서 별다른 역할을 하지 못한다면, 그 문제를 안보 문제로 규정하지 않는 것이 최선이라고 할 수 있다. 두 번째로, 군대 동원으로 인해 환경이나 자원, 인구 관련 문제가 발생한다면 그런 부가적인 이슈 또한 전략가들의 관심을 끌 수 있는 사안이 될 수 있다는 점이다. 당장의 인명 및 경제적 손실을 넘어 그 외의 문제들도 고려함으로써, 갈등으로 인해 발생하는 비용을 따질 필요가 있다. 전 세계적인 추세를 보아도, 전략가들은 전쟁 및 전쟁 대비가 환경에 미치는 장기적인 영향력을 고려해야 한다. 세 번째로, 하위정치 문제가 앞으로 군대의 활용 방식에 영향을 미친다면, 이런 경우에도 전략적인 중요성이 발생한다는 점이다. 즉 하위정치로 인해 국제 안보 환경에서 전략, 군사의 구조 및 독트린에 중요한 변화가 일어나는가에 따라 전략적 중요성도 달라진다. 이런 실리적인 관점은 안보에 대한 위협을 정의할 때, 국가나 개인의 행복을 위협하는 것(물 부족 등)으로 규정하는 것이 아니라 어떤 것이 문제에 대한 적절한 대응(군사력 사용 등)인가에 따라 위협을 규정한다는 점에서, 기존의 환경이나 자원 문제에 대한 논의와는 대비된다.

　　안보나 전략 분야에서 완전히 새로운 아젠다가 나올 수 있을까? 이에 대한 대답은 '그렇다'고 할 수 있다. 특히 전략, 전략가, 군대가 특정 문제를 해결할 수 있거나, 특정 문제의 원인이 되거나, 이들 자신이 초국가적 흐름에 맞추어서 바꾸어야 하는 상황이라면 그 가능성은 더욱 높아진다. 이어지는 내용에서는 새로운 안보 및 전략 사안으로 여겨지는 여러 초국가적 문제와 그에 따른 전략은 어떠한 관계를 가지는지에 대해 간략하게 알아볼 것이다.

🔒 요점 정리

- 학자들은 환경 문제, 생물 다양성 위협, 질병 등의 비전통적인 이슈들을 국가 안보 문제로 포함시켜야 하는가에 대해 논의 중이다.
- 맬서스 시나리오는 아직도 환경 문제를 안보 문제로 포함시키는 근거로 널리 활용되고 있다.
- 사회 및 환경 문제를 국가 안보 문제로 규정하게 된다면 그에 따른 비용과 위험이 따르게 된다.
- 실리주의적 관점은 새로운 아젠다가 안보나 전략에 포함되어야 하는가를 정하는 데 유용하게 사용될 수 있다.

인구: 세계 정치의 인구학

이번 장에서 다룰 거의 모든 문제들은 20세기의 폭발적인 인구 증가를 그 원인으로 하고 있다. 20세기 중반 이후 세계 인구는 35억 명을 돌파했고, 21세기 초반에는 60억 명을 넘어섰다. 다행히 2050년을 전후로 하여 세계 인구는 90억-100억 명 정도에서 안정될 전망이다. 여성들이 더 많은 교육, 의료, 취직 기회를 얻게 되면서 선진국뿐 아니라 개발도상국 도심 지역의 출산율 또한 하락하고 있다. 인구 추정치는 세계 인구 증가세가 최근 몇 십 년 동안 감소하고 있음을 보여주고 있으며, 이에 따라 2050년과 2100년 사이를 기점으로 전체 세계 인구수가 하락할 것임을 예측할 수 있다.

물론 세계 인구에 관해 비관적인 소식만 있는 것은 아니다. 그럼에도 위의 긍정적 변화에는 세 가지 문제가 수반된다. 첫 번째로, 향후 대부분의 인구 증가는 기존 인구에게 제공하는 식량, 주거, 교육 혜택이 이미 해결 가능한 한도에 다다른 최빈국에서 일어날 것이라는 점이다. 이와는 반대로, 선진국에서는 현재의 경제 활동 인구를 대체할 수 있는 수준 이하로 인구 증가율이 하락하면서 전혀 다른 문제들이 발생하고 있다. 즉, 현재의 부과식 pay-as-you-go 연금 제도를 유지할 노동 가능 인구가 줄어들면서 사회 구조적인 문제가 벌어질 가능성이 상존하고 있는 것이다. 두 번째로, 인구 증가는 대부분 도심에서 이루어진다는 점이다. 2015년 기준으로 인구가 1,000만이 넘는 거대 도시는 전 세계에 27개가 존재하며 세계 인구의 50퍼센트가 도심 지역에 거주하고 있다. 그리고 2030년에는 약 60퍼센트의 인구가 도심 지역에서 살게 될 것이다. 만약 도시 계획 관계자들과 공무원들, 군무원이 이러한 증가세에 걸맞은 기본적·사회적 서비스를 제공하지 못한다면 수많은 사람들이 불결하고 혼란스러운 도시에서 살아가야 할 것이다. 개발도상국 내의 여러 거대 도시에서는 국지 도발이나 스포츠 경기 이후에 발생하는 예기치 못한 폭력 사태가 발생할 위험이 존재한다. 심지어 선진국 내의 도시 또한 폭력 사태에서 완전히 자유롭지는 못하다. 경찰이나 주

방위군이 도착하기도 전에, 무장한 갱단이 LA의 구역을 나누고 약탈을 일삼으며 도심을 혼란으로 빠뜨리는 상황이 며칠씩이나 지속될 수도 있다. 세 번째로, 늘어나는 인구 대부분이 저연령층이므로, 개발도상국의 인구 증가율이 최대치가 되기까지는 시간이 걸릴 것이다(그림 19.1).

전략가들이 인구 과잉으로 인해 여러 사회, 자원 및 환경 문제가 일어난다는 예상에 반론을 제기할 순 없지만, 대신 이들은 인구 문제의 핵심이 되는 다양한 인구학적 현상 탐구에 관심을 기울이고 있다. 즉 전략가들은 현재 고령화 및 인구 감소를 겪고 있는 서구 국가들은 물론, 이와는 반대로 저연령층의 폭발적인 증가를 겪고 있는 개발도상국의 현상이 시사하는 전략적 의의는 무엇인가에 주목하고 있다. 개발도상국에서 인구 증가로 인해 나타나는 문제로는 인구 증가 추세를 따라가지 못하는 취업 시장, 낮은 기본 복지 수준으로 인한 빈곤과 혼란 및 절망 등으로 압축될 수 있다. 일부에서는 거대 도시에 밀집되어 있는 청년층들이 과격 민족주의, 절대 권력자, 혹은 천년왕국운동Millenarian movements의 영향을 받아 국지적인 폭력 사태 및 국제 테러리즘을 일으킬 것이라고 생각한다. 물론 대부분의 대규모 혁명은 급격한 청년층 증가를 동반하는 경우가 많긴 했으나, 학자들은 청년층 급증은 오히려 소규모 분쟁의 발생 빈도 증가와 연관성이 있다고 주장해왔다. 집이나 가족, 주거 환경이 나아질 희망이 없는 청년층에게 전쟁은 자신들이 원하는 것을 얻을 수 있는 수단으로 비춰질 가능성이 존재하기 때문이다. 이와는 대조적으로, 현재 서방 국가들에서는 인구 감소 현상으로 인해 군대 인력 충원이 어려워지면서 결과적으로 군대가 기술력에 의존하고 있는 현상이 벌어지고 있다. 의료 서비스 수요 증가와 인구 고령화로 인해 연금은 치솟고 있으며, 이에 따라 선진국에서는 많은 국방비를 감당하기가 어려워지고 있다.

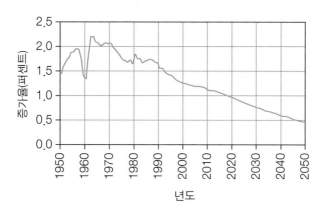

그림 19.1 1950년부터 2050년까지의 세계 인구 증가 추세
출처: 미국 통계청, 2013년 12월 기준 전 세계 데이터

인구 통계 문제들은 미래의 국방 정책 및 전략에 영향을 미치기 때문에, 이것은 전략 문제에 포함된다고 할 수 있다. 그렇다면 이러한 문제가 전략에 얼마나 영향을 미치는가? 마틴 반 크레벨드Martin Van Creveld와 스티븐 심발라Stephen Cimbala는 이에 대해 비관적인 견해를 피력했다. 이들은 도심의 폭동이나 초국가적 운동들이 소위 '자구적 방식', 즉 무력을 통해 스스로 문제를 해결하는 방식이 확산되면서 오직 국가만이 독점적으로 군사력을 사용할 수 있었던 이전의 경향이 바뀌게 될 것이라고 주장한다. 또한 이들은 폭력 사태가 이전보다 정치에서 덜 공론화되고 있으며, 세계가 혼란과 전쟁 만능주의로 빠져들고 있다고 생각한다. 반면 일부에서는 이러한 인구 통계 결과가 죽음과 전쟁의 참상에 대한 사람들의 태도를 변화시키고 있다고 생각한다. 서양 국가들 사이에서는 이미 전쟁 사상자에 대한 국민들의 반감이 국가 전략에 영향을 미치는 수준에까지 이르렀다. 반면 일부 개발도상국에서는 자국 내의 호전적인 문화로 인해 전쟁을 찬양하고 천년왕국운동을 지지하는 사람들이 증가하고 있으며, 전문적인 군사 훈련을 받지 않은 무장 세력들이 근본주의 운동이나 무정부주의 운동을 이끌고 있다. 알카에다에 가담한 대부분의 테러리스트들이 미혼남이란 사실은 단순한 우연이 아닐 것이다. 하지만 호전적인 문화가 군사 전문가들이 수행하는 제병 공격보다 더 우위를 차지한다는 결론은 성급한 오류다. 물론 위장 같은 기초 보병 작전으로 현대전에서의 사망률을 낮출 수는 있겠지만, 아무리 사기가 높다고 하더라도 일제 엄호사격이나 항공 연료 폭발물을 사용한 공습에서 병력을 구할 수는 없는 법이다(Biddle 2003a). 일부에서는 출생률이 줄어듦에 따라, 부모들이 하나뿐인 자식이 군대 내에서 위험한 군사 작전을 하는 것을 달가워하지 않을 것이라는 긍정적인 측면에 주목하기도 한다. 민주주의가 계속 유지되는 이상, 자식을 둔 부모들은 투표권을 통해 이러한 의견을 드러낼 것이기 때문이다.

🔒 요점 정리

- 세계 인구 증가율이 줄어드는 추세이긴 하나, 앞으로 30년 동안 전체 세계 인구는 계속해서 증가할 것이다.
- 미래의 인구 증가는 개발도상국에 집중될 것이며, 이로 인해 거대 도시에 청년층이 집중되는 현상이 일어날 것이다.
- 청년층이 외교 및 군사 정책 배경에 영향을 끼치는 만큼, 인구 변화도 전략과 전략적 사고에 영향을 미칠 것이다.

비판적으로 사고하기

인구 변화가 평화를 가져올 것인가?

1970년 이후에 벌어진 무장 시민운동과 인종 갈등 중 80퍼센트 이상은 인구 평균 연령이 25세 이하인 청장년층 국가에서 일어났다. 아프리카의 사하라 사막 이남 지역을 제외하면, 여러 나라의 인구 평균 연령은 계속해서 늘어나고 있다. 반면에 특히 서구 국가들에서는 고령화가 빠르게 진행되고 있다. 이런 추세가 계속된다면 세계는 더 평화로워질 것인가?

그렇다:

- *자원의 우선순위는 계속해서 바뀐다*: 여러 나라가 인구 고령화는 물론, 갈수록 하락하는 생산 능력으로 인해 어려움을 겪고 있다. 국민들이 원하는 복지 수준을 맞추려면 사회 복지 서비스에 더 많은 자원을 투자해야 하므로, 군사 작전이나 해외 분쟁에는 상대적으로 적은 양의 자원이 돌아가게 될 것이다. 따라서 군사력을 동원해 국가 목표를 달성해야 한다는 주장은 줄어들 것이다.

- *국가 내 인력의 부족*: 청년층의 인구수는 상대적으로 적어지는 반면 이들이 다른 연령층보다 생산성이 높다는 점을 고려하면, 청년층을 전쟁 같은 비생산적인 일에 투입시키는 것이 비효율적이라는 주장이 앞으로 힘을 얻게 될 것이다. 이로 인해 군대 내 병력이 줄어들 것이고, 이는 곧 군사력 사용의 빈도 감소로 이어질 것이다.

- *연금 수령자들은 위험한 일을 꺼린다*: 청년층은 야심 차고 정력적인 특성을 보이며, 부와 명예, 권력을 약속하는 이데올로기 및 혁명에 쉽게 동조되는 경향이 있다. 그러나 그 끝은 결국 혼란과 무정부 상태, 전쟁으로 귀결된다. 이에 반해 장년층은 더 현명하고 평화를 중요시하는 만큼, 이들은 전쟁보다는 평화를 선택할 것이다.

그렇지 않다:

- *인구 변화 이외의 다른 사안들로 인해 문제가 발생할 것이다*: 각국에서는 지구 온난화, 자원 부족, 식량 및 식수 부족 등의 문제를 해결하기 위해 새로운 갈등 소지를 만들어내어 고령화된 사회의 요구를 충족시키려 할 것이다. 나이에 관계없이, 사람이라면 먹고사는 문제가 가장 중요하기 마련이다.

- *인구 불균형은 국가 내 불안정을 야기하게 될 것이다*: 선진국에서는 고령화된 인구를 대체하기 위해 청년층 이민자들의 노동력에 크게 의존하게 될 것이고, 이로 인해 인종 및 종교 문제가 사회의 새로운 갈등 요소로 나타날 수 있다. 자국 내의 불안정은 곧 국제 분쟁으로 확산될 수도 있다.

- *위의 추측은 단순히 전략가들의 추측일 뿐이다*: 미래는 고령화되고 있는 부유한 선진국과 비교적 젊지만 가난한 개발도상국 간의 소통이 어떻게 이루어지는가에 따라 크게 달라질 것이다. 분쟁의 소지가 있는 국가가 평화를 원한다고 해도, 결과가 항상 평화적일 것이라고 확신할 수는 없다. 이제 막 선진국과 개발도상국이 소통을 하기 시작했지만, 이것이 꼭 평화를 보장하지는 않는다.

공동의 이슈들

국경을 초월하여 나타나는 문제는 흔히 공동의 문제commons problems라고 불린다. 물론 문제가 무엇이냐에 따라 각국의 기여도가 다르겠지만, 개럿 하딘Garrett Hardin이 말했듯 이런 공동의 문제를 막기 위해서는 국제 사회의 집단행동이 수반되어야 한다. 대부분의 하위정치 문제들은 공동의 문제로 분류될 수 있다. 하지만 정책 결정자들과 학자들이 초국가적 문제에 대해 고민하지 않는 이상, 환경이나 자원 문제는 그렇게 자주 거론되는 사안은 아니다.

특히나 자동차나 화력발전소에서 나오는 이산화탄소 배출 문제, 프레온 가스로 인한 오존층 파괴, 온실가스로 인한 지구온난화와 같은 대기오염 문제는 모두 전형적인 공동의 문제들이다.

즉, 일부 국가만 합심하여 오존층 파괴를 늦추는 일은 거의 불가능하다. 만약 일부 국가에서 프레온 가스 생산을 금지한다 해도, 다른 나라들이 프레온 가스를 계속 배출한다면 그런 규제가 별 소용이 없어질 것이다. 수질 오염, 지하 대수층 고갈, 이주종 보호(예를 들면 어류) 등이 보통 공동의 문제로 꼽히지만, 이로 인한 피해는 대부분 특정 지역에만 국한된다. 그러나 대수층이 고갈되거나 특정 물고기의 수가 줄어든다면 농부들이 관개에 사용할 물을 구하지 못하거나 어부들이 생업으로 삼았던 일을 포기해야 하는 등 지역 경제가 심각한 타격을 입을 수 있다.

열대 우림의 황폐화처럼 생물 다양성에 대한 위협은 보통 국가 내 특정 지역에서 발생하지만, 이런 문제들은 '인류의 공동 자산'을 서서히 파괴하게 된다. 삼림 황폐화는 여러 동물들의 서식지 파괴로 이어지고 있는데, 지구상에 알려진 생물의 절반이 열대 우림에서 살고 있다는 점을 고려하면 이는 심각한 사안이다. 나무는 토양과 대기 간의 증발산 순환에서 중요한 역할을 하는 만큼, 삼림 황폐화는 국지적으로 기후에 영향을 미칠 수도 있다. 또한 나무는 산사태나 홍수로부터 약한 표토를 보호하며, 삼림은 대기 중의 이산화탄소를 흡수해 지구 온난화를 늦추는 역할을 한다. 전 지구적 혹은 국지적인 환경 문제는 특정 지역에 매우 심각한 영향을 미칠 수 있다(Box 19.2).

이와는 반대로, 국지 환경 문제가 전 지구적인 환경 문제를 초래할 수도 있다. 공동의 문제는 국지적인 환경 피해가 전 지구적인 영향력을 미칠 때 나타나기도 하며, 소규모이면서 상대적으로 무해한 수많은 현상들이 누적되어 전 세계적 문제나 국지적인 재앙을 일으킬 때 나타나기도 한다. 그러나 이러한 모든 이슈들의 특징은 그것의 원인이나 영향력이 어느 한 국가의 범위를 넘어섰다는 데 있다.

공동의 문제는 인류 존재에 위협을 가하지만, 때로는 전쟁이나 평화에 영향을 미치기도 한다. 1990년대 초반에 미국 주도의 국제 연합군이 쿠웨이트로부터 이라크를 축출한 이면

Box 19.2 공유지의 비극

당신이 미국의 서해안에 살고 있다고 가정해보자. 매년 봄이 되면 연어를 잡으러 바다로 나갈 수 있을 것이고, 연어 수가 꽤 많아서 한나절만 낚싯대를 드리워도 연어를 많이 잡을 수 있을 것이다. 만약 바다에 연어가 충분히 많다면 당신이 배가 가득 차도록 연어를 잡는다 해도 전체 연어 개체 수의 감소에는 별다른 영향을 끼치지 못할 것이고, 원하면 얼마든지 연어를 더 잡을 수 있을 것이다. 하지만 만약 수천 명의 이웃 주민들이 해안을 따라 자주 낚시를 나가서, 연어를 마구 잡는다고 가정해보자. 머지않아 연어는 씨가 마르게 될 것이다. 비록 누구도 이런 결과를 원하지 않았지만, 누구도 책임질 의무는 없다. 공유지의 비극(the tragedy of the commons)이 발생하게 되는 것이다.

공유지의 비극은 사소한 행동들이 모였을 때 어떤 문제가 발생하는지를 잘 보여주고 있다. 앞서 말했듯, 공유지의 비극은 개개인이 자신을 위해 합리적인 행동을 한 결과 의도치 않게 나쁜 일이 벌어졌을 경우 발생한다. 각각의 낚시꾼들은 자신의 이익을 위해 합리적으로 행동하여 많은 연어를 잡아 부가적인 수입을 올렸지만, 전체 공동체는 어장이 고갈되는 희생을 감당해야 한다. 만약 해변 주변에 있는 사람들이 연어를 잡지 않았더라도 외부인이 무임승차 격으로 연어를 잡음으로써 이득을 볼 수 있다. 공유지의 비극은 집단적 행위에 외부 요인 통제가 필요하다는 점을 시사한다. 위의 예시에서는 공동체의 주민이나 혹은 외부인이 연어를 잡아 이득을 보는 경우를 제한하는 것(잡은 물고기만큼 돈을 내도록 하는 것 등)을 외부 통제라고 할 수 있을 것이다. 공동의 문제가 한 국가 내에서 발생했을 때, 국가가 외부 요인을 통제하는 일은 그리 어렵지 않다. 예를 들어 캘리포니아 주에서는 24인치 이상의 연어를 하루 두 마리만 잡을 수 있도록 제한하고 있으며, 보호종을 잡거나 금어기에 낚시를 하는 일이 금지되어 있다. 하지만 공유지의 범위가 국경을 넘어서게 된다면, 외부 요인을 통제하기 위해 여러 국가의 협력이 필요하다.

에는, 현대 산업 경제의 중요한 열쇠인 석유 공급에 대한 접근성 하락 우려라는 명백한 동기가 있었다. 이와는 대조적으로 경색된 석유 시장이 혼란스러워질 것이라는 걱정으로 인해, 이란의 핵무기 산업 시설 건립은 분명하게 드러났지만 이에 대한 국제적 대응은 지지부진했다. 또한 배나 선원들이 특정 국가의 영해를 침범하였다가 잡힌다면, 어업 분쟁에서 총격전이 오가기도 한다. 한 국가가 이웃 국가의 강이나 대수층을 이용해 자국의 사막을 경작 가능한 토지로 바꾸는 일이 일어날 수 있는 만큼, 미래에는 물을 둘러싸고 벌어지는 전쟁 또한 발발할 가능성이 있다. 따라서 공동의 문제는 잠재적으로 전쟁의 원인이 될 수 있는 만큼, 당연히 전략가들은 이런 사안을 전략 문제로 간주해야만 한다. 하지만 적어도 지금까지는 걸프전을 제외하면 공동의 문제로 인해 일부 국지전만 일어났을 뿐이다.

이와는 반대로 대다수에게 영향을 미치는 공동의 문제가 전략의 범위를 넘어설 수도 있다. 초국가적인 문제에 군사력을 활용한다고 해서 반드시 해당 문제가 해결된다는 보장은 없기 때문이다. 예를 들면 전략, 전략가, 군사시설이 있어도 이들은 대수층의 고갈을 막지 못하며, 대수층을 어떻게 보존하거나 복원할지에 대해서도 뾰족한 해답을 내릴 수 없다. 또한 전쟁은 정치적 목적을 달성하기 위한 국가 행위인 만큼, 한 국가가 공동의 문제 해결을 위해 군사력을 동원할 정치적인 이유는 더욱더 없다. 즉, 다른 나라에서 몇몇 사람들이 호랑이를 밀렵하거나 화전농업을 하고, 혹은 화력 발전소를 짓는다고 해서 이를 막기 위해 개전을 주장하는 사람은 없다는 것이다. 만약 군사력을 동원해 공동의 문제가 해결될 수 있다 해도, 어느 한 국가가 먼저 자진해서 군사적 행동을 취하려 들진 않을 것이다. 공동의 문제 해결을 위해 군사를 동원했을 때 얻을 수 있는 이익보다 군사를 동원하는 데 드는 비용이 더 크다는 것은 자명하기 때문이다. 물론 공동의 문제가 해결되면 모두에게 이익이 되겠지만, 국가가 움직일 때는 그에 따른 대가를 치러야 하기 마련이다. 이것이 공유지의 비극이 지닌 핵심 딜레마라고 할 수 있다. 즉 모든 인간의 행동에 필연적으로 존재하는 외부 요인을 통제하기 위해서는 반드시 집단행동이 수반되어야 한다. 물론 전략가들은 이러한 문제 해결을 위한 공동 대응을 수립하기 위해 노력하겠지만, 그 해결책이 무력을 앞세운 환경 결정론이 아니라 깨어 있는 개개인의 관심에서 나온다면 더 바람직한 방향이 될 것이다. 언젠가는 공동의 문제로 인해 군사 행동이나 혹은 석유 확보 작전 같은 군사 전략의 필요성이 대두될 수도 있겠지만, 공동의 문제가 군사 문제로 비화되지 않도록 만드는 것이 최선이라고 할 수 있다.

🔒 **요점 정리**

- 공유지의 비극은 일반적으로 국제 사회가 환경이나 자원 보존을 위한 집단적인 행동을 취하지 못할 때 발생한다.
- 때때로 공동의 문제 해결은 전략 그 이상을 필요로 한다.

직접적인 환경 피해

군사 행동이나 군사 무기 제조가 공동의 문제가 되지 않을 수도 있지만, 이러한 일들은 심각한 환경 파괴로 이어질 가능성이 존재한다. 군사 작전으로 인해 발생하는 영향은 종종 축소되거나 알려지지 않는 경우가 많다. 예를 들어 전투기는 비상시에 연료를 배출하는 경우가 있는데, 평시에는 이러한 행위로 인해 얼마나 많은 환경 피해가 발생하는지 아직 정확하게 알려지지 않았다. 영국 하원의원 아치 해밀턴Archie Hamilton은 1992년에 다음과 같이 말했다.

영국 해군 및 공군 파일럿들은 땅에 닿기 전 연료가 대부분 기화될 수 있도록 덤핑해야 한다고 교육을 받는다. 따라서 비상시 연료 배출로 인한 대지나 바다의 환경 파괴 수준은 미미한 정도다. 기화된 연료는 넓은 지역에 걸쳐 퍼지며, 대부분은 자연 분해되기 때문에 대기 중에 알려진 악영향을 끼치진 않는다. 군대에서 사용되는 항공 연료에는 온실 효과, 오존층 파괴, 대기권 하층의 대기 오염 등을 일으킨다고 알려져 있는 성분이 포함되어 있지 않다.

대기 중에 항공 연료를 배출하는 것이 평시에는 별다른 문제를 유발하지 않는다는 해밀턴의 주장은 적절하다. 1980년대 모든 영국 항공기는 연료를 한 달에 두 번만 버릴 수 있도록 제한되어 있었다. 하지만 전시에는 작전 수행으로 인해 엄청난 양의 연료를 버려야 하는 상황이 있을 수 있다. 만약 소규모 지역에 대량의 항공 연료가 한꺼번에 버려진다면, 이 경우에도 환경 문제가 일어나지 않는다고 할 수 있을까?

군사 활동이 환경에 미치는 영향에 대한 평가를 어렵게 만드는 요인으로는, 환경을 이유로 들어 정치적 목적을 위한 정책을 무산시키고자 하는 시도를 꼽을 수 있다. 한 예로, 일각에서는 중화기나 대전차탄, 심지어 사업용 항공기의 평형추에 있는 열화우라늄이 환경 파괴를 일으키거나 혹은 인체에 장기적인 피해를 입힐 수 있다는 주장이 있다. 열화우라늄은 무겁고 고밀도인 만큼 주로 운동에너지 요격 발사체로 쓰인다. 이 열화우라늄은 탱크와 충돌한다고 해서 핵반응이 일어나진 않으며, 충격의 종류에 따라 소량의 열화우라늄이 비교적 적은 양의 불용성 산화 우라늄 입자나 금속 우라늄으로 방출될 수도 있다. 비슷한 물질인 우라늄이 인체에 영향을 미칠 수 있다는 보고는 있지만, 열화우라늄이 인체에 부정적인 영향을 주는지에 대해서는 아직 과학적으로 밝혀진 바가 없다. 우라늄을 다루는 사람들을 대상으로 한 연구에 따르면 열화우라늄의 섭취 및 흡입으로 인해, 혹은 열화우라늄에 오염된 상처로 인해 건강상 문제가 생기는 경우는 없었다. 그럼에도 많은 언론이나 인터넷에서는 환경 및 인체에 영향을 미친다는 이유로 전장에서의 열화우라늄 사용을 성토하고 있다.

실전에서 쓰이지 않는 일부 군사 무기들 또한 심각한 환경 및 건강 문제를 유발할 가능성이 있다. 이런 무기를 해체하거나 파괴하는 데 드는 비용만 해도 엄청날뿐더러, 무기 해체 작업에는 무기 제조에 드는 기술보다 훨씬 더 높은 수준의 과학 및 공학기술이 필요하다. 그렇다고 성공적인 해체가 아주 불가능한 것은 아니다. 2000년 11월 약 10여 년간의 작업 끝에, 마침내 미국이 비축하고 있던 화학무기 재고품을 해체한 존스턴 환초 화학 작용제 폐기 시스템Johnston Atoll Chemical Agent Disposal System(JACADS)을 그 예로 들 수 있다(표 19.1). 이 시스템은 세계 최초로 화학 무기 해체를 위해 지어졌으며, 오아후 섬에서 남서쪽으로

표 19.1 JACADS가 폐기한 미국의 비축무기

작용제	품목	수량	무게(파운드)
HD 수포작용제	155mm 발사체	5,670	66,339.0
HD 수포작용제	105mm 발사체	46	136.6
HD 수포작용제	M60 발사체	45,108	133,970.7
HD 수포작용제	4.2 박격포	43,600	261,600.0
HD 수포작용제	1톤 컨테이너	68	116,294.0
GB 신경작용제	M55 로켓탄	58,353	624,377.1
GB 신경작용제	155mm 발사체	107,197	696,780.5
GB 신경작용제	105mm 발사체	49,360	80,456.8
GB 신경작용제	8인치 발사체	13,020	188,790.0
GB 신경작용제	MC-1 폭탄	3,047	670,340.0
GB 신경작용제	MK 94 폭탄	2,570	277,560.0
GB 신경작용제	1톤 컨테이너	66	101,158.0
VX 신경작용제	M55 로켓탄	13,889	141,769.8
VX 신경작용제	155mm 발사체	42,682	256,092.0
VX 신경작용제	8인치 발사체	14,519	210,525.5
VX 신경작용제	지뢰	13,302	139,671.0
VX 신경작용제	1톤 컨테이너	66	97,360.0

717해리 떨어져 있는 존스턴 환초는 세계에서 인간의 발길이 가장 닿지 않는 곳 중 하나이다. 앞으로도 영원히 출입 금지 지역으로 지정된 이곳은 곧 야생동물들의 보호처 기능을 하게 될 것이다.

핵무기 관련 시설들은 격지에 있거나, 혹은 내부에 있는 방사능 물질을 제거하기가 매우 어려운 경우가 많다. 1990년 중반, 미 에너지부는 핸퍼드 보호구역Henford Reservation, 서배너 강Savannah River, 오크리지Oak Ridge, 미국 아이다호 공학 및 환경 국립 연구소Idaho National Engineering and Environmental Laboratory, 로키 플래츠Rocky Flats에 있는 핵 물질 생산 시설을 정리하려면 대략 1,600억 달러가 들 것으로 예상했다. 미 국방부에서도 과거 군사 시설이었거나 혹은 현재까지 군사 시설인 곳 중 핵이나 산업공해로 오염된 곳이 26,500여 개에 달한다는 것을 확인했다. 이 중 1996년까지 방사능 제거 작업이 이루어진 곳은 1,700개에 불과하다.

러시아의 환경 문제 또한 심각한 수준이다. 상당수의 구형 핵잠수함이 러시아의 북부 및 극동 해안 정박지에 방치되어 부식되고 있는 실정이고, 러시아의 사용필 연료 저장 시설들은 수용 능력이 한계치에 다다랐다. 그러나 자원 부족으로 인해 러시아 당국은 복잡한 핵폐기 과정을 감당할 수 있는 상황이 아니다. 방치된 이들 핵잠수함은 조속히 퇴역해야 함은 물론, 내부에 있는 미사일들 또한 폐기되어야만 한다. 사용필 핵연료는 원자로와 원자로 회로에서 안전하게 분리시켜 추출해야 한다. 이후 사용필 연료는 재처리 과정을 거쳐 저준위 및 고준위 폐기물로 나누어 보관하고, 선체의 잔여물로부터 원자로 부분은 따로 분리하여 장기 보관소에 밀봉해야만 한다. 무기를 폐기하는 데 드는 비용은 냉전이 종식된 이후에서야 측정되고 있는 실정이다. 그럼에도 전략가들과 정책 결정자들은 과거와 현재의 국방 정책이 환경에 미칠 영향력을 고려해야만 한다. 물론 과거에는 냉전에 따른 군사적 위협이라는 문제가 워낙 중대했으므로, 환경 문제로 인한 비용은 무시할 수 있을 정도로 미미한 것에 불과했다. 그러나 오늘날에는 전략가들과 정책 결정자들이 핵, 화학, 생화학 무기의 제조와 처리를 고려해야만 하는 상황에 직면했다. 아직 '드러나지 않은' 무기 처리 비용을 전면 공개한다면, 강력한 핵무기를 개발하고자 하는 인도, 파키스탄, 중국과 같은 나라들이 방위 산업 정책으로 인한 잠재적 결과를 직시하고 핵무기 제조를 재고하는 계기가 될 수도 있을 것이다.

🔒 요점 정리

- 군사 행동은 환경에 직접적인 피해를 초래할 수 있다.
- 잉여 군수품이나, 손실된 군수품, 군사 행동에 따른 산업 공정으로 인해 심각한 환경 문제가 발생할 수 있다.
- 군사 작전은 종종 '드러나지 않은' 비용을 수반하며, 이는 무기가 생산되거나 교전이 끝난 몇 년 후에야 분명하게 나타난다.

질병

질병은 인류의 생존 문제에서 위협적인 요소였으나, 깨끗한 식수와 적절한 위생시설을 제공하는 공공 보건 정책, 백신 접종, 격리 시설, 20세기 중반의 항생제의 발견으로 인해 전염성 질병의 발발은 적어도 산업화된 사회에서는 크게 줄어들었다. 오늘날 서구 국가의 공공 보건 관계자들은 국민들의 생활 습관 변화를 통해 암 발병(담배 관련)이나 심혈관 질환(현대인들의 식습관과 운동 부족 관련)을 줄이는 데 주력하고 있다. 또한 인간 게놈 프로젝트로 인해 모든 종류의 질병, 그중에서도 유전적 질환을 치료할 수 있는 희망이 보이고 있다. 기대 수명도 지난 한 세기 동안 꾸준히 증가했다. 산전 건강과 공공 보건, 아동 질병 백신도 급격히 발전했다. 뿐만 아니라 암에 대한 치료법은 물론 과거 아동들이 17세 이전에 사망했던 주요 원인인 심혈관 질병을 억제할 수 있는 치료법까지 나오면서, 이전보다 영아 사망 비율도 크게 줄어들었다. 이는 일부 등지에서만 국한된 현상이 아니다. 당장 부모님이나 조부모님께 천연두 접종을 맞은 자리를 보여달라고 하면 이를 알 수 있을 것이다(표 19.2).

그러나 전 세계적인 관점에서 보면 이는 꼭 좋은 소식만은 아니다. 공공 보건 관계자들은 이미 오래전에 사라졌어야 할 독감이 다시 발발함에 따라 골머리를 앓고 있다. 이들은 현재 치료법이나 약에 내성을 가진 새로운 질병이 등장하진 않을지, 혹은 알려지지 않은 박테리아나 바이러스가 열대 우림에서 잠복기를 보낸 후 인체 내에 침투하여 새로운 유행병과 같은 심각한 질병으로 발전하진 않을지 노심초사하고 있다.

세계 보건기구World Health Organization도 20세기의 주요 사망 원인이었던 7대 전염성 질병이, 향후 수십 년 동안에도 마찬가지로 주요 사망 원인이 될 것이라고 경고한다.

표 19.2 1973년 이후로 발견된 병원미생물과 그로 인한 질병들

시기	미생물	유형	질병
1973	로타바이러스	바이러스	영아 설사
1977	에볼라 바이러스	바이러스	급성 출혈열
1977	레지오넬라 뉴모필라	박테리아	재향군인병
1980	사람 T세포 림프친화 바이러스	바이러스	T세포 림프종
1981	황색포도상구균	박테리아	독성 쇼크 증후군
1982	대장균 0157: H7	박테리아	출혈성 장염
1982	보렐리아 부르그도르페리	박테리아	라임병
1983	인체 면역 결핍 바이러스	바이러스	후천성 면역 결핍 증후군(AIDS)
1983	헬리코박터 파일로리	박테리아	소화성 궤양 질환
1989	C형 간염	바이러스	선천성 비A, 비B형 간염
1992	비브리오 콜레라 0139	박테리아	변종, 진성 콜레라
1993	한타 바이러스	바이러스	성인 호흡곤란 증후군
1994	크립토스포리듐	원생동물	장 질환
1995	엘리히증	박테리아	중증 관절염
1996	변종 크로이츠펠트-야콥병	프리온	변종 크로이츠펠트-야콥병
1997	HVN1	바이러스	인플루엔자
1999	니파	바이러스	중증 뇌염

인체 면역 결핍 바이러스/후천성 면역 결핍증(HIV/AIDS)

20세기를 기준으로, 전 세계의 약 4천만 명이 인체 면역 결핍 바이러스와 후천성 면역 결핍증HIV/AIDS에 감염되어 있었다. 이후 서구권 국가에서는 예방 대책의 실행 및 여러 고가의 약을 투여하는 방식으로 감염자 수와 사망률을 줄여왔다. 하지만 개발도상국에서는 아직도 빠르게 에이즈가 퍼지고 있으며, 이런 추세는 인도나 러시아, 중국까지 이어지고 있는 실정이다. 사하라 사막 이남의 아프리카는 에이즈의 온상이라고 할 수 있다. 이 지역 성인들 중 무려 10-20퍼센트가 에이즈에 감염되어 있다. 이에 따른 사회적 및 경제적 비용은 천문학적인 수준으로 치솟고 있는 실정이다. 아프리카 국가들의 GDP는 에이즈로 인해 계속해서 감소하고 있으며, 부모가 에이즈에 걸린 수많은 아이들은 고아가 될 수밖에 없는 현실에 놓여 있다.

결핵(TB)

공공 보건 증진을 위한 노력과 여러 약물 치료로 인해 개발도상국에서도 사라진 줄 알았던 결핵이 러시아, 인도, 동남아시아, 사하라 사막 이남 아프리카, 라틴아메리카 일부 등지에서 다시 발생하고 있다. 특히 가장 불안한 소식은 약물 내성을 지닌 결핵이 증가하고 있다는 점이다. 약물 내성이 있는 결핵에 감염된 사람 중 50퍼센트는 치료를 받아도 사망하게 된다. 상당수의 결핵 감염이 HIV/AIDS를 동반하는 경향을 보이고 있으며, 2020년까지 결핵은 HIV/ADIS에 이어 감염성 질병 사망 원인 2위를 차지할 것으로 보인다.

말라리아

공공 보건 및 예방 정책으로 인해 거의 없어진 줄 알았던 열대성 질병인 말라리아 또한 다시 증가 추세에 놓여 있다. 사하라 사막 이남 아프리카에서는 지난 30년 동안 감염 비율이 40퍼센트나 증가했고, 현재는 내성이 있는 말라리아 변종이 유행하고 있다. 기후 변화의 잠재적인 결과 중 하나가 넓어지는 말라리아의 분포도일 가능성도 존재한다.

B형 및 C형 간염

전 세계적으로 3억 5천만 명의 사람들이 B형 및 C형 간염 바이러스의 만성 보균자다. 이 중 25퍼센트는 간 경화증이나 간암으로 발전하며, C형 간염은 아직까지 알려진 백신이 존재하지 않는다.

유행성 독감과 호흡기 질환

항공기를 통한 여행 증가로 인해 대기 중으로 전파되는 바이러스가 갈수록 문제가 되고 있다. 대면 접촉(기침이나 재채기)으로 전파될 수 있는 코로나 바이러스는 감염 경로의 차단이 상당히 어렵다. 2003년 2월, 사스SARS가 아시아 24개국에 퍼지면서 8,000명이 넘는 사람들이 감염되었고, 그중 약 700명은 사망했다. 또한 H5N1 변종 조류독감은 이미 사람들을 한차례 공포에 질리게 만든 적이 있다. 조류독감은 주로 감염된 새와 가까이 접촉한 사람들에게 전염되었지만, 인간 대 인간의 접촉으로 전염이 되었다는 보고도 있다. 조류독감이 격리 시설을 완전히 뚫을 정도로 전염성이 강하진 않지만, 변종이 빠르게 나타날 가능성은 존재한다. 따라서 과학자들은 미래에 H5N1 변종으로 인해 이 바이러스에 대한 자연 면역이 없는 사람들이 감염될지도 모른다고 우려하고 있다. 인간의 H5N1 변종 조류독감 치사율이 50퍼센트가 넘을 가능성이 있기 때문이다.

설사성 질환

대장균의 감염은 설사성 질환의 가장 흔한 원인이다. 그러나 개발도상국에서는 이질과 로타바이러스성 설사도 나타나고 있으며, 최근에는 구소련의 일부 지역에도 악영향을 미치고 있다. 주로 오염된 물이나 음식으로 인해 전염되며, 1996년에는 20세기 최초로 라틴아메리카에서 대규모 콜레라 사태가 발발한 적도 있다. 대부분의 설사성 질환 환자들은 개발도상국의 5세 이하 아동들이다.

홍역

사하라 사막 이남 지역에서는 상대적으로 저조한 예방접종률로 인해, 매년 백만 명 이하의 사람들이 홍역으로 사망하고 있으며 약 4백만 명의 아동들이 감염되고 있다. 홍역은 난민들과 유랑민들의 주요 사망 원인이며, 특히 최근의 인도적 지원 활동으로 인해 더욱 심해지고 있다.

홍역의 증가 추세에는 몇 가지 원인이 존재한다. 첫 번째로, 정치 및 자연재해로 인한 난민 이동으로 인해 기본적인 생활환경 수준이 하락하고 있으며, 이로 인해 질병의 발생 및 전염이 확산되고 있는 것이 그 원인이다. 인종 갈등, 내전, 기근으로 인해 난민들이 국경을 넘으면서 질병은 빠르게 퍼지고 있다. 두 번째로, 주로 콘돔을 사용하지 않고 여러 사람과 성관계를 맺거나, 혹은 소독하지 않은 주사기로 정맥 주사를 맞는 일로 인해 에이즈가 확산되고 있기 때문이다. 세 번째로, 현대 기술과 생산 관행이 완벽하지 않다는 점을 들 수 있다. 위생적이지 않은 환경에서 생산된 수입 식품으로 인해 병원균이나 박테리아(원포자충속 변형, 대장균, 살모넬라균) 등이 국경을 넘어 확산될 가능성이 존재한다. 혹은 현대 식품 생산 과정에서의 관행으로 인해 식량 공급에 차질이 발생할 수도 있다. 해면양뇌증(광우병)의 발발 원인이 소나 다른 반추동물이 먹는 사료에 포유류 조직을 넣는 업계 관행이었다는 점을 예로 들 수 있다. 네 번째로, 토지 이용 관행이나 심지어 자연서식지 재건도 질병 발생 및 전염의 원인이 될 수 있다. 미국과 유럽에서의 삼림 재건은 등빨간긴가슴잎벌레 진드기가 인체 내에 더 침투하기 쉽도록 만드는 원인이 되었고, 이로 인해 라임병이 증가하게 된 사례가 있다. 또한 우림이 점차 잠식됨에 따라 사람들이 말라리아, 황열병, 리슈마니아증, 혹은 이전에는 알려지지 않았던 잠재적으로 위험한 질병에 노출될 위험성이 더욱 커졌다. 다섯 번째로, 국제 여행이나 무역으로 인해 이전보다 바이러스, 병원균, 박테리아가 잠복기보다 빠른 속도로 퍼지고 있다. 오늘날에는 하루에 약 200만 명 이상이 국경을 넘나드는 만큼, 질병 발생을 원천 봉쇄하는 일은 결코 쉽지 않다. 여섯 번째로, 가축에 과다 투여된 항생제와 사람들의 항생제 오남용으로 인해 약에 내성을 가진 미생물 변종이 증가하고 있다는 점이다. 치료가 불가능한 결핵, 말라리아, 독감 변종이 늘어나고 있으며 약물 치료에 내성을 보이는 에이즈 발병 비율 또한 증가하고 있다.

전쟁과 내전 또한 난민 발생 및 공공 보건의 붕괴를 초래함으로써 질병의 발병 확률을 높인다. 역사적으로 전쟁과 질병은 떼놓을 수 없는 관계에 있다. 군인들은 전장에서 질병을 확산시키고, 또한 그들이 전장에서 돌아올 때 복무 지역에 있던 질병을 들여오기도 한다. 예를 들어 1991년 연합군이 이라크로부터 승리한 후 다치지 않고 귀환했던 미 병사들 중에서는, 심신이 약화되는 등의 이상 증상을 보이는 '걸프전 증후군'이 나타나기 시작했다. 군 병력 모집의 목적은 감염자 격리, 질병 확산 방지, 감염 지역 내 물자 보급, 야전 의무 시설을 통해 지역 주민에게 의료 서비스를 제공하는 것 등이 될 수도 있다. 그러나 전략적인 관점에서 본다면 질병이 적군의 사격만큼이나 아군 사상자를 낼 수도 있기 때문에, 전염성 질병은 군사 전략 수립에 영향을 미치는 요인이라고 할 수 있다. 역사적으로 보아도 적군의 공격보다 질병으로 사망한 군인들의 숫자가 더 많았다. 군 병력이 질병 확산을 막는(군대가 질병 확산을 막을 수도 있지만, 동시에 질병을 퍼트릴 위험성도 또한 비슷하게 상존한다) 최우선의 방어 수단은 아니지만, 전염성 질병은 안보 환경에 영향을 미치는 만큼 새로운 안보 아젠다에 포함되어야만 할 것이다.

🔒 요점 정리

- 여러 원인으로 인해 전염성 질병이 확산되고 있으며, 개발도상국일수록 확산 속도가 빨라지는 양상을 보인다.
- 약에 내성을 가진 새로운 변종 질병이 나타나고 있다.
- HIV/AIDS는 인도, 러시아, 중국에서 악화될 가능성이 크다.

민감성과 취약성

갈수록 가속화되는 세계화와 늘어가는 국가 간 상호 의존성은 이제 더 이상 새로운 이슈가 아니다. 그러나 이전과 달라진 안보 이슈는 90년대 초기 새로운 안보 아젠다를 지지하는 사람들이 예상했던 것과는 다른 방향으로 전략 및 국방의 우선순위에 영향을 주었다. 물론 맬서스 시나리오는 아직 현실에서 일어나진 않았지만, 이미 하위정치는 현실 세계의 갈등 및 국가 안보전략에 영향을 미치고 있다. 하위정치의 범위가 확장됨에 따라 몇몇 국가들은 이에 대해 민감하게 대응하거나 혹은 취약한 모습을 보여주고 있다.

민감성sensitivity과 취약성vulnerability은 로버트 코헤인Robert Keohane과 조지프 나이Joseph Nye 가 연구한 복합적 상호의존complex interdependence(Keohane and Nye 2001)에 등장하는 용어이다. 민감성은 국가 외부에서 일어나는 문제가 한 국가의 국내 문제에 영향을 미치는 능력을 뜻한다. 2014년 에볼라 사태 당시, 미국 공무원들은 자국 내 공공 보건 관계자들에게 에볼라 증세가 나타나는 병원 입원 환자들을 주의 깊게 관찰하라는 지침을 내렸다. 이 예방 대책은 어느 정도의 비용과 정치적 논란을 수반했지만, 이로 인해 미국 시민들의 삶의 근간이 흔들리거나 하는 일은 없었다. 반대로 취약성은 한 나라의 국내 경제, 사회, 정치 활동의 심각한 붕괴를 초래할 수 있다. 2003년 사스SARS의 발발과 전파는 해외여행은 물론 아시아 경제에 심각한 영향을 미쳤는데, 이는 민감성을 넘어선 취약성을 보여주는 좋은 예라고 할 수 있다.

민감성과 취약성은 오늘날 제대로 이해되지 않은 복잡한 국제 체제 및 관계로 인해 나타나는 여러 사안 내에서 고질적인 특성이 되었다. 2008년 세계 경제 위기는 세계 신용 및 증권 시장에 엄청난 타격을 입혔고, 정책 결정자들과 투자자들은 서류상에만 깊게 감춰져 있던 위험 요소들을 너무 늦게 알아차렸다는 사실을 깨닫게 되었다. 여러 나라의 경제는 예상치 못한 방향으로 치달았고, 이로 인해 세계적인 경제 침체 현상이 빚어지게 되었다. 또한 세계 경제는 석유와 천연 가스의 원활한 공급을 위해 세계 에너지 시장에 크게 의존하고 있는 만큼, 학자들은 '석유 생산 정점'에 직면하여 석유 수요가 공급을 앞서는 사태가 발생할 경우 에너지 시장이 붕괴되지 않을까 우려하고 있다. 또한 학자들은 현재 세계 에너지 시장의 구조가 대체 에너지를 만들기엔 너무 둔감한 것은 아닌지에 대해, 혹은 에너지 시장이 경제 침체기에 필요한 생산 능력을 갖추지 못해 경기 호황기가 왔을 때 원유 가격이 요동칠 가능성에 대해 경고하고 있다. 그 외에도 특정 국가가 원하는 만큼 에너지 자원을 얻지 못했을 경우, 이에 불만을 품고 무력으로 에너지를 확보할 가능성에 대해서도 우려의 목소리가 나오고 있다. 에너지 시장의 안정성은 단순히 가격이나 에너지 자원이 어디에 있는가의 문제를 넘어서 국가 간의 전략적 이해의 문제이며, 또한 전략가들의 고민거리이기도 하다.

🔒 요점 정리

- 하위정치 이슈들이 최우선의 국가 안보 문제는 아니지만, 이런 문제들은 지역의 정치적·군사적 사건과 상호작용을 하면서 전 세계적으로 영향력을 미치고 있다.
- 여러 국가들은 하위정치 문제들에 대해 민감성과 취약성을 보이고 있다.
- 한 국가, 혹은 여러 나라의 안정성을 위협할 수 있는 복잡한 사회, 정치, 경제적 관계가 예상치 못한 방향으로 모습을 드러내고 있다.

➕ 맺음말

자원이나 환경, 혹은 인구 문제를 국가 안보 문제에 포함시켜야 한다고 주장하는 사람들은 이 장에서 한 가지 중요한 사실이 빠져 있다고 지적할 수도 있다. 이 장에 언급되었던 사안들은 개인뿐 아니라 한 국가의 건강과 복지에 위협을 주기 때문에, 이들을 안보에 대한 위협으로 간주하는 것이 타당하다는 점이다. 혹자는 군대나 전략가들이 현재 일어나는 문제들을 해결할 준비가 안 되었다는 사실이, 곧 기존의 안보 관점으로는 21세기의 안보 문제들을 해결할 수 없다는 방증이라 주장할 수도 있을 것이다. 이런 관점에서 보면, 내성이 있는 결핵을 국가 안보 문제에 포함시키지 않는 일이 오히려 사안의 중요도를 축소시키는 일이 될 것이다. 그러나 건강이나 복지에 영향을 미치는 사안이 무조건 전략이나 군사력으로 해결할 수 있는 안보 문제가 될 수 있는 것은 아니다. 매년 수십만의 사람들이 교통사고로 목숨을 잃지만, 누구도 군대가 나서서 도로 안전을 책임져야 한다고는 하지 않는 것과 같은 맥락이다.

이런 주장과는 반대로, 이번 장의 목적은 이러한 세계적 추세나 초국가적 문제가 국가와 개인의 안보를 위협한다는 점을 강조하고자 함이었고, 나아가 환경 문제, 질병, 개발도상국의 인구 증가로 벌어지는 문제들을 과소평가하지 말자는 것이었다. 대신 이것은 글로벌 이슈에 대응하는 전략 혹은 군대의 능력에 대한 엇갈리는 평가를 제공한다. 전반적으로, 전략과 국가 안보에 관한 새로운 아젠다 간의 상호작용이 중요해졌고, 또한 점차 증가했다. 인구나 혹은 경색된 에너지 시장과 같은 자원 문제들은 그 자체로써 안보 위협이 되진 않지만, 다른 상황들과 맞물리면서 전 세계적인 안보 환경을 만들고 또한 전략에 영향을 미친다. 에너지 및 금융 시장의 복잡성은 전략가들이 국내외의 여러 문제들의 영향력을 가늠하기 어렵게 만드는 예상치 못한 변수로 작용하고 있다. 감염성 질병의 확산 또한 앞으로 전략 및 국방 정책 수립에서 중요한 부분을 차지하게 될 것이다. 무기의 생산, 유지 및 해체 과정이 환경에 미치는 피해 또한 전략가들이 고려해야 할 사안의 하나다. 또한 전략과는 관계가 없는 듯한 환경, 자원, 공동의 문제들은 사람들이 처음으로 새로운 안보 개념에 관심을 기울이게끔 만드는 계기가 되었다. 이런 사안에 관심이 있거나 혹은 관련이 있는 사람들은 안심해도 좋다. 이러한 문제들을 공학, 공공보건, 교육의 문제로 규정하는 것이 위협이나 무력을 통한 해결보다 훨씬 더 건설적인 방법이기 때문이다. 점차 세계화되고 복잡해지는 국제 사회에서, 하위정치 문제들이 단순한 갈등 촉발을 넘어 정치 및 군사 문제에 관한 논쟁을 악화시키는 듯 보이는 것은 단순한 우연의 일치가 아니다.

❓ 생각해볼 문제

1. 오늘날의 정책 결정자들과 학자들은 왜 하위정치를 중요시하는가?
2. 전 세계가 개발도상국의 인구 증가율을 낮추도록 지원해야 하는 이유는 무엇인가?
3. 에너지 자원들은 각각 중요성을 띤다. 그럼에도 현대에 발발한 국가들의 에너지 전쟁 원인이 석유뿐이었던 이유는 무엇인가?
4. 당신은 공동의 문제를 해결하기 위해 위협이나 무력을 사용하는 방안을 생각해낼 수 있는가?
5. 질병 격리 구역 지정을 위해 군사력을 동원한다면, 그에 따른 사회 및 정치적 여파에는 어떤 것이 있다고 생각하는가?
6. 각국이 환경 보호를 목적으로 핵 시설을 짓는 것이 현실적인 생각인가?
7. 오늘날 하위정치와 상위정치의 상호작용으로 인해 발생하는 일에는 어떤 것들이 있는가?
8. 환경 문제가 국가 안보에 대한 위협으로 규정되지 않는다면 사람들이 관심을 가질 것인가?
9. 세계화 과정으로 인해 하위정치와 국가 안보 문제들 간의 관련성이 증가하고 있는가?
10. 현재의 인구 추세가 계속된다면 수십 년 이내로 폭력이나 불안정한 상태가 나타날 것인가?

Ⓝ 더 읽을거리

P. F. Diehl, N. P. Gleditsch, *Environmental Conflict: An Anthology* (Boulder, CO: Westview, 2000)
환경과 안보의 관계에 대한 연구를 대략적으로 다루고 있다.

N. P. Gleditsch, 'Whither the Weather? Climate Change and Conflict' *Journal of Peace Research* (2012) 49(1): 3-9
기후 변화와 분쟁 발생 간의 비교적 온건한 관계에 대해 다룬 *Journal of Peace Research*에서 특정 문제를 선별해 다루고 있다.

R. O. Keohane and J. S. Nye, *Power and Interdependence* (Reading, MA: Addison-Wesley, 1989)
상위정치와 하위정치의 차이점에서 발생하는 이론적 시사점에 대해 언급하고 있다.

R. A. Matthew, J. Barnett, B. McDonald, and K. L. O'Brien (eds), *Global Environmental Change and Human Security* (Cambridge, Massachusetts: MIT Press, 2010)
환경 변화가 인간 안보에 미치는 영향에 대한 평가가 실려 있다.

D. Moran and J. A. Russell (eds), *Energy Security and Global Politics: The Militarization of Resource Management* (New York: Routledge, 2009)
에너지 시장 및 새로운 에너지원을 탐색하는 일로 인해 일어나는 갈등 유발 가능성에 대해 이야기하고 있다.

S. I. Schwartz, *Atomic Audit: The Costs and Consequences of US Nuclear Weapons since 1940* (Washington, DC: Brookings Institution, 1998)
미국의 핵 개발 프로그램에 든 총 비용에 대한 평가를 내리고 있다.

웹사이트

미국가정보위원회(http://www.dni.gov/index.php/about/organization/global-trends-2030)
국제 정세는 물론, 이로 인해 예측 가능한 미래 상황에 관한 정보를 제공하고 있다.

인구 과잉(http://www.overpopulation/org)
인구 변화로 인해 나타나는 부정적 결과를 분석하고 이에 관한 데이터를 제공한다.

미국질병관리본부(http://www.cdc.gov)
질병 발발에 대한 정보를 제공한다.

미국식품의약품안전청(http://www.fda.gov/default.htm)
공공 보건 정보를 제공한다.

미국인구조사국(http://www.census.gov/main/www/popclock.html)
미국과 세계의 인구 자료 및 분석을 제공한다.

우드로 윌슨 센터(http://www.wilsoncenter.org)
새로운 국가 안보 아젠다와 관련 있는 여러 이슈 및 프로젝트에 대한 기사, 논평, 학회 보고서, 연락처 등에 대한 연보를 출간하는 Environmental Change and Security Project(ECSP)를 운영하고 있다. ECSP는 ecspwwic@wwic.si.edu를 통해 연락할 수 있다.

20 전략의 실행

콜린 그레이(COLIN S. GRAY) · 지니 존슨(JEANNIE L. JOHNSON)

 독자 안내

이번 장에서는 이상적인 전략 수립을 위해서는 어떤 것들이 필요한지 알아볼 것이다. 먼저 왜 뛰어난 전략가들이 적을 수밖에 없는지에 대해 설명한다. 다음으로는 고전 전략 및 전략 역사에 대한 관심 부족과 미국 중심적 전략 주제 및 관점으로 인해 발생하는 현대 전략 교육의 문제점에 대해 비판적으로 살펴볼 것이다. 전략에 대한 보편적인 이론이 없다는 점도 상당히 중요한 문제로 나타나고 있으며, 전략의 일반이론은 여기에 대한 해답을 제시할 수 있을 것이다. 마지막으로 전략 계획 및 업무에 대한 정기적인 재평가의 필요성을 강조하는 동시에, 전략이 실용적인 분야이며 또한 이를 통해 얻은 지식을 필요로 하는 사람들과 나누어야 한다는 점을 역설하며 마무리할 것이다.

머리말: 전략의 전문성

전략의 귀재들은 만들어지기보다는 타고난다고 할 수 있다. 전략을 완벽하게 수행한다는 것은 불가능하다. 다행히도 성공적으로 전략을 수행하기 위해 꼭 전략의 귀재가 될 필요는 없다. 단지 적의 전략가보다 뛰어나면 그것으로 충분하다고 할 수 있다. 간단히 말해, 전략가는 '충분할 정도로만 뛰어나면' 된다. 그러나 현대의 전략 연구는 전략적 사고 함양을 위한 교육자 역할을 제대로 해오지 못했다. 이러한 냉혹한 판단은 전략과 관련한 문헌이 많지 않다는 점과 이에 대해 그동안 제대로 교육을 해오지 못한 점을 증거로 알 수 있다. 이번 장에서는 훌륭한 전략가에게 필요한 자질은 무엇이며, 또한 효과적인 전략 수행을 가로막는 장애물에는 어떤 것이 있는지에 대해 대략적으로 알아보고자 한다.

전략의 전문성을 찾아보기 힘든 데에는 적어도 세 가지 이유가 있다. 첫 번째로는 전략가의 위치를 규정하기 어렵다는 점, 두 번째로는 전략가 지망생들에게 제공되는 현재의 교육은 고질적 · 고의적 편견 및 선입견을 갖고 있다는 점, 세 번째로는 전략이라는 과목을 하나로 묶고 실행의 기틀을 제공해줄 수 있는 일반이론에 대한 합의가 아직 이루어지지 못했다는 점이다.

직업으로서의 정치인, 정책 결정자, 직업 군인은 모두 존재하지만, 엄밀히 따지자면 전략이 직업인 사람은 존재하지 않는다고 할 수 있다. 전략가는 이론가, 설계가, 지도자, 지휘관의 역할을 모두 할 수 있어야 하며, 특정 시간이나 장소에 따라 이런 능력들을 적절하게 사용할 수 있어야 한다. 혹자는 작전 참모들이 작전 계획을 통해 이미 전략을 수행하고 있다고 할지도 모르겠다. 그러나 일반적으로 참모들의 권한은 전략을 넘어 군사 작전 이면에 '또 다른 무언가'를 수립하는 정치적 영역까지는 영향을 미치지 못한다.

전략 교육의 개선

전략을 배우는 많은 유망한 학생들은 잘못된 교육을 받아왔다. 전략의 고전이나 역사를 무시하고, 그 대신 미국 중심의 작전이나 우선순위만을 중요시하는 편향된 관점을 가르치는 것이 이런 잘못된 교육이라고 할 수 있다. 아래의 고전들은 지난 2,500년 동안의 저작들 중 가장 중요하다고 생각되는 저자 9명의 저서를 추려놓은 것이다. 여기에는 손자孫子, Sun Tzu, 투키디데스Thucydides, 마키아벨리Niccolò Machiavelli, 클라우제비츠Cal von Clausewitz, 앙투안 앙리 조미니Baron Antoine-Henri de Jomini, 바실 리들 하트Basil H. Liddell Hart, 와일리J. C. Wylie, 에드워드 루트윅Edward N. Luttwak, 버나드 브로디Bernard Brodie가 포함된다. 고전적인 전략 이론은 기준에 따라 세 범주로 나뉜다.

첫 번째 범주에는 세 명의 전략가가 포함된다.

1. 카를 폰 클라우제비츠―『전쟁론On War』. 전쟁과 전략 이론에 대해 다룬 저서 중 가장 심도 있는 저서다. 내용이 길고 철학적이며 구조가 매우 복잡하다. 이 책은 1816년에서 1831년 사이에 쓰였으며, 전략에 대한 저자의 이해에서 나타나는 중요한 변화를 살펴볼 수 있다. 비록 때때로 저자의 이해를 본문에 완벽하게 다 담지는 못했지만, 그럼에도 이 책은 현존하는 전략 저서들 중 가장 풍부한 전략적 지식을 담고 있다.

2. 손자―『손자병법The Art of War』. 철학적이고 만연체를 즐겨 쓴 클라우제비츠의 스타일처럼 난해한 어조로 쓰였지만, 그럼에도『손자병법』은 훌륭하고도 명쾌한 저서다. 손자는 전쟁에서 승리하는 방법은 무엇인지 독자들에게 아주 직접적으로 전달하고 있으며, 이는 클라우제비츠와는 대조되는 방식이라고 할 수 있다. 또한 클라우제비츠와는 달리, 손자는 전쟁 그 자체는 물론 전쟁·전략·국정 운영 간의 관계에 대해서도 기술하고 있다.

3. 투키디데스 —『펠로폰네소스 전쟁사The Peloponnesian War』. 투키디데스에 관해서는『랜드마크 투키디데스: '펠로폰네소스 전쟁'에 대한 이해 가이드The Landmark Thucydides: A Comprehensive Guide to 'The Peloponnesian War'』에서 가장 심도 있는 연구가 이루어졌다. 투키디데스는 전략에 대한 일반이론을 저술하지는 않았다. 그러나『펠로폰네소스 전쟁사』는 군사 전략에 관한 세부적인 사례들을 풍부하게 설명하고 있을 뿐만 아니라, 대전략적 추론을 가능하게 하는 훌륭한 학문적 예시들도 포함하고 있다. 독자들은 훌륭한 서술 방식과 역사적 맥락에 대한 분석을 통해 전략의 전반적인 사항을 배울 수 있을 것이다.

고전적인 전략가들의 두 번째 범주에는 다섯 명이 포함된다.

4. 니콜로 마키아벨리 —『군주론The Prince』. 저자는 전쟁에 대한 모든 것을 간결하게 서술하고 있는 동시에, 정치적 이해의 충돌이 국가 간 전쟁의 원인이 된다는 것을 잘 보여주고 있다. 후에 클라우제비츠가 주장했듯이, 전쟁은 정치적인 이유에서 기인하는 것이다.

5. 앙투안 앙리 조미니 —『전쟁술The Art of War』. 19세기 중반 당시 매우 중요한 위치를 차지했었던 조미니의 권위는 그 이후로 여태까지 상당 부분 평가절하되어왔으며, 이는 현재도 마찬가지다. 그럼에도 그는 나폴레옹의 전투 방식에 대한 해석에서 누구보다 뛰어난 통찰력을 보여주고 있다. 물론 그의 저서『전쟁술』에 결점이 없는 것은 아니며 상당 부분은 시대에 맞지 않지만, 이 저서가 전쟁, 전투, 작전, 전략, 기술, 병참에 대한 놀라운 통찰력을 보여준다는 점은 부인할 수 없다. 비록 어느 정도 걸러서 이해해야 하는 부분은 있지만, 오늘날의 전략가들이 꼭 읽어봐야 할 저서다.

6. 바실 리들 하트 —『전략: 간접적 접근Strategy: The Indirect Approach』. 이 저서에는 폭넓고 깊이 있는 지식이 담겨 있지만, 저자가 이 저서를 읽으면 마치 모든 전략을 성공적으로 이끌 수 있는 것처럼 포장한 점은 다소 아쉬운 부분이라 할 수 있다. 이 저서에서는 쉬운 정의 방식을 지양하고 있음에도 불구하고, 간접적 접근법은 매우 효과적이면서도 중요한 개념이다. 하지만 이것은 적이 예상치 못한 방식이라는 점을 제외하면 별다른 의미가 없기 때문에, 모든 상황과 맥락에서 승리를 가져다주는 중요한 열쇠로서의 역할을 하지는 못한다. 저서의 논리가 치명적인 순환 논법을 취하고 있기 때문이다.

7. 에드워드 루트웍 —『전략: 전쟁과 평화의 논리Strategy: The Logic of War and Peace』. 비교적 최근에 쓰인 저서지만, 전략의 고전에서 갖추어야 할 여러 조건들이 담겨 있다. 저자는 여러 전쟁들을 단계별로 나눠 체계적으로 다루고 있으며, 전략의 기본적인 특성인 역설과 모순을 책 전체를 통해 강조하고 있다. 물론 정책, 전략, 전술 간의 자연스러운 관계란 없다는 루트웍의 주장이 이전에는 전혀 찾아볼 수 없던 새로운 것은 아니다. 그럼에도 이 저서는 매우 심오하며, 동시에 실제적인 중요성을 띠고 있다.

8. J. C. 와일리 —『군사 전략: 권력 통제의 일반이론Military Strategy: A General Theory of Power Control』. 20세기에 쓰인 전략의 일반이론에 관한 저서 중 명저로 꼽히면서, 동시에 매우 높은 수준과 간결성을 보여준다. 클라우제비츠와 마찬가지로 와일리는 이 저서를 통해 전략가의 기본 임무는 적의 통제라는, 매우 기본적임에도 자주 간과되는 사실을 강조하고 있다.

세 번째 범주에는 한 명만이 포함된다.

9. 버나드 브로디 —『미사일 시대의 전략Strategy in the Missile Age』,『전쟁과 정치War and Politics』. 이 두 저서는 브로디가 위대한 전략이론가의 반열에 들기에 부족함이 없음을 여실히 보여주고 있다. 물론 브로디는 핵과 미사일 시대의 대두로 인한 미국의 국방 문제에만 중점을 두고 있으나, 그는 넓은 범위의 전략 이론 지식은 물론 심도 있는 판단력까지 보여주고 있다. 브로디의 저서들은 한 세기가 지나서도 충분히 읽을 만한 가치가 있을 것이며, 위대한 전략 사상가들 사이에서도 고전의 위치를 차지하기에 부족함이 없다고 판단된다.

전략의 고전적인 저서에 대한 연구를 할 때에는 전략의 역사에 관한 공부도 병행해야 한다. 역사란 누군가가 지금 과거를 돌아보는 순간 만들어지는 것이다. 역사는 우리가 가진 유일한 증거이며, 그 외의 다른 모든 것들은 추측에 불과하다. 역사에 반대하는 현재론자들도, 자신의 현재 삶이 미래의 지침서 역할을 해주지 못한다는 것을 결국 깨닫게 될 것이다. 나폴레옹은 장군들이 배움을 얻을 수 있는 두 가지 방법이 있다고 말한 바 있다. 하나는 그 사람 자신의 경험이며, 또 다른 하나는 다른 장군들의 경험이라는 것이다(Chandler 1988: 81). 우리가 미래의 세세한 사항까지 미리 알 수는 없으며 더구나 현재는 찰나에 지나지 않기 때문에, 우리는 풍부한 전략의 역사로부터 얻을 수 있는 교훈들을 취해야 할 필요가 있다. 역사적인 맥락은 그 성질이 바뀔 수 있으나, 우리가 살고 있는 현재는 과거 사건들의 총합이 굳어진 결과다. 로마인들은 이미 그 시절에 대반란 작전과 대테러 작전을 숙지하고 있었고, 이는 알렉산더 대왕도 마찬가지였다.

반역사적인 태도는 여러 위험한 결과를 불러올 수 있다. 역사에 무지한 전략가는 현재가 끊임없이 바뀔 뿐만 아니라 뜻밖의 사건들이 종잡을 수 없이 일어난다고 생각한다. 그러나 사실 역사는 불연속이 아닌 반복되는 연속성을 띠는 장대한 서사시와 같다. 핵시대, 냉전, 9 · 11 테러 이후, 오늘날의 '지정학의 귀환' 혹은 '힘의 정치'와 같은 구분은 마치 서로를 다른 종류인 것처럼 보이게 한다. 그러나 이러한 구분은 옳지 못한 것이며, 잘못된 역사는 사람들이 단절을 조작하도록 이끈다. 역사적 사실들을 알 필요가 없다고 생각하는 사람은 특정 사건들이 역사를 통해 되풀이된다는 점을 알아챌 수 없을 것이다. 따라서 작금의 사안들이 일회적이며 전례가 없고, 또한 그 원인이 국가 내 특정 사건일 뿐이라고 말하는 우를 범하게 될 수 있다.

역사적 '연대', '시대', '전환점', '변환점', '혁명', '전략적 국면' 등은 모두 학자들이 만들어낸 용어다. 역사를 제대로 이해하지 못한 전략가라면 '4세대 전쟁', '펜타곤의 새로운 지도', '효과 기반 작전' 등과 같은 섣부른 개념과 함께 의심스러운 역사의 희생자로 남을 것이다(Hammes 2004; Barnett 2004; Anderson 2009: 78-81). 현대 전략 연구의 중요한 세 가지 개념인 전쟁 억지, 국지전, 군비 통제라는 용어는 역사적 영향력에 크게 휘둘리지 않은 1950-1960년대의 위대한 지성들로 인해 퍼지긴 했으나, 이들이 이러한 용어를 만들어낸 것은 아니다. 현대 전략 이론은 합리적인 선택 내에서 강력한 능력을 발휘할 수 있도록 설계되었다. 1950-1960년대에 발전되었으며 논쟁의 여지가 있는 오만한 이론들의 상당수는 심각하게 잘못된 경우가 많다. 그 이유는 이 이론들이 실질적인 부분에 있어서 만일의 사태, 특히 인간에 의해 일어나는 만일의 사태에 관한 역사적 사실들을 고려하지 않았기 때문이다.

이상적으로 본다면, 뛰어난 전략가는 반드시 뛰어난 역사가가 되어야만 한다. 우리가 가진 전략적 증거는 오직 역사뿐이지만, 그 역사를 기록한 사람들의 성품이나 신뢰도는 논쟁의 여지가 있는 법이다. 역사 그 자체는 우리에게 어떤 것도 가르쳐줄 수 없으며, 이것은 의지를 가진 행위자도 아니다. 우리에게 주어진 과제는 어떻게 역사적 교육을 통해 우리에게 필요한 전략적인 관점을 얻고, 이를 토대로 신중하게 정책을 결정할 수 있는가이다. 역사적인 관점은 바람직하지만, 그 관점이 항상 옳은 것은 아니다. 역사적인 비유는 사람들을 호도할 수 있다. 또한 뒤늦은 깨달음은 우리로 하여금 과거 사람들의 생각이 충실하게 반영된 관점 대신, 우리 자신의 관점을 사용해 사건을 해석하게끔 호도하기도 한다. 21세기에 사는 우리들은 냉전을 기나긴 평화 시대로 알고 있지만, 1950-1960년대에 살았던 사람들은 그것을 알지 못했다. 1930년대가 전쟁으로 넘어가는 통로였던가? 당연히 대답은 '그렇다'이지만, 당시 대다수의 사람들은 그렇게 생각하지 않았을 것이다. 역사를 잘 알면 알수록, 유용하게 쓰일 수 있는 비슷한 역사적 사실들을 더 잘 떠올릴 수 있게 될 것이다. 또한 지나친 단순화나 모두가 똑같이 생각하는 일반화의 오류에서도 벗어날 수 있을 것이다.

반역사주의는 국가적인 편견과 합쳐졌을 때 더욱 위험해진다. 현대의 전략 연구들은 대부분 미국을 비롯한 서구 국가에서 이루어지고 있으며, 이에 따라 전략 연구의 출처, 초점, 세계관은 모두 서구 국가를 중심으로 형성되어 있다. 전략 연구 내에서 발견되는 미국적인 색채는 어느 정도 불가피한 것이며, 누군가가 막으려 해도 저지할 수 없는 부분이다. 전략적 숙고를 위해서는 숙고의 대상이 되는 문제가 필요하고, 초강대국인 미국은 당연히 다른 국가보다 숙고할 가치가 있는 전략적 문제를 많이 갖고 있다. 게다가 미국 사회의 개방성, 그리고 합법적으로 보장된 연방 정부의 지방 분권 제도는 탁상공론 전략가들에게 기회의 장을 제공했다. 미국의 관료집단은 도움을 줄 것이라 생각되는 학자들과 기꺼이 전략적 비밀을 공유한다. 반면 이런 점에서 본다면 영국은 미국보다는 오히려 구소련과 비슷하며, 다른 국가들도 이와 별반 다르지 않은 실정이다.

미국에서 대부분의 전략 연구가 수행되는 실제적 이유로는 금전적인 동기와 경력상의 이점, 그리고 더 큰 영향력을 확보할 수 있는 기회 등을 꼽을 수 있다. 이는 약간의 역설적인 결과를 낳게 된다. 즉 미국 내에 있어야 전략 관련 교수들, 싱크 탱크, 관련 산업, 미국 정부, 기밀 정보 등에 접근할 수 있으며, 그래야만 유명세와 경력, 그리고 전략 연구를 직업으로 삼을 수 있는 기회가 주어지고, 이로 인해 미국 정부의 속사정을 좀 더 깊이 알 수 있게 된다. 그러나 이러한 기회를 얻고 활동을 계속하려면 미국 관료들이 규정한 미국의 이슈들을 해결해야만 한다. 그런데 이렇게 하는 것은 다른 사람들이 무시한 일부 이슈를 과하게 강조해야 하기 때문에 학문적 진실성에 문제가 될 수 있다. 예를 들어 현대의 대부분 기간 동안 전략 전문가들이나 미국 정부는 비정규전을 그렇게 심각한 일로 치부하지 않았다. 또한 핵 확산nuclear proliferation, 대반란counterinsurgency, 대테러counterterrorism 등에 대한 연구들은 보다 '크고 중요한' 것들을 수행하는 핵 관련 연구자들에게는 상대적으로 덜 중요한 사안으로 여겨졌다. 역설적이게도 오늘날 공식적인 통계를 살펴보면, 전략 연구에서 중요도가 떨어지는 것은 오히려 핵 문제라고 한다. 거시적인 관점에서 보면 지금보다 관심을 더 기울여야 하는 분야인 군사 독트린과 명령, 군수 분야에 대한 분석 및 민군 관계 등에 제대로 관심이 가고 있지 않는 실정이다.

여기서 심각한 문제가 될 수 있는 사실이 하나 있다. 전략과 관련된 문헌의 대부분에서 나타나는 미국적 색채는 명백한 자문화 중심주의를 낳을 수 있다는 점이다. 미국 사회와 정부 구조는 놀라울 정도로 개방되어 있지만, 그럼에도 전략 연구와 미국적인 전략적 세계관을 분리시키는 것은 거의 불가능하다. 강대국에 초점을 맞추는 것 자체에 문제가 있는 것은 아니지만, 근대 및 현대의 전략 연구에 들어 있는 미국적 색채는 전략가들이 다른 나라의 문화와 전통을 제대로 이해하지 못하게 만든다. 만에 하나 전략의 목적이 적을 설득하는 것이 아니라 죽이는 것뿐이라 하더라도, 상대방에 대한 무지는 이 경우에서 또한 매우 불리한 조건이 될 것이다. 대부분의 나라에서는 미국 중심의 세계관과는 다른 자신들만의 전략적 서사narrative가 있다(Box 20.1). 전략 연구라는 직종은 대부분 미국에 종속되어 있거나 혹은 미국의 덕을 보고 있으며, 이로 인해 전략 연구는 미국적이지 않은 신념과 판단이 포함된 사건 대응에 취약할 수밖에 없다.

Box 20.1 전략에 관한 대안적 서사(narratives)

러시아의 세계관에 영향을 끼친 요소로는 러시아의 지형, 몽골 지배하에서 생긴 부족 간 갈등의 오래된 역사, 다민족 제국의 팽창 및 통치, 극심한 독재정치 등이 있다(Ermarth 2009: 86-7). 프리츠 어마스(Fritz Ermarth)는 러시아인들이 전쟁의 가치와 국방 문제의 중요성을 큰 거부감 없이 받아들이는 성향을 설명하는 데 있어서 이러한 요소들이 도움을 준다고 주장한다. 또한 프리츠는 기술의 진보가 소수 규모의 군사와 효과적으로 싸우는 수단으로 이어진 것이 아닌, 오히려 사건을 크게 만드는 요소로 작용한다고 주장한다. 사라 차예스(Sarah Chayes)는 아프가니스탄이 지닌 정체성과 그곳에서 실제 전개된 전투에 대해 다음과 같이 기술하고 있다.

> 아프가니스탄은 국민을 한데 묶어줄 수 있는 공통된 생각들이나 문자, 제도로 인해 수립된 국가가 아니다. 그보다 아프가니스탄은 여러 제국들 사이의 요충지라는 영토의 전략적 특성으로 인해 만들어진 국가다. 아프가니스탄은 집단적 구조는 물론, 국가, 부족, 가족 구조와 자유에 대한 선진 의식, 복종에 대항하는 폭력적 반발이라는 여러 가지 국가 요소들이 유동적이면서도 미약한 상호작용을 통해 뒤섞이면서 생겨난 나라다.
>
> -Chayes(2007: 101)

차예스는 아프간 사람들이 어쩔 수 없을 경우에만 마지못해 가끔씩 국가 단위로 결집하는 반면, 부족 간의 결집성은 매우 뛰어나다고 지적한다. 따라서 아프간 정부가 공격을 받을 때, 아프간 사람들은 재빨리 흩어지며 마치 손가락 사이로 빠져나가는 물처럼 자신들을 통제할 독재자에게서 빠져나간다(Chayes 2007: 68).

그렉 가일스(Greg Giles)는 서구 국가 사람들에겐 생경할 수 있는 이란의 전략적 관점의 측면들을 다음과 같이 간략하게 서술하고 있다.

> 전쟁에 대한 시아파의 태도는 서양보다 덜 목표 지향적이다. 호메이니가 이라크에서 8년 동안 수행한 전쟁에서 알 수 있듯, 이들은 투쟁과 역경을 진실한 믿음을 위해 참아야 할 것으로 여긴다. 패배는 항상 실패와 같은 말이 아니다. '승리' 그 자체보다 압제와 부당함에 대한 끊임없는 투쟁을 중요시하는 이러한 사고방식이 이란에서 그토록 사람들이 격렬하게 저항한 원인이라 할 수 있다.
>
> -Giles(2003: 147)

요점 정리

- 만족할 만한 수준의 뛰어난 전략가들은 찾아보기 힘들다.
- 전략가의 위상은 상당히 모호하고 불안하다.
- 현대의 전략 연구는 전략에 관심이 있는 사람들에게 제대로 된 교육을 제공하지 못했다. 그 원인으로는 전략의 고전과 역사에 대한 불충분한 관심, 미국의 사안과 안보 문제에만 지나치게 치우쳐 있는 전략의 특성 등을 들 수 있다.

비판적으로 사고하기

훌륭한 전략가들을 육성해내는 것이 가능한가?

가능하다:

- **전략에서의 성공은 상대적인 것이다**: 전략의 귀재들은 "올바른 정신, 건강한 육체, 충분한 교육, 전략에 대한 능숙함, 그리고 선천적이고 직관적인 재능을 소유한 사람이어야 한다"(Gray 2010a: 64)는 주장이 있지만, 훌륭한 전략가가 꼭 이 모든 것들을 갖추어야 할 필요는 없다. 단지 상대편의 전략가보다 정치적·경제적 측면에서 우월한 지식을 가지면 되는 것이다.

- **천재가 없다면 교육시키면 된다**: 모든 논쟁은 전략적 사상가를 선발하기 위해 필요한 인간의 조건을 다루고 있다. 천재는 찾아보기 힘들기 때문에, 전략 분야에는 잘 훈련되고 교육받은 전략가가 필요한 것이다.

- **역사적 간접 경험은 매우 중요하며, 전략에도 활용될 수 있다**: 역사는 풍부하고도 유의미한 경험을 우리에게 제공한다. 전략을 배우려는 사람들이라면 전략 연구가 과거 수천 년 동안의 적대적인 역사 속에서 어떻게 군사 및 정치적인 문제들을 해결해왔는지 살펴봄으로써 혜안을 얻을 수 있다는 점을 명심해야 할 것이다. 역사에 해박한 전략가는 하늘 아래 새로운 것이 없다는 격언을 몸소 실천할 수 있을 것이다.

- **전략의 제도화가 이루어져야 한다**: 전략적인 재능만을 찾는 것에 그치지 말고, 나아가 전략을 공식적인 국가 부서로 포함시키려는 노력이 이루어져야 한다. 자국의 전략가들을 국가 제도 내로 끌어들여 이들을 관료로 만든다면, 전략 교육의 구조가 더 탄탄해지는 동시에 뛰어난 전문 전략가들을 끌어모으는 계기가 될 것이다.

불가능하다:

- **전략적 지혜는 특정 전략에 대한 선호보다 우위에 있을 수 없다**: 최고 수준의 교육을 받은 전략가들도 정치 집단 내에서 자신들의 입지를 보존하려면 정치가들의 입맛에 맞는 메시지들을 적절한 논리와 상상력을 통해 만들어내야 한다. 전략 교육은 정치라는 분야를 넘어설 수 없다.

- **전략 연구는 미국을 벗어나서 존재할 수 없다**: 미국이 지금처럼 전략 사상가들에게 자금, 접근성, 경력상 이점을 계속해서 제공하는 초강대국으로 남는 이상, 지정학적 환경에 영향을 받는 미국적 이익, 미국적 문화에서 비롯되는 상상력의 한계, 미국 내 정치 등은 앞으로도 전략 연구에서 계속 중요한 주제로 남을 것이다.

- **전략가들은 자신들이 처한 맥락에 묶일 수밖에 없다**: 전략을 배우는 학생들은 간접적인 경험을 통해 교훈을 얻을 수 있지만, 이런 교훈들은 현 시대와 장소에는 적합하지 않다는 것이 이미 증명된 바 있다. 아무리 재능이 있거나 교육을 잘 받았거나 혹은 역사에 깊은 관심이 있더라도, 전략가들은 자국 내 정치, 사회, 문화, 경제적 맥락에서 자유로울 수 없다. 이러한 가치 판단적 맥락 혹은 물질주의적인 맥락상의 제약, 인간사의 불확실성으로 인해, 수준 높은 교육이나 간접적인 역사 경험이 실제 문제 해결과는 무관해지는 현상이 벌어질 수 있다.

- **민주주의의 존재는 전략의 입지를 약화시킨다**: 현대 민주주의에서 필수적이라고 할 수 있는 민군 분리는 전략가의 입지 확보를 근본적으로 제한하고 있다. 뛰어난 전략가라면 군사 작전은 물론, 그들 자신을 움직이는 정치적 목적에 대해서도 많은 영향력을 가지고 있어야 한다. 그러나 민주주의하에서는 이런 요소들이 군 분야와 민간 분야에 나누어져 있으므로, 전략가의 일원화된 위치 확보는 단순히 교육 및 제도화를 통해서는 불가능하다.

전략의 일반이론

전략에 대한 일반이론의 부재는 현재 전략 교육에 큰 맹점을 남기고 있으며, 동시에 포괄적인 전략 효과를 막는 장애물로 기능하고 있다. 인류는 태동 이래로 항상 전략을 사용해온 만큼, 앞으로도 전략 연구에 대한 수요는 존재할 것이다. 어느 한 국가 혹은 안보 공동체가 전략을 수행하지 않기로 결정하거나 혹은 수행할 능력이 되지 않을 수도 있지만, 이런 능력과는 별개로 이들의 국정 운영 자체는 전략적인 양태를 띠게 될 것이다. 정치에서는 종종 행동보다 정책을 우선시하는 경향이 있으며, 이 두 요소를 묶는 일을 간과하는 경우가 많다. 전략가의 목적은 전략의 일반이론에 대한 해박한 지식을 갖춰 이러한 간극을 메우는 것이라 할 수 있다. 현대의 전략 연구는 전략가가 되려는 학생들에게 납득할 만한 전략적 계획 및 수행을 제시해야 하고, 이러한 전략의 계획 및 수행을 담당하는 사람들이 전략의 일반이론을 신뢰한다는 것을 증명해야 하며, 또한 현대에서 수행되는 최선의 전략이 전략의 일반이론에서 나온다는 것을 보일 수 있어야만 한다.

단일한 전략의 일반이론은 모든 시대는 물론 모든 유형의 전투, 기술, 교전자에 적용되어야만 한다. 전략의 일반이론은 전략의 핵심 요소들에 대한 뚜렷한 항구성을 지녀야 하며, 각각의 핵심 요소들은 특정한 시간과 장소의 필요에 따라 선택된 개별적인 전략의 형성 과정에서 반드시 고려되어야만 한다. 요약하면, 이상적인 전략이란 보편적인 전략 이론은 물론 현대 군사 및 정치적 맥락에 따른 특정 수요를 충족시킬 수 있어야 한다. 전략의 일반이론에 관한 핵심적인 구성 요소들은 Box 20.2에서 대략적으로 언급하고, 이후 자세하게 설명할 것이다(Gray 1999b, 2010a).

전략의 본질과 특성에 대한 이해

전략 용어의 정의

일부 용어를 통일하지 않고서는 전략 이론에 대한 대화 자체가 불가능하다. 앞서 이야기했듯이, 전략은 항구적인 특성을 가지고 있다는 기본 전제하에 논의를 시작할 것이다. 그러나 한편으로 전략에는 여러 가지 다른 이름이 따라다닌다. 전략은 직접적이거나 간접적이었고, 순차적이거나 누계적이었으며, 소모적이거나 비소모적이었고, 지속적이거나 급작스러웠으며, 강압적이거나 폭력적이었고, 대칭적이거나 비대칭적이었다는 등의 여러 명칭들이 붙어서 따라다니기도 한다(Gray 2010a: 65).

전략에서 자주 쓰이는 용어로는 대전략grand strategy이 있다. 대전략이란 안보 공동체 내에 있는 모든 자산과 군사적 도구에 대한 조직 및 운영을 뜻하며, 정치적 목적의 달성을 목표로 한다. 또 다른 용어인 군사 전략Military Strategy은 정치적 목적 달성을 위해 군사적 방향

⊡ Box 20.2 **전략의 일반이론**

전략의 본질과 특성에 대한 이해
- 전략 용어 정의: 대전략, 군사 전략, 전략적 가교
- 전략은 정치적 도구다
- 전략은 대립적 속성을 갖고 있다
- 전략은 인간 환경에 종속된다
- 전략은 모순적인 결과를 낳을 수 있다

전략의 구상: 일곱 가지 맥락
- 정치적
- 사회문화적
- 경제적
- 기술적
- 군사적
- 지리적
- 역사적

전략의 실행
- 장애물과 알력
- 시간
- 군수
- 정보와 기밀
- 군사 독트린
- 전략가들과 전략 가교

성과 군사력의 사용은 물론 군사적 위협 등을 포괄하는 용어다. 이 두 정의에는 능숙한 전략가가 국가 내의 강제적 요소들을 현대의 정치적 목적을 위해 한데 결집시켜야 한다는 의미가 내포되어 있다. 이러한 전략 설계자는 군사력과 정치적인 국정 운영 기술을 한데 묶어줄 수 있는 전략적 가교strategy bridge를 세우고 이를 유지해야 한다(Gray 2010a: 28-9). 앞으로 설명하겠지만, 이러한 가교는 제도 내 사람들이 지닌 서로 다른 의견들을 조율하는 데 사용된다. 다른 의견을 가진 사람들과 원활하게 소통하는 한편, 이들을 공동의 문제로 유도하는 것이 앞으로 전략가가 되려는 사람들이 해결해야 할 숙제가 될 것이다.

전략은 정치적 도구다

전쟁을 하는 주체는 군대지만, 전쟁을 선포하는 것은 정치 기관이다. 전략은 정치적인 결과가 함께 있어야 제대로 작동하는 만큼, 전략은 항상 정치를 고려하면서 수립되어야만 한

다. 오늘날에는 많은 대중들이 엄격한 도덕적·문화적·법적인 잣대를 통해 전쟁을 감시하고 있는데, 이는 19세기 중반까지만 해도 없던 현상이다. 국내에서 정치적인 지지가 없다면, 완벽한 군사 전략이라도 실패할 가능성은 커질 수밖에 없다.

전략은 대립적 속성을 갖고 있다

전략의 직접적인 목적은 적의 선택권을 제한하고 이를 정치적 목적을 위해 이용하는 것이다. 적이 존재하지 않는데 전략을 짜는 것은 의미가 없다. 명백한 적이 없다면 전략가들은 앞으로 적이 될 가능성이 있는 대상들 중에서 적을 고르고, 이들을 위협적이며 지배권을 두고 다투는 상대방이라고 인식해야 한다. 특정 국가가 자주 적으로 지목된다면 이들은 고정적 실체로 여겨지고, 이 경우 전략가들은 합리적이고 예상 가능한 방향으로 대응할 가능성이 높아진다. 전략가는 전략의 역설적이면서 모순적인 특성을 명심해야만 한다. 오늘은 효과가 있었던 방법이 내일은 무용지물이 되는 경우는 흔하다. 굳이 말하자면 오늘 효과가 있었기 때문에 다음 날 효과가 없다고 할 수 있다. 기민한 적이라면 이런 경우는 더욱 확연해질 것이다.

전략은 인간 환경에 종속된다

전략은 인간에 의해 수립되고 실행된다. 잘 교육받은 전략가라면 직감, 기개, 인간 수명의 유한함과 같은 인간의 본질은 물론, 역사에 족적을 남기는 사람들은 어떤 특성을 가지고 있는지 모두 고려할 것이다. 전략가들도 다른 사람들과 마찬가지로 개성을 가지고 있다. 상대편 적을 합리적 선택을 하는 로봇처럼 여긴다면, 전략 설계자는 만일의 사태가 발생할 가능성을 간과하게 될 것이다. 예상치 못한 행위는 언제나 일어날 수 있는 법이다.

전략은 모순적 결과를 낳을 수 있다

역사적으로 살펴보면, 전략으로 의도했던 정치적 목적과는 다르게 의도치 않은 결과를 낳았던 경우를 많이 찾아볼 수 있다. 미국은 테러와의 전쟁이라는 명분하에 이라크를 침공했다. 그 결과 일부 이슬람교도들의 테러 활동이 오히려 증가하여 역효과가 발생했는데, 이러한 사례는 앞으로도 되풀이될 가능성이 크다. 국정 운영과 전략에서 신중함을 최고의 덕목으로 여기는 데에는 그만한 이유가 있다. 신중함은 특정 결정으로 인해 나타날 결과에, 우려의 목소리를 더하는 역할을 하기 때문이다.

전략의 구상: 일곱 가지 맥락

전략의 일반이론은 새롭게 만들어진 전략의 특정한 세부 요소들이 다음의 일곱 가지 맥락

안에서 수립되고 조심스럽게 수행되어야 함을 명확히 하고 있다(Gray 2010a: 38-9). 그러나 인간 고유의 개성과 약점은 이러한 맥락에 불확실성이라는 요소를 추가시킨다.

정치적 맥락

'정치'란 전략의 이해 당사자들 간에 협상과 대화를 통해 벌어지는 복잡한 논의 과정에 붙여진 이름표다. 이 이해당사자들은 시민이나 군사 전문가가 될 수도 있고, 혹은 국내 정치인이나 동맹 관계자들일 수도 있다. 전략은 국내 및 전장의 전개 상황에 따라 계속해서 수정되어야만 하는 협의의 결과물이다. 안보와 관련된 의사 결정 과정의 상당 부분은 이러한 정치적 맥락에 들어간다. 즉, 관련 부서에서의 내부 술책, 당사자들이 관련 정책 결정자들과 하는 협상, 압력 단체와 여론의 입김과 영향력, 적의 정치적 상황과 국가 외부에서 나타나는 다양한 정치적 압박 등이 모두 정치적 맥락에 포함된다.

좋은 전략적 가교를 유지하려면 전략가는 각각의 주요 정치적 행위자들 간에 미묘한 차이를 이해하고 있어야 하며, 동시에 국가의 정치적 목적을 달성하기 위해 협력적이고 상호보완적인 행위들을 유도해내야 한다. 국내에서의 협력 도모는 적으로부터 승리를 거두는 일보다 더 어려운 경우가 많다. 그러나 의식적인 전략적 협력이 없다면 정계와 군의 노력은 방향성을 잃게 될 것이며, 그 결과 당장의 제도적 및 전략적 이익에만 몰두하는 풍조를 초래하게 될 것이다.

사회문화적 맥락

사회문화적 역학관계는 정책을 수립하는 전략가와 그들이 답을 보여주어야 하는 국민들에게도 영향을 미친다. 역학관계는 전쟁 수립 과정에서 필수적인 요소지만, 동시에 제대로 연구되지 않은 요소이기도 하다. 문화는 이론으로만 이해하기에는 너무 복잡하고 어려우며, 실제 세계에서는 더더욱 그러하다. 개인들뿐만 아니라 정치적 조직체들도 다양한 문화를 가지고 있다. 따라서 국가와 그 하위 집단들이 혼돈 사태로 빠지지 않으려면 수용할 수 있는 기준에 대한 합의가 필요하며, 또한 세계가 어떠한 방향으로 움직여야 하는지에 관한 공동체적 정체성과 믿음도 필요하기 마련이다.

뛰어난 전략가들도 전략적인 도움이 되지 않는 자국 내 문화를 바꾸는 것은 거의 불가능하다. 하지만 이런 취약점들을 이해한다면 이에 대한 대비책을 마련함으로써 위급 시에 잘 대처할 수 있다. 물론 적의 미묘한 문화적인 요소(풍습 등)가 포함된 관습을 이해한다고 해서 적의 다음 움직임을 예측할 수 있는 것은 아니다. 하지만 적의 움직임이 어떠할지에 대한 선택지를 좁힐 수는 있으며, 상대편의 문화적 특성으로 인한 전략적 취약성이 무엇인지도 알 수 있을 것이다.

현대 전략 연구에서, 문화와 사회에 대한 심도 있는 연구가 그다지 큰 비중을 차지하지는 못했다. 최근의 대반란 시도는 이러한 사회문화적 필요성에 대한 중요성을 다시금 강조하고 있다. 전쟁은 사람이 이끌어가는 것이기 때문에, 사회 및 문화적 구조에 대한 깊이 있는 지식은 전쟁의 승리에서 필수적이다. 또한 한 국가의 사회적 권위 기관에 대한 이해는 어떠한 갈등 상황에서도 우위를 점할 수 있도록 도와준다. 예를 들면 지역 및 사회 당국이 어떻게 설립되었고 소통하고 있는지, 그리고 적의 군사 기관의 정당성을 약화시키는 방법은 무엇인지 등을 이해한다면 전략 수립에 도움이 될 것이다(Box 20.3).

> **Box 20.3**
>
> 안보 공동체는 선택된 전략을 수행할 때, 전략적 개념에 대한 사고를 완전히 드러내거나 혹은 완전히 무지한 상태에서 수행하지 않는다. 이들은 특정 행동에 대한 여러 대안을 저울질하며, 동시에 새로운 정보를 통해 얻어진 가치, 태도, 선호도를 종합하여 전략을 선택하고 수행하는 것이다.
>
> –Gray(1999: 29)

전략은 사회적이며 가치 판단적인 상황 내에서 수립되고 수행된다. 윤리와 가치는 인간에게 깊이 내면화되어 있다. 하지만 이런 특성이 너무나 당연시된 나머지, 사회문화적인 맥락은 전쟁에 관한 기존의 담론에서부터 멀어지고 있다. 아부 그라이브Abu Ghraib 사건에서 볼 수 있듯이, 공동체는 보통 자신들의 윤리적 가치가 침해되었을 때에만 목소리를 내거나 윤리적 법규를 알아채기 마련이다. 그러나 전략을 수립하고 중요한 가치를 전략의 고려 대상에 포함시키는 것은 결국 도덕적 인간이다. 전략의 효과에 관한 평가는 가치를 둘러싼 갈등 당사자와 국내외의 여론, 그리고 적에 의해 이루어지게 된다. 만약 윤리에 어긋나는 일을 저질렀다는 사실이 밖으로 드러나게 된다면 군인들의 사기는 저하될 것이고, 이는 전쟁에 대한 자국의 지원이 줄어드는 결과로 이어질 수 있다.

경제적 맥락

전략의 귀재라면 사용 가능한 자원이 어느 정도인지를 항상 파악하고 있어야 한다. 경제와 군수는 전투에서 지루한 부분이지만, 그렇다고 어느 한 쪽이라도 소홀히 하게 된다면 그에 따른 피해는 엄청나기 마련이다. 역사학자 마이클 하워드Michael Howard는 이에 대해, '채택된 전략은 목적의 본질보다는 그에 대한 수단이 유효하느냐에 따라 달라지기 마련이다'라고 말한 바 있다(Howard 1991b: 32).

기술적 맥락

상대편이 보유한 기술 수준이 결과에 직접적인 영향을 미치지는 않겠지만, 그렇다고 기술이 전략에서 중요하지 않은 요소라는 것은 아니다. 높은 기술 수준은 강력한 군수적인 이점으로 작용할 수 있다. 직접 적과 맞부딪쳐서 적을 내쫓는 군인들과 순항 미사일 발사를 담당하는 군인들에게 필요한 물품은 달라지기 때문이다(Gray 1999: 37). 기술적인 우위는 결정적인 효과를 낼 수 있지만, 동시에 역효과가 날 수도 있다. 예를 들면 기술적으로 우위에 있는 강대국이 인간의 지적인 면을 간과한 나머지 이에 대한 투자를 소홀히 할 수도 있다. 역사는 기술적인 면에서는 열세였지만 전략적인 교묘함을 통해 적으로부터 승리를 거둔 사례가 많다는 것을 보여준다. 군인들의 사기는 무기의 질보다 더 중요할 수도 있으며, 혹은 그 반대일 수도 있다.

군사적 맥락

국방 관련 부서는 군인들을 모집하고 훈련시키는 과정을 통해 사회적 자원을 군사적 수단으로 변환시키는 역할을 담당한다. 만약 전쟁이 잘 준비되었다면 사람들은 싸우는 것을 더욱 선호하는 경향이 있다. 이러한 경우 국방부서는 현재의 갈등 상황에 대한 적합 여부와는 상관없이, 특정한 전쟁 전략을 요구할 수도 있다. 명민한 전략가라면 특정 분야에 따라 달라지는 선호도를 잘 숙지하고 있어야 하며, 안보 정책의 실행으로 인한 결과에는 어떤 것이 있는지 면밀하게 파악하고 있어야 한다.

실책이 있거나 혹은 결정적 요소가 있는 정치 및 군사적 지시는 엄청난 파장을 불러일으킬 수 있다. 역사적으로 보아도 통솔력은 전쟁에서 항상 중요한 요소였다. 그러나 최근에는 기술 수준에 대한 지나친 환상과 자신감으로 인해 군대의 사기와 지도자의 능력에 대한 강조가 약화되면서, 이에 대한 우려가 제기되고 있는 실정이다.

지리적 맥락

전쟁의 지리학은 육지와 바다에 국한된 기존의 지리학의 영역을 넘어서고 있다. 오늘날 전쟁의 무대는 영공은 물론, 우주와 사이버 영역으로까지 확대되었다. 지형, 기후, 거리 등의 역할은 기술 발전 여부에 따라 달라지게 된다. 그러나 지도자들의 바람과는 무색하게, 군대 그 자체는 대체될 수 없다. 수천 마일을 날아가 정밀 타격이 가능한 장거리 무기 체계가 있다 하더라도 지리의 중요성이 약화되지는 않는다. 도심, 산간 지역, 혹은 무기 사용이 윤리 및 실제적 이유로 적합하지 않은 지역에서 전투가 벌어진다면, 이런 무기 체계는 적합하지 않은 방법일 수 있다.

땅, 우주, 사이버 공간, 바다, 영공 등 적에게 불리할 수 있는 지형은 앞으로 아군이 이용할 가능성이 높다. 하지만 이러한 장점과는 별개로 전략은 인간이 거주하는 유일한 지형인 육지에서의 전략적 효과에 도움이 될 수 있어야 한다. 이는 어떠한 전략이 어느 곳에서 실행되든 해당된다고 할 수 있다(Gray 2010a: 40).

역사적 맥락

운명은 시간의 흐름에 전략에 대한 역사적인 맥락을 부여한다. 전장에서의 지혜는 최근의 경험과 더불어, 시간이 지나야만 알 수 있는 군사적으로 중요한 순간들까지를 종합적으로 고려해야 얻을 수 있는 것이다. 여기서 나온 지혜는 적절한 전략의 범위가 어디까지인지를 정하는 이정표 역할을 하게 된다. 전략가 또한 본인이 사는 시대의 영향을 받을 수밖에 없다. 하지만 전략의 역사에 대한 심도 있는 이해를 통해 더 넓은 안목과 지식 기반을 가진다면, 전략가는 상대편에게 휘둘리지 않을 것이다.

전략의 실행

장애물과 알력

전략의 핵심은 알력과 기회, 불확실성이 필연적으로 중요한 역할을 한다는 것을 이해하는 것이나(Clausewitz 1976: 85-6). 예기치 않은 비, 적에게 노출된 전략, 문화적 실수로 인한 국지 유혈 사태 등은 성공할 수 있었던 계획을 물거품으로 만들어버릴 수도 있다. 합리적인 선택과 계획, 훈련 등은 모두 불확실성이 난무하는 전장의 역학에 종속될 수밖에 없다. 적이라는 요인이 개입되는 순간, 예상 가능했던 미래가 예측이 불가능하게 바뀌어버린다. 그렇다고 이러한 알력의 필연성으로 인해 전략가가 신중하고 여러 가능성을 고려한 전략을 짜지 못한다는 것은 아니다. 국가 간 알력은 예상 가능한 변수로 취급되어야 하며, 만일의 사태는 최대한 억제되어야 하고, 기준에 맞는 유연한 대응을 해야 할 것이다.

시간

보통 사람들은 시간이 모두에게 고르게 분배되어 있다고 생각하는 경향이 있기 때문에, 시간을 전략의 고려 요인에서 제외하는 경우가 많다. 하지만 시간은 공평하게 주어지지 않는다. 장기전으로 인해 예상치 못한 제3자가 득을 볼 수 있으며, 혹은 예산과 변덕스러운 국내 여론에 휘둘릴 수밖에 없는 직업 군인들은 사기가 저하될 수도 있다. 서구 국가들은 결과와 기한이 성공의 잣대가 되기 때문에, 이러한 생각을 갖지 않는 적에게는 취약할 수밖에 없다. 다시 한번 강조하자면, 정예 군대에 엄청난 돈을 쏟아붓고도 정치적 결과를 내지 못하도록 만들 수 있는 것이 바로 시간이다.

군수

학자들은 잘 수립된 전략이 실제로 적용될 때에는, 현실적이며 관료적인 과정을 거친다는 사실을 간과하곤 한다. 이론가들이 전략적 개념에 대해 논의할 때, 그들은 군사적 실현 가능성을 당연하게 생각하는 경향이 있다. 그러나 이것은 엄청난 억측이 될 수 있다. 군인들이 제때 군수 물자를 보급받지 못해 발이 묶이게 된다면, 승리는커녕 전투 자체가 불가능하다. 전략을 구상하는 조직이 수행하는 일에는 구성원의 채용과 조직화, 비용 산출 및 검토, 감독과 피드백 제공 등이 모두 포함된다. 이를 가능케 하기 위해서는 군이 실제로 탁월한 군수 능력을 갖추어야만 할 것이다.

정보와 기밀

정보 및 기밀의 가치는 적의 허를 찌르는 데 얼마나 기여할 수 있느냐에 따라 달라진다. 역사적으로 사람들은 적의 허를 찌르는 기만 작전을 짜기 위해서는 많은 노력을 기울이는 반면, 허를 찌름으로 인해 얻는 전략적인 이득에는 상대적으로 덜 관심을 보이는 경향이 있다.

다른 분야와 마찬가지로, 정보 및 기밀의 영역에도 오점은 존재한다. 최근 서구 국가들이 참여한 여러 국지전에서 적들은 넓은 곳에 흩어져 숨고 선동하며 서구 국가 군인들을 기만하는 양상을 보여왔다. 이는 서구 국가들이 인적 및 기술적 수단을 통해 수집한 정보가 제대로 걸러지지 않았음을 의미했으며, 이 같은 비효율적인 정보활동에 대한 개선이 필요함을 재조명했다. 서구 군대는 과거 정보전에서 배웠어야 할 교훈들을 간과했고, 그 대가로 다시 전쟁을 통해 이를 배우고 있는 실정이다.

군사 독트린

민간 분야와 군 전문 학자들은 전략 이론을 만들며, 이 이론들은 군 행정부에 의해 독트린으로 전환된다. 독트린은 '어떤 문제를 선택할 것이며, 이를 어떻게 처리할 것인가'에 관한 최선의 실행 방법을 찾기 위함을 그 목적으로 한다. 상명하달 방식으로 만들어진 독트린은 실제 군사 행위에 있어서 신뢰도가 떨어질 수 있다. 이러한 경우에는 독트린보다는 일종의 상징으로서의 역할을 한다. 이는 작전 수행 시 이상적인 상황을 제시하거나, 혹은 기존의 낡은 제도를 새로운 방향으로 바꾸려는 행정적 노력의 표상 정도로 비춰지게 된다.

이상적인 형태로서, 전략과 이를 따르는 독트린은 안보 현실 내에 맞아야 한다. 그러나 현실에서의 군사 독트린은 보통 특정 군사 작전과는 별개로 존재하며, 선호하는 전투 방식에 대한 상세한 정당화 작업이라고 할 수 있다. 각 군의 상호 협력이라 할 수 있는 합동성은 보통 실제 전투에서는 찾아볼 수 없다. 왜냐하면 실제 전투에서는 상호보완적인 전략

방식의 작전 시도보다는, 개별적인 군대의 목적과 미래를 위해 수립되고 추구되는 독트린이 작동하기 때문이다.

이러한 현실을 고려하면, 운영 및 전략적 접근에서 세부사항을 지시하는 일은 전략가가 독트린 형성 과정에서 해야 할 일이 아니라는 것을 알 수 있다. 전략가들의 역할은 전략적 계획 수립의 조직 및 효율 극대화 과정을 통해 전략 당사자들의 목적이 겹치지 않도록 만들며, 동시에 포괄적인 전략적 효과를 위해 그들의 노력을 조정하는 것이다.

질서정연한 전략의 세계에서 전략의 일반이론은 독트린 저술가들을 교육할 것이며, 이질적인 여러 안보 제도들이 공동의 목적 달성을 위해 상호보완적인 수단을 사용하도록 할 것이다. 실제 세계에서는 꼭 공식적으로 기록되거나 천명된 것이 아니더라도, 단순히 사람들이 믿는 것이 독트린이 될 수도 있음을 명심해야 할 것이다.

전략가들과 전략적 가교

전략의 일반이론의 마지막 주안점으로 명백한 사실을 하나 짚고 넘어가야 할 듯하다. 전략은 사전에 계획되어야 하고, 또한 유능한 전략가가 수립해야만 한다는 점이다. 중복의 위험이 있어도 이를 다시 한번 강조하고자 한다. 극단적인 상황에서, 전략가의 역할은 엄청나게 중요해진다. 이상적인 교육이 있더라도 그 자체만으로는 완전한 성공을 보장할 수는 없다. 전략은 과학이 아닌 예술이다. 훌륭한 전략가는 신체 및 도덕적인 강인함은 물론 특히 뛰어난 판단력을 갖추어야 하며, 무엇보다 상당한 운을 필요로 한다. 어느 정도의 운은 교육으로 채워질 수 있겠지만, 훈련과 지휘 경험은 전략의 준비 단계 그 이상이 될 수 없다. 전투에서 한 번 이겼다 하더라도, 다음 전투에서 과한 자신감이 잘못 더해진다면 과거의 경험은 순식간에 믿을 수 없는 일로 전락한다. 이상적인 전략 실행에는 만만치 않은 여러 난관들이 따른다는 점을 감안한다면, 왜 뛰어난 전략가들이 적을 수밖에 없는지 이해할 수 있을 것이다. Box 20.4에는 참고할 만한 저명한 전략가 다섯 명이 소개되어 있다.

전략가가 전략적 가교를 유지하기 위해서는 인내심은 물론 양측의 사람들을 이어줄 수 있는 원활한 성격이 필요하다. 성공적인 정치인의 특성이기도 한 이런 요소들은 뛰어난 군인의 자질과는 상반되는 요소들이다. 당연히 정치와 군대 간에 마찰이 일어날 가능성은 무궁무진하다. 유능한 전략가라면 강경하고 갈등적인 성격을 지닌 사람들을 관리할 줄 아는 것은 물론, 그들 사이에서 효과적으로 커뮤니케이션을 수행할 수 있어야 한다.

⊙ Box 20.4 다섯 명의 위대한 전략가들

전략가들의 전략적인 능숙함이나 천재성은 상대적이라고 하는 것이 옳겠다. 이를 좋고 나쁘다고 표현하기에는 어폐가 있다. 상대편에 더 뛰어난 전략가가 있다면, 위대한 전략가들이라 할지라도 형편없는 결과를 낼 수 있다. 특정 상황과 맥락은 전략가가 자신의 재능을 펼치는 데 많은 영향을 끼친다. 설계자 혹은 지휘관으로서의 전략가는 완벽할 필요는 없으며, 단지 충분할 정도로만 뛰어나면 된다. 혹은 전략가가 뛰어나지 않더라도 군인들의 사기가 높은 덕에 위기를 넘긴 경우도 많다.

이 장에서는 전략가들을 '개념화하는 사람들'로 묘사한 만큼, 다섯 명의 걸출한 설계자들과 지휘관들을 예시로 내세우는 것이 균형 잡힌 시각을 위해 도움이 되지 않을까 한다. 물론 이들 개개인은 '충분히 뛰어난' 전략가들이다.

알렉산더 대왕(Alexander the Great, BC 356-323)은 세계 역사를 통틀어 가장 뛰어난 전략가라고 할 수 있다. 알렉산더 대왕은 당시의 문화와 정황상 모든 전략적 역할을 직접 수행해야만 했다. 알렉산더 대왕은 국가의 원수이자 정책 결정자였고, 마케도니아의 수장에게 요구되는 역할이 영웅적인 리더이자 전사였으며, 뛰어난 전략가이자 군사 전략가였다. 알렉산더 대왕의 광활한 제국은 오롯이 전쟁을 통해서만 세워진 것이 아니었다. 알렉산더 대왕의 제국은 신중하게 수립된 대전략, 현명한 군사적 선택, 노련한 외교, 각계각층까지 뻗치는 개인의 리더십이 더해져서 세워지고 또한 유지될 수 있었다. 알렉산더 대왕은 피로 얼룩진 짧은 생애 동안 단한 번도 패한 적이 없었다(Lonsdale 2007).

율리시스 그랜트(Ulysses S. Grant, 1822-1885)와 로버트 리(Robert E. Lee, 1807-1870)는 각각 1864년 미국 북부연방군 사령관과 남부연합군 사령관이었으며, 두 명 다 뛰어난 전략가들이었다. 이들이 전장에서 보여준 전투 지휘 능력에 대해서는 학자들마다 이견이 있다. 둘 다 엄청난 사상자를 용인했다는 점에서 비판을 받았으며, 그 당시 향상된 소화기와 어느 정도 근대화된 대포에 대항하다가 전면 공격으로 많은 피해를 입은 바 있다. 또한 그랜트와 리 모두 적절한 전략적 판단에 있어서 전쟁 이외에는 나은 방법이 없었으며, 모두 호전적인 전투를 벌였다는 공통점이 있다. 리의 목적은 물자 및 인력 부족을 보충하기 위함이었고, 그랜트의 목적은 북부 연방군의 인력 및 군수적 이점을 활용하고자 한 것이었다(Keegan 1987; Reid 2005; Glatthaar 2008).

1919년부터 1921년까지 이어졌던 영국과 아일랜드 공화국군(IRA) 간의 전쟁에서, 상대편의 지휘관이 마이클 콜린스(Michal Collins, 1890-1922)였다는 점은 영국에게는 행운이자 불운이었다. 콜린스는 명목상으로는 아일랜드 공화국군의 정보국장이었지만, 그 자신이 만만치 않은 적수였다는 것을 스스로 증명해 보인 바 있다. 콜린스가 아일랜드의 독립을 위해 싸우겠다고 결심했던 1916년의 부활절 봉기에서 그는 정신적으로는 성장할 수 있었지만, 형편없는 전략을 가지고 참여한 결과 영국 포로수용소에 갇히게 되었다. 그때의 경험으로 그는 더 이상 단순하게 유혈의 희생이 따르는 효과 없는 전통적인 방식을 추구하지 않았다. 그는 뼈아픈 실전 경험을 통해 수적 및 군사적으로 열세한 아일랜드 공화국군이 어떻게 하면 전쟁에서 이길 수 있는가를 스스로 배워나갔다. 콜린스는 게릴라나 테러 등의 비정규전을 통해 승리를 거두며 자신이 비정규전에서 빼어난 능력을 발휘하는 전략가임을 증명했다. 그는 영국군을 상대로 거의 모든 전쟁에서 대승을 거두었지만, 1921년 중반에 사실상 군사적으로 영국군에게 패배했다. 그는 테러와 게릴라전이 결국은 모두 정치적인 쇼라는 점을 잘 알고 있었고, 영국의 가치에 맞서는 방식으로 영국 정치에 대항했다. 총으로 이룰 수 있는 승리에는 한계가 있다는 판단이 들자, 콜린스는 아일랜드에서 발을 빼려고 고심하던 영국 정부와 협상하게 된다. 영국 입장에서는 현실적인 동시에 혜안을 가진 아일랜드의 지도자이자 군사 지휘관이었던 콜린스를 협상으로 잠재웠다는 점에서 운이 좋았다고 할 수 있다. 많은 아일랜드 사람들은 1921년 협상 타결을 수용하고자 하는 의지를 갖고 있던 콜린스만큼 현실적이지 못했다(Townshend 1975; Foy 2006).

육군 원수 알란 브루크(Sir Alan Brook, 1883-1963)는 1941년 12월부터 1946년까지 영국의 참모총장(CIGS)을 역임했다. 영국 국방부 외부에 있는 그의 조각상에는 그 주춧돌 위에 '전략의 달인'이라고 표현되어 있다. 상급 전장 지휘에 대한 뛰어난 기록—특히 1940년 덩케르크 작전(Dunkirk Campaign)에서 제2군단 지휘관의 경력—을 가지고 있는 알란 브루크는 육군 사령관을 역임하고, 이후 영국 합동참모본부 의장으로 일했다. 그가 내렸던 전쟁 수행에 관한 뛰어난 전략적 판단보다 더 중요한 점은, 아마 그의 일차적인 임무가 카리스마 있고 강직한 성품의 정치적 대가인 윈스턴 처칠(Winston Churchill)과 매일 대화를 나눴다는 점일 것이다. 또한 그는 영미 동맹 간의 뛰어난 전략 관계 유지에도 공헌한 바 있다. 1942년부터 1945년까지 영국의 전략 및 정치적 영향력이 미국과 구소련과 비교했을 때 계속해서 줄어들었다는 점에서, 알란 브루크는 전략의 대가로서 자신의 모든 재능과 교육을 필요로 했다(Roberts 2008).

전략적 이해의 부족은 사람들 간의 마찰을 악화시키는 결과를 낳을 수 있다. 전략 연구가 행해진다 한들, 전략을 행한다는 것이 무엇인지를 모르는 관료들이 있다면 아무 소용이 없는 셈이다. 대부분의 정책 결정자들은 전략의 일반이론에 대해 배운 적이 없으므로, 이들은 좋고 나쁜 전략을 구분하지 못하는 경우가 비일비재하다. 실제로, 전략 연구를 필요로 하는 사람들은 전쟁의 본질에는 별로 관심을 두지 않는다. 이들은 당장 무엇을 해야 하는지에만 초점을 맞춘다. 전략을 공부하는 학생들은 국가의 전략적 우선순위와는 동떨어진 것을 연구하는 경우가 있다. 국가는 이러한 주제가 실제로 안보에 악영향을 미치기 전에 이를 고려해야만 할 것이다. 현재는 한순간도 멈추는 법이 없으므로, 학자들의 장기적 관점은 제때 찾아오지 않는다. 정책 결정자들과 군인들은 유동적 성질을 가진 현재에 살고 있으며, 전문적인 전략 조언가나 경영진들은 자신들의 조언이 작금의 문제에 당장 어떠한 대답을 내놓을 수 있는가를 알아야만 할 것이다. 전략적 조언이 지금 현실과 동떨어져 있다면 그 효용성은 없다고 봐도 무방하다.

전략의 보편적인 이론에 관한 이상의 구성요소들이나 차원들은 중요도에 따라 나열된 것이 아니며, 혹은 상호 배타적인 성질을 가진 것도 아니다. 각각의 요소들은 서로 겹치는 부분도 있으며, 서로 영향을 주기도 한다. 또한 이들의 중요성은 역사적 맥락에 따라 달라진다. 전략의 핵심 구성 요소를 정의하는 목적은 전략가의 역할에 한도를 정하기 위함이며, 또한 현재 사안들에 대한 현실적인 해답의 지식 기반을 알아내기 위함이다. 전략의 일반이론은 현대의 전략적 이슈들을 공동의 말뚝에 매어놓는 역할을 하며, 동시에 전략가들이 전쟁의 성질에 대한 방향이나 기본 이해 없이 방황하지 않도록 전략가들에게 그 고삐를 넘겨주는 역할을 하고 있다.

ⓘ 요점 정리

- 인간 사회에서 갈등은 불가피하기 때문에, 전략의 필요성은 항구적이라고 할 수 있다. 계획된 전략을 수립 하거나 따르지 못하는 국가라도 전략적 효과에 따라 행동할 수밖에 없다.

- 전략 연구는 미래의 전략가들에게 전략의 일반이론을 제공할 수 있어야 한다. 즉 전략 연구는 전략가의 영 역이 어디까지인지를 정의할 수 있어야 하며, 동시에 모든 종류의 전쟁에서 나타나는 전략의 고유하면서 도 영속적인 구성 요소들을 발견할 수 있어야만 한다. 전략의 일반이론에 대한 포괄적인 이해는 전략가가 마주하게 될 문제의 어려움을 해결하는 한 줄기 빛이 되어줄 수 있다.

- 여기에서 소개한 전략 이론의 요소들은 우선순위나 중요도 순으로 나열된 것이 아니다. 현대 전략은 전략 의 일반이론이라는 한쪽 부모와 현재의 사회 · 정치적, 군사적 맥락이라는 다른쪽 부모 사이에서 나와야만 한다. 관심과 자원이 필요한 전략의 측면들은 오늘날의 특정 맥락에 따라 달라질 수 있다.

- 여기에서 강조하는 다섯 명의 훌륭한 전략가들이 보여준 것을 토대로 전략적 능숙함을 얻을 수 있다.

- 정책 결정자들은 전략의 이론 및 실행에 익숙하지 않다. 전문적인 전략가가 해야 하는 일은 전략을 실행하 는 당사자들에게 선정된 전략의 효용성에 대해 설명하는 것이다.

(재)평가의 필요성

인간 지능과 만약이라는 변수를 고려하면, 일반이론에 대한 완벽한 이해가 따르더라도 항 상 완전한 전략적 효과가 나온다고 보장할 수는 없다. 훌륭한 전략가는 끊임없이 본인의 전략, 과정, 전략 교육, 전략적 가교가 원활한지에 대해 재평가를 내려야 하고, 이를 통해 전략적 기량을 늘려야만 한다.

현대, 혹은 과거의 특정 전략을 평가하는 일에는 어려움이 따르기 마련이다. 평가를 내리 는 당사자들은 특정 문화의 영향에서 자유로울 수 없는 개개인들이기 때문이다. 그러나 이 처럼 내재된 주관성에도 불구하고, 자신 혹은 타인의 전략에 대한 계속적인 재평가를 내리 는 일에는 그만한 가치가 있다. 평가를 통해 자신의 편견과 오류를 깨닫는다면, 그에 따른 개선점을 알려주거나 혹은 전략가들을 가르칠 수 있는 기회가 될 수 있기 때문이다. 전략가 도 결국에는 학자이며, 학자의 역할은 진리를 탐구하는 것이라는 점을 잊지 말아야 한다.

이 점을 염두에 두고, 잘 교육받은 전략가라면 응당 갖추어야 할 아홉 가지 기본적인 질 문을 살펴보도록 하자.

1. 무엇이 문제인가? (예: 즉, 당장의 위험 요소는 무엇인가?)
2. 우리가 가진 전략적 효과는 무엇인가?
3. 선택된 전략은 우리의 정치적 목적을 달성하도록 잘 조정되었는가?

4. 영향력의 상호보완적 작용과 적의 의지를 통제하려는 노력에 있어서 우리가 가진 힘의 예상되는 한계는 무엇인가?

5. 적은 우리를 얼마나 위협하는가?

6. 특정 행동이나 혹은 행동하지 않기로 한 결정에 대한 대안은 어떤 것이 있는가? 그로 인해 예상되는 비용과 효과는 무엇인가?

7. 국내 전선은 얼마나 견고한가?

8. 오늘날 우리가 선호하는 전략에는 역사가 제공하는 전략적 교육이 신중하면서도 정직하게 활용되고 있는가?

9. 우리가 간과해왔던 것은 무엇인가?(Crowl 1987: 39-48; Gray 2010a: 16-17)

냉소적인 태도가 가끔씩은 용납되긴 하지만, 훌륭한 전략가에게는 냉소적이 아닌 회의적인 태도가 필요하다. 훌륭한 전략가는 정부 부처에서 논쟁을 할 수 있어야 하며, 전략적 요구, 결정, 수행에 대한 질문을 던질 준비가 되어 있어야 한다. 무엇보다 전략가는 항상 자신의 핵심 의무가 무엇인지를 기억해야만 한다. 뛰어난 전략가는 적이 항상 주도권을 쥐고 있는 적대적인 상황에 놓여 있다. 전략가는 작전과 책략에서 나오는 '전략적 효과strategic effect'로 인한 결과를 제시하면서 대항해야만 하며, 그렇게 함으로써 적의 저항 의지와 능력에 대한 어느 정도의 통제권을 확보해야 한다. 속담식으로 간결하게 말하면 이것이 전략과 전략가가 해야 하는 의무의 모든 것이다.

요점 정리

- 전략적 재평가는 항상 평가자의 문화 및 시간에 따른 편견에서 자유로울 수 없지만, 실수를 찾아내고 전략 수행의 질을 늘리기 위해서는 그러한 결점이 있더라도 전략에 대한 재평가가 수행되어야만 한다.
- 전략의 재평가를 유도하는 질문은, 현재는 물론 미래에도 정치적 목적을 달성하게 만들 수 있는 전략적 범위가 어디까지인가를 검토할 수 있어야 한다. 이러한 평가에는 자국 국민의 성향은 물론 적의 예상 움직임도 포함되어야 한다.
- 전략가의 핵심 역할은 적의 저항 의지를 붕괴시킬 일종의 전략적 효과를 제시하는 것이다.

맺음말

뛰어난 전략가도 여러 맥락에 종속될 수밖에 없으며, 또한 편견과 무지에서 자유로울 수 없다. 하지만 전략 연구가 유해하거나 불필요한 것은 아니다. 비록 다소 불합리한 제도 내에서 결함 있는 사람들이 수행할지라도, 전략 연구는 필수적이다. 전략은 우리가 누구이며 어떻게 행동해야 하는지를 알려준다.

전략 연구가 발전할 수 있는 유일한 방법은 이상적인 전략 연구의 장점을 계속해서 실행하는 한편, 보편적인 이론이 적용될 수 있음을 진지하게 받아들이고, 동시에 전략 연구를 더욱 철저하고 폭넓게 수행하는 것이다. 이는 시대를 초월하여 모든 사회에 유효하다. 하지만 역사적으로 보면 정치인들은 때와 장소에 따라 이를 받아들이기도, 혹은 무시하기도 했다. 만약 미래의 정치에서 전략가의 입지가 더 상승한다면, 그 원동력은 험난했던 과거에 대한 철저한 이해와 이를 기반으로 한 현실적인 교훈을 미래에 적용시킨 현명함에서 비롯될 것이다.

❓ 생각해볼 문제

1. 전략가의 권위를 저해하는 요소들은 무엇이 있는가?

2. 현재 전략 교육에서 가장 개선이 필요한 것은 어느 부분인가?

3. 전략의 역사를 공부할 때 가장 주의해야 할 부분은 무엇인가? 과거 전쟁에 대한 기록이 오늘날 군사 문제에서도 유효한가?

4. 현대 전략 연구와 미국 전략 연구가 거의 동의어처럼 쓰이는 이유는 무엇인가?

5. 전략 연구에서 미국 중심의 관점이 지배적이란 사실로 인해 발생하는 문제점에는 어떤 것들이 있는가?

6. 전략에 관한 일반이론의 목적은 무엇인가? 이것은 어떠한 문제들을 해결해야만 하는가?

7. 뛰어난 전략가가 만들어지는 것을 저해하는 물리적 · 정치적 · 조직적 · 지리적 · 우발적 요인에는 어떤 것들이 있는가? 인간사의 불확실성은 여기에 어떻게 영향을 미치는가?

8. 역사를 통틀어 가장 뛰어났던 전략가들의 재능이 왜 일반인들에게는 주목받지 못하는가? 알렉산더 대왕의 업적 중 가장 잘 알려진 것은 무엇인가? 알렉산더 대왕과 근대의 전략가인 콜린스는 어떤 점에서 비교되는가?

9. 정치와 군사 사이에 전략가가 놓아야 할 전략적 가교에 대해 설명해보자. 그 과정에서 발생하는 어려움에는 어떤 것들이 있는가? 그러한 가교를 놓기 위해서는 어떠한 작업이 수행되어야 하며, 또한 어떠한 기술이 필요한가?

10. 전략에 대한 철저한 재평가의 목적은 무엇인가? 재평가에는 어떠한 점이 고려되어야 하는가?

더 읽을거리

B. Brodie, *War and Politics* (New York: Macmillan, 1973)

저자의 생애 후반에 나온 책으로(그는 1978년에 사망했다) 20세기 전반에 걸친 전략의 실행에 관한 모든 것이 담긴 책이다. 저자의 경력이 1945년 이전에 시작되었던 만큼, 저자의 심도 있는 역사적 깊이가 담겨 있는 책이기도 하다.

C. von Clausewitz, *On War,* translated by M. Howard and P. Paret(Princeton, NJ: Princeton University Press, 1976)

전쟁과 전략에 관한 이해 및 실행을 위해서는 반드시 읽어야 할 기본적인 개념 지침서다.

C. S. Gray, *The Strategy Bridge* (Oxford: Oxford University Press, 2010)

전략 이론의 단 한 가지 목적이자 가치는 전략 실행을 보조하는 것이라고 설명하고 있다. 뛰어난 실전 전략가는 교육받은 전략가여야 한다는 것을 역설하고 있다.

A. H. de Jomini, *The Art of War* (1838; London: Greenhill Books, 1992)

클라우제비츠의 이론을 보충 및 수정해주는 역할을 하며, 특히 전략이나 작전 수행에 대한 세부적인 사항에 대해 이야기하고 있다. 그 세부적인 내용은 시대에 뒤떨어지지만, 저자가 우려하는 대부분은 아직까지도 유효하다.

B. H. Liddell Hart, *Strategy: The Indirect Approach* (1941; London: Faber and Faber, 1967)

저자는 전략이 왜, 그리고 어떻게 수행되어야 하는지에 대한 중요한 통찰력을 제공하고 있다. 물론 해석에 따른 논쟁의 여지가 있을 만한 부분이 있지만, 그럼에도 저자는 역사석인 경험의 맥락 안에서 이야기를 잘 풀어나가고 있다.

E. N. Luttwak, *Strategy: The Logic of War and Peace, revised edn* (Cambridge, MA: Harvard University Press, 2001)

본질적인 전략의 특성에 대한 이해를 제공하는 저서다. 강한 논거를 통해 독자들로 하여금 전략의 기본 성질과 구조의 실제적인 적용에 대해 이해할 수 있도록 돕는다.

J. A. Olsen, and C. S. Gray (eds), *The Practice of Strategy: From Alexander the Great to the Present* (Oxford: Oxford University Press, 2011)

전략의 이론과 실행이 어떻게 항상 상호의존적인 관계를 맺어왔는지를 역사를 통해 풀어가고 있다.

Thucydides, *The Landmark Thucydides: A Comprehensive Guide to 'The Peloponnesian War'*, R. B. Strassler (ed), revised from translation by R. Crawley(c.400 BC)(New York: The Free Press, 1996)

저자는 대규모 전쟁에 관해 설명하고 있을 뿐만 아니라, 대전략의 실행에 관해 달인 수준의 설명을 간접적으로 제공하고 있다.

S. Tzu, *The Art of War*, edited and translated by R. D. Sawyer(c.490 BC)(Boulder CO, Westview Press, 1994)

능숙한 지휘 능력에 필요한 특징뿐만 아니라, 시대를 초월하는 국정 운영과 전략의 실행에 관해 직접적인 조언을 제공한다.

J. C. Wylie, *Military Strategy: A General Theory of Power Control* (1967; Annapolis, MD: Naval Institute Press, 1989)

저자는 현대 전략 실행의 좋은 예와 나쁜 예를 이해하기 위해 이론을 활용하고 있다. 그는 간결하고 명확하면서도 경험에 단단히 기반을 두고 설명하고 있으며, 이 중 일부는 그 자신의 경험이다.

웹사이트

미국방부(http://www.defense.gov)

미국의 각 군대와의 링크를 제공하고 있으며, 미군의 특징적인 역할과 현재의 위협 상황 인식과 관련한 정보를 제공하고 있다.

클라우제비츠 홈페이지(http://clausewitz.com/index/htm)

클라우제비츠의 글과 그를 주제로 하는 최근의 학문 연구와의 링크를 제공한다.

손자병법 사이트(http://suntzusaid.com)

손자의 저서가 번역되어 있고, 여기에 문단마다 해석이 달려 있는 자료를 볼 수 있다.

뮤어 페어차일드 연구소(http://www.au.af.mil/au/aul/bibs/great/great.htm)

위대한 전사들, 사상가들, 지도자들에 관한 참고문헌을 제공하는 사이트다. 자료를 찾아볼 수 있는 사상가로는 클라우제비츠, 조미니, 손자, 리들 하트, 브로디, 율리시스 그랜트, 로버트 리 등이 있다.

21 전략 연구에는 미래가 있는가?

로렌스 프리드먼(Lawrence Freedman)

 독자 안내

마지막 장에서는 전략 연구가 학문적인 연구로써 미래가 있는가에 대해 알아볼 것이다. 이 장에서는 전략 연구가 대학 과목으로서의 입지가 상승하고 다시 추락했던 시절에 대해 살펴볼 것이며, 왜 전략 연구가 다시 부흥기를 맞아야만 하는지, 그러기 위해서는 어떻게 해야 하는지에 대해서도 탐구해볼 것이다. 먼저 장의 앞부분에서는 전략 연구의 초기 단계가 어떠했는지 살펴볼 것이다. 전략 연구는 대부분 대학 과목 분야 밖에서 이루어졌으며, 초기에는 자연과학과 공학에 영향을 받았다. 열핵무기의 시대인 현재에는 기존의 군대식 사고방식이 적절하지 않은 듯 보이지만, 학계에서는 아직도 정치적인 변동에 영향을 받지 않는 학문적 체계를 제시하지 못하고 있다. 냉전이 끝나갈 무렵, 전략 연구의 역할은 광범위한 질문을 통해 여러 전문 지식을 끌어들이는 것이었다. 냉전이 끝난 후, 군사 전략 연구에 생기를 불어넣었던 대규모 문제들이 사라짐에 따라 일부에서는 전략 연구가 과연 아직도 유효한지에 대해 의문의 목소리를 내기 시작했다. 전략 연구가 자칫 학문적인 덕목과 대학 내부라는 규율 집단의 압박 사이에서 방향을 잃을 뻔한 위험도 있었다. 전략 연구의 지성적인 바탕이 되는 현실주의 또한 문제를 지나치게 단순화하고, 객관적 실재에 대한 과장된 주장을 하며, 국내적 요소와 초국가적인 요소를 무시한다는 비판을 받아왔다. 심지어 일부에서는 현실주의가 영향력 행사 및 평화적인 분쟁 해결 방법을 배제하고 오직 군사력에만 집착함으로써 군대가 정치의 도구 노릇을 한다는 주장까지 서슴지 않는다.

전략이 나아가야 할 방향은, 역사의 흐름이 개인, 집단, 정부가 선택한 결정으로 바뀔 수 있다는 생각에서 나올 수 있다. 이러한 결정은 전략적 연구에 주제를 제공한다. 물론 이러한 결정을 일부 국가만 내려야 할 필요는 없으며, 항상 군사력이 사용되어야 하는 것도 아니다. 군대는 가장 완벽하다고 여겨지는 결정을 주로 내리기 때문에 전략의 일반이론 수립을 위한 출발점을 제공하는 반면, 조직적인 폭력은 특정 연구로서 다룰 만한 가치가 있다는 과제를 남긴다.

머리말: 전략 연구의 발전

본래 전략 연구는 대학 외부에서 발전되기 시작했다. 냉전 전에는 여러 군사 이론가 및 평론가들이 있었으며, 그중엔 전략 연구에 대한 많은 실제적인 경험을 갖고 있으면서 학술 활동보다는 대중을 위한 저술 활동을 해왔던 존 '보니' 풀러John 'Boney' Fuller와 바실 리들 하트Basil Liddell Hart 등이 포함되어 있었다. 이들이 택한 주제는 이후에 나온 전략 연구의 주제와 크게 다르지 않았고, 따라서 핵시대를 거쳐간 전략 연구자들은 이후 새로운 시대 체제에 별 문제 없이 적응하기에 이른다. 제1차 세계대전이 끝난 후, 대학에서는 국제 분쟁에 대한 과학적 연구를 통해 후세에 벌어질 수 있는 전쟁을 막자는 움직임이 일어나기 시작했다. 하지만 대학 내 많은 사람들이 군사 문제에 관심을 가졌음에도 불구하고, 전쟁에서 어떤 방법이 최선인가에 대해 말하는 사람은 거의 없었다. 또한 앞으로 언급하겠지만, 대학 내에서는 이미 전략에 반하는 시각들이 존재하고 있었다.

제2차 세계대전이 끝난 후에는 사회과학이나 인문학 계열의 학자들보다는 자연과학과 공학 분야의 학자들이 전략 연구에 관심을 가지기 시작했는데, 이들 중 상당수는 맨해튼 프로젝트Manhattan Project로 인해 정치에 흥미를 잃고 양심의 가책을 느끼던 사람들이었다. 본래 수송대 호위나 공습 목표물 설정 등의 작전 문제를 다루던 이들은, 더 이상 이전처럼 원시적이고 직감에 의존하는 방식으로 전쟁을 수행하면 안 된다는 확신을 갖고 있었다. 기존의 군사적 사고방식이 열핵시대에는 부적합한 듯 보이면서, 민간인들이 전략 정책에 중요한 기여를 할 수 있다는 생각은 갈수록 확실해지기 시작했다. 군비 경쟁과 냉전으로 인해 대학 외부에서 연구 기반 정책 집단이 다수 생겨나게 되었는데, 여기에는 정부 기관, 국회 위원회, 여러 싱크 탱크와 '벨트웨이 밴딧츠beltway bandits'라는 회사도 포함되어 있었다.

이로 인해 전문 민간 전략 연구자에 대한 수요가 생겨났고, 대학에서는 이 수요에 부응하려 했다. 즉 이는 급변하는 정계에 보조를 맞추지 못해, 학계가 유효한 학문적 체계를 제시하는 데 실패했다는 의미이기도 하다. 일부에서 시도의 움직임이 보이긴 했으나, 이는 지적 호기심으로 인한 전략 연구 집단의 성장이 아니라 단지 일시적으로 정치적 문제에 편승하는 것일 뿐이었다. 물론 대학에서는 정책을 기반으로 한 연구인 만큼, 반감을 보이진 않았다. 서구 국가 내 대학의 수 증가와 그에 따른 활동이 활발해져가던 당시에 우연히 냉전 시대가 겹치게 되었고, 당시 대학들은 현실적인 특정 분야를 대학 내 과목으로 받아들이면서 학문의 경계를 넓혀나가기 시작했다. 대학에서 성 역할이나 언론을 적합한 학문으로 받아들이던 이 시기에, 군대가 대학의 관심에서 벗어나 있었을 리 없다. 여기에 더 높은 고등 교육을 원하는 사람들은 국력 증진의 귀감이 되고 싶어 앞다투어 나섰다. 소련이 1957년 10월 세계 첫 번째 인공위성인 스푸트니크Sputnik 1호를 쏘아 올린 후 대학들이

미 국회에 더 많은 예산을 요구했을 때, 이를 국가 안보라는 이름으로 통과시킨 일은 당시의 분위기를 잘 반영한다. 학계에서는 더 넓은 토론의 기회가 생긴다는 점에 흥분했다. 비록 실제와 유리된 추상적 이론화에 대한 비판이 잇따르거나 읽히지도 않을 저서가 늘어날지라도, 이들 학자들의 짧은 의견 한마디가 대통령과 정치 수뇌부까지 직접 들어갈 수 있다는 뜻이기 때문이었다. 전략 연구의 학문적 주창자들은 증거나 정교한 분석 방법 사용을 배우는 데 많은 시간을 할애했겠지만, 이들은 당시의 지지 분위기에 쉽게 휩쓸리게 되었을 뿐 아니라 또한 학술 대회보다는 일반 청중들의 환호를 더 선호했다.

그러나 당시의 분위기를 이용해 전략 연구를 학문적 대상으로 정립시키려는 움직임은 거의 찾아볼 수 없었다. 근간이 되는 교육 체계도 만들어지지 않았고, 당시 학계 사람들이 알 만한 저술서가 다수 나왔던 1960년대 초반 전략 연구의 황금기를 제외하고는 별다른 변화를 찾아볼 수 없었다. 심지어 전략 연구의 저서들이 어떤 방향으로 기술되어야 할지에 대한 합의도 없었다. 당시 정책의 영향력은 강력했고, 그에 비해 '군사 연구'라는 분야는 지나치게 기술적이며 협소한 듯 보였다. 심지어 마치 지도 읽기나 참모 훈련처럼 보이기 일쑤였고, 전략 정책 내의 일반인들의 역할에 영향을 준 요소들을 부정하는 것처럼 보였다. 일반인들의 역할은 당시 전문적인 군사적 사고에 대한 편견과 어떠한 상황에서도 군은 시민에게 종속되어야 한다는 민주주의적인 확신으로써 기능했다. 이는 또한 전쟁이 수단을 통한 정치 목적의 달성이라면, 군사적인 수단은 오직 정치적 목적과 관련해서만 이해될 수 있다는 클라우제비츠식 가정과 같았다.

냉전 전후

그러나 여기서 말하는 정치적 목적은 무엇을 뜻하는 것인가? 냉전 시기에는 정부의 정책 목적이 최소한 정부 차원에서는 모두 정해진 듯 보였고, 이에 따라 사람들은 정치적 목적 대신 수단에 초점을 맞추기 시작했다. 정부 내의 자유주의 자본가와 국가 사회주의자들의 대립은 불가피했지만, 이런 대립은 서구 사회에서는 그다지 논란이 될 문제가 아니었다. 적어도 당시 정치의 핵심 문제는 대참사를 일으키지 않으면서도 보유한 핵무기로 어떻게 정치적인 이득을 볼 것인가에 관한 것이었다. 핵무기를 발사하는 순간 그 결과는 참담할 것이기 때문에, 핵무기를 사용해 이득을 보려는 시도는 자제되어야만 했다. 그러나 만약 핵무기를 사용해 실제로 참사가 일어난다면 그때는 어떻게 핵무기가 핵 억지의 수단이 될 수 있으며, 만약 핵 억지에 실패한다면 어떻게 문제를 해결할 수 있을 것인가? 이런 터무니 없는 가식에 신뢰를 부여할 수 있는가? 핵 억지를 둘러싼 이러한 난제와 모순은 학계의 관심을 끌게 되었다. 이에 대한 학계의 관심은 단지 핵 억지력 강화를 모색하는 과정에서만

이 아니라, 핵무기와 같은 고위험 무기 의존도를 줄일 수 있는 다른 정치적 대안이 있는가에 대한 물음을 통해서도 나오게 되었다. 학자들은 특히 두 초강대국의 전략적 관계 협력 관리 형태인 군축 협정에 관심을 가지기 시작했다. 시간이 지나면서 미국에만 국한되어 있던 군축 협정에 대한 관점이 갈수록 넓어지기 시작했다. 소련의 합리적 정책이 미국의 합리적 정책만큼이나 중요하다면, 미국의 정책은 소련이 조금 더 합리적인 정책을 만들도록 유도하는 방향으로 설계될 것이다.

냉전의 성격과 속도가 변화함에 따라, 이는 자연스럽게 전략 연구에도 영향을 미치게 되었다. 1960년 초 베를린 위기와 쿠바 미사일 위기가 일어난 이후, 더 이상 핵 억지에 대한 순수 가설들을 발전시키는 일은 무의미한 듯 보였다. 학계에서는 정부의 정책에 의문을 제기하기 시작했다. 또한 핵 억지의 한계로 인해 국내 및 조직 정치 내에서는 위기관리 능력의 약화와 오해가 일어났으며, 이로 인해 벌어질 수 있는 위험성에 대해서도 지적하기 시작했다. 군축 협정 협상에서의 실제적 어려움을 극복하려는 2차 기술적 연구도 시행되었다. 이러한 양상은 전략의 황금기 시대 당시 저서에 기술된 정치적 맥락을 너무나 당연히 여겼다는 인식, 그리고 제3세계의 부상으로 일어난 급격한 변동에 대한 이해가 이러한 저서에 부족하다는 인식이 확산되면서 더욱 가속화되었다. 베트남전 이후, 이런 점들은 더욱 무시하기 힘들어지게 되었다. 어떤 상황에서 어떤 군사력 사용이, 혹은 그 사용에 대한 위협이 적합한가를 알기 위해서는, 넓은 범위의 지역 조사가 필수적이었기 때문이다. 당시는 핵전쟁을 막기 위한 안전한 방법보다는 중동이나 중앙아메리카의 복잡성에 관심을 기울이는 것이 더욱 중요하게 여겨지던 시기였다. 여기에 정부의 핵 억지 정책이 보유하고 있는 핵무기에 대한 편견을 줄이고 기존의 요소들을 강화하는 쪽으로 바뀌게 되면서, 전문적인 군사 지식과 경험에 대한 중요도는 더 올라가게 되었다. 따라서 냉전이 끝나기 한참 전부터, 전략 연구 분야는(현재는 안보 연구로 많이 알려져 있다) 이미 널리 퍼지게 되었다. 당시에는 전략 연구라는 정식 학술 분야 명칭이 없었고, 여러 주제하에(평화, 전쟁, 국방, 안보, 전략, 군축 협정) 진행되는 광범위한 연구로 인식되었을 뿐이다. 이들 주제를 통합시키는 단 한 가지 요소는 이들의 관심사가 단지 군사력 사용에 관한 실질적인 문제에만 국한되지 않았으며, 정치적 목적 달성을 위해 어떻게 군사력을 사용할 것인가, 정치적 목적 달성을 위한 정치적 수단으로 상대방의 군사력 사용 방지 및 저지를 위해선 무엇을 해야 하는가에까지 닿아 있었다는 점이었다.

대학 내의 교수들은 더 큰 정치적 토론으로 옮겨가는 이러한 흐름을 따라갈 수밖에 없었다. 냉전의 종식과 이후의 대규모 변화들을 고려하면, 이는 결코 작은 문제가 아니었다. 당시의 정치 문제들이 이전의 강대국들의 대치 및 핵무기 통제에서 내전과 인도주의적 개입으로, 좀 더 이후에는 테러와 대반란으로 옮겨감에 따라, 이런 문제를 다룰 수 있는 새로운 기술이 필요하게 되었다. 이전의 문제들을 해결하기 위해, 일부에서는 기존의 국정 운영 방식에 대해 잘 이해하고 있는 학자들을 원했다. 이러한 지식에는 세계의 주요 정부들에 대한 높은 수준의 정치적 지식, 동맹국들 간 관계의 민감도에 대한 이해, 중요한 무기 시스템의 속성에 대한 기술적 이해 및 운용에 대한 이해가 모두 포함되어 있었다. 여기에 국방 예산 관리와 군축 협정의 복잡성까지 들어가 있었던 만큼, 냉전 시기 동안에는 전략 연구가 다양한 전문지식에 의존했음을 알 수 있다.

냉전 이후 인종 갈등이 중요한 문제로 떠오르면서 여러 인류학 및 사회학 저서가 나오기 시작했고, 더불어 약소국 내의 정치적 발전을 주시할 필요성 또한 대두되었다. 약소국의 주요 인물들은 국제 정치나 민병 전쟁이나 테러 조직에 가담하지 않았고, 전쟁 방지나 해결 및 복구 등의 사회·경제적 재건을 위한 강대국들의 인도적 개입에도 관심이 없었으며, 이슬람 내에서 벌어지는 문제들이나 자국 내 서구 민주주의의 도입 가능성에도 관심을 두지 않았다. 약소국의 일부 지도층은 기존의 정치적 입장에서부터 더욱 멀어져야 한다고 주장하며, 갈등과 폭력이 환경과 경제의 중요 요소들을 이끌어내는 역할을 해야 한다고 역설했다. 만약 냉전 중 전략 연구 분야라는 대학 학과가 개설되었다면, 이처럼 전략 연구에 필요한 학제 간 요소들이 예상보다 더 넓다는 점으로 인해 많은 이들을 당황케 했을 것이다.

학계가 국제 체제의 미래를 확실히 예측하지 못하는 것처럼 보이거나, 혹은 이전의 정책 결정자들과 같이 새로운 안건을 다루지 못하는 것처럼 보이는 것은 그리 놀라운 일이 아니다. 학계가 당시 중요시했던 장기적 맥락에서의 사고방식, 사고가 더 일어날 수도 있다는 주장, 복잡성을 일종의 덕목으로 여긴 풍조로 인해 정책 결정자들은 인내심을 잃어갔다. 전략 및 안보 연구 분야는 기관의 편파적 요구와 이기적인 이해관계, 당장에 더 이목을 끄는 이슈에만 지원하는 풍토로 인해 지원이 줄어든 한편, 큰 업적 또한 내기 어려웠다.

정책 제언을 필요로 하는 곳에서는 단기적이고 간략한 것들을 요구했지만, 실제로 학계의 방향은 반대쪽으로 가고 있었다. 전쟁에서의 문제를 해결하기 위해 만들어진 국제 관계 연구 분야에서는 적합한 학문에서 찾을 수 있는 요소들을 여럿 흡수하여 학문으로서의 입지를 다지려고 노력했다. 학문적 진보는 '눈에 띄는 학문'에 의존하게 되었다. 이는 우파 저널에 논문 기고하기, 주류 이론적 이슈로서 상대적으로 위험하지 않은 사례 연구와 연계하기, 광범위한 각주를 사용하여 잠재적으로 관련성이 있는 모든 문헌을 참고문헌으로 인용하기 등의 현상으로 나타났다. 학자들은 본인들의 언어가 이념 전쟁으로 변질되고 정책과의 관련성이 증가하는 것에 대해, 이는 곧 올바른 학문으로부터 멀어지는 것이라고 여겼으며 무엇보다 이러한 현상은 그들이 원하는 결과가 아니었다.

전략 연구에서 실증적인 면이 줄어들고 전문적이고 중요한 요소들이 좀 더 이론적인 면으로 바뀌면서, 전략 연구에는 새로운 학자들의 유입이 줄어들게 되었다. 젊은 교수들은 타국과 그들의 역사를 이해하며, 이들과 접촉할 네트워크를 구상하고, 정책 토론과 군사적 결정의 변화무쌍한 복잡성을 따라가는 등 현안 이해에 엄청난 시간이 드는 전략 연구 분야를 꺼려했다. 이러한 공백을 메워준 것은, 중요한 인물들을 인터뷰했지만 정작 전략 이론에는 관심이 없던 언론인들이었다. 한 예로, 미국의 이라크와 아프가니스탄에서의 전쟁을 세세히 기록한 것은 교수들이 아닌 언론인들이었다. 단순히 스토리를 말하는 것보다는 정책에 미칠 영향력을 더욱 중시했던 언론인들은 싱크 탱크로 들어가 중요한 문제를 해결할 수 있는 기술적인 연구를 수행했다. 하지만 싱크 탱크는 뉴스거리를 계속 만들어내서 자금 제공자들을 만족시켜야 하고, 특정 세계관만을 홍보해야 한다는 한계점이 있다. 계속적인 지도 계획과 박사 및 박사 후 과정 학생들을 끌어들일 수 있는 기회가 없다면, 싱크 탱크라 할지라도 전략 연구를 수행하는 데 필요한 요건을 갖추기 어려울 수 있다.

따라서 국가 간 갈등에 대한 이해를 저해하는 요소들, 국제 관계를 유사 과학으로 묘사하는 일, 대학에서 전략이라는 분야를 축출하려는 움직임 등이 당시 전략 분야가 가지고 있던 문제점이었으며 이는 비단 미국에만 국한된 문제는 아니었다. 언론인들과 싱크 탱크 내 연구원들은 각자의 방법을 통해 앞서 말한 공백을 다소 좁힐 수는 있었지만, 이는 그리 오래가지 않았다. 비록 이들이 한 일이 대학 교수들의 역할과 겹치는 부분이 있었으나, 그렇다고 대학 교수들의 역할과 완전히 같지는 않았다. 이상적인 상황에서라면, 대학은 기존 학과와 대등한 입지를 가진 지속 가능한 학과를 제공할 수 있어야 하며, 또한 해당 학과에 독립적인 연구를 허락할 수 있어야 하고, 다소 우스꽝스러울 수 있는 시도를 묵인해줌으로써 엄청난 변화를 불러일으킬 수 있는 가능성을 열어놓아야 할 것이다. 더불어 이에 그치지 않고 더 큰 그림을 볼 수 있는 능력, 더 넓은 이론들을 한데 모을 수 있는 역량, 새로운 학생들을 지속적으로 끌어들일 수 있는 힘이 있어야 할 것이다.

요점 정리

- 냉전 시대의 전략은 핵 억지에 필요한 요소들에 주안점을 둠으로 인해 비교적 간단한 형태를 띠었다.
- 1991년 이전에도 전략 연구 분야는 변화된 국제 관계의 정치적 맥락에 의해 이미 확산되어 있었다.
- 1990년대에 인종 갈등의 시대가 시작되었고 2000년대에는 테러리즘이 성행하면서 전략 연구자들은 더욱 복잡해진 국제적 환경에 맞춰 더 넓은 범위의 새로운 전문지식을 필요로 하게 되었다.
- 탈냉전기에는 불확실성이 팽배해 있었고, 이에 따라 정책 결정자들은 학계의 전략 연구자들이 주장하는 말에 관심을 기울이지 않게 되었다. 한편 전략 연구자들은 이론과 방법론에 대한 연구와 같이, 좀 더 그럴듯해 보이는 주제에 관심을 두었다.

전략, 그리고 사회과학의 위기

전략 연구는 사회과학에 한 가지 중요한 시사점을 남겼다. 이전까지 사회과학은 체제 내에서 주변 상황을 이해하고 이를 자신들의 요구에 맞추는 개인 행위자들이 가진 관점을 사용해왔다. 사람들은 본인들이 스스로 선택하여 행동한다고 생각하지만 사실은 특정 패턴이 존재하며, 사회과학의 이론화 과정은 이러한 패턴을 밝혀내어 귀중한 인력을 절약하는 것을 그 목표로 하고 있다. 의도적인 정치적 변화는 아직도 정치 이론 분야에서 제대로 연구되고 있지 못하는 실정이다. 역사는 항상 우리가 원하는 방향으로 가지 않는다. 그러나 역사가 개개인의 선택에 따라 바뀔 수 있다는 신념이 없다면, 전략 연구를 하는 의미가 없다. 정치 및 국제 관계에 대한 분석에서 역사적으로 반복되는 패턴, 보편적 정치 법칙, 행동 양식에서의 고정적 요소들, 특정 행위의 구조적 결정 요인 등이 모두 필요하다고 생각하는 사람이 있다면, 그 사람은 전략이 흥미롭거나 혹은 현실과 연관성이 있다고 생각하지 않을 가능성이 크다. 오히려 이런 사람들은 변칙적인 행동을 찾기는커녕, 자신들의 예측 모델을 저해한다는 이유로 전략 연구를 꺼릴 것이다.

전략은 개개인과 집단, 정부가 실제로 선택을 해야 하는 상황에 놓였을 경우, 어느 것이 가치 있는 것인지를 알려줄 수 있을 때만 그 중요성을 갖는다. 전략 연구는 체제 안의 사람들은 물론, 이들의 이해관계와 요구에 귀를 기울임으로써 사람들을 움직일 수 있어야 한다. 무질서는 개개인들이 자신들에게 이익이 된다고 생각하는 방향으로 행동할 때 형성되고, 전략은 무질서 상황에 대한 분석을 하게끔 전략가들을 유도할 수 있어야 한다.

이와 같은 선택에 대한 이해는 전략 연구에 필수적이다. 전략은 인간이 주변 환경을 바꿀 수 있다는 믿음이 있어야 수행 가능하며, 반대로 인간이 통제할 수 없는 무력의 피해자라는 생각을 가진다면 전략을 수행할 수 없다. 따라서 전략을 공부하는 학생들은 다른 사람들의 선택을 주의 깊게 관찰하는 마치 관음증 환자 같은 사람이 되어야 한다고 할 수 있다.

특정 문제에 대한 지적인 접근으로 정의되는 전략 연구가 도대체 왜 학계에서 주목을 받지 못하는지에 대한 의문이 들 수도 있다. 물론 우리 저자들은 이것이 현실이라는 것을 잘 알고 있다. 현재 전략은 국제 관계 분야보다 경영학과에서 더 많이 다루고 있는 실정이다. 안타깝게도 이러한 현상은 전략이 불확실한 상황 내에서의 거대 조직 관리 및 계획에만 관심을 기울인다는 잘못된 생각을 퍼뜨리게 되는 원인이 되었다. 그러나 클라우제비츠 Clausewitz보다는 손자孫子, Sun Tzu와 같은 고전적 군사 전략 연구자들은 경영 전략 연구자들보다 더 경영 관련 저술에 힘을 쏟았다. 또한 1950년 후반에 핵 억지를 위해 만들어진 게임 이론과 같은 방법론들은 경제 및 경영 연구에 더 많은 영향을 끼치기 시작했다(Box 21.1).

비록 정치학이 정치에서 과학적 객관성을 확보하지 못했다는 비판을 받았으나, 게임 이론은 합리적 선택 이론이라는 이름으로 정치 과학 분야로 다시 흘러가게 된다. 합리적 선택 이

⊙ Box 21.1 **클라우제비츠와 손자의 발상에서의 유사점과 차이점**

손자의 저서 『손자병법』과 클라우제비츠의 저서 『전쟁론』에서 보이는 문화 및 역사적 차이로 인해 사람들은 이들 두 학자가 기본적으로 반대되는 이론을 신봉한다고 생각해왔다. 물론 여러 차이점이 있지만, 자세히 살펴본다면 이들 두 저자는 여러 유사성은 물론 서로에게 상호보완적인 발상도 가지고 있음을 알 수 있다.

손자와 클라우제비츠는 정보의 가치, 적 기만의 효용성, 기습의 실행 가능성, 그리고 전장에서의 상황 예측 및 통제에 대한 가능성에서 의견 차이를 보인다. 군사 지휘관이 갖추어야 할 덕목에 있어서는 원칙적으로 두 사람의 의견이 같지만, 강조점은 사뭇 다르다. 손자는 계획적이고 합리적인 선택을 하는 전략의 대가가 가진 전쟁 기술이 중요하다고 강조한 반면, 클라우제비츠는 대가의 직관력이 중요하다고 생각했다. 이들은 또한 전쟁에서의 정치의 중요성에 대해서도 같은 시각을 가지고 있다. 즉 군대에 전문적인 자율성을 보장 해야만 한다는 것, 수적인 우세가 중요하다는 점, 그리고 전쟁이 불가피할 경우 최대한 빠르고 확실하게 승리를 쟁취해야만 한다는 사실을 중요시한다.

–Handel(1996)

론은 분석 면에서 엄정함을 확보할 수 있었으며, 또한 이론적인 가능성도 상당수 제공했다. 문제는 이러한 방법론이 그다지 선호되는 것은 아니었고, 또한 제한적으로 적용 가능했으며, 유한한 선택지가 있는 상황에서만 문제없이 적용 가능하다는 점이었다. 또한 복잡성에 대처하는 면도 떨어졌으며, 합리성을 가지기 위해서는 상당히 실험적인 가설이 필요했다. 또한 비합리적이며 불완전한 가용 정보에 의존하는 무력 분쟁(알력과 전쟁의 불확실성을 강조했던 클라우제비츠가 자신의 이론에서 강조했던 부분이기도 하다)에 대한 연구를 수행할 경우에도 이는 상당히 당황스러운 일이었다. 게임 이론은 핵시대의 정책 이론가들에게 대안 내의 선택을 통해 중요한 사고방식을 제공했을 뿐 아니라 적대적인 상황에서의 협력의 필요성 또한 역설하는 역할을 했으나, 중요한 판단에 필요한 여러 요소들이 무엇인지 알아내는 데는 실패했다. 게다가 경제학에서조차 합리적 선택이론은 많은 학문적 변형을 겪어왔다. 이것은 심리학으로부터 통찰력을 통합하고 합리성이 항상 제한적이라는 것을 받아들여 행동경제학에 적용되었으며, 여기서 개인적 행위는 대부분 그들의 사회적 맥락 외부에서 이해될 수 있었다.

ℹ **요점 정리**

● 전략 연구는 의도적인 정치적 선택의 중요성에 초점을 둠으로써, 폭넓은 행위의 패턴과 변화를 달성하기 위한 제한된 기회를 강조하는 사회과학에 문제를 제기한다.

● 전략 연구자들은 '관음증 환자들'처럼, 군대의 역할에 관한 어려운 결정을 내려야 하는 사람들이 만들어내는 선택을 세밀히 살펴보아야 한다.

● 전략 연구는 특정 분야의 연구라기보다 특정 문제에 대한 지적인 접근으로 볼 수 있다.

학계 및 정치계

결국 문제는 전략을 정치계와 어떻게 다시 연관 지을 수 있는가이다. 학계와 정책 결정자들 간의 관계에는 윤리 및 실제적 문제들이 산적해 있다. 정치계에 대한 접근과 전략적 영향력을 바라는 욕구의 이면에는 특정 학과의 입지 약화 및 지적 통합의 방해라는 위험성이 항상 내포되어 있다. 교수가 실무자가 되어야 할 의무는 없다. 연구 분야를 정의하는 데 있어서, 전략을 공부하는 학생들과 실무자들이 가진 이점은 매우 다르다. 학생들은 예측을 하는 경향이 있는 반면, 실무자들은 전문 지식을 보여주려고 노력한다. 물론 어느 쪽이 더 적합한가는 얼마나 학문적으로 기술될 수 있느냐에 따라 달라진다. 예를 들어, 교수들이 특정 지역의 정치적 문제에 대한 전문지식 등이 없다면, 이들의 주요한 과제는 개념화 및 맥락화이지 문제에 대한 방향 제시가 아닐 것이다. 이 과정이 잘 이루어졌다면 실무자들 또한 어떤 문제에서든 해당 문제와 전략 간의 관련성을 발견할 수 있게 될 것이다.

할 일이 산적해 있는 일부 실무자들은 학계에서의 연구가 현재 문제를 해결하거나 혹은 다음 정책 우선순위를 정하지 못한다고 불평할 수도 있을 것이다. 실무자들은 학계의 전문가들과 다르게 급박한 상황에서 빠른 판단을 내려야 하기 때문이다. 이들은 협박 및 회유 방식의 효율성에 대해 다루어야 하며, 인간 본성에 대한 의견을 취합하고, 바쁜 와중에 모인 사람들의 문제를 해결하며, 기술 및 이상적 사회에 대한 비전은 물론 윤리적인 행위에 대한 기준이 어디까지인지에 대해 협상해야 한다. 전쟁 준비를 예시로 들어보자. 실무자는 다음을 반드시 고려해야 한다.

- 정치학(어떻게 하면 최고의 방법으로 전쟁의 목표를 규정할 수 있는가, 동맹국과 긴밀한 관계를 유지할 수 있는가, 자국 내 여론이 지지하는 것들은 무엇이 있는가)
- 공학(무기가 얼마나 잘 작동하는가, 무기가 실전에서 쓰일 가능성은 얼마나 되는가, 지역 상황에 맞는 현지화 및 해당 지역의 정황을 유지하는 일)
- 사회학(전쟁 중 각 군이 얼마나 응집할 것인가)
- 심리학(전쟁 중 군인들의 사기를 어떻게 올릴 것인가)
- 지리학(특정 전략에 미칠 지형의 영향)
- 역사학(비슷한 상황의 역사에서 다른 장군들은 어떻게 위기를 모면했는가)
- 경제학(전쟁 기간에 비추어보았을 때 물자 사용의 양)

위 사항들은 아군의 효율을 최대치로 끌어올리는 요소들만 모아둔 것이란 사실을 잊지 말자. 여기에 적에 대한 고려, 전략적 숙고 과정에 들어가야 할 다른 문제들도 추가되어야 한다.

또한 실무자들은 결과로 평가받는 사람들이다. 따라서 이들은 자신들에게 더 잘 맞는 방법에 의존하는 경향이 있다. 더 잘 맞는 방법은 직감이나 어림짐작이 될 수도 있고, 역사적인 사실이나 과거의 쓰라린 기억으로부터 배운 교훈에 근거할 수도 있다. 혹은 좋은 정보원에 의존하거나 모범적인 참모의 업무에서 나온 방법일 수도 있다. 문제가 바로잡혔으나 아직 결과가 나오지 않았을 경우, 그 당시의 느낌도 영향을 미칠 수 있다. 이런 방식은 학계에서 보자면 대단히 부적합하거나 혹은 말도 안 되는 일반화에서 도출된 결론처럼 보일 수도 있다. 당연히 이런 방법을 통한 결과의 질은 매우 낮다. 하지만 장기적인 프로젝트를 할 시간이 없고 주의 사항이 너무 많을 경우, 항상 학계의 방법론이 더 낫다는 보장 또한 없다. 현명한 전략 연구자라면 자신의 결정에 대해 최대한 숙고하겠지만, 대부분은 고민할 시간이 없는 경우가 많다. 급습으로 적 군사의 대형을 무너뜨릴 수 있는가에 대해 고민하고 있는 와중에, 자신의 결정을 실험해볼 수 없다거나 혹은 조사가 필요하다는 조언에 귀를 기울이는 장군은 없을 것이다. 중요한 결정을 내린 후에 이를 다시 검토하려고 한다면 명령 전달상의 혼선과 사기 저하를 불러일으킬 수 있는 만큼, 이럴 때 숙고는 오히려 사치가 되어버린다.

이론과는 다르게, 전략 실행은 다수를 대표해서 위험을 무릅쓰는 일이 필요하다. 보통 실행 과정은 현역 군인들과 국가 전체의 목숨이 달려 있으므로, 전략 실행에는 특정 책임들이 수반되기 마련이다. 전략은 적이 예상한 것과 반대로 실행되어야 하며, 목적 달성을 위해 그에 맞는 인적 및 물적 자원이 동원되어야 한다. 해당 목적이 부적절하다면 그에 따른 계획이 틀어지거나 자원 동원에 어려움을 겪을 수 있고, 이것이 전략적 실패로 이어진다면 그 책임은 결국 전략 연구자에게 돌아가게 될 것이다. 이처럼 수행과 결과로 평가받는 것이야말로 전략적 추론을 날카롭게 유지시키는 것이라 할 수 있다. 책임질 필요가 없는 교수들은 같은 문제를 조언할 때 겸손해져야만 한다. 비록 교수들은 인정하고 싶지 않겠지만, 전략의 실행은 연구가 아닌 문제의 특성과 정치적 감각이 중요할 때가 더 많다.

이런 이유를 살펴보면 왜 전략 연구가 학계에서 난제로 남아 있는지 알 수 있을 것이다. 전략 수행에는 항상 불확정성과 비합리성이 존재한다. 순수주의자라면 정치학·사회학·경제학·심리학·역사가 뒤섞여 있으면서 임의성·직감·어림짐작이 위기 및 전장에서의 결정에 지속적으로 영향을 주는 이런 전략의 특성을 싫어할 수도 있다. 하지만 현실에서 한 분야에만 국한되는 문제는 거의 없다. 여기에 수동적인 제안, 과도하게 정제된 어투, 연구 완성 전에는 발표하지 않으려는 태도와 같은 여러 요소들은 명료한 생각을 방해하는 장애물이 될 수 있다.

학계의 범주 밖에 존재하는 효율적인 정책은 학계 내의 규범에 얽매여 있는 여러 고려 사항들을 끌어들이는 역할을 한다. 대학 내에서 지적인 발전은 일반적 방법론을 통해 교수들이 인정할 만한 개념적 결과를 창출했을 때 일어난다고 본다. 이러한 과정은 동료 교수들과 수문장 역할을 하는 언론 편집자들에 의해 엄정한 감시를 받게 된다. 이들은 여러 기준이 확실히 충족되었는지, 해당 발전이 측정 가능한지를 확인하는 역할을 한다. 이러한 학문적인 장치 없이는 교수 활동 및 연구 활동 일체가 측정 불가능하게 될 것이다. 하지만 이런 학문적인 장치는 보통 인위적인 경우가 많으며, 전공자가 아니면 이해할 수 없는 여러 복잡한 용어를 통해 유지되는 경우가 많다. 물론 교수들은 특정 전략을 이용해 학문적 경계를 유지하며, 자신들의 분야를 무너뜨리려는 불청객들을 막아낸다. 그러나 대다수의 중요한 학문적 분열은 이러한 경계에 영향을 미친다. 모든 학문 분야에서(합리적 선택 이론에서 해체주의에 이르기까지) 변덕과 유행은 쉽게 바뀌기 마련이다. 창의적이고 영향력 있는 사람들은 정립된 규범을 따르길 거부하는 사람들이며, 또한 다른 분야에 있는 지식의 차용을 주저하지 않는 사람들이다. 창의적인 대학 관계자들은 규범에 크게 얽매이지 않는다. 다른 조직과 마찬가지로, 대학 내에서 내려진 판단을 들여다보면, 그 이면에는 복잡 다면한 여러 요소가 있음을 알 수 있다. 현실적인 문제들은 한 가지 학문으로만 해결되지 않는다. 인간의 삶 그 자체가 학제적이기 때문이다.

🔒 요점 정리

- 학계와 정치계는 서로 다른 책무를 맡고 있는 만큼, 이들 사이에는 필연적으로 긴장이 존재할 수밖에 없다.
- 실무자들은 당장의 현실적 문제와 학문적 연구 간에 관련성이 떨어진다는 점에 대해 불평한다.
- 전략적 현실은 그 범위가 넓고 학제적이며, 대다수의 대학 학과에 있는 좁은 범주에 들어맞지 않는 경우가 많다.

❗ 비판적으로 사고하기

교수들은 국가 안보 정책에 관해 정부에 조언을 해야 하는가?

그렇다:

- **교수들은 자신들의 지식을 나누어야 할 의무가 있다:** 시간 및 금전적 노력을 들여 중요 정책에 관련된 문제를 연구할 능력이 있는 사람들이라면, 본인의 연구가 별 반향을 일으키지 못하더라도 이를 다른 사람들과 나누어야 할 의무가 있다. 물론 특정한 결정이 어떤 결과를 낳을지 추측하는 것은 힘들겠지만, 교수들은 정책 토론의 질을 올릴 수 있는 능력이 있다.

- **정책 결정자들에게는 비판할 수 있는 사람들이 필요하다**: 권력의 중심부 인물들과 너무 가까워지면 그에 따른 문제가 발생할 수 있다. 그렇지만 근본적인 조사 및 분석에 대한 신뢰도를 유지할 수 있다면, 교수들이 학문적 독립성과 직업적 진실성을 유지하는 것이 가능할 것이다. 뛰어난 정책 결정자들이라면 단순한 기존 입장 번복에는 굳이 외부에서의 조언이 필요하지 않다는 것을 잘 알고 있을 것이다. 기존 입장을 바꾸려면 그러한 입장에 이의를 제기하고 새로운 생각을 제시할 수 있는 사람들이 필요하다.

- **교수들은 더 광범위한 공개적인 논쟁을 통해 더 큰 가치에 이바지할 수 있다**: 교수들은 권력 중심부 인물들에게 직접 진실을 말하는 것 대신 평론가로서 정책 및 실무자들에게 관련 조언을 할 수도 있다. SNS의 등장으로 인해 학문적 표현을 막는 장벽은 사라졌다고 보아도 무방하다. 교수들은 특정 지역 내 분쟁의 배경이 무엇인지, 혹은 제재와 같은 정책 도구의 한계는 무엇인지 설명해줌으로써 전후 사정에 대한 해석을 제공해줄 수도 있다. 혹은 '감성과 지성(hearts and minds)', '연성 권력(soft power)', '선취권(pre-emption)'과 같은 개념을 설명함으로써 이들 용어에 따라오는 개념과 이들 개념이 야기하는 문제에 대해서도 설명해줄 수 있다.

- **논쟁 참여는 학문 연구에도 긍정적 기여를 할 수 있다**: 이론적 포장과 방법론적 경고를 피하려면 교수들은 자신들이 주장하는 이론의 기본 가정과 핵심 주장을 검증받아야 한다. 이런 과정에서 교수들은 정책 결정에 익숙해질 수 있고, 이에 따라 정부 업무에 대해 더 예리한 시각을 가지는 것은 물론, 국제 분쟁에 대한 실제적 관리에도 더 능숙해질 수 있는 기회를 얻을 수 있다.

그렇지 않다:

- **교수들이 항상 진실을 말하지는 않는다**: 교수들이 소위 '진실'을 권력층에게 말해준다고 주장할 때, 그들은 항상 주의를 기울여야만 한다. 교수들은 정부로부터는 독립적일 수 있으나, 특정 문제에 대한 시각에 영향을 미치는 편견이나 주장으로부터 자유로울 수는 없다. 특정 정책으로 인해 촉발되는 연구가 완성되려면 몇 년이 걸릴 수도 있다. 그렇게 시간이 흐른 후에는 해당 문제가 이미 과거의 것이 되어버린다. 학문적인 연구 방법론과 그 분야를 표현하는 언어는 정계에서 별다른 대접을 받지 못하는 경향이 있다.

- **정계에서 항상 충고를 받아들인다는 보장이 없다**: 정책에는 합리성이나 분석과는 거리가 먼 문제들이 상당수 존재한다. 정책 결정자들도 실수를 하고 여러 요인들로부터 영향을 받는다. 또한 이들은 정부 이외의 지원, 국회에서의 지지, 대중에게 비치는 이미지, 동맹국과 유엔 안보리의 지원 등을 계산하고 고려해야 한다.

- **자신들의 의견을 피력하려면 교수들은 타협해야 한다**: 정책 결정자들은 비주류이거나, 괴상하거나, 혹은 개성이 강하거나 사상적으로 미심쩍은 관점을 가진 교수들을 무시하는 경향이 있다. 따라서 교수들이 이들에게 다가서려면 자기 연구의 중심 내용을 누그러뜨리거나 혹은 중요한 문제에 대해 침묵함으로써 자신을 존경할 만하고 정상적인 사람으로 포장해야 한다. 이런 맥락에서 본다면 반미적 시각, 군사 개입의 중요성 혹은 핵 억지에 대한 의견은 주목받기 힘들 것이다.

- **교수들이 정책 결정 과정에 들어가면, 이들은 정책에 호의적으로 바뀌게 된다**: 새로운 사람을 집단에 끌어들이는 일에는 항상 위험요소가 있기 마련이다. 특정 정책에 관련된 교수는 그 정책에 호의적으로 변하기 마련이고, 해당 정책을 실행했을 때 논란이 될 만하거나 혹은 좋지 않은 결과를 낳을지라도 이를 정당화하려고 애쓰게 된다.

현실주의의 과거와 현재

전략 부활의 출발점은 현실주의적 전통으로 복귀하는 데서 시작한다고 할 수 있다. 오늘날 정치 및 국제 관계를 배우는 학생들은 이러한 전통이 지나친 단순화와 고루한 사상으로 점철되어 있으며, 군사력에 대한 선택만이 중요하다는 생각에 사로잡혀 있다고 비판한다. 여기에는 세 가지 측면이 있다. 첫 번째로 현실주의는 자신만이 유일하게 '현실'을 진실로 반영한다고 여기며, 또한 이론 내의 객관성을 과장함으로 인해 방법론적인 문제가 나타났다는 점이다. 두 번째는 현실주의가 국내 및 초국가적인 요소들을 무시했다는 점이다. 세 번째로는 현실주의가 군사력에 대한 집착으로 인해 평화적인 영향력 행사 및 분쟁 해결 방법을 간과하고 있다는 주장이다. 마지막 세 번째 주장은 현실주의자들이 군사력을 사용 가능한 정책 도구로써 정당화한다는 비난으로 발전될 수 있다. 기본 도덕의 문제와 관련 있는 이러한 비난은 학문적 문제인 첫 번째 문제로 귀결된다. 현실주의자들은 자신들이 단지 세계를 이해하기 위한 시도를 하는 것일 뿐이라고 주장한다. 반면 현실주의를 비판하는 사람들은 그들이 사용하는 언어와 개념들이 위험한 세계관을 갖게끔 조장한다고 주장한다. 이런 주장은 최근 현실주의자들이 현실주의적 목적에 관한 성급한 발언의 위험성을 강조하는 한편, 질서와 안정성에 대한 무관심에 대해 경고의 목소리를 높임으로써 상당 부분 잦아들었다. 즉 현실주의는 신보수주의가 아닌 보수주의적인 경향을 띤다고 할 수 있다.

　전략 연구를 옹호한다고 해서 반드시 현실주의를 옹호해야 한다는 것은 아니다. 하지만 이 두 가지는 과거에 상당 부분 연관성을 가지고 있었다. 현실주의의 일부 요소들은 보존할 가치가 있지만, 시대 상황에 맞게 이론이 변할 필요가 있다. 이와 같은 현실주의의 특성은 다음과 같은 문제를 낳기도 한다. 한 예로, 한때 이상주의보다 세계를 객관적으로 묘사한다고 자부했던 현실주의적 정치 분석법도, 이처럼 장점과 단점이 공존하는 현실주의로 인해 지금은 개선될 필요가 있다. 물론 비국가 행위자의 중요성, 국가 행위에 있어서 사회, 경제, 문화, 그리고 지역 정치적 요인들의 영향, 가치와 정신적 구성체들의 중요성 등을 인정하며, 아울러 객관성의 추정으로 인해 발생하는 인식론적 문제를 민감하게 다룰 수 있는 배타적이지 않은 현실주의가 존재할 가능성도 있다. 국제 정치의 실무자들이 정체성, 기준, 세계화에 대한 문제에 대해 정기적으로 논의한다면, 이들은 지금의 국제 정세에 포함된다고 할 수 있다. 권력이란 많은 부와 군사적 능력과 같은 실제적 자산의 소유를 의미하는 것으로서, 주로 현실주의 전통 내에서 묘사되어왔다. 그러나 형편없는 전략하에서는 이러한 요소들이 큰 영향력을 갖지 못하며, 반대로 좋은 전략이 있다면 적은 자원을 가지고도 큰 정치적 효과를 거둘 수 있을 것이다. 이렇게 본다면 전략은 곧 기술이라고 할 수 있다. 즉 권력을 어디에 사용할지를 정하는 것이 아니라, 권력을 어디서 만들어내는지를 정하는 기술인 것이다. 기술로서의 전략은 권력에 대한 더욱 섬세한 시각을 필요로 하며, 오직 정치적 관계 내에서만 존재할 수 있다. 또한 이런 관계 내에서 전략은 일종의 주체로 기능하며, 권력을 가진 그들 자신의 선호에 따라 다른 사람들의 행동을 변화시킬 수 있는 능력 또한 존재한다.

　구성주의적 입장은 최근 구조적 현실주의로 곤란해하는 사람들의 떠오르는 피난처가 되고 있으며, 해체주의 및 상대주의의 범주 내에 있는 포스트모더니즘적 이론을 경계하는 사람들 또한 이러한 경향에서 예외가 아니다. 이러한 구성주의적 입장은 개개인들이 이 세계를 어떻게 서술하는지, 그리고 이들이 세계에서 어떻게 행동하는지 간의 상호작용을 중요시한다. 이러한 관점은 권력을 측정 가능한 자원으로 여기는 현실주의적 전통보다 진일보했다는 것을 반영하며, 혹은 전략이란 명확히 정의된 목표 추구 과정에서 사용되는 자원의 범위를 넓히는 기계적인 작업일 뿐이라는 시각을 심어주기도 한다. 이렇게 보면 예측에 대한 가능성을 열어둔다는 점에서 구성주의 견해는 과학과 유사한 듯 보인다. 하지만 현실적인 전략 연구자라면 부지불식간에 구성주의의 관점을 더 따르게 될 것이다. 효과적인 전략을 위해서는 목표와 수단 간의 역동적인 관계에 대한 정확한 이해가 필수적이다. 또한 초기에 목표가 어떻게 세워졌는지 알아야 가용 수단이 적절한가를 판단할 수 있다. 적이 생각하는 자신들의 취약점, 혹은 아군이 생각하는 자신의 비교 우위가 무엇인지 얼마나 잘 아느냐에 따라서 전쟁에서 승리를 이끌어내는 능력이 달라지게 된다. 우방을 넓힘으로써 적의 고립을 촉진시킬 수 있는 이상적인 지점의 설정, 우방 형성을 위해 사용할 수 있는 제한된 시간, 포섭하기 어려운 동맹을 끌어들이기 위해 포기해야 하는 목표, 추가로 감내해야 할 의무들, 특정 상황하에서 갈등을 부를 수 있는 문제들 등 여러 가지 필수적인 결정 요소들은 전략 연구자들이 스스로의 연구 결과를 이해하는 방식뿐만 아니라, 이들이 다른 정치 체제를 이해하는 방식에 따라 달라진다고 해도 과언이 아니다.

🛈 요점 정리

- 현실주의에 대한 비판에도 불구하고, 현실주의의 여러 요소들은 전략 연구에서 굉장히 유용하게 사용되고 있다. 반면 현재에 맞게 바꾸어야 할 부분들도 있다.

- 독단적이지 않은 현실주의도 있을 수 있다. 비독단적인 현실주의는 국제 정치에서 무력의 역할이 어떠한지를 설명함으로써, 국가 행위에서 구조적 제약에 대해 강조를 하는 신현실주의적 접근법보다 더 신중한 접근법을 제공한다.

- 최근의 구성주의 접근법들은 전략 연구자들이 목적과 수단 사이의 역동적인 관계에 초점을 맞추도록 유도하며, 이는 분쟁의 결과에서 매우 중요한 역할을 차지한다.

군대에 관한 연구

신현실주의는 국가 안보를 발전시킬 수 있어야 하며, 동시에 개인과 특정 집단의 안전을 보장할 수 있는 요소들이 무엇인지를 내다볼 수 있어야만 할 것이다. 또한 안보와 불가분의 관계가 된 국가 문제 해결에 이제는 광범위한 경제·사회·환경 문제가 결부되어 있다는 것도 받아들일 수 있어야 한다. 즉 신현실주의의 도래는 곧 모든 분쟁의 방향과 특성, 그리고 군대의 역할에 대한 재평가가 이루어져야 한다는 점을 시사한다. 높은 경제 성장률과 여러 형태의 상호의존은 국가 간 마찰을 줄일 수 있으며 동시에 평화적인 공존을 가능케 할 수 있다. 같은 맥락에서 금융 위기는 극단적인 형태의 갈등뿐만 아니라 국수주의적인 충동을 부채질한다. 자연재해는 국가 기구의 신뢰성을 약화시킴으로써 정부가 다른 형태의 도전에 더 취약해지도록 만든다. 심지어 가족과 사회구조의 변화도 폭력에 대한 사람들의 태도에 영향을 줄 수 있다. 지난 20년간 뼈저리게 느낄 수 있었듯이, 조직적 폭력에 이제는 관심을 기울일 필요가 없다는 주장은 사실상 시기상조로 판명이 났다. 물론 국가가 무력을 행사할 때는 자신들이 무엇을 하고 있는지 정확하게 알아야 하는 것은 두말할 나위가 없다.

전략은 폭력보다 더 넓은 범위에 존재한다. 정치가 있는 곳이라면 전략이 존재하고, 정치는 인간이 만든 모든 제도 내에 존재하며, 또한 아군의 지원 병력을 동원할 때나 적을 저지할 때도 그 모습을 드러낸다. 전략 연구는 오로지 인간사의 폭력적 측면에 대한 가능성에만 의존하지는 않는다. 하지만 인간사의 폭력적 면은 전략의 일반이론 수립에 중요한 영향을 미치며, 만약 전략의 일반이론이 만들어진다면 거의 모든 정치적 상황을 해결할 수 있게 될 것이다. 만약 전략이 선택을 둘러싼 문제라면, 군대야말로 가장 복잡하고 냉정한 선택지를 제공하는 역할을 할 수 있을 것이다. 이러한 상황에서는 이해관계와 가치의 상충을 목격할 수 있고, 또한 폭력의 잔인함은 물론 간계 및 술책을 통한 교묘함까지 관측할 수 있을 것이다. 그러나 대부분의 정치적 목적은 무력 없이도 달성 가능하다. 힘의 근간은 다른 곳에도 존재하지만 물리적인 폭력이 가장 궁극적인 형태이며, 사용했을 경우 다른 형태의 폭력을 모두 압도할 수 있다. 그러나 물리적인 폭력은 공동체의 존속 자체를 위협할 수 있는 만큼, 어느 누구도 단순히 넘길 문제가 아니다. 물리적 폭력이 존재할 수 있는 상태는 기본적인 가치가 어긋날 때를 제외하고는 없다고 할 수 있다. 뚜렷한 목적을 가진 폭력이 개입된 상황은 지극히 평범한 국내 및 국제 문제에서 모두 일어날 수 있다. 이러한 상황은 기본적인 가치에 대한 중요성이 얼마나 큰지를 상기시키며, 동시에 높은 수준의 윤리 및 정치적인 논증을 요구하게 된다. 위와 같은 이유로 인해, 폭력적인 상황은 전략의 일반이론 수립을 위한 출발점을 제공하게 되는 것이다.

그렇다고 해서, 군대에서 사용될 목적으로 만들어진 용어들이 군사 외 분야에서 활용되어서는 안 된다는 것은 아니다. 한 예로, 정치인들은 사회 문제를 해결하기 위해 '전쟁'을 선포한다고 하고(마약 혹은 암 등) 이들을 물리치기 위해서는 강력한 지휘 체계가 필요하다고 과장할 수도 있다. 이는 소위 '테러와의 전쟁'이 너무 문자 그대로 받아들여진 여파라고 할 수 있다. 전쟁이란 단어를 아무 데서나 사용하게 되면, 전혀 다른 종류의 문제들을 군사적 위협이라는 다른 개념에 대입시킴으로써 올바른 이해를 방해할 수 있다. 한 예로 마약을 들어보자. 전쟁이라는 단어 사용은 제3세계의 마약 범죄 조직들과의 대치를 생각해보면 관련성이 있는 듯하지만, 마약 소비 구조 이해와는 별 관련성이 없다고 할 수 있다. 이와 비슷하게, '경제 안보'라는 개념으로 인해 한 국가가 무역 정책에서 타국과의 대립을 부추기는 태도를 취하게 될 수 있으며, '환경 안보'라는 말은 환경오염을 일으키는 자연적인 원인이나 일상적인 경제 활동 대신 환경에 적대적인 특정 행동을 찾는 행동을 부추길 수 있다. '국내 안보'란 용어도 예외가 아니다. 예전에는 국가가 무장 단체를 저지할 수 있는 능력, 혹은 범죄 및 정치 분야에서 무장 단체가 국가에 저항할 수 있는 능력이란 용어로 쓰였겠지만, 지금은 이민이나 밀수품 반입 등 국경 관리를 통칭하는 말로 쓰인다. 이러한 군사 용어의 사용 빈도는 '테러와의 전쟁'이라는 말 이후 더욱 늘어나고 있다. 적을 저지하기 위해서라면 수단을 가리지 않겠다는 전쟁이라는 단어의 빈번한 사용은 적 섬멸을 위해서는 어떤 방법을 사용해도 문제가 없다는 태도를 부추겨왔으며, 또한 과격주의자가 나오게끔 부추기는 역할을 했다.

색다른 접근법이란 국가의 특성과 권한이 상당 부분 변화했다는 사실을 반영해야만 하며, 또한 국가 내에서 벌어지는 합법적 폭력을 규정하고 지배할 수 있는 영원한 특성은 존재하지 않는다는 점을 명확히 할 수 있어야만 한다. 문제점들은 다른 국가로부터 나올 수도 있고, 국가 내에서 분리 독립파, 혁명군, 엘리트주의 공모자들로부터 표출될 수도 있으며, 나아가 마약 조직, 폭력 조직, 종교 분파, 소수 정당 운동과 같은 비국가 주체들로부터 나올 수도 있다. 이러한 특성은 전략 연구에 상대적으로 첨예한 관심을 쏠리게끔 만들며, 동시에 전략의 특성이라 할 수 있는 불가피하게 넓은 맥락에 대한 일부 보상으로써도 기능할 수 있다.

원칙적으로 보자면, 전략적 상상이 무력의 역할을 제한하고 점차 줄여나가는 방법을 통해 인간이 처한 상태를 증진하는 방향으로 가야 한다는 주장을 하지 못할 이유가 없다. 대다수 전략 연구 활동에서는 분쟁과 군축 협정에 대한 평화적 합의를 중요시하며, 대부분은 UN의 사무를 지원하는 역할을 하고 있다. 전략 면에서의 섬세함은 규모가 큰 국제적 합의뿐 아니라 대규모 전쟁에서도 중요하다. 그러나 전략적 상상은 안정된 시기에 무질서를 촉구하는 경향이 있다. 또한 인간이 만든 제도를 보강하는 과정에서도 제도의 약점을 짚어내며, 평화를 추구하는 도중에도 전쟁을 계속해서 고려하게 만드는 특성이 있다. 이런 어두운 이면을 보면, 군대에 중요도가 치우쳐 있다는 비판이 왜 나오는지 이해가 될 것이다. 하지만 혹시 모를 불안정과 전쟁에 대해 계속해서 생각하는 것이 결국 전쟁 발발을 막을 수 있다는 점을 명심해야 할 것이다. 무엇보다 전략적 상상을 하더라도, 일어날 가능성이 낮거나 혹은 과도하게 비관적인 가정을 하지 않고서는 도저히 전쟁이 일어날 경우를 생각해낼 수 없다면, 그것 자체가 매우 긍정적인 신호라 할 수 있다.

🔒 요점 정리

- 신현실주의는 현시대의 분쟁을 이해하기 위해 과거보다 더 넓은 관점을 요구하고 있다. 그러나 동시에 군대의 기존 역할을 간과하지 않기 위해 주의할 필요가 있다.
- 전략은 정치가 있는 곳이라면 어느 곳이나 존재한다. 또한 정치적인 목적이 폭력 없이 달성될 수 있을지라도, 군대는 정치적인 분쟁을 중재할 수 있는 최종 중재자로 남아 있다.
- '전쟁'의 비유를 더 많이 쓰려는 시도가 많이 있지만, 전략 연구는 평시나 전시 모두 군대의 역할을 중요시하는 학문으로 남아 있다.

➕ 맺음말: 전략 연구에는 미래가 있는가?

일찍이 카를 마르크스는 사람들이 본인이 선택하지 않은 상황 속에서 자신만의 역사를 만들어간다는 것을 목도한 바 있다. 전략 연구는 개인이나 집단이 자신들만의 역사를 어떻게 만드는지, 그 과정에서 자신들이 처한 상황을 어떻게 바꾸는지에 대한 이해를 돕는 역할을 해야만 한다. 개인들이 처한 상황에는 타인은 물론, 그들이 만들어내는 그들만의 역사 등 여러 가지가 포함되어 있다. 필자는 개인의 선택과 권력에 대한 이러한 운동가적인 시각이 매우 독특할 뿐 아니라, 또한 한 학문의 범주 내에만 국한될 수 없다는 주장을 여러 차례 설파한 바 있다. 모든 인간 행동이 특정 패턴과 주기에 얽매여 있다고 생각하는 결정론자들이나 혹은 무력 사용이 필연적이 아니라 사회 제도의 실패로 인해 일어나는 일이라고 치부하는 사람들은 위의 시각에 주목해야 할 것이다. 또한 필자는 전략 연구는 극한 상황 내에 존재하는 조직적 폭력이 불가피한 상황을 검토함으로써 더 발전할 수 있다고 이미 수차례 강조해왔다. 인류는 분쟁 해결에서 군사력이라는 요소를 아직 완전히 제거하지 못했으며, 이로 인해 극단적인 상황들이 앞으로도 일어날 것이라는 사실은 전략 연구 분야에 아직 발전할 가능성이 더 남아 있다는 것을 시사한다.

이러한 극단적인 상황은 정책 결정자들에게 여러 사안을 제공하는 역할을 하며, 그러한 사안들은 전략을 배우는 학생들이 앞으로 해결해야 할 문제들이라 할 수 있다. 어쩌면 여기에 학문 집단으로서의 전략 연구의 미래가 달려 있다고 할 수 있다. 여러 면에서, 이는 일종의 시험이 될 것이다. 첫 번째로, 전략을 배우는 학생들은 극단적인 상황과 마주칠 가능성이 있다는 타당성을 보다 면밀히 주장해야만 전략이라는 분야가 현대에도 유효하게 유지될 수 있을 것이다. 해당되는 문제의 범위는 계속해서 넓어졌으며, 여기엔 약소국은 물론 극단적 이슬람 운동으로 인한 여러 문제, 그리고 강대국 간의 전쟁이라는 가장 극단적 형태의 문제까지도 포함되어 있다. 2000년대에 벌어진 여러 갈등들을 살펴보면, 전략적 행동에 관한 일반적 이해라는 한 갈래와 각각의 복잡성을 띠고 있는 여러 갈등이라는 다른 갈래를 한데 합칠 수 있는 일반적인 접근법이 필요하다는 점을 보여주고 있다. 두 번째로, 갈수록 세계 곳곳에서 발생하지만 그 급박함은 줄어드는 문제들로 인해 전략 분야의 일관성이 떨어지고 있다는 점도 과제로 남아 있다. 세 번째로, 전략에서 신중함과 겸손함이 필요하다는 점 또한 숙제로 남아 있다. 단순히 조언을 하는 것과, 잠재적으로 엄청난 결과를 초래할 수 있으며 또한 숙고할 시간이 없는 불완전한 상황에서 내린 결단에 책임을 지는 일에는 당연히 엄청난 차이가 존재한다. 마지막으로, 위에 열거된 이유를 잘 숙지함으로써, 전략은 과학이 아닌 기술이라는 점을 잊지 말아야 할 것이다.

❓ 생각해볼 문제

1. 전략 연구의 초기 발달 과정에서 얻을 수 있는 시사점은 무엇이 있는가?
2. 현실주의가 전략 연구에서 어떠한 역할을 하는가?
3. '전략 연구의 황금기'라는 용어에는 어떠한 의미가 있는가?
4. 냉전이 전략 연구에 어떠한 영향을 미쳤는가?
5. 전략 연구의 목적은 냉전 종식으로 인해 얼마나 바뀌었는가?
6. 학술적인 전략 연구가 전략을 수행하는 실무자들에게 도움이 되는가?
7. 전략 연구가 사회과학에 남긴 과제에는 어떤 것들이 있는가?
8. 정치학 연구에서, 전략 연구는 '현실주의적 전통'을 따라야 할 의무가 있는가?
9. 저자의 입장에서 본 전략 연구의 미래는 어떠한가?
10. 그러한 관점에 동의하는가?

🅜 더 읽을거리

L. Freedman, *The Evolution of Nuclear Strategy*, 3rd edn(New York: St Martin's Press, 2004)
　핵전략의 모든 측면의 역사에 대해 다루고 있다.

L. Freedman, *Strategy: A History* (Oxford: Oxford University Press, 2013)
　최근의 논쟁 동향을 다루고 있다.

C. Gray, *Modern Strategy* (Oxford: Oxford University Press, 1999)
　현대적인 클라우제비츠적 접근법에 대해 설명하고 있다.

M. I. Handel, *Masters of War: Classical Strategic Thought* (London: Frank Cass, 1996)
　클라우제비츠와 손자에 대해 기술하고 있다.

B. Heuser, *The Evolution of Strategy: Thinking War from Antiquity to the Present* (New York: Cambridge University Press, 2010)
　전략적 사고의 발전 역사를 분명하게 보여주고 있다.

P. Paret (ed), *Makers of Modern Strategy: From Machiavelli to the Nuclear Age* (Princeton, NJ: Princeton University Press, 1986)
　전략 연구 전반에 관한 뛰어난 이해를 보여주고 있다.

🅜 웹사이트

국제전략 연구소(http://www.iiss.org)
　정치 및 군사에 대한 전문가의 평, 전략 문헌, 군사 분쟁에 대한 데이터베이스, 국방 능력과 발전을 다루는 연보인 *Survival and The Military Balance*와 같은 간행물들을 찾아볼 수 있다.

왕립합동군사연구소(http://www.rusi.org)
　런던에 있는 싱크 탱크로, 국방과 안보에 초점을 맞춘 논평과 분석 자료를 얻을 수 있다.

미국방대학 전략 연구소(http://www.strategicstudiesinstitute.army.mil)
　미군, 특히 미 육군에 대한 전략 연구 및 분석을 제공하고 있으며, 전략 분석가들의 광범위한 커뮤니티에 대해서도 다루고 있다.

안보문제연구소(http://www.iss.co.za)
　아프리카에 있는 안보 전문 싱크 탱크로, 분쟁과 인간 안보에 관한 문제에 주력하고 있다.

온라인포럼 워온더락스(http://www.warontherocks.com)
　현실주의적 시각을 통해 본 대외 정책과 국가 안보 문제에 대한 분석, 논평, 논쟁, 멀티미디어 콘텐츠를 제공하고 있다.

|주|

제7장

1. JSF(통합군 전투기)의 전통적 버전은 전투 행동 반경이 600마일을 넘지 않는 것으로 추측된다. 그러나 이 수치는 어느 정도 정밀조사가 요구된다. 실제 전투 행동 반경은 언급된 수치보다 적은 것으로 알려져 있기 때문이다. Lockheed Martin Corp., 'F-35 Lightning II: The Future is Flying'. n.d. http://www.lockheedmartin.com/data/assets/aeronautics/products/f35/A07-20536AF-35Broc.pdf를 통해 확인할 수 있다.

2. 이러한 문제는 남베트남—미국의 대중들, 사격 통제, 공군력 등이 부족한—이 전쟁을 이어받게 되면서 더 어려워지기 시작했다. David Ewing Ott, Field Artillery, 1954-1973, Vietnam Studies (Washington DC: Department of the Army, 1975), p.226을 참고하라.

   소련의 M1954(M-46) 130mm 자주포의 사정거리는 27.5km인 반면, M-114 155mm 곡사포의 사정거리는 14.6km에 불과하다. 물론 수많은 대포가 양 진영에 의해 사용되었다. http://en.wikipcdia.org/wiki/130_mm_towed_field_gun_M1954_(M-46)와 http://en.wikipedia.org/wiki/M144_155_mm_howitzer를 참고하라.

제8장

1. 사실 혹은 견해에 관한 모든 표현들은 저자의 의견이며, 미국 정부나 미국 정부 기관의 공식 입장이나 견해를 반영한 것이 아니다.

2. 리처드 호이어Richards Heuer(1999)의 연구는 인지적 한계에 대한 상당히 진보적인 분석가들의 이해를 보여준다. 구조화 분석 기법의 발전은 여러 연구기관뿐만 아니라 정보 훈련 과정에서도 계속되고 있다.

제11장

1. 저자는 이 연구에 대한 콜린 그레이 교수의 공헌에 감사의 뜻을 표하며, 이 연구는 본 교재의 이전 버전에서 공동 저자들이 작성한 장chapter에 기초하고 있다.

제12장

1. Robert G. Joseph and John F. Reichart, *Deterrence and Defense in a Nuclear, Biological, and Chemical Environment*, Occasional Paper of the Center for Counterproliferation Research (Washington, DC: National Defense University, 1995), 4.에서 인용.

2. 아스핀의 연설문은 http://www.fas.org/irp/offdocs/pdd18.htm에서 확인할 수 있다.

3. 예를 들면 영국 외무장관 잭 스트로Jack Straw는 '우리는 절대 즉각적인 위협에 처해 있었다고 말한 적이 없다'고 하원에서 발언했으며, 대신 단지 '명백한 현존의 위협'이 존재했었다고 주장했다. House of Commons, *Official Report*, 22 October 2003, Column 677을 참고하라. 미국 국방장관 도널드 럼즈펠드Donald Rumsfeld는 한 인터뷰에서 이렇게 말했다. '당신을 비롯한 소수의 비평가들만이 즉각적인 위협이라는 표현을 사용하는 유일한 사람들이다. 나는 이러한 표현을 사용하지 않는다. 대통령도 마찬가지다. 그리고 이것은 무슨 일이 일어나는가에 대한 일종의 민간 신앙이 되어버렸다.'

제15장

1. 저자는 이전 판에서 이 장을 공동 작성했던 파렐Theo Farrell 교수의 공헌에 감사의 뜻을 표현하고 싶다. 또한 유익한 피드백을 해준 에밀리 패든Emily Paddon과 훌륭한 연구 보조를 해준 제이슨 권Jason Kwon에게 고맙다는 말을 전하고 싶다.

| 참고문헌 |

Abadie, A. and J. Gardeazabal (2004) *Terrorism and the World Economy*. Cambridge, MA: Center for International Development.

Abrahms, M. (2004) 'Are Terrorists Really Rational? The Palestinian Example', *Orbis* 48(3): 533–49.

Abrahms, M. (2006) 'Why Terrorism Does Not Work', *International Security* 31(2) (Fall): 42–78.

Acharya, A. (2004) 'How Ideas Spread: Whose Norms Matter? Norm Localization and Institutional Change in Asian Regionalism', *International Organization* 58(2): 239–75.

Adamsky, D. (2010) *Culture of Military Innovation: The Impact of Cultural Factors on the Revolution in Military Affairs in Russia, the US, and Israel*. Palo Alto, CA: Stanford University Press.

Addington, L. H. (1994) *The Patterns of War since the Eighteenth Century*, 2nd edn. Bloomington, IN: Indiana University Press.

Adefuye, A. (1992) *Culture and Foreign Policy: The Nigerian Example*. Lagos: Nigerian Institute of International Affairs.

Agnew, J. (2003) *Geopolitics: Re-visioning World Politics*. London: Routledge.

al-Zawahiri, A. (2001) *Knights Under the Prophet's Banner*. Available at http://www.fas.org/irp/world/para/ayman_bk.html

al-Zawahiri, A. (2005) 'Letter from al-Zawahiri to Zarqawi', translated by the Foreign Broadcast Information Service, October.

Allison, G. (2004) *Nuclear Terrorism: The Ultimate Preventable Catastrophe*. New York: Times Books.

Almond, G. and S. Verba (1965) *The Civic Culture: Political Attitudes and Democracy in Five Nations*. Boston, MA: Little, Brown & Co.

Alterman, J. F. (2013) 'Statement for the U.S.-China Economic and Security Review Commission: China in the Middle East'. Washington, DC: Center for Strategic and International Studies.

American Society of International Law (1994) United States: *Administration Policy on Reforming Multilateral Peace Operations*. Washington, DC: American Society of International Law.

Anderson, W. F. (2009) 'Effects-based Operations: Combat Proven', *Joint Force Quarterly* 52 (1st quarter): 78–81.

Angell, N. (1914) *The Great Illusion*. London: Heinemann.

Annan, K. (1999) *Statement on receiving the report of the Independent Inquiry into the Actions of the United Nations during the 1994 Genocide in Rwanda*. 16 December. Available at http://www.un.org/News/ossg/sgsm_rwanda.htm

Anthony, I. and A. D. Rotfeld (eds) (2001) *A Future Arms Control Agenda*. Oxford: Oxford University Press.

Archer, C., J. Ferris, H. Herwig, and T. Travers (2002) *A World History of Warfare*. Lincoln, NE: University of Nebraska Press.

Ardrey, R. (1966) *The Territorial Imperative*. New York: Atheneum.

Arend, A. C. and R. J. Beck (1993) *International Law and the Use of Force: Beyond the Charter Paradigm*. London: Routledge.

Arkin, W. M. (1998) *The Internet and Strategic Studies*. Washington, DC: SAIS, Center for Strategic Education.

Aron, Raymond (1966) *Peace and War: A Theory of International Relations*. New York: Doubleday.

Arquilla, J. and D. Ronfeldt (eds) (1997) *In Athena's Camp: Preparing for Conflict in the Information Age*. Santa Monica, CA: RAND

Arquilla, J. and D. Ronfeldt (eds) (2001) *Networks and Netwars*. Santa Monica, CA: RAND. http://www.rand.org/publications/MR/MR1382/

Aussaresses, P. (2005) *The Battle of the Casbah: Terrorism and Counter-Terrorism in Algeria, 1955-1957*. New York: Enigma.

Autesserre, S. (2014) *Peaceland: Conflict Resolution and the Everyday Politics of International Intervention*. Cambridge: Cambridge University Press.

Bacevich, A. J. (1986) *The Pentomic Era: The US Army between Korea and Vietnam*. Washington, DC: National Defense University Press.

Ball, D. (ed.) (1993) *Strategic Culture in the Asia-Pacific Region (with Some Implications for Regional Security Cooperation)*. Canberra: Strategic and Defence Studies Centre, Australian National University.

Banchoff, T. (1999) *The German Problem Transformed: Institutions, Politics and Foreign Policy, 1945–1995*. Ann Arbor, MI: University of Michigan Press.

Banerjee, S. (1997) 'The Cultural Logic of National Identity Formation: Contending Discourses in Late Colonial India'. In V. M. Hudson (ed.) *Culture and Foreign Policy*. Boulder, CO: Lynne Rienner.

Barkawi, T. (1998) 'Strategy as a Vocation: Weber, Morgenthau and Modern Strategic Studies', *Review of International Studies* 24: 159–84.

Barkawi, T. and M. Laffey (2006) 'The Postcolonial Moment in Security Studies', *Review of International Studies* 32(4): 329–52.

Barkawi, T. and M. Laffey (2011) 'From War to Security: Security Studies, the Wider Agenda and the Fate of the Study of War', *Millennium: Journal of International Studies* 39(3): 701–6.

Barnaby, F. (2004) *How to Build a Nuclear Bomb: And Other Weapons of Mass Destruction*. New York: Nation Books.

Barnes, R. (2005) 'Of Vanishing Points and Paradoxes: Terrorism and International Humanitarian Law'. In R. Burchill, N. D. White, and J. Morris (eds) *International Conflict and Security Law: Essays in Memory of Hilaire McCoubery*. Cambridge: Cambridge University Press.

Barnett, T. P. M. (2004) *The Pentagon's New Map: War and Peace in the Twenty-first Century*. New York: Berkeley Books.

Barnett, T. P. M. (2009) *Great Powers: America and the World after Bush*. New York: G. P. Putnam's Sons.

Barnett, T.P.M. (2011) 'Globoglobalization glossary: Grand Strategy', available at http://thomaspmbarnett.com/glossary/ (accessed 12/12/2014).

Baylis, J. (2001) 'The Continuing Relevance of Strategic Studies in the Post-Cold War Era', *Defence Studies* 1(2): 1–14.

Baylis, J., S. Smith and P. Owens (2014) *The Globalization of World Politics: An Introduction to International Relations*, 6th edn. Oxford: Oxford University Press.

Baylis, J., K. Booth, J. Garnett, and P. Williams (1987) *Contemporary Strategy*. New York: Holmes & Meier.

BBC (2005) 'IAEA Urged to Refer Tehran to the UN', BBC news 19 September 2005. Available at http://www.bbc.news.co.ik/l.hi/world/middle_east/4259018.stm

BBC (2009) 'Stakes High for Obama on Iran', BBC news 15 January 2009. Available at http://www.bbc.news.co.ik/l.hi/world/middle_east/7829313.stm

Beam, L. (1992) *Leaderless Resistance*. Available at http://www.crusader.net/texts/bt/bt04.html

Beaufre, A. (1965a) *An Introduction to Strategy*. London: Faber & Faber.

Beaufre, A. (1965b) *Deterrence and Strategy*. London: Faber & Faber.

Beckett, I. F. W. (2001) *Modern Insurgencies and Counter-insurgencies: Guerrillas and their Opponents since 1750*. London: Routledge.

Belissa, M. & P. Leclerq (2001) 'The Revolutionary Period, 1789–1802'. In A. Hartmann and B. Heuser (eds), *War, Peace and World Orders from Antiquity until the 20th Century*. London: Routledge.

Bellamy, A. J., P. Williams, and S. Griffin (2010) *Understanding Peacekeeping*. 2nd edn. Cambridge: Polity.

Bellamy, A. J. and P.D. Williams (2011) 'The New Politics of Protection? Cote d'Ivoire, Libya, and the Responsibility to Protect', *International Affairs* 87(4): 825–50.

Benedict, R. (1946) *The Chrysanthemum and the Sword*. Boston, MA: Houghton Mifflin.

Benjamin, D. and S. Simon (2005) *The Next Attack*. New York: Times Books.

Benson, P. (2012) 'Intelligence Budget Continues to Drop', CNN Security Blog, 30 October, available at http:security.blogs.cnn.com/2012/10/30/intelligence-budget-drops-for-first-time-since-911/

Berdal, M. and M. Serrano (eds) (2002) *Transnational Organized Crime and International Security*. Boulder, CO: Lynne Rienner.

Bergen, J. D. (1986) *Military Communications: A Test for Technology*. Washington, DC: Center of Military History.

Berger, T. U. (1998) *Cultures of Antimilitarism: National Security in Germany and Japan*. Baltimore, MD: Johns Hopkins University Press.

Bernstein, P. (2008) 'International Partnerships to Combat Weapons of Mass Destruction', Occasional Papers 6. Washington DC: National Defense University Center for the Study of Weapons of Mass Destruction.

Berntsen, G. and R. Pezzullo (2006) *Jawbreaker: The Attack on Bin Laden and Al-Qaeda: A Personal Account by the CIA's Key Field Commander*. New York, NY: Crown Publishers.

Best, G. (1982) *War and Society in Revolutionary Europe, 1770–1870*. London: Fontana.

Betts, R. K. (1997) 'Should Strategic Studies Survive?', *World Politics* 50(1) (October): 7–33.

Betts, R. K. (1998). 'The New Threat of Mass Destruction', *Foreign Affairs* 77(1): 30–1.

Betts, R. K. (2007) *Enemies of Intelligence: Knowledge and Power in American National Security*. New York: Columbia University Press.

Betz, D. J. and T. C. Stevens (2012) *Cyberspace and the State: Towards a Strategy for Cyberpower*. Abingdon, Oxon: Routledge.

Beyerchen, A. (1996) 'From Radio to Radar: Interwar Military Adaptation to Technological Change in Germany, the United Kingdom and the United States'. In W. Murray and A. R. Millett (eds) *Military Innovation in the Interwar Period*. Cambridge: Cambridge University Press.

Biddle, S. (2002) *Afghanistan and the Future of Warfare: Implications for Army and Defense Policy*. Carlisle, PA: US Army War College Strategic Studies Institute.

Biddle, S. (2003a) 'Afghanistan and the Future of Warfare', *Foreign Affairs* 82(2): 31–46.

Biddle, S. (2003b) Operation Iraqi Freedom: Outside Perspectives. Testimony before the House Armed Services Committee, 21 October.

Biddle, S. (2004) *Military Power: Explaining Victory and Defeat in Modern Battle*. Princeton, NJ: Princeton University Press.

Biddle, S. (2005) *American Grand Strategy After 9/11: An Assessment*. Carlisle, PA: US Army War Studies Strategic Studies Institute. Available at http://www.strategicstudiesinstitute.army.mil/pubs/display.cfm?pubID = 603

Bidwell, S. D. Graham (1985) *Firepower: British Army Weapons and Theories of War, 1904-1945* London: Allen and Unwin.

Black, J. (2001) *War*. London: Continuum.

Black, J. (2002) *Warfare in the Western World, 1882–1975*. Chesham: Acumen.

Blair, D. (2009) *Remarks of Director of National Intelligence*, Commonwealth Club of San Francisco, 15 September available at http://www.dni.gov/speeches/20090915_speech.pdf

Blomberg, S., G. Hess and A. Orphanides (2004) 'The Macroeconomic Consequences of Terrorism', Working Paper No. 1151 Munich: CESIFO.

Booth, K. (1979) *Strategy and Ethnocentrism*. London: Croom Helm.

Booth, K. (1981) *Strategy and Ethnocentrism*. New York: Holmes and Meier.

Booth, K. (1997) 'Security and Self: Reflections of a Fallen Realist'. In K. Krause and M. C. Williams (eds) *Critical Security Studies: Concepts and Cases*. London: UCL Press.

Booth, K. (2005) 'Beyond Critical Security Studies'. In K. Booth (ed.) *Critical Security Studies and World Politics*. Boulder, CO: Lynne Rienner.

Booth, K. and E. Herring (1994) *Keyguide to Information Sources in Strategic Studies*. London: Mansell.

Booth, K. and R. Trood (eds) (1999) *Strategic Culture in the Asia-Pacific*. New York: Macmillan.

Boulding, K. (1956) *The Image*. Ann Arbor, MI: University of Michigan Press.

Boyes, R. (2014) 'Powerful Message to Putin', *The Times*, 15 November.

Bracken, P.B. (2012) *The Second Nuclear Age: Strategy, Danger, and the New Power Politics*. New York: Times Books.

Brands, H. (2014) *What Good Is Grand Strategy? Power and Purpose in American Statecraft from Harry S. Truman to George W. Bush*. Ithaca, NY: Cornell University Press.

Brenner, S. W. (2009) *Cyberthreats: The Emerging Fault Lines of the Nation State*. New York: Oxford University Press.

Brent, J. and V. P. Naumov (2003) *Stalin's Last Crime: The Plot Against the Jewish Doctors, 1948-1953*. New York: Perennial.

Breuning, M. (1997) 'Culture, History, Role: Belgian and Dutch Axioms and Foreign Assistance Policy'. In V. M. Hudson (ed.) *Culture and Foreign Policy*. Boulder, CO: Lynne Rienner Publishers.

Brodie, B. (1946) *The Absolute Weapon*. Harcourt, Brace & Co.

Brodie, B. (1959) *Strategy in the Missile Age*. Princeton, NJ: Princeton University Press.

Brodie, B. (1973) *War and Politics*. London: Cassell; New York: Macmillan.

Brownlie, I. (1963) *International Law and the Use of Force by States*. Oxford: Clarendon Press.

Brownlie, I. (1990) *Principles of Public International Law*. Oxford: Oxford University Press.

Brunt, P. A. (1965a) 'Spartan Policy and Strategy in the Archidamian War', *Phoenix* 19(4) (Winter): 255–80.

Brunt, P. A. (1965b) 'The Aims of Alexander' *Greece & Rome* 12: 205–15.

Brzezinski, Z. (1997) *The Grand Chessboard: American Primacy and Its Geostrategic Imperatives*. New York: Basic Books.

Bull, H. (1961) *The Control of the Arms Race*. London: Weidenfeld & Nicolson.

Bull, H. (1968) 'Strategic Studies and its Critics', *World Politics* 20(4): 593–605.

Bull, H. (1977) *The Anarchical Society: A Study of Order in World Politics*. London: Macmillan.

Bunn, E. (2007) 'Can Deterrence Be Tailored?', *Strategic Forum*. Paper No. 225. Institute for National Security Studies. Washington, DC: National Defense University.

Burchill, S., R. Devetak, A. Linklater, M. Patterson, C. Reus-Smit, and J. True (2005) *Theories of International Relations*, 3rd edn. London: Macmillan.

Burkard, S., D. Howlett, H. Müller and B. Tertrais (2005) 'Effective Non-Proliferation: The European Union and the 2005 NPT Review Conference'. Chaillot Paper No. 72. Paris: EU-ISS.

Busmiller, E. (2011) 'Videotapes From Bin Laden's Hide-out Released', *New York Times*, 7 May, available at www.nytimes.com/2011/05/08/world/asia/08intel.html

Butcher, M. (2003) *What Wrongs Our Arms May Do: The Role of Nuclear Weapons in Counterproliferation*. Washington, DC: Physicians for Social Responsibility. Available at http://www.psr.org/documents/psr_doc_0/program_4/PSRwhatwrong03.pdf

Butterfield, H. (1952) *History and Human Relations*. London: Collins.

Butterfield, H. and M. Wight (1966) *Diplomatic Investigations*. London: Allen & Unwin.

Buzan, B. and L. Hansen (2009) *The Evolution of International Security*. Cambridge: Cambridge University Press.

Buzan, B. and E. Herring (1998) *The Arms Dynamic in World Politics*. London: Lynne Rienner.

Byers, M. (2000) *The Role of Law in International Politics: Essays in International Relations and International Law*. Oxford: Oxford University Press.

Byers, M. (2004) 'Agreeing to Disagree: Security Council Resolution 1441 and International Ambiguity', *Global Governance* 10(2): 165–86.

Byman, D. A. and M. C. Waxman (2000) 'Kosovo and the Great Air Power Debate', *International Security* 24(4) (Spring): 14.

Caldicott, H. (1986) *Missile Envy: The Arms Race and Nuclear War*. Toronto: Bantam.

Callwell, C. E. (1899) *Small Wars: Their Principles and Practice*. London: Her Majesty's Stationery Office.

Calvert, J. (2004) 'The Mythic Foundations of Radical Islam', *Orbis* 48 (Winter): 29–41.

Carr, E. H. (1942) *Conditions of Peace*. London: Macmillan & Co.

Carr, E. H. (1946) *The Twenty Years' Crisis 1919–1939*, 2nd edn. London: Macmillan.

Carr, J. (2010) *Inside Cyber Warfare*. Sebastopol, CA: O'Reilly Media.

Carter, A. and L. C. Johnson (2001) 'Beyond the Counterproliferation Initiative'. In H. Sokolski and J. Ludes, *Twenty-First Century Weapons Proliferation*. London: Frank Cass.

Cartwright, Gen. J. E., USMC (n.d.) 'Memorandum for Chiefs of the Military Services, Commanders of the Combatant Commands, Directors of the Joint Staff Directorates. Subject: Joint Terminology for Cyberspace Operations.' Washington, DC: The Vice-Chairman of the Joint Chiefs of Staff.

Carvin, S. (2008) 'Linking Purpose and Tactics: America and the Reconsideration of the Laws of War During the 1990s', *International Studies Perspective* 9(2): 128–43.

Cashman, G. (1993) *What Causes War? An Introduction to Conflict*. New York: Lexington Books.

Castells, M. (1998) *The End of Millennium, iii. The Information Age, Economy, Society and Culture*. Oxford: Blackwell.

Cebrowski, A. and J. Garstka (1998) 'Network-Centric Warfare: Its Origin and Future', *U.S. Naval Institute Proceedings* 124(1): 29.

Cénat, Jean-Philippe (2010): *Le roi stratège: Louis XIV et la direction de la guerre, 1661-1715*. Rennes: Presses Universitaires.

Center for the Study of Intelligence (2004) *Intelligence and Policy: The Evolving Relationship, Roundtable Report*, 10 November. Washington, DC: Georgetown University.

Cerny, P. (1986) 'Globalization and the Disarticulation of Political Power: Towards a New Middle Ages', *Civil Wars* 1(1): 65–102.

Cha, V. D. (2000) 'Globalization and the Study of International Security', *Journal of Peace Research* 37(3): 391–403.

Chandler, D. G. (ed.) (1988) *The Military Maxims of Napoleon*, translated by G. C. D'Aguilar. New York: Macmillan.

Chayes, S. (2007) *The Punishment of Virtue*. London: Portobello Books.

Chivers, C. J. (2010) *The Gun*. New York: Simon & Schuster.

Churchill, W. (1926) *The World Crisis, 1911–1914*. New York: Charles Scribner's Sons.

Cimbala, S. J. (1997) *The Politics of Warfare: The Great Powers in the Twentieth Century*. University Park, PA: Pennsylvania State University Press.

Cirincione, J., J. B. Wolfsthal and M. Rajkumar (2005) *Deadly Arsenals: Nuclear, Biological and Chemical Threats*, 2nd edn. Washington, DC: Carnegie Endowment for International Peace.

Clapham, C. (1998) 'Being Peacekept'. In O. Furley and R. May (eds), *Peacekeeping in Africa*. Aldershot: Ashgate.

Clarke, A. C. (1970) 'Superiority'. In A. C. Clarke, *Expedition to Earth*. New York: Harcourt, Brace & World.

Clarke, R. A. and R. K. Knake (2010) *Cyber War: The Next Threat to National Security and What to Do About It*. New York: Ecco.

Claude, I. L. ([1832] 1962) *Power and International Relations*. New York: Random House.

Clausewitz, C. von (1976) *On War*, translated and edited by M. Howard and P. Paret. Princeton, NJ: Princeton University Press.

Clausewitz, C. von (1982) *On War*. Harmondsworth: Penguin.

Clausewitz, C. von (1989) *On War*, edited and translated by M. Howard and P. Paret. Princeton, NJ: Princeton University Press.

Clausewitz, C. von (1993) *On War*, edited and translated by M. Howard and P. Paret. London: Everyman's Library.

Cline, L. (2005) *Psuedo Operations and Counterinsurgency: Lessons from Other Countries*. Carlisle, PA: Strategic Studies Institute. Available at http://www.strategicstudies-institute.army.mil/pubs/display.cfm?PubID 607

Clinton, W. J. (1992) cited in: 'New York Times, the 1992 campaign, excerpts from speech by Clinton on US role', published 2 October 1992, available at http://www.nytimes.com/1992/10/02/us/the-1992-campaign-excerpts-from-speech-by-clinton-on-us-role.html (accessed 12/12/14).

Clutterbuck, R. (1990) *Terrorism and Guerrilla Warfare: Forecasts and Remedies.* London: Routledge.

Cohen, E. A. (1996) 'A Revolution in Warfare', *Foreign Affairs* 75(2) (March/April): 37–54.

Cohen, E. A. (2002) *Supreme Command: Soldiers, Statesmen, and Leadership in Wartime.* New York: Free Press.

Cohen, S. (2002) *India, Emerging Power.* Washington, DC: Brookings Institution Press.

Cohn, C. (1987) 'Sex and Death in the Rational World of Defense Intellectuals', *Signs: Journal of Women in Culture and Society* 12(4): 687–718.

Cohn, C. (1993) 'Wars, Wimps, and Women: Talking Gender and Thinking War'. In M. Cooke and A. Woollacott (eds) *Gendering War Talk.* Princeton NJ: Princeton University Press.

Collins, A. (1998) 'GRIT, Gorbachev and the End of the Cold War', *Review of International Studies,* 24(2) (April): 201–19.

Congressional Budget Office (2005) *Federal Funding for Homeland Security: An Update.* Available at http://www.cbo.gov/ftpdocs/65xx/doc6566/7-20-HomelandSecurity.pdf

Contamine, P. (1986) *La Guerre au Moyen Age,* 2nd revised edn. Paris: Presses Universitaires de France; Engl translation of the first edition (1984) *War in the Middle Ages* translated by M. Jones. Oxford: Blackwell.

Cordesman, A. H. (2002) *The Lessons of Afghanistan, Warfighting, Intelligence, Force Transformation,Coun terproliferation and Arms Control.* Washington, DC: Center for Strategic and International Studies.

Cordesman, A. H. (2003a) *The 'Instant Lessons' of the Iraq War, Main Report, Seventh Working Draft.* Washington, DC: Center for Strategic and International Studies.

Cordesman, A. H. (2003b) *The Iraq War: Strategy, Tactics and Military Lessons.* Washington, DC: Center for Strategic and International Studies.

Cordesman, A. H. (2004) *The War After the War: Strategic Lessons of Iraq and Afghanistan.* Washington, DC: Center for Strategic and International Studies.

Cornish, P. and G. Edwards (2001) 'Beyond the EU/NATO Dichotomy: The Beginnings of a European Strategic Culture', *International Affairs* 77(3): 587.

Cornish, P. and G. Edwards (2005) 'The Strategic Culture of the European Union: A Progress Report', *International Affairs* 81(4): 801–20.

Creveld, M. van (1989) *Technology and War from 2000 B.C. to the Present.* New York: Free Press.

Creveld, M. van (1991) *The Transformation of War.* New York: Free Press.

Croft, S. (1996) *Strategies of Arms Control: A History and Typology.* Manchester: Manchester University Press.

Cronin, A. K. (2002/3) 'Behind the Curve: Globalization and International Terrorism', *International Security* 27(3) (Winter): 30–58.

Cronin, A. K. (2011) *How Terrorism Ends: Understanding the Decline and Demise of Terrorist Campaigns.* Princeton, NJ: Princeton University Press.

Crowl, P. A. (1987) 'The Strategist's Short Catechism: Six Questions without Answers'. In G. E. Thibault (ed.) *Dimensions of Military Strategy.* Washington, DC: US Government Printing Office for National Defense University.

Cruz, C. (2000) 'Identity and Persuasion: How Nations Remember their Pasts and Make their Futures', *World Politics* 52(3): 275–312.

Daalder, I. and T. Terry (eds) (1993) *Rethinking the Unthinkable: New Directions in Nuclear Arms Control.* London: Frank Cass.

Danchev, A. (1999) 'Liddell Hart and the Direct Approach', *The Journal of Military History* 63(2): 313–37.

Daudet, L. (1918) *La guerre totale.* Paris: Nouvelle Librairie.

Davis, Z. S. (1994) *US Counterproliferation Policy: Issues for Congress. CRS Report for Congress.* Washington, DC: Congressional Research Service.

Dawkins, R. (1976) *The Selfish Gene.* Oxford: Oxford University Press.

De Castro, R. C. (2014) 'Philippine Strategic Culture: Continuity in the Face of Changing Regional Dynamics', *Contemporary Security Policy* 35(2): 249–69.

De Vol, R. and P. Wong (2005) *Economic Impacts of Katrina.* Santa Monica, CA: Milken Institute.

Debray, R. (1968) *Revolution in the Revolution: Armed Struggle and Political Struggle in Latin America.* London: Pelican.

Demchak, C. C. (2011) *Wars of Disruption and Resilience: Cybered Conflict, Power, and National Security.* Athens, GA: The University of Georgia Press.

Denning, D. (1999) *Information Warfare and Security.* New York: ACM Press.

Department of the Army (1994) *US Army Field Manual 100–23: Peace Operations.* Washington, DC.

Department of the Army (2007) *FM 3–24, Counterinsurgency Field Manual.* Chicago, IL: University of Chicago Press.

Department of Defense Directive 3000.07 (2008) *Irregular Warfare (IW).*

Department of Homeland Security (2007a) *After Action Quick Look Report.* Available at http://www.fema.gov/pdf/media/2008/t4_after%20action_report.pdf

Department of Homeland Security (2007b) TOPOFF 4 Frequently Asked Questions. Available at http://www.dhs.gov/xprepresp/training/gc_1179422026237.shtm

Department of Justice (2004) *A Review of the FBI's Handling of Intelligence Information Related to the September 11 Attacks.* Washington, DC: Office of the Inspector General, November, redacted and unclassified: released publicly June 2005.

Deptula, D. A. (2001) *Effects-Based Operations: Change in the Nature of Warfare.* Arlington, VA: Aerospace Education Foundation.

Desch, M. C. (1998) 'Culture Clash: Assessing the Importance of Ideas in Security Studies', *International Security* 23(1) (Summer): 141–70.

Diehl, P. F. and N. P. Gleditsch (2000) *Environmental Conflict: An Anthology.* Boulder, CO: Westview.

Director of National Intelligence (2005) *The National Intelligence Strategy of the United States: Transformation Through Integration and Innovation.* Washington, DC: Director of National Intelligence.

Director of National Intelligence (2007) *The 100 Day Plan: Integration and Collaboration.* Washington, DC: Director of National Intelligence.

Director of National Intelligence (2009) *National Intelligence Strategy,* August, available at http://www.nytimes.com/2011/09/30/business/global/germany-parliament-votes-to-expand-euro-bailout-und.html?_r=1

Director of National Intelligence (2010) *News Release.* NR-21-10, 28 October.

Director of National Intelligence (2014) *The National Intelligence Strategy of the United States,* September, available at http://www.dni.gov/files/documents/2014_NIS_Publication.pdf

Dixon, C. A. and O. Heilbrunn (1962) *Communist Guerrilla Warfare.* New York: Praeger.

Dobbie, C. (1994) 'A Concept for Post-Cold War Peacekeeping', *Survival,* 36(3) (Autumn): 121–48.

Dorn, A. W. (2011) *Keeping Watch: Monitoring, Technology, and Innovation in UN Peace Operations.* Tokyo: UN University Press.

Doubler, M. (1994) *Closing with the Enemy: How the G.I.s Fought the War in Europe, 1944-1945,* Lawrence: University Press of Kansas.

Douhet, G. (1983) *The Command of the Air,* translated by D. Ferrari. Washington, DC: New York, Coward-McCann; previously published New York, 1942.

Doyle, M. W. (1983) 'Kant, Liberal Legacies and Foreign Affairs', *Philosophy and Public Affairs* 12: 205–35.

Doyle, M. W. (1986) 'Liberalism and World Politics', *American Political Science Review* 80: 1151–69.

Dueck, C. (2004) 'The Grand Strategy of the United States, 2000–2004', *Review of International Studies* 30(4) (October): 511–35.

Duffield, J. S. (1999a) *World Power Forsaken: Political Culture, International Institutions and German Security Policy after Unification.* Stanford, CA: Stanford University Press.

Duffield, J. S. (1999b) 'Political Culture and State Behavior', *International Organization* 53(4): 765–804.

Duffy, H. (2005) *The 'War on Terror' and the Framework of International Law.* Cambridge: Cambridge University Press.

Dunn, D. J. (1991) 'Peace Research Versus Strategic Studies'. In K. Booth (ed.) *New Thinking About Strategy and International Security.* London: Harper Collins.

Earle, E. (1943) *Makers of Modern Strategy: Military Thought from Machiavelli to Hitler.* Princeton, NJ: Princeton University Press.

Ebel, R. H., R. Taras, and J. D. Cochrane (1991) *Political Culture and Foreign Policy in Latin America: Case Studies from the Circum-Caribbean.* Albany, NY: State University of New York.

Eckstein, H. (1998) 'A Culturalist Theory of Political Change', *American Political Science Review* 82: 790–802.

Eden, L. (2004) *Whole World on Fire: Organizations, Knowledge, and Nuclear Weapons Devastation.* Ithaca, NY: Cornell University Press.

Ellis, J. (2003) 'The Best Defence: Counterproliferation and US National Security', *Washington Quarterly* 26(2): 115–33.

Enders, W. and T. Sandler (2004). 'What do We Know about the Substitution Effect in Transnational Terrorism?' In A. Silke and Gilardi (eds) *Terrorism Research.* London: Frank Cass.

Enthoven, A. C. and K. V. Smith (2005) *How Much is Enough? Shaping the Defense Program, 1961-1969.* Santa Monica, CA: RAND.

Ermarth, F. (2009) 'Russian Strategic Culture in Flux: Back to the Future?' In J. L. Johnson, K. M. Kartchner, and J. A. Larsen (eds) *Strategic Culture and Weapons of Mass Destruction: Culturally Based Insights into Comparative National Security Policymaking.* London: Palgrave Macmillan.

Esdaile, C. (2008) 'De-constructing the French Wars: Napoleon as anti-Strategist', *Journal of Strategic Studies* V 31(4): 512–52.

European Union (2003) *A Secure Europe in a Better World: European Security Strategy.* Available at http://ue.eu.int/uedocs/cmsUpload/78367.pdf

Fall, B. B. (1998) 'The Theory and Practice of Insurgency and Counterinsurgency', *Naval War College Review* 15(1): 46–57.

Farrell, T. (2001) 'Transnational Norms and Military Development: Constructing Ireland's Professional Army', *European Journal of International Relations* 7(1): 63–102.

Farrell, T. and T. Terriff (eds) (2001) *The Sources of Military Change: Culture, Politics, Technology.* Boulder, CO: Lynne Rienner.

Feinstein, L. and A-M. Slaughter (2004) 'A Duty to Prevent', *Foreign Affairs* 83(1): 136–50.

Feldman, S. (1982) 'The Bombing of Osiraq: Revisited', *International Security* 7(2) (Autumn): 114–42.

Feng, H. (2009) 'A Dragon on Defense: Explaining China's Strategic Culture'. In J. L. Johnson, K. M. Kartchner, and J. A. Larsen (eds) *Strategic Culture and Weapons of Mass Destruction: Culturally Based Insights into Comparative National Security Policymaking*. London: Palgrave Macmillan.

Ferris, J. (2004a) 'A New American Way of War? C4ISR, Intelligence and IO in Operation Iraqi Freedom, a Preliminary Assessment', *Intelligence and National Security* 14(1).

Ferris, J. (2004b) 'Netcentric Warfare and Information Operations: Revolution in the RMA?', *Intelligence and National Security* 14(3).

Findlay, T. (2002) *The Use of Force in UN Peace Operations*. Oxford: Oxford University Press.

Fingar, T. (2011) *Reducing Uncertainty: Intelligence and National Security* (Stanford, CA: Stanford University Press).

Fischer, D. H. (1970) *Historians' Fallacies: Toward a Logic of Historical Thought*. New York: Harper and Row.

Fleck, D. (ed.) (2008) *The Handbook of International Humanitarian Law*, 2nd edn. Oxford: Oxford University Press.

Florida International University (2010) *Comparative Strategic Cultures Project*. Applied Research Center. http://strategicculture.fiu.edu/Studies.aspx

Flynn, F. (2007) *America the Vulnerable and The Edge of Disaster: Rebuilding a Resilient Nation*. London: Random House.

Flynn, M., M. Pottinger, and P. Batchelor et al. (2010) *Fixing Intel: A Blueprint for Making Intelligence Relevant in Afghanistan*. Washington, DC: Center for New American Security, January, available at http://www.cnas.org/files/documents/publications/AfghanIntel_Flynn_Jan2010_code507_voices.pdf

Flynn, S. (2004) *America the Vulnerable: How Our Government is Failing to Protect us from Terrorism*. New York: Harper Collins.

Flynn, S. (2007) *The Edge of Disaster: Rebuilding a Resilient Nation*. New York: Random House.

Fontenot, G., E. J. Degen and D. Tohn (2004) *On Point: The United States Army in Operation Iraqi Freedom*. Fort Leavenworth, KS: US Army Training and Doctrine Command.

Forester, C. S. (1943) *The Ship*. Boston, MA: Little, Brown & Co.

Forsythe, D. (2008) 'The United States and International Humanitarian Law', *Journal of Human Rights* 7(1) (Spring): 25–33.

Fortna, V. P. (2003) 'Inside and Out: Peacekeeping and the Duration of Peace after Civil and Interstate Wars', *International Studies Review* 5(4): 97–114.

Fortna, V. P. (2008) *Does Peacekeeping Work? Shaping Belligerents' Choices After Civil War*. Princeton, NJ: Princeton University Press.

Fortna, V. P. and L. M. Howard (2008) 'Pitfalls and Prospects in the Peacekeeping Literature', *Annual Review of Political Science* 11: 283–301.

Foy, M. T. (2006) *Michael Collins' Intelligence War: The Struggle between the British and the IRA, 1919–1921*. Stroud, UK: Sutton Publishing.

Franck, T. M. (1990) *The Power of Legitimacy among Nations*. Oxford: Oxford University Press.

Franck, T. M. (2001) 'Terrorism and the Right to Self-Defense', *American Journal of International Law* 95(4): 839–43.

Franck, T. M. and N. S. Rodley (1973) 'After Bangladesh: The Law of Humanitarian Intervention by Force', *American Journal of International Law* 67(2): 275–305.

Freedman, L. (1986) 'The First Two Generations of Nuclear Strategists'. In P. Paret (ed.) *Makers of Modern Strategy: From Machiavelli to the Nuclear Age*. Oxford: Clarendon Press.

Freedman, L. (2003) 'Prevention, Not Preemption', *Washington Quarterly* 26(2): 105–14.

Freedman, L. (2004) *Deterrence*. Cambridge: Polity Press.

Freedman, L. (2004) *The Evolution of Nuclear Strategy*, 3rd edn. New York: St Martin's Press.

Freedman, L. (2006) *The Transformation of Strategic Affairs*, London: Routledge.

Freedman, L. (2013) *Strategy: A History*, Oxford: Oxford University Press.

Freud, S. (1932) 'Why War?'. In *The Standard Edition of the Complete Psychological Writings of Sigmund Freud, xxii, 197–215*. London: Hogarth Press.

Freud, S. (1968). 'Why War?'. In L. Bramson and G. W. Geothals, *War: Studies from Psychology, Sociology, Anthropology*. New York and London: Basic Books.

Friedman, N. (2000) *Seapower and Space: From the Dawn of the Missile Age to Net-Centric Warfare*. Annapolis, MD: Naval Institute Press.

Friedman, N. (2003) *Terrorism, Afghanistan and America's New Way of War*. Washington, DC: US Naval Institute Press.

Friedman, T. (2002) *Longitudes and Attitudes: Exploring the World After September 11*. New York: Farrar Straus & Giroux.

Fukuyama, Francis (1999) 'Second Thoughts', *The National Interest* 56 (Summer): 16–33.

Fuller, J. F. C. (1926) *The Foundations of the Science of War*. London: Hutchinson.

Fuller, J. F. C. (1932) *The Dragon's Teeth; A Study of War and Peace*. London: Constable.

Fuller, J. F. C. (1942) *Machine Warfare: An Enquiry into the Influences of Mechanics on the Art of War*. London: Hutchinson.

Fuller, J. F. C. (1945) *Armament and History; A Study of the Influence of Armament on History from the Dawn of Classical Warfare to the Second World War*. New York: Charles Scribner's Sons.

Gaddis, J. L. (1986) 'The Long Peace: Elements of Stability in the Postwar International System', *International Security* 10(4): 99–142.

Gaddis, J. L. (2002) *The Landscape of History: How Historians Map the Past*. Oxford: Oxford University Press.

Galula, D. (1964) *Counterinsurgency Warfare*. New York: Praeger.

Ganor, B. (2005) *The Counter-Terrorism Puzzle: A Guide for Decision Makers*. New Brunswick, NJ: Transaction.

Garcia Fitz, F. (1998) '¿Hube estrategia en la edad media? A propósito de las relaciones castellano-musulmanas durante la segunda mitad del siglo XIII', in *Revista da Faculdade de Lettras*, Series II 15(2): 837–54.

Garnett, J. C. (1987) 'Strategic Studies and its Assumptions'. In J. Baylis, K. Booth, J. Garnett, and P. Williams, *Contemporary Strategy: Theories and Policies*, 2nd edn. London: Croom Helm.

Gat, A. (1992) *The Development of Military Thought: The Nineteenth Century*. Oxford: Oxford University Press.

Gat, A. (1993) *Clausewitz and the Enlightenment: The Origins of Modern Military Thought*. Oxford: Oxford University Press.

Gates, D. (2003) *Sky Wars: A History of Military Aerospace Power*. London: Reaktion Books.

Geertz, C. (1973) *The Interpretation of Cultures*. New York: Basic Books.

Gelpi, C., P. Feaver, and J. Reifler (2009) *Paying the Human Costs of War: American Public Opinion and Casualties in Military Conflicts*. Princeton University Press.

George, A.L. (2003) 'The Need for Influence Theory and Actor-Specific Behavioral Models of Adversaries'. In B. R. Schneider and J. M. Post (eds) *Know Thy Enemy: Profiles of Adversary Leaders and Their Strategic Cultures*. Alabama, GA: US Air Force Counterproliferation Center.

George, R. Z. and J. Bruce (eds) (2008) *Analyzing Intelligence: Origins, Obstacles, and Innovations*. Washington, DC: Georgetown University Press.

Gibson, W. (1984) *Neuromancer*. New York: Ace Books.

Giles, G. F. (2003) 'The Crucible of Radical Islam: Iran's Leaders and Strategic Culture'. In B. R. Schneider and J. M. Post (eds) *Know Thy Enemy: Profiles of Adversary Leaders and Their Strategic Cultures*. Alabama, GA: US Air Force Counterproliferation Center.

Gillingham, J. (1992) 'War and Chivalry in the History of William the Marshal', reprinted in M. Strickland (ed.), *Anglo-Saxon Warfare: Studies in Late Anglo-Saxon and Anglo-Norman Military Organisation and Warfare*. Woodbridge: Boydell Press.

Gilpin, R. (1981) *War and Change in World Politics*. Cambridge: Cambridge University Press.

Gladwell, M. (2010) 'Small Change: Why the Revolution Will Not be Tweeted', *The New Yorker*, 4 October.

Glantz, D. and J. House (1995) *When Titans Clashed: How the Red Army Stopped Hitler*. Lawrence: University Press of Kansas.

Glatthaar, J. T. (2008) *General Lee's Army: From Victory to Collapse*. New York: The Free Press.

Gleditsch, N. P. (2012) 'Whither the Weather? Climate Change and Conflict', *Journal of Peace Research* 49(1): 3–9.

Glenn, J. (2009) 'Realism versus Strategic Culture: Competition and Collaboration?' *International Studies Review* 11: 523–51.

Glenn, J., D. Howlett, and S. Poore (eds) (2004) *Neorealism versus Strategic Culture*. London: Ashgate.

Goldman, E. O. (2003) 'Introduction: Security in the Information Age'. In E. O. Goldman (ed.) 'National Security in the Information Age', special issue, *Contemporary Security Policy* 24(1): 1.

Goldstone, J. A. (2002) 'Population and Security: How Demographic Change can Lead to Violent Conflict', *Journal of International Affairs* 56(1): 3–22.

Goldsworthy, A. (2001) *The Punic Wars*. London: Cassell.

Goodrich, L. M. and E. Hambro (1949) *Charter of the United Nations: Commentary and Documents*. Boston, MA: World Peace Foundation.

Gordon, M. (1990) 'Generals Favor "No Holds Barred" by U.S. if Iraq Attacks the Saudis', *The New York Times*, 25 August.

Gordon, M. and B. Trainor (2007) *Cobra II: The Inside Story of the Invasion and Occupation of Iraq*. New York: Vintage.

Gorman, S. (2011) 'Drones Evolve Into Weapon in Age of Terror: Intelligence Services Overcome Philosophical, Legal Misgivings Over Targeted Killings', *Wall Street Journal*, 8 September.

Gottman, J. (1948) 'Bugeaud, Gallieni, Lyautey: The Development of French Colonial Warfare'. In E. M. Earle (ed.) *Makers of Modern Strategy: Military Thought from Machiavelli to Hitler*. Princeton, NJ: Princeton University Press.

Government Accountability Office (2003) *Nuclear Security: NNSA Needs to Better Manage its Safeguards and Security Program*, GAO-03-471. Washington, DC: Government Accountability Office.

Government Accountability Office (2005) *Terrorist Financing: Better Strategic Planning Needed to Coordinate U.S. Efforts to Deliver Counter-Terrorism Financing Training and Technical Assistance Abroad*, GAO-06-19. Washington, DC: Government Accountability Office.

Gowans, A. L. (1914) *Selections from Treitschke's Lectures on Politics*. London and Glasgow: Gowans & Gray.

Graeger, N. and H. Leira (2005) 'Norwegian Strategic Culture after World War II: From a Local to a Global Perspective', *Cooperation and Conflict* 40(1): 45–66.

Grant, G. (2005) 'Network Centric: Blind Spot', *Defense News* 12 September: 1.

Gray, C. (2002) 'From Unity to Polarization: International Law and the Use of Force against Iraq', *European Journal of International Law* 13(1): 1–19.

Gray, C. (2008) *International Law and the Use of Force*, 3rd edn. Oxford: Oxford University Press.

Gray, C. S. (1981) 'National Style in Strategy: The American Example', *International Security* 6(2) (Fall): 35–7.

Gray, C. S. (1982a) *Strategic Studies and Public Policy: The American Experience*. Lexington, KY: The University Press of Kentucky.

Gray, C. S. (1982b) *Strategic Studies: A Critical Assessment*. London: Aldwych Press.

Gray, C. S. (1986) *Nuclear Strategy and National Style*. Lanham, MD: Hamilton Press.

Gray, C. S. (1992) *House of Cards: Why Arms Control Must Fail*. Ithaca, NY: Cornell University Press.

Gray, C. S. (1997) 'The American Revolution in Military Affairs: An Interim Assessment', *The Occasional*. Strategic and Combat Studies Institute, Wiltshire, UK.

Gray, C. S. (1999a) *Modern Strategy*. Oxford: Oxford University Press.

Gray, C. S. (1999b) *The Second Nuclear Age*. Boulder, CO: Lynne Rienner.

Gray, C. S. (2002) *Strategy for Chaos: Revolutions in Military Affairs and the Evidence of History*. London: Frank Cass.

Gray, C. S. (2010a) *The Strategy Bridge*. Oxford: Oxford University Press.

Gray, C. S. (2010b) 'Strategic Thoughts for Defence Planners', *Survival* 52(3): 159–78.

Gray, C. S. (2013) *Perspectives on Strategy*. Oxford: Oxford University Press.

Gray, C. S. (2014) *Strategy and Defence Planning: Meeting the Challenge of Uncertainty*. Oxford: Oxford University Press.

Gray, C. S. and K. B. Payne (1980) 'Victory is Possible', *Foreign Policy* 39: 14–27.

Gray, C. S. and G. Sloan (1999) *Geopolitics, Geography, and Strategy*. London: Routledge.

Green, J. (1986) *The A-Z of Nuclear Jargon*. New York: Routledge.

Green, M. J. and B. Gill, eds (2009) *Asia's New Multilateralism: Cooperation, Competition, and Search for Community*. New York: Columbia University Press.

Green, P. (1966) *Deadly Logic: The Theory of Nuclear Deterrence*. Columbus, OH: Ohio State University Press.

Greig, J. M. and P. F. Diehl (2005) 'The Peacekeeping-Peacemaking Dilemma', *International Studies Quarterly* 49(4): 621–45.

Griffith, S. (1961) *Mao Tse-Tung on Guerrilla Warfare*. New York: Praeger.

Groves, B. N. (2010) 'The Multiple Faces of Effective Grand Strategy', *Journal of Strategic Security* 3(2): 1–12.

Grygiel, J. J. (2006) *Great Powers and Geopolitical Change*. Baltimore, MD: Johns Hopkins University Press.

Grygiel, J. J. (2013) 'Educating for National Security', *Orbis*, 57(2): 201–16.

Guardian, The (2009) 'US fears that Iran has the Capability to build a nucler bomb', 2 March.

Guevara, C. (1997) *Guerrilla Warfare*, 3rd edn. Wilmington, DE: Scholarly Resources.

Guibert, C. (texts S of 1772 and 1790) in B. Heuser, translator and ed., *The Strategy Makers: Thoughts on War and Society from Machiavelli to Clausewitz*. Santa Barbara, CA: Praeger-ABC Clio.

Gwynn, C. W. (1934) *Imperial Policing*. London: Macmillan & Co.

Hagood, J. (2007) 'Towards a Policy of Nuclear Dissuasion: How Can Dissuasion Improve U.S. National Security?' In O. C. W. Price and J. Mackby (eds) *Debating 21st Century Nuclear Issues*. Washington, DC: Center for Strategic and International Studies.

Hamilton, A. (1992) *Parliamentary Debate*. Available at http://www.parliament.the-stationery-office.co.uk/pa/cmigg/2g3/cmhansrd/1992-06-29/writtens-6.html

Hammes, T. X. (2004) *The Sling and the Stone: On War in the 21st Century*. St Paul, MI: Zenith Press.

Handel, M. I. (1994) 'The Evolution of Israeli Strategy: The Psychology of Insecurity and the Quest for Absolute Security'. In W. Murray, M. Knox, and A. Bernstein (eds) *The Making of Strategy: Rulers, Wars and States*. Cambridge: Cambridge University Press.

Handel, M. I. (1996) *Masters of War: Classical Strategic Thought*. London: Frank Cass.

Handel, M. I. (2001) *Masters of War: Classical Strategic Thought*, 3rd edn. London: Frank Cass.

Hanson, V. D. (2001) *Carnage and Culture: Landmark Battles in the Rise of Western Power*. New York: Anchor Books.

Harris, B. F. (2014) 'United States Strategic Culture and Asia-Pacific Security', *Contemporary Security Policy* 35(2): 290–309.

Hartmann, A. and B. Heuser (eds) (2001) *War, Peace and World Orders from Antiquity until the 20th Century*. London: Routledge.

Haushofer K. (1942) 'Why Geopolitik?' In G. Ó Tuathail, S. Dalby, and P. Routledge (eds) (2006) *The Geopolitics Reader*. London: Routledge.

Haushofer K. (1988) 'Why Geopolitik?' In G. Ó Tuathail, S. Dalby, and P. Routledge (eds), *The Geopolitics Reader*. London: Routledge.

Hays, P. L., B. J. Vallance, and A. R. Van Tassell (eds) (2000) *Spacepower for a New Millennium: Space and US National Security*. New York: McGraw-Hill.

Hehir. A. (2013) 'The Permanence of Inconsistency: Libya, the Security Council, and the Responsibility to Protect', *International Security* 38(1): 137–59.

Heikka, H. (2005) 'Republican Realism: Finnish Strategic Culture in Historical Perspective', *Cooperation and Conflict* 40(1): 91–119.

Henkin, L. (1968) *How Nations Behave: Law and Foreign Policy*. New York: Columbia University Press.

Herring, E. (ed.) (2000) *Preventing the Use of Weapons of Mass Destruction*. London: Frank Cass.

Herzog, A. (1963) *The War-Peace Establishment*. London: Harper & Row.

Heuer, R. (1999) *Psychology of Intelligence Analysis*. Washington, DC: Center for the Study of Intelligence.

Heuser, B. (2010a) *The Evolution of Strategy: Thinking War from Antiquity to the Present*. Cambridge: Cambridge University Press.

Heuser, B. (2010b) *The Strategy-Makers: Thoughts on War and Society from Machiavelli to Clausewitz*. Santa Barbara, CA: ABC-Clio.

Heuser, B. (2012) 'A National Security Strategy for England: Matthew Sutcliffe, the Earl of Essex, and the Cadiz Expedition of 1596'. In O. R. Morales (ed.), *Redes y espacios de poder de la comunidad irlandesa en España y la América española, 1600–1825*. Valencia: Albatros Ediciones: 117–35.

Hoffer, E. (1952) *The True Believer: Thoughts on the Nature of Mass Movements*. London: Secker & Warburg.

Hoffman, B. (2006) *Inside Terrorism*. New York: Columbia University Press.

Holbrooke, R. (1999) 'No Media—No War', *Index on Censorship* 28(3): 20.

Holsti, O. (1976) 'Foreign Policy Formation Viewed Cognitively'. In R Axelrod (ed.) *Structure of Decision*. Princeton, NJ: Princeton University Press.

Homer-Dixon, T. F. (1991) 'On the Threshold: Environmental Changes as Causes of Acute Conflict', *International Security* 16(2) (Fall): 76–116.

Honig, J. W. (2001) 'Avoiding War, Inviting Defeat: The Srebrenica Crisis, July 1995 ', *Journal of Contingencies and Crisis Management* 9(4): 201.

Honig, J. W. (2012) 'Reappraising Late Medieval Strategy: The Example of the 1415 Agincourt', *War in History* 19(2): 123–51.

Horowitz, D. L. (1985) *Ethnic Groups in Conflict*. Berkeley, Los Angeles, London: University of California Press.

House, J. M. (2001) *Combined Arms Warfare in the Twentieth Century*. Lawrence: University Press of Kansas.

Howard, M. (1976a) *War in European History*. Oxford: Oxford University Press.

Howard, M. (1976b) 'The Strategic Approach to International Relations', *British Journal of International Studies* 2(1): 67–75.

Howard, M. (1983) *The Causes of Wars*. London: Counterpoint.

Howard, M. (1991a) *The Lessons of History*. New Haven, CT: Yale University Press.

Howard, M. (1991b) 'British Grand Strategy in World War 1'. In P. Kennedy (ed.), *Grand Strategies in War and Peace*. New Haven, CT: Yale University Press.

Howard, M. (1991c) 'Clausewitz, Man of the Year', *New York Times* 28 January, A17.

Howarth, D. (1974) *Sovereign of the Seas: The Story of British Sea Power*. London: Collins.

Howlett, D. and J. Glenn (2005) 'Epilogue: Nordic Strategic Culture', *Cooperation and Conflict* 40(1): 121–40.

HPSCI (House Permanent Select Committee on Intelligence) (2006) *IC21: The Intelligence Community in the 21st Century*, Staff Study.

Hudson, V. M. (ed.) (1997) *Culture and Foreign Policy*. Boulder, CO: Lynne Rienner.

Hughes, C. W. (2004) 'Japan's Re-emergence as a "Normal" Military Power', *Adelphi Paper* 368.

Hughes, T. P. (1998) *Rescuing Prometheus*. New York: Pantheon Books.

Hughes, W. (1986) *Fleet Tactics: Theory and Practice*. Annapolis, MD: Naval Institute Press.

Huntington, S. (1993a) 'The Clash of Civilizations', *Foreign Affairs* 72(3): 22–49.

Huntington, S. (1993b) 'Response: If Not Civilizations, What? Paradigms of the Post-Cold War World', *Foreign Affairs* 72(5): 186–94.

Huntington, S. (1996) *The Clash of Civilizations: Remaking of World Order*. New York: Simon & Schuster.

Hurd, D., M. Rifkind, D. Owen, and G. Robertson (2008) 'Stop Worrying and Learn to Ditch the Bomb', *The Times* 30 June. Available at http://www.timesonline.co.uk/tol/comment/columnists/guest_contributors/article4237387.ece

Hurd, I. (1999) 'Legitimacy and Authority in International Politics', *International Organization* 53(2): 379–408.

Hyde-Price, A. (2004) 'European Security, Strategic Culture and the Use of Force', *European Security* 13(1): 323–43.

Hymans, J. E. C. (2006) *The Psychology of Nuclear Proliferation: Identity, Emotions, and Foreign Policy.* Cambridge: Cambridge University Press.

IHS Jane's Defense & Security Intelligence & Analysis (various publications).

Independent, The (2000) 'UN must Rethink its Peacekeeping Role, says Annan', *Independent* 29 May. Available at http://www.independent.co.uk/news/world/africa/un-must-rethink-its-peacekeeping-role-says-annan-715960.html

International Institute for Strategic Studies (2012) *The Military Balance.* London: IISS and Routledge.

International Institute for Strategic Studies (2013) *The Military Balance.* London: IISS and Routledge.

International Institute for Strategic Studies (2014) *The Military Balance.* London: IISS and Routledge.

Iraqi WMD Commission (2005) *Commission on the Intelligence Capabilities of the United States Regarding Weapons of Mass Destruction, Report to the President*, 31 March.

Isaacson, W. (1999) 'Madeline's War', *Time* 17 May.

Jackson, R. H. (1993) *Quasi-States: Sovereignty, International Relations and the Third World.* Cambridge: Cambridge University Press.

Janda, L. (1995) Shutting the Gates of Mercy: The American Origins of Total War, 1860–1880', *Journal of Military History* 59(1): 15.

Jansen, J. (1997) *The Dual Nature of Islamic Fundamentalism.* Ithaca, NY: Cornell University Press.

Jenkins, B. M. (1987) 'Will Terrorists Go Nuclear?'. In W. Laqueur and Y. Alexander (eds) *The Terrorism Reader: A Historical Anthology.* New York: Meridian.

Jenkins, B. M. (2008) *Will Terrorists Go Nuclear?* New York: Prometheus.

Jervis, R. (1976) *Perception and Misperception in International Politics.* Princeton, NJ: Princeton University Press.

Jervis, R. (1979) 'Deterrence Theory Revisited', *World Politics* 31(2): 289–324.

Jervis, R. (2010) *Why Intelligence Fails: Lessons from the Iranian Revolution and the Iraq War.* Ithaca NY: Cornell University Press.

Joes, A. J. (1992) *Modern Guerrilla Insurgency.* Westport, CT: Praeger.

Johnson, J. L., K. M. Kartchner, and J. A. Larsen (eds) (2009) *Strategic Culture and Weapons of Mass Destruction: Culturally Based Insights into Comparative National Security Policymaking.* London: Palgrave Macmillan.

Johnson, L. and J. Wirtz (2008) *Intelligence and National Security: The Secret World of Spies: An Anthology.* Los Angeles, CA: Roxbury Publishing Company.

Johnson, R. A. (2014) 'Predicting Future War', *The US Army War College Quarterly, Parameters* 44(1): 65–76.

Johnston, A. I. (1995) *Cultural Realism: Strategic Culture and Grand Strategy in Chinese History.* Princeton, NJ: Princeton University Press.

Joint Staff (2012) *Decade of War Volume 1: Enduring Lessons from the Past Decade of Operations*, Joint and Coalition Operational Analysis, J-7, 15 June, available at http://blogs.defensenews.com/saxotech-access/pdfs/decade-of-war-lessons-learned.pdf

Jomini, de, A.-H ([1838] 1992) *The Art of War.* London: Greenhill Books.

Jones, A. (1987) *The Art of War in the Western World.* Chicago, IL: University of Illinois Press.

Joseph, R. G. and J. F. Reichart (1995) *Deterrence and Defence in a Nuclear, Biological, and Chemical Environment.* Occasional Paper of the Center for Counterproliferation Research. Washington, DC: National Defense University.

Juperman, A. J. (2000) 'Rwanda in Retrospect', *Foreign Affairs* 79(1) (January/February): 94–113.

Kagan, K. (2006) 'Redefining Roman Grand Strategy', *The Journal of Military History* 70(2): 333–62.

Kahn, H. (1960) *On Thermonuclear War.* Princeton, NJ: Princeton University Press.

Kahn, H. (1962) *Thinking About the Unthinkable.* New York: Horizon Press.

Kaldor, M. (1999) *New and Old Wars: Organized Violence in a Global Era.* Cambridge: Polity Press.

Kalyvas, S. (2006) *The Logic of Violence in Civil War.* Cambridge: Cambridge University Press.

Kaplan, D. E. (2005a) 'Hearts, Minds and Dollars', *US News and World Report* 25 April.

Kaplan, D. E. (2005b) 'The New Business of Terror', *US News and World Report* 5 December.

Kaplan, E. et al. (2005) 'What Happened to Suicide Bombings in Israel? Insights from a Terror Stock Model', *Studies in Conflict and Terrorism* 28: 225–35.

Kaplan, F. (1983) *The Wizards of Armageddon.* Stanford, CA: Stanford University Press.

Karatzogianni, A. (2004) 'The Politics of "Cyberconflict"', *Journal of Politics* 24(1): 46–55.

Karlsrud, A. and F. Rosen (2013) 'In the Eye of the Beholder? The UN and the Use of Drones to Protect Civilians' Stability', *International Journal of Security & Development* 2: 1–10.

Karp, A. (2006) 'The New Indeterminacy of Deterrence and Missile Defence'. In I. Kenyon and J. Simpson (eds) *Deterrence in the New Global Security Environment*. London: Routledge.

Kartchner, K. M. (2009) 'Strategic Culture and WMD Decision Making'. In J. L. Johnson, K. M. Kartchner, and J. Larsen (eds) *Strategic Culture and Weapons of Mass Destruction: Culturally Based Insights into Comparative National Security Policymaking*. New York: Palgrave Macmillan.

Katzenbach, Jr., E. J. and G. Z. Hanrahan (1962) 'The Revolutionary Strategy of Mao Tse-Tung'. In F. M. Osanka (ed.) *Modern Guerrilla Warfare: Fighting Communist Guerrilla Movements, 1941-1961*. New York: Free Press.

Katzenstein, P. J. (ed.) (1996) *The Culture of National Security: Norms and Identity in World Politics*. New York: Columbia University Press.

Keegan, J. (1987) *The Mask of Command*. New York: Viking Penguin.

Keegan, J. (1993) *A History of Warfare*. New York: Knopf.

Keegan, J. (2004) *The Iraq War*. New York: Knopf.

Kegley, C. W. and E. R. Wittkopf (1997) *World Politics: Trends and Transformation*. New York: St Martins Press.

Kennan, G. F. (1947) 'The Sources of Soviet Conduct', *Foreign Affairs* 25: 576–82.

Kennedy, P. (1988) *The Rise And Fall Of The Great Powers: Economic Change And Military Conflict*. London: Unwin Hyman.

Kennedy, P. (ed.) (1991) *Grand Strategies in War and Peace*. New Haven: Yale University Press.

Kent, S. (1966) *Strategic Intelligence for an American World Policy*. Princeton, NJ: Princeton University Press.

Kenyon, I. and J. Simpson (eds) (2006) *Deterrence in the New Global Security Environment*. London: Routledge.

Keohane, R. O. (2001) *International Institutions and State Power: Essays in International Relations Theory*. San Francisco, CA: Westview Press.

Keohane, R. O. (2002) *Power and Governance in a Partially Globalizing World*. New York: Routledge.

Keohane, R. O. and J. S. Nye (2001) *Power and Interdependence*, 3rd edn. New York: Longman; originally Reading, MA 1989: Addison-Wesley.

Kerr, R. et al. (2005) 'Intelligence and Analysis on Iraq: Issues for the Intelligence Community', *Studies in Intelligence* 49(3): 152–61.

Kier, E. (1995) 'Culture and Military Doctrine: France between the Wars', *International Security* 19(14): 65–94.

Kievet, J. and S. Metz (1994) *The Revolution in Military Affairs and Conflict Short of War*. Carlisle, PA: US Army War College Strategic Studies Institute.

Kilcullen, D. (2009) *The Accidental Guerrilla: Fighting Small Wars in the Midst of a Big One*. Oxford: Oxford University Press.

Kipp, J., L. Grau, K. Prinslow, and Captain D. Smith (2006) 'The Human Terrain System: A CORDS for the 21st Century', *Military Review* (September/October): 8–15.

Kiras, J. D. (2005) 'Terrorism and Globalization'. In J. Baylis, S. Smith, and P. Owens (eds) *The Globalization of World Politics: An Introduction to International Relations*, 5th edn. Oxford: Oxford University Press.

Kissinger, H. A. (1957) *Nuclear Weapons and Foreign Policy*. New York: Harper & Row.

Kitson, F. (1977) *Bunch of Five*. London: Faber & Faber.

Klare, M. (2001) 'The New Geography of Conflict', *Foreign Affairs* 80(3): 49–61.

Klein, B. S. (1994) *Strategic Studies and World Order: The Global Politics of Deterrence*. Cambridge: Cambridge University Press.

Klein, Y. (1991) 'A Theory of Strategic Culture', *Comparative Strategy* 10(1): 3–23.

Klonis, N. I. (pseud.) (1972) *Guerrilla Warfare*. New York: Robert Speller & Sons.

Knopf, J. (2010) 'The Fourth Wave in Deterrence Research', *Contemporary Security Policy* 31(1): 1–33.

Konkel, F. (2014) 'The Intelligence Community's Big Data Problem', *FCW*, 13 March, available at www.fcw.com/articles/2013/06/17/big-data-savings.aspx

Kosal, M. (2005) *Terrorist Incidents Targeting Industrial Chemical Facilities: Strategic Motivations and International Repercussions*. Stanford, CA: Center for International Security and Cooperation, unpublished manuscript.

Kramer, F. D., S. H. Starr, and L. K. Wentz (eds) (2009) *Cyberpower and National Security*. Washington, DC: Potomac Books.

Krasner, S. (2010) 'An Orienting Principle for Foreign Policy: The Deficiencies of "Grand Strategy" ', *Policy Review* 163: 5.

Krause, K. and M. C. Williams (eds) (1997) *Critical Security Studies: Concepts and Cases*. London: UCL Press.

Krepinevich A. F. (1994) 'Cavalry to Computer: The Pattern of Military Revolution', *The National Interest* (Fall): 30–42.

Kritsiotis, D. (2004) 'Arguments of Mass Confusion', *European Journal of International Law* 15(2): 233–78.

Kuehl, D. T. (2009) 'From Cyberspace to Cyberpower: Defining the Problem'. In F. D. Kramer, S. H. Starr, and L. K. Wentz (eds) *Cyberpower and National Security*. Washington, DC: Potomac Books.

Kuhn, K. (1987) 'Responsibility for Military Conduct and Respect for International Humanitarian Law', Dissemination, ICRC.

Kupchan, C. (1994) *The Case for Collective Security*. Ann Arbor, MI: University of Michigan Press.

Kydd, A. H. and B. F. Walter (2006) 'The Strategies of Terrorism', *International Security* 31(1) (Summer): 46–80.

Ladis, N. (2003) 'Assessing Greek Strategic Thought and Practice: Insights from the Strategic Culture Approach'. Doctoral dissertation, University of Southampton.

Langewiesche, W. (2007) *The Atomic Bazaar: The Rise of the Nuclear Poor*. New York: Farrar, Straus and Giroux.

Lantis, J. S. (2002) *Strategic Dilemmas and the Evolution of German Foreign Policy since Unification*. Westport, CN: Praeger.

Lantis, J. S . (2005) 'American Strategic Culture and Transatlantic Security Ties'. In K. Longhurst and M. Zaborowski, *Controversies in Politics* 24(1): 46–55.

Lantis, J. S. (2009) 'Strategic Culture and Tailored Deterrence: Bridging the Gap Between Theory and Practice', *Contemporary Security Policy* 30(3): 467–85.

Lantis, J. S. (ed.) (2014) 'Strategic Cultures and Security Policies in the Asia-Pacific', Special Issue of *Contemporary Security Policy* 35(2): 166–86.

Laqueur, W. (1996). 'Postmodern Terrorism', *Foreign Affairs* 75(5): 24–37.

Laqueur, W. (1999) *The New Terrorism: Fanaticism and the Arms of Mass Destruction*. New York: Oxford University Press.

Larsen, J. A. (1997) 'NATO Counterproliferation Policy: A Case Study in Alliance Politics', INSS Occasional Paper 17. Denver, CO: USAF Institute for National Security Studies. Available at http://www.usafa.af.mil/df/inss/OCP/ocp17.pdf

Larsen, J. A. and J. J. Wirtz (eds) (2009) *Arms Control and Cooperative Security*. London: Lynne Rienner.

Lasswell, H. D. (1936) *Politics: Who Gets What, When, How*. New York: McGraw-Hill.

Lauterpacht, H. (1952) 'The Revision of the Law of War', *British Yearbook of International Law* 29: 360–82.

Lavoy, P., S. Sagan, and J. Wirtz (eds) (2000) *Planning the Unthinkable: How New Powers Will Use Nuclear, Biological, and Chemical Weapons*. Ithaca, NY: Cornell University Press.

Lawrence, P. (1988) *Preparing for Armageddon: A Critique of Western Strategy*. Brighton: Wheatsheaf.

Lawrence, T. E. (1920) 'The Evolution of a Revolt', *The Army Quarterly* 1(1): 55–69.

Lawrence, T. E. (1935) *Seven Pillars of Wisdom: A Triumph*. London: Jonathan Cape.

Le Bohec, Y. (2014) *La Guerre romaine*. Paris: Tallandier.

Le Bon, G. (1897) *The Crowd: A Study of the Popular Mind*, 2nd edn. London: Fisher Unwin.

Leavenworth, K. S. (2004) US Army Training and Doctrine Command.

Lee, S. P. (1996) *Morality, Prudence, and Nuclear Weapons*. Cambridge: Cambridge University Press.

Legro, J. W. (1996) 'Culture and Preferences in the International Cooperation Two-step', *American Political Science Review* 90(1): 118–37.

Leo VI (*c*.900) *Taktika*, trans & ed. by G. Dennis (2010) *The Taktika of Leo VI*. Washington, DC: Dumbarton Oaks.

Levy, M. (1995) 'Is the Environment a National Security Issue?', *International Security* 20(2): 35–62.

Levy, J. S. and W. R. Thompson (2010) *The Causes of War*. Chichester: Wiley-Blackwell.

Lewis, K., K. Gray, and J. Meierhenrich (2014) 'The Structure of Online Activism', *Sociological Science* 1: 1–9.

Lia, B. and T. S Hegghammer (2004) 'Jihadi Strategic Studies: The Alleged Al Qaida Policy Study Preceding the Madrid Bombings', *Studies in Conflict and Terrorism* 27: 355–75.

Libicki, M. C. (2007) *Conquest in Cyberspace: National Security and Information Warfare*. Cambridge: Cambridge University Press.

Liddell Hart, B. H. (1929) *The Decisive Wars of History: A Study in Strategy*. London: G. Bell.

Liddell Hart, B.H. (1935) *When Britain goes to War*. London: Faber & Faber.

Liddell Hart, B. H. ([1941] 1967) *Strategy: The Indirect Approach*. London: Faber & Faber.

Lind, J. M. (2004) 'Pacifism or Passing the Buck? Testing Theories of Japan's Security Policy', *International Security* 29(1) (Summer): 92–121.

Lindblom, C. E. (1959) 'The Science of "Muddling Through" ', *Public Administration Review* 19(2): 79–88

Lindley-French, J. (2002) 'In the Shade of Locarno? Why European Defence is Failing', *International Affairs* 78(4): 789–811.

Litwak, R. (2003) 'The New Calculus of Pre-emption', *Survival* 44(4): 53–79.

Lock, E. (2010) 'Refining Strategic Culture: Return of the Second Generation', *Review of International Studies* 36(1): 685–708.

Lockhart, C. (1999) 'Cultural Contributions to Explaining Institutional Form, Political Change and Rational Decisions', *Comparative Political Studies* 32(7): 862–93.

Long, J. M. (2009) 'Strategic Culture, Al-Qaeda, and Weapons of Mass Destruction'. In J. L. Johnson, K. M. Kartchner, and J. A. Larsen (eds) *Strategic Culture and Weapons of Mass Destruction: Culturally Based Insights* into Comparative National Security Policymaking. London: Palgrave Macmillan.

Longhurst, K. (2005) Germany and the Use of Force: The Evolution of German Security Policy 1990–2003. Manchester: Manchester University Press.

Longhurst, K. and Marcin Zaborowski (eds) (2005) Old Europe, New Europe and the Transatlantic Security Agenda. London: Routledge.

Lonsdale, D. J. (2004) The Nature of War in the Information Age: Clausewitzian Future. London: Frank Cass.

Lonsdale, D. J. (2007) Alexander the Great: Lessons in Strategy. Abingdon, UK: Routledge.

Looney, R. E. (2005) 'The Business of Insurgency: The Expansion of Iraq's Shadow Economy', The National Interest 81 (Fall): 117–21.

Lorenz, K. (1966) On Aggression. New York: Harcourt, Brace & World.

Lorenz, K. (1976) On Aggression. New York: Bantam.

Lowenthal, M. (2011) Intelligence: From Secrets to Policy. 5th edn. Washington, DC: CQ Press.

Ludendorff, E. (1935) Der Totale Krieg. Munich: Ludendorff Publishing; trs by A. S. Rapoport (1936) in The Nation at War, London: Hutchinson.

Luttwak, E. (1999) [1976] The Grand Strategy of the Roman Empire: from the First Century A.D. to the Third. London: Weidenfeld & Nicolson.

Luttwak, E. (2001) Strategy: The Logic of War and Peace, revised and enlarged edn, Cambridge, MA: Belknap Press.

Luttwak, E. (2009) The Grand Strategy of the Byzantine Empire. Cambridge, MA: Belknap Press.

Lynn, J. (1999) The Wars of Louis XIV, 1667–1714. Harlow: Pearson Education.

Lynn, J. (2003) Battle: A History of Combat and Culture. Boulder, CO: Westview Press.

McConnell, M. (2008) 'Remarks By Director Mike McConnell to the US Geospatial Intelligence Foundation (USGIF) GEOINT 2008 Symposium', 30 October.

McConnell, M. (2010) 'To win the cyber-war, look to the Cold War', The Washington Post, 28 February. Available at http://www.washingtonpost.com/wp-dyn/content/article/2010/02/25/AR2010022502493.html

McCoubrey, H. (1998) International Humanitarian Law, 2nd edn. Aldershot: Dartmouth.

McCuen, J. (1966) The Art of Counter-Revolutionary Warfare. Harrisburg, PA: Stackpole.

McGoldrick, D., Rowe, P., and Donnelly, E. (eds) (2004) The Permanent International Court: Legal and Policy Issues. Oxford: Hart Publishing.

MacKenzie, D. (1990) Inventing Accuracy: An Historical Sociology of Nuclear Missile Guidance. Cambridge, MA: MIT University Press.

Mackinder, H. J. (1904) 'The Geographical Pivot of History (Read at the Royal Geographical Society, 25 January 1904)', The Geographical Journal 23: 421–437.

Mackinder, H. J. (1919) Democratic Ideals and Reality: A Study in the Politics of Reconstruction. London: Henry Holt.

McMillan, J. (2005) 'Treating Terrorist Groups as Armed Bands: The Strategic Implications'. In J. S. Purcell and J. D. Weintraub (eds) Topics in Terrorism: Toward a Transatlantic Consensus on the Nature of the Threat. Washington, DC: Atlantic Council of the United States.

McNeil, W. H. (1982) The Pursuit of Power. Oxford: Basil Blackwell.

Mahan, A. (1890) The Influence of Seapower on History, 1660–1783. Boston, MA: Little, Brown & Co.

Mahnken, T. G. (2001) 'Counterproliferation: A Critical Appraisal'. In H. Sokolski and J. M. Ludes (eds) Twenty-First Century Weapons Proliferation: Are we Ready? London: Frank Cass.

Mahnken, T. G. (2009) 'US Strategic and Organizational Subcultures'. In J. L. Johnson, K. M. Kartchner, and J. A. Larsen (eds) Strategic Culture and Weapons of Mass Destruction: Culturally Based Insights into Comparative National Security Policymaking. London: Palgrave Macmillan.

Mahnken, T. G. (2011) 'Cyberwar and Cyber Warfare'. In K. M. Lord and T. Sharp (eds) America's Cyber Future: Security and Prosperity in the Information Age. Washington, DC: Center for a New American Security.

Mahnken, T. G. (2012) Competitive Strategies for the 21st Century: Theory, History and Practice. Palo Alto, CA: Stanford University Press.

Mahnken, T. G. and J. A. Maiolo (2008) Strategic Studies: A Reader. Abingdon: Routledge.

Malici, A. (2006) 'Germans as Venutians: The Culture of German Foreign Policy Behavior', Foreign Policy Analysis 2(1) (January): 37–62.

Malkasian, C. (2013) War Comes to Garmser. Oxford: Oxford University Press.

Marighella, C. (1969) Minimanual of the Urban Guerrilla. Available at http://www.baader-meinhof.com/index.htm

Masood, S. (2012) 'Pakistan Gives US a List of Demands, Including an End to CIA Drone Strikes', New York Times, 12 April, available at http://www.nytimes.com/2012/04/13/world/asia/pakistan-demands-an-end-to-cia-drone-strikes.html?_r=0

Mattern, J. B. (2005) Ordering International Politics: Identity, Crisis, and Representational Force. London: Routledge.

Matthew, R. A., J. Barnett, B. McDonald, and K. L. O'Brien (eds) (2010) *Global Environmental Change and Human Security*. Cambridge, Massachusetts: MIT Press.

Matthews, K. (1996) *The Gulf Conflict and International Relations*. London: Routledge.

Mazaar, M. (2010) 'The Open-source Century: Information, Knowledge, and Intelligence in the 21st Century', *World Politics Review*, 28 September, available at http://www.worldpoliticsreview.com/articles/6535/the-open-source-century-information-knowledge-and-intelligence-in-the-21st-century

Mazetti, M. (2013) 'New Terror Strategy Shifts CIA Focus Back to Spying', *New York Times*, 23 March, available at www.nytimes.com/2013/05/24/us/politics

Mead Earle, E. (ed.) (1943) *Makers of Modern Strategy: From Machiavelli to Hitler*. Princeton, NJ: Princeton University Press.

Mearsheimer, J. J. (2014) *The Tragedy of Great Power Politics*, 2nd edn. New York: Norton.

Medina, C. (2008) 'The New Analysis'. In R. George and J. Bruce, *Analyzing Intelligence: Origins, Obstacles, and Innovations*. Washington, DC: Georgetown University Press.

Meilinger, P. (2008) 'Clausewitz's Bad Advice', *Armed Forces Journal International*, August.

Meron, T. (2006) *The Humanization of International Law*. Leiden: Martinus Nijhoff.

Messenger, C. (1976) *The Art of Blitzkrieg*. London. Ian Allan Ltd.

Metcalfe, V., A. Giffen, and S. Elhawary (2011) *UN Integration and Humanitarian Space*. London: Overseas Development Institute.

Meyer, C. O. (2004) *Theorising European Strategic Culture: Between Convergence and the Persistence of National Diversity*. Centre for European Policy Studies, Working Document 204 (June) www.ceps.be

Milevski, L. (2014) 'Strategy Versus Statecraft in Crimea', *The US Army War College Quarterly, Parameters* 44(2): 23–33.

Miller, D. (1998) *The Cold War: A Military History*. New York: St Martin's Press.

Miller, G. (2014) 'Germany Orders CIA Station Chief to Leave Over Spying Allegations', *Washington Post*, 10 July 2014, at http://www.washingtonpost.com/world/europe/germany-expels-us-intelligence-station-chief-over-spying-allegations/2014/07/10/dc60b1f0-083c-11e4-8a6a-19355c7e870a_story.html

Milliken, J. (1999) 'The Study of Discourse in International Relations', *European Journal of International Relations* 5(2): 225–54.

Minear, L. and T. G. Weiss (1995) *Mercy under Fire: War and the Global Humanitarian Community*. Boulder, CO: Westview Press.

Miskimmon, A. (2004) 'Continuity in the Face of Upheaval—British Strategic Culture and the Impact of the Blair Government', *European Security* 13(3): 273–99.

Mitra, S. K. (2002) 'Emerging Major Powers and the International System (An Indian View)'. In A. Dally and R. Bourke (eds) *Conflict, the State and Aerospace Power*. Canberra: RAAF Aerospace Centre.

Moir, L. (2002) *The Law of Internal Armed Conflict*. Oxford: Oxford University Press.

Moran, D. (2006) *Wars of National Liberation*. Washington, DC: Smithsonian Books.

Moran, D. and J. A. Russell (eds) (2009) *Energy Security and Global Politics: The Militarization of Resource Management*. New York: Routledge.

Morgan, P. (2003) *Deterrence Now*. Cambridge: Cambridge University Press.

Morris, J. C. (2005) 'Normative Innovation and the Great Powers'. In A. Bellamy (ed.) *International Society and its Critics*. Oxford: Oxford University Press.

Morris, J. C. and N. J. Wheeler (2007) 'The Security Council's Crisis of Legitimacy and the Use of Force', *International Politics* 44(2/3): 214–32.

Morris, J. C. and N. J. Wheeler (2012) 'Human Welfare in a World of States: Reassessing the Balance of Responsibility'. In J. Connelly and J. Hayward (eds), *The Withering of the Welfare State: Regression*. London: Palgrave Macmillan.

Moskos, C. C., J. A. Williams, and D. R. Segal (eds) (2000) *The Postmodern Military: Armed Forces after the Cold War*. New York: Oxford University Press.

Müller, H. and M. Reiss (1995) 'Counterproliferation: Putting Old Wine in New Bottles', *Washington Quarterly* (Spring): 145–9.

Müller, H., D. Fisher, and W. Kötter (1994) *Nuclear Non-Proliferation and Global Order*. New York: Oxford University Press.

Munck, R. (2000) 'Deconstructing Terror: Insurgency, Repression and Peace'. In R. Munck and P. L. de Silva (eds) *Postmodern Insurgencies: Political Violence, Identity Formation and Peacemaking in Comparative Perspective*. New York: St. Martin's Press.

Munkler, H. (2005) *The New Wars*. Cambridge: Polity Press.

Murray, W. (1997) 'Thinking about Revolutions in Military Affairs', *Joint Force Quarterly* (Summer): 69–76.

Murray, W. (2011) *Military Adaptation in War: With Fear of Change*. Cambridge: Cambridge University Press.

Murray, W. and R. Scales (2003) *The Iraq War: A Military History*. Cambridge, MA: Harvard University Press.

Murray, W., M. Knox, and A. Bernstein (eds) (1994) *The Making of Strategy: Rulers, States, and War*. Cambridge: Cambridge University Press.

Murray, W., R. H. Sinnreich, and J. Lacey (eds) (2011) *The Shaping of Grand Strategy: Policy, Diplomacy, and War.* Cambridge: Cambridge University Press.

Mutimer, D. (2000) *The Weapons State: Proliferation and the Framing of Security.* Boulder, CO: Lynne Rienner.

Nadelmann, E. (1993) *Cops across Borders.* State College, PA: Penn State University Press.

Naim, M. (2005) *Illicit: How Smugglers, Traffickers and Copycats are Hijacking the Global Economy.* New York: Doubleday.

Nasution, A. H. (1965) *Fundamentals of Guerrilla Warfare.* New York: Praeger.

Nathan, A. J. and A. Scobell (2012) 'How China Sees America: The Sum of Beijing's Fears', *Foreign Affairs* 91(5): 32–47.

National Intelligence Council (2004) *Mapping the Global Future.* Washington, DC: Government Printing Office.

National Intelligence Council (2012) *Global Trends 2030: Alternative Worlds.* Washington, DC: Government Printing Office.

National Resources Defense Council, http://www.nrdc. org/nuclear/nudb/datab19.asp

National Security Strategy of the United States (2010) Office of the President of the United States, May, available at http://www.whitehouse.gov/sites/default/files/rss_viewer/national_security_strategy.pdf

Negroponte, J. (2006) 'The Science and Technology Challenge', Remarks of the Director of National Intelligence at the Woodrow Wilson International Center for Scholars, 25 September.

Nelson, K. L. and S. C. Olin, Jr. (1979) *Why War: Ideology, Theory, and History.* Berkeley and Los Angeles, CA: University of California Press.

Neustadt, R. E., and E. R. May (eds) (1986) *Thinking in Time: The Uses of History for Decision Makers.* New York: Free Press.

Newman, R. (1961) Review in *Scientific American* 204(3): 197.

Newmann, I. B. and H. Heikka (2005) 'Grand Strategy, Strategic Culture, Practice: The Social Roots of Nordic Defense', *Cooperation and Conflict* 40: 5–23.

Niebuhr, R. (1932) *Moral Man and Immoral Society: A Study in Ethics and Politics.* New York and London: Charles Scribner's Sons.

Nietzsche, E. (1966) *The Philosophy of Nietzsche.* New York: New American Library.

Nietzsche, F . (1996) *Beyond Good and Evil,* translated by W. Kaufmann . New York: Random House.

Nikephoros Phokas (mid-950s) *Peri Paradromes,* translated and edited by G. Dennis, *Three Byzantine Military Treatises* (Washington, DC: Dumbarton Oaks, 1985): 146–239.

Nofi, A. A. (1982) 'Clausewitz on War', *Strategy and Tactics* 91: 16.

Nye, Jr., J. S. (1986) *Nuclear Ethics.* London: Macmillan.

Nye, Jr., J. S. (1988) *Nuclear Ethics.* New York: Free Press.

Nye, Jr., J. S. (2011) *The Future of Power.* New York: Public Affairs.

O'Connell, M. E. (2002) 'The Myth of Preemptive Self-Defense', *American Society of International Law.* Available at http://www.asil.org/taskforce/oconnell. pdf

O'Connell, R. L. (1989) *Of Arms and Men: A History of War, Weapons and Aggression.* Oxford: Oxford University Press.

O'Hanlon, M. E. (2000) *Technological Change and the Future of Warfare.* Washington, DC: Brookings Institution Press.

O'Hanlon, M. E. (2009) *The Science of War Defense Budgeting, Military Technology, Logistics, and Combat Outcomes.* Princeton, NJ: Princeton University Press.

Olsen, J. A., and C. S Gray (eds) (2011) *The Practice of Strategy: From Alexander the Great to the Present.* Oxford: Oxford University Press.

Olson, W. C., D. S. McLellan, and F. A. Sondermann (1983) *The Theory and Practice of International Relations,* 6th edn. Englewood Cliffs, NJ: Prentice Hall.

O'Neill, B. (1990) *Insurgency and Terrorism: Inside Modern Revolutionary Warfare.* Washington, DC: Brassey's.

Oppel, R. (2007) 'Foreign Fighters in Iraq Are Tied to Allies of US', *New York Times,* 22 November.

Orme, J. (1997) 'The Utility of Force in a World of Scarcity', *International Security* 22(3): 136–67.

Oros, A. (2014) 'Japanese Strategic Culture and Security Identity in a Fourth Modern Incarnation?' *Contemporary Security Policy* 35(2): 227–248.

Osgood, R. E. (1962) *An Alternative to War and Surrender.* Chicago, IL: Chicago University Press.

Osgood, R. E. (1962) *NATO: The Entangling Alliance.* Chicago, IL: University of Chicago Press.

O'Tuathail, G. (1996) *Critical Geopolitics: The Politics of Writing Global Space.* London: Routledge.

Owens, W. A. (1995) *High Seas: The Naval Passage to an Uncharted World.* Annapolis, MD: Naval Institute Press.

Owens, W. A. and E. Offley (2000) *Lifting the Fog of War.* New York: Farrar, Straus, & Giroux.

Owens, W. A., K. W. Dam, and H. S. Lin (eds) (2009) *Technology, Policy, Law, and Ethics Regarding US Acquisition and Use of Cyberattack Capabilities.* Washington, DC, The National Academies Press.

Paddon, E. (2011) 'Partnering for Peace: Implications and Dilemmas', *International Peacekeeping* 18(5): 518–35.

Paget, J. (1967) *Counter-Insurgency Fighting*. London: Faber & Faber.

Pape, R. (2005) *Dying to Win: The Strategic Logic of Suicide Terrorism*. New York: Random House.

Paret, P. (ed.) (1986) *Makers of Modern Strategy: From Machiavelli to the Nuclear Age*. Princeton, NJ: Princeton University Press.

Paris, R. (2004) *At War's End: Building Peace After Civil Conflict*. Cambridge: Cambridge University Press.

Parker, G. (1996) *The Military Revolution: Military Innovation and the Rise of the West 1500–1800*. Cambridge: Cambridge University Press.

Parker, G. (1998) *The Grand Strategy of Philip II*. New Haven, CT: Yale University Press.

Parsons, T. (1951) *The Social System*. London: Routledge and Kegan Paul.

Payne, K. B. (1996) *Deterrence in the Second Nuclear Age*. Lexington, KY: University Press of Kentucky.

Payne, K. B. (2001) *The Fallacies of Cold War Deterrence and a New Direction*. Lexington, KY: University Press of Kentucky.

Payne, K. B. (2002) 'Deterrence: Theory and Practice'. In J. Baylis, E. Cohen, C. S. Gray, and J. W. Wirtz (eds) *Strategy in the Contemporary World: An Introduction to Strategic Studies*. Oxford: Oxford University Press.

Payne, K. B. (2007) 'Deterring Iran: The Values at Stake and the Acceptable Risks'. In P. Clawson and M. Eisenstadt (eds) *Deterring the Ayatollahs: Complications in Applying Cold War Strategy to Iran*. Policy Focus No. 72 Washington, DC: The Washington Institute for Near East Policy.

Payne, K. B. (2008) *The Great American Gamble: Deterrence Theory and Practice from the Cold War to the Twenty-first Century*. Fairfax, VA: National Institute Press.

Pelfrey, W. (2005) 'The Cycle of Preparedness: Establishing a Framework to Prepare for Terrorist Threats', *Journal of Homeland Security and Emergency Management* 2(1): 1–21.

Peoples, C. (2007) 'Technology and Politics in the Missile Defence Debate: Traditional, Radical, and Critical Approaches', *Global Change, Peace and Security* 19(3): 265–80.

Peoples, C. and N. Vaughan-Williams (2014) *Critical Security Studies: An Introduction*. Oxon: Routledge.

Perkovich, G. (2004) 'The Nuclear and Security Balance'. In F. R. Frankel and H. Harding (eds) *The India-China Relationship*. New York: Columbia University Press.

Perkovich, G., J. T. Matthews, J. Cirincione, R. Gottemoeller, and J. B. Wolfsthal (2005) *Universal Compliance: A Strategy for Nuclear Security*. Washington, DC: Carnegie Endowment for International Peace.

Perlez, J. and J. Cochrane. (2013) 'Obama's Absence Leaves China as Dominant Force at Asia-Pacific Meeting', *New York Times*, 8 October: A6.

Peters, R. (1994) 'The New Warrior Class', *Parameters* 24(2): 16–26.

Petroski, H. (1982) *To Engineer is Human: The Role of Failure in Successful Design*. New York: Random House.

Petroski, H. (1992) *The Evolution of Useful Things*. New York: Vintage Books.

Pictet, J. (1985) *Development and Principles of International Humanitarian Law*. The Hague: Martinus Nijhoff.

Pillar, P. (2006) 'Intelligence, Policy, and the War in Iraq', *Foreign Affairs* (March/April): 15–27.

Pillar, P. (2011) *Intelligence and US Foreign Policy: Iraq, 9/11 and Misguided Reform*. New York: Columbia University Press.

Pollack, K. M. (2002) *Arabs at War: Military Effectiveness, 1948–1991*. Lincoln, NE: University of Nebraska Press.

Poore, S. (2004) 'Strategic Culture'. In J. Glenn, D. Howlett, and S. Poore, *Neorealism versus Strategic Culture*. Aldershot: Ashgate.

Porch, D ([2000] 2001) *Wars of Empire*. London: Cassell.

Porter, P. (2009) *Military Orientalism: Eastern War Through Western Eyes*. London: Hurst.

Pouligny, B. (2006) *Peace Operations Seen From Below: UN Missions and Local People*. Bloomfield, CT: Kumarian.

Power, S. (2014) 'On Peacekeeping', Remarks, American Enterprise Institute, 7 November.

President's Review Group (2013) *Liberty and Security in a Changing World, Report and Recommendations of the President's Review Group on Intelligence and Communications Technologies*, 12 December, available at http://www.whitehouse.gov/sites/default/files/docs/2013-12-12_rg_final_report.pdf

Preston, R. A. and S. F. Wise (1970) *Men in Arms: A History of Warfare and its Interrelationship with Western Society*, 2nd edn. New York: Praeger, pp. 104–5.

Pye, L. (1985) *Asian Power and Politics: The Cultural Dimension of Authority*. Cambridge, MA. Harvard University Press.

Quester, G. (1977) *Offense and Defense in the International System*. New York: John Wiley and Sons.

Quester, G. (1984) 'War and Peace: Necessary and Sufficient Conditions'. In R. O. Matthews, A. G. Rubinoff, and J. G. Stein (eds) *International Conflict and Conflict Management*. Scarborough, Ontario: Prentice-Hall.

Qurashi, A. (2002) 'Al-Qa'ida and the Art of War', *Al-Ansar* www-text in Arabic, FBIS document ID GMP20020220001830[0].

Raine, L. P. and F. J. Cilluffo (eds) (1994) *Global Organized Crime: The New Empire of Evil*. Washington, DC: Center for Strategic and International Studies.

Ralph, J. (2007) *Defending the Society of States: Why America Opposes the International Criminal Court and its Vision of World Society*. Oxford: Oxford University Press.

Rapoport, A. (1964) *Strategy and Conscience*. New York: Schocken Books/Harper & Row.

Rapoport, A. (1965) 'The Sources of Anguish', *Bulletin of Atomic Scientists* 21(10) (December): 25–36.

Rassmussen, M. (2005) ' "What's the Use of it?," Danish Strategic Culture and the Utility of Armed Force', *Cooperation and Conflict* 40: 67–89.

Rattray, G. J. (2001) *Strategic Warfare in Cyberspace*. Cambridge, MA: MIT Press.

Rattray, G. J. (2002) 'The Cyberterrorism Threat'. In R. D. Howard and R. L. Sawyer (eds) *Terrorism and Counterterrorism: Understanding the New Security Environment*. Guildford, CT: McGraw-Hill.

Raudzens, G. (1990) 'War-Winning Weapons: The Measurement of Technological Determinism in Military History', *Journal of Military History* 54 (October): 403–33.

Rauschning, H. (1939) *Germany's Revolution of Destruction*, translated by E. W. Dickes. London: Heinemann.

Record, J. (2003) *Bounding the Global War on Terrorism*. Carlisle, PA: Army War College.

Record, J. (2004) *Dark Victory: America's Second War Against Iraq*. Washington, DC: US Naval Institute Press.

Reid, B. H. (2005) *Robert E. Lee, Icon for a Nation*. London: Weidenfeld and Nicolson.

Reus-Smit, C. (2004) *The Politics of International Law*. Cambridge: Cambridge University Press.

Reus-Smit, C. (2007) 'International Crises of Legitimacy', *International Politics* 44(2/3): 157–74.

Ricks, T. (2006) *Fiasco: The American Military Adventure in Iraq*. New York: Penguin.

Rid, T. (2013) *Cyber War Will Not Take Place*. New York: Oxford University Press.

Rink, M. (1999) *Vom 'Partheygänger' zum Partisanen: Die Konzeption des kleinen Krieges in Preußen, 1740–1813*. Frankfurt/Main: Peter Lang.

Roberts, A. (2008) *Masters and Commanders: How Roosevelt, Churchill, Marshall, and Alanbrooke Won the War in the West*. London: Allen Lane.

Roberts, A. and D. Zaum (2008) *Selective Security: War and the United Nations Security Council Since 1945*. London: International Institute for Strategic Studies.

Roberts, M. (1956) *The Military Revolution, 1560–1660*. Belfast: Marjory Boyd.

Robertson, S. (2001) 'Experimentation and Innovation in the Canadian Armed Forces', *Canadian Military Journal*, 64.

Robinson, L. (2008) *Tell Me How this Ends: General David Petraeus and the Search for a Way Out of Iraq*. New York: Public Affairs.

Robinson, P., N. de Lee, and D. Carrick (eds) (2008) *Ethics Education in the Military*. Aldershot: Ashgate.

Rodger, N.A.M. (2004) *The Safeguard of the Sea: A Naval History of Britain, 660-1649*. London: Penguin.

Rogers, C. J. (2000) *War Cruel and Sharp: English Strategy under Edward III, 1327–1360*. Woodbridge: Boydell Press.

Rogers, C. J. (2002) 'The Vegetian "Science of Warfare" in the Middle Ages', *Journal of Medieval Military History* 1: 1–19.

Rose, M. (1995) 'A Year in Bosnia: What has been Achieved', *RUSI* (140/3): 22–5.

Rosen, S. (1995) 'Military Effectiveness: Why Society Matters', *International Security* 19(14): 5–31.

Rosen, S. (1996) *Societies and Military Power*. Ithaca, NY: Cornell Studies in Security Affairs.

Rosen, S. (2005) *War and Human Nature*. Princeton, NJ: Princeton University Press.

Rosenau, J. N. (1990) *Turbulence in World Politics*. Princeton, NJ: Princeton University Press.

Rousseau, J. J [1754] 1993) 'A Discourse on the Origin of Inequality'. In G. D. H. Cole (ed.) *The Social Contract and Discourses*. London: J. M. Dent.

Ruan, Z. (2014) 'The Money has Gone East', *The World Today* 70(6).

Rumsfeld, D. (2003) *Memo on Global War on Terrorism*. Available at http://www.usatoday.com/news/washington/executive/rumsfeld-memo.htm

Rumsfeld, D. (2011) *Known and Unknown: A Memoir*. New York: Sentinel.

Russell, R. B. (1958) *A History of the United Nations Charter*. Washington DC: Brookings Institute.

Rynning, S. (2003) 'The European Union: Towards a Strategic Culture?', *Security Dialogue* 34(4) (December): 479–96.

Sagan, S. (2005) 'Learning from Failure or Failure to Learn: Lessons from Past Nuclear Security Events'. Paper presented to the IAEA International Conference on Nuclear Security, 16 March.

Sagan, S. and K. N. Waltz (2002) *The Spread of Nuclear Weapons: A Debate Renewed*, 2nd edn. New York: W. W. Norton.

Sageman, M. (2004) *Understanding Terror Networks*. Philadelphia, PA: University of Pennsylvania Press.

Sageman, M. (2007) *Leaderless Jihad: Terror Networks in the Twenty-First Century*. Philadelphia, PA: University of Pennsylvania Press.

Samore, G. (2003) 'The Korean Nuclear Crisis', *Survival* 45(1): 8–9.

Sarkesian, S. C. (ed.) (1972) *The Military-Industrial Complex: A Reassessment*. Beverly Hills, CA: Sage.

Sassòli, M. (2004) 'The Status of Persons Held in Guantanamo under International Humanitarian Law', *Journal of International Criminal Justice* 2(1) (March): 96–106.

Schabas, W. A. (2004) *An Introduction to the International Criminal Court*, 2nd edn. Cambridge: Cambridge University Press.

Schell, J. (1982) *The Fate of the Earth*. London: Picador.

Schell, J. (1984) *The Abolition*. New York: Knopf.

Schelling, T. C. (1963) *Strategy of Conflict*. New York: Oxford University Press.

Schelling, T. C. and M. Halperin (1985) *Strategy and Arms Control*. Washington, DC: Pergamon-Brassey's.

Schimmelfennig, F. (2000) 'NATO's Enlargement to the East: An Analysis of Collective Decision-making' EAPC-NATO Individual Fellowship Report 1998–2000.

Schmid, A. P. and A. J. Jongman (1988) *Political Terrorism: A New Guide to Actors, Authors, Concepts, Data Bases, Theories and Literature*. New Brunswick, NJ: Transaction Books.

Schmidt, B. and B. S. Zyla (eds) (2013) *European Security Policy and Strategic Culture*. London: Routledge.

Schmidt, B., D. Howlett, J. Simpson, H. Müller, and B. Tertrais (2005) *Effective Non-proliferation: The European Union and the 2005 NTPT Review Conference*. Chaillot Paper 77. Brussels: EU Institute for Security Studies.

Schwartau, W. (1996) *Information Warfare*, 2nd edn. New York: Thunder's Mouth Press.

Schwartz, S. I. (1998) *Atomic Audit: The Costs and Consequences of US Nuclear Weapons since 1940*. Washington, DC: Brookings Institution.

Schwartz, S. I. (2003) *China's Use of Military Force: Beyond the Great Wall and the Long March*. Cambridge: Cambridge University Press.

Schwartzstein, S. J. D. (ed.) (1996) *The Information Revolution and National Security: Dimensions and Directions*. Washington, DC: Center for Strategic and International Studies.

Schwartzstein, S. J. D. (ed.) (1998) *Cybercrime, Cyberterrorism and Cyberwarfare: Averting an Electronic Waterloo*. Washington, DC: Center for Strategic and International Studies.

Schweller, M. and X. Pu (2011) 'After Polarity: Emerging Powers in the Age of Disorder', *Global Governance* 17(3): 285–97.

Scobell, A. (2002) *China and Strategic Culture*. Carlisle, PA: US Army War College, Strategic Studies Institute, May.

Scobell, A. (2014) 'China's Real Strategic Culture: a Great Wall of the Imagination', *Contemporary Security Policy* 35(2): 211–26.

Seffers, G. (2013) 'Big Data in Demand for Intelligence Community', *SIGNAL Magazine*, 4 January, available at www.afcea.org/content/?q=node/10510

Sepp, K., R. Kiper, J. Schroder, and C. Briscoe (2004) *Weapon of Choice: U.S. Army Special Operations in Afghanistan*. Fort Leavenworth, KS: US Army Command and General Staff College Press.

Sergie, M. A. (2014) 'U.S. Energy Exports', Council on Foreign Relations, available at http://www.cfr.org/energy-and-environment/us-energy-exports/p33532

Sextus Iulius Frontinus (between AD 84 and 96) *Stratagematon*, translated and edited by Charles E. Bennett, *Frontinus: The Stratagems and the Aqueducts of Rome*. London: William Heinemann for Loeb, 1925.

Shaw, M. (2003) 'Strategy and Slaughter', *Review of International Studies* 29(2): 269–77.

Shaw, R. P. and Y. Wong (1985) *Genetic Seeds of Warfare: Evolution, Nationalism and Patriotism*. London: Unwin Hyman.

Shawcross, W. (2000) *Deliver us from Evil: Warlords and Peacekeepers in a World of Endless Conflict*. London: Bloomsbury.

Shay, J. (1994) *Achilles in Vietnam: Combat Trauma and the Undoing of Character*. New York: Simon & Schuster.

Sheldon, J. B. (2011) 'Stuxnet and Cyberpower in War', *World Politics Review*. Available at http://www.worldpoliticsreview.com/articles/8570/stuxnet-and-cyberpower-in-war

Shultz, G., W. Perry, H. Kissinger, and S. Nunn (2008) 'Toward a Nuclear Weapon-free World', *Wall Street Journal*, 15 January A 15. Available at http://online.wsj.com/public/article_print/SB120036422673589947.html

Sims, J. and B. Gerber (eds) (2005) *Transforming US Intelligence*. Washington, DC: Georgetown University Press.

Simpson, E. (2012) *War from the Ground Up*. New York: Columbia University Press.

Singer, M. and A. Wildavsky (1993) *The Real World Order: Zones of Peace/Zones of Turmoil*. Chatham House, NJ: Chatham House Publishers.

Singer, P. W. (2009) *Wired for War: The Robotics Revolution and Conflict in the 21st Century*. New York: Penguin.

Singer, P. W. and A. Friedman (2014) *Cybersecurity and Cyberwar: What Everyone Needs to Know*. New York: Oxford University Press.

Sloan, E. (2002) *The Revolution in Military Affairs*. Montreal: McGill-Queen's Press.

Smith, D. G. (1990) *Combating Terrorism*. London: Routledge.

Smith, H. (2005) *On Clausewitz: A Study of Military and Political Ideas*. New York: Palgrave Macmillan.

Smith, Sir R. (2006) *The Utility of Force: The Art of War in the Modern World*. London: Penguin.

Smith, S., K. Booth, and M. Zalewski (eds) (1996) *International Theory: Positivism and Beyond*. Cambridge: Cambridge University Press.

Snyder, J. (1977) *The Soviet Strategic Culture: Implications for Nuclear Options*, R-2154-AF. Santa Monica, CA: Rand Corporation.

Snyder, J. (2002) 'Anarchy and Culture: Insights from the Anthropology of War', *International Organization* 56(1) (Winter): 7–45.

Sokolski, H. (2001) *Best of Intentions: America's Campaign Against Strategic Weapons Proliferation*. London: Praeger.

Sokolski, H. and J. Ludes (2001) *Twenty-First Century Weapons Proliferation*. London: Frank Cass.

Spanier, J. W. and J. L. Nogee (1962) *The Politics of Disarmament: A Study of Soviet-American Gamesmanship*. New York: Praeger.

Spykman N. ([1942] 1970) *America's Strategy in World Politics: The United States and the Balance of Power*. Hamden, CT: Archon.

Stedman, S. J. (1997) 'Spoiler Problems in Peace Processes', *International Security* 22(2) (Fall): 5–53.

Stewart R. (2011) 'What Can Afghanistan and Bosnia Teach Us About Libya?' *The Guardian*, 7 October. Available at http://www.guardian.co.uk/world/2011/oct/08/libya-intervention-rory-stewart

Stolfi, R. H. S. (1970) 'Equipment for Victory in France in 1940', *History* 55(183): 1–20.

Stone, P. (2003). 'Iraq-al-Qaeda Link Weak Say Former Bush Officials', *National Journal*, 8 August.

Stout, M., J. Huckabey, J. Schindler, and J. Lacey (2008) *The Terrorist Perspectives Project: Strategic and Operational Views of Al Qaida and Associated Movements*. Annapolis, MD: Naval Institute Press.

Strachan, H. (1988) *European Armies and the Conduct of War*. London: Routledge.

Strachan, H. (2005) 'The Lost Meaning of Strategy', *Survival* 47(3) (Autumn): 33–54.

Strachan, H. (2011) 'Strategy and Contingency', *International Affairs* 87(6): 1281–96.

Strong, J. (forthcoming) 'Why Parliament Now Decides on War: Tracing the Growth of the Parliamentary Prerogative through Syria, Libya and Iraq', *British Journal of Politics and International Relations*, published online on 14 June 2014 at http://onlinelibrary.wiley.com/doi/10.1111/1467-856X.12055/pdf

Suganami, H. (1996) *On the Causes of War*. Oxford: Clarendon Press.

Sun Tzu (1963) *The Art of War*, translated by S. B. Griffith. Oxford: Oxford University Press.

Sun Tzu (1993) *The Art of War*, translated by R. Ames. New York: Ballantine Books.

Sun Tzu (1994) *The Art of War*, edited and translated by R. D. Sawyer (*c*.490 BC) . Boulder CO, Westview Press.

Sutcliffe, M. (1593) *The Practice, Proceedings and Lawes of Armes*. London: Deputies of C. Barker.

Swidler, A. (1986) 'Culture in Action: Symbols and Strategies', *American Sociological Review* 51(2): 273–86.

Taber, R. (1970) *The War of the Flea: Guerrilla Warfare Theory and Practice*. London: Paladin.

Taleb, N. N. (2010) *The Black Swan: The Impact of the Highly Improbable*. New York: Random House.

Taleb, N. N. and, M. Blythe (2011) 'The Black Swan of Cairo: How Suppressing Volatility Makes the World Less Predictable and More Dangerous', *Foreign Affairs* 90(3): 33–47.

Tannenwald, N. (1999) 'The Nuclear Taboo: The United States and the Normative Basis of Nuclear Non-Use', *International Organization* 53(3): 83–114.

Tannenwald, N. (2005) 'Stigmatizing the Bomb: Origins of the Nuclear Taboo', *International Security* 29(4): 5–49.

Technology Review (2004) 'We Got Nothing until They Slammed into Us', 107(9) (November): 36–45.

Terriff, T., A. Karp, and R. Karp (eds) (2006) *The Right War? The Fourth Generation Warfare Debate*. London: Routledge.

Tharoor, S. (1995–6) 'Should United Nations Peacekeeping Go "Back to Basics"', *Survival* 37(4) (Winter): 52–64.

Thompson, K. (1960) 'Moral Purpose in Foreign Policy: Realities and Illusions', *Social Research* 27(3): 261–76.

Thompson, M., R. Ellis, and A. Wildavsky (1990) *Cultural Theory*. Boulder, CO: Westview Press.

Thompson, R. (1966) *Defeating Communist Insurgency: Experiences from Malaya and Vietnam*. London: Chatto & Windus.

Thornton, E. P. (1981). 'A Letter to America', *The Nation*, 232, 24 January.

Thucydides ([c.400 BC] 1996) *The Landmark Thucydides: A Comprehensive Guide to 'The Peloponnesian War'*. R. B. Strassler (ed.), revised from translation by R. Crawley. New York: The Free Press.

Till, G. (2004) *Seapower: A Guide for the Twenty-first Century*. London: Frank Cass.

Tilly, C. (1975) *The Formation of National States in Western Europe*. Princeton, NJ: Princeton University Press.

Toffler, A. and H. Toffler (1993) *War and Antiwar: Survival at the Dawn of the 21st Century*. Boston, MA: Little, Brown & Co.

Townshend, C. (1975) *The British Campaign in Ireland, 1919–1921: The Development of Political and Military Policies*. Oxford: Oxford University Press.

Traina, G. (2014) 'La guerre mondiale des Romains', *L'Histoire*, No. 405 (November): 76–81.

Transnational Organized Crime (1998) 'Special Issue: The United States International Crime Control Strategy' 4(1).

Treverton, G. (2001) *Reshaping National Intelligence for an Age of Information*. Cambridge: Cambridge University Press.

Treverton, G. (2003a) 'Intelligence: The Achilles Heel of the Bush Doctrine', *Arms Control Today* 33(6) (July/August): 9.

Treverton, G. (2003b) *Reshaping National Intelligence for an Age of Information*. Cambridge: Cambridge University Press.

Trinquier, R. (1964) *Modern Warfare: A French View of Counterinsurgency*. New York: Praeger.

Tse-Tung, Mao (1961) *Mao Tse-Tung on Guerrilla Warfare*. New York: Praeger.

Tse-Tung, Mao (1966) *Selected Military Writings of Mao Tse-Tung*. Peking: Foreign Languages Press.

Tse-Tung, Mao (1967) *Selected Military Writings of Mao Tse-Tung*, 2nd edn. Peking: Foreign Languages Press.

United Nations (1945) *Charter of the United Nations*. New York: United Nations. Available at http://www.un.org/en/documents/charter

United Nations (1949) *The Geneva Convention*. New York: United Nations. Available at http://www.unhchr.ch/html/menu3/b/91.htm

United Nations (1992) *An Agenda for Peace. Preventive Diplomacy, Peacemaking and Peacekeeping. Report of the Secretary-General Pursuant to the Statement Adopted by the Summit Meeting of the Security Council on 31 January 1992*. New York: United Nations. Available at http://www.unh.org/Docs/SG/agpeace.html

United Nations (2000) Resolution 1296. Available at http://daccessdds.un.org/doc/UNDOC/GEN/N00/399/03/PDF/N0039903.pdf?OpenElement

United Nations (2011) Peacekeeping, 'Background Note: United Nations Peacekeeping'. Available at http://www.un.org/en/peacekeeping/documents/backgroundnote.pdf

United Nations (2011) 'World Population to reach 10 Billion by 2100 if Fertility in all Countries Converges to Replacement Level', May 3, United Nations Press Release http://esa.un.org/wpp/Other-Information/Press_Release_WPP2010.pdf

United Nations (2011) Security Council Department of Public Information 'Security Council Approves "No-Fly Zone" over Libya, Authorizing 'All Necessary Measures' to Protect Civilians, by Vote of 10 in Favour with 5 Abstentions', SC/10200, 17 March. Available at http://www.un.org/News/Press/docs/2011/sc10200.doc.htm

United Nations (2014) 'Fact Sheet: UN Peacekeeping Operations'.

United Nations, Blue Book Series. New York: United Nations.

UK Army Field Manual (1995) *Wider Peacekeeping*. London: HMSO.

US Army/Marine Corps (2007) Principles of Counterinsurgency from FM 3–24, *Counterinsurgency Field Manual*. Chicago: University of Chicago Press.

US Army Military History Institute (2002) *Operation Enduring Freedom, Strategic Studies Institute Research Collection*, Tape 032602a, CPT H. et al. Memorandum for the Record, CPT H. int., 2 July 2002.

US Army Military History Institute (2003) *Operation Enduring Freedom, Strategic Studies Institute Research Collection*, Tape 042403a2sb St Col al Saadi int.

US Department of Homeland Security (2003) *Characteristics and Common Vulnerabilities Report for Chemical Facilities*, version 1, revision1. Washington, DC: US Department of Homeland Security.

US Department of Justice (2005) Office of the Inspector General, *A Review of the FBI's Handling of Intelligence Information Related to the September 11 Attacks*. Washington. DC: Office of the Inspector General, November 2004; redacted and unclassified: released publicly June.

US Department of State (2014) Remarks by Rose Gottemoeller, Acting Under Secretary for Arms Control and International Security, 'Arms Control Priorities in 2014 and Beyond', 14 February.

US Energy Information Administration Report (2014), 'China', available from http://www.eia.gov/countries/cab.cfm?fips = ch

US Joint Chiefs of Staff (2004) *Joint Doctrine for Combating Weapons of Mass Destruction*. Washington, DC: Department of Defense.

US Joint Chiefs of Staff (2011) *The National Military Strategy of the United States of America: Redefining*

America's Military Leadership. Washington, DC: Joint Chiefs of Staff.

US Joint Forces Command (2001) *A Concept for Rapid Decisive Operations.* Norfolk, VA: Joint Forces Command J9 Joint Futures Lab.

US Joint Forces Command (2008) *The Joint Operating Environment: Challenges and Implications for the Future Force.* Suffolk, VA: US Joint Forces Command.

United States Strategic Command (2004) *Strategic Deterrence Joint Operating Concept*, Version 1.0. Offut Air Force Base, NE: U.S. Strategic Command.

United States White House (2002) *The National Security Strategy of the United States of America.* Available at http://www.white-house.gov/nsc/nss.pdf

Van Evera, S. (2009) *The Causes of War.* Ithaca, NY: Cornell University Press.

Vasconcelos, A. D. (2009) *What Ambitions for European Defence in 2020?* Paris: European Union Institute for Security Studies.

Vaughn, J. and T. Dunne (2015) 'Leading from the Front: America, Libya and the Localisation of R2P', *Cooperation and Conflict* 50(1): 29–49.

Vickers, M. (1996) *Warfare in 2020: A Primer.* Washington, DC: Center for Strategic and Budgetary Assessments.

Von Hippel, K. (2000) *Democracy by Force: US Intervention in the Post-Cold War World.* Cambridge: Cambridge University Press.

Wæver, O. and B. Buzan (2010) 'After the Return to Theory: The Past, Present, and Future of Security Studies'. In A. Collins (ed.) *Contemporary Security Studies.* Oxford: Oxford University Press, pp. 463–83.

Walker, W. (2011) *A Perpetual Menace: Nuclear Weapons and International Order.* London: Routledge.

Wallace, W. (1996) 'Truth and Power, Monks and Technocrats: Theory and Practice in International Relations', *Review of International Studies* 22(3): 301–21.

Walt, S. M. (1991) 'The Renaissance of Security Studies', *International Studies Quarterly* 35: 211–39.

Waltz, K. N. (1959) *Man, the State, and War.* New York: Columbia University Press.

Waltz, K. N. (1962) 'Kant, Liberalism and War', *American Political Science Review* 56(2): 331–40.

Waltzer, M. (1978) *Just and Unjust Wars.* London: Allen Lane.

Warner, M. (2002) 'Wanted: A Definition of Intelligence', *Studies in Intelligence* 46(3): 21.

Weigley, R. (1976) *The American Way of War: A History of United States Military Strategy and Policy.* New York: Macmillan.

Weigley, R. (1988) 'Political and Strategic Dimensions to Military Effectiveness'. In A. R. Millett and W. Murray (eds) *Military Effectiveness*, vol. 3. *The Second World War.* Boston, MA: Allen & Unwin.

Weigley, R. (1991) *The Age of Battles: The Quest for Decisive Warfare.* Bloomington, IN: Indiana University Press.

Weinberger, S. (2008) 'The Pentagon's Culture Wars', *Nature* 455(2): 583–5.

Weiss, T. and C. Collins (2000) *Humanitarian Challenges and Intervention: World Politics and the Dilemmas of Help.* Boulder, CO: Westview Press.

Weller, M. (2000) 'The US, Iraq and the Use of Force in a Unipolar World', *Survival* 41(4): 81–100.

Weller, M. (2012) *Iraq and the Use of Force in International Law.* Oxford: Oxford University Press.

Welsh, J. (ed.) (2004) *Humanitarian Intervention and International Relations.* Oxford: Oxford University Press.

Welsh, J. (2014) 'Implementing the "Responsibility to Protect": Catalyzing Debate and Building Capacity'. In A. Betts and P. Orchard (eds), *Implementation in World Politics: How Norms Change Practice.* Oxford: Oxford University Press.

Weltman, J. J. (1995) *World Politics and the Evolution of War.* Baltimore, MD and London: Johns Hopkins University Press.

Wendt, A. (1992) 'Anarchy is what States Make of it: The Social Construction of Power Politics', *International Organization* 46(2): 391–426.

Wendt, A. (1995) 'Constructing International Politics', *International Security* 20(1): 73–4.

Wendt, A. (1999) *Social Theory of International Politics.* Cambridge: Cambridge University Press.

Wheeler, N. J. (1999) 'Humanitarian Intervention in World Politics'. In J. Baylis and S. Smith (eds) *The Globalization of World Politics.* Oxford: Oxford University Press.

Wheeler, N. J. (2000) *Saving Strangers: Humanitarian Intervention in International Society.* Oxford: Oxford University Press.

Wheeler, N. J. and A. Bellamy (2005). 'Humanitarian Intervention and World Politics'. In J. Baylis and S. Smith (eds) *The Globalization of World Politics.* Oxford: Oxford University Press.

Wheeler-Bennett, J. (1935) *The Pipe Dream of Peace: The Story of the Collapse of Disarmament.* New York: Morrow.

White, N. D. (1997) *Keeping the Peace.* Manchester: Manchester University Press.

White House (1993) *Gulf War Air Power Survey.* Washington, DC: Government Printing Office.

White House (2000) *A National Security Strategy for a Global Age.* Washington, DC: Government Printing Office.

White House (2002) *National Strategy to Combat Weapons of Mass Destruction*. Washington, DC: Government Printing Office.

White House (2003) *National Strategy for Combating Terrorism*. Washington, DC: Government Printing Office.

White House (2006) *National Strategy for Combating Terrorism*, 2nd edn. Washington, DC: Government Printing Office.

Wilkinson, P. (1986) *Terrorism and the Liberal State*. London: Macmillan.

Wilkinson, P. (2001) *Terrorism and Democracy: The Liberal State Response*. London: Frank Cass.

Williams, M. (1993) 'Neorealism and the Future of Strategy', *Review of International Studies* 19(2): 103–21.

Williams, M. (2007) *Military Organizational Cultures: Culture and Security: Symbolic Power and the Politics of International Security*. New York: Routledge.

Wills, S. (2009) *Protecting Civilians: The Obligations of Peacekeepers*. Oxford: Oxford University Press.

Wilson, E. O. (1978) *On Human Nature*. Cambridge, MA: Harvard University Press.

Wilson, H. W. (1928) *The War Guilt*. London: Sampson Low.

Wilson, R. W. (2000) 'The Many Voices of Political Culture: Assessing Different Approaches', *World Politics* 52(2): 246–73.

Wohlstetter, R. (1962) *Pearl Harbor: Warning and Decision*. Palo Alto, CA: Stanford University Press.

Woodbury, G. L. (2004) Recommendations for Homeland Security Organizational Approaches at the State Government Level. Monterey: Naval Postgraduate School, Master's thesis.

Woolsey, J. (1998) Testimony to the Committee on National Security, US House of Representatives, 12 February.

Wright, G. (1968) *The Ordeal of Total War 1939–1945*. New York: Harper & Row.

Wright, M. C. (1956) *The Power Elite*. London: Oxford University Press.

Wylie, J. (1989) *Military Strategy: A General Theory of Power Control*. Annapolis, MD: Naval Institute Press.

Wyn Jones, R. (1999) *Security, Strategy and Critical Theory*. Boulder, CO: Lynne Rienner.

Yarger, H. R. (2008) *Strategy and the National Security Professional: Strategic Thinking and Strategy Formulation in the 21st Century*. Westport, CT: Praeger Security International.

Yin, T. (2011) ' "Anything But Bush?": The Obama Administration and Guantanamo Bay', *Harvard Journal of Law and Public Policy* 34(2): 453–92.

Zaborowski, M. (2004) 'From America's Protégé to Constructive European: Polish Security Policy in the Twenty-first Century', Occasional Paper No. 56 Paris: European Union Institute for Security Studies.

Zenko M. (2011) 'Libya: "Justifications" for Involvement', website of the Council on Foreign Relations, posted 24 June. Available at http://blogs.cfr.org/zenko/2011/06/24/libya-justifications-for-intervention/

| 찾아보기 |

ㄱ

가르시아 피츠 31
개입 283, 285, 321, 322
개입과 국가 주권에 대한 국제위원회 325
걸프전 3, 76, 159, 314
게릴라전 36, 220
결핵 427
경제제재 140
계약법 131
고대 그리스 23, 282
고대 로마 40
고든 할랜드 8
고문 183, 192
고전적 현실주의 8, 368
공개정보(OPINT) 177
공군력 54, 158, 287, 336
공동의 이슈 420
공유지의 비극 421
공자 116
공중전 168, 312
관타나모 수용소 144
구데리안 57
구성주의 15, 115, 119, 472
국가대테러센터 190
국가 안보국(NSA) 176, 192, 195, 359
국가 정보 평가서(NIEs) 181, 182
국가정찰국(NRO) 176
국내총생산(GDP) 374, 376
국방 계획 199, 200, 201, 205, 210
국방비 지출 376

국방정보국(DIA) 177, 182
국제 관계 123, 208, 361, 397, 463, 471
국제 레짐 267, 271
국제법 129, 131, 133, 135
국제비정부기구(INGOs) 412
국제연맹 117
국제원자력에너지기구(IAEA) 267
국제적십자위원회(ICRC) 143
국제형사재판소(ICC) 130, 145, 324
국토안보부(DHS) 177, 182, 183, 190
군 병력사용법(AUMF) 192
군비 경쟁 262, 283
군비 통제 253, 261, 262, 276, 439
군사교리 157, 361
군사 균형 290
군사 기술 151, 152, 156, 313
군사 연구 461
군사 전략 204, 411, 429, 443
군사학 7
군사 혁명 62
군사 혁신(RMA) 62, 286, 287
군축 254, 255, 262
군축 합의 254
군축 협정 252, 462
권력 관계 18, 406
권력정치 135
그레고리 포스터 4, 5
그렉 가일스 441
글렌 스나이더 391
글로벌 경제 위기 376

기계화 53, 305, 308
기만전술 79, 187

ㄴ

나노기술 169, 194
나토(NATO) 70, 246, 334, 335
나폴레옹 보나파르트 45
나폴레옹 시대 45, 174, 301
나폴레옹 전쟁 35, 36
낙진 248, 411
난민 428, 429
남수단 328, 330
남중국해 118, 365, 374, 375
내란 74, 99, 100
내전 33, 142, 159, 273, 325
네로 황제 27
노먼 슈워츠코프 333
누리 알-말라키 224
뉘른베르크 국제군사재판 144
니콜라 드 콩도르세 414
니콜라스 로저 32
니콜라스 스파이크먼 371
닉슨 373

ㄷ

다르푸르 326, 331
닥터 스트레인지러브 389
대량 살상 무기(WMD) 80, 107, 121, 123,
    237, 238, 266, 268, 271, 274
대량 살상 무기 확산 방지 구상(PSI) 271, 274
대륙간잠수함발사탄도미사일(SLBMs) 246
대륙간탄도미사일(ICBMs) 246, 401
대만 291, 296, 328
대반란 230, 231, 232, 326, 438, 440
대인지뢰 금지 협약 145

대전략 365, 366, 368, 371, 376, 377, 380
대테러리즘 337
대(大)파라과이 전쟁 50
데셀리안(Decelian) 전쟁 25
데이비드 캐머런 368
데이비드 킨 101
도널드 럼즈펠드 207, 480
도덕성 289
도미노 이론 372
독가스 54, 56
독일군 53, 138, 161, 305, 306
드골 305
드와이트 아이젠하워 333

ㄹ

라이너스 폴링 102
라이베리아 101, 326, 413
라이플총 49, 50, 51
라임병 426, 429
라페이 398
러셀 위글리 81, 110
러시아 전략 문화 117
러일 전쟁 50
레바논 4, 99, 164, 296
레오 6세 23
레온 트로츠키 12
레옹 도데 39
레이더 55, 159, 177, 359
레이먼 타라스 116
레지스 데브레이 226
로널드 레이건 182, 395
로렌스 프리드먼 5, 377
로버트 길핀 208
로버트 리 452
로버트 맥나마라 211

로버트 아드리 91
로버트 오스굿 4, 5
로버트 잭슨 136
로버트 저비스 94, 394, 395
로버트 존슨 209
로버트 코헤인 147, 430
로버트 테이버 219, 232
로버트 톰슨 230
로즈 고테믈러 276
로커비 폭탄 테러 사건 234
롤란드 에벨 116
루돌프 킬렌 370
루이 14세 33, 34
루이스 헨킨 130
루퍼트 스미스 99, 219
르완다 284, 323, 324
리비아 98, 142, 286, 336
리비아 개입 334
리신 264
리처드 도킨스 91, 92
리처드 베츠 7, 16, 268
리처드 윈 존스 400
리처드 호이어 479

ㅁ

마거릿 대처 368
마거릿 미드 109
마르크스주의 테러 집단 226
마오쩌둥 78, 80, 223, 226, 227, 236
마이카 젠코 335
마이클 도일 98
마이클 왈저 11
마이클 콜린스 452
마이클 플린 191
마이클 하워드 7, 399, 447

마크 그림슬리 4
마크 레비 413
마크 롱 123
마틴 리비키 346
마틴 크레벨 156
막스 베버 110
말라리아 427
매들린 올브라이트 69
맥코넬 348
맬서스 시나리오 413, 430
메르카바 152, 153
모하메드 파라 아이디드 334
무기 통제 86, 267, 277
무력 사용 131, 134, 135, 136, 139
무솔리니 94
무인항공기(UAVs) 152, 162, 167, 191, 193
무장해제 공격 248
무정부 상태 92, 100, 114, 129
무제한적 목적의 전쟁 75, 76, 78
뭄바이 테러 237
미국 남북전쟁 48, 50
미국 독립전쟁 36
미군 탱크(M1A2) 153
미디어 330, 331
민간 기술 48
민감성 334, 430
민족주의 44, 53, 97, 225, 378
민족해방전쟁 235
민주주의 250, 323, 418

ㅂ

바샤르 알아사드 329
바실 리들 하트 4, 24, 26, 34, 57, 110, 371,
    436, 460
바트당 69, 254

반군 98, 223, 225, 232
반기문 325
반란 60, 220, 221, 233
반란군 100, 221, 225
반물질폭탄 256
반탄도미사일협정(ABM) 251, 252
반혁명 36, 227, 286
반확산계획(CPI) 269
발칸화 100
방사능 245, 264, 272, 424
방어주의 117
방위조직 113
방첩 175, 178
백년 전쟁 31
밸러리 허드슨 115
버나드 브로디 2
버나드 폴 222
버락 오바마 329
베아트리스 호이저 23
베트남 전쟁 69, 74, 158
벤저민 프랭클린 414
보리스 옐친 266
보방 34
보병 44, 301, 303, 308, 310
보스니아 323, 328, 330, 336
보어 전쟁 302
복수개별유도탄두(MIRVs) 247
봉쇄 전략 173, 372
부다페스트 비망록 275
부분적 핵실험 금지 조약 411
부잔 15, 389
북한 핵 249
불량국가 124, 133, 135, 247, 249, 261
브라질 50, 224, 335
브라히미 보고서 325

브래들리 맨닝 359
브래들리 클라인 15, 397
브레난 192
블라디미르 푸틴 117
비국가 행위자 81, 146, 163, 267, 358, 471
비밀 공작 179, 180
비정규전 219, 220, 222, 233, 239
비정부기구 145, 333, 414
비판적 안보 연구 15, 397
비핵화 249, 266
빅데이터 194, 195, 196
빅터 차 123
빌 클린턴 266, 379

ㅅ

사담 후세인 74, 75, 134, 159, 183, 270
사면 233
사무엘 B. 그리피스 229
사무엘 헌팅턴 235
사스(SARS) 428, 430
사우디아라비아 70, 76, 296, 312, 375
사이버 공격 348, 354, 355, 356, 357, 360
사이버 안보 175, 354
사이버 전쟁 237, 348, 349
사이프러스 225
사정거리 157, 159, 372
사회 공학 86
사회과학 110, 188, 207, 460, 465
사회심리학 93, 97
사회 안보 14
사회적 다윈주의 371
산업혁명 43, 50, 301
삼림 황폐화 420
상위정치 411, 412
상트페테르부르크 선언 143

상호 확증 파괴(MAD) 59, 251, 252, 395

생물 다양성 위협 416

생물 무기 금지 협약(BWC) 263

생물학전 237

생화학 무기 238, 269

생활권 370

서아프리카국가 경제공동체 326

선박 납치 221

선전 87, 164, 284

선제 전략 272

설사성 질환 428

세계관 38, 439, 440, 471

세르비아 160, 327, 329

셔먼 켄트 180, 188

소니사 237

소말리아 235, 238, 323, 333, 334

소장학파(Jeune École) 51, 52

손자병법 78, 82, 466

쇼코 아사하라 238

수륙 양면 전쟁 52

수에즈 운하 90, 310

수에즈 전쟁 58, 308

수표책 외교 29

순자 138

순항 미사일 246, 248, 448

스리랑카 223, 325

스탈린 187, 372

스탠리 큐브릭 389

스턱스넷 168, 237, 354, 357

스턴 라이닝 124

스텔스 기술 156, 286, 293

스텔스 비행기 154

스톡홀름 협정 276

스티븐 로젠 116

스티븐 리 11

스티븐 비들 7

스티븐 심발라 418

스페인 왕위 계승 전쟁 34

시가전 164, 290, 414

시드니 버바 110

시리아 내전 142

시리아 화학무기 273

시스템 분석 389, 392, 393

시스템 통합 162, 168

시에라리온 100, 325, 333, 413

시저 27

시저리즘 36

시진핑 116

식민지 전쟁 50, 98

신뢰성 173, 177, 203, 232, 246, 250, 413, 473

신자유주의적 제도주의 108

신전통주의자 393

신제도주의자 412

신현실주의 107, 108, 472, 473, 475

신호정보(SIGNIT) 176, 177, 188

심리학 85, 466

심장 지역 이론 371, 373

싱가포르 285, 368

싱크 탱크 388, 440, 460, 464

쓰나미 414

ㅇ

아나톨 라포포트 13, 389

아돌프 히틀러 169

아랍 국가연맹 325

아랍의 봄 98, 258

아랍-이스라엘 전쟁 166, 308

아르헨티나 50, 95

아미탑 아차리아 114

아베 드 생피에르 387

아베 신조 117

아부 그라이브 감옥 70

아부 무삽 알수리 82

아부 바카르 나지 82

아부 바크르 알바그다디 220

아부 우바이드 알콰라시 82

아시아태평양경제협력체(APEC) 120

아우구스투스 27

아이만 알자와히리 70, 220

아이티 100, 328

아치 해밀턴 422

아프가니스탄 1, 60, 97, 122, 191, 225, 236,
　　251, 284, 296, 325, 336, 403, 441, 464

아프가니스탄 침공 265

아프리카연합(AU) 326, 331

안보 연구 1, 3, 15, 387, 404, 405, 463

안와르 알-알라키 237

안크 회플러 100

알렉산더 대왕 438, 452

알렉산더 웬트 115

알력 7, 449

알베르트 아인슈타인 91

알카에다 1, 16, 67, 70, 77, 123, 179, 186,
　　192, 220, 233

앙드레 보프르 4, 5

앙투안 앙리 조미니 436, 437

앤드루 마셜 62

앤드류 오로스 125

앨러스태린 존스턴 115

앨버트 월스테터 2, 6, 388

앨프리드 머핸 51, 369

앰네스티인터내셔널 145

어네스토 체 게바라 220, 226

어뢰정 51, 52

억지 전략 180, 196, 268, 356, 358, 372

에니악 343

에드워드 3세 30

에드워드 루트윅 436, 437

에드워드 미드 얼 371

에드워드 스노든 359

에드워드 윌슨 91

에리히 루덴도르프 39, 56

에릭 헤링 396

에릭 호퍼 97

에벌린 베링 96

에볼라 413, 430

에스토니아 113, 114

에이드 아드피에 125

에이즈 412, 427, 429

엘리엇 코헨 336

엘리자베스 여왕 32, 33

엘리자베스 키어 116

여론 201, 225, 289, 330

역사의 종말 3

역사적 맥락 1, 208, 365, 393, 449, 453

열화우라늄 154, 423

영공공개 합의 262

영국전투 55

영상정보(IMINT) 176, 177

예방 전략 272

오리엔탈리즘 398

오사마 빈라덴 1, 179, 227

오스트레일리아 112, 291, 368

오슬로 국제 평화연구소(International Peace
　　Research Institute) 413

오시락 271

오인 93, 94, 95

오판 94, 95

옥타비아누스 27

요르단 227, 296, 309

요시다 독트린 117

요하네스 얀센 220

욤키푸르 전쟁 173, 185

우간다 324, 331, 344

우크라이나 16, 99, 117, 125, 182, 275, 286,
    328, 375, 380

원격 조종 234, 361

원유 374, 380, 430

원자폭탄 264, 390

위성 157, 176, 237, 346

위성항법장치(GPS) 237

윈스턴 처칠 174, 453

윌리엄 고드윈 414

윌리엄 깁슨 344

윌리엄슨 머리 4, 211

윌리엄 오웬스 159

윌리엄 페리 274

윌리엄 헤이그 368

유고슬라비아 3, 100, 160, 162, 324

유네스코 95

유럽안보전략(ESS) 120, 121

유럽연합(EU) 120, 121, 122, 140

유엔 안보리 141, 142, 322, 327

유엔 헌장 139, 140, 228

유토피아 2, 3, 367

육군 25, 28, 288, 290, 291, 302, 304, 313,
    345, 414

육상전 18, 287, 288

율리우스 본 포스 36

이든 90

이라크 전쟁 74, 77, 140, 159, 166, 179, 189,
    190, 191, 264

이라크 침공 69, 94, 140, 141, 142, 255, 315

이란 핵 프로그램 272, 354, 357

이마누엘 칸트 387

이슬람 국가(ISIS) 220, 224, 238, 359

이슬람 극단주의 67, 164

이안 키논 124

이안 허드 132

이집트 187, 220, 296, 309, 310

인간 본성 8, 87, 88, 467

인간 영역 체계(Human Terrain System) 122

인간정보(HUMINT) 177, 176, 184

인공위성 163, 166, 168, 175, 191, 460

인공지능 169

인구 성장 369

인구 통계 418

인구학 412, 416

인도 258

인도주의적 개입 321, 322, 327, 336, 337, 338

인도주의적 이슈 145

인종 중심주의 111

인체 면역 결핍 바이러스/후천성 면역 결핍증
    (HIV/AIDS) 427

인플루엔자 426

ㅈ

자크 하이먼스 119

잭 스나이더 110, 112

적군파 226

전격전술 55, 57, 94

전략 교육 208, 436, 443, 454

전략무기 감축 협정 START I, II 253, 266

전략무기 제한 협정 SALT I, II 264

전략 문화 107, 108, 110, 112, 113, 114, 115,
    118, 119, 121, 123, 124, 125

전략 연구의 비판 388, 404

전략 연구의 언어 402, 403, 404

전략 용어 401, 402, 403, 443

전략의 고전 1, 436, 437

전략의 일반이론 443, 445, 451, 453

전략이론 65, 66, 69, 71, 82, 404

전략이론가 349, 399, 401, 404, 438

전략적 가교 444, 446, 451

전략적공격감축조약(SORT) 253

전략적 기습 27, 184, 185, 186, 187, 188, 189

전략적 상상 474, 475

전략적 선호 78

전략핵무기(SNWs) 246

전사문화 239

전염 425, 428, 429

전자자기장 스펙트럼(EMS) 346

전쟁술 437

전쟁의 미덕 53, 85

전쟁의 원인 31, 56, 85, 88

전투법 135, 138, 142, 147

정밀유도병기 287, 289, 290

정보공간(infosphere) 350

정보기술 113, 163, 165, 190, 194, 237, 287,
    345

정전법 135, 139

정체성 담론 380, 382

정체성의 정치 62

정치 구조 4, 399

정치문화 109, 110, 247

제국주의 95, 103, 283, 368, 369, 375

제네바 협약 143, 146

제임스 울시 268

제임스 코크레인 116

제임스 키라스 123

제트엔진 162

제트전투기 55

제프리 노프 124

제프리 라슨 108

제프리 리그로 116

제프리 에드워드 121

제한적 전쟁 44

제한전 47, 59, 72, 75, 88

조류독감 428

조셉 노지 263

조지 그리바스-디게니스 225

조지 부시 190, 382

조지 슐츠 274

조지아 99

조지 워싱턴 174

조지 케넌 180, 372

조지프 나이 11, 430

조지프 코니 331, 337

조직문화 116, 119

존 네그로폰테 194

존스턴 환초 화학 작용제 폐기 시스템
    (JACADS) 423

존 스페니어 263

존 심슨 124

존 앨터먼 374

존 케리 273

존 키건 81

좌절 93, 166, 374

줄리안 린들리-프렌치 122

줄리언 코벳 52

중거리 핵전략 철폐 협정(INF) 265

중공군의 개입 189

중동전쟁 186, 189, 301, 312

중앙정보국(CIA) 176, 177, 184

즈비그뉴 브레진스키 373

지그문트 프로이트 91

지니 존슨 108

지리공간정보국(NGIA) 176

지정학 18, 52, 142, 211, 366, 368, 370, 371,
    373, 379

지하디스트 78, 80, 176
진주만 공격 184
질병 11, 102, 425, 426, 429
집단안전보장 141
징병제 47, 117, 160

ㅊ

찰스 쿱찬 119
찰스 틸리 31
찰스 호너 70
참수공격 248
천년왕국운동 417, 418
천연두 264, 426
초강대국 55, 59, 144, 203, 251, 257, 412, 440, 462
총력전 59
취약성 45, 96, 160, 253, 318, 362, 389, 430
치명적 물질 이전 금지 조약(FMCT) 274, 275

ㅋ

카(E. H. Carr) 87
카다피 98, 336
카를로스 마리게라 224, 225, 227
카를 마르크스 475
카를 폰 클라우제비츠 4, 37, 46, 109, 137, 436
카운트 폰 몰트케 4
카터 265
카필 덱 62
칼 도이치 390
캐럴 콘 402
커뮤니케이션 145, 350, 351, 451
케네스 보울딩 94
케리 카춰너 108, 125
켄 매슈스 129

켄 부스 111, 394, 396, 398
켈로그-브라앤드 합의 253
코소보 287, 325, 327, 331, 334
코스모폴리타니즘 117
코피 아난 324
콘라트 로렌츠 91
콘수엘로 크루즈 119
콘스탄티노플 24, 32
콜럼 51
콜레라 71, 428
콜린 그레이 7, 111, 380, 393
콜웰 49
콩고 322, 324
쿠르드족 100, 327
쿠르스크 전투 307
쿠바 미사일 위기 189, 265, 462
쿠바 혁명 219
쿠웨이드 76, 268, 312, 317, 333, 420
퀸투스 파비우스 막시무스 27
크리스 뎀책 348
크리스토프 마이어 121
크림 반도 16, 99, 182, 277
크림 전쟁 155
클라우스 쿤 137
클로드 레비스트로스 109
클리포드 로저스 31
키스 페인 124, 395
키처너 156
킴벌리 케이건 23

ㅌ

타락 바카위 399
타밀타이거 해방전선(LTTE) 223
탄도미사일 55, 248, 251, 252, 372
탄도탄미사일 방어 체계(BMD) 244

탄저병 237

탈냉전 380, 396, 404, 464

탈레반 77, 220, 238

탈식민주의 283

탐욕 대(對) 불만 논쟁 100

탤컷 파슨스 110

터키 28, 269, 285, 290, 296

테러리즘 108, 121, 122, 174, 227, 233, 234, 235, 238

테러와의 전쟁 139, 179, 381, 382, 474

테리 테리프 114

테오발트 폰 베트만홀베크 136

테오 페럴 114

테일러 94

토마스 로버트 맬서스 414

토마스 리드 349, 360

토마스 만켄 116

토마스 버거 117

토마스 호머딕슨 413

토머스 셸링 2, 6, 124, 388

토머스 홉스 8

통합군 전투기 154

통합지휘 통제 시스템 162

투치족 100, 323

투키디데스 9, 109, 114, 436, 437

투하쳅스키 305

트라이치케 86

트랜지스터 162

트루먼 182

특수 정보 업무 178

ㅍ

파라과이 50

파커 33

파키스탄 60, 179, 220, 258, 291, 403

패권국가 369, 373

페르시아 전쟁 24

페미니즘 15

펠로폰네소스 전쟁 24, 114, 437

평화 유지군 61, 322, 323, 324, 334, 338

평화 유지 활동 323, 324, 325

평화협정 37, 75, 324

포괄적 핵실험 금지 조약(CTBT) 266, 274, 275

포레스터 155

포스트모던 전쟁 64

포에니 전쟁 26

포클랜드 전쟁 95

포함외교 288

폭탄 테러 1, 230, 231

폰 말첸 51

폴 리비에 174

폴 케네디 366, 375

폴 코니쉬 121

폴 콜리어 105

풀러 151, 305, 460

프란츠 페르디난트 89, 90

프랑스-프러시아 전쟁 48

프랜시스 후쿠야마 3

프러시아 46, 47, 49, 109

프리드리히 2세 33, 34, 35

프리드리히 니체 97

프리드리히 라첼 369

프리츠 어마스 441

피델 카스트로 223

피터 카첸슈타인 15

필립 그린 11, 389, 401

필립 컨테이민 31

ㅎ

하마스 99, 296

하산 로하니 272

하산 알바나 82

하위정치 411, 412, 413, 430

하이브리드 전쟁 4, 16

한국전쟁 74, 158, 297

한니발 바르카 26

한센 15

한스 델브뤽 26

한스 모겐소 9

합리적 선택이론 466

핫라인 합의 276

항공모함 55, 58, 157, 158, 291

항공 연료 418, 423

항법 157, 168

해군 282, 288, 293

해군력 51, 57, 289, 292, 344, 374

해리 엑스타인 118

해상전략 52

해전 307

해커 168, 237, 359

해퍼드 매킨더 52, 368

핵무기 55, 59, 139, 243, 244, 245, 246, 247, 250, 253, 254, 257

핵분열 물질 245

핵비무장운동(CND) 396

핵비확산조약(NPT) 253, 267

핵실험 118, 243, 245, 253, 411

핵안보정상회담 274

핵억제 88

핵 억지력 382, 461

핵 억지 전략 13, 395

핵연료 272, 425

핵전쟁 389, 390, 395, 401

핵폭탄 248, 403

핵 프로그램 245, 249, 254, 354, 357

핵 확산 1, 249, 258, 263

허먼 칸 2, 6, 11, 388, 389, 401

허버트 버터필드 8, 96

허쉬 라우터파하트 130, 136, 146

헤겔 86

헤들리 불 263, 388, 399

헤라클리우스 28

헤럴드 뮐러 269

헤이그 협약 144

헤이든 192

헤즈볼라 222, 296

헨리 4세 102

헨리 키신저 181, 182, 373

헨리 페트로스키 152

혁명전쟁 36, 220

현대전 418

현실주의 8, 10, 15, 368, 471, 472

호메이니 441

호흡기 질환 427

홍역 428

화석연료 99, 379

화약 32

화학무기 금지 협약(CWC) 267

화학전 237

환경 문제 411, 413, 420, 425

환경 안보 474

환경 파괴 413, 422

환경 피해 422

후투족 323

휴먼라이츠워치 145

휴 스미스 72

히데미 수가나미 88

힐레어 맥쿠브레이 131

기타

1차 대전 39, 54, 55, 56, 89, 156, 302, 305,
    306
1차 핵시대 243, 245, 246, 250
2차 대전 52, 56, 57, 59, 68
2차 핵시대 249, 250, 251
3대 기율 8항 주의 227
3축체제 248
6일 전쟁 186, 308
7년 전쟁 34
9 · 11 테러 3, 139, 190

10월 전쟁 309, 317
30년 전쟁 33
CNN 효과 330
C형 간염 427
DDT 155
EOKA 225
J. C. 와일리 5, 438
M1A2 152
Oslo(PRIO) 413
TeAmZ 237
T. E. 로렌스 225